Microsoft Power Platform für Dummies

Schummelseite

WAS IST MICROSOFT POWER PLATFORM?

Microsoft Power Platform ist eine Anwendungssuite, die Low-Code- und No-Code-Entwicklungstools umfasst, mit denen Unternehmen Geschäftsprozesse optimieren und automatisieren können. In ihrer Gesamtheit (und bei richtiger Integration) unterstützt die Power Platform-Anwendungssuite die Geschäftstransformation. Nachfolgend finden Sie eine Beschreibung der in der Power Platform enthaltenen Anwendungen sowie einige Details dazu, wie sie als Teil der Suite funktioniert:

- **Dataverse:** Für die Arbeit mit Power Platform-Anwendungen benötigen Sie ein wesentliches Element: Daten. Das Herzstück der Power Platform ist Dataverse, der gemeinsame Datendienst zum Speichern und Strukturieren relationaler Daten. Dataverse dient als Rückgrat für die Erfassung und Speicherung von Benutzereingaben in allen Apps der Plattform.

- **Power Apps:** Der erste Schritt auf dem Weg zur Geschäftsautomatisierung mit wenig oder keinem Code besteht darin, einen Mechanismus für die Dateneingabe zu erstellen. Sie können beispielsweise zunächst mit Power Apps eine Anwendung erstellen, die Daten sammelt und verwaltet. Power Apps ist oft das wichtigste Tool, mit dem Unternehmen benutzerdefinierte Anwendungen entwickeln, die auf ihre Bedürfnisse zugeschnitten sind.

- **Power Pages:** Vielleicht möchten Sie, dass die mit Ihren Power Apps-Anwendungen eingegebenen Daten für alle sichtbar sind, nicht nur für einige wenige Benutzer. In diesem Fall verwenden Sie Power Pages, um sichere, datengesteuerte externe Websites zu entwerfen. Die mit Power Pages erstellten Websites können Informationen direkt aus Dataverse anzeigen und erfassen. Power Pages präsentiert diese Daten in einem tabellarischen Format oder als eingebettete Berichte und andere Medienobjekte.

- **Power BI:** Zur Datenanalyse verwenden Sie Power BI, um die über benutzerdefinierte Apps, (die mit Power Apps erstellt wurden) erfassten Daten in interaktive Berichte und aufschlussreiche Dashboards umzuwandeln.

- **Power Automate:** Mit Power Automate können Sie Aufgaben und Prozesse basierend auf den Daten in Dataverse automatisieren und so die Produktivität und Effizienz in Ihrem gesamten Unternehmen steigern.

EINEN POWER AUTOMATE CLOUD FLOW-TYP AUSWÄHLEN

Power Automate, die Low-Code-Lösung zur Workflow-Automatisierung von Microsoft, ist Teil der Power Platform. Das Produkt ermöglicht es Benutzern, sich wiederholende Aufgaben zu automatisieren und so die Anzahl der Schritte zum Abschließen einer Aktivität zu reduzieren. Power Automate bietet drei Flow-Typen: Cloud-Flow, Desktop-Flow und Geschäftsprozess-Flow.

Microsoft Power Platform für Dummies

Schummelseite

Die Flows haben die folgenden Zwecke:

- ✔ **Cloud-Flows:** Diese Workflows werden in der Cloud ausgeführt und können je nach Anwendungsfall auf verschiedene Weise ausgelöst werden. Cloud-Flows arbeiten auf der Grundlage vordefinierter Trigger und können automatisch, sofort auf der Grundlage einer Benutzerinteraktion oder nach einem festgelegten Zeitplan ausgeführt werden.

- ✔ **Desktop-Flows:** Desktop-Flows werden häufig mit RPA (Robotic Process Automation) in Verbindung gebracht und auf dem Desktop ausgeführt. Diese Flows sind auf Benutzereingriffe (beaufsichtigt) oder die Ausführung durch einen Agenten (unbeaufsichtigt) angewiesen. Um Desktop-Flows virtuell ausführen zu können, ist Power Automate Premium erforderlich, da ein virtueller Agent (Bot) den Flow ausführen muss. Dieses Produkt ist von Power Automate getrennt.

- ✔ **Geschäftsprozess-Flows (BPF, Business Process-Flows):** Ein BPF in Power Automate wird hauptsächlich bei modellgesteuerten Apps verwendet und führt Benutzer durch eine Abfolge von Phasen und Schritten zur Erledigung einer Geschäftsaufgabe. Der BPF trägt dazu bei, sicherzustellen, dass Benutzer einem strukturierten Prozess folgen, zum Beispiel der Qualifizierung eines Leads oder der Lösung eines Falls, die zu einer klaren, abschließenden Aktion führt.

> Im Gegensatz zu Cloud- oder Desktop-Flows konzentrieren sich Geschäftsprozess-Flows auf die Benutzerinteraktion und können auf der Grundlage des rollenbasierten Zugriffs mithilfe von Dataverse angepasst werden. Das bedeutet, dass Benutzer jeweils nur die Schritte sehen, die für ihre Zuständigkeiten relevant sind. Diese Anpassung stellt sicher, dass sich der Workflow an die Anforderungen der Organisation anpasst und jedem Benutzer einen klaren Pfad bietet. Dies trägt dazu bei, Konsistenz und Compliance für alle Geschäftsprozesse sicherzustellen.

Von allen Flow-Typen werden Sie Cloud-Flows wahrscheinlich am häufigsten verwenden – und das aus gutem Grund. Microsoft unterstützt die Integration von Hunderten von Konnektoren und ermöglicht so den Zugriff auf Datenquellen und Anwendungen von Drittanbietern innerhalb von Power Automate. Der Hauptunterschied zwischen den Cloud-Flows liegt im Automatisierungsziel und in der Aufgabe, die abgeschlossen werden muss.

- ✔ **Automatisierte Cloud-Flows:** Diese Flows verwenden Konnektoren für Cloud- oder lokale Anwendungen, um eine Verbindung mit bestimmten Benutzerkonten herzustellen. Sobald die Verbindung hergestellt ist, kommuniziert der Konnektor bei Auslösung mit der Datenquelle. Beispielsweise kann ein automatisierter Cloud-Flow einem Benutzer eine Textnachricht (SMS) senden, wenn einem Ordner eine neue Datei hinzugefügt wird.

- ✔ **Sofortige Flows:** Diese Flows werden ausgelöst, wenn ein Benutzer eine Taste drückt, um die Aktion zu initiieren. Statt dass ein Benutzer eine Aufgabe, die zehn Schritte umfassen kann, manuell erledigen muss, löst das Drücken der Taste eine Abfolge von Ereignissen aus, die die sich wiederholende Aktivität verarbeitet. Sofortige Flows werden häufig zum Genehmigen oder Ablehnen eines Dokuments in Teams oder SharePoint verwendet.

Microsoft Power Platform für Dummies

Schummelseite

✔ Diese Flows werden basierend auf einem bekannten Datum und einer bekannten Uhrzeit ausgeführt, um ein Ereignis auszulösen. Beispiele hierfür sind das Hochladen aller Dateien aus einem Ordner auf eine andere Online-Site wie SharePoint oder das Versenden einer wöchentlichen Benachrichtigung, um ein Team daran zu erinnern, seine Zeitkarten einzureichen.

Welcher Flow-Typ ist also am besten? Für die meisten Benutzer bieten automatisierte Cloud-Flows die meisten Automatisierungsmöglichkeiten in Verbindung mit anderen Power Platform-Anwendungen, da sie ohne manuelle Eingriffe ausgeführt werden. Automatisierte Cloud-Flows haben einen zusätzlichen Vorteil: Sie können sofort auf Änderungen an Daten oder Ereignisse reagieren, Prozesse optimieren und unternehmensweit Zeit sparen, was andere Flows ohne manuelle Änderungen nicht unbedingt unterstützen.

OPTIMIERTE ENTITÄTEN IN DATAVERSE ERSTELLEN

Dataverse unterscheidet sich in Bezug auf die Datenqualität nicht von anderen datengesteuerten Lösungen. Wenn die Daten nicht für die Umgebung optimiert sind, funktionieren Ihre Anwendungen und Berichte nicht wie gewünscht. Jede *Entität* (Tabelle) in Dataverse kann mit beliebig vielen Formularen, Ansichten, Diagrammen und Dashboards verknüpft werden. Um eine optimale Leistung in allen Power Platform-Anwendungen sicherzustellen, müssen Entitäten effizient strukturiert sein. Bei jeder Entität muss der Schwerpunkt auf der Verwendung geeigneter Beziehungen zwischen Entitäten (1:1, 1:N, N:N), Datentypen (Zeichenfolgen, Zahlen, Währung usw.) und Indizes liegen. Berücksichtigen Sie beim Entwerfen Ihrer Entitäten ihren globalen Zweck sowie die Art und Weise, wie sie von den einzelnen Power Platform-Anwendungen verwendet werden. In der folgenden Tabelle sind die wichtigsten Aspekte nach Anwendung aufgeschlüsselt.

Anwendung	Aspekte
Power Apps	Wenn Sie Ihre Entität für eine Power App-Anwendung entwerfen, besteht Ihr Geschäftsziel darin, sich darauf zu konzentrieren, wie die Anwendung Daten abruft, anzeigt und bearbeitet. Achten Sie auf Folgendes, um eine Optimierung für eine Power App mit Dataverse zu erreichen: ✔ **Die Verwendung berechneter oder Rollup-Felder begrenzen:** Diese Feldtypen können zwar hilfreich sein, sich jedoch auf die Leistung auswirken. ✔ **Häufig indizieren:** Wenn Felder häufig abgefragt werden, sollten Sie sie indizieren, insbesondere wenn Sie Felddaten für Suchvorgänge und Filter verwenden. ✔ **Beziehungen nachschlagen:** Erfinden Sie das Datenrad nicht neu. Erstellen Sie eine Tabelle einmal und verwenden Sie sie dann für viele Entitäten. Eine solche Strategie konzentriert sich auf die Datenqualität, eliminiert Datenredundanz und stellt die Integrität referenzieller Daten sicher.

Microsoft Power Platform für Dummies

Schummelseite

Anwendung	Aspekte
Power BI	Power BI verwendet Dataverse, um Berichts- und Dashboard-Ausgaben zu erstellen, meist für Echtzeitberichte. Wenn die Datasets jedoch nicht gut konzipiert sind, leidet die Leistung. Berücksichtigen Sie bei der Prüfung der Berichtanforderungen Folgendes: ✔ **Effiziente Beziehungen:** Beziehungen zwischen Entitäten müssen klar definiert sein, um Mehrdeutigkeiten zu vermeiden. Das bedeutet, dass Entitäten eine gemeinsame Namenskonvention einhalten sollten, insbesondere bei schlüsselbasierten Beziehungen. Sie möchten beispielsweise nicht, dass eine Entität eine Spalte mit dem Namen *Hauptstädte Bundesländer* hat und die andere einfach als *Hauptstädte* bezeichnet wird. Wenn die Daten ein gemeinsames Ziel haben, ist Namenskonsistenz von entscheidender Bedeutung. ✔ **Gefilterte Ansichten:** Importieren Sie keine vollständigen Entitätsdaten, wenn nur eine kleine Teilmenge der Datensätze anwendbar ist. Die Leistung wird schlechter, wenn Sie eine Million Datensätze statt tausend herunterladen. Erstellen Sie stattdessen gefilterte Ansichten, die sich auf bestimmte Spalten konzentrieren, und filtern Sie diese Spalten mit so vielen Bedingungen, dass die Daten auf die erforderlichen Datensätze beschränkt sind. ✔ **Datenaggregation:** Aggregieren Sie Datenquellen innerhalb von Dataverse und nicht, nachdem die Berichte ausgeführt wurden. Eine Echtzeit-Datenaggregation verursacht eine schlechte Leistung bei der Berichterstellung, insbesondere wenn das Dataset viele Berechnungen enthält. ✔ **Weniger DAX führt zu besserer Leistung:** Die Verwendung komplexer DAX-Formeln (Power BIs Low-Code-Formelsprache, Data Expression Language) als Teil eines Berichts verlangsamt die Datenausgabe. Stattdessen sollten die Berechnungen in Dataverse erfolgen. Die Vorberechnung von Ausgaben mit Dataverse beschleunigt die Bereitstellung von Berichtausgaben.
Power Pages	Power Pages verwendet Dataverse, um dynamische Inhalte auf externen Webseiten anzuzeigen. Beispiele für solche Inhalte sind strukturierte Tabellen und Power BI-Berichte. Um das Laden der Seite zu optimieren, sollten Sie bei der Verwendung von Dataverse-Entitäten Folgendes beachten: ✔ **Begrenzen Sie die Dataverse-Ausgabe:** Obwohl alle Daten für Power Pages im Dataverse gespeichert sind, ist eine umfangreichere Datenausgabe nicht unbedingt gut. Beschränken Sie Ihre Ausgabe auf die Felder, die unbedingt erforderlich sind. ✔ **Machen Sie die Formatierung nicht zu kompliziert:** Wie bei der Datenausgabe wirkt sich eine zu komplizierte Formatierung Ihrer Dataverse-Ausgabe auf die Leistung aus.

Microsoft Power Platform für Dummies

Schummelseite

Anwendung	Aspekte
	✔ **Zwischenspeichern statischer Daten:** Wenn auf Ihrer Site häufig Inhalte verwendet werden, konzentrieren Sie sich auf Caching-Strategien, einschließlich der Verwendung von Content Delivery Networks, damit Daten, auf die nicht oft zugegriffen wird, Priorität erhalten, da dies die Ladezeit verbessert.
	✔ **Wenden Sie rollenbasierte Sicherheit an:** Geben Sie nicht allen Benutzern Zugriff auf alle Daten. Wenden Sie stattdessen rollenbasierte Sicherheitsdurchsetzung an. Dadurch werden die Datensätze, die Benutzer sehen können, auf nur diejenigen beschränkt, die sie basierend auf Berechtigungen sehen und bearbeiten können.
Power Automate	Workflows sind stark von der Leistung von Dataverse abhängig, insbesondere wenn große, komplexe Datasets durchsucht werden müssen. Seien Sie besonders vorsichtig, wenn Sie zu viele Daten auf einmal abfragen oder zu viele Workflow-Trigger einrichten, und zwar aus folgenden Gründen:
	✔ **Batch-Verarbeitung von Datensätzen:** Weniger Abfragen an eine Dataverse-Instanz beschleunigen die Leistung. Konzentrieren Sie sich daher auf die Batch-Verarbeitung von Datensätzen für Aktualisierungen. Wenn Sie Datensätze einzeln verarbeiten, ist die Datenleistung zwangsläufig langsam (wie bei einem Stau auf einer mehrspurigen Autobahn).
	✔ **Bei Bedarf auslösen:** Erstellen Sie Auslösebedingungen, die ständige Abfragen der Dataverse-Instanz so gering wie möglich halten. Implementieren Sie stattdessen so viele Bedingungen wie möglich in einen Workflow, damit die Leistung nur für die Ereignisse optimiert werden muss, die eine Dataverse-Interaktion erfordern.
	✔ **Minimieren Sie die Verwendung von Aktionen:** Die Verwendung zu vieler *Aktionen* (die einen Workflow auslösen) verringert die Leistung von Dataverse. Verwenden Sie Aktionen mit Flows nur, wenn es nötig ist, und vermeiden Sie komplexe Aktionen. Das bedeutet, dass es möglichst wenige oder keine verschachtelten Schleifen geben soll, die ein Dataset unnötig durchlaufen.

Sie müssen nicht allein herausfinden, was in Dataverse funktioniert und was behoben werden muss. Microsoft stellt Ihnen Überwachungs- und Leistungstools zur Verfügung, mit denen Sie Ihre Dataverse-Umgebung überprüfen und optimieren können. Und vergessen Sie nicht, dass nicht mehr benötigte Daten archiviert werden sollten, denn weniger abgefragte Daten bedeuten eine schnellere fortlaufende Leistung.

Bei allen Anwendungen fallen einige Schlüsselthemen auf: Datenqualität, Datenintegrität und Fokussierung auf die Leistung sind für die Implementierung von Dataverse von entscheidender Bedeutung. Wenn sich ein Unternehmen darauf konzentriert, wie seine Einheiten mit Geschäftsregeln, Validierung und Beziehungen umgehen, ist es denkbar, mit Dataverse dauerhaft erfolgreiche Leistungen zu erzielen.

Microsoft Power Platform für Dummies

Schummelseite

DATEN MIT POWER BI-BERICHTEN UND -DASHBOARDS VISUALISIEREN

Power BI-Berichte und -Dashboards sind Visualisierungen, die Sie Benutzern zur Verfügung stellen. So unterscheidet Power BI diese Visualisierungen:

- ✔ Ein **Power BI-Bericht** ist eine ein- oder mehrseitige Ausgabe, die eine oder mehrere Datenvisualisierungen enthält. Jede Seite in einem Bericht enthält eine Kombination aus Tabellen, Grafiken, Diagrammen und anderen Medienobjekten (einschließlich Drittanbieterquellen wie Fotos oder Videos). Power BI-Berichte sind hochgradig interaktiv, sodass Benutzer tiefer in die Daten einsteigen und sich auf bestimmte Datenpunkte konzentrieren können, um eine weitreichende Analyse durchzuführen. Berichte beziehen häufig Daten aus verschiedenen Datenquellen, darunter Dataverse, Excel, Access oder SQL Server. Der Schlüssel zu einem erfolgreichen Berichtsdesign liegt darin, wie die Daten organisiert und präsentiert werden, um eine Geschichte zu erzählen.

- ✔ Ein **Power BI-Dashboard** kombiniert Ihre wichtigsten Berichte und bringt sie zusammen, um einen Aspekt Ihrer Daten in einem visuellen Format darzustellen. Möglicherweise haben Sie viele Berichte, die verschiedene Facetten einer Geschichte zeigen, und das Dashboard bringt alle diese Facetten auf einer einzigen Seite zusammen. Ein Beispiel für ein Dashboard könnte die Verkaufsleistung in allen Regionen eines Unternehmens sein, während ein Power BI-Bericht die Geschichte einer bestimmten Geografie erzählt.

Dashboards bieten eine übersichtliche und schnelle Ansicht Ihrer Daten. So können Sie Trends leichter überwachen, Chancen erkennen und wichtige Leistungsindikatoren (KPIs) verfolgen. Dashboards bieten im Vergleich zu Power BI-Berichten weniger Tiefe und Interaktion. Ein Power BI-Dashboard soll eine zusammengefasste Übersicht Ihrer Geschichte für diejenigen bieten, die das Gesamtbild und nicht nur einen Teil davon verstehen müssen.

DESIGNTIPPS FÜR POWER BI-DASHBOARDS UND -BERICHTE

Um aussagekräftige Dashboards und Berichte in Power BI zu erstellen, müssen Sie bei deren Entwurf sorgfältig vorgehen. Hier einige wichtige Überlegungen:

- ✔ Wählen Sie die richtigen visuellen Elemente aus.

    Der Power BI-Visualisierungsbereich bietet über 20 Visualisierungsoptionen. Bedenken Sie, dass nicht alle Ihre Daten als Balken-, Säulen-, Linien- oder Kreisdiagramm angezeigt werden sollten. Denken Sie an die Geschichte, die Sie erzählen möchten. Manchmal möchten Sie einen einzelnen Wert teilen; manchmal benötigen Sie möglicherweise eine Tabelle, um den Detailgrad zu erhöhen und das Verständnis zu fördern.

Microsoft Power Platform für Dummies

Schummelseite

✔ Verwenden Sie Filter und Slicer.

Scheuen Sie sich nicht, Filter und Slicer zu integrieren, damit Sie tiefer in die Daten einsteigen können. Es ist toll, das große Ganze zu sehen, aber die effektivsten Dashboards ermöglichen Ihnen, nur eine Teilmenge der Daten anzuzeigen. Verwenden Sie beim Erstellen eines Dashboards Filter und Slicer, um alle Visualisierungen zu filtern, nicht nur eine.

✔ Erzählen Sie mit Ihren Daten eine Geschichte.

Ihre Visualisierungen und vor allem die darin enthaltenen Daten sollten eine prägnante Geschichte erzählen. Was ist die Kernbotschaft, die Ihr Publikum aus dem Dashboard lernen soll? Die Konzentration auf einzelne Kennzahlen kann Benutzern helfen, sich auf die wichtigsten Erkenntnisse zu konzentrieren.

✔ Machen Sie das Ganze zugänglich.

Power BI unterstützt das Erstellen von barrierefreien Berichten und Dashboards, sodass auch Benutzer mit Sehbehinderungen, zum Beispiel Farbenblindheit, die Daten interpretieren können. Berücksichtigen Sie Designelemente wie Farbkontrast, die Verwendung von QuickInfos, Textgröße und die Verwendung von Alternativtext für Bilder und Diagramme.

Power BI ist ein vielseitiges und leistungsstarkes Tool, mit dem Sie Rohdaten in umsetzbare, interaktive Erkenntnisse umwandeln können. Wenn Sie den Unterschied zwischen Berichten und Dashboards verstehen und die interaktiven Funktionen von Power BI nutzen, können Sie mithilfe Ihrer Fähigkeit, überzeugende Visualisierungen zu erstellen, fundierte Entscheidungen treffen.

WELCHER POWER APP-TYP IST DER RICHTIGE FÜR SIE?

Power Apps vereint eine Reihe von Diensten, nämlich Low-Code-Anwendungstools und Datenkonnektoren. Damit können Benutzer Anwendungen erstellen, die Daten erfassen, umfangreiche Geschäftslogik erstellen und relevante Berichte an einem zentralen Ort anzeigen, sodass nicht mehr mehrere Tools erforderlich sind. Mit Power Apps können Sie Apps auf zwei Arten entwickeln: Canvas- oder modellgesteuerte Anwendungen.

Canvas- und modellgesteuerte Apps haben jeweils unterschiedliche Zwecke und geschäftliche Vorteile. Der einzige gemeinsame Faktor zwischen beiden ist ihre Abhängigkeit von Daten. Abhängig von Ihren Geschäftsanforderungen ist es entscheidend, sich für einen bestimmten Typ zu entscheiden. Manchmal müssen Sie möglicherweise eine Hybridanwendung erstellen, die das Beste aus beiden Welten kombiniert, um die Benutzeranforderungen zu erfüllen.

Microsoft Power Platform für Dummies

Schummelseite

Wenn Sie eine Anwendung erstellen, sollten Sie zunächst zwei Aspekte berücksichtigen: (a) die Art der Daten, die in der App gespeichert und angezeigt werden, und (b) die erforderliche Geschäftsprozessautomatisierung, um die Benutzeranforderungen erfolgreich zu erfüllen. Stellen Sie sich beim Sammeln der Anforderungen folgende Fragen:

- ✔ Gibt es einen bestimmten Datenquellentyp, den die Anwendung verwenden muss?
- ✔ Ist eine benutzerdefinierte Benutzererfahrung und Benutzeroberfläche (UI) wichtiger oder haben Datenqualität und -zuverlässigkeit Priorität?
- ✔ Wie oft beabsichtigen Sie, Änderungen an der Anwendung vorzunehmen?
- ✔ Welches Maß an Berichterstattung ist erforderlich und wie sollte diese Berichterstattung präsentiert werden?
- ✔ Wie gut können Entwickler die Benutzeroberfläche durch die Verwendung von benutzerdefiniertem Code aktualisieren?
- ✔ Erfordert die Anwendung die Erstellung benutzerdefinierter Steuerelemente, einschließlich Power Apps Component Framework (PCF)-Steuerelementen, um Visualisierungsverbesserungen wie Schaltflächen, Schieberegler und Kontrollkästchen zu unterstützen?
- ✔ Ist das Unternehmen auf einen komplexen Workflow angewiesen, der Power Automate erfordert, oder kann die App Geschäftsprozess-Flows nutzen, die in Power Apps direkt verfügbar sind?

Microsoft Power Platform für Dummies

Jack Hyman

Microsoft Power Platform für dummies®

Übersetzung aus dem Amerikanischen von Sebastian Muhr

Fachkorrektur von Martina Weigl

WILEY-VCH GmbH

Microsoft Power Platform für Dummies

Bibliografische Information der Deutschen Nationalbibliothek
Die Deutsche Nationalbibliothek verzeichnet diese Publikation
in der Deutschen Nationalbibliografie; detaillierte bibliografische
Daten sind im Internet über http://dnb.d-nb.de abrufbar.

1. Auflage 2026

©2026 Wiley-VCH GmbH, Boschstraße 12, 69469 Weinheim, Germany

Original English language edition Microsoft Power Platform für Dummies © 2025 by Wiley Publishing, Inc. All rights reserved including the right of reproduction in whole or in part in any form. This translation published by arrangement with John Wiley and Sons, Inc.

Wiley, the Wiley logo, Für Dummies, the Dummies Man logo, and related trademarks and trade dress are trademarks or registered trademarks of John Wiley & Sons, Inc. and/or its affiliates, in the United States and other countries. Used by permission.

Bevollmächtigte des Herstellers gemäß EU-Produktsicherheitsverordnung ist die Wiley-VCH GmbH, Boschstr. 12, 69469 Weinheim, Deutschland, E-Mail: Product_Safety@wiley.com.

Alle Rechte bezüglich Text und Data Mining sowie Training von künstlicher Intelligenz oder ähnlichen Technologien bleiben vorbehalten. Kein Teil dieses Buches darf ohne die schriftliche Genehmigung des Verlages in irgendeiner Form – durch Photokopie, Mikroverfilmung oder irgendein anderes Verfahren – in eine von Maschinen, insbesondere von Datenverarbeitungsmaschinen, verwendbare Sprache übertragen oder übersetzt werden.

Der Verlag und die Autoren dieses Werks haben nach bestem Wissen und Gewissen gearbeitet, einschließlich einer gründlichen Überprüfung des Inhalts. Jedoch übernehmen weder der Verlag noch die Autoren Garantien oder Gewährleistungen hinsichtlich der Genauigkeit oder Vollständigkeit des Inhalts dieses Werks. Insbesondere schließen sie jegliche ausdrücklichen oder stillschweigenden Gewährleistungen aus, einschließlich Gewährleistungen der Handelsüblichkeit oder Eignung für einen bestimmten Zweck. Bei der Erstellung dieses Werks wurden bestimmte KI-Systeme eingesetzt. Es kann keine Garantie durch Vertriebsmitarbeiter, schriftliche Verkaufsunterlagen oder Werbeaussagen übernommen oder erweitert werden. Der Verweis auf eine Organisation, Website oder ein Produkt als Quelle für weitere Informationen impliziert keine Unterstützung oder Empfehlungen durch den Verlag und die Autoren. Der Verkauf dieses Werks erfolgt unter der Voraussetzung, dass der Verlag keine professionellen Dienstleistungen erbringt. Die enthaltenen Ratschläge und Strategien sind möglicherweise nicht für Ihre Situation geeignet. Konsultieren Sie gegebenenfalls einen Spezialisten. Leser sollten sich darüber im Klaren sein, dass die in diesem Werk aufgeführten Websites zwischen dem Zeitpunkt der Erstellung und dem Zeitpunkt des Lesens geändert sein können oder nicht mehr existieren. Weder der Verlag noch die Autoren haften für entgangene Gewinne oder sonstige wirtschaftliche Schäden, einschließlich besonderer, zufälliger, Folgeschäden oder sonstiger Schäden.

Coverfoto: vegefox.com – stock.adobe.com
Korrektur: Isolde Kommer
Satz: Straive, Chennai, India
Druck und Bindung: CPI Group (UK) Ltd, Croydon, CR0 4YY

Print ISBN: 978-3-527-72348-5
ePub ISBN: 978-3-527-85298-7

Über den Autor

Jack Hyman ist der Gründer von HyerTek, einem Technologie- und Schulungsdienstleistungsunternehmen mit Sitz in Washington, DC, das sich auf Cloud Computing, Business Intelligence und die Beratung zu Unternehmensanwendungen für staatliche Organisationen und Privatunternehmen spezialisiert hat. Vor der Gründung von HyerTek arbeitete er bei Oracle und IBM. Jack ist der Autor von *Power BI für Dummies*, *Azure für Dummies,* und *Tableau für Dummies.* Er promovierte im Fachbereich Informationssysteme an der Nova Southeastern University.

Widmung

An meine Kinder Jeremy und Emily: Ich hoffe, dass ihr das Lernen immer genauso liebt wie ich.

Danksagungen des Autors

Viele Leute waren daran beteiligt, *Power Platform für Dummies* wahr werden zu lassen. Vielen Dank an den leitenden Lektor Steve Hayes und die leitende Lektorin Kristie Pyles, dass sie mir erlaubt haben, dieses Buch zu schreiben (und so viele andere Projekte *für Dummies* in den letzten fünf Jahren). Ein großes Dankeschön an Projektmanagerin Colleen Diamond und die Lektorinnen Colleen Diamond und Laura Miller, die mich während des gesamten Projekts auf Kurs gehalten haben – Sie haben dieses Buch zu einer fantastischen Lektüre gemacht! Ein herzliches Dankeschön an die Fachlektorin Jennifer Reed, die sichergestellt hat, dass der Inhalt des Buches inhaltlich einwandfrei ist. Außerdem danke ich Carole Jelen von Waterside Productions, die mir ein weiteres spannendes Projekt ermöglicht hat, das ich mit der Welt teilen kann. Und schließlich danke ich meiner Frau Debbie und meinen Kindern Jeremy und Emily, dass sie mir erlaubt haben, ein weiteres Buch in Angriff zu nehmen.

Auf einen Blick

Einleitung 27

Teil I: Power Platform – Grundlagen 33
- **Kapitel 1:** Microsoft Power Platform – ein Überblick 35
- **Kapitel 2:** Die Power Platform-Lösung – ein Überblick 47
- **Kapitel 3:** Dataverse entdecken 77

Teil II: Power Apps und Power Pages 119
- **Kapitel 4:** Entwicklung mit Power Apps – ein Überblick 121
- **Kapitel 5:** Canvas-Apps in Power Apps personalisieren und erstellen 145
- **Kapitel 6:** Datenlösungen mit modellgesteuerten Apps 181
- **Kapitel 7:** Modellgesteuerte Apps erweitern 215
- **Kapitel 8:** Websites mit Power Pages erstellen 243
- **Kapitel 9:** Power BI – Grundlagen 281

Teil III: Mit Power BI die Datenstory erzählen 297
- **Kapitel 10:** Mit Daten arbeiten 299
- **Kapitel 11:** Datenmodellierung für die Visualisierung 325
- **Kapitel 12:** Daten in Power BI visualisieren 345
- **Kapitel 13:** Mit Power BI Services teilen und zusammenarbeiten 375

Teil IV: Workflows durch Automatisierung vereinfachen 395
- **Kapitel 14:** Grundlagen der Automatisierung 397
- **Kapitel 15:** Erweiterte Automatisierung 427

Teil V: Der Top-Ten-Teil 441
- **Kapitel 16:** Zehn Best Practices bei der Entwicklung von Power Platform-Lösungen 443
- **Kapitel 17:** Zehn nützliche Ressourcen für Power Platform 449

Abbildungsverzeichnis 454
Stichwortverzeichnis 461

Inhaltsverzeichnis

Einleitung **27**
    Über dieses Buch.. 28
    Törichte Annahmen über die Leser 30
    Symbole, die in diesem Buch verwendet werden..................... 31
    Wie es weitergeht 32

TEIL I
POWER PLATFORM – GRUNDLAGEN **33**

Kapitel 1
Microsoft Power Platform – ein Überblick................... **35**
    Die Leistungsfähigkeit von Power Platform nutzen 35
        Vorteile von Low-Code- und No-Code-Entwicklungsplattformen 36
        No-Code-Plattformen 37
    Verbindung mit dem Microsoft-Ökosystem und darüber hinaus 38
    Die Plattformfunktionen unter der Lupe 39
        Power Apps... 40
        Dataverse 42
        Power BI... 43
        Power Automate.. 45
        Power Pages 46

Kapitel 2
Die Power Platform-Lösung – ein Überblick................. **47**
    Im Power Platform Admin Center die Kontrolle übernehmen 47
        Die Kernfunktionen des Power Platform Admin Centers............... 49
        Umgebungen 50
    Vorschau auf das Maker Portal 63
    Sicherheit und Governance 68
        Richtlinien zur Verhinderung von Datenverlust.................... 70
        DLP-Richtlinien verwalten.................................. 72
        Richtlinien zur Verhinderung von Datenverlust erstellen 72
        Datenrichtlinien bearbeiten und löschen......................... 74
    Datenschutz und Sicherheit..................................... 75

Kapitel 3
Dataverse entdecken... **77**
    Dataverse – eine Übersicht 78
    Tabellen in Dataverse bearbeiten 81
    Auswahl des richtigen Tabellentyps 82
        Tabellen – Grundlagen 82

Eine Dataverse-Standardtabelle erstellen	83
Tabellen mithilfe externer Datenquellen erstellen	88
Tabellen mit Copilot erstellen	91
Mit virtuellen Tabellen arbeiten	93
Daten aus Dataverse exportieren	95
Eine Dataverse-Tabelle anpassen	95
Beziehungen und Dataverse-Tabellen	98
Nachschlagen und Dataverse	99
Ansichten	100
Ansichtstypen für modellgesteuerte Apps	101
Eine Ansicht erstellen oder anpassen	103
Mit Formularen in modellgesteuerten Apps arbeiten	105
Ein Formular für eine modellgesteuerte App erstellen	106
Ein Formular einer modellgesteuerten App bearbeiten	107
Die Formulare »Schnellansicht«, »Schnell erstellen« und »Karten«	108
Daten in Dataverse visualisieren	110
Sicherheitsgrundlagen und Dataverse	110
Berechtigungen nach Rollen gruppieren	111
Das Dataverse-/Power Platform-Sicherheitsmodell	113
Geschäftsprozess-Flows folgen	114

TEIL II
POWER APPS UND POWER PAGES 119

Kapitel 4
Entwicklung mit Power Apps – ein Überblick 121

Anwendungen mithilfe von Power Apps entwickeln	122
Realitätscheck: Etwas Codierung ist erforderlich	123
Power Apps mit Datenquellen verbinden	124
Daten mit Aktionen verknüpfen	125
Eine Canvas-App entwerfen	126
Die Bedürfnisse Ihres Unternehmens ermitteln	126
Eine Verbindung zu den erforderlichen Daten herstellen	128
Die Oberfläche der Canvas-App entwerfen	129
Ihre Arbeit speichern und die Canvas-App freigeben	130
Einen App-Verlauf erstellen	132
App-Versionen überprüfen	132
Ihre Canvas-App teilen und verteilen	133
Eine modellgesteuerte App zusammenstellen	135
Vorteile modellbasierter Apps	137
Den Lebenszyklus der modellgesteuerten App definieren	137
Die Terminologie modellgesteuerter Apps	139
Lösungen verwalten und bereitstellen	141
Verwaltete und nicht verwaltete Lösungen	142
Eine verwaltete Lösung verwalten	142
Nicht verwaltete Lösungen für die Entwicklungs- und Testphase nutzen	143
CI/CD für modellgesteuerte Apps	143

Kapitel 5
Canvas-Apps in Power Apps personalisieren und erstellen .. 145
    Die Grundlage für die Canvas-App erstellen 145
        Der Beginn Ihrer Canvas-Reise. 146
        Den richtigen Canvas-Typ auswählen. 148
    Die Symbolleiste der Canvas-Apps 151
        Eine Datenverbindung auswählen. 152
        Die erforderlichen Bildschirme einrichten 155
    Steuerelemente in einer Canvas-App – die Grundlagen 156
        Ein Steuerelement hinzufügen und auswählen. 157
        Ein Steuerelement umbenennen. 158
        Ein Steuerelement löschen. 158
        Den Text oder die Beschriftung innerhalb eines
        Steuerelements ändern 158
    Bildschirme und Steuerelemente verwalten. 160
        Apps mithilfe der Symbolleiste konfigurieren 160
        Apps über die Bereiche »Eigenschaften« und »Erweitert«
        konfigurieren 160
        Änderungen mit der Formelleiste anwenden 162
    Eine benutzerdefinierte Navigation erstellen 162
    Eine To-do-Listen-App mit drei Bildschirmen erstellen 163
        Die To-do-Listen-App einrichten 164
        Einen Durchsuchen-Bildschirm erstellen 165
        Einen Detailbildschirm hinzufügen 172
        Einen Bildschirm zum Bearbeiten/Erstellen bereitstellen 175
        Das Endprodukt überprüfen 178

Kapitel 6
Datenlösungen mit modellgesteuerten Apps. 181
    Modellgesteuerte Apps – ein Überblick 181
    Das Design 182
        Mit Seiten in modellgesteuerten Apps beginnen 183
        Geschäftsprozesse in modellbasierten Apps automatisieren. 184
        Geschäftsregeln befolgen. 184
        Geschäftsprozess-Flows folgen 185
        Wissen, wann der modellgesteuerte Ansatz verwendet werden soll. 185
        Mindestanforderungen für eine modellgesteuerte App 186
    Kernkomponenten zum Erstellen einer modellgesteuerten App verwenden . . . 188
        Eine Dataverse-Tabellenseite erstellen. 190
        Eine Dataverse-Tabelle und ihre Formularelemente ändern 192
        Eine Tabellenspalte ausblenden 192
        Eine ausgeblendete Spalte wieder sichtbar machen 193
        Eine Spalte von der App aus hinzufügen 194
        Mit Seitenkomponenten kreativ werden 195
        Bessere Übersicht mit der Strukturansicht 196
        Eine Seitenstruktur erstellen, die die Navigation unterstützt 198
        Bereiche aktivieren 199

Einen neuen Bereich hinzufügen. 199
Eine Gruppe erstellen 200
Spaß mit Formularen 200
Erste Schritte mit Formularlayouts 201
Ein Hauptformular erstellen. 202
Registerkarten zu Ihrem Formular hinzufügen 203
Dem Hauptformular Tabellenspalten hinzufügen 204
Ein Raster und ein Suchfeld zu einer Registerkarte hinzufügen 205
In Ansichten eintauchen. 207
Ansichten basierend auf Rollen und Verantwortlichkeiten zuweisen 208
Öffentliche Ansichten verstehen 208
Eine Ansicht erstellen oder bearbeiten. 209
Eine vorhandene öffentliche Ansicht erstellen 210
Eine neue Ansicht erstellen 212

Kapitel 7
Modellgesteuerte Apps erweitern 215

Diagramme und Dashboards. 215
Visualisierungen aus Dataverse erstellen. 217
Mit Dashboards eine Geschichte erzählen. 220
Ein Dashboard in eine modellgesteuerte App einbetten. 222
Power BI-Berichte und Dashboards einbetten 224
Eingebettete Komponenten in eine modellgesteuerte App integrieren . . . 225
Geschäftsprozess-Flows erstellen. 227
Einen Geschäftsprozess-Flow erstellen 228
Phasen konfigurieren 230
Schritte konfigurieren 231
Verzweigungsbedingungen anwenden 233
Den Geschäftsprozess-Flow abschließen. 234
Die Sicherheit in modellgesteuerten Apps kontrollieren. 235
Eine Sicherheitsrolle erstellen 236
Eine Sicherheitsrolle bearbeiten 239
Eine App freigeben. 240

Kapitel 8
Websites mit Power Pages erstellen. 243

Was Power Pages leisten kann 244
Bereitstellung einer Power Pages-Website 246
Dynamics 365-Vorlagen verwenden. 252
Das Power Pages-Toolset 253
Power Pages Design Studio 254
Auf den Registerkarten »Seiten«, »Styling«, »Daten«, »Einrichten«
und »Sicherheit« navigieren. 254
Registerkarte »Seiten« 256
Registerkarte »Styling« 259
Registerkarte »Daten«. 260

Registerkarte »Einrichten« 263
    Registerkarte »Sicherheit« 267
    Power Pages Management-App verwenden 268
Funktionen in Power Pages integrieren 269
    Listen in eine Power Pages-Website integrieren 269
Formulare in eine Power Pages-Website einbinden. 271
    Formulare mit Copilot erstellen. 272
    Vorgefertigte Formulare verwenden. 274
    Dataverse-Tabellen in Power Pages-Websites verwenden 274
    Power BI in eine Power Pages-Website integrieren 276
Das Power Pages Toolset erweitern 278
    Die Auszeichnungssprache Liquid. 278
    Webvorlagen. 278
    JavaScript und CSS 279
    Code-Editoren verwenden 279

Kapitel 9
Power BI – Grundlagen 281
Ein Blick hinter die Kulissen von Power BI. 281
    Fragen stellen mit Power Query 283
    Modellieren mit Power Pivot 283
    Visualisieren mit Power View 283
    Daten mit Power Map zuordnen 284
Daten mit Power Q&A interpretieren 284
    Power BI Desktop. 284
    Power BI Services 285
Die Power BI-Terminologie. 285
    Kapazitäten 285
    Arbeitsbereiche 286
    Berichte 287
    Dashboards. 289
    Ansichten. 289
    Canvas 290
    DirectQuery. 291
Vergleich der Desktop- und Serviceoptionen 293
    Updates verwalten. 294
    Merkmale vergleichen. 295

TEIL III
MIT POWER BI DIE DATENSTORY ERZÄHLEN. 297

Kapitel 10
Mit Daten arbeiten 299
Daten aus der Quelle abrufen. 299
Datenquelleneinstellungen verwalten 305
Mit freigegebenen und lokalen Datasets arbeiten 306

Den richtigen Speicher- und Verbindungsmodus auswählen. 309
Datenquellen – eine Herausforderung! 310
    Daten aus auf Microsoft basierenden Dateisystemen abrufen 310
    Mit relationalen Datenquellen arbeiten 311
    Relationale Datenbanken 313
    Nichtrelationale Datenbanken. 314
    SQL-Abfragen verwenden. 316
    JSON-Dateien 316
    Online-Quellen 318
Daten bereinigen, transformieren und laden 320
    Anomalien und Inkonsistenzen erkennen 320
    Datenstrukturen und Spalteneigenschaften überprüfen 321
Dateneigenschaften schnell ändern. 322

Kapitel 11
Datenmodellierung für die Visualisierung 325

Ein Datenmodell erstellen 325
    Tabellenansicht und Modellierungsansicht 326
    Abfragen importieren 329
    Datentypen definieren 330
    Formatierung und Datentypeigenschaften 331
    Tabellen verwalten. 332
    Tabellen hinzufügen 332
    Tabellen umbenennen 333
    Tabellen löschen. 335
    Spalten umbenennen und löschen 336
    Daten in Tabellen hinzufügen und ändern. 337
Beziehungen verwalten 338
    Beziehungen automatisch erstellen 338
    Beziehungen manuell erstellen 338
    Beziehungen löschen. 339
    Daten in Tabellen klassifizieren und codieren. 340
Daten anordnen. 340
    »Sortieren nach« und »Gruppieren nach« 340
    Daten ausblenden 341
Datenmodelle veröffentlichen. 342

Kapitel 12
Daten in Power BI visualisieren 345

Berichte und Visualisierungen – Grundlagen 345
    Visualisierungen erstellen. 346
    Eine Visualisierung auswählen. 347
    Daten filtern 348
Die beste Visualisierung für eine Aufgabe wählen 350
    Balkendiagramme und Säulendiagramme. 350
    Einfache Liniendiagramme und Flächendiagramme 354
    Liniendiagramme und Balkendiagramme kombinieren 356

Bänderdiagramme 356
Wasserfalldiagramme 357
Trichterdiagramme 357
Streudiagramme 359
Kreis- und Donut-Diagramme 359
Treemaps. 361
Indikatoren 361
Karten und Multikarten 362
Slicer 363
Berichtsvisualisierungen formatieren und konfigurieren 364
Die Berichtsseite konfigurieren 365
Symbole in einem Bericht entfernen 368
Berichte vom Desktop im Web veröffentlichen 369
Dashboards 370
Dashboards konfigurieren 371
Ein neues Dashboard erstellen 371
Ein Dashboard mit Inhalten füllen 372
Berichte anheften 373

Kapitel 13
Mit Power BI Services teilen und zusammenarbeiten 375

In einem Arbeitsbereich zusammenarbeiten 375
Arbeitsbereichstypen definieren 376
Arbeitsbereiche – Grundlagen 378
Arbeitsbereiche erstellen und konfigurieren 379
Erste Schritte mit der Zugriffsverwaltung 381
Umgang mit Einstellungen und Speicher 382
Daten aufteilen und zerlegen 384
Von schnellen Einblicken profitieren 385
Berichte mit Nutzungsmetriken 386
Paginierte Berichte 387
Fehlerbehebung bei der Verwendung der Datenherkunft 389
Datasets, Dataflows und Datenherkunft 391
Die Arbeitsbereichs- und Berichtssicherheit in Power BI verwalten 391
Einen Arbeitsbereich sichern 391
Berichte freigeben 393

TEIL IV
WORKFLOWS DURCH AUTOMATISIERUNG VEREINFACHEN 395

Kapitel 14
Grundlagen der Automatisierung 397

Power Automate kennenlernen 397
Wichtige Konzepte verstehen 398
Auf der Power Automate Startseite navigieren 399
Mit Copilot auf Entdeckungstour 401
Flow-Typen – Grundlagen 404

Mit Cloud-Flows arbeiten 405
    Einen Cloud-Flow-Typ auswählen 405
    Einen Cloud-Flow ohne Vorlage erstellen........................... 406
    Mit automatisiertem Cloud-Flow ohne Vorlage arbeiten.............. 407
    Sofortige Cloud-Flows ohne Vorlage erstellen...................... 409
    Mit einem geplanten Cloud-Flow ohne Vorlage arbeiten.............. 412
    Automatisieren mit Vorlagen und Konnektoren...................... 416
    Eine Aufgabe mit einer Vorlage automatisieren 416
    Konnektoren zum Automatisieren einer Aufgabe verwenden 418
Desktop-Flows entdecken 419
    Desktop-Flow-Typen – Grundlagen.................................. 419
    Einen beaufsichtigten Flow erstellen............................. 419
    Unbeaufsichtigte Flows ohne Unterstützung ausführen 422
Aufzeichnungs-Flows... 424

Kapitel 15
Erweiterte Automatisierung 427
Der neue Cloud Flow Designer 427
Parameter im Aktionskonfigurationsbereich 429
    Adressierungseinstellungen im Bereich Aktionskonfiguration........ 430
    Die Codeansicht im Bereich »Aktionskonfiguration« 431
Trigger und Genehmigungen... 431
    Trigger in einem vorhandenen Workflow optimieren 432
    Trigger unter Verwendung von Bedingungen anpassen 434
Taktische Genehmigungen... 435
    Einen gemeinsamen Genehmigungs-Flow aufbauen..................... 436
Lizenzbeschränkungen bei der Automatisierung............................. 439

TEIL V
DER TOP-TEN-TEIL 441

Kapitel 16
Zehn Best Practices bei der Entwicklung von Power
Platform-Lösungen 443
Konzentration auf die wesentlichen Geschäftsanforderungen 443
Übertreiben Sie es nicht mit der Entwicklung von Prozessen
und Datenmodellen 444
Halten Sie Ihre Daten blitzsauber 444
Automatisieren Sie Ihre Prozesse intelligent............................. 445
Entwickeln Sie ein Kompetenzzentrum 445
Optimieren Sie für alle Plattformen 446
Implementieren Sie Versionskontrolle und Lebenszyklusmanagement......... 446
Achten Sie auf durchgängige Überwachung und Optimierung der
Power Platform-Funktionalität... 447
Fokus auf die Sicherheit durch geringstmögliche Zugriffsrechte............ 447
Nutzen Sie modulare Designansätze 448

Kapitel 17
Zehn nützliche Ressourcen für Power Platform **449**
    Microsoft Learn 449
    Microsoft-Dokumentation 450
    Die Power Platform-Community 450
    Power CAT Live 451
    Redmond Channel Partners 451
    Podcasts 451
    Online-Videos 452
    Schulungsplattformen 452
    Codebeispiele und Snippets 453
    Technische Konferenzen 453

Abbildungsverzeichnis **454**
Stichwortverzeichnis **461**

Einleitung

Microsoft Power Platform ermöglicht es Organisationen, die Art und Weise, wie sie Geschäftslösungen entwickeln und bereitstellen, neu zu gestalten. Microsoft hat die Power Platform-Suite so konzipiert, dass jeder Benutzer, vom Business-Analysten bis zum erfahrenen Entwickler, schnell datengesteuerte Ergebnisse erzielen kann. Benutzer aller Qualifikationsstufen in einer Organisation können Lösungen zum Analysieren von Daten, für die Automatisierung von Prozessen oder die Entwicklung autonomer Agenten und mehr erstellen. Erfahrene Entwickler können sich dank der damit eingesparten Zeit auf anspruchsvollere Aufgaben konzentrieren, für die ein stärkerer analytischer Fokus erforderlich ist. Dies alles wird durch die leistungsstarken Low-Code-Anwendungen und -Dienste der Power Platform-Suite ermöglicht.

In diesem Buch werden die Funktionen der einzelnen Komponenten von Power Platform erläutert, und es wird gezeigt, wie Sie die Umgebung einrichten, um die verfügbaren Anwendungen optimal zu nutzen. Hier ein kurzer Überblick über die in diesem Buch behandelten Power Platform-Anwendungen sowie eine kurze Beschreibung ihrer Funktion:

- **Power Apps (Canvas und modellgesteuert):** Ermöglicht die Erstellung benutzerdefinierter Anwendungen, die stark grafisch oder datengesteuert sind.

- **Power BI:** Werkzeug für Business Intelligence und Datenanalyse zur Erstellung aussagekräftiger Berichte und Dashboards.

- **Power Automate:** Dient der Automatisierung von Geschäftsprozessen und Workflows über verschiedene Anwendungen und Dienste hinweg.

- **Dataverse:** Stellt eine sichere und skalierbare Datenplattform für Power Platform-Anwendungen bereit und ermöglicht die zentrale Speicherung und Verwaltung von Daten.

- **Power Pages:** Ermöglicht die Entwicklung datengestützter, benutzerfreundlicher Websites mit wenig Code.

- **Copilot für Power Platform:** Unterstützt die Erstellung intelligenter virtueller Agenten und Applikationen durch generative KI.

Dieses Buch soll Ihnen als Kompass bei der Navigation durch die weitläufige Welt der Microsoft Power Platform dienen und Ihnen das Wissen und die Fähigkeiten vermitteln, die Sie benötigen, um irgendwann ihr volles Potenzial auszuschöpfen. Sie werden bei Weitem nicht alles lernen, was Sie für den schwarzen Gürtel brauchen, aber *Microsoft Power Platform für Dummies* vermittelt Ihnen die Grundlagen, die Sie benötigen, um schnell und in großem Umfang Anwendungen, Datenprodukte und Workflow-Automatisierungen zu erstellen.

Über dieses Buch

Microsoft Power Platform ist eine Suite aus Low-Code-Lösungen, die ein sicheres und vertrauenswürdiges Framework bieten, das auf Microsoft Cloud Services basiert und mit anderen Microsoft-Produkten wie Azure, Dynamics 365 und Microsoft 365 kombiniert werden kann. Die meisten Benutzer, die die Power Platform nutzen, benötigen keine umfassenden Fachkenntnisse, obwohl für einige Funktionen etwas mehr praktisches Wissen notwendig ist. *Microsoft Power Platform für Dummies* ist für die folgenden Benutzer gedacht:

- ✔ **Business-Analysten:** Diese Benutzer nutzen Power BI, um Daten zu analysieren, Berichte zu erstellen und Erkenntnisse abzuleiten, die ihnen fundierte Entscheidungen ermöglichen. Sie verwenden Power Apps auch, um benutzerdefinierte Geschäftsanwendungen zu erstellen, ohne Code schreiben zu müssen.

- ✔ **IT-Experten:** IT-Benutzer sind keine Entwickler, sondern arbeiten beispielsweise als Daten- und Sicherheitsingenieure. Jede dieser Rollen verwendet die Power Platform, um Geschäftsprozesse zu automatisieren, Daten- und App-Umgebungen zu verwalten, Authentifizierung und Autorisierung für Anwendungen einzurichten, Datenverwaltung durchzusetzen und dies mithilfe von Power Automate und Power Apps in vorhandene Systeme zu integrieren.

- ✔ **Entwickler:** In der Power Platform-Community gibt es zwei Arten von Entwicklern: *Citizen Developer* (Entwickler mit Anfänger- und Fortgeschrittenenkenntnissen) und *professionelle Entwickler* (wahrscheinlich mit einem Abschluss in Informatik).

  - **Citizen Developer** entwickeln mithilfe der Power App Canvas-Funktionen in der Regel Anwendungen, die wenig bis gar keinen Code erfordern. Diese Benutzer erstellen auch eher weniger anspruchsvolle Berichte und wenden die Workflows an, um schnell eine Lösung bereitzustellen.

  - **Professionelle Entwickler** erweitern die Funktionen der Power Platform, indem sie benutzerdefinierte Konnektoren erstellen, externe Datenquellen integrieren und Azure-Funktionen für komplexere Workflows oder Prozesse verwenden. Professionelle Entwickler verfügen meist über Kenntnisse als .NET- oder Webentwickler, sodass ihre Erfahrung bei der Bereitstellung von Webanwendungen die Leistungsfähigkeit der Plattform erweitert.

- ✔ **Datenwissenschaftler und -analysten:** Benutzer, deren Aufgabe es ist, Daten in umsetzbare Erkenntnisse umzuwandeln, verwenden Power BI zusammen mit KI-basierten Lösungen wie Fabric und Copilot, um umfassende Datenmodelle zu erstellen, Analysen durchzuführen und Erkenntnisse im gesamten Unternehmen zu teilen. Das Ergebnis der Arbeit der Datenexperten sind leistungsstarke Berichte, Dashboards und KPIs zur Verbreitung innerhalb einer Lösung.

- ✔ **Endbenutzer:** Wenn die Lösung fertig ist, profitieren Endbenutzer von den Anwendungen und der Automatisierung, die über alle Power Platform-Anwendungen hinweg orchestriert werden. Endbenutzer erhalten Zugriff auf benutzerdefinierte Apps für tägliche Aufgaben, greifen auf Berichte und Dashboards zu, die Power BI für Erkenntnisse unabhängig oder eingebettet in eine App nutzen. Außerdem profitieren

Endbenutzer von automatisierten Workflows, die Prozesse vereinfachen, unabhängig davon, ob die Automatisierung desktopbasiert oder in der Cloud erfolgt.

✔ **Administratoren:** Im Gegensatz zu Entwicklern, die die Anwendungen erstellen und verwalten, muss der Administrator sicherstellen, dass die Anwendungen in der Cloud die entsprechenden Compliance-, Sicherheits- und Datenressourcen anwenden. Administratoren überwachen die Bereitstellung von Anwendungen über einen oder mehrere Mandanten hinweg, sorgen dafür, dass Authentifizierungs- und Autorisierungsrechte von Microsoft 365 und Dynamics 365 weitergegeben werden, und überwachen die Integrität der Anwendungsumgebung.

Dieses Buch bietet für jeden etwas, der Schwerpunkt liegt jedoch auf dem echten »Power-User«, der über technische Grundkenntnisse verfügt und lernen möchte, Lösungen zu entwickeln, Daten zu analysieren oder die Anwendung zu verwalten.

Im gesamten Buch werden bestimmte Konventionen verwendet, um Sie auf Ihrer Reise zu unterstützen.

✔ **Fett ausgezeichneter Text** bedeutet, dass Sie den Text genauso eingeben sollen, wie er im Buch steht. Eine Ausnahme besteht, wenn Sie eine Schrittliste durcharbeiten: Da jeder Schritt fett gedruckt ist, ist der einzutippende Text nicht fett gedruckt.

✔ Webadressen und Codeausschnitte werden in Listingfont angezeigt. Wenn Sie die digitale Ausgabe von *Power Platform für Dummies* lesen, können Sie auf diese Links klicken, und sie führen Sie im Handumdrehen zur gewünschten URL.

✔ In einigen Fällen werden Befehlssequenzen mit der Low-Code-Sprache von Power Platform gezeigt, Power Fx. Die Befehle werden in Kapitälchen dargestellt, beispielsweise TABELLEN|NEUE TABELLE ERSTELLEN.

✔ Einige Abbildungen enthalten schwarze Pfeile, Rechtecke um einen Bildschirmabschnitt oder einen Buchstaben, der auf eine oder mehrere Anwendungsfunktionen verweist. Dies soll Ihnen helfen, zu bestimmten Verweisen im Text zu gelangen.

Um den Inhalt leichter zugänglich zu machen, ist dieses Buch in fünf Teile gegliedert:

✔ **Teil I, »Power Platform – Grundlagen«,** ist Ihr Einstieg in Power Platform. In Kapitel 1 lernen Sie die Terminologie kennen, und die Kapitel 2 und 3 behandeln Verwaltungs- und Datenkonzepte, die für das Erstellen von Lösungen unerlässlich sind.

✔ **Teil II, »Power Apps und Power Pages«,** ist Ihr Crashkurs zum Erstellen von Canvas-Apps, modellgesteuerten Apps und Portalen, die alle mit einer gemeinsamen Konstruktion, Power Apps, erstellt werden.

✔ **Teil III, »Mit Power BI die Datenstory erzählen«,** nimmt Sie mit auf eine Reise von der Datenerkundung und -bereinigung bis hin zur Visualisierung und Freigabe mithilfe der Unternehmensdatenanalyselösung Power BI von Microsoft.

✔ **Teil IV, »Workflows durch Automatisierung vereinfachen«,** stellt die Cloud- und Desktop-Workflow-Automatisierung mithilfe von Power Automate vor. Sie erhalten praktische Erfahrung mit grundlegenden Übungen unter Verwendung von Triggern,

Aktionen, Flows (automatisiert, sofort und geplant), Konnektoren, Bedingungen, Schleifen und Ausdrücken, die alle zur Automatisierung von Workflows zwischen Apps und Diensten verwendet werden.

✔ **Teil V, »Der Top-Ten-Teil«,** bietet Ihnen Zugriff auf bewährte Verfahren und Ressourcen von Drittanbietern, die viele Branchenprofis bei der Suche nach Hilfe nutzen.

Törichte Annahmen über die Leser

Die Begegnung mit der Microsoft Power Platform kann aufgrund ihrer umfangreichen Funktionen zunächst durchaus einschüchternd sein. Microsoft hat die Power Platform als umfassende Suite für Geschäftsanalysen, App-Entwicklung und Prozessautomatisierung konzipiert, mit dem Ziel, dass alle Benutzer mit der Plattform interagieren können. Realitätscheck: Es gibt viele Nuancen, mit denen ein Neuling nicht von Anfang an zurechtkommt. Da das Ziel darin besteht, über die Erstellung einfacher Apps, Workflows und Dateneinblicke hinauszugehen, erfordert die Breite der Angebote der Power Platform ein gewisses technisches Verständnis und kann manchmal entmutigend wirken.

Dieses Buch wurde entwickelt, um Endbenutzer durch die kritischen Funktionen von Power Platform zu führen, ohne vorherige Fachkenntnisse oder tiefgehende technische Kenntnisse vorauszusetzen. Dieses Buch ist kein Leitfaden für Zertifizierungsanwärter oder Personen, die sich in die Plattformverwaltung oder fortgeschrittene Entwicklungstechniken vertiefen möchten. Für diese Bereiche gibt es auf dem Markt andere Ressourcen, die spezieller darauf ausgelegt sind. In *Microsoft Power Platform für Dummies* verweise ich Sie gegebenenfalls auf die offizielle Microsoft-Dokumentation und andere Ressourcen, wo Sie Ihr Verständnis spezifischer technischer Details nach Bedarf erweitern können. Denken Sie daran, dass dieses Buch als Leitfaden für Entwickler mit Anfänger- bis Fortgeschrittenenkenntnissen dienen soll, die einen Vorgeschmack auf jede wichtige Funktion der Power Platform bekommen möchten. Außerdem entwickelt sich die Plattform ständig weiter; was in der ersten Ausgabe von Power Platform für Dummies präsentiert wird, kann leicht von Ihrer aktuellen Benutzererfahrung mit jedem der Tools abweichen. Warum ist das so? Microsoft nimmt fast wöchentlich Updates an der Benutzererfahrung und Funktionalität vor (manchmal sogar häufiger), insbesondere was Microsoft Copilot betrifft. Seien Sie also nicht beunruhigt über etwaige Abweichungen.

Um sicherzustellen, dass Sie diesem Buch folgen und es optimal nutzen können, habe ich unsere Reise auf einigen wichtigen Annahmen über Ihre Ausgangssituation aufgebaut:

✔ **Zugriff auf Power Platform-Tools:** Ich gehe davon aus, dass Sie eine Lizenz für Microsoft 365 erworben haben, das viele Anwendungen der Power Platform-Suite enthält, darunter Power Apps, Power Automate und Power BI. Um mehr von den erweiterten Funktionen nutzen zu können, empfehle ich den Erwerb der Premium-Lizenzen pro Benutzer. Während bestimmte Aspekte dieser Tools kostenlos verfügbar sind, wie zum Beispiel Power BI Desktop, ist für die umfassende Nutzung der Plattform häufig ein kostenpflichtiges Abonnement erforderlich.

✔ **Internetverbindung:** Das mag einfach erscheinen, ist aber entscheidend. Alle Komponenten von Power Platform erfordern eine Internetverbindung, da Power Platform zu 100 Prozent Cloud-basiert ist.

✔ **Engagement für ein sinnvolles Projekt:** Es wird davon ausgegangen, dass Sie ein Projekt oder ein Dataset haben, die für Ihre Arbeit oder Interessen von Bedeutung und geeignet sind. Im gesamten Buch gebe ich ein thematisches Beispiel vor und zitiere Beispiel-Datasets. Wenn Sie das Gelernte jedoch auf Ihre eigenen Erfahrungen in der realen Welt anwenden, verbessert dies Ihr Verständnis und Ihre Fähigkeiten erheblich. Ein sinnvolles Projekt sollte ein Dataset umfassen, das komplex genug ist, um Sie herauszufordern, aber nicht so umfangreich, dass es für Lernzwecke unüberschaubar ist.

✔ **Grundlegendes Verständnis Ihrer Geschäftsprozesse:** Ich gehe davon aus, dass Sie über ein grundlegendes Verständnis der Geschäftsprozesse verfügen, die Sie verbessern oder automatisieren möchten. Power Platform ist am leistungsfähigsten, wenn es in realen Szenarien angewendet wird. Wenn Sie die Prozesse verstehen, die Sie verbessern möchten, wird Ihnen das Erlernen der effektiven Nutzung der Plattform sehr helfen.

Wenn Sie mit diesen grundlegenden Tools und Kenntnissen ausgestattet sind, sind Sie besser in der Lage, die komplexeren Funktionen von Power Platform zu erkunden und scheinbar schwierige Aufgaben in leistungsstarke Lösungen umzuwandeln.

Symbole, die in diesem Buch verwendet werden

Im Verlauf von *Microsoft Power Platform für Dummies* werden Ihnen einige Symbole angezeigt. Sie bedeuten Folgendes:

Tipps helfen Ihnen dabei, Abkürzungen oder Möglichkeiten zu erkennen, um die Entwicklung und Bereitstellung von Power Platform-Lösungen zu beschleunigen.

Dieses Symbol hilft Ihnen, die großen Konzepte zu erkennen, die Sie verstehen müssen, um Microsoft Power Platform kompetent nutzen zu können. Betrachten Sie diese als das Fundament für die Arbeit.

Das Techniker-Symbol macht auf technische Konfigurationen, Einstellungen oder Funktionen aufmerksam, die über die Low-Code-Ankündigung hinausgehen, mit der Microsoft für Power Platform wirbt.

Geraten Sie nicht in Panik, wenn Sie das Warnsymbol sehen. Diese Warnungen weisen auf technische Besonderheiten hin, die Ihrer Aufmerksamkeit bedürfen.

Wenn eine Ressource im Web verfügbar ist, insbesondere eine unverzichtbare Ressource von Microsoft, finden Sie hier einen Link, der Ihnen empfiehlt, sie schnell zu finden. Viele dieser Links bieten Zugriff auf Ressourcen und Codeausschnitte, die einfach nicht in ein Buch *für Dummies* passen.

Wie es weitergeht

In diesem Buch werden Sie außerdem auf öffentlich verfügbare Datasets und kostenlose Dienstprogramme verwiesen, die Ihnen dabei helfen können, die Bereitstellung von Power Platform-Lösungen zu beschleunigen.

Power Platform ist als Komplettlösung gedacht, das heißt, alle Anwendungen unterstützen sich gegenseitig. Wie Sie sich vorstellen können, verwenden die meisten Benutzer es jedoch nicht auf diese Weise. Aus diesem Grund können Sie in jedem beliebigen Kapitel dieses Buchs beginnen und werden problemlos zurechtkommen. Wenn Sie sich nur auf die Datenanalyse konzentrieren möchten, beginnen Sie mit Teil 3. Wenn Sie mehr über die datengesteuerte Website-Entwicklung erfahren möchten, lesen Sie Kapitel 8. Das Buch wurde modular aufgebaut, und wenn Sie zwischen den Kapiteln hin- und herspringen müssen, dann nur zu. Sie werden nichts verpassen!

Teil I
Power Platform – Grundlagen

IN DIESEM TEIL ...

✔ Erfahren Sie, was Sie und Ihr Unternehmen mit Power Platform erreichen können.

✔ Erkunden Sie das Power Platform Admin Center und das Power Apps Maker Portal.

✔ Verwenden Sie Microsoft Dataverse, um große Datasets zu organisieren und zu sichern, und erstellen Sie Geschäftsprozess-Flows für modellgesteuerte Anwendungen.

> **IN DIESEM KAPITEL**
>
> Den Wert von Microsoft Power Platform für Ihr Unternehmen erkennen
>
> Die Schlüsselkomponenten von Power Platform identifizieren

Kapitel 1
Microsoft Power Platform – ein Überblick

Bis vor Kurzem konnten nur qualifizierte Techniker Software entwickeln, Datenanalysen durchführen, Arbeitsabläufe automatisieren und mit künstlicher Intelligenz arbeiten. Heute können Business-Technologie-Tools wie die Microsoft Power Platform Benutzern nahezu aller Qualifikationsstufen bei der Anwendungsentwicklung und Datenanalyse helfen. Mit diesen Tools können Sie Unternehmenslösungen auf einfachen Drag-and-drop-Oberflächen entwickeln – die gesamte Codierung erfolgt im Hintergrund.

Dieses Kapitel bietet einen Überblick über die in Microsoft Power Platform enthaltenen Funktionen. Ich bespreche die Vorteile, die diese äußerst anpassungsfähige und offene Plattform bietet. Sie vereinfacht Geschäftsabläufe erheblich und bietet umfangreiche Integrationsmöglichkeiten, nicht nur zwischen Microsoft-Anwendungen, sondern auch für eine breite Palette von Anbietern außerhalb des Microsoft-Ökosystems.

Die Leistungsfähigkeit von Power Platform nutzen

Microsoft Power Platform umfasst eine Suite von Microsoft-Tools, mit denen Benutzer aller Qualifikationsstufen schnell Anwendungen entwickeln können. Sie müssen kein Programmierer sein, um diese Tools nutzen zu können. Sie müssen lediglich wissen, wie alle Tools zusammenarbeiten, und über ein gewisses logisches Denkvermögen für die Anwendungen verfügen.

Jetzt fragen Sie sich vielleicht, was ich mit einer *Suite* meine. Es bedeutet, dass Power Platform eine Sammlung von Tools in einer einzigen Anwendung umfasst: Tools für die Anwendungsentwicklung, die Unternehmensdatenanalyse, die Workflow-Automatisierung, virtuelles Agentendesign, die Bereitstellung von Datenverbindungen und Datenplattformdesign. Die Microsoft 365-Suite bündelt ebenfalls eine Sammlung von Tools: Word für die Dokumentenverwaltung, Excel für die Datenanalyse, PowerPoint für Präsentationen und Access für verbraucherorientiertes Datenbankmanagement.

Tabelle 1.1 listet die in Microsoft Power Platform enthaltenen Tools auf und beschreibt kurz ihren Zweck. Im Abschnitt »Plattformfunktionen – eine Übersicht« weiter unten in diesem Kapitel werden die einzelnen Tools bzw. Komponenten von Power Platform ausführlicher erläutert.

Tool	Funktion
Power Apps	Low-Code-Entwicklungstool zum Erstellen benutzerdefinierter Geschäftsanwendungen. Macht die App-Erstellung zugänglicher und weniger zeitaufwendig.
Power BI	Ein ausgereiftes Tool zur Datenvisualisierung und Geschäftsanalyse. Benutzer können umfassende Berichte und Dashboards mit einer Vielzahl von Diagrammen und visuellen Darstellungen erstellen.
Power Automate	Robustes Tool zur Geschäftsprozessautomatisierung für den Desktop und die Cloud mit Schwerpunkt auf betrieblicher Effizienz.
Power Pages	Ein Webdesign-Tool, mit dem Sie professionelle Websites oder öffentliche Portale erstellen können, ohne Code schreiben zu müssen. Integriert mit Power Apps, Power Automate und Power BI.
Dataverse	Ein Cloud-basiertes Daten-Repository, das es Benutzern ermöglicht, Daten zu speichern und zu verwalten, die von Geschäftsanwendungen wie Power Platform und Dynamics 365 verwendet werden.

Tabelle 1.1: Funktionen der Tools in Microsoft Power Platform

Vorteile von Low-Code- und No-Code-Entwicklungsplattformen

Low-Code- und *No-Code-Entwicklung* bedeutet, dass ein Entwickler, ob professioneller Entwickler oder Citizen Developer, ein Produkt für das Web entwerfen und entwickeln kann, indem er eine Reihe intuitiver Drag-and-drop-Tools verwendet, für die wenig oder kein Code geschrieben werden muss. Natürlich müssen Sie Ihre Objekte auf der Anwendungs- oder *Berichtsfläche,* dem Bereich, in dem Sie die Low-Code-Funktion entwerfen, zusammenführen, indem Sie auf bestimmte Parameter verweisen (mithilfe von Kurzreferenzen *oder* Codeausschnitten). Aber Sie müssen auf keinen Fall längere Codesequenzen schreiben, nur damit ein Benutzer auf eine Schaltfläche klicken oder ein Dropdown-Menü aktivieren kann. Diese Zeiten sind lange vorbei.

Im Gegensatz zu herkömmlichen Programmierern gibt es zwei Typen von Power Platform-Entwicklern: Citizen Developer und professionelle Entwickler:

✔ **Citizen Developer:** Weiß genug, um in Bezug auf Webentwicklung und sein Geschäft wirkungsvoll zu arbeiten, verfügt jedoch über keine professionelle Ausbildung in der Entwicklung vollständiger Softwareanwendungen.

✔ **Professioneller Entwickler:** Verfügt über langjährige Erfahrung mit Programmiersprachen, die in Microsoft Visual Studio verfügbar sind, und versteht mehr als nur Drag-and-drop-Funktionen. Professionelle Entwickler sind mit mehr als einer Programmiersprache (wie C# und PowerShell) und Frameworks wie .NET Framework und ASP.NET vertraut.

Low-Code-Plattformen

Low-Code-Plattformen wie Power Platform bieten vorgefertigte Komponenten, Vorlagen und Drag-and-Drop-Tools, sodass Entwickler den manuellen Programmieraufwand für die Entwicklung von Anwendungen reduzieren können. Beachten Sie, dass ich »reduzieren« sage – Sie müssen wahrscheinlich immer noch manuell programmieren, selbst wenn Sie für die Erstellung Ihres Endprodukts in einer sehr visuellen Umgebung arbeiten und nicht nur in einem aufgemotzten Code-Editor.

Wenn Sie in der visuellen Entwicklungsumgebung einer Low-Code-Plattform arbeiten, können Sie Anwendungskomponenten wie Kontrollkästchen, Dropdown-Menüs, Beschriftungen oder Galerien per Drag-and-drop verschieben, sie mithilfe vordefinierter Workflows, Datenverbindungen oder benutzerdefinierter Formeln verbinden und die Eigenschaften jeder Komponente über logische Einheiten konfigurieren. Die meisten Entwickler müssen jedoch ein gewisses Maß an Code manuell erstellen, um komplexe Funktionen oder Logiken zu integrieren. Komplexere Codierungspraktiken können die Verwendung mehrstufiger Logik wie eine If-else- oder Do-while-Logik umfassen.

Low-Code-Plattformen können Ihnen bei der schnellen Entwicklung helfen, wenn Sie Ihre Programme im Laufe der Zeit erweitern müssen. Egal, ob Sie ein professioneller Entwickler mit jahrzehntelanger Erfahrung oder ein Branchenprofi sind, der schnell funktionale Lösungen erstellen muss, diese Plattformen können Ihnen helfen. Branchenprofis möchten beispielsweise häufig ältere .NET-Anwendungen in modellgesteuerte Power Apps-Anwendungen konvertieren. Der Datenspeicher für diese .NET-Anwendungen liegt oft in der Form einer Access- oder SQL Server-Datenbank vor, die dann zu Dataverse migriert wird. Obwohl dieser Prozess unkompliziert erscheinen mag, erfordert er oft eine sorgfältige Ausführung, um eine fehlerfreie Konvertierung zu gewährleisten.

No-Code-Plattformen

Bei *No-Code-Plattformen* ist es für Sie als Entwickler überflüssig, manuell Code zu schreiben. Sie benötigen keine Programmierkenntnisse, um diese Plattformen zu verwenden. Ein einfaches Drag-and-drop und Klicks auf einer visuellen Benutzeroberfläche reichen aus. No-Code-Plattformen bieten vorgefertigte Vorlagen mit einer breiten Palette sofort einsatzbereiter Schnittstellen, mit denen Benutzer Anwendungen konfigurieren können. Wenn Sie schon einmal mit Microsoft Word gearbeitet haben (und wer hat das nicht?), eine Tabelle erstellt und Ihr Dokument dann als HTML gespeichert haben, haben Sie bereits ein No-Code-Dokument erstellt – ta-da!

Im Gegensatz zu Low-Code-Plattformen (siehe vorheriger Abschnitt), für deren Nutzung Sie möglicherweise über einige Entwicklungskenntnisse verfügen müssen – Benutzer schrecken daher oft noch vor diesen Tools zurück –, können No-Code-Plattformen es praktisch jedem ermöglichen, sich an der Anwendungsentwicklung, Datenanalyse und Workflow-Automatisierung zu beteiligen. Sie müssen nur eine Idee haben, ganz allgemein wissen, wo Sie den Inhalt platzieren möchten, und dann auf die Schaltfläche SPEICHERN klicken. Im Wesentlichen folgen die meisten Benutzer, die eine Canvas-App nutzen (über die Sie im Abschnitt »Power Apps« weiter unten in diesem Kapitel mehr erfahren), diesem Prozess mit Unterstützung von Microsoft 365-Anwendungen wie Excel (das Tabellenkalkulationsprogramm von Microsoft), PowerPoint (sein Präsentationsprogramm) und SharePoint (ein Angebot für die Online-Zusammenarbeit und Inhaltsverwaltung).

Verbindung mit dem Microsoft-Ökosystem und darüber hinaus

Microsoft hat dafür gesorgt, dass jede Anwendung in seiner Enterprise-Suite mit der Microsoft Power Platform funktioniert und Sie sie alle nutzen können, ohne über die Fähigkeiten eines erfahrenen Programmierers verfügen zu müssen.

Microsoft ist nicht allein mit seinem Bestreben, von der Notwendigkeit umfassenden technischen Know-hows für Benutzer abzurücken. Die Branche tendiert insgesamt dazu, den Fokus darauf zu legen, Geschäftsbenutzern zu ermöglichen, auf effizientere Weise Anwendungen zu entwickeln, Daten zu analysieren und ihre Geschäftsabläufe zu automatisieren. In seiner Marketingstrategie präsentiert Microsoft Hunderte von Möglichkeiten, wie Unternehmen Microsoft-Produkte effektiv nutzen können. Hier drei Aspekte, die meiner Meinung nach besonders hervorzuheben sind:

- ✔ **Produktivität von Geschäftsanwendungen:** Mit Power Platform können Sie problemlos Anwendungen aus Microsoft 365 (früher Office 365) wie Word (das Textverarbeitungsprogramm von Microsoft), Excel (die Tabellenkalkulationssoftware), PowerPoint (eine Präsentationssoftware), Outlook (den E-Mail-Dienst) und SharePoint (die Online-Speicherung von Inhalten von Microsoft) integrieren, um Geschäftsabläufe zu modellieren, aus definierten Listen erstellte Daten zu analysieren oder kleine Anwendungen aus strukturierten Datasets zu erstellen.

    Sie können beispielsweise über das Menü AUTOMATISIEREN in Excel Workflows auslösen oder über das Menü INTEGRIEREN in SharePoint Power Platform-Funktionen mit einem Klick ausführen. So einfach ist das.

- ✔ **Unternehmensanwendungen:** Dynamics 365 ist Microsofts Suite von Anwendungen für ERP (Enterprise Resource Planning) und CRM (Customer Relationship Management). Ein Entwickler kann Kundenformulare für die ERP- oder CRM-Anwendungssuite erstellen, Geschäftsabläufe einrichten, die ausgeführt werden, wenn ein Benutzer bestimmte Daten in das System eingibt, oder hochgrafische Berichte erstellen, um die in den Anwendungen gespeicherten Daten ohne großen Programmieraufwand übersichtlich darzustellen.

✔ **Cloud-Computing-Konnektivität:** Power Platform nutzt die Cloud-Plattform Azure von Microsoft für erweiterte Funktionen. Beispielsweise unterstützt Azure Logic Apps die Erstellung erweiterter Workflow-Automatisierung und Azure AI-Dienste verbessern die Funktionen intelligenter Anwendungen, einschließlich der Integration mit Microsoft Copilot (Microsofts KI-gestützter digitaler Assistent).

 Microsoft bietet eines der umfassendsten Lösungspakete für Sicherheit, Compliance und Governance. Mit Power Platform erstellte Anwendungen profitieren von den robusten Sicherheitsfunktionen von Azure, einschließlich Low-Code- und No-Code-Funktionen (auf die ich im Abschnitt »Vorteile einer Low-Code- und einer No-Code-Lösung« weiter oben in diesem Kapitel eingehe). Darüber hinaus können Administratoren von Power Platform-Anwendungen ihre Anwendungen mithilfe einer breiten Palette von Compliance- und Governance-Tools verwalten und überwachen, die direkt in Microsoft 365 integriert sind.

Die Plattformfunktionen unter der Lupe

Microsoft Power Platform bietet, wie in Abbildung 1.1 dargestellt, eine einheitliche Anwendungsplattform, die Geschäftsprozesse optimieren, die Datenvisualisierung verbessern und die Anwendungsentwicklung innerhalb des Microsoft-Ökosystems vereinfachen soll. In der oberen Zeile sind alle Power Platform-Anwendungen gezeigt. Diese Anwendungen können auf eine der folgenden drei Arten eine Verbindung zu anderen Datenquellen herstellen:

✔ Verbindung zu Microsoft und Datenkonnektoren von Drittanbietern zum Pushen und Pullen von Daten

✔ Verwendung des Microsoft-eigenen Dataverse-Datenrepositorys

✔ Integration in einen oder mehrere Microsoft-KI-Dienste wie Copilot, um Benutzer bei der Automatisierung von Arbeitsabläufen, der Generierung von Erkenntnissen und der effizienteren Erstellung von Anwendungen durch natürliche Sprachinteraktionen zu unterstützen

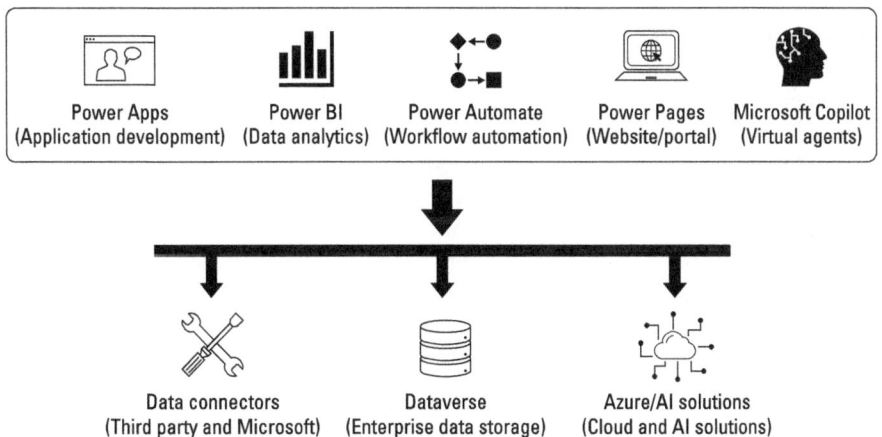

Abbildung 1.1: Komponenten und Funktionen von Microsoft Power Platform

Alle diese Power Platform-Anwendungen benötigen für ihren erfolgreichen Betrieb Zugriff auf Daten.

Microsoft hat einige Low-Code-Programmiersprachen (siehe Abschnitt »Low-Code-Plattformen« weiter oben in diesem Kapitel) in Power Platform integriert:

- **Power Fx (Low-Code-Programmiersprache der Power Platform):** Ermöglicht Benutzern, Logik zu definieren und Funktionen plattformübergreifend zu automatisieren, indem es einfache, Excel-ähnliche Formeln verwenden, um Daten zu bearbeiten, Aktionen auszulösen und Parameter aufzurufen.

- **DAX (Data Analysis Expressions):** DAX wird speziell in Power BI verwendet (das in Teil 3 dieses Buches besprochen wird) und ist eine Sammlung von Funktionen und Operatoren, die Sie kombinieren können, um Formeln und Ausdrücke für die Durchführung erweiterter Datenanalysen und Berichte zu erstellen. Es ermöglicht Benutzern, Daten in Power BI zu bearbeiten und zu analysieren, und verbessert so die Berichtsfunktionen.

Microsoft Power Platform-Anwendungen ermöglichen den Zugriff auf nahezu alle relationalen Unternehmensdatenbanken auf dem Markt, nicht nur Power BI, sondern auch SQL Server, Oracle, DB2, MySQL, PostgreSQL, Sybase und Amazon Redshift, um nur einige zu nennen.

Power Apps

Der Eckpfeiler von Power Platform ist das Tool Power Apps, mit dem Benutzer benutzerdefinierte Apps erstellen können, ohne dass herkömmliche Programmierarbeit erforderlich ist. Mithilfe des Tools Power Apps können Sie die Bereitstellung benutzerdefinierter Anwendungen zu einem Bruchteil der Kosten herkömmlicher Entwicklung beschleunigen, da Sie kein Team von Daten- und Designexperten benötigen. Über Power Pages, die externe Portalfunktionalität, die Sie aus Power Apps ableiten können, spreche ich im Abschnitt »Power Pages« weiter unten in diesem Kapitel und in Teil 2 dieses Buches.

Sie können Microsoft Power Apps verwenden, um Formulare in Anwendungen wie SharePoint (Microsofts Plattform für Online-Zusammenarbeit und Inhaltsverwaltung) und Microsoft Dynamics 365 (der Suite von Anwendungen für Enterprise Resource Planning [ERP] und Customer Relationship Management [CRM]) zu entwerfen. Es handelt sich um eine eigenständige Anwendung in der Microsoft Power Platform, in der Sie Formulare zum Erfassen und Verwalten von Daten, zum Automatisieren von Prozessen oder zum Integrieren in andere Systeme entwerfen können. Mit Power Apps können Sie schnell benutzerdefinierte Anwendungen oder, in geringerem Maße, Formulare in anderen Microsoft-Unternehmensanwendungen entwickeln, ohne dass viel Code erforderlich ist.

Mit Power Apps können Sie zwei Arten von Apps erstellen:

- **Canvas-Apps:** Sie ermöglichen es einem Designer, mit einer leeren Leinwand zu beginnen und eine hochgrafische Benutzeroberfläche zu erstellen, indem er Symbole, Blöcke, Textfelder, Beschriftungen und interaktive Komponenten auf den Bildschirm bringt. Die Komponenten können per Drag-and-drop auf die Seite gezogen werden, um das gewünschte Layout für die Anwendung zu erstellen, egal ob Sie es sehr anspruchsvoll oder so einfach wie den Vergütungsrechner in Abbildung 1.2 wünschen.

```
Sales Rep Calculator

OTE           200000
Incentive %   25                    Sales Target Goal
Multiple      10                         $2000000
Salary        $150000
Sales Target  $50000
```

Abbildung 1.2: Eine mit der Canvas-App erstellte Anwendung

Beim Erstellen einer Canvas-App müssen Sie wissen, wie Sie die Parameter für die Elemente konfigurieren, damit sie die gewünschte Ausgabe anzeigt. Der in Abbildung 1.2 dargestellte Rechner verfügt über drei Dateneingabeelemente: OTE (*On-Target Earnings*, also den Verdienst mit allen erreichbaren Zulagen), Incentive % und Multiplikator (um wie viel der Umsatz des Vertriebsmitarbeiters sein Gehalt übersteigt, beispielsweise das Zehnfache seines Grundgehalts). Basierend auf den eingegebenen Daten zeigen die drei berechneten Felder oder Spalten (Gehalt, Umsatzziel und Gesamtumsatzziel) die Ausgabe für die Vergütung eines Vertriebsmitarbeiters an.

✔ **Modellgesteuerte Apps:** Verwenden eine strukturierte Datenquelle wie Dataverse, um ausschließlich ein formularbasiertes Erlebnis zu schaffen. Sie können das Design nicht ändern, es sei denn, Sie verwenden benutzerdefinierte Steuerelemente oder JavaScript (was einige Programmierkenntnisse erfordert). Diese Unveränderlichkeit sorgt für ein einheitliches Erscheinungsbild und gleichzeitig für eine bessere Datenqualität, da die unflexible Datenstruktur es jedem Benutzer – ob Endbenutzer, Poweruser oder Entwickler – ermöglicht, die Daten in komplexen Szenarien zu bearbeiten. Wenn Sie Daten für Geschäftsabläufe optimieren, die Produktivität steigern und sich auf die Datenqualität konzentrieren möchten, indem Sie einen konsistenten formular- und ansichtsbasierten Ansatz verwenden, sollten Sie modellgesteuerte Anwendungen einsetzen.

In das stark strukturierte Formular in Abbildung 1.3 können Benutzer sehr spezifische Daten für ein aktives Stellenangebot eingeben. Es ist möglich, bestimmte Felder als Dropdown-Menüs zu formatieren, andere für eine Texteingabe zuzulassen. Diese Art der Dateneingabe unterstützt eine wiederholbare Analyse, wenn jemand später mithilfe einer Anwendung wie Power BI eine Datenanalyse durchführen möchte. Abbildung 1.4 zeigt eine Zusammenfassung von zwei Formulareingaben und präsentiert die Ansicht der modellgesteuerten Anwendung für die beiden Stellenangebote, die ein Benutzer in das System eingegeben hat (zum Beispiel ein HR-Experte).

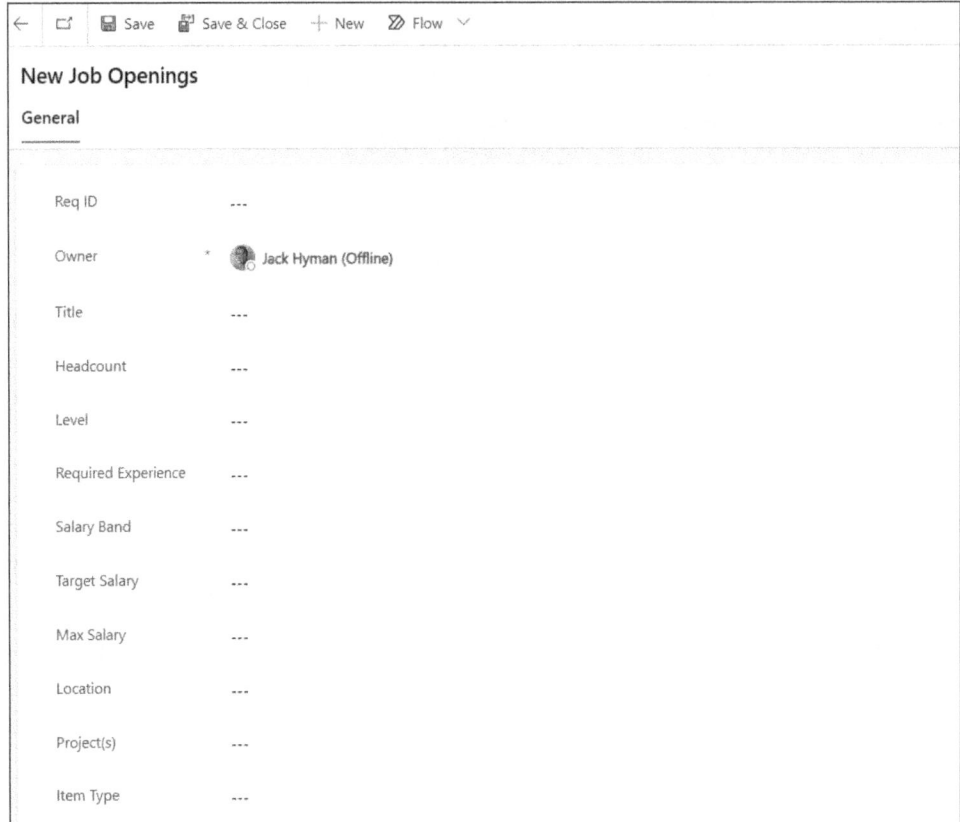

Abbildung 1.3: Von einer mit Power Apps erstellten modellgesteuerten App generiertes Formular

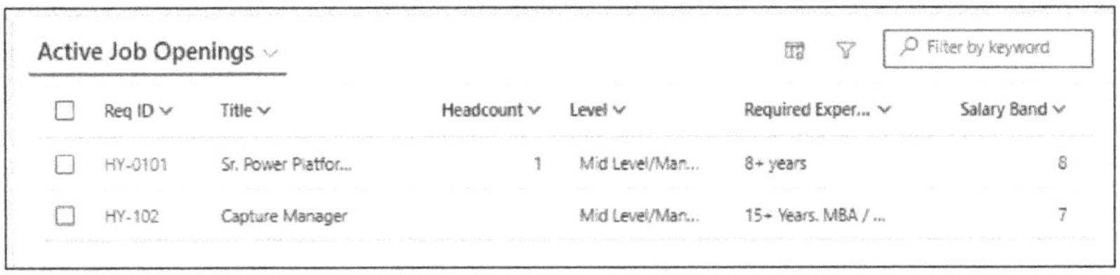

Abbildung 1.4: Von einer modellgesteuerten App in Power Apps erstellte Ansicht

Dataverse

Microsoft hat alle Power Platform-Anwendungen um eine oder mehrere Datenplattformen herum aufgebaut, wobei Microsoft Dataverse am häufigsten verwendet wird. Dataverse, früher bekannt als Common Data Services, kombiniert das Beste aus vielen Datenbankplattformen, mit denen Sie vielleicht vertraut sind, wie Microsoft Access, SQL Server und sogar nicht-relationalen Datenbanken wie NoSQL.

Microsoft Dataverse ist keine relationale Datenbank, sondern eine Cloud-basierte Speicherplattform, die es Benutzern ermöglicht, ihre Daten und digitalen Assets von zwei großen Microsoft-Unternehmensplattformen zu speichern: Microsoft Power Platform und Dynamics 365 (auf die ich in Kapitel 3 eingehe). Dataverse bietet eine einheitliche und skalierbare Service- und App-Plattform, auf der Benutzer ihre Daten übergreifend für ihre Geschäftsanwendungen sicher speichern und verwalten können. Sie können eine Vielzahl von Datenlösungen wie Tabellen, Ansichten und Formulartypen erstellen, ohne erfahrener Datenbankadministrator sein zu müssen oder über das Know-how zur Einrichtung der Infrastruktur zu verfügen. Microsoft stellt Benutzern mit Power Apps eine Handvoll vorgefertigter Beispieltabellen von Dataverse zur Verfügung, wie beispielsweise die in Abbildung 1.5 gezeigte Kontotabelle.

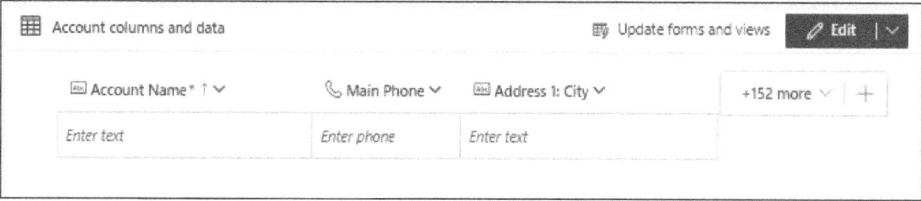

Abbildung 1.5: Beispiel für eine Dataverse-Tabelle

Die Kenntnisse, die Sie zum Einrichten einer Microsoft Access-Datenbank benötigen, sind ungefähr dieselben, die Sie für die Arbeit mit Dataverse benötigen, mit dem Unterschied, dass Dataverse weitaus mehr Struktur erfordert.

Stellen Sie sich Dataverse als eine vielseitige digitale Ablage vor, die verschiedene Arten von Datenspeichern kombiniert. Es speichert Datentypen in:

✔ **Azure SQL Server:** ein Cloud-Datenbankdienst zum Speichern und Verwalten relationaler Daten in Tabellen

✔ **Azure Storage:** ein Cloud-Dienst zum Speichern verschiedener Datentypen wie Dateien, *Blobs* (Binary Large Objects) und Tabellen

✔ **Cosmos DB:** eine nicht relationale (NoSQL) Datenbank, die global skalierbar ist und schnellen Zugriff auf Daten bietet

✔ **Azure Data Lake:** ein Cloud-Speicherdienst zum Speichern großer Mengen strukturierter und unstrukturierter Daten zur Analyse

✔ **Cognitive Search:** ein KI-gestützter Suchdienst, der große Datenmengen (einschließlich solcher aus Azure Data Lake und Dataverse) durchsucht und analysiert, um relevante Informationen zu finden und Erkenntnisse zu gewinnen. Dieser Dienst nutzt Modelle des maschinellen Lernens, um die Datenindizierung, den Datenabruf und die Erkenntnisse zu verbessern.

Power BI

Wenn Sie mit datengesteuerten Prozessen arbeiten, müssen Sie die Daten verstehen und genau visualisieren und sie transformieren und modellieren, damit die Ergebnisse klar und präzise sind. Daten *zu visualisieren* bedeutet, sie in Diagrammen oder Grafiken anzuzeigen, während Daten *zu modellieren* bedeutet, sie in Tabellen zu organisieren und diese Tabellen bei Bedarf miteinander zu verknüpfen, indem Beziehungen hergestellt werden.

Power BI bietet ein umfassendes Analyse-Toolset, das Sie zum Erstellen von Berichten und Dashboards benötigen, aus denen Sie Erkenntnisse gewinnen können. Doch bevor Sie diese beeindruckenden Visualisierungen erstellen, können Sie Daten modellieren und transformieren, indem Sie sie importieren, in Power Query bereinigen und umgestalten (mehr dazu in Kapitel 9), Beziehungen zwischen Tabellen erstellen, DAX für Berechnungen verwenden und Transformationen wie Aggregationen und Pivots anwenden, um sie für die Analyse und Visualisierung vorzubereiten.

Was Power BI von Excel unterscheidet, ist natürlich die Möglichkeit, andere Power Platform-Komponenten sowie mehr als 100 externe Datenquellen, die nicht von Microsoft stammen, zu integrieren. Power BI kann Ihrem Unternehmen dabei helfen, eine datenzentrierte Kultur zu fördern. In Teil 3 dieses Buches erhalten Sie einen ersten Eindruck davon, was Power BI ist – aber für einen vollständigen Crashkurs lesen Sie *Microsoft Power BI für Dummies*, ebenfalls von mir (Wiley).

Mit Power BI können Sie Daten analysieren und visualisieren, unabhängig davon, ob Sie sie in Power Apps erfassen oder aus anderen Datenquellen bereitstellen. Ein einzelner Benutzer kann mithilfe von Power BI Desktop Erkenntnisse aus einem Dataset auswerten, das aus einer Online-Datenquelle oder einer einfachen CSV- oder XLS-Datei stammt. Derselbe Benutzer kann auch auf den erstellten Bericht und die zugehörigen Daten zugreifen, wenn dieser veröffentlicht und über Power BI Services unternehmensweit geteilt wird. Wenn Sie die Daten auch außerhalb von Power BI anzeigen möchten, stehen Ihnen zahlreiche Optionen zur Verfügung. Am häufigsten wird die eingebettete Power BI-Berichterstattung in Anwendungen wie Power Apps oder dem Azure-basierten eingebetteten Power BI-Datendienst verwendet.

Mit einem oder mehreren der Power BI-Angebote können Benutzer Daten aus einfachen oder komplexen Datenmodellen schnell in interaktive Berichte, Dashboards und Leistungskennzahlen umwandeln. Power BI bietet mehrere Optionen zur Auswahl:

- **Power BI Desktop:** eine kostenlose Desktopanwendung, mit der Sie eine Verbindung zu einer Datenquelle herstellen können, entweder auf dem Desktop eines Benutzers oder online, um Datentransformationen durchzuführen, das zugrunde liegende Datenmodell zu definieren und Berichte zu entwerfen, die Erkenntnisse visualisieren. Endbenutzer können die meisten Berichte unabhängig erstellen und analysieren, sodass sie sie effizient mit anderen teilen und gemeinsam daran arbeiten können.

- **Power BI Services:** Das Online-SaaS-Angebot (Software-as-a-Service) von Power BI umfasst verschiedene Lizenzierungsoptionen, zum Beispiel Professional und Premium. Die Hauptunterschiede liegen in der Anzahl der pro Stunde zulässigen Dataset-Aktualisierungen und der pro Benutzer verfügbaren Speicherkapazität. Sie können Power BI Services verwenden, um Berichte und Dashboards in einer Cloudumgebung unternehmensweit freizugeben, gemeinsam zu bearbeiten und zu verteilen.

✔ **Power BI Report Server:** Im Gegensatz zu Power BI Online ist Power BI Report Server eine lokale Lösung, mit der Sie Power BI-Berichte, paginierte Berichte, mobile Berichte und herkömmliche SQL Server Reporting Services (SSRS)-Berichte speichern, verwalten und verteilen können. Report Server bietet außerdem eine sichere Umgebung zum lokalen Hosten von Berichten, ohne auf die Cloud angewiesen zu sein, und bietet gleichzeitig die Flexibilität, mit Power BI Service jederzeit in die Cloud zu wechseln.

Power Automate

Mit Power Automate können Sie autonome Workflows zwischen Apps, Daten und Drittanbieterdiensten in Power Platform erstellen, wodurch Sie Geschäftsprozesse optimieren und manuelle Aufgaben reduzieren können. Sie können Power Automate für einfache Benachrichtigungen und Datenerfassungsaufgaben oder zur Bearbeitung komplexer Geschäftsprozesse mit mehreren Schritten und Bedingungen verwenden – und müssen dafür kein —professioneller Programmierer sein: Power Automate erleichtert den gesamten Prozess. Sie müssen lediglich die Logik hinter einem Geschäftsprozess verstehen und das Datenziel kennen.

Power Automate wird manchmal auch als *Plattform zur Automatisierung von Robotik-Prozessen* bezeichnet. Das ist ebenfalls richtig. Mit Power Automate können Sie automatisierte Workflows zwischen Anwendungen und Diensten erstellen, um Datensynchronisierung, Dateisynchronisierung und Warnmeldungen zu unterstützen. Und Sie müssen nicht einmal Code dafür schreiben. Die Hauptfunktion von Power Automate besteht darin, den Codieraufwand für sich wiederholende Aufgaben und Prozesse zu reduzieren, damit Einzelpersonen und Organisationen Routinevorgänge über Anwendungen hinweg innerhalb und außerhalb des Microsoft-Ökosystems effizienter automatisieren können. Flows gibt es in vielen Varianten, wie in Tabelle 1.2 aufgeführt.

Name des Flows	Was er bewirkt
Cloud-Flow	Reagiert auf ein ausgelöstes Ereignis, beispielsweise den Eingang einer E-Mail von einer bestimmten Person oder die Erwähnung einer Person in einem Social-Media-Beitrag.
Instant Flow	Initiiert einen Flow basierend auf der Interaktion eines Benutzers mit einer Schaltfläche. Sie können diesen Flow-Typ für sich wiederholende Aufgaben automatisieren, die ein Benutzer von einem Desktop- oder Mobilgerät aus ausführt.
Scheduled Flow	Für Aktivitäten, die auf einem Zeitplan basieren, zum Beispiel ein täglicher Datenupload. Sie können diesen Flow beispielsweise verwenden, um eine Datei von einem definierten Speicherort auf SharePoint hochzuladen.

Tabelle 1.2: In Power Automate verfügbare Flow-Typen

Möglicherweise haben Sie auch von zwei anderen Flow-Typen in Power Automate gehört: Desktop Flows und Business Process Flows. Desktop Flows konzentrieren sich auf die Automatisierung von Aufgaben, die im Web oder direkt auf einem Desktop ausgeführt werden, und reagieren nahezu sofort auf

Benutzereingaben. Business Process Flows hingegen sind um vordefinierte Schritte herum aufgebaut, die Benutzer durch eine Reihe von Aufgaben führen, um bestimmte Ergebnisse zu erzielen und so Konsistenz und Einhaltung von Prozessen sicherzustellen.

Weitere Informationen zu Power Automate finden Sie in Teil 4 dieses Buches.

Power Pages

Microsoft Power Pages ist eine sichere Software-as-a-Service-Plattform (SaaS) mit geringem Codeaufwand (siehe Abschnitt »Low-Code-Plattformen« weiter oben in diesem Kapitel), die zum Erstellen, Hosten und Verwalten externer Unternehmenswebsites entwickelt wurde. Power Pages, früher als Power Apps Portal bekannt, bietet Tools, die den Webentwicklungsprozess vereinfachen, sodass Sie keine webbasierten Programmiersprachen kennen müssen, um Websites zu entwerfen, zu konfigurieren und bereitzustellen, die mit verschiedenen Webbrowsern und Geräten kompatibel sind.

Power Pages enthält anpassbare Vorlagen, ein Designstudio für die visuelle Bearbeitung und einen *integrierten Lern-Hub* (einen Satz von Anleitungen und Lerntools, mit denen Sie fantastische Websites erstellen können), die zusammen die effiziente Erstellung von Websites unterstützen, die auf spezifische Geschäftsanforderungen zugeschnitten sind. Sie können auch andere Microsoft Power Platform-Assets in eine Power Pages-Website integrieren, indem Sie Ihre vorhandenen Sicherheitsanmeldeinformationen von Microsoft Entra (früher Azure Active Directory) verwenden.

Power Pages ermöglicht die Erstellung von Websites für die folgenden Zwecke:

✔ Verwendung gemeinsam genutzter Geschäftsdaten, die in Microsoft Dataverse gespeichert sind (weitere Informationen über diese Speicherplattform finden Sie im Abschnitt »Dataverse« weiter oben in diesem Kapitel)

✔ Entwicklung integrierter Apps über Power Apps (siehe Abschnitt »Power Apps« weiter oben in diesem Kapitel)

✔ Erstellen von Workflows in Power Automate (blättern Sie zurück zum vorherigen Abschnitt)

✔ Integration intelligenter virtueller Agenten, die Microsoft als *Copiloten* bezeichnet

✔ Erstellen von Berichten mit Power BI (lesen Sie dazu den Abschnitt »Power BI« weiter oben in diesem Kapitel)

Die Integration von Power Pages mit Microsoft Dataverse unterstützt einen einheitlichen Entwicklungsprozess und stellt Datenkonsistenz über verschiedene Anwendungen und Dienste hinweg sicher. Sie können dynamische, datengesteuerte Websites erstellen, die durch einen auf Anmeldeinformationen basierenden Zugriff verschiedene externe Geschäftsfunktionen unterstützen können.

> **IN DIESEM KAPITEL**
>
> Mit den wichtigsten Komponenten des Power Platform Admin Centers arbeiten
>
> Herausfinden, was das Power Apps Maker Portal kann
>
> Die Sicherheit Ihres Power Platform-Universums sicherstellen

Kapitel 2
Die Power Platform-Lösung – ein Überblick

In der Regel startet bei Microsoft-Produkten ein Doppelklick auf das Produktsymbol die Anwendung, und Sie können umgehend beginnen. Da die Anwendung als Plattform fungiert, ist ihre Benutzeroberfläche Ihre gesamte Ausgangsbasis. Power Platform funktioniert in dieser Hinsicht etwas anders.

Die Nutzung von Power Platform lässt sich mit dem Bau eines Apartmentkomplexes vergleichen. Jede Anwendung ist wie ein Raum, und diese Räume (die Apps, die Sie mit Power Apps erstellen) sind Teil eines Apartments (einer Lösung). Das gesamte Gebäude (Umgebung) beherbergt eines oder mehrere dieser Apartments. Sie können jeden Raum mit verschiedenen Funktionen anpassen, zum Beispiel mit Berichten in Power BI, Workflows in Power Automate und Tabellen in Dataverse, ähnlich wie Sie die Einrichtung Ihrer Apartmentzimmer auswählen.

In diesem Kapitel erfahren Sie, wie Sie im Power Platform Admin Center navigieren, und Sie erhalten eine Einführung in das Power Apps Maker Portal, das Bindeglied, das eine Power Platform-Lösung zusammenführt.

Im Power Platform Admin Center die Kontrolle übernehmen

Beim Einstieg in die Power Platform beginnen Sie im Admin Center, wo Sie Ihre Umgebung oder Umgebungen nach Ihren Anforderungen konfigurieren können.

Das Admin Center bietet eine einheitliche Portalerfahrung, in der Administratoren eine oder mehrere Umgebungen verwalten können. Sie können diese Konsole verwenden, um globale Einstellungen innerhalb der gesamten Power Platform zu ändern. Sie können sie auch verwenden, um die individuellen Einstellungen jeder einzelnen Umgebung für Anwendungen zu konfigurieren, einschließlich Power Apps, Power Automate, Power Pages und Microsoft Copilot Studio (auf die ich in diesem Buch nicht eingehe). Die zugrunde liegende Plattform verfügt über globale Funktionen, die jede Umgebung unterstützen, und jede Umgebung enthält eine oder mehrere Anwendungen, wie in Abbildung 2.1 dargestellt.

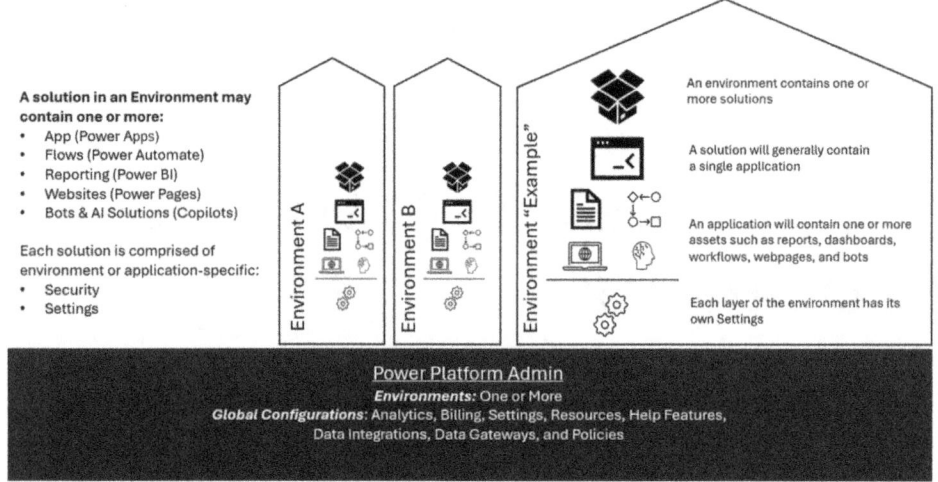

Abbildung 2.1: Grundlagen der Power Platform-Architektur

Power Platform teilt sein Admin Center mit Dynamics 365, um wichtige Verwaltungsaufgaben wie Sicherheit, Abrechnung und Datenintegration zu verwalten. Dieser zentrale Hub ermöglicht es Administratoren, Benutzerrollen, Lizenzverwaltung und Datensynchronisierung über beide Plattformen hinweg effizient zu handhaben.

Um auf das Admin Center für Power Platform zuzugreifen, gehen Sie wie folgt vor:

1. **Gehen Sie zu** http://login.microsoft.com **und melden Sie sich bei Ihrem Konto an, indem Sie Ihren Benutzernamen und Ihr Passwort in die Textfelder eingeben. Klicken Sie dann auf WEITER.**

2. **Navigieren Sie zu** http://admin.powerplatform.microsoft.com.

    Gegebenenfalls werden Sie aufgefordert, Ihre Anmeldedaten erneut einzugeben, entweder mit Ihrem üblichen Benutzernamen und Passwort oder mit einem Benutzerkonto im Format *<Benutzername>@<Domänenname>*.onmicrosoft.com.

    Ihr Power Platform Admin Center wird geöffnet und zeigt die Navigationsleiste auf der linken Seite sowie den Dienststatus der Umgebung und die empfohlene Dokumentation im mittleren Bereich.

Die einzige Power Platform-Komponente, auf die Sie nicht über die Administratorkonsole zugreifen können, ist Power BI. Dafür müssen Sie das Power BI-Administratorportal aufrufen. Und Microsoft hat sicherlich gute Gründe für diese Aufteilung. Wenn Sie Power BI verwenden, müssen Sie als Entwickler die Datenausgabe nach der Entwicklung kontrollieren. Alle im Power Platform Admin Center verwalteten Funktionen konzentrieren sich auf die Entwicklung. Andererseits ist das Power BI-Administratorportal separat, da es bestimmte Einstellungen für Power BI verwaltet, darunter Datenverwaltung, Kapazitätsverwaltung, Arbeitsbereichskontrollen und Überwachung der Berichtsnutzung. Diese einzigartigen Funktionen erfordern ein speziell dafür vorgesehenes Portal, das sich vom umfassenderen Power Platform Admin Center unterscheidet.

Sie können über `http://app.powerbi.com` auf das Administratorportal für Power BI zugreifen.

Power Platform nutzt dieselbe zugrunde liegende Sicherheits- und Datenarchitektur wie Microsoft Dynamics 365, nämlich Dataverse. Seien Sie daher nicht überrascht, wenn Sie in Ihrem Power Platform Admin Center Verweise auf Anwendungen wie Dynamics 365 Sales, Customer Service, Field Services oder Marketing sehen, vorausgesetzt, Sie haben diese Anwendungen auch konfiguriert.

Die Kernfunktionen des Power Platform Admin Centers

Bevor ich mich kopfüber in eine detaillierte Diskussion der Abschnitte des Power Platform Admin Centers stürze, möchte ich einen Überblick über den grundlegenden Zweck der Kernabschnitte geben, die im Navigationsbereich angezeigt werden. Abbildung 2.2 zeigt den Bereich, und Tabelle 2.1 beschreibt jeden darin angezeigten Kernabschnitt.

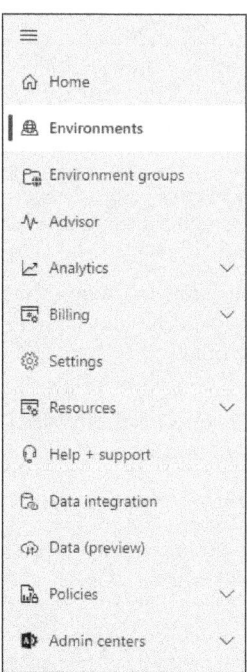

Abbildung 2.2: Der Navigationsbereich im Power Platform Admin Center

Abschnitt	Zweck
Umgebungen	Hier zeigen Sie die Umgebungen innerhalb der Power Platform an, erstellen und verwalten sie. Wählen Sie eine Umgebung aus, um deren Details anzuzeigen, wie beispielsweise lösungsspezifische Einstellungen.
Umgebungsgruppen	Hier verwalten Sie eine Liste unabhängiger Umgebungen, indem Sie sie in Gruppen strukturieren.
Berater	Verwenden Sie eine Empfehlungs-Engine, die Sie bei der Optimierung Ihres Power Platform-Mandanten unterstützt.
Analyse	Hier erhalten Sie eine detaillierte Ansicht der wichtigsten Kennzahlen zum Zustand und zur Leistung von Umgebungen, insbesondere innerhalb von Dataverse. Die Analyse verfolgt Daten wie Kapazitätsnutzung, Systemleistung, API-Aufrufe und Betriebseffizienz.
Fakturierung	Hier zeigen Sie den Lizenzverbrauch an und verwalten ihn, wenn Sie oder Ihre Organisation eine Premium-Lizenz für Ihre Power Platform-Konfiguration erwerben.
Einstellungen	Hier ändern Sie globale und umgebungsspezifische Einstellungen. Sie können auch einen Drilldown zu den Umgebungseinstellungen (manchmal auch als *Mandanteneinstellungen* bezeichnet) durchführen.
Ressourcen	Hier verwalten und überwachen Sie von zentraler Stelle aus Assets wie Power Apps-Apps, Power Automate-Flows, Dataverse-Datenbanken und Datenverbindungen.
Hilfe + Support	Hier greifen Sie auf kostenlose Hilfe und kostenpflichtigen Support zu. Über den Hilfebereich können Sie auf die kostenlose technische Dokumentation auf der Microsoft-Website zugreifen. Sie können diesen Bereich auch verwenden, um eine Supportanfrage zu stellen (über ein kostenpflichtiges Supportabonnement).
Datenintegration	Stellen Sie eine Verbindung mit verschiedenen Datenquellen her. Datenintegrationen zwischen Anwendungen, die Dienste wie Power Automate, Power Apps und Dataverse verwenden, sowie bidirektionale Kommunikation mit Dynamics 365.
Daten	Konfigurieren Sie Datengateways. Möglicherweise müssen Sie für eine oder mehrere Ihrer Power Platform-Anwendungen ein lokales oder Cloud-basiertes Datengateway erstellen.
Richtlinien	Verwalten Sie alle plattformbezogenen Richtlinienaktionen. Der Abschnitt »Richtlinien« bietet einen zentralen Ort zum Verwalten anwendungsspezifischer und globaler Richtlinien für Daten, Abrechnung und Zugriffskontrolle.
Verwaltungszentren	Ein Ort für den Zugriff auf andere für die Power Platform relevante Admin Center, einschließlich des Power BI-Admin-Portals.

Tabelle 2.1: Funktionen des Power Platform Admin Centers

Umgebungen

Eine *Umgebung* in Power Platform ist wie ein Container, in dem Sie die Daten, Apps, Chatbots und Workflows Ihrer Organisation speichern, verwalten und freigeben. So können Sie

Apps basierend auf ihren Rollen, Sicherheitsanforderungen oder Benutzergruppen trennen. Power Apps erstellt zunächst eine Standardumgebung für jeden Mandanten, auf die alle Benutzer zugreifen können, um die Plattform zu verwenden. Während Sie Apps entwickeln, variiert die Konfiguration der Umgebungen jedoch je nach dem spezifischen Zweck und den Anforderungen jeder App. Abbildung 2.3 zeigt eine Umgebungsoberfläche eines Admin Centers.

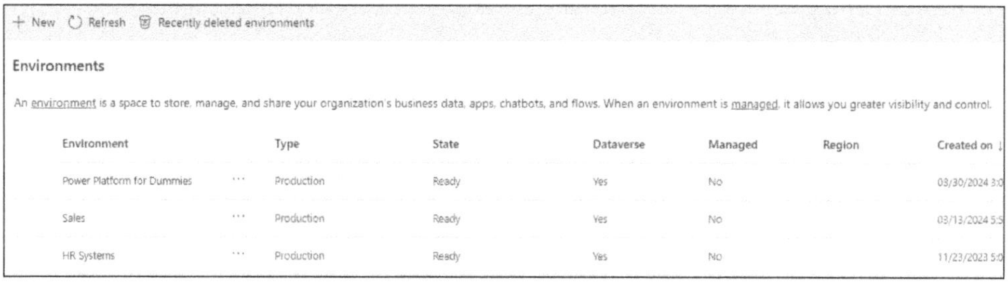
+ New
Refresh
Recently deleted environments
Environments
An environment is a space to store, manage, and share your organization's business data, apps, chatbots, and flows. When an environment is managed, it allows you greater visibility and control.
Environment
Type
State
Dataverse
Managed
Region
Created on
Power Platform for Dummies
Production
Ready
Yes
No
03/30/2024 3:0
Sales
Production
Ready
Yes
No
03/13/2024 5:5
HR Systems
Production
Ready
Yes
No
11/23/2023 5:0

Abbildung 2.3: Eine Umgebungsoberfläche im Power Platform Admin Center

Wenn Sie eine Umgebung einrichten, müssen Sie zunächst entscheiden, ob diese datenbankabhängig sein soll. Die von Ihnen verwendeten Daten können Teil einer Umgebung sein, auf Dataverse (der Power Platform-Version einer Datenbank) gespeichert sein oder aus einer externen Quelle (zum Beispiel Microsoft Azure SQL Server) stammen.

Verwenden Sie beispielsweise eine Datenbank wie Dataverse, wenn Sie komplexe Anwendungen mit einer komplexen Datenarchitektur und einem umfassenden Sicherheitsdesign aktivieren möchten. Alle Dynamics 365-Anwendungen fallen in diese Kategorie, ebenso wie modellgesteuerte Apps. Im Gegensatz dazu können Sie für einfache Apps mit einfacheren Datenanforderungen einfacher ein Dokument wie eine Excel-Tabelle oder eine SharePoint-Liste verwenden, da diese unkompliziert einzurichten sind, weniger Wartung erfordern und nicht die erweiterten Funktionen benötigen, die Dataverse bietet.

Eine Power Platform-Umgebung einrichten

Um eine neue Power Platform-Umgebung zu erstellen, gehen Sie wie nachfolgend beschrieben vor.

Eine datengesteuerte Umgebung einrichten

Wenn Sie eine datengesteuerte Umgebung einrichten möchten, benötigen Sie eine Power Platform-Lizenz oder müssen globaler Administrator in Ihrer Microsoft 365-Umgebung sein. Außerdem müssen Sie mindestens 1 GB Dataverse-Kapazität zur Verfügung haben. Obwohl Sie mit Power Platform kostenlose Apps mit Ihrer Microsoft 365-Standardlizenz erstellen können, ist Dataverse ein Premiumprodukt und wird nach Kapazität abgerechnet (denken Sie an Megabyte und Gigabyte). Ihr Datenspeicherverbrauch kann sich schnell summieren.

Um eine Dataverse-basierte Power Platform-Umgebung zu erstellen, führen Sie diese Schritte aus:

1. **Wählen Sie im Navigationsbereich des Power Platform Admin Centers Umgebungen aus.**

   Wie Sie auf das Admin Center zugreifen, erkläre ich im Abschnitt »Im Power Platform Admin Center die Kontrolle übernehmen« weiter oben in diesem Kapitel.

   Die Benutzeroberfläche Umgebungen wird angezeigt.

2. **Klicken Sie oben links in der Benutzeroberfläche auf Neu.**

   Der Bereich Neue Umgebung wird angezeigt (siehe Abbildung 2.4).

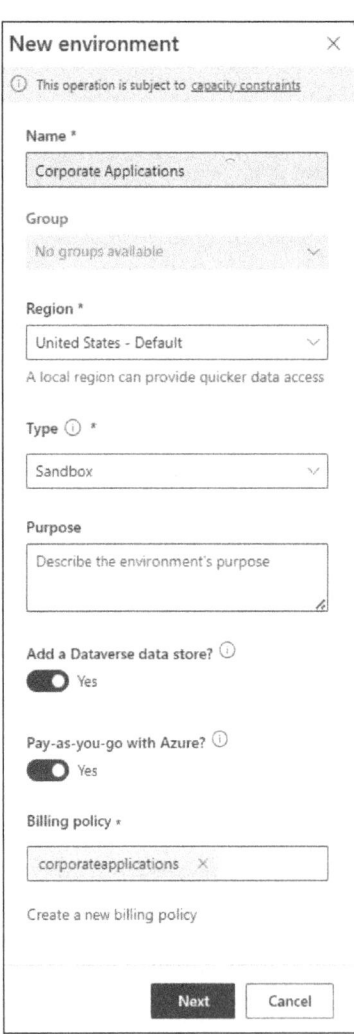

Abbildung 2.4: Der Bereich »Neue Umgebung« für Unternehmensanwendungen

KAPITEL 2 Die Power Platform-Lösung – ein Überblick   53

3. Geben Sie im Textfeld NAME einen Namen für Ihre Umgebung ein.

4. Wählen Sie aus der Dropdown-Liste GRUPPE die Gruppe aus, der Sie die Umgebung zuweisen möchten.

   Um meiner Beispielumgebung zu folgen, wählen Sie KEINE. Wenn es in Ihrer Organisation eine Umgebungsgruppe gibt, wählen Sie diese Option in diesem Dropdown-Menü anstelle von KEINE.

5. Wählen Sie in der Dropdownliste REGION die geografische Region aus, in der Sie Ihre Umgebung hosten möchten.

6. Wählen Sie in der Dropdownliste TYP den Umgebungstyp aus, den Sie erstellen möchten.

   Wählen Sie ENTWICKLER, PRODUKTION, TESTVERSION und SANDBOX.

7. Geben Sie im Textfeld ZWECK eine Beschreibung dessen ein, wofür Sie die Umgebung verwenden möchten.

8. Klicken Sie auf DATAVERSE-DATENSPEICHER HINZUFÜGEN und wählen Sie JA aus.

   Mit der Option JA wird eine Dataverse-Instanz für diese Umgebung erstellt. Wenn Sie diese Option auf NEIN setzen, müssen Sie auf eine andere Datenquelle zurückgreifen, beispielsweise SharePoint.

9. Setzen Sie den Schalter PAY-AS-YOU-GO MIT AZURE? auf JA, wenn Sie die Umgebung beim Bezahlen für Ihre Dataverse- und Cloud-Speicherdienste mit einem Azure-Abonnement verknüpfen möchten.

   Wenn Sie in Power Platform NEIN für PAY AS YOU GO auswählen, verwenden Sie das standardmäßige kapazitätsbasierte Abrechnungsmodell. Sie müssen über die entsprechenden Lizenzen verfügen und Ihre Speicherkapazität manuell verwalten. Solche Einschränkungen gehen mit deutlich weniger Flexibilität und potenziell höheren Vorlaufkosten einher.

10. Wählen Sie eine Option aus der Dropdown-Liste FAKTURIERUNG, um anzugeben, welche Abrechnungsrichtlinie Sie verwenden möchten.

    Wenn Sie bisher keine Azure-Abrechnungsrichtlinie eingerichtet oder kein Azure-Konto haben, könnte dieser Schritt herausfordernd sein. Anleitungen zum Einrichten der Abrechnungsrichtlinie finden Sie unter http://learn.microsoft.com. Geben Sie in das Suchtextfeld Pay-as-you-go einrichten ein. Auf der Ergebnisseite finden Sie die neuesten Informationen direkt von Microsoft.

11. Klicken Sie auf WEITER, um zum zweiten Umgebungsbereich zu gelangen.

    Auf dieser Seite können Sie Dataverse konfigurieren.

12. Klicken Sie auf WEITER, um den Bereich DATAVERSE HINZUFÜGEN zu öffnen (siehe Abbildung 2.5).

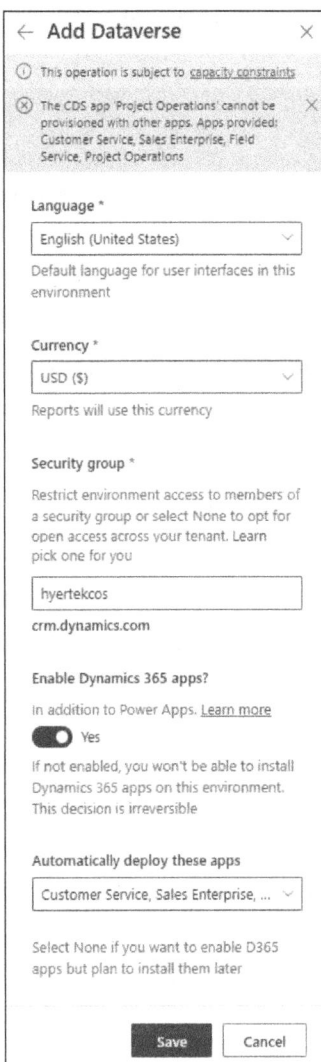

Abbildung 2.5: Der Optionsbereich »Dataverse hinzufügen«

13. Wählen Sie aus der Dropdown-Liste SPRACHE die Standardsprache für die Umgebung aus.

14. Wählen Sie aus der Dropdown-Liste WÄHRUNG die Basiswährung aus, die Sie für das Finanzreporting in dieser Umgebung verwenden möchten.

15. Klicken Sie auf das Pluszeichen (+) und wählen Sie dann eine Option aus der in Microsoft Entra verfügbaren Sicherheitsgruppe aus.

    Sie können eine Sicherheitsgruppe zuweisen, um den Zugriff einzuschränken, oder KEINE auswählen, um offenen Zugriff zuzulassen.

16. Geben Sie den Namen Ihrer Organisation in das URL-Textfeld ein, um eine eindeutige URL für Ihre Umgebung zu generieren, und klicken Sie unter der URL auf HIER.

17. Setzen Sie die Option DYNAMICS 365-APPS AKTIVIEREN auf JA, um Dynamics 365-Apps bereitzustellen.

18. Wählen Sie in der Dropdownliste DIESE APPS AUTOMATISCH BEREITSTELLEN die Apps aus, die bereitgestellt werden sollen, wenn Sie über die erforderlichen Lizenzen verfügen.

    Sie können beispielsweise eine oder mehrere der folgenden Optionen auswählen: Dynamics 365 Sales, Field Service, Project oder Guides. Diese Dropdownliste wird basierend auf Ihren Käufen sowie auf den Lizenzen generiert, für die Ihnen Ihr Administrator Zugriff gewährt hat.

19. Speichern Sie Ihre neue Umgebung, indem Sie auf SPEICHERN klicken.

    Ihre Umgebung ist im Allgemeinen innerhalb von 30 Minuten einsatzbereit. (Das hängt ganz von der Arbeitsweise von Microsoft ab, nicht von Ihnen.)

Sie haben eine einzige Gelegenheit, Dynamics 365-Anwendungen in Ihre Dataverse-Umgebung einzubinden: wenn Sie die Umgebung zum ersten Mal einrichten. Stellen Sie sicher, dass Sie von Anfang an über die richtige Lizenzierung verfügen, da Sie nach dem Erstellen einer Umgebung nicht mehr zurückkehren und neue Dynamics 365-Anwendungen hinzufügen oder sogar die Integration von Dynamics 365 rückgängig machen können.

Analyse

Der Abschnitt ANALYSE des Power Platform Admin Centers hilft Administratoren und Entwicklern, sich einen Überblick über die Nutzung zu verschaffen. Er zeigt, wie oft und auf welche Weise Benutzer mit den Ressourcen arbeiten. Sie können ANALYSE auch verwenden, um Fehler und Ausnahmen zu verfolgen, sodass Administratoren Probleme identifizieren und beheben können, um einen reibungslosen Betrieb sicherzustellen und Benutzerausfälle zu minimieren.

Die Analyse spielt auch eine wichtige Rolle bei einer Reihe von Power Platform-Verwaltungsaufgaben und unterstützt Administratoren bei den folgenden Aktivitäten:

✔ **Leistungsmanagement:** Identifizieren Sie Leistungsengpässe, damit Sie diese beheben und so die Effizienz und das Benutzererlebnis verbessern können.

✔ **Durchsetzung von Richtlinien:** Governance, Festlegung gezielter Richtlinien und Zugriffskontrolle, um die Einhaltung organisatorischer Standards sicherzustellen.

✔ **Änderungsmanagement:** Passen Sie Anwendungen an veränderte Verwaltungspraktiken an, indem Sie Änderungen im Benutzer- oder Systemverhalten visualisieren, wie zum Beispiel Leistungsengpässe.

Die Power Platform-Anwendung kann mehrere Berichtstypen erstellen: Dataverse, Power Automate, Power Apps und Data Export. Abbildung 2.6 zeigt einen Analyse-Report in Dataverse.

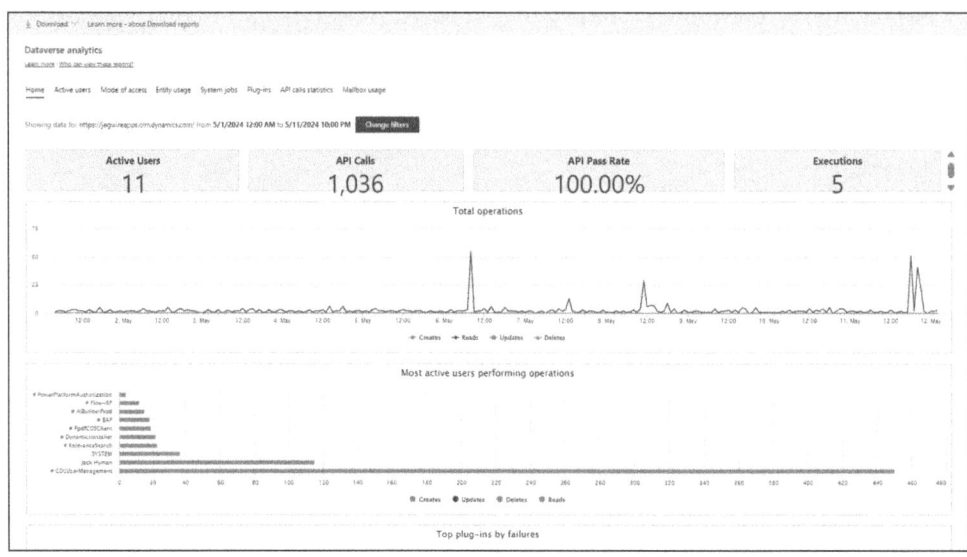

Abbildung 2.6: Ein Dataverse Analyse-Report

Um auf die Analyse von Power Platform zuzugreifen, führen Sie nach der Anmeldung beim Admin Center (Informationen dazu finden Sie im Abschnitt »Im Power Platform Admin Center die Kontrolle übernehmen« weiter oben in diesem Kapitel) die folgenden Schritte aus:

1. **Wählen Sie im Umgebungsselektor oben auf dem Bildschirm bei Bedarf die Umgebung aus, für die Sie Analysen anzeigen möchten.**

   Wenn Sie bei mehreren Umgebungen die Umgebung auswählen, für die Sie Analysen anzeigen möchten, wird das Power Platform Analytics-Dashboard aus dieser Umgebung geöffnet. Wenn Sie nur eine Umgebung haben, wird die Analyseoberfläche in der Kernumgebung geöffnet, die Sie konfigurieren möchten.

2. **Klicken Sie im Navigationsbereich auf der linken Seite des Admin Centers auf ANALYSE.**

   Das Analyse-Dashboard wird geöffnet.

3. **Wählen Sie im Navigationsbereich die Registerkarte ANALYSE-REPORTS aus, die Ihren Geschäftsanforderungen entspricht.**

   Überprüfen Sie einen oder mehrere Berichte, je nachdem, was Sie überprüfen möchten. Die Berichtsoptionen umfassen Dataverse, Power Automate, Power Apps und Data Export.

Fakturierung

Microsoft bietet die Registerkarte FAKTURIERUNG an, damit Sie besser verstehen, wie Sie Ihren Lizenzpool verwalten, nicht unbedingt, wie viel Sie für all diese Lizenzen ausgeben. Ein Systemadministrator weist jedem Benutzer normalerweise eine Lizenz zu, wenn er dessen Microsoft Entra ID-Konto zum ersten Mal konfiguriert.

Wenn Sie detailliertere Daten zu einer bestimmten Anwendung und deren Verbrauch anzeigen möchten, können Sie in alle Bereiche unter der Registerkarte FAKTURIERUNG navigieren, indem Sie im Hauptfenster auf eine der drei folgenden Registerkarten klicken:

- **Zusammenfassung:** Bietet eine Zusammenfassung aller Umgebungen in einem Mandanten, in denen auf die Lizenzierung geachtet werden muss.
- **Umgebung:** Zeigt die Lizenzzuteilung für alle Umgebungen innerhalb des Mandanten an.
- **Intelligente Empfehlungen:** Schlägt Personen in der Organisation vor, die von einer Power Platform Premium-Lizenz profitieren könnten.

Einstellungen

In Power Platform ist ein *Mandant* wie ein ganzes Apartmentgebäude, das alle Umgebungen (Apartments) innerhalb einer einzelnen Organisation umfasst. Nehmen wir beispielsweise an, ABC Corporation ist der Mandant. Innerhalb von ABC Corporation gibt es möglicherweise vier Umgebungen: Vertrieb, Buchhaltung, Betrieb und Personalwesen. Jede Umgebung ist ein separates Apartment innerhalb des Gebäudes, mit einem eigenen Satz von Power Platform-Lizenzen, Daten und Ressourcen. So wie Bewohner eines Apartments nur Zugriff auf ihr Apartment und die Gemeinschaftsbereiche haben, können Benutzer, die einer bestimmten Umgebung zugewiesen sind, nur innerhalb dieser Umgebung Apps, Workflows und Analysen erstellen, nicht für den gesamten Mandanten (oder das gesamte Apartmentgebäude).

Hier ist der Haken, wenn Sie zu den Einstellungen gehen: Mandanteneinstellungen sind vergleichbar mit gebäudeweiten Vorschriften, die jedes Appartement (Umgebung) im Gebäude (Mandant) betreffen, nicht nur eines. Diese Einstellungen wirken sich auf Dienste und die Datenverwaltung in allen Umgebungen aus und gewährleisten eine einheitliche Governance und Kontrolle in der gesamten Organisation.

Insgesamt stehen Ihnen 25 Einstellungen zur Verfügung, die sich auf den gesamten Mandanten auswirken können. Einige Einstellungen beziehen sich auf verwaltete Umgebungen, während andere sowohl für verwaltete als auch für nicht verwaltete Umgebungen gelten.

Die Liste der Mandanteneinstellungen in Microsoft Power Platform ändert sich ständig. Um über die neuesten Mandanteneinstellungen und deren optimale Konfiguration auf dem Laufenden zu bleiben, gehen Sie zu http://learn.microsoft.com und geben Sie »Power Platform-Mandanteneinstellungen« in das Suchtextfeld ein. Suchen Sie in den angezeigten Ergebnissen nach der neuesten Liste.

Um auf die in Abbildung 2.7 gezeigten Mandanteneinstellungen zuzugreifen und diese zu verwalten, melden Sie sich zunächst bei Ihrem Power Platform Admin Center an (weitere Informationen finden Sie im Abschnitt »Im Power Platform Admin Center die Kontrolle übernehmen« weiter oben in diesem Kapitel). Klicken Sie im linken Navigationsbereich des Admin Centers auf EINSTELLUNGEN.

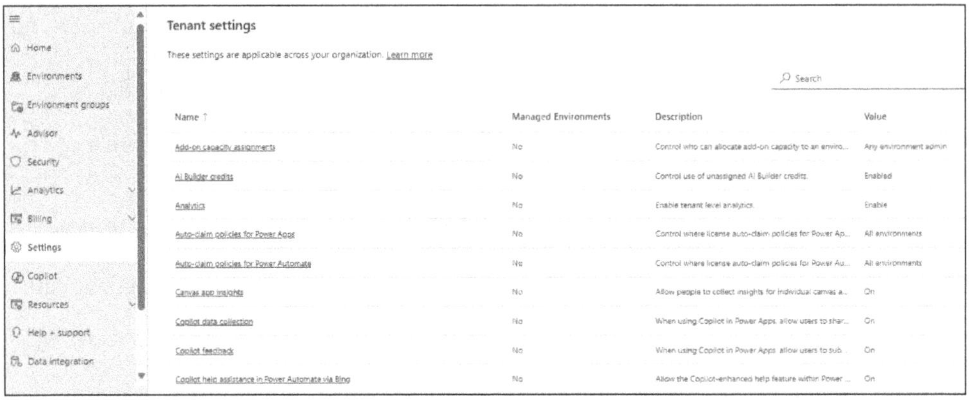

Abbildung 2.7: Das Power Platform Admin Center ermöglicht den Zugriff auf die Mandanteneinstellungen.

Das Fenster EINSTELLUNGEN wird geöffnet. In diesem Fenster können Sie Einstellungen verwalten, die alle Umgebungen innerhalb Ihres Mandanten betreffen. Diese Einstellungen werden in der rechten Spalte NAME im Fenster EINSTELLUNGEN angezeigt (siehe Abbildung 2.7).

Ihr Administratorkonto muss über Berechtigungen verfügen, die es Ihnen ermöglichen, Einstellungen auf Mandantenebene zu verwalten.

Einstellungen auf Mandantenebene gelten nur für verwaltete Umgebungen. Eine *verwaltete Umgebung* in Microsoft Power Platform bietet erweiterte Governance-, Überwachungs- und Verwaltungsfunktionen, insbesondere in größeren Organisationen, in denen viele Stakeholder eine einzige Plattform verwenden. In einer verwalteten Umgebung können nur Administratoren die Bereitstellung, Verwendung und Leistung von Power Platform-Komponenten wie Power Apps, Power Automate und Copilot-basierten Bot-Lösungen verwalten und überwachen.

Ressourcen

Beachten Sie beim Verwalten Ihrer Power Platform-Umgebung den guten Rat »Weniger ist mehr«. Power Platform erzwingt Beschränkungen, indem es Auslastungsschwellen für wichtige Ressourcen wie Kapazität, Lizenzierung und Site-Nutzung festlegt. Um Ihre aktuelle Kapazität in den Portalen Dataverse, Dynamics Apps und Power Pages zu überwachen, führen Sie die folgenden Schritte aus, um die Option RESSOURCEN zu aktivieren:

1. **Wählen Sie im linken Navigationsbereich Ihres Admin Centers die Option RESSOURCEN aus.**

Unter RESSOURCEN werden zusätzliche Optionen angezeigt: KAPAZITÄT, KATALOGE, DYNAMICS 365-APPS und POWER PAGES-SITES.

2. **Wählen Sie die Option für den Ressourcentyp aus, auf den Sie zugreifen möchten.**

Ihre Auswahl wird im Hauptfenster geöffnet.

Abbildung 2.8 zeigt ein Beispiel einer Kapazitätszusammenfassung, die die aktuelle Dataverse-Nutzung im Vergleich zur insgesamt verfügbaren Dataverse-Kapazität anzeigt.

Abbildung 2.8: Verwalten der Ressourcenkapazität im Power Platform Admin Center

Hilfe + Support

Manchmal können Sie ein Problem mithilfe einer der Power Platform-Anwendungen einfach nicht lösen. Microsoft verfügt über ein integriertes Supportcenter, auf das Administratoren zugreifen können und das in erster Linie Hilfe zur Selbsthilfe bietet. Das Tool HILFE + SUPPORT nutzt die Dokumentation und technischen Hinweise von Microsoft. Um auf HILFE + SUPPORT zugreifen zu können, müssen Sie mindestens eine Administratorrolle im Power Platform Admin Center haben, aber die Rollen »Globaler Administrator« oder »Power Platform-Administrator« bieten Ihnen den umfassendsten Zugriff auf HILFE + SUPPORT.

Wenn Sie Ihre Probleme nicht mithilfe der Selbsthilferessourcen von HILFE + SUPPORT lösen können (auf die Sie zugreifen können, indem Sie im Navigationsbereich auf die Option HILFE + SUPPORT klicken), können Sie ein Supportticket einreichen, indem Sie oben links auf der Benutzeroberfläche auf HILFE + SUPPORT ERHALTEN klicken (siehe Abbildung 2.9). Ein Formular wird angezeigt, in dem Sie aufgefordert werden, Einzelheiten zu Ihrem technischen Problem anzugeben. Wählen Sie die Registerkarte BEKANNTE PROBLEME, um häufige Probleme nachzulesen, die dem Supportteam gemeldet wurden, sowie die Registerkarte DIENSTINTEGRITÄT, auf der der Integritätsstatus Ihrer spezifischen Mandanten angezeigt wird.

Abbildung 2.9: Hilfe und Support erhalten

Datenintegration

Sie können Dynamics 365-Anwendungen wie Sales oder Finance & Operations über Ihre Dataverse-Instanz verwenden, die im Power Platform Admin Center gehostet wird, indem Sie die Datenintegration der Anwendung verwenden. Die Datenintegrationsfunktion des Power Platform Admin Centers ist spezifisch für Dataverse und konzentriert sich auf die Datenverwaltung in den Dynamics 365-Anwendungen. Es gibt drei Optionen für die Datenintegration:

✔ **Projekte:** Eine Datenintegrationsaufgabe, die das Verschieben oder Synchronisieren von Daten zwischen verschiedenen Systemen ermöglicht, beispielsweise von Dynamics 365 zu Dataverse. Power Platform beschreibt die für die Datenübertragung erforderlichen Schritte und Einstellungen.

✔ **Verbindungssätze:** Stellen die Verknüpfungen zwischen Umgebungen bereit, die den Datentransfer zwischen verschiedenen Systemen regeln, sodass Sie Verbindungen verwalten können. Nachdem Sie eine Verbindung eingerichtet haben, müssen Sie diese Einstellung nicht bei jeder Verwendung dieser Verbindung erneut konfigurieren.

✔ **Vorlagen:** Vorgefertigte Szenarien für gängige Datenintegrationsaufgaben, die Ihnen mithilfe vordefinierter Einstellungen und Zuordnungen einen schnellen und einfachen Start eines Projekts ermöglichen. Sie können Vorlagen als Teil eines Projekts erstellen.

 Wenn Sie eine Integration zwischen Dynamics 365-Anwendungen planen, sehen Sie sich die Dokumentationshandbücher von Microsoft an. Navigieren Sie zu http://learn.microsoft.com und geben Sie *Daten in Dataverse integrieren* in das Suchtextfeld ein. Diese Handbücher sollten ganz oben in Ihren Ergebnissen angezeigt werden.

Daten

In Power Platform sind Gateways wesentliche Komponenten, die eine sichere Datenübertragung zwischen lokalen Datenquellen und Cloud-Diensten ermöglichen. Gateways fungieren als Brücken und unterstützen einen nahtlosen verschlüsselten Datenfluss von lokalen Netzwerken, einfach überall, vom Computer unter Ihrem Schreibtisch oder einem

Unternehmensrechenzentrum bis hin zu Cloud-basierten Anwendungen. Ein Gateway stellt sicher, dass die Daten während der Übertragung geschützt bleiben.

Es gibt zwei Haupttypen von Gateways:

✔ **Lokale Datengateways (persönlich):** Entwickelt für Einzelpersonen, die Daten von ihrem Computer oder einem lokalen Server mit Cloud-Diensten wie denen in Power Platform verbinden müssen. Ideal für den persönlichen Gebrauch, zum Beispiel zum Entwickeln, Testen oder Ausführen von Berichten. Sie sind jedoch auf einzelne Benutzer beschränkt, was bedeutet, dass Sie sie nicht mit anderen teilen können. Dieser Modus eignet sich am besten zum Herstellen einer Verbindung zu Datenquellen während Entwicklungs- oder Testphasen, nicht für die breitere Verwendung innerhalb einer Organisation.

✔ **Lokale Datengateways (Standardmodus):** Geeignet für mehr als nur einen einzelnen Benutzer – also für Anforderungen innerhalb der Organisation. Dieser Gateway-Typ unterstützt mehrere Benutzer und verschiedene Datenquellen und bietet Funktionen für Verwaltung, Sicherheit und Skalierbarkeit. Lokale Datengateways im Standardmodus, auch als *Enterprise-Gateway* bezeichnet, können sichere und zuverlässige Verbindungen zu Produktionsumgebungen bereitstellen und einen reibungslosen Datenfluss zwischen lokalen Systemen und Cloud-Diensten wie Power BI, Power Apps und Power Automate gewährleisten.

Wenn Sie sich nicht sicher sind, was ein virtuelles Netzwerkgateway ist, machen Sie sich keine Gedanken! Beim Einrichten eines Gateways wählen Sie aus, ob die Datenquelle lokal ist oder über ein virtuelles Netzwerk aufgerufen werden muss. Lokale Datengateways verbinden lokale Datenquellen mit Cloud-Diensten, während virtuelle Netzwerkdatengateways sicher auf Ressourcen in einem virtuellen Azure-Netzwerk zugreifen, ohne dass lokale Installationen erforderlich sind.

Gateways sind für verschiedene Power Platform-Dienste von entscheidender Bedeutung, da Daten die zentrale Ressource der meisten, wenn nicht aller Power Platform-Anwendungen sind. Power BI, Power Apps und Power Automate verfügen alle über ein Dienstprogramm, mit dem sie Gateways mit den jeweiligen Plattformen verbinden können. Die Gateways ermöglichen den Diensten jeder Anwendung den Zugriff auf lokale Daten zum Erstellen von Berichten, benutzerdefinierten Anwendungen, Workflows und Integrationen mit Cloud-Diensten. Abbildung 2.10 zeigt ein Beispiel für zwei für Integrationen erstellte Enterprise-Gateways. Sie verwenden die lokale Datengateway-Verbindung für Power BI.

Manage Gateways				
On-premises data gateways	Virtual network data gateways			
The data gateway acts as a bridge, providing quick and secure data transfer between on-premises data and Power BI, Microsoft Flow, Logic Apps, and PowerApps. Learn more in this overview.				
Name ↑	Contact info	Users	Status	Gateways
Client Application Gateway		Jack	☺	1
D365 Gateway		Jack	☺	1

Abbildung 2.10: Einige lokale Enterprise-Gateway-Verbindungen

Zum Einrichten eines Gateways gehört viel mehr als nur die Anmeldung beim Power Platform Admin Center. Sie müssen diese Schritte befolgen:

1. **Laden Sie die Software On-Premises Data Gateway herunter und installieren Sie sie auf Ihrem Desktop.**

   Installieren Sie die Software auf einem geeigneten Computer im Netzwerk (das ist häufig der Server, der Daten zur und von der Power Platform-Instanz transportiert). Wenn Sie Ihren Desktop verwenden möchten, speichern Sie den Download an einem Ort, von dem aus das Installationsprogramm auf Ihrem Computer ausgeführt werden kann.

2. **Doppelklicken Sie nach dem Herunterladen der Datei auf GatewayInstall .exe und lassen Sie die Anwendung in der ausgewählten Umgebung installieren.**

3. **Registrieren Sie Ihr neues Datengateway mithilfe des Konfigurationsassistenten in der Software.**

   Nachdem Sie die Konfiguration abgeschlossen haben, wird die Verbindung im Datenbereich des Admin Centers angezeigt. Jetzt können Sie Verbindungen zu lokalen Datenquellen erstellen, die dann zwischen der nativen Anwendung und dem Admin Center verwaltet werden können.

Detaillierte Anweisungen von Microsoft zur Verwendung der externen Datengateway-Software finden Sie unter http://learn.microsoft.com. Geben Sie dort On-premises Date Gateway installieren ein. Auf der Ergebnisseite finden Sie aktuelle Anweisungen.

Richtlinien

Richtlinien sollen Anwendungen und die Organisationen schützen, die sie für bestimmte Benutzer bereitstellen. Im Power Platform Admin Center (lesen Sie im Abschnitt »Im Power Platform Admin Center die Kontrolle übernehmen« weiter oben in diesem Kapitel nach, um zu erfahren, wie Sie sich bei diesem Center anmelden) können Sie eine Vielzahl von Richtlinien verwalten, um die Power Platform-Umgebung Ihrer Organisation zu sichern. Tabelle 2.2 bietet einen Überblick über die verschiedenen Richtlinientypen, die Sie konfigurieren können, wenn Sie Power Platform-Administrator sind. Diese Richtlinientypen werden als Optionen angezeigt, wenn Sie im linken Navigationsbereich des Admin Centers RICHTLINIEN auswählen. Diese Richtlinien tragen dazu bei, Datensicherheit, Compliance und effiziente Abläufe sicherzustellen.

Ganz unten im Power Platform Admin Center befinden sich Links zum Microsoft 365 Admin Center, zur Microsoft Entra ID und zum Power BI-Admin-Portal. Beachten Sie, dass die meisten Konfigurationen für die Power Platform-Suite zwar im Admin Center vorgenommen werden, ein Systemadministrator aber weiterhin Sicherheits- und Compliance-Kontrollen im Microsoft 365 Admin Center verwalten muss.

Richtlinientyp	Was er bewirkt
Datenrichtlinien	Verwalten und schützen von Daten innerhalb der Power Platform, einschließlich der Datenverlustprävention (DLP), zum Beispiel Datenkonnektorrichtlinien, die die Datenfreigabe und den Datenzugriff steuern. Da bei Auswahl von Datenrichtlinien eine Liste mit 1.231 verbindbaren Anwendungen (und es werden täglich mehr) geöffnet wird, geben Sie am besten in der Suchleiste auf der rechten Seite des Datenrichtlinienfensters den Namen der spezifischen App ein, die Sie verbinden möchten.
Mandantenisolierung	Ermöglicht einem Benutzer, Einstellungen und Konfigurationen auf Mandantenebene zu steuern, einschließlich der Mandantenisolierung, sodass eine Organisation externe Verbindungen blockieren kann.
Kunden-Lockbox	Erfordert die ausdrückliche Genehmigung für den Microsoft-Support, um während der Problembehandlung auf Daten zuzugreifen. Sie benötigen bestimmte Microsoft 365- oder Office 365-Abonnements, um auf die Kunden-Lockbox zuzugreifen, und es funktioniert nur in verwalteten Umgebungen.
Unternehmensrichtlinien	Ermöglicht die Verwaltung der Umgebungsnutzung, der Ressourcenzuweisung und des Benutzerzugriffs im gesamten Unternehmen. Diese Richtlinien beziehen sich häufig auf Azure-Ressourcen und werden auf Umgebungen in derselben Region angewendet. Wenn Sie *vom Kunden verwaltete Schlüssel* verwenden (wobei der Benutzer die Verschlüsselungsschlüssel kontrolliert, um die Datensicherheit zu verbessern), benötigen Sie verwaltete Umgebungen und bestimmte Azure-Abonnements. Verwaltete Umgebungen bieten erweiterte Governance- und Sicherheitskontrollen und stellen sicher, dass Richtlinien und Ressourcen ordnungsgemäß verwaltet werden und den Organisationsstandards entsprechen.
Abrechnungsrichtlinien	Ermöglicht Ihnen, eine oder mehrere Umgebungen für die Abrechnung an Azure zu gruppieren, wenn Sie auch Power Platform verwenden. Bietet eine zentrale Kosten- und Ressourcenzuweisung.

Tabelle 2.2: Richtlinientypen im Power Platform Admin Center

Vorschau auf das Maker Portal

Irgendwo muss man anfangen. Wenn Sie Entwickler sind und keine administrativen Aufgaben haben, ist Ihr Ausgangspunkt das Power Apps Maker Portal. Um auf das Maker Portal zuzugreifen, gehen Sie wie folgt vor:

1. **Melden Sie sich bei Ihrem Power Platform Admin Center an.**

   Einzelheiten dazu finden Sie weiter oben in diesem Kapitel im Abschnitt »Im Power Platform Admin Center die Kontrolle übernehmen«.

2. **Klicken Sie oben links im Admin Center auf das Waffelsymbol.**

   Es werden alle Microsoft-Anwendungen angezeigt, für die Sie eine Lizenz besitzen.

3. **Geben Sie** Power Apps **in das Suchtextfeld ein und klicken Sie auf** Suchen.

   Power Apps ist die einzige Anwendung in der Ergebnisliste (sofern Sie über eine Lizenz verfügen).

4. **Wählen Sie** Power Apps **aus der angezeigten Anwendungsliste aus.**

   Power Apps öffnet sich auf der Startseite, die als Maker Portal bezeichnet wird.

 Sie wissen, dass Sie auf das Maker Portal zugreifen, wenn die URL der Seite, auf der Sie sich befinden, mit http://make.powerapps.com beginnt.

Das Maker Portal ist eine webbasierte Oberfläche, mit der Benutzer ihre Anwendungen innerhalb der Power Platform erstellen, verwalten und freigeben können. Benutzer können damit Assets, die mit verschiedenen Power Platform-Tools wie Power BI und Power Automate entwickelt wurden, in einer einzigen Lösung zusammenführen. Ein wichtiger Aspekt des Maker Portals ist sein Fokus auf Daten, insbesondere durch seine Integration mit Dataverse. Das Maker Portal ist der einzige Ort, an dem Sie auf Dataverse zugreifen können, sodass Entwickler Daten aus verschiedenen Quellen verwalten und bearbeiten können.

Abbildung 2.11 zeigt die Maker Portal-Oberfläche. Abbildung 2.12 zeigt weitere Optionen des Maker Portal-Navigationsbereichs und Tabelle 2.3 beschreibt alle Funktionen, die in diesem Bereich angezeigt werden. (Einige der in Tabelle 2.3 aufgeführten Elemente finden Sie unter der Schaltfläche Alle entdecken unten in den weiteren Optionen, wie in Abbildung 2.12 dargestellt.) Dieser Abschnitt enthält ein Menü mit Funktionen, deren Verwendung in den Kapiteln 3 bis 9 beschrieben ist.

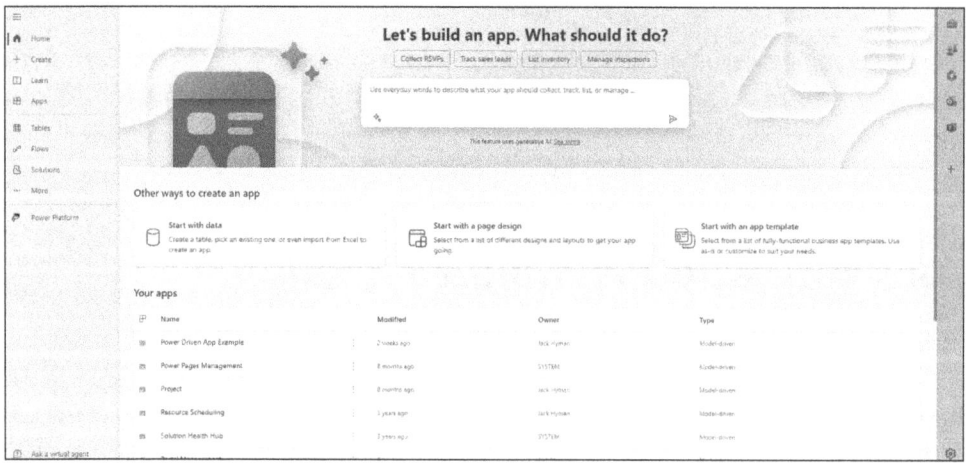

Abbildung 2.11: Die Maker Portal-Benutzeroberfläche

KAPITEL 2 Die Power Platform-Lösung – ein Überblick

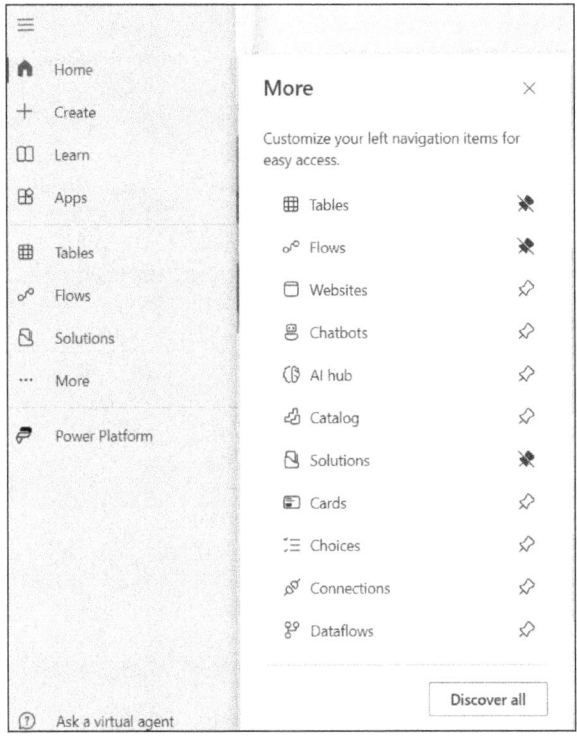

Abbildung 2.12: Funktionen des Power Apps Maker Portals

Funktion	Was sie bewirkt	Wichtige Anwendungen, die sie verwenden
Tabellen	Speichern und Organisieren von Daten mit Dataverse. Unterstützt strukturiertes Datenmanagement und Beziehungen für Anwendungen. Ermöglicht Entwicklern außerdem, Felder, Beziehungen, Datentypen und Ansichten für die Datenmodellierung zu definieren.	Dataverse
Flows	Automatisieren von Arbeitsabläufen und Prozessen durch die Verwendung bedingter oder triggerbasierter Aktionen in allen Power Platform-Anwendungen sowie in Lösungen von Drittanbietern.	Power Automate
Websites	Nach außen gerichtete Portale, die Sie mithilfe von Power Pages erstellen können, um benutzerdefinierte, in Dataverse-Daten integrierte Webportale zu erstellen und zu verwalten.	Power Pages

Funktion	Was sie bewirkt	Wichtige Anwendungen, die sie verwenden
Chatbots	Bereitstellung von Konversationsschnittstellen für Anwendungen, die Benutzern die Interaktion über natürliche Sprache ermöglichen. Ein nützliches Suchtool, mit dem Benutzer schnell Informationen in einer bestimmten Tabelle oder Datenquelle finden können. Unterstützt durch die zugrunde liegende KI-Infrastruktur Copilot.	Power Virtual Agents (jetzt Teil von Microsoft Copilot)
KI-Hub	Dient als zentraler Ort zum Erstellen, Verwalten und Bereitstellen von KI-Modellen mithilfe von AI Builder (Teil von Power Automate). Integriert Funktionen wie Formularverarbeitung und Vorhersage in Apps, um robotergestützte Prozessautomatisierungsaufgaben zu unterstützen. Um AI Hub verwenden zu können, müssen Sie über eine Lizenz für Dynamics 365, Power Apps und Power Automate verfügen, da die meisten Funktionen nur Premiumfunktionen sind.	AI Builder, Power Automate
Katalog	Bietet Ihnen die Möglichkeit, vorgefertigte Assets in Form von Vorlagen, Komponenten und Konnektoren zu erstellen. Sie können diese Assets dann verwenden, um die App-Entwicklung und -Integration zu beschleunigen. Dient als Ressourcen-Hub, um die Erstellung und Verbesserung von Anwendungen zu optimieren.	Power Apps, Power Automate
Lösungen	Bringt alle für eine einzelne Anwendung erstellten Assets über alle Power Platform-Anwendungen hinweg zusammen. Organisiert verwandte Komponenten wie Apps, Tabellen und Flows für eine einfachere Verwaltung, Versionierung und Bereitstellung.	Power Apps, Dataverse
Karten	Zeigt interaktive, inhaltsreiche Informationen innerhalb einer Power App-Anwendung an, wobei der Schwerpunkt auf Canvas-Apps liegt. Verbessert Benutzeroberflächen mit *adaptiver Kartentechnologie*, einem Ansatz mit einer schlanken, anpassbaren Benutzeroberfläche, um das Layout automatisch an die Host-App oder -Plattform anzupassen.	Power Apps

Funktion	Was sie bewirkt	Wichtige Anwendungen, die sie verwenden
Auswahlen	Eine Möglichkeit, eine Reihe vordefinierter Optionen für Tabellenspalten global zu definieren und so eine konsistente und kontrollierte Dateneingabe sicherzustellen. Wird in Form von Dropdown-Listen dargestellt, um die Datenintegrität sicherzustellen. Kann innerhalb einer Dataverse-Tabelle konfiguriert oder eigenständig ausgeführt und in vielen Anwendungen bereitgestellt werden, die dieselbe Umgebung verwenden. Auswahlwerte beschränken die Benutzereingabe auf gültige, vorkonfigurierte Auswahlen und verhindern so eine falsche oder inkonsistente Dateneingabe.	Dataverse
Verbindungen	Ermöglicht Apps die Interaktion mit externen Datenquellen und Diensten und erleichtert so die Integration und den Datenzugriff. Wird genutzt, um Workflow-Aktionen auszulösen, wenn in einer Anwendung eine Datenbewegung stattfindet, unabhängig davon, ob es sich bei der Aktion um »Erstellen«, »Löschen« oder »Ändern« handelt.	Power Apps, Power Automate
Dataflows	Ermöglicht das Extrahieren, Transformieren und Laden (ETL) von Daten aus weit über 50 Drittanbieter-Datenquellen in Dataverse.	Dataverse
Gateways	Stellt sichere Brücken für die Datenübertragung zwischen lokalen oder virtuellen Datenquellen und Power Platform bereit. Alle Power Platform-Anwendungen verfügen über eine Art Gateway-Dienstprogramm.	Power BI, Power Apps, Power Automate
Aufbewahrungsrichtlinien	Hilfe bei den Governance-Anforderungen der Power Platform. Dazu können die Verwaltung von Aktivitäten innerhalb des Datenlebenszyklus, das Definieren von Regeln für die Datenspeicherung, Archivierung und Löschung sowie die Gewährleistung der Compliance und effizienten Datenverwaltung gehören.	Dataverse
Komponentenbibliotheken	Ermöglicht Entwicklern das Erstellen, Verwalten und Wiederverwenden von Komponenten der Benutzeroberfläche (UI) über mehrere Apps hinweg und sorgt damit für Anwendungs- und Designkonsistenz. Kann in einer oder mehreren Umgebungen verwendet werden.	Power Apps
Wrap-Projekte	Ermöglicht Herstellern, Power Apps als mobile Anwendungen für Geräte mit Apple iOS und Google Android OS zu verpacken.	Power Apps

Funktion	Was sie bewirkt	Wichtige Anwendungen, die sie verwenden
Publisher	Verwaltung benutzerdefinierter Anwendungen und Komponenten in Lösungen innerhalb der Organisation. Microsoft bietet eine Reihe von Publishern, die Sie für die Anwendungsentwicklung verwenden können. Wenn Sie ein Unternehmensprojekt starten, legen Sie einen neuen Publisher für ein Projekt fest, damit Sie benutzerdefinierte Anwendungen und Komponenten innerhalb von Lösungen in Ihrer gesamten Organisation verwalten können.	Power Apps
Benutzerdefinierte Konnektoren	Aktiviert die Integration Ihrer eigenen oder Drittanbieter-APIs und -Dienste in die Power Platform, um die Flexibilität der Datenfunktionalität zu steigern. Sie können die Daten entweder in Power Apps anzeigen oder Datenprozesse mithilfe von Power Automate verteilen und automatisieren.	Power Apps, Power Automate
KI-Modelle	Erstellt mit AI Builder, der von Microsoft Copilot unterstützt wird. Fügt Anwendungen Intelligenz hinzu, indem Funktionen wie Vorhersage, Objekterkennung und Sprachverarbeitung integriert werden. Beispielmodelle umfassen Daten- und Bildextraktion und prädiktive Verhaltensweisen basierend auf strukturierten Datenquellen.	AI Builder, Power Apps, Dataverse
KI-Prompts	Führt Benutzer durch Aufgaben und macht Vorschläge auf Grundlage von Erkenntnissen aus strukturierten Daten. Speziell erstellt aus KI-Modellen mithilfe einer Kombination aus AI Builder und Microsoft Copilot Studio.	AI Builder, Power Apps

Tabelle 2.3: Funktionen im Power Apps Maker Portal

Sicherheit und Governance

Sicherheit und Governance in Power Platform sorgen dafür, dass alle Ihre Daten, Anwendungen und Workflows geschützt sind, während Sie gleichzeitig die Kontrolle über den Zugriff und die Verwendung behalten. Der Schutz erfolgt durch Funktionen wie rollenbasierte Zugriffskontrolle (RBAC), Sicherheit auf Umgebungsebene, Richtlinien zur Verhinderung von Datenverlust (DLP) und Compliance-Tools. Administratoren können Governance-Richtlinien durchsetzen, um zu steuern, wer Apps und Flows erstellen, die Datenfreigabe verwalten und Aktivitäten in allen Umgebungen überwachen kann.

Die Power Platform von Microsoft befasst sich mit Sicherheit und Governance sowohl auf Plattform- als auch auf Anwendungsebene. Sie verwalten Sicherheitskontrollen auf Umgebungsebene, können sie aber auch lokaler auf Anwendungs- und Tabellenebene konfigurieren, je nachdem, welchen Lösungstyp Sie verwenden. (Weitere Informationen über Lösungstypen finden Sie in Kapitel 4.)

Die Verwaltung von Anwendungen geht über die Konfiguration der Sicherheit im Power Platform Admin Center (das mit Dynamics 365 bereitgestellt wird) hinaus. Um eine umfassende Authentifizierung und Autorisierung vollständig zu implementieren, müssen Sie auch erweiterte Sicherheits- und Compliance-Maßnahmen im Microsoft 365 Admin Center anwenden (siehe Abbildung 2.13). Dazu gehört die Konfiguration von Sicherheits- und Compliance-Optionen (auf die Sie zugreifen können, indem Sie sie im rechten Navigationsbereich auswählen), um einen vollständigen Schutz für die Power Platform und andere Microsoft 365-Dienste zu gewährleisten.

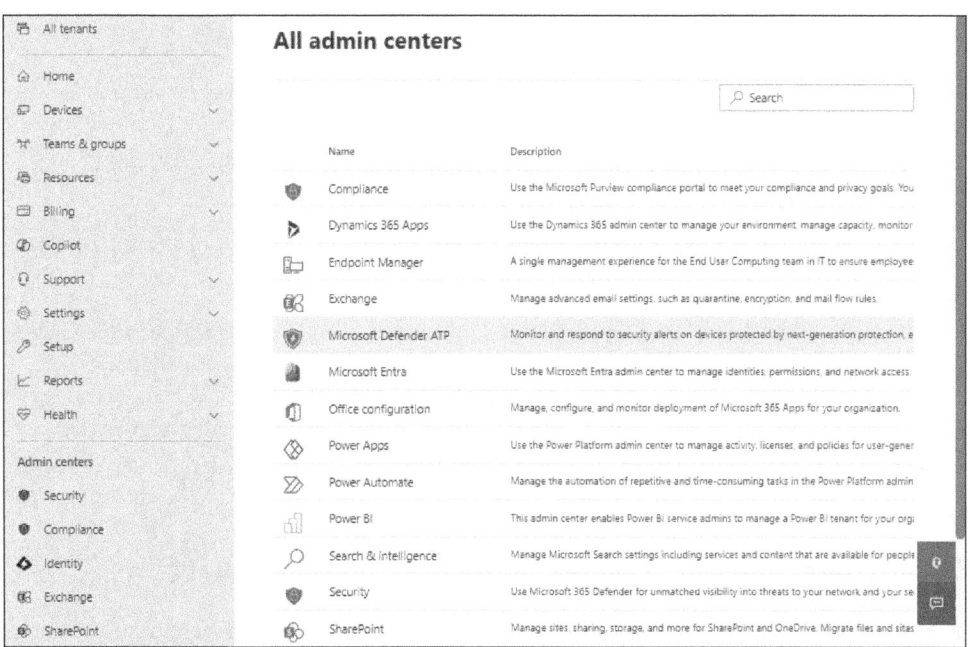

Abbildung 2.13: Im Microsoft 365 Admin Center können Sie Sicherheitskontrollen konfigurieren.

Die Architektur von Power Platform umfasst sowohl ein Web-Frontend- als auch ein Backend-Cluster (die über mehrere Server oder Regionen verteilt sind). Sie enthält außerdem eine Infrastruktur zur Unterstützung der Funktionalität für bestimmte Anwendungstypen, wie etwa mobile Lösungen. Das Web-Frontend-Cluster verwaltet die Authentifizierung und leitet Interaktionen an das Backend-Cluster weiter, das die Systeminteraktion und -funktionalität umsetzt. Ein solches Design ermöglicht Skalierbarkeit sowie sichere Daten, einschließlich Backups und sekundärer Clusternutzung für Zuverlässigkeit.

Wenn Sie Premiumfunktionen von Power Platform erwerben, erhalten Sie Zugriff auf Merkmale von Premiuminfrastruktur, die zusätzliche Konnektoren, APIs und Datenverwaltungsfunktionen bietet, die für Benutzer des kostenlosen Zugriffs auf Power Apps, Power Automate und Power BI nicht verfügbar sind. Beispielsweise gewährleistet das über die Premiumversion von Power Platform angebotene Framework für die Verwaltung mobiler Geräte sichere Kommunikation und Datenspeicherung auf Android-, iOS- und Windows-Geräten dank starker Verschlüsselungs- und Verwaltungstools wie Microsoft Intune.

Wie die Sicherheit wird auch die Governance in Power Platform durch die globalen Onlinedienstbedingungen von Microsoft und die unternehmensweiten Datenschutzbestimmungen bestimmt, die sich alle im Microsoft Trust Center befinden (Microsofts Hub für Microsoft Office-Sicherheitseinstellungen). Die Plattform wendet strenge Sicherheitsprinzipien an, die als Security Development Lifecycle (SDL) bezeichnet werden, um die erforderlichen Standards für das Anwendungslebenszyklusmanagement zu erfüllen. Zu den wichtigsten Sicherheitsstandards, auf die sich der SDL bezieht, gehören Benutzerauthentifizierung, Datenspeicherung und Schutzmaßnahmen. Das Framework befasst sich auch mit Bedenken hinsichtlich Datenzugriff, Verschlüsselung und Überwachung.

Obwohl Sie sich mit vielen Bereichen befassen müssen, wenn es um Sicherheit und Governance geht, sind für den neuen Citizen Developer oder angehenden Profi die beiden wichtigsten Bereiche die Datenrichtlinien und die Datenschutzeinstellungen, um die es in den folgenden Abschnitten gehen wird.

Auf den folgenden Websites finden Sie die neuesten Referenzen zum Thema Sicherheit und Governance:

✔ **Sicherheits- und Governance-Dokumentation für Power Platform:** Gehen Sie zu https://learn.microsoft.com und geben Sie *Power Platform-Sicherheit und Governance Dokumentation* in das Suchfeld ein. Diese Informationen sollten als oberster Link in den Ergebnissen angezeigt werden.

✔ **Microsoft Trust Center:** www.microsoft.com/trust-center

Richtlinien zur Verhinderung von Datenverlust

Sie müssen Richtlinien zur Verhinderung von Datenverlust (DLP) einrichten, um Unternehmensdaten zu schützen, indem Sie eine unbeabsichtigte Offenlegung (wie die Weitergabe vertraulicher Informationen an nicht autorisierte Apps oder externe Dienste) verhindern und die Informationssicherheit verbessern. Diese Richtlinien setzen Regeln für die Verwendung von Datenkonnektoren in verschiedenen Umgebungen durch und Sie können sie sowohl auf Umgebungs- als auch auf Mandantenebene anwenden, jedoch nicht auf Benutzerebene. Sie erstellen solche Richtlinien im Power Platform Admin Center. (Weitere Informationen zum Admin Center finden Sie im Abschnitt »Im Power Platform Admin Center die Kontrolle übernehmen« weiter oben in diesem Kapitel.) DLP-Richtlinien legen fest, welche Datenkonnektoren als geschäftlich, nicht geschäftlich oder blockiert klassifiziert werden. Diese Klassifizierung steuert, wie Daten zwischen verschiedenen Konnektoren fließen können, und stellt sicher, dass vertrauliche Informationen nur mit denjenigen geteilt werden, die Zugriff auf die Daten benötigen, und mit niemand anderem.

Konnektoren werden in drei Gruppen eingeteilt:

✔ **Geschäftliche Konnektoren:** Entwickelt für die Verarbeitung vertraulicher oder geschäftskritischer Daten. Solche Konnektoren sind isoliert und können keine Daten mit Konnektoren anderer Gruppen (zum Beispiel Nicht-Business-Konnektoren) teilen oder austauschen. Diese Isolierung trägt dazu bei, die Datensicherheit und die Einhaltung organisatorischer Richtlinien aufrechtzuerhalten.

✔ **Nicht geschäftliche Konnektoren:** Diese Konnektoren sind in erster Linie für personenbezogene oder weniger vertrauliche Daten gedacht. Sie ähneln geschäftlichen Konnektoren, dürfen jedoch keine Daten mit Konnektoren anderer Gruppen teilen und wahren eine Trennung zwischen geschäftlichen und personenbezogenen Daten.

✔ **Blockierte Konnektoren:** Konnektoren, die durch Richtliniendurchsetzung eingeschränkt oder deaktiviert sind (basierend auf für die jeweilige Organisation oder Microsoft spezifischen Regeln). Sie dürfen diese Konnektoren überhaupt nicht verwenden, wenn bestimmte Richtlinien durchgesetzt werden, normalerweise aus Sicherheits- oder Compliance-Gründen.

Um DLP-Richtlinien für Power Platform und Ihre Zielanwendung zu implementieren, befolgen Sie diese allgemeinen Schritte im Power Platform Admin Center:

1. **Erstellen Sie eine umfassende Richtlinie, die alle Umgebungen außer kritischen Umgebungen wie Produktionsumgebungen abdeckt.**

   Gestalten Sie Ihre Richtlinie allgemein und beschränken Sie die verfügbaren Konnektoren auf sehr gezielte Quellen wie Office 365 und andere Standard-Mikrodienste, während Sie den Zugriff auf alle anderen potenziellen Datenquellen blockieren.

2. **Legen Sie lockerere DLP-Richtlinien für gemeinsam genutzte Produktivitätsumgebungen für Benutzer und Team fest.**

   Lassen Sie beispielsweise je nach den Anforderungen Ihrer Organisation zusätzliche Konnektoren wie Azure-Dienste zu.

Konzentrieren Sie sich bei Produktionsumgebungen auf den maximal notwendigen Zugriff für Ihre Anwendungen. Arbeiten Sie bei der Planung Ihrer Richtlinien zur Verhinderung von Datenverlust mit Ihren Geschäftseinheiten zusammen, um die Richtlinien an ihre spezifischen Anforderungen anzupassen und Mandantenrichtlinien zu erstellen, die nur die ausgewählten, benötigten Umgebungen umfassen.

Oft wird angenommen, es sei gut, viele Richtlinien zu erstellen, aber ich bin der Meinung, dass weniger mehr ist. Minimieren Sie die Anzahl der Richtlinien pro Umgebung, um Komplexität zwischen den Konnektoren zu vermeiden. Verwalten Sie DLP-Richtlinien zentral auf Mandantenebene und verwenden Sie Umgebungsrichtlinien hauptsächlich zum Kategorisieren benutzerdefinierter Konnektoren oder zum Beheben von Ausnahmen.

DLP-Richtlinien verwalten

Sie benötigen das Vermeiden von Datenverlusten (DLP, Data Loss Prevention) in Power Platform, um Unternehmensdaten vor unbefugter Offenlegung und Missbrauch zu schützen. Um diese Datenrichtlinien effektiv verwalten zu können (einschließlich Erstellen, Bearbeiten oder Löschen von Richtlinien), benötigen Sie Administratorberechtigungen – entweder Umgebungsadministrator- oder Power Platform-Administratorberechtigungen. (Um die verschiedenen Arten von Berechtigungen geht es in Kapitel 7.)

Wenn Sie eine Richtlinie für einen Mandanten anwenden möchten, müssen Sie über Microsoft Power Platform-Administratorberechtigungen oder globale Microsoft 365-Administratorberechtigungen verfügen. Wenn Sie sich hingegen auf eine einzelne Umgebung konzentrieren, benötigen Sie nur Power Platform-Administratorrechte für diese Umgebung. In den folgenden Abschnitten wird erläutert, wie Sie DLP-Richtlinien im Power Platform Admin Center erstellen, bearbeiten und löschen (Anweisungen zum Aufrufen dieses Admin Centers finden Sie weiter oben in diesem Kapitel unter »Im Power Platform-Admin Center die Kontrolle behalten«).

Richtlinien zur Verhinderung von Datenverlust erstellen

Das Erstellen von DLP-Richtlinien ist der erste Schritt zum Schutz Ihrer unternehmenskritischen Daten. Finden Sie heraus, welche Datenquelle Sie schützen müssen, und klassifizieren Sie sie dann als geschäftlich, nicht geschäftlich oder blockiert, bevor Sie beginnen. Nachdem Sie die Kritikalität der Daten identifiziert haben, melden Sie sich bei Ihrem Power Platform Admin Center an und befolgen Sie diese Schritte, um Datenrichtlinien zu erstellen:

1. **Wählen Sie im linken Navigationsbereich im Admin Center Richtlinien| Datenrichtlinien|Neue Richtlinie aus.**

2. **Geben Sie im angezeigten Fenster Datenrichtlinien einen Namen für die Richtlinie ein und klicken Sie auf Weiter.**

   Die Seite Konnektoren zuweisen wird angezeigt.

3. **Klicken Sie im Fenster Vordefinierte Konnektoren auf die entsprechende Schaltfläche für die Konnektorzuweisung, die Sie vornehmen möchten.**

   Zur Auswahl stehen die Schaltflächen Zu Geschäftlich verschieben, Zu Nicht-Geschäftlich verschieben und Blockieren.

   Sie können beispielsweise SharePoint- und Salesforce-Konnektoren in die Gruppe Geschäftlich und Google Drive und Dropbox in die Gruppe Blockiert verschieben.

    Abhängig vom ausgewählten vordefinierten Konnektor können Sie manche Konnektoren möglicherweise nicht blockieren. Bei anderen Konnektoren müssen Sie möglicherweise Zu Geschäftlich verschieben auswählen, damit sie ordnungsgemäß funktionieren.

Auf der Seite KONNEKTOREN ZUWEISEN werden Konnektorattribute angezeigt, darunter

✔ **Name:** Name des Konnektors

✔ **Blockierbar:** Ob der Konnektor blockiert werden kann

✔ **Endpunktkonfiguration:** Ob der Endpunkt konfiguriert werden muss

✔ **Klasse:** Ob es sich um einen Standard- oder Premium-Anschluss handelt

✔ **Herausgeber:** Wer ist der Herausgeber des Connectors?

✔ **Über:** Der Zweck des Connectors

4. **Wenn Sie mit der Zuordnung der Attribute fertig sind, klicken Sie auf WEITER.**

5. **Klicken Sie im angezeigten Bildschirm auf BENUTZERDEFINIERTES KONNEKTORMUSTER HINZUFÜGEN.**

   Auf der rechten Seite des Bildschirms wird der Bereich BENUTZERDEFINIERTER KONNEKTOR angezeigt.

   Ein *benutzerdefiniertes Konnektormuster* in Power Platform ermöglicht die Integration mit externen Diensten oder APIs. Wie bei Ihren vordefinierten Konnektoren stellen Sie die benutzerdefinierte Musterverbindung einmal her und weisen ihr dann den Status GESCHÄFTLICH, NICHT GESCHÄFTLICH oder BLOCKIERT zu, um Ihre DLP-Richtlinie zu unterstützen.

6. **Geben Sie das benutzerdefinierte Konnektormuster ein, das Sie verwenden möchten.**

   Sie verknüpfen ein benutzerdefiniertes Konnektormuster mit einer Datengruppe (GESCHÄFTLICH, NICHT GESCHÄFTLICH oder BLOCKIERT), der Host-URL (der Website-URL, auf die Datenmuster angewendet werden) und anschließend der Reihenfolge oder Priorität für die Datenrichtlinie.

7. **Nachdem Sie Ihre benutzerdefinierten Mustereinstellungen eingegeben haben, klicken Sie im Bereich BENUTZERDEFINIERTER KONNEKTOR auf SPEICHERN und dann auf WEITER.**

8. **Definieren Sie auf dem angezeigten Bildschirm den Umfang, indem Sie eine Option auswählen.**

   Sie können aus folgenden Optionen wählen:

   - **Alle Umgebungen hinzufügen:** Fügt den Umfang allen Umgebungen im Mandanten hinzu.

   - **Mehrere Umgebungen hinzufügen:** Fügt den Umfang je nach Ihrer Auswahl einer oder mehreren Umgebungen hinzu.

   - **Bestimmte Umgebungen ausschließen:** Ermöglicht einem Benutzer, zunächst alle Umgebungen auszuwählen und dann die Umgebungen zu entfernen, die er nicht einschließen möchte.

9. Klicken Sie auf WEITER und überprüfen Sie dann die soeben erstellte Datenrichtlinienkonfiguration, die auf dem Bildschirm angezeigt wird.

10. Wenn Sie meinen, dass die Richtlinie die erforderlichen Kriterien erfüllt, klicken Sie auf RICHTLINIE ERSTELLEN.

Wenn Sie Änderungen vornehmen möchten, klicken Sie auf die Schaltfläche ZURÜCK.

Datenrichtlinien bearbeiten und löschen

Sie können Richtlinien im Admin Center bearbeiten, löschen und erstellen (wie im vorherigen Abschnitt beschrieben). Sie können mit vorhandenen Datenrichtlinien im Fenster DATENRICHTLINIEN des Power Platform Admin Centers arbeiten (siehe Abbildung 2.14):

✔ **So ändern Sie eine Richtlinie:** Wählen Sie die Richtlinie aus und klicken Sie dann oben im Fenster auf die Schaltfläche RICHTLINIE BEARBEITEN. Sie führen dann dieselben Schritte aus wie zum Erstellen einer Richtlinie (siehe vorheriger Abschnitt). Der einzige Unterschied besteht darin, dass Sie Änderungen vornehmen, statt neue Konfigurationen zu erstellen.

✔ **So löschen Sie eine Richtlinie:** Wählen Sie diese Richtlinie im Fenster DATENRICHTLINIEN aus und klicken Sie dann auf die Schaltfläche RICHTLINIE LÖSCHEN. Es wird eine Eingabeaufforderung angezeigt, mit der Sie bestätigen, dass Sie die Richtlinie löschen möchten. Klicken Sie auf die Schaltfläche LÖSCHEN, und Power Platform löscht diese Richtlinie.

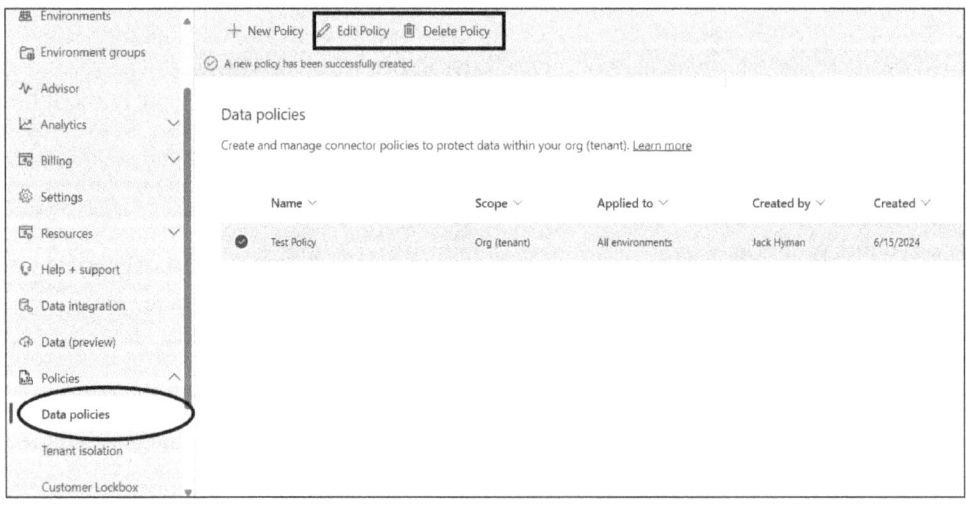

Abbildung 2.14: Im Fenster »Datenrichtlinien« können Sie Datenrichtlinien erstellen, ändern oder löschen.

Datenschutz und Sicherheit

Mit Microsoft Power Platform können Sie Datenschutz- und Sicherheitseinstellungen verwalten, insbesondere in Bezug auf die Dataverse-Umgebung. Sie legen Sicherheitseinstellungen fest, um die Datenintegrität zu wahren und dafür zu sorgen, dass der Datenzugriff den Organisationsrichtlinien entspricht. Sie können Richtlinien global auf eine gesamte Umgebung oder speziell auf eine Datentabelle anwenden. Wie bei den meisten anderen Softwareanwendungen sollten Sie nicht zu freizügig sein. Befolgen Sie stattdessen die *Regeln des am wenigsten freizügigen Zugriffs* – oder nur das richtige Maß an Zugriff für diesen Benutzer und seine Aufgabe innerhalb der Organisation, mehr nicht.

Um Datenschutz- und Sicherheitseinstellungen zu verwalten, müssen Sie Systemadministrator oder Systemanpasser in einer Sicherheitsrolle in Power Platform Admin sein. Um Änderungen im Power Platform Admin Center vorzunehmen (wie Sie dorthin gelangen, erkläre ich im Abschnitt »Im Power Platform Admin Center die Kontrolle behalten« weiter oben in diesem Kapitel), gehen Sie wie folgt vor:

1. Wählen Sie im linken Navigationsbereich UMGEBUNGEN aus.

2. Wählen Sie im angezeigten Fenster UMGEBUNGEN die Umgebung aus, deren Sicherheit Sie ändern möchten.

   Das Fenster für die ausgewählte Umgebung wird angezeigt.

3. Wählen Sie im entsprechenden Umgebungsfenster EINSTELLUNGEN|PRODUKT|DATENSCHUTZ + SICHERHEIT aus.

   Das Fenster DATENSCHUTZ + SICHERHEIT wird geöffnet (siehe Abbildung 2.15).

4. Nehmen Sie in den Optionen DATENSCHUTZ + SICHERHEIT die gewünschten Änderungen vor.

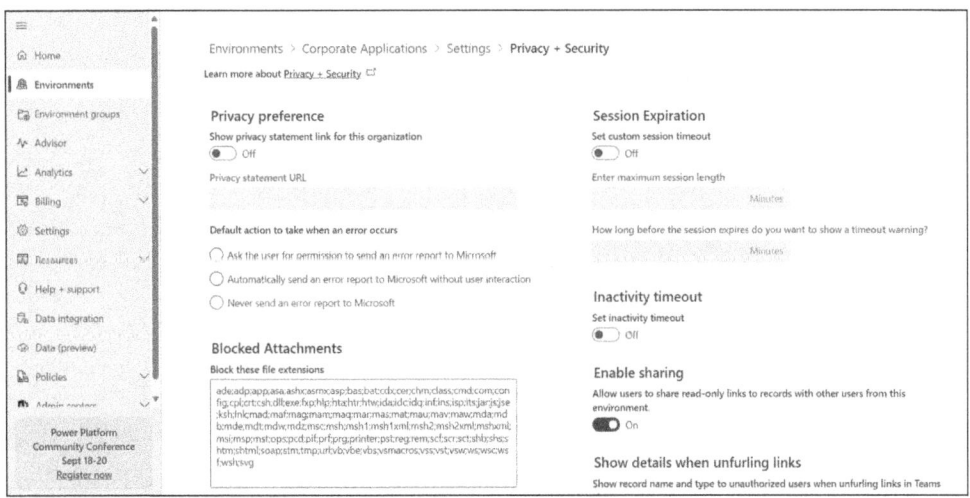

Abbildung 2.15: Zugriff auf Datenschutz- und Sicherheitseinstellungen

In diesem Fenster können Sie unter anderem folgende Einstellungen ändern:

- die Datenschutzerklärung anzeigen
- Fehlerberichte an Microsoft und ausgewählte Drittanbieterquellen senden
- Anhangtypen in einer App blockieren
- ein Timeout für eine Sitzung festlegen (und angeben, wie lange diese dauern soll)
- Timeout-Regeln für Inaktivität festlegen
- schreibgeschützte Freigabe zulassen
- Details beim Öffnen von Links anzeigen
- auf IP-Adressen basierende Cookies verwalten
- MIME-Typen blockieren oder zulassen
- Inhaltssicherheitsrichtlinien sowohl für modellgesteuerte als auch für Canvas-basierte Apps anwenden

IN DIESEM KAPITEL

Verstehen, wie Dataverse Datensätze organisiert

Mit Standard- und benutzerdefinierten Tabellen in Dataverse arbeiten

Ansichtstypen über die gesamte Power Platform hinweg verwenden

Formulare mit modellbasierten Apps erstellen und verwalten

Die Grundlagen des Sicherheitsmodells von Dataverse verstehen

Möglichkeiten zum Erstellen von Geschäftsprozessabläufen evaluieren

Kapitel 3
Dataverse entdecken

Wenn Sie schon eine Weile in der Geschäftswelt tätig sind, wissen Sie sehr wahrscheinlich, dass Daten der Klebstoff sind, der Geschäftsentscheidungen zusammenhält. Daten verändern die Art und Weise, wie eine Anwendung in Power Platform verwaltet, gesichert und genutzt wird. Dataverse dient als zentrales Datenrepository. Dataverse ist das Herzstück des Power Platform-Ökosystems und fungiert als Motor, der kritische Daten in jede Anwendung pumpt.

Beispielsweise bietet Dataverse bei der Formulareingabe in einer Canvas- oder modellgesteuerten App Hilfestellung. Nachdem Sie die Daten in das Dataverse-Repository übertragen haben, möchten Sie sie wahrscheinlich auf Trends und Muster untersuchen. Die von Power BI verwendeten Analyseausgaben (um die es in Kapitel 11 geht) können auf Ihr Dataverse-Repository zugreifen. Wenn Benutzer Daten in der Dataverse-Datenbank hinzufügen, ändern oder löschen, möchten Sie möglicherweise mithilfe von Power Automate (siehe Kapitel 14) einen Workflow auslösen, um einen Benutzer oder eine ganze Abteilung darüber zu benachrichtigen, dass sich der Status der Daten geändert hat.

In diesem Kapitel entdecken Sie die wichtigsten Funktionen von Dataverse und erfahren, wie Sie eine gut konzipierte Datenplattform erstellen, die rollenbasierte Sicherheit auf Zeilen- und Spaltenebene bietet, um die Datenintegrität und -konformität aufrechtzuerhalten.

Außerdem erfahren Sie, wie Sie Dataverse als Tool zum Festlegen von Geschäftsregeln und zur Automatisierung in allen Ihren Power Platform-Anwendungen verwenden können.

Dataverse – eine Übersicht

Bei der Auswahl der passenden Speicherlösung stehen Techniker oft vor Herausforderungen. Wie jeder IT-Anbieter für Unternehmen hat Microsoft eine ganze Liste von Optionen, aus denen Sie wählen können.

- ✔ **Dataverse:** Die native Speicheroption für die Power Platform, die für die sichere Speicherung von Daten in Tabellen mit integrierter Geschäftslogik, Sicherheit und Integration mit Power Apps, Power Automate und anderen Microsoft 365-Diensten entwickelt wurde. Dataverse optimiert Low-Code-Lösungen mit relationalen Datenstrukturen und unterstützt Echtzeitanalysen.

- ✔ **Blob (Binary Large Object)-Speicher:** Teil der Microsoft Azure Cloud. Kostengünstig zum Speichern unstrukturierter Datendateien wie zum Beispiel für Bilder, Videos oder Dokumente. Obwohl Blob-Speicher zur Dateispeicherung in Dataverse integriert ist, fehlen ihm die relationalen Datenfunktionen und die metadatengesteuerte Architektur, die Dataverse bietet.

- ✔ **Azure SQL:** Eine relationale Datenbank, die auch über die Microsoft Azure Cloud verfügbar ist. Es handelt sich um einen vollständig verwalteten relationalen Datenbankdienst, der für komplexe Transaktionssysteme entwickelt wurde. Diese Datenbank der Enterprise-Klasse erfordert mehr Aufwand im Hinblick auf Einrichtung und Verwaltung als Dataverse.

- ✔ **Cosmos DB:** Ein nicht relationaler Datenbankdienst, der große Mengen unstrukturierter oder halbstrukturierter Daten verarbeitet. Er eignet sich am besten für Szenarien, die Flexibilität und Skalierbarkeit erfordern, wie zum Beispiel Echtzeitanalysen. Im Gegensatz zu Dataverse unterstützt Cosmos DB keine integrierten Datenmodelle.

- ✔ **Azure Data Lake:** Optimiert für Big Data Analytics, also für Organisationen mit Millionen (oder sogar Milliarden) Datensätzen. Kann große Mengen Rohdaten für die Verarbeitung und Analyse im großen Maßstab speichern. Obwohl Azure Data Lake (und Data Lakes im Allgemeinen) sich durch die Verarbeitung strukturierter und unstrukturierter Daten für analytische Workloads auszeichnet, bietet es nicht die transaktionale relationale Speicherung und Geschäftslogik, die in Dataverse verfügbar ist.

Wenn Sie die besten Funktionen jeder Plattform nutzen möchten, sollten Sie sich für Dataverse entscheiden. Dafür gibt es viele Gründe. Dataverse integriert die besten Funktionen aller im Power Platform-Ökosystem aufgeführten Speichermethoden:

- ✔ **Besser als Blob:** Dataverse nutzt dieselben Architekturprinzipien wie Blob-Speicher für die Speicherung und Aufbewahrung von Dateien, einschließlich der Speicherung unstrukturierter Daten (wie für Bilder) und Dateien als Anhänge an Datensätze, sodass sowohl strukturierte als auch unstrukturierte Inhalte innerhalb einer einheitlichen Plattform verwaltet werden können. Power Platform verwendet Blob-Speicher nicht als primäre Speicherklasse, da Dataverse über integrierte Sicherheits-, Zugriffskontroll- und Compliance-Funktionen verfügt.

✔ **Umgang mit relationalen Daten:** Dataverse speichert Daten sicher in strukturierten Tabellen und integriert die relationalen Datenfunktionen von Azure SQL. Die Konfiguration von Azure SQL ist zeitaufwendig und teuer in der Pflege, und Microsoft Dataverse unterstützt Transaktionssysteme und Low-Code-Entwicklung zu wesentlich geringeren Kosten. Mit Dataverse können Sie Beziehungen modellieren und erweiterte Abfragen durchführen, ohne über umfassende Kenntnisse über die Datenbankverwaltung zu verfügen.

✔ **Ein einfacheres Cosmos:** Dataverse unterstützt die Skalierbarkeit und Flexibilität wie Cosmos DB; jedoch ohne die Komplexität der multimodellbasierten, global verteilten Architektur von Cosmos DB, die auf *geringe Latenz* (eine geringe Verzögerung bei der Datenreaktion) setzt. Obwohl Cosmos DB normalerweise für verteilte, nicht relationale Daten verwendet wird, enthält Dataverse relationale Datenfunktionen mit integrierter Geschäftslogik, Sicherheitsrollen und Echtzeitanalysen – Funktionen, die Cosmos DB vollständig fehlen.

✔ **Analyse ohne Lake:** Dataverse beinhaltet Elemente der erweiterten Datenverarbeitungs- und Big Data-Analysefunktionen von Azure Data Lake durch die Integration mit Power BI. Obwohl Dataverse kein Data Lake-Ersatz sein kann, ermöglicht es erweiterte Analysen und eignet sich daher für kleinere, agilere Datensätze und mäßig umfangreiche analytische Workloads zu einem Bruchteil der Kosten.

Dataverse integriert als Dienst Funktionen aus verschiedenen Dateninfrastrukturen. Azure SQL ist jedoch die zentrale *relationale Datenbank-Engine* (das heißt, sie verarbeitet strukturierte relationale Daten und unterstützt erweiterte Abfragevorgänge). Mit Microsoft Dataverse können Sie mithilfe einer Kombination aus T-SQL, OData und REST API mit Ihren Daten interagieren, ohne dass Programmierkenntnisse erforderlich sind.

Über T-SQL können Benutzer erweiterte Abfragen an die zugrunde liegende relationale Datenbank für Vorgänge wie Filtern, Tabellenverknüpfungen und Aggregationen durchführen. Bei Dataverse wissen Benutzer normalerweise nicht, dass sie T-SQL direkt verwenden, da Dataverse die Schnittstellen vereinfacht und so gestaltet hat, dass eine Interaktion ohne oder mit wenig Code möglich ist. Darüber hinaus nutzt Dataverse OData und die REST-API, damit Sie webbasierte Abfragen durchführen können, einschließlich CRUD-Vorgängen (Create (Erstellen), Read (Lesen), Update (Aktualisieren), Delete (Löschen)) und programmgesteuertem Zugriff, und das mit wenig oder überhaupt keiner Programmiererfahrung.

Microsoft hat Dataverse so konzipiert, dass sich Benutzer stärker auf den Entwurf von Geschäftsanwendungen konzentrieren können, statt sich über die Auswirkungen der Codierung auf Sicherheit und Datenverwaltung Gedanken machen zu müssen.

Natürlich werden die Daten in Dataverse in Tabellen gespeichert. Tabellen sind seit Jahrzehnten der Kern des Datenuniversums – daran ist nicht zu rütteln. Dataverse kümmert sich jedoch um die Tabellenverwaltung, einschließlich der Konfiguration von Zeilen (die als *Datensätze* bezeichnet werden) und *Spalten* (auch als *Felder* und *Attribute* bezeichnet).

Microsoft hat Dataverse speziell als Plattform für Microsoft Power Platform entwickelt, Sie können es aber auch unabhängig davon als eigenständigen Datenspeicher verwenden. Es speichert Metadaten und Daten in der Cloud, sodass Benutzer von jedem Ort mit Internetverbindung aus auf ihre Daten zugreifen und sie verwalten können. Dataverse bietet außerdem robuste Sicherheit mit rollenbasierter Zugriffskontrolle, die dafür sorgt, dass Daten sicher gespeichert und nur für autorisierte Benutzer zugänglich sind. (Weitere Informationen zur Dataverse-Sicherheit finden Sie im Abschnitt »Sicherheitsgrundlagen und Dataverse« später in diesem Kapitel.)

Bevor Sie Ihre erste Tabelle einrichten, stellen Sie sicher, dass Sie eine Power Platform-Umgebung eingerichtet haben, in der Dataverse konfiguriert ist. Lesen Sie Kapitel 2, wenn Sie wissen möchten, wie Sie eine Power Platform-Umgebung einrichten und Dataverse aktivieren.

Entwickler und Nicht-Entwickler benötigen ein gemeinsames Vokabular, wenn sie über die Datenverwaltung diskutieren. Tabelle 3.1 erklärt die allgemeine Terminologie, die Microsoft bei der Beschreibung von Dataverse verwendet.

Begriff	Was er bedeutet
Tabelle	Ein strukturierter Datensatz, der Informationen speichert, ähnlich einer Datenbanktabelle. Jede Tabelle besteht aus *Zeilen* (Datensätzen) und *Spalten* (Feldern), wobei jede Zeile einen einzelnen Datensatz und jede Spalte ein Datenattribut (das heißt eine bestimmte Information oder Eigenschaft des Datensatzes, wie Name, Alter oder Status) innerhalb des Datensatzes darstellt.
Name	Dient der Identifizierung Ihrer Tabelle. Ein Beispiel wäre **Staaten** für eine Tabelle mit Informationen über US-Bundesstaaten.
Spalte	Mit jedem Datensatz verknüpfte Metadaten. Beispiele in einer Tabelle mit US-Bundesstaaten könnten **Stadt** oder **Bundesstaat** sein.
Zeile	Ein bestimmter Datensatz in einer Tabelle, der Werte in verschiedenen Spalten enthält. Beispielsweise könnte eine Zeile **TX** (für Texas) als Wert in der Spalte **Bundesstaat** enthalten.
Beziehung	Beschreibt eine Verbindung oder Verknüpfung zwischen einer oder mehreren Tabellen.
Schlüssel	Eine oder mehrere Spalten, die eine Zeile in einer Tabelle eindeutig identifizieren.
Formular	Wird von modellgesteuerten Apps zum Anzeigen und Bearbeiten von Daten auf Zeilenebene verwendet. (Weitere Informationen finden Sie im Abschnitt »Mit Formularen in modellgesteuerten Apps arbeiten« weiter unten in diesem Kapitel.)
Ansicht	Eine angepasste Anzeige von Daten aus einer Tabelle; zeigt normalerweise bestimmte Spalten und Datensätze basierend auf Filtern oder Sortierkriterien an.
Diagramm	Eine Methode zum Visualisieren von Tabellenzeilen.
Dashboard	Eine anpassbare Visualisierung Ihrer Daten in einem oder mehreren Diagrammen, mit Schwerpunkt auf gefilterten Daten.

Begriff	Was er bedeutet
Geschäftsregeln	Logik, die auf eine oder mehrere Spalten angewendet wird und sich auf Daten auf Zeilenebene auswirkt.
Metadaten	Eigenschaften und Definitionen einer Tabelle, zum Beispiel ihre Struktur, Beziehungen und Verhaltensweisen, die sich darauf auswirken, wie Apps und Flows die Tabelle verwenden und wie Daten in der Tabelle gespeichert und verwaltet werden.
Befehle	Anpassbare Schaltflächen, die Sie der Befehlsleiste Ihrer modellgesteuerten App hinzufügen können.

Tabelle 3.1: Dataverse-Terminologie

Tabellen in Dataverse bearbeiten

Wie bei Ihrer guten alten traditionellen Datenbank sind Tabellen das A und O der Datenspeicherung in Dataverse. Bei der App-Entwicklung haben Sie die Wahl zwischen Standardtabellen, benutzerdefinierten Tabellen oder dem Verweis auf eine externe Datenquelle – auch virtuelle Tabelle genannt.

Eine Tabelle kann Geschäftslogik, einen Prozessablauf oder einen Workflow (in Dataverse nativ integrierte Funktionen) zum Validieren der Daten enthalten:

✔ **Geschäftslogik:** Ein Regeltyp, der häufig verwendet wird, um Daten über Tabellenspalten hinweg zu validieren und bei Regelverstößen Warn- und Fehlermeldungen auszugeben. Eine Canvas- oder modellgesteuerte App enthält im Allgemeinen eine an Dataverse gebundene Geschäftslogik.

✔ **Geschäftsprozess-Flows und Workflows:** Geschäftsprozess-Flows organisieren Daten so, dass sie einer bestimmten Reihenfolge für die Dateneingabe folgen. Benutzer werden aufgefordert, alle relevanten Felder für einen Abschnitt des Flows auszufüllen, bevor sie zum nächsten Abschnitt der App weitergelangen. Geschäftsprozess-Flows sind ausschließlich modellgesteuerten Apps vorbehalten, da diese Unternehmensanwendungen im Gegensatz zu Canvas-Apps eine strenge Datendurchsetzung haben. Wenn es notwendig ist, dass ein Benutzer dieselben Schritte ausführen muss, um ein Ziel zu erreichen, helfen Geschäftsprozess-Flows und Workflows dabei, Konsistenz und Zuverlässigkeit sicherzustellen.

Manchmal ist eine Tabelle vielleicht noch nicht für ihren Einsatz fertig, oder Sie benötigen ein wenig Unterstützung beim Erstellen der Tabelle, damit Sie sie für alle Apps in der Power Platform optimieren können. Dank *Copilot*, dem KI-Angebot von Microsoft, sind Sie dabei nicht allein. Mehr über diesen Prozess lesen Sie im Abschnitt »Tabellen mit Copilot erstellen« weiter unten in diesem Kapitel. Wenn Sie jedoch eine großartige Datenquelle haben, die einsatzbereit ist, folgen Sie dem Ansatz im Abschnitt »Eine standardmäßige Dataverse-Tabelle konfigurieren« weiter unten in diesem Kapitel. Es erfordert ein wenig Arbeit, eine Tabelle mit Copilot nach Ihren Wünschen zu verfeinern.

Auswahl des richtigen Tabellentyps

Eine Tabelle definiert die Informationen, die Benutzer als Zeilen verfolgen können, die Dataverse als Datensätze bezeichnet. Jede Zeile enthält mehrere Spalten (früher *Felder* in der Dataverse-Terminologie), wie beispielsweise für Firmenname, Standort, Ansprechpartner, E-Mail und Telefonnummer. Innerhalb von Dataverse, insbesondere bei der Verwendung von Power Apps, können Benutzern vier verschiedene Tabellentypen begegnen:

✔ **Standardtabelle:** Der gebräuchlichste Tabellentyp; entweder vordefiniert und mit Power Platform-Umgebungen ausgestattet oder von einem Benutzer angepasst, der seine eigene Spaltenstruktur vorgibt.

✔ **Aktivitätstabelle:** Eine spezielle Tabelle, die sich auf aktivitätsbasierte Daten auf Zeilenebene konzentriert, zum Beispiel eine Person, die mit einer E-Mail-Adresse verknüpft ist, ein Unternehmen, das mit einer Faxnummer verknüpft ist, oder eine Start-/Stoppzeit, die mit einem Ereignis verknüpft ist.

✔ **Virtuelle Tabelle:** Wenn Dataverse eine Verbindung zu Daten aus einer externen Quelle herstellt, werden diese Daten als virtuelle Tabelle angezeigt. Die Daten befinden sich nicht in Dataverse. Obwohl sie wie eine normale Tabelle angezeigt werden und Sie mit ihnen interagieren können, bleiben sie extern gespeichert.

✔ **Elastische Tabelle:** Elastische Tabellen speichern sehr große Datensätze (mehr als zehn Millionen Zeilen). Sie sind auf Skalierbarkeit und Abfrageleistung ausgelegt. Diese Optimierung gewährleistet schnelle Lese- und Schreibvorgänge, einen effizienten Datenabruf und die Verarbeitung großer Datenmengen ohne Leistungseinbußen.

Jeder Tabellentyp verfügt über ein eigenes Sicherheitsmodell, das die Datenintegrität und Privatsphäre des Benutzers schützt. Sie können Geschäftseinheiten, rollenbasierte Sicherheit, zeilenbasierte Sicherheit und spaltenbasierte Sicherheit über eine oder mehrere Tabellen in derselben Dataverse-Instanz hinweg kombinieren. Weitere Informationen zur Dataverse-Sicherheit finden Sie im Abschnitt »Sicherheitsgrundlagen und Dataverse« weiter unten in diesem Kapitel. Noch mehr Details finden Sie unter https://learn.microsoft.com. Suchen Sie nach `Dataverse Sicherheit`, um auf den Microsoft-Leitfaden zur Sicherheit in Dataverse zuzugreifen.

Tabellen – Grundlagen

In Microsoft Dataverse erstellen und bearbeiten Sie Tabellen mithilfe des Power Apps Maker Portals auf der Seite TABELLENEINSTELLUNGEN. Sie benötigen keine anderen Tools; Sie erledigen alles innerhalb des Portals. Mithilfe der Funktionen und Optionen, die Dataverse-Tabellen über die benutzerfreundliche Oberfläche des Maker Portals bieten, können Sie eine Tabelle und ihre Eigenschaften verwalten:

✔ **Tabelleneigenschaften:** Definieren wichtige Merkmale wie Eigentum, Beziehungen, Sicherheit, Überwachung und Verhalten, die bestimmen, wie Daten in der Tabelle gespeichert, abgerufen und verwaltet werden.

✔ **Schema:** Definiert das Tabellenschema, das Spalten, Beziehungen und Schlüssel umfasst.

✔ **Datenübersicht:** Bei der Verwendung von Dataverse mit modellgesteuerten Apps basiert jede Tabelle auf ihrer eigenen Datenübersicht, die die Anpassung von Formularen, Ansichten, Diagrammen und Dashboards ermöglicht.

✔ **Anpassungen:** Für das Erstellen von Geschäftsregeln, die an Spaltendaten und Befehle gebunden sind. Ein Beispiel für Dataverse-Merkmale, die Sie bearbeiten können, finden Sie in Abbildung 3.1.

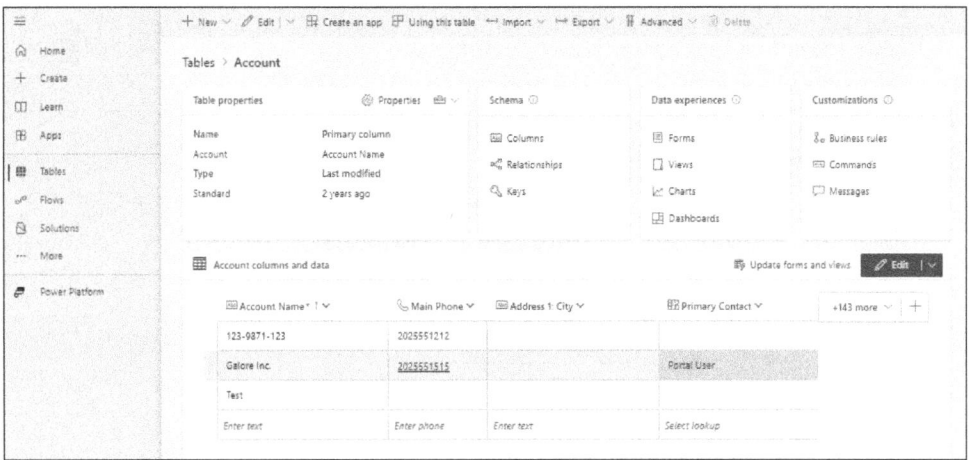

Abbildung 3.1: Bereich »Tabelleneinstellungen« des Power Apps Maker Portals Dataverse

Eine Dataverse-Standardtabelle erstellen

Sie finden den Dataverse-Zugriff im Power Apps Maker Portal. Keine Anwendung in Power Platform gibt explizit an, dass sie Dataverse verwendet. Aber jedes Mal, wenn Sie den Verweis auf die Registerkarte TABELLEN sehen, die auf das Maker Portal verweist, interagieren Sie mit Dataverse. Um Ihre erste Standardtabelle in Dataverse zu erstellen, führen Sie die folgenden Schritte aus:

1. **Gehen Sie zu** https://login.microsoft.com **und melden Sie sich bei Ihrem Konto an, indem Sie Ihren Benutzernamen und Ihr Kennwort in die Textfelder eingeben.**

2. **Navigieren Sie zu** https://admin.powerplatform.microsoft.com **und geben Sie dann Ihre Administratoranmeldeinformationen auf dem Anmeldebildschirm ein.**

   Die Startseite Ihres Power Platform Admin Centers wird geöffnet.

3. **Klicken Sie oben links im Admin Center auf das Waffelsymbol.**

   Es wird ein Menü angezeigt, das alle Ihre Microsoft-Anwendungen auflistet.

4. Geben Sie Power Apps in das Suchtextfeld ein und klicken Sie auf SUCHEN.

   Wenn Sie über eine Lizenz verfügen, sehen Sie ein Symbol für Power Apps.

5. Wählen Sie im angezeigten Menü POWER APPS aus.

   Das Power Apps Maker-Portal wird geöffnet.

6. Wählen Sie die Registerkarte TABELLEN im Maker Linker Navigationsbereich des Portals.

   Eine Liste der verfügbaren Dataverse-Tabellen wird angezeigt.

7. Wählen Sie oben im Fenster NEUE TABELLE aus.

   Diese Option ist in Abbildung 3.2 angezeigt.

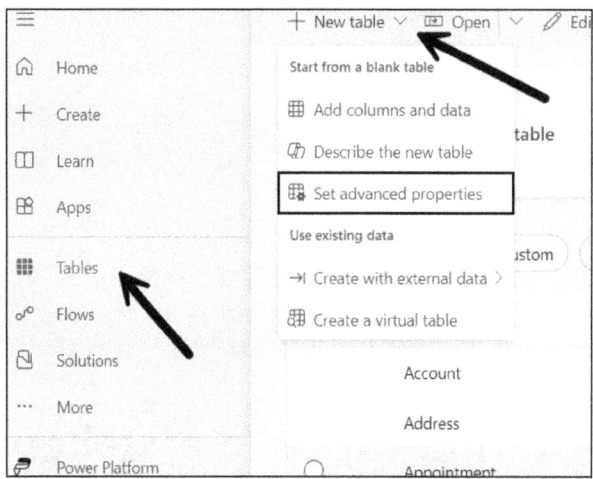

Abbildung 3.2: Eine neue Tabelle im Power Apps Maker Portal erstellen

8. Wählen Sie in der angezeigten Dropdown-Liste (siehe Abbildung 3.2) die Option ERWEITERTE EIGENSCHAFTEN FESTLEGEN aus.

   Das Fenster NEUE TABELLE wird geöffnet.

9. Definieren Sie die Eigenschaften der Tabelle, indem Sie Werte in die entsprechenden Felder im Fenster NEUE TABELLE eingeben.

   Hier können Sie Eigenschaften wie Tabellenname, Primärspaltenname und Schemaname angeben. Dazu gehört auch die Eingabe des Tabellennamens, der in Ihrer App angezeigt wird (siehe Abbildung 3.3).

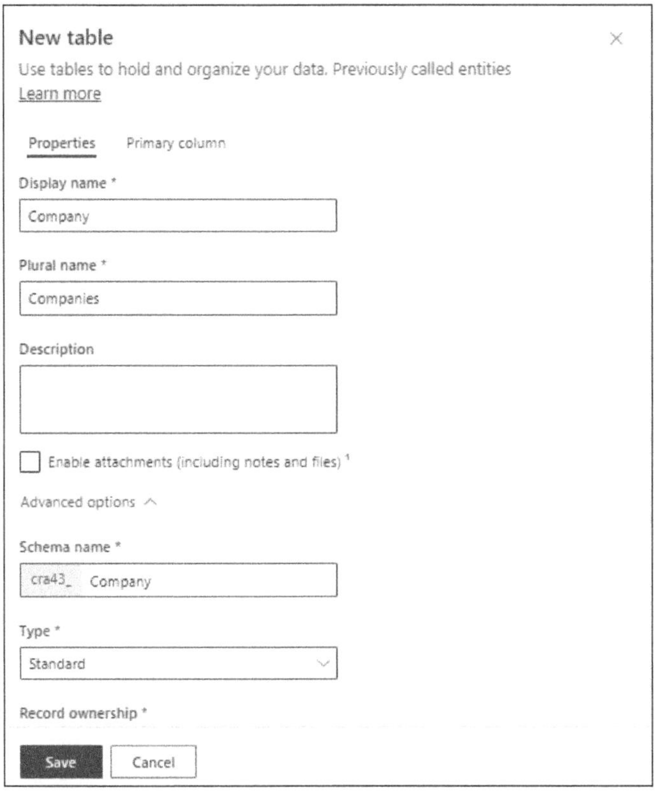

Abbildung 3.3: Allgemeine Tabelleneigenschaften konfigurieren

10. Wählen Sie ERWEITERTE OPTIONEN unten im Popup-Fenster TABELLE BEARBEITEN aus.

11. Im angezeigten Dropdown-Menü können Sie weitere Eigenschaften konfigurieren.

    Zu den Optionen, die Sie in den Feldern auf dieser Registerkarte konfigurieren können, gehören SCHEMANAME, TYP, DATASET-EIGENTÜMER, PRIMÄRE SPALTE und ANHÄNGE AKTIVIEREN (Siehe Abbildung 3.4).

12. Klicken Sie auf SPEICHERN, um Ihre Tabelle zu erstellen.

    Ihre Tabelle wird im Dataverse Tabellen-Designer geöffnet, wie in Abbildung 3.5 dargestellt.

13. Fügen Sie Ihrer Tabelle eine Spalte hinzu, indem Sie auf die Schaltfläche + klicken (in Abbildung 3.5 mit A gekennzeichnet).

    Das Fenster NEUE SPALTE wird angezeigt (mit der Kennzeichnung B in Abbildung 3.5).

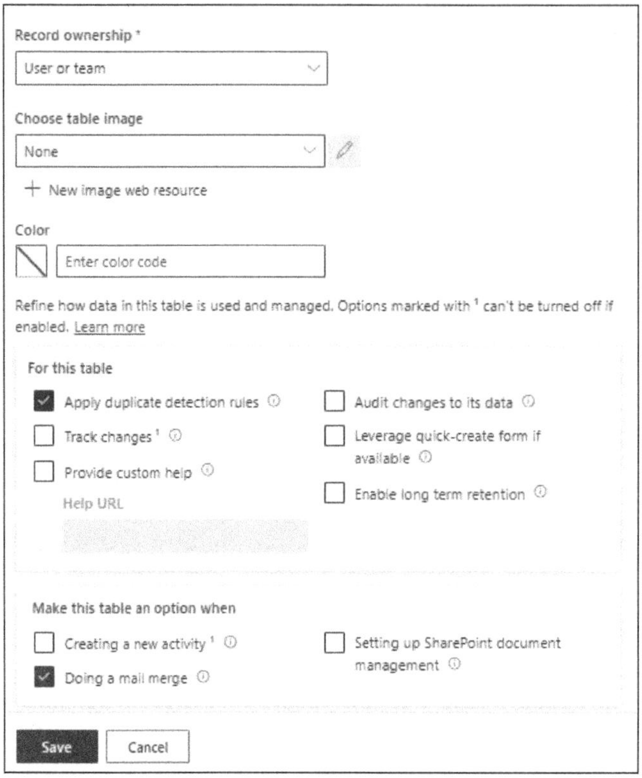

86 TEIL I Power Platform – Grundlagen

Record ownership *
User or team

Choose table image
None
+ New image web resource

Color
Enter color code

Refine how data in this table is used and managed. Options marked with ¹ can't be turned off if enabled. Learn more

For this table
- ☑ Apply duplicate detection rules
- ☐ Track changes ¹
- ☐ Provide custom help
  - Help URL
- ☐ Audit changes to its data
- ☐ Leverage quick-create form if available
- ☐ Enable long term retention

Make this table an option when
- ☐ Creating a new activity ¹
- ☑ Doing a mail merge
- ☐ Setting up SharePoint document management

[Save] [Cancel]

Abbildung 3.4: Erweiterte Tabellenkonfigurationsoptionen

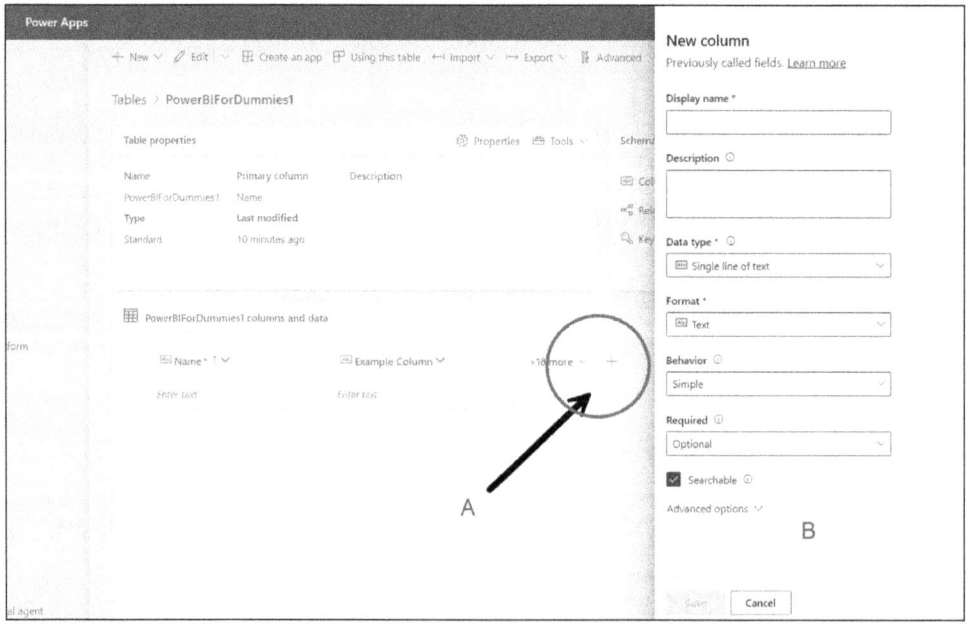

Abbildung 3.5: Eine Spalte zu einer Tabelle im Tabellen-Designer von Dataverse hinzufügen

14. Füllen Sie die Textfelder ANZEIGENAME und BESCHREIBUNG aus.

    Definieren Sie den Spaltennamen und beschreiben Sie anschließend den Zweck der Spalte.

15. Wählen Sie die entsprechenden Optionen aus den Dropdown-Listen DATENTYP, FORMAT, VERHALTEN und ERFORDERLICH aus.

    Durch diese Auswahl können Sie die Art der Daten definieren, die Sie in den einzelnen Feldern speichern können, und alle relevanten Regeln festlegen. Wenn Sie beispielsweise EINZELNE TEXTZEILE als Datentyp und dann E-MAIL als Format auswählen, muss jeder Eintrag ein @-Symbol mit einer E-Mail-Erweiterung enthalten.

16. Aktivieren Sie das Kontrollkästchen DURCHSUCHBAR, wenn diese Spalte für Dataverse und Ihre Power Apps-App durchsuchbar sein soll.

    Ignorieren Sie vorerst die erweiterten Optionen. Auf die erweiterten Optionen für Spalten gehe ich später in diesem Kapitel im Abschnitt »Eine standardmäßige Dataverse-Tabelle konfigurieren« näher ein.

17. Klicken Sie auf SPEICHERN, nachdem Sie Ihre Auswahl getroffen haben.

18. Wiederholen Sie die Schritte 13 bis 17 so oft wie nötig, um alle gewünschten Spalten zu erstellen.

19. Nachdem Sie alle Spalten hinzugefügt haben, wählen Sie im linken Navigationsbereich TABELLEN aus.

    Das Hauptfenster TABELLEN wird geöffnet.

20. Wählen Sie Ihre neu erstellte Tabelle im Fenster TABELLEN aus und klicken Sie oben im Fenster auf VERÖFFENTLICHEN.

    Wenn Sie die Tabelle veröffentlichen, machen Sie die Tabelle allen Power Platform-Anwendungen verfügbar, einschließlich Power Apps, Power BI und Power Automate.

 Wenn Sie eine Tabelle und insbesondere Spalten konfigurieren, können Sie nach dem Auswählen der Schaltfläche SPEICHERN nicht mehr zurückgehen und Konfigurationen wie Datentyp und Format ändern. Wählen Sie den Datentyp und die Konfigurationen daher mit Bedacht aus.

Überprüfen Sie beim Einrichten einer neuen Tabelle unbedingt die erweiterten Eigenschaften (auf die Sie zugreifen können, indem Sie im Bereich NEUE SPALTE auf ERWEITERTE OPTIONEN klicken), insbesondere die Eigenschaften im Zusammenhang mit Feldgrößenbeschränkungen. Dataverse begrenzt die Dateneingabe in Textfelder standardmäßig auf lediglich 100 Zeichen. Oftmals reicht das nicht aus. Wenn Ihr Formular außerdem erforderliche Daten in eine Spalte eingeben muss (Sie kennen diese Formulare mit einem Sternchen neben bestimmten Feldern, um anzuzeigen, dass Sie diese ausfüllen müssen), setzen Sie das Feld auf GESCHÄFTLICH ERFORDERLICH.

Tabellen mithilfe externer Datenquellen erstellen

Manchmal haben Sie bereits Datensätze in einer Anwendung wie SharePoint oder Excel erstellt. Statt die Tabelle von Grund auf neu erstellen zu müssen, können Sie Datenquellen mithilfe eines Importassistenten importieren. Wählen Sie IMPORTIEREN aus dem Menü TABELLEN, um auf Ihre Optionen zuzugreifen (siehe Abbildung 3.6):

✔ **Daten aus Excel importieren:** Diese Option in der Dropdown-Liste IMPORTIEREN ist für schnelle und unkomplizierte Datenimportaufgaben vorgesehen – Aufgaben, die auf einem einzelnen Dokument basieren, das einige Spalten und eine begrenzte Anzahl von Zeilen enthält, also kleine Datasets.

Bei der Verarbeitung sehr großer Dataset oder komplexen Datenimportszenarien stößt Excel jedoch an seine Grenzen, da erweiterte Funktionen zur Datentransformation und -überprüfung fehlen.

✔ **Daten importieren:** Diese Option kann robustere und umfassendere Datenimportanforderungen erfüllen als der Import aus Excel und eignet sich daher für größere Datasets und komplexere Datenstrukturen. Und Sie können Daten aus mehr als nur Microsoft-basierten Datenquellen importieren. Diese Methode unterstützt:

- das Importieren von Daten in verschiedenen Dateiformaten, einschließlich Excel, CSV und XML

- das Mapping aus einer Reihe relationaler Datenbanklösungen, die von Cloud-Anbietern gehostet werden, darunter Microsoft Azure

Die Option DATEN IMPORTIEREN bietet einen Assistenten, der Benutzer durch den Prozess der Zuordnung von Datenspalten zu Dataverse-Feldern führt. Die Verwendung des Assistenten kann Datenfehler minimieren und die Datenintegrität beim Verschieben Ihrer Tabelle von einer Quelle in eine andere sicherstellen. Dieser Prozess kann ein Datenmapping, umfangreiche Datenimporte und die Integration mit anderen Systemen unterstützen.

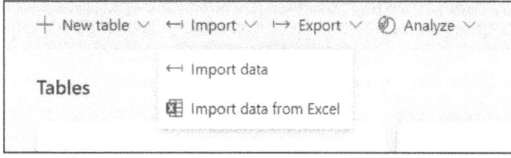

Abbildung 3.6: Das Importmenü im Tabellenfenster

Um eine Excel-Tabelle mithilfe der Option DATEN AUS EXCEL IMPORTIEREN zu importieren, gehen Sie wie folgt vor:

1. **Wählen Sie auf der Seite TABELLEN des Maker Portals IMPORTIEREN aus.**

   Wie Sie zum Maker Portal gelangen, erfahren Sie im vorigen Abschnitt.

2. **Wählen Sie in der angezeigten Dropdown-Liste DATEN IMPORTIEREN aus.**

   Das Fenster DATENQUELLE AUSWÄHLEN wird angezeigt.

3. Wählen Sie EXCEL-ARBEITSMAPPE aus.

   Das Fenster VERBINDUNGSEINSTELLUNGEN wird geöffnet.

4. Wählen Sie das Optionsfeld aus, um anzugeben, wie Sie die Datei hochladen möchten.

   Wie Sie in Abbildung 3.7 sehen, haben Sie die Wahl zwischen:

   - LINK ZUR DATEI: wenn Sie die Datei von Ihrem OneDrive-Konto hochladen möchten

   - DATEI HOCHLADEN: wenn Sie die Datei von Ihrem Computer-Desktop hochladen möchten

   Ein Popup-Fenster wird angezeigt.

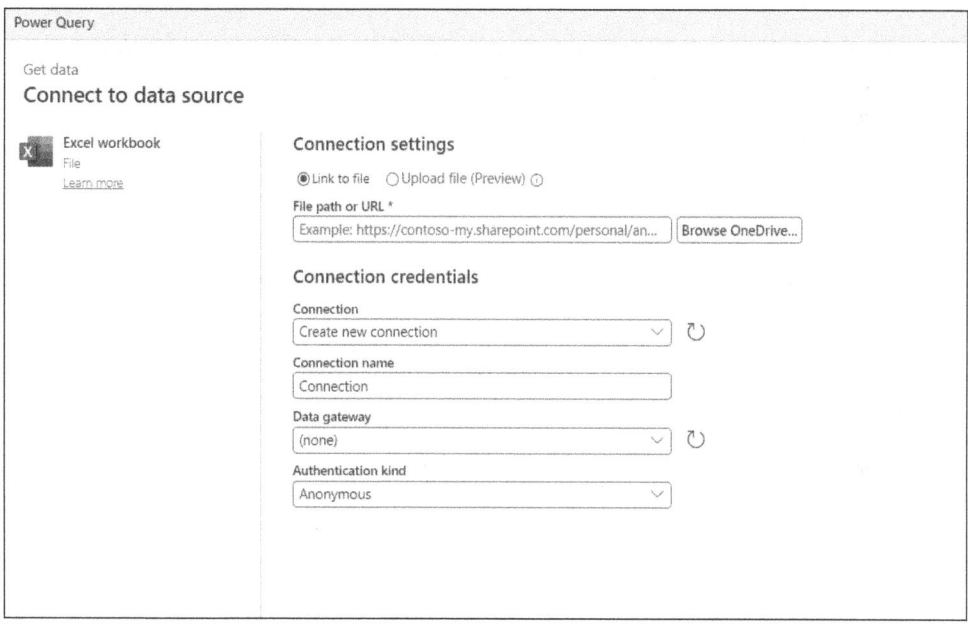

Abbildung 3.7: Das Fenster »Verbindungseinstellungen« ermöglicht Ihnen, eine Excel-Arbeitsmappe in Dataverse hochzuladen.

5. Laden Sie Ihre Datei.

   Ein Bestätigungsbildschirm wird angezeigt.

6. **Wenn noch keine Datenverbindung hergestellt ist, stellen Sie Ihre Verbindung her, indem Sie im Abschnitt VERBINDUNGSDATEN Ihre Microsoft-Anmeldeinformationen verwenden.**

   Nachdem Sie die gewünschte Datei hochgeladen haben, sollte Ihre Verbindung bereits hergestellt sein, da Sie von OneDrive auf die Datei zugreifen.

7. **Nachdem Sie sich angemeldet und Ihre Verbindung zugeordnet haben, klicken Sie auf Weiter.**

8. **Wählen Sie im Power Query-Fenster die Tabelle aus, die Sie mithilfe des Power Query-Import-Assistenten importieren möchten, und klicken Sie dann auf Weiter.**

   Im Fenster Power Query-Editor können Sie Datentransformationen vornehmen, wenn Sie Probleme mit Ihren Daten oder dem Ihrer Anwendung zugeordneten Datentyp haben.

> Nachdem Sie Daten importiert haben, können Sie einen Datentyp nicht mehr ändern. Sie können beispielsweise ein Textfeld nicht in ein Zahlenfeld ändern. Stellen Sie daher sicher, dass Sie beim Importieren Ihrer Daten die richtigen Datentypen auswählen.

9. **Ändern Sie alle Spalten, einschließlich der Spaltennamen. Dies umfasst bei Bedarf auch Datentypen und Feldwerte.**

10. **Wenn Sie mit der Bearbeitung Ihrer Tabelle fertig sind, klicken Sie auf Weiter.**

    Das Fenster zum Zuordnen Ihrer Datenfelder wird angezeigt, wo Sie eine letzte Gelegenheit haben, die Tabelle ihrem Ziel zuzuordnen.

11. **Wählen Sie das Optionsfeld In neue Tabelle laden aus, um eine neue Tabelle zu erstellen.**

    Das Fenster Tabellen zuordnen wird geöffnet (siehe Abbildung 3.8).

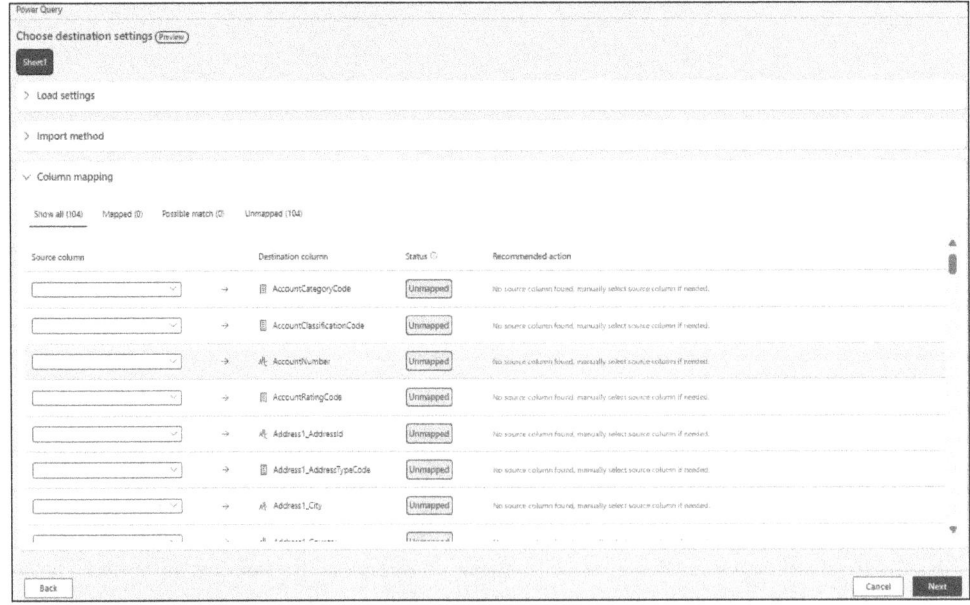

Abbildung 3.8: Das Power Query-Zuordnungstabellenfenster

Alternativ können Sie In vorhandene Tabelle laden auswählen (dadurch können Sie eine Zuordnung zu einer bereits vorhandenen Tabelle vornehmen). Sie können auch Nicht laden auswählen, wodurch der gesamte Lade- und Transformationsprozess in Dataverse umgangen wird.

12. **Geben Sie den Tabellennamen in das Textfeld Tabellenname ein.**

    Ich habe meiner Tabelle den Namen 50 States gegeben.

13. **Ändern Sie unter Spaltenzuordnung das Textfeld Spaltenname ebenfalls in einen aussagekräftigeren Namen.**

    In meinem Beispiel habe ich den Bundesstaatsnamen verwendet.

14. **Stellen Sie in den Dropdown-Listen Zielspaltentyp sicher, dass Ihre Spalten den Zielspaltentypen entsprechen.**

15. **Klicken Sie auf Weiter.**

16. **Klicken Sie auf der angezeigten Seite Einstellungen aktualisieren auf Veröffentlichen.**

    Die Tabelle, die Sie gerade durch Importieren einer Excel-Tabelle erstellt haben, wird jetzt in der Liste der Dataverse-Tabellen für Ihre Umgebung angezeigt. Sie befindet sich auf der Seite Tabellen und kann jetzt von allen Power Platform-Anwendungen in einer Umgebung verwendet werden.

Das Umwandeln Ihrer Excel-Arbeitsmappe in eine Dataverse-Tabelle dauert einige Minuten. Haben Sie also Geduld. Nachdem die Umwandlung abgeschlossen ist, wird Ihre Tabelle in Ihrer Tabellenliste angezeigt.

Die Datentransformation ist nicht perfekt. Wenn Sie erwarten, dass Feldtypen wie Bilder, Anhänge, Symbole oder verwaltete Metadaten aus Systemen wie SharePoint übernommen werden, liegen Sie falsch. Microsoft Dataverse unterstützt diese spezifische Datentypzuordnung zum Zeitpunkt der Drucklegung dieses Buches nicht.

Tabellen mit Copilot erstellen

Wenn Sie beim Erstellen von Tabellen nicht wissen, wo Sie anfangen sollen, lassen Sie sich bei Ihren Entwicklungsbemühungen von Microsoft leiten. Sie können Microsoft Copilot, der generativen KI-Plattform von Microsoft, einfach einen Kontext übergeben, der dann Ihre Prompts und seine künstliche Intelligenz verwendet, um Ihre Dataverse-Tabelle zu erstellen. Bedenken Sie, dass Ihre anfängliche Ausgabe bei Verwendung von Copilot nicht perfekt ist. Sie müssen die Logik in Copilot immer wieder verfeinern, da er Ihnen beim ersten Versuch mit ziemlicher Sicherheit nicht genau das liefert, was Sie möchten. Gehen Sie wie folgt vor, um mit der Hilfe von Copilot eine Tabelle zu erstellen:

1. **Gehen Sie zur Startseite des Maker Portals.**

2. **Wählen Sie die Option LASSEN SIE UNS EINE APP ERSTELLEN. WAS SOLL SIE TUN?.**

   Der Copilot-Editor wird in einem separaten Fenster geöffnet.

3. **GEBEN Sie in das Textfeld eine Beschreibung der Tabelle ein, die Sie erstellen möchten.**

   In meinem Beispiel (siehe Abbildung 3.9) bitte ich Copilot, Städte, Bundesstaaten, Postleitzahlen, den Bürgermeister jeder Stadt, ihre Website und die Telefonnummer für den Kontakt zu jeder Stadt zuzuordnen. Um die Datenintegrität sicherzustellen, füge ich außerdem einen Verweis auf die vorhandene Tabelle *50 States* ein, die ich im vorigen Abschnitt erstellt habe.

   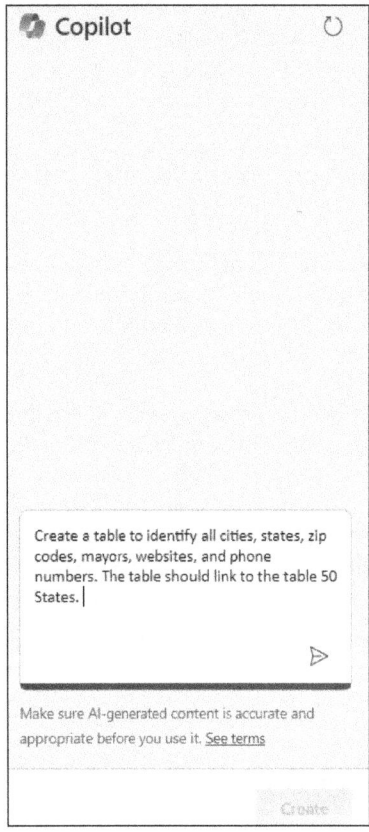

   Abbildung 3.9: Microsoft Copilot wird aufgefordert, eine neue Tabelle zu erstellen.

4. **Klicken Sie auf SENDEN.**

   Wenige Augenblicke später wird eine Prototyptabelle angezeigt, ähnlich der in Abbildung 3.10.

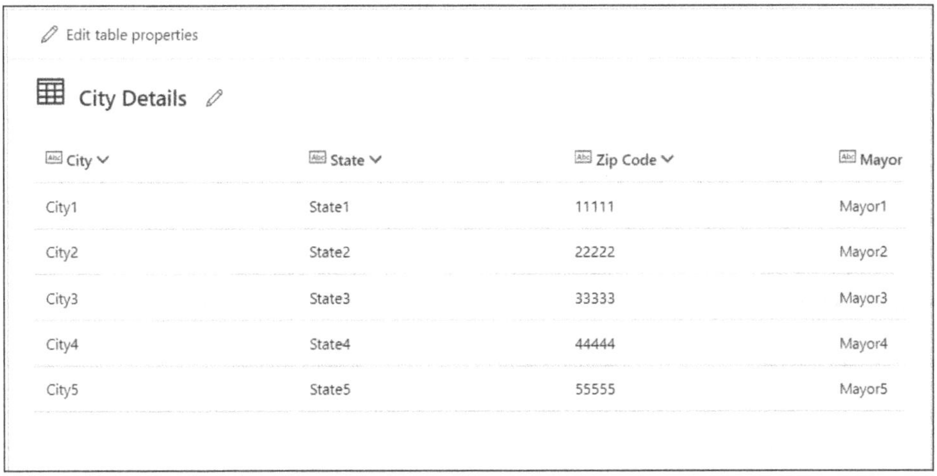

City	State	Zip Code	Mayor
City1	State1	11111	Mayor1
City2	State2	22222	Mayor2
City3	State3	33333	Mayor3
City4	State4	44444	Mayor4
City5	State5	55555	Mayor5

Abbildung 3.10: Eine mit Microsoft Copilot erstellte Dataverse-Tabelle

5. Wiederholen Sie die Schritte 2 und 3 und verfeinern Sie die Terminologie und Beschreibung dessen, was Sie in Ihrer Tabelle haben möchten.

6. Wenn Sie mit Ihren Änderungen zufrieden sind, klicken Sie auf ERSTELLEN.

Ihre neue Tabelle wird jetzt in der Dataverse-Tabellenliste angezeigt.

Mit virtuellen Tabellen arbeiten

Virtuelle Tabellen, früher als virtuelle Entitäten in Microsoft Dataverse bezeichnet, stellen Daten aus externen Datenquellen dar, wie etwa den Datenbanken Microsoft Azure SQL Database, Oracle Database oder IBM DB2. Eine virtuelle Tabelle scheint die Daten in Microsoft Dataverse zu enthalten, aber diese Daten sind tatsächlich im externen Datensystem gespeichert.

Eine virtuelle Tabelle ermöglicht es Benutzern, mit Daten in Dataverse-Anwendungen zu interagieren und diese zu nutzen, ohne dass Datenspeicher in Dataverse selbst erforderlich ist. Das ist wichtig, denn Dataverse-Speicher kann teuer werden, wenn Ihr Dataset groß ist.

Um eine virtuelle Tabelle in Dataverse zu erstellen, gehen Sie wie folgt vor:

1. Wählen Sie Tabellen im linken Navigationsbereich des Power Apps Maker Portals aus.

   Wie Sie zum Maker-Portal gelangen, erkläre ich weiter oben in diesem Kapitel im Abschnitt »Eine standardmäßige Dataverse-Tabelle konfigurieren«.

2. Wählen Sie im angezeigten Tabellenfenster NEUE TABELLE aus.

3. **Wählen Sie in der Dropdown-Liste (siehe Abbildung 3.2) die Option VIRTUELLE TABELLE ERSTELLEN aus.**

   Das Fenster NEUE TABELLE AUS EXTERNEN DATEN wird angezeigt.

4. **Wählen Sie eine oder mehrere externe Datenquellen aus der Datenquellenliste aus.**

   Sie können auch eine neue Verbindung erstellen, indem Sie auf die Schaltfläche NEUE VERBINDUNG klicken, wenn die gewünschte Datenquelle nicht in der Liste angezeigt wird.

5. **Klicken Sie auf WEITER, um den Verbindungsbildschirm zu öffnen.**

6. **Geben Sie die Verbindungsdetails für die Quelle der Datenverbindung an.**

   Wenn Sie beispielsweise SharePoint als externe Quelle auswählen, verweisen Sie auf diese Datenquelle und geben die Anmeldeinformationen für den Zugriff auf die Daten ein. Diese Vorgehensweise ist unabhängig davon, welche externe Datenquelle Sie verwenden.

   In meinem SharePoint-Beispiel wird eine relevante SharePoint-Liste gesucht.

7. **Klicken Sie auf WEITER.**

   Der Prototyp der virtuellen Tabelle wird auf dem Konfigurationsbildschirm des Fensters EXTERNE DATEN unter NEUE TABELLE angezeigt (siehe Abbildung 3.11).

8. **Nachdem Sie die Verbindung zwischen den beiden Datenquellen bestätigt haben, klicken Sie auf FERTIG.**

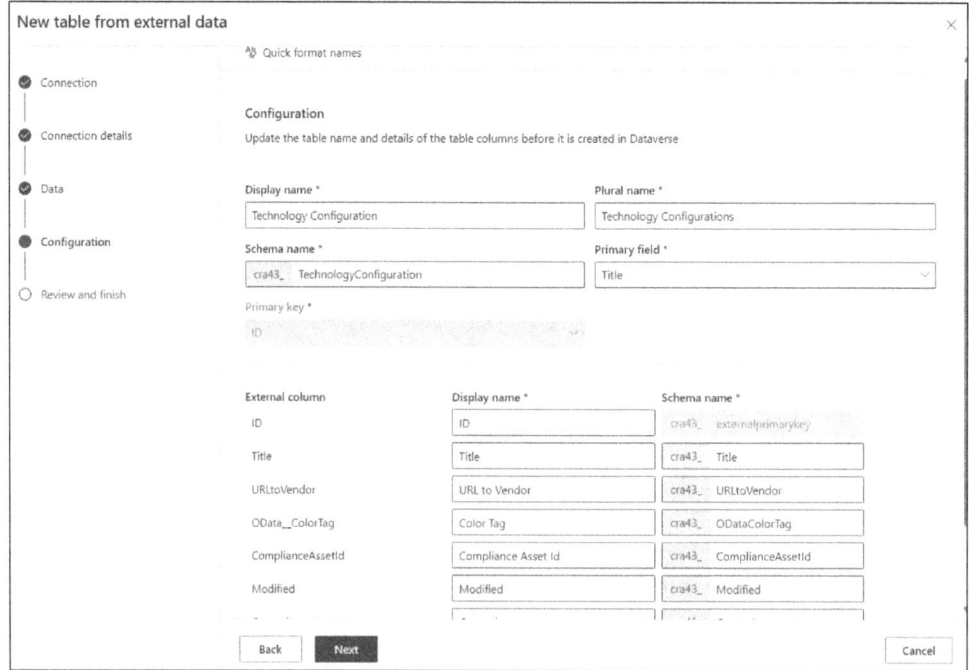

Abbildung 3.11: Eine virtuelle SharePoint-Tabellenkonfiguration in Dataverse

Daten aus Dataverse exportieren

Eine Dataverse-Tabelle kann für ein Unternehmen eine wahre Goldgrube an Wissen sein. Wenn jemand die Daten mit einem anderen Tool als Power BI (über das ich in Teil 3 spreche) analysieren möchte, fragt er möglicherweise nach einer exportierbaren Version der Dataverse-Tabelle. Sie können einer solchen Anfrage nachkommen. Gehen Sie wie folgt vor:

1. **Wählen Sie im Power Apps Maker Portal im linken Navigationsbereich TABELLEN aus.**

   Informationen zum Zugriff auf das Maker-Portal finden Sie im Abschnitt »Eine standardmäßige Dataverse-Tabelle konfigurieren« weiter oben in diesem Kapitel.

2. **Wählen Sie im angezeigten Tabellenfenster die Tabelle aus, aus der Sie Daten exportieren möchten.**

   Sie können auf ein oder mehrere Elemente in der Liste klicken.

3. **Wählen Sie oben im Tabellenfenster EXPORTIEREN|DATEN EXPORTIEREN.**

4. **Wählen Sie im Fenster DATEN EXPORTIEREN die Tabelle aus, aus der Sie Daten exportieren möchten, und klicken Sie dann auf die Schaltfläche DATEN EXPORTIEREN.**

   Der Export-Assistent verarbeitet Ihre Anfrage.

5. **Laden Sie die exportierte Datendatei (eine CSV-Datei) an das Download-Ziel Ihrer Wahl herunter, indem Sie auf den Download-Link klicken.**

 Unabhängig davon, ob Sie Daten importieren oder exportieren, werden einige Ihrer Tabellenspalten nicht wie erwartet übernommen. Auswahldaten werden beispielsweise nicht übernommen, da die zugehörigen Optionswerte aufgrund der eingeschränkten Unterstützung für den Datentyp nicht automatisch transformiert oder zugeordnet werden. Stattdessen wandelt sich der Datentyp in ein statisches Textfeld um. Bilder und Dateien vermitteln nicht dasselbe wie systemgenerierte Daten.

Eine Dataverse-Tabelle anpassen

Nachdem Sie Ihre Dataverse-Tabelle erstellt haben (siehe Abschnitt »Tabellen in Dataverse bearbeiten« weiter oben in diesem Kapitel, um die Optionen anzuzeigen), können Sie sie anpassen. Sie möchten Ihrer Tabelle vielleicht relevante Spalten hinzufügen, um Ihre Datenanforderungen zu unterstützen. Sie haben viele Datentypen zur Auswahl, darunter eine einzelne Textzeile, Währung sowie Datum und Uhrzeit, um nur einige zu nennen.

Um einer Tabelle eine neue Spalte hinzuzufügen, gehen Sie wie folgt vor:

1. **Klicken Sie in der Befehlsleiste der Tabelle auf das Pluszeichen (+).**

   Alternativ können Sie in der Symbolleiste Neu|Spalte auswählen.

   Das Popup-Fenster Neue Spalte wird angezeigt, wie in Abbildung 3.12 dargestellt.

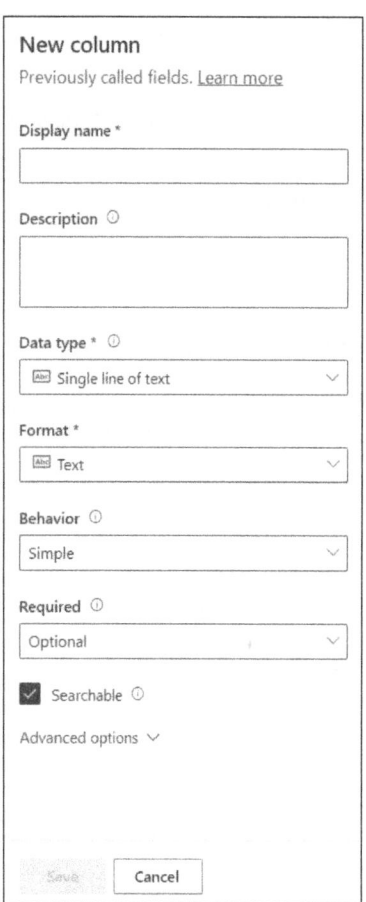

Abbildung 3.12: Eine neue Spalte in Ihrer Dataverse-Tabelle erstellen

2. **Geben Sie im Popup-Fenster Neue Spalte Attribute in die Textfelder ein.**

   Diese Textfelder enthalten:

   - Anzeigename: der Name der Spalte
   - Beschreibung: der Zweck der Spalte

3. **Wählen Sie die entsprechenden Optionen aus den Dropdown-Listen aus.**

   Folgende Optionen stehen Ihnen zur Verfügung:

   - DATENTYP: Definiert die Art der Daten, die in einer bestimmten Spalte gespeichert werden können.

   - FORMAT: Definiert die Art und Weise, wie die Daten jeder Spalte gespeichert und angezeigt werden, basierend auf dem von Ihnen ausgewählten Datentyp. Beispielsweise könnte der Datentyp DATUM ein Datumsformat oder ein Datums- und Zeitformat haben.

   - VERHALTEN: Wie bestimmte Spalten, insbesondere solche, die sich auf Datum, Uhrzeit und Beziehungen beziehen, auf Änderungen oder Ereignisse reagieren.

   - ERFORDERLICH: Eine Dropdown-Liste, in der Sie angeben können, ob die Spalte erforderlich ist oder nicht (OPTIONAL, VOM UNTERNEHMEN EMPFOHLEN, VOM UNTERNEHMEN GEFORDERT).

   - DURCHSUCHBAR MACHEN: Gibt an, dass Benutzer die Spalte in der Tabelle durchsuchen können.

4. **Klicken Sie unten im Popup-Fenster NEUE SPALTE auf ERWEITERTE OPTIONEN.**

   Zusätzliche Attribute werden angezeigt.

5. **Ändern Sie diese Attribute, um Ihre neue Spalte zu verfeinern.**

   Die Konfigurationsanforderungen (siehe Abbildung 3.13) umfassen:

   - SCHEMANAME: Die eindeutige interne Kennung des Felds für eine bestimmte Tabelle.

   - MAXIMALE ZEICHENANZAHL: Die Feldgröße für die Spalte.

   - EINGABE-EDITOR: Gibt an, wie Benutzer Feldwerte eingeben.

   - SPALTENSICHERHEIT AKTIVIEREN: Beschränkt den Zugriff auf sensible Datenfelder.

   - ÜBERWACHUNG AKTIVIEREN: Ermöglicht Ihnen, an der Spalte vorgenommene Änderungen zu verfolgen.

   - IN GLOBALEN DASHBOARDS AKTIVIEREN: Ermöglicht, die Spalte in globalen Dashboards verfügbar zu machen.

   - SORTIERBAR MACHEN: Ermöglicht das Sortieren des Felds in Ansichten.

   Einige Funktionen setzen eine strenge Datenverwaltung voraus, zum Beispiel Sicherheit und Auditing. Aktivieren Sie diese Funktionen nur, wenn Sie sie benötigen, beispielsweise für die Datenkonformität oder die Nachverfolgung von Änderungen.

Abbildung 3.13: Die erweiterten Optionen des Fensters »Neue Spalte«

6. **Nachdem Sie alle erforderlichen Daten in die Formularfelder eingegeben haben, klicken Sie auf SPEICHERN.**

Nachdem Sie auf SPEICHERN geklickt haben, speichert Dataverse Ihre neue Tabellenspalte, die in einer Liste aller verfügbaren Spalten angezeigt wird, die Sie auswählen können (ein sogenanntes *Tabellenschema*).

Beziehungen und Dataverse-Tabellen

Tabellen in Dataverse müssen nicht unabhängig voneinander verarbeitet werden. Wie Ihre herkömmliche Datenbank können sie Primär- und Sekundärschlüsselbeziehungen enthalten. Tabellenbeziehungen definieren, wie Zeilen in einer Tabelle mit Zeilen in einer anderen Tabelle verknüpft werden können. Möglicherweise beobachten Sie eine Eins-zu-eins-Beziehung (1:1), eine Eins-zu-viele-Beziehung (1:N) oder eine Viele-zu-viele-Beziehung (N:N). Sie müssen Ihre Daten jedoch in den Tabellen unterteilen, indem Sie eine Methode namens *Datennormalisierung* anwenden, mit der Daten so organisiert werden, dass Redundanz reduziert wird. Andernfalls riskieren Sie Dateninkonsistenz und ineffiziente Speicherung.

Datenbanktabellen verwenden auch *Primärschlüssel*, also eindeutige Bezeichner, um Daten auf Zeilenebene eindeutig zu referenzieren. In Dataverse beinhaltet eine Beziehung zwischen zwei Tabellen die Referenzierung von Primärschlüsseln.

Dies sind die drei Beziehungstypen, die Sie in Dataverse-Tabellen erstellen können:

- ✔ **Eins-zu-eins-Beziehungen (1:1):** Jede Zeile einer Tabelle ist mit einer einzelnen Zeile einer anderen Tabelle verknüpft, wodurch eine eindeutige Beziehung zwischen den Zeilen gewährleistet wird. Diese Beziehung ist sehr restriktiv und lässt nur einen einzigen Datenwert pro Tabelle zu. Sie können eine 1:1-Beziehung für Daten implementieren, die nur eine Beziehungen enthalten.

- ✔ **Eins-zu-viele-Beziehungen (1:N):** Bei diesem Beziehungstyp können Sie viele Zeilen aus der referenzierenden Tabelle (der sogenannten untergeordneten Tabelle) mit einer einzigen Zeile aus der referenzierten Tabelle (der sogenannten *übergeordneten* Tabelle) verknüpfen.

- ✔ **Viele-zu-viele-Beziehungen (N:N):** Viele Zeilen einer Tabelle können mit vielen Zeilen einer anderen Tabelle verknüpft werden. Die Zeilen in dieser Beziehung heißen *Peers*.

Sie können Dataverse-Beziehungen in Tabellen verwenden, um

- ✔ Daten effizient zu organisieren, damit Sie problemlos auf diese Daten zugreifen und sie verwalten können,

- ✔ die Datenintegrität sicherzustellen und die Daten logisch zu strukturieren, um Redundanz zu vermeiden und eine genaue Datenanalyse zu ermöglichen,

- ✔ komplexe Dateninteraktionen zu ermöglichen, sodass Sie eine anspruchsvolle Geschäftslogik implementieren können, beispielsweise beim Erstellen von Geschäftsprozess-Flows mit modellgesteuerten Apps,

- ✔ benutzerfreundliche Anwendungen zu erstellen, die eine umfassende Ansicht verwandter Daten im gesamten System bieten, nicht nur in Power Apps, sondern auch bei Verwendung von Power BI, Power Automate und Power Pages.

Nachschlagen und Dataverse

Sie können Nachschlagetabellen erstellen, um sicherzustellen, dass Daten einheitlich dargestellt werden und in mehreren Tabellen wiederverwendbar sind. Diese Tabellen speichern vordefinierte Werte, die Sie nicht nur einmal, sondern mehrmals verwenden können. Die Nachschlagetabelle wird in anderen Tabellen als Dropdownliste angezeigt. Angenommen, Sie haben ein Formular, das demografische Daten von Benutzern erfasst, wobei eine Tabelle namens *Bundesstaat* als Nachschlagetabelle im Formular angezeigt wird. Das Hauptformular speichert dann den ausgewählten Wert aus der Nachschlagetabelle als Daten in der Haupttabelle. Die Verwendung von Nachschlagetabellen gewährleistet Konsistenz, reduziert Fehler und ermöglicht die einfache Wiederverwendung von Daten in verschiedenen Tabellen.

Gehen Sie wie folgt vor, um eine Nachschlagespalte in einer Tabelle zu erstellen:

1. **Öffnen Sie die Tabelle, zu der Sie eine Nachschlagespalte hinzufügen möchten.**

   Um das Adressbuchbeispiel fortzusetzen, das ich im Abschnitt »Tabellen mithilfe externer Datenquellen erstellen« weiter oben in diesem Kapitel begonnen habe, öffnen Sie die Tabelle *50 States*.

2. **Klicken Sie in der Befehlsleiste der Tabelle auf das Pluszeichen (+).**

   Alternativ können Sie in der Symbolleiste Neu|Spalte auswählen.

3. **Geben Sie im angezeigten Popup-Fenster Neue Spalte (siehe Abbildung 3.12) einen Anzeigenamen und eine Beschreibung in die Textfelder ein.**

4. **Wählen Sie in der Dropdownliste Datentyp die Option Nachschlagen aus.**

5. **Wählen Sie in der Dropdownliste Verwandte Tabelle die Tabelle aus, die Sie als Nachschlagetabelle verwenden möchten.**

   Ich habe die Tabelle *50 States* ausgewählt.

   Für meine Nachschlagespalte für *50 States* möchte ich das wiederholbare Feld mit einer Eins-zu-viele-Beziehung füllen.

6. **Klicken Sie auf Speichern, wenn Sie Ihre Auswahl abgeschlossen haben.**

7. **Ziehen Sie die neue Spalte aus dem Bereich Tabellenspalten auf die Formularseite.**

   Auf dem Formular wird ein wiederholbarer Nachschlagewert angezeigt.

> Der in der Zieltabelle gespeicherte Wert muss in der Primärschlüsselspalte der Nachschlagetabelle gespeichert werden (normalerweise die Spalte Name). Im angegebenen Beispiel müssen die Abkürzungen der Bundesstaaten in der Primärschlüsselspalte der Tabelle *50 States* mit dem Namen *State* stehen, um sicherzustellen, dass die richtigen Daten verknüpft und ordnungsgemäß gespeichert werden.

Ansichten

Ansichten sind angepasste Darstellungen strukturierter Daten, die in Tabellen gespeichert sind. Wenn eine Tabelle 100 Spalten hat, möchten Sie möglicherweise nur eine Teilmenge der Datensätze sehen, beispielsweise zehn der Spalten. Ansichten ermöglichen Ihnen, diese zehn Spalten mithilfe eines Filters schnell abzufragen und die Daten in einem benutzerfreundlichen Format anzuzeigen. In Dataverse sind drei Arten von Ansichten verfügbar:

✔ **Systemansichten:** Entwickelt vom Anwendungsentwickler, nicht vom Endbenutzer. Dies sind vordefinierte Ansichten, die von Dataverse oder einem Dataverse-Entwickler bereitgestellt werden und die die Benutzer nicht löschen, aber anpassen können. Beispiele sind aktive, inaktive und Nachschlageansichten (siehe nachfolgender Abschnitt).

✔ **Öffentliche Ansichten:** Erstellt entweder von einem Entwickler oder einem Endbenutzer. Benutzer mit den entsprechenden Berechtigungen in einer Organisation können auf diese Ansichten zugreifen.

✔ **Persönliche Ansichten:** Private Ansichten, die mit bestimmten Datenpunkten oder Visualisierungen erstellt werden, auf die eine Einzelperson zugreifen möchte.

Die Art Ihrer App (modellgesteuert oder Canvas-App) kann sich darauf auswirken, wie Sie Ansichten in dieser App verwenden:

✔ **Modellgesteuerte Apps:** Bei modellgesteuerten Power Apps (die ich in den Kapiteln 6 und 7 bespreche) ist die Ansicht eine Kernfunktion, die es dem Benutzer ermöglicht, seine Daten innerhalb der App anzuzeigen und mit ihnen zu interagieren. Ein Benutzer kann zwischen verschiedenen Ansichten wechseln, um Teilmengen von Daten anzuzeigen. Innerhalb jeder Ansicht kann ein Benutzer zusätzlich anhand von vordefinierten, vom Entwickler konfigurierten Parametern sortieren und filtern.

✔ **Canvas-Apps:** Eine Canvas-App (besprochen in den Kapiteln 4 und 5) verwendet eine Ansicht zum Abfragen und Anzeigen von Daten in Galerien oder Datentabellen. Da der App-Entwickler für die Erstellung der Canvas-App-Oberfläche verantwortlich ist, haben Sie mehr Flexibilität in Bezug auf Layout und Design der Datenpräsentation.

Ein Power Pages-Portal (siehe Kapitel 8) ist wie eine modellgesteuerte App, mit dem Unterschied, dass die Daten nicht nur an interne Datenkonsumenten, sondern auch an die Außenwelt als öffentlich zugängliche Website übermittelt werden. Ein Power Pages-Portal kann Benutzern Listen von Datensätzen in einem Ansichtsformat anzeigen, das auf Spalten speziell ausgewählter Daten basiert, was wiederum durch die Dataverse-Tabelle und eingebettete Power BI-Berichte eine interaktive Benutzererfahrung schafft.

Ansichtstypen für modellgesteuerte Apps

Ansichten in einer modellgesteuerten App definieren, wie Daten aus einer bestimmten Tabelle organisiert und angezeigt werden. Eine Ansicht gibt die angezeigten Spalten, ihre Reihenfolge, die Sortierreihenfolge der Datensätze und alle angewendeten Filter an, um einzuschränken, welche Datensätze angezeigt werden. Nachdem ein Entwickler eine benutzerdefinierte Ansicht erstellt und veröffentlicht hat, können Benutzer sie aus der Dropdown-Liste ANSICHT auswählen, um ihre Datenanzeige entsprechend der vordefinierten Struktur anzupassen. Jedes Navigationselement, für das eine Formulareingabe erforderlich ist, beginnt im Allgemeinen damit, dass der Benutzer die Ansichtsdaten eingibt, was als Äquivalent eines Startpads für den Zugriff und das Bearbeiten von Daten fungiert.

Einige öffentliche Ansichten sind standardmäßig für Systemtabellen und alle von Ihnen erstellten benutzerdefinierten Tabellen vorhanden. Beispielsweise wird die Tabelle 50 States (erstellt aus einer importierten Excel-Tabelle im Abschnitt »Tabellen mithilfe externer Datenquellen erstellen« weiter oben in diesem Kapitel) automatisch generiert, wenn Sie eine Tabelle erstellen. Nachdem Sie die Ansicht erstellt haben, müssen Sie die Benutzeroberfläche aktualisieren.

Sie können benutzerdefinierte öffentliche Ansichten für *verwaltete* (gesperrte und verpackte) oder *nicht verwaltete* (bearbeitbare und nicht verfolgte) Lösungen erstellen. (Mehr über diese Lösungen finden Sie in Kapitel 4.) Sie können jedoch keine systemdefinierten Ansichten löschen. Wenn Sie öffentliche Ansichten in verwalteten Lösungen löschen möchten, müssen Sie die Lösung deinstallieren, um die Anwendung ordnungsgemäß zu aktualisieren.

Tabelle 3.2 beschreibt die modellgesteuerten App-Ansichtstypen.

Ansichtstyp	Was er bewirkt
Aktiv	Zeigt Datensätze an, die derzeit aktiv sind. Dazu gehören normalerweise Datensätze, die aktiv verwendet oder verwaltet werden. Datensätze, die als inaktiv oder archiviert markiert sind, werden nicht angezeigt.
Inaktiv	Im Gegensatz zur Aktiv-Ansicht zeigt die Inaktiv-Ansicht Datensätze, die in Dataverse nicht mehr aktiv sind. Sie werden nicht gelöscht, sondern lediglich als archivierte Daten behandelt.
Erweiterte Suche	Ermöglicht Benutzern die Durchführung komplexer Suchvorgänge und Abfragen mithilfe verschiedener Filter und Bedingungen, ähnlich einer erweiterten Suchfunktion im Internet. Entwickler können die Parameter der erweiterten Suche konfigurieren und anpassen, Benutzer können jedoch auch direkt eigene Abfragen erstellen, ohne dass ein Entwickler eingreifen muss.
Zugehörig	Zeigt Datensätze an, die mit einem bestimmten Datensatz verknüpft sind. Diese Ansicht kann beispielsweise alle Bestellungen anzeigen, die mit einem bestimmten Kunden verknüpft sind. Hilft Ihnen, Beziehungen zwischen verschiedenen Datenentitäten zu verstehen und zu verwalten.
Nachschlagen	Zeigt eine Liste der Datensätze aus der verknüpften Tabelle an, die mit dem aktuellen Datensatz verknüpft sind (weitere Informationen finden Sie im Abschnitt »Nachschlagen und Dataverse« weiter oben in diesem Kapitel). Wenn Sie beispielsweise in der Tabelle **50 States** in einem Formular, das Adressen verarbeitet, eine Stadt (eine verknüpfte Tabelle) auswählen, zeigt die Ansicht eine Liste der Städte an, die mit dem ausgewählten Bundesstaat (dem aktuellen Datensatz) verknüpft sind, sodass der Benutzer die richtige Stadt leichter auswählen kann.
Schnellsuche	Führen Sie schnelle Suchvorgänge in einer Tabelle durch, indem Sie Schlüsselwörter oder Suchbegriffe eingeben. Zielt auf bestimmte vorkonfigurierte, durchsuchbare Felder ab, sodass Benutzer relevante Datensätze schnell finden können, ohne den gesamten Datensatz durchsuchen zu müssen. In einer Tabelle mit fünfzig Spalten kann die Entwicklung beispielsweise entscheiden, nur fünf Spalten auszuwählen, die als durchsuchbar gekennzeichnet sind, um die Suchleistung zu optimieren und Ergebnisse schneller zurückzugeben.

Tabelle 3.2: Ansichtstypen für modellgesteuerte Apps

Eine Ansicht erstellen oder anpassen

Entwickler können vorhandene Ansichten ändern, wenn sie eine Tabelle erstellen, oder eigene Ansichten erstellen. Durch Anpassen Ihrer Ansicht können Sie Ihre Daten auf eine Weise erstellen und präsentieren, die für Ihre Organisation und geplante Verwendung relevant ist, statt mit Ansichten arbeiten zu müssen, die Ihre Daten in einer von Microsoft vorgegebenen Präsentation zeigen.

Gehen Sie wie folgt vor, um eine Ansicht zu erstellen oder anzupassen:

1. **Öffnen Sie das Power Apps Maker Portal.**

   Weitere Informationen dazu finden Sie im Abschnitt »Eine standardmäßige Dataverse-Tabelle konfigurieren« weiter oben in diesem Kapitel.

2. **Wählen Sie im linken Navigationsbereich des Maker Portals TABELLEN aus.**

   Das Fenster TABELLEN wird angezeigt.

3. **Klicken Sie auf die Tabelle, deren Ansicht Sie anpassen möchten, um die Details dieser Tabelle auf der Seite TABELLENEINSTELLUNGEN zu öffnen.**

4. **Wählen Sie im Bereich DATENERFAHRUNG der Seite TABELLENEINSTELLUNGEN die Registerkarte ANSICHTEN.**

   Die Liste der vorhandenen Ansichten wird angezeigt.

5. **Wählen Sie eine Ansicht aus, die Sie anpassen möchten.**

   Wählen Sie entweder eine vorhandene Ansicht aus (Abbildung 3.14, Kennzeichnung A) oder klicken Sie auf NEUE ANSICHT, um eine neue Ansicht zu erstellen (Abbildung 3.14, Kennzeichnung B).

   Der Ansichts-Designer wird geöffnet, wo Sie Spalten hinzufügen, entfernen oder neu anordnen können.

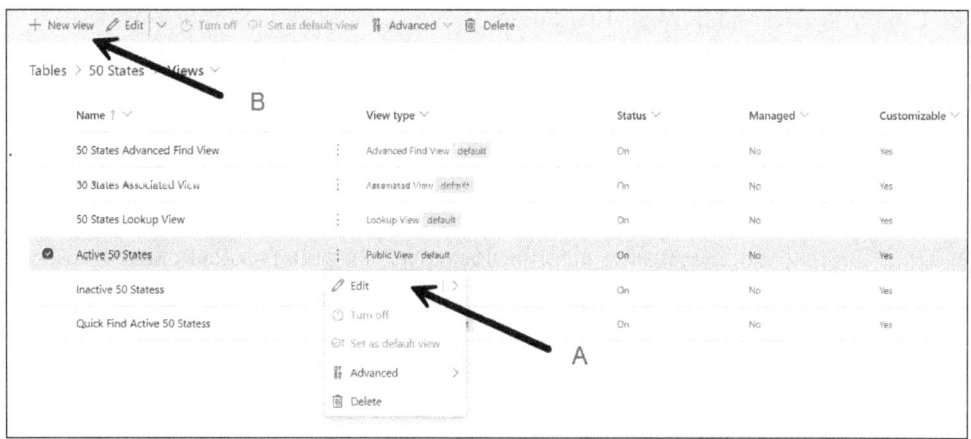

Abbildung 3.14: Auswählen, ob Ansichten für eine Tabelle erstellt oder bearbeitet werden sollen

6. Klicken Sie auf + Spalte anzeigen, um ein Popup-Menü zu öffnen (siehe Abbildung 3.15).

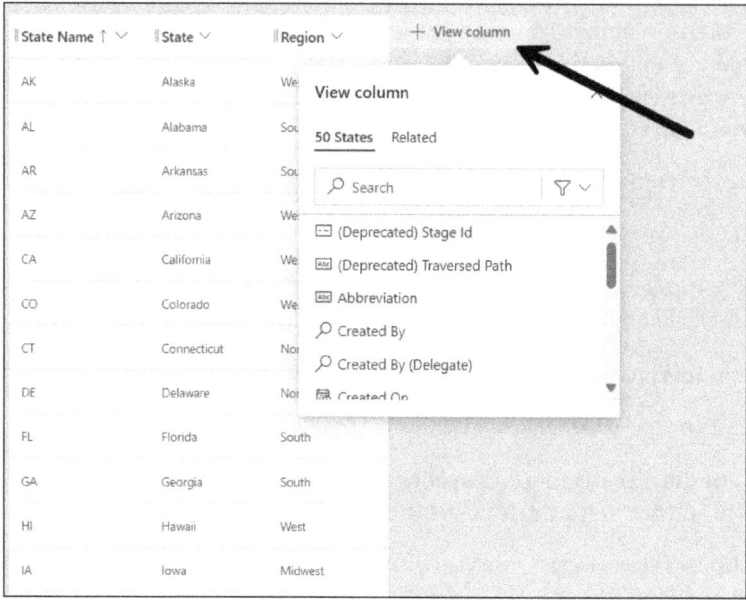

Abbildung 3.15: Einer Ansicht eine neue Spalte hinzufügen

7. Wählen Sie in diesem Menü eine Option aus, um diese Spalte aus der Tabelle in die Ansicht aufzunehmen.

   Wenn Sie eine Spalte löschen möchten, die in der Ansicht angezeigt wird, wählen Sie Entfernen aus dem Dropdown-Menü.

   Wiederholen Sie die Schritte 5 und 6, bis Ihre Ansicht alle gewünschten Spalten enthält (und keine, die Sie nicht benötigen).

8. Um die Sortierreihenfolge einer Spalte festzulegen, klicken Sie auf eine oder mehrere Spaltenüberschriften und wählen Sie dann in der Spalte Aufsteigend sortieren oder Absteigend sortieren aus.

9. Fügen Sie Filter hinzu, um die in der Ansicht angezeigten Daten einzuschränken. Klicken Sie auf das entsprechende Feld und wählen Sie dann die Parameter mithilfe der Option Filtern nach aus.

10. Nachdem Sie alle gewünschten Änderungen vorgenommen haben, klicken Sie auf Speichern und veröffentlichen.

    Die aktualisierte Ansicht wird jetzt mit allen neuen Anpassungen angezeigt. Abbildung 3.16 zeigt eine angepasste Ansicht der Tabelle 50 States, die ich im Abschnitt »Tabellen mithilfe externer Datenquellen erstellen« weiter oben in diesem Kapitel erstellt habe. Dabei ist die Tabelle nach dem Regionswert South gefiltert.

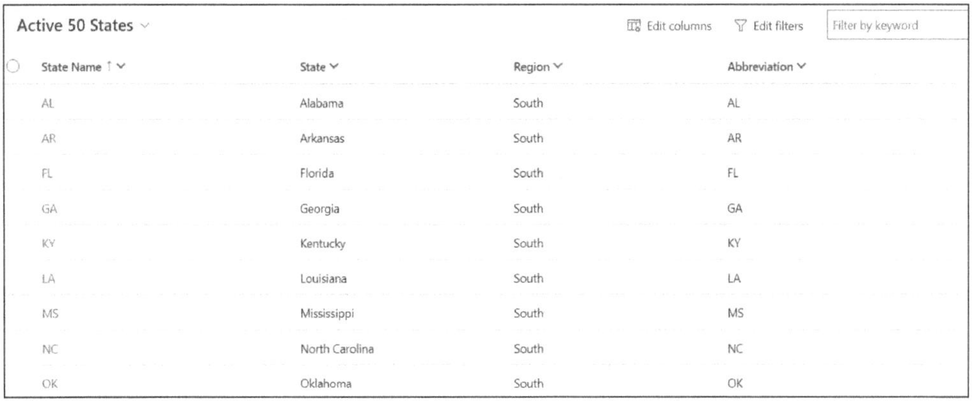

Active 50 States ∨			Edit columns Edit filters Filter by keyword
State Name ↑ ∨	State ∨	Region ∨	Abbreviation ∨
AL	Alabama	South	AL
AR	Arkansas	South	AR
FL	Florida	South	FL
GA	Georgia	South	GA
KY	Kentucky	South	KY
LA	Louisiana	South	LA
MS	Mississippi	South	MS
NC	North Carolina	South	NC
OK	Oklahoma	South	OK

Abbildung 3.16: Eine benutzerdefinierte Ansicht, gefiltert nach dem Regionswert »South«

Sie müssen alle Standardansichten bearbeiten, um sicherzustellen, dass Ihre Tabellen die Daten konsistent darstellen. Sie können zum Beispiel nicht nur die Aktiv-Ansicht bearbeiten, sondern sollten auch die Inaktiv-Ansicht so bearbeiten, dass sie bei der Darstellung der Daten für einen Benutzer die korrekten Daten anzeigt.

Mit Formularen in modellgesteuerten Apps arbeiten

Bei modellgesteuerten Apps müssen Sie mit einer stark strukturierten Benutzeroberfläche arbeiten, da diese Apps auf Wiederholbarkeit ausgerichtet sind. Dazu verwenden sie Dataverse-Spalten für die Dateneingabe. In einer nicht verwalteten Lösung können Sie Eigenschaften, einschließlich Spalten, Ansichten und Formularen aus Tabellen, frei bearbeiten. Sie können Änderungen vornehmen und Tests durchführen, wann immer Sie möchten. Nachdem Sie eine Anwendung in Produktion nehmen, möchten Sie als Entwickler diese Anwendung in eine verwaltete Lösung konvertieren. Eine modellgesteuerte App als verwaltete Lösung gestaltet das Erstellen oder Bearbeiten von Formularen restriktiv, sodass der Entwickler Stabilität und Kontrolle darüber hat, welche Daten in dieses Formular eingegeben werden. Aber je nachdem, wie ein Entwickler eine Tabelle für eine verwaltete Lösung konfiguriert, können Benutzer möglicherweise Formulare hinzufügen oder ändern.

Anders als bei einer Canvas-App, bei der Sie je nach ausgewählter Datenquelle kreative Freiheit haben, beginnt das Erstellen eines strukturierten Formulars für eine modellgesteuerte App mit dem Erstellen einer ersten Tabelle in Dataverse (siehe Abschnitt »Eine standardmäßige Dataverse-Tabelle konfigurieren« weiter oben in diesem Kapitel). Beachten Sie beim Erstellen eines Formulars für eine modellgesteuerte App Folgendes:

✔ Verwenden Sie eine strukturierte Vorlage, um Ansichten zu konfigurieren und Formulare zu erstellen oder zu bearbeiten.

✔ Stellen Sie sicher, dass Sie alle erforderlichen Spalten in einer einzigen Tabelle haben, um das vorliegende Geschäftsproblem zu lösen. Dies trägt zur Vereinfachung der Datenbeziehungen und zur Wahrung der Datenintegrität bei.

✔ Machen Sie sich bei Ihrem Designprozess klar, wie Sie die Daten organisieren möchten: Müssen die Daten auf mehreren Registerkarten und in mehreren Abschnitten vorhanden sein, oder möchten Sie das Formular auf einer einzigen, scrollbaren Seite darstellen?

Das Design Ihrer Formulare spiegelt wider, wie viele Spalten Ihre Tabelle hat. Die Anzahl der Spalten in einer Tabelle spiegelt wahrscheinlich die Komplexität Ihrer Formularerfahrung und Ihres Geschäftsprozesses wider.

Ein Formular für eine modellgesteuerte App erstellen

Wenn ein Formular nicht an eine Lösung gebunden ist (wie in Kapitel 2 beschrieben) und Sie lediglich Formulare erstellen möchten, die den tabellenspezifischen Daten entsprechen, gehen Sie wie folgt vor, um ein neues Formular für modellgesteuerte Apps zu erstellen:

1. **Öffnen Sie das Power Apps Maker Portal.**

   Wie das geht, ist im Abschnitt »Eine standardmäßige Dataverse-Tabelle konfigurieren« weiter oben in diesem Kapitel beschrieben.

2. **Wählen Sie T‍ABELLEN im linken Navigationsbereich des Maker Portals aus.**

3. **Wählen Sie im Tabellenfenster die Tabelle aus, für die Sie ein neues Formular erstellen möchten.**

4. **Klicken Sie auf der angezeigten Seite T‍ABELLENEINSTELLUNGEN unter D‍ATENERFAHRUNG auf den Link F‍ORMULARE.**

   Eine Liste aller vordefinierten Formulare wird angezeigt.

5. **Klicken Sie auf N‍EUE F‍ORMULARE und wählen Sie aus der angezeigten Dropdown-Liste den Formulartyp aus, den Sie erstellen möchten.**

   In meinem Beispiel möchte ich durch Klicken auf N‍EUES F‍ORMULAR ein neues *Hauptformular* erstellen, also das primäre Formular zum Anzeigen der Daten einer Tabelle und für die Interaktion mit ihnen.

Bedenken Sie, dass das Maker Portal beim Erstellen eines neuen Hauptformulars das vorhandene Formular kopiert und es im Wesentlichen dupliziert und Sie es durch Hinzufügen zusätzlicher Felder ändern müssen.

6. **Ändern Sie im Formular-Designer den Namen des Formulars, das im Eigenschaftenfenster angezeigt wird.**

   Sie möchten nicht, dass zwei Formulare denselben Namen haben.

7. **Fügen Sie Ihrem Formular Spalten, Abschnitte, Registerkarten und andere Komponenten hinzu.**

   Verwenden Sie die Drag-and-drop-Oberfläche, um Komponenten zwischen dem Bereich TABELLENSPALTEN (in Abbildung 3.17 mit A gekennzeichnet) und dem Formular-Designer (in Abbildung 3.17 mit B gekennzeichnet) zu verschieben.

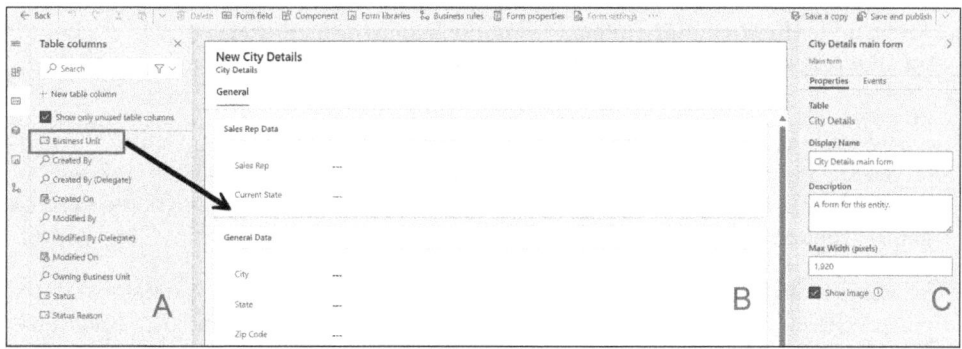

Abbildung 3.17: Ein Formular für eine modellgesteuerte App erstellen

8. **Wählen Sie im Formular der modellgesteuerten App jede Spalte oder Komponente einzeln aus und konfigurieren Sie ihre Eigenschaften im Eigenschaftenbereich (in Abbildung 3.17 mit C gekennzeichnet).**

9. **Wenn Sie mit dem Formularentwurf zufrieden sind, klicken Sie auf SPEICHERN UND VERÖFFENTLICHEN.**

   Sie können nun in den Tabellenformularlisten für die jeweilige Entität auf Ihr neues Hauptformular zugreifen.

Ein Formular einer modellgesteuerten App bearbeiten

Mit der Bearbeitung modellgesteuerter Apps können Sie nur die Datenelemente eines Formulars konfigurieren und bearbeiten. Sie können keine völlig einzigartige Benutzeroberfläche erstellen, wie dies bei einer Canvas-App möglich ist. Sie können Elemente in einer modellgesteuerten App ändern, indem Sie fortgeschrittene Programmiertechniken wie JavaScript verwenden. Dies geht jedoch weit über das hinaus, was ich in diesem Buch behandele. (Wenn Sie tiefer in JavaScript eintauchen möchten, lesen Sie *JavaScript All-in-One für Dummies* von Chris Minnick [Wiley].)

Um grundlegende Änderungen an Ihrem Formular für eine modellgesteuerte App vorzunehmen, gehen Sie wie folgt vor:

1. **Öffnen Sie das Power Apps Maker Portal.**

   Wie das geht, ist im Abschnitt »Eine standardmäßige Dataverse-Tabelle konfigurieren« weiter oben in diesem Kapitel beschrieben.

2. Wählen Sie TABELLEN im linken Navigationsbereich des Maker Portals aus.

   Das Tabellenfenster wird geöffnet.

3. Wählen Sie die Tabelle aus, die Sie bearbeiten möchten.

   Die Tabelle wird im App-Designer geöffnet.

4. Ändern Sie Ihr Formular, indem Sie auf die Schaltfläche FORMULARE klicken und im angezeigten Formularfenster Ihr Hauptformular auswählen.

   Ihr gewünschtes Formular wird geöffnet.

5. Fügen Sie Spalten, Abschnitte oder Registerkarten hinzu, entfernen Sie sie oder ordnen Sie sie neu an, indem Sie im Bereich TABELLENSPALTE oder KOMPONENTEN damit arbeiten.

   Sie können die Eigenschaften für jede Komponente auch aktualisieren, indem Sie die entsprechende Spalte im Formular auswählen und im Eigenschaftenbereich Änderungen an den Eigenschaften vornehmen.

6. Nachdem Sie alle Änderungen vorgenommen haben, speichern Sie Ihre Arbeit, indem Sie auf SPEICHERN UND VERÖFFENTLICHEN klicken.

   Das geänderte Formular wurde nun gespeichert.

Die Formulare »Schnellansicht«, »Schnell erstellen« und »Karten«

Manchmal benötigen Sie kein Hauptformular (wie im Abschnitt »Ein Formular für eine modellgesteuerte App erstellen« weiter oben in diesem Kapitel erklärt). Wenn Sie nur eine einfache Dateneingabe benötigen oder nur Nachschlagedaten eingeben möchten, müssen Sie nicht mit dem Hauptformular beginnen. Dataverse bietet drei weitere Formulartypen, die mit modellgesteuerten Apps verknüpft sind:

✔ SCHNELL ERSTELLEN: Bietet eine optimierte Benutzeroberfläche zum schnellen Erstellen neuer Datensätze. Benutzer können wichtige Informationen eingeben, ohne ihren aktuellen Kontext verlassen zu müssen, was die Effizienz und Benutzererfahrung verbessert. Das Formular SCHNELL ERSTELLEN ähnelt einem Popup-Fenster, in dem Benutzer schnell neue Einträge hinzufügen können, ohne die Hauptseite zu verlassen (siehe Abbildung 3.18).

✔ SCHNELLANSICHT: Wird im Hauptformular angezeigt, um zusätzliche Daten aus einer verknüpften Tabelle anzuzeigen, auf die in einer Nachschlagespalte verwiesen wird; im Wesentlichen eine Ansicht innerhalb einer Ansicht. Ein Beispiel finden Sie in Abbildung 3.19. Schnellansichtsformulare ermöglichen Benutzern, Daten aus verknüpften Datensätzen anzuzeigen, ohne ihr aktuelles Formular verlassen zu müssen.

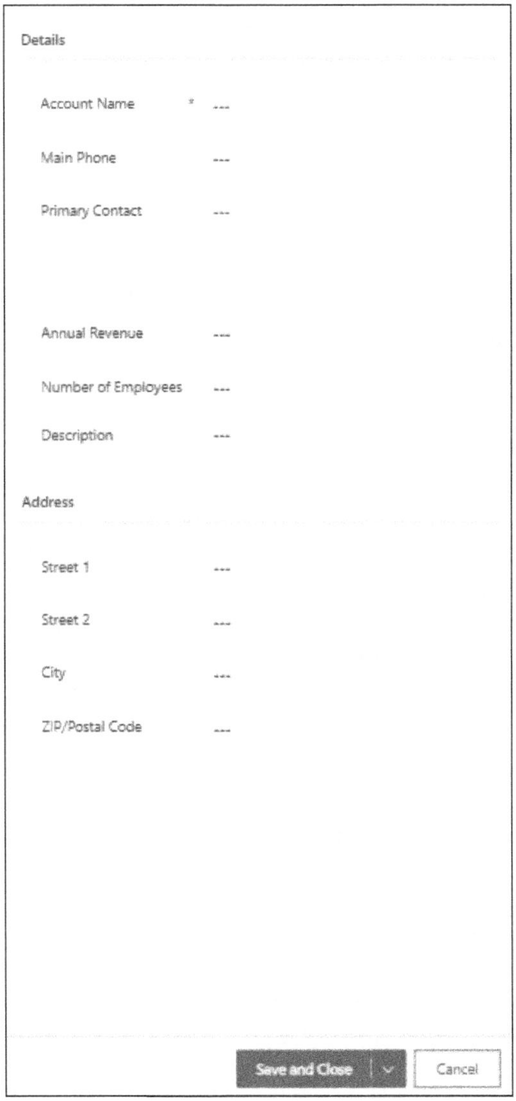

KAPITEL 3 Dataverse entdecken   109

Details	
Account Name	* ---
Main Phone	---
Primary Contact	---
Annual Revenue	---
Number of Employees	---
Description	---

Address	
Street 1	---
Street 2	---
City	---
ZIP/Postal Code	---

Save and Close | ∨ | Cancel

Abbildung 3.18: Ein Schnellerstellungsformular für Kontoinformationen

BILLING	
Currency	🪙 US Dollar
Credit Limit	---
Credit Hold	No
Payment Terms	---

Abbildung 3.19: Ein Schnellansichtsformular mit Rechnungsinformationen

✔ **KARTE:** Speziell für eine kompakte, prägnante Präsentation von Informationen konzipiert. Daten aus Kartenformularen werden häufig auf einem mobilen oder Tablet-basierten Gerät erfasst, wie in Abbildung 3.20 dargestellt.

Abbildung 3.20: Eine Karte mit Informationen zu einem Kinderkonto

Daten in Dataverse visualisieren

 Mithilfe von Diagrammen und Dashboards in Microsoft Dataverse können Sie Geschäftsdaten grafisch visualisieren. Dazu verwenden Sie Microsoft Graph, eine in Power Platform und Dynamics 365 eingebettete Diagrammtechnologie. Im Gegensatz zu Power BI (auf das ich in Kapitel 9 eingehe), einer eigenständigen Anwendung, ist die Microsoft Graph-Funktionalität in Power Platform integriert.

Microsoft Graph, über das Sie in Kapitel 7 mehr erfahren können, kann ein Diagramm an eine bestimmte Tabelle innerhalb einer modellgesteuerten App anhängen. Allerdings kann immer nur ein Diagramm neben einem Raster angezeigt werden. Im Gegensatz dazu können Sie mit Dashboards mehrere Einzelinstanzdiagramme in einem einzigen visualisierten Bereich kombinieren, sodass Sie Ihre Daten einfacher überprüfen und umfassend analysieren können. Sie können diese Diagramme mit dem integrierten Diagrammdesigner entwerfen, auf den Sie in modellgesteuerten Apps zugreifen können. *Hinweis:* Canvas-Apps haben keinen Zugriff auf den Diagrammdesigner.

Sicherheitsgrundlagen und Dataverse

Eines der Hauptmerkmale von Dataverse ist sein robustes Sicherheitsmodell, das sich an verschiedene Geschäftsszenarien anpassen lässt. Dataverse verwendet dieselben Sicherheitskontrollen wie die zugrunde liegende Architektur, die Microsoft Dynamics 365-Anwendungen unterstützt. Wenn ein Power Platform-Administrator eine Datenbank für Dynamics 365 oder Dataverse erstellt, wird in der jeweiligen Umgebung auch ein Sicherheitsmodell erstellt (aber nicht vollständig konfiguriert). Administratoren haben Zugriff auf das Sicherheitsmodell, sind jedoch nicht allein für die Konfiguration und Problembehandlung des Sicherheitszugriffs verantwortlich. Benutzer mit entsprechenden Rollen und Berechtigungen können die Sicherheit auch über rollen- und datensatzbasierte Zugriffskontrollen verwalten. In den folgenden Abschnitten wird ausführlicher erläutert, wie

Sicherheitsrollen, Teams und Geschäftseinheiten miteinander interagieren, um mithilfe von Dataverse eine flexible und umfassende Sicherheitslösung bereitzustellen.

 Ich könnte ein ganzes Buch darüber schreiben, wie man Power Platform-Anwendungen sichert. Um über die in diesem Kapitel beschriebenen allgemeinen Konzepte hinauszugehen, lesen Sie das Tutorial von Microsoft unter https://learn.microsoft.com und geben Sie dann *Sicherheitskonzepte in Dataverse* in das Suchtextfeld ein. Weitere sicherheitsrelevante Informationen finden Sie in den Artikeln, die in den Suchergebnissen angezeigt werden.

Berechtigungen nach Rollen gruppieren

Dataverse verwendet ein mehrschichtiges Sicherheitsmodell zur Steuerung des flexiblen Zugriffs über Organisationsstrukturen hinweg (siehe Tabelle 3.3). Organisationen müssen auf der obersten Ebene beginnen, wobei die *Umgebung* als primärer Container fungiert, in dem Sie Datenbanken, Apps und Ressourcen verwalten, wobei der Zugriff auf dieser Ebene eingeschränkt ist. Jeder kann auf eine Umgebung zugreifen, muss es aber nicht. Innerhalb jeder Umgebung definieren *Geschäftseinheiten* Sicherheitsgrenzen und unterteilen Benutzer und Daten in überschaubare Gruppen. Stellen Sie sich Geschäftseinheiten als große Teams vor, die Sie in kleinere Gruppen aufteilen können. Jede Geschäftseinheit kann eine Stammeinheit und optionale untergeordnete Einheiten enthalten, um den weiteren Zugriff basierend auf den spezifischen Zugriffsanforderungen zu unterteilen. Durch die Segmentierung von Daten und Benutzern stellen Geschäftseinheiten sicher, dass Informationen geschützt bleiben, während verschiedenen Teilen der Organisation angemessener Zugriff gewährt wird.

Ebene	Beschreibung
Umfeld	Ein Container der obersten Ebene, in dem Dataverse-Datenbanken und -Ressourcen erstellt und verwaltet werden.
Geschäftsbereich	Jede Umgebung verfügt über eine Stammgeschäftseinheit; die standardmäßige Einheit auf oberster Ebene, in der sich zunächst alle Benutzer und Daten befinden. Sie können zusätzliche untergeordnete Geschäftseinheiten erstellen, um Benutzer und Daten weiter zu segmentieren und so eine genauere Kontrolle und organisationsspezifische Zugriffsverwaltung zu ermöglichen.
Teams	Benutzergruppen innerhalb einer Geschäftseinheit. Jede Geschäftseinheit verfügt über eine Reihe von Standardteams, und Sie können benutzerdefinierte Teams erstellen. Teams können Sicherheitsrollen zugewiesen werden, und Benutzer innerhalb dieser Teams erben diese Rollen.
Sicherheitsrollen	Benutzerdefinierte Berechtigungen definieren, welche Aktionen Benutzer ausführen können. Sie können Benutzern oder Teams Rollen zuweisen. Zu den Berechtigungen innerhalb von Rollen gehören Erstellen, Lesen, Schreiben, Löschen usw.
Benutzer	Einzelpersonen werden direkt oder über Teammitgliedschaften Sicherheitsrollen zugewiesen, um Zugriff auf Ressourcen zu erhalten.
Berechtigungen	Spezifische Berechtigungen innerhalb von Sicherheitsrollen definieren Aktionen, die Benutzer für verschiedene Datentypen ausführen können. Beispiele hierfür sind Lesezugriff auf Kontakte oder Schreibzugriff auf Konten.

Ebene	Beschreibung
Zugriffsebenen	Definieren den Umfang der Berechtigungen.
Datensatzbesitz	Bestimmt, welche Besitzebene der Geschäftseinheit Zugriff auf einen Datensatz erhält.
Sicherheit auf Spaltenebene	Ermöglicht eine detaillierte Kontrolle über den Zugriff auf bestimmte *Felder* (Spalten) innerhalb einer Tabelle und stellt sicher, dass vertrauliche Daten geschützt werden, selbst wenn Benutzer auf das gesamte Dataset zugreifen können. Administratoren verwalten diesen Zugriff mithilfe von Sicherheitsprofilen auf Spaltenebene, die definieren, welche Benutzer oder Teams die geschützten Spalten anzeigen oder aktualisieren können.

Tabelle 3.3: Dataverse-Sicherheitsstufen

Die *rollenbasierten Zugriffsberechtigungen (RBAC)* bilden den Kern der Dataverse-Sicherheit. Dabei werden Benutzern und Teams bestimmte Rollen zugewiesen, die Berechtigungen enthalten. Im Dataverse hat normalerweise jemand vollständigen Systemzugriff, zum Beispiel der Systemadministrator. Im Gegensatz dazu können andere Benutzer *Systemanpasser* sein, das heißt, Benutzer, die die Systemkonfiguration ändern können, ohne vollständige administrative Kontrolle zu haben. Wenn das immer noch zu viel Zugriff ist, können Sie benutzerdefinierte Zugriffsberechtigungen erstellen, um eine sehr spezifische Zugriffsebene für Benutzer vorzugeben. Im Allgemeinen bestimmt Ihre Zugriffsebene den Umfang der Aktionen, die Sie ausführen können, zum Beispiel die Einschränkung des Zugriffs auf die Datensätze eines Benutzers oder die Ausweitung des Zugriffs auf eine gesamte Geschäftseinheit.

Organisationen optimieren Rollenzuweisungen in Form von *Teams*, da Benutzer die Rollen und Berechtigungen ihres Teams erben. Ähnlich wie bei einem herkömmlichen Organigramm kann ein Team den Zugriff basierend auf seiner Jobfunktion oder Benutzer verwalten. Dies wird typischerweise genutzt, um sicherzustellen, dass nur autorisiertes Personal bestimmte Aktionen an Daten innerhalb seiner Geschäftseinheiten durchführen kann.

Wenn Sie schließlich auf die Details der Sicherheitsgruppen eingehen möchten, bietet Dataverse Sicherheit basierend auf Datensatzbesitz und -freigabe sowie Sicherheit auf Spaltenebene:

✔ **Datensatzbesitz:** Bestimmt, wer Zugriff auf einen bestimmten Datensatz hat, und Datensätze können zwischen Benutzern oder Teams geteilt werden.

✔ **Sicherheit auf Spaltenebene:** Ermöglicht Administratoren, den Zugriff auf bestimmte Felder in einer Tabellenspalte einzuschränken. Diese feinkörnige Sicherheit stellt sicher, dass selbst Benutzer mit Zugriff auf einen Datensatz keine Informationen auf Datensatzebene sehen können.

Diese Kombination aus mehrschichtiger Sicherheit – von den höchsten Ebenen (Umgebung und Geschäftseinheiten) bis hinunter zu Rollen, Teams, Datensätzen und Spalten – bietet robusten Datenschutz, der praktisch jede geschäftliche Nutzung unterstützt.

Ein wichtiges Konzept der Dataverse-Sicherheit ist, dass alle Berechtigungen kumulativ sind, das heißt, die höchste Zugriffsebene hat Vorrang, nicht die restriktivste. Wenn Sie beispielsweise umfassenden Lesezugriff auf Kontaktdatensätze auf Organisationsebene gewähren, können Sie den Zugriff auf einzelne Datensätze innerhalb dieses Bereichs nicht einschränken.

Auf einer hohen Ebene wird die Dataverse-Sicherheit durch mehrere Schichten implementiert:

✔ **Benutzerauthentifizierung:** Durch *Microsoft Entra ID* (früher Azure Active Directory, eine Identitäts- und Zugriffsverwaltungslösung), die Power Platform-Administratoren innerhalb von *Microsoft Azure* (der Cloud-Computing-Plattform) verwalten und so von Beginn jeder Dataverse-Arbeit an einen sicheren Zugriff gewährleisten.

✔ **Lizenzierung:** Der erste echte Gatekeeper, der bestimmt, wer auf Power Apps-Komponenten zugreifen kann. Sie können nicht auf die Funktionalität zugreifen, wenn Sie keine Lizenz für ein bestimmtes Power Platform-Tool haben.

✔ **Sicherheitsrollen in bestimmten Umgebungen:** Kontrollieren die Möglichkeit, Anwendungen und Flows zu erstellen, und fungieren als zweiter Gatekeeper. Der Zugriff der Benutzer auf Apps wird durch administrative Freigabeanwendungen direkt mit ihnen oder über Microsoft Entra-Gruppen verwaltet, vorbehaltlich der Zuweisung von Dataverse-Sicherheitsrollen.

✔ **Umgebungen:** Dienen als weitere Sicherheitsgrenze und passen die Sicherheitsanforderungen an Organisationseinheiten oder Projekte an.

Erweiterte Sicherheitseinstellungen in Dataverse-Umgebungen (anstelle von Einstellungen, die nicht auf Dataverse als Datenquelle angewiesen sind) bieten Unterstützung für detailliertere Zugriffskontrollen basierend auf dem in Tabelle 3.3 beschriebenen Kontrollmodell. Ein Power Platform-Administrator kann verwalten, wer Apps sehen und verwenden kann, den Zugriff auf Daten und Dienste kontrollieren und Berechtigungen für Flows und Konnektoren definieren – da alle diese Bereiche an Daten gebunden sind. Allerdings können nur Systemadministratoren diese Sicherheitseinstellungen in Dataverse verwalten.

Das Dataverse-/Power Platform-Sicherheitsmodell

Microsoft hat das Sicherheitsmodell innerhalb von Dataverse mithilfe eines modularen Ansatzes erstellt:

✔ **Hierarchie:** Sicherheit umfasst Geschäftseinheiten, die eine Hierarchie von Benutzern und Teams bilden, Sicherheitsgrenzen definieren und Berechtigungen steuern. Benutzer und Teams innerhalb derselben Einheit haben einen anderen Zugriff auf Datasets als Benutzer und Teams in anderen Geschäftseinheiten.

Die hierarchische Sicherheit basiert auf einem traditionellen Organigramm der Managementkette, wie in Abbildung 3.21 dargestellt:

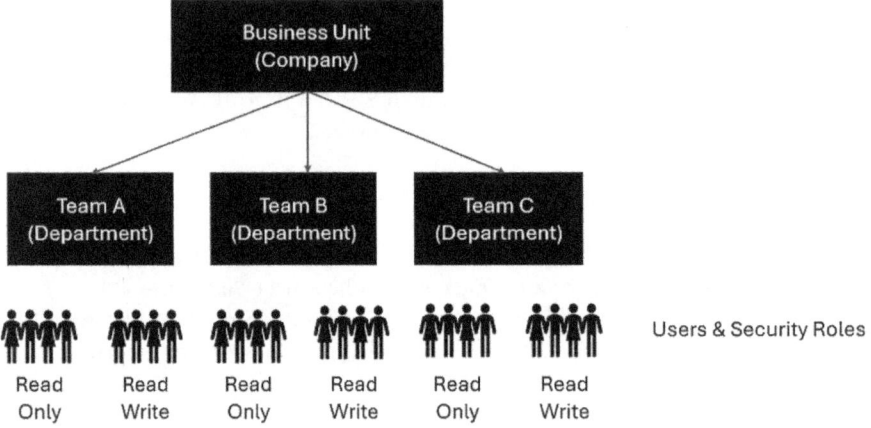

Abbildung 3.21: Beispiel für ein hierarchiebasiertes Sicherheitsmodell in Dataverse

✔ **Manager:** Jede Geschäftseinheit oder jedes Team hat mindestens einen Manager. Manager können auf die Daten ihrer Untergebenen zugreifen, Aufgaben in deren Namen ausführen und Informationen anzeigen, die genehmigt werden müssen. Manager haben vollen Zugriff auf die Daten direkt unterstellter Mitarbeiter und schreibgeschützten Zugriff auf die Daten nicht direkt unterstellter Mitarbeiter.

✔ **Benutzer:** Unter dem Manager; beschränkt auf nur die Funktionen, für die der Administrator ihnen Zugriff gewährt hat.

✔ **Untergeordnete Benutzer:** Wenn unterhalb des Benutzers untergeordnete Benutzer existieren, gelten für diese noch restriktivere Berechtigungen.

✔ **Kontrolle:** Geschäftseinheiten ermöglichen eine kontrollierte Berichterstattung, da Sie Berichte basierend auf Sicherheitsrollen filtern können, die den Benutzerzugriffsebenen innerhalb verschiedener Geschäftseinheiten zugeordnet sind.

 Wenn die Sicherheit immer detaillierter wird, konzentrieren Sie sich auf Sicherheitsrollen, die Berechtigungen definieren, indem sie Berechtigungen zuweisen, die festlegen, welche Aktionen Benutzer auf verschiedenen Zugriffsebenen ausführen können. Obwohl Sie Sicherheitsrollen normalerweise Einzelpersonen zuweisen, können Teams auch als Gruppe von Benutzern fungieren, die innerhalb einer Geschäftseinheit zusammenarbeiten. In diesem Fall können Sie Teams auch dieselben Sicherheitsrollen zuweisen, ein Szenario, das es Teams ermöglicht, die Verwendung einer Anwendung zu gestatten, oder zumindest die Ausführung bestimmter Funktionen innerhalb einer Anwendung.

Geschäftsprozess-Flows folgen

Geschäftsprozess-Flows wurden explizit für modellgesteuerte Anwendungen entwickelt und sind visuelle Anleitungen, die Benutzer durch eine Reihe definierter Schritte führen, um ihnen dabei zu helfen, einen Prozess abzuschließen und ein gewünschtes Ergebnis zu erzielen.

Geschäftsprozess-Flows bieten einen strukturierten und visuellen Pfad, um sicherzustellen, dass Benutzer die richtigen Verfahren befolgen, wodurch das Risiko menschlicher Fehler minimiert wird. Der Flow definiert jeden Schritt im Prozess unmissverständlich, und jeder Schritt kann verschiedene Szenarien verwalten, indem verschiedene Workflow-Zustände (ähnlich wie bei Power Automate, über das Sie in Kapitel 14 lesen können) wie Bedingungen, Aktionen und Verzweigungslogik verwendet werden. Beispielsweise kann eine bestimmte Aktion basierend auf bestimmten Daten oder Benutzereingaben ausgelöst werden, wodurch der Prozess auf einen von mehreren möglichen Pfaden geführt wird. Der Benutzer muss möglicherweise nur eine Teilmenge der Daten eingeben, nicht den gesamten Datensatz, damit der Geschäftsprozess-Flow den Datensatz als vollständig betrachtet. Im Wesentlichen passt sich der Workflow dynamisch an die Situation an, während die Konsistenz der Abläufe gewahrt bleibt.

Geschäftsprozess-Flows können mehr als nur den Ablauf sicherstellen. Sie können sie auch verwenden, um Workflows und Automatisierungen in anderen Power Platform-Tools auszulösen. Wenn Sie beispielsweise eine Benachrichtigung senden oder einen Datensatz aktualisieren möchten, während ein Benutzer mit der Dateneingabe in einer Anwendung fortfährt, kann ein Geschäftsprozess-Flow bei solchen Routineaufgaben helfen und Genauigkeit und Effizienz gewährleisten, indem er Aktionen basierend auf vordefinierten Bedingungen automatisch ausführt.

Zum Erstellen eines Geschäftsprozess-Flows in Dataverse für eine modellgesteuerte App sind die folgenden Schritte erforderlich:

1. **Gehen Sie zu Power Apps.**

   Die entsprechenden Schritte finden Sie im Abschnitt »Eine standardmäßige Dataverse-Tabelle konfigurieren« weiter oben in diesem Kapitel.

2. **Melden Sie sich mit Ihren Anmeldeinformationen an.**

3. **Wählen Sie die modellgesteuerte Anwendung aus, für die Sie einen Geschäftsprozess-Flow verwenden möchten, ein Geschäftsszenario oder einen Workflow.**

4. **Schieben Sie den Mauszeiger über die ausgewählte Anwendung, um sie im Bearbeitungsmodus zu öffnen.**

5. **Wählen Sie im Bereich Lösungs-Explorer auf der linken Seite Automatisierung aus.**

6. **Klicken Sie auf die Schaltfläche Geschäftsprozess erstellen.**

7. **Geben Sie im Fenster Geschäftsprozess-Flow erstellen die grundlegenden Informationen zur Beschreibung des Geschäftsflows ein.**

   Zu diesen Informationen gehören der Anzeigename, der Geschäftsflowname und die Tabelle, in die Sie einen Geschäftsprozess-Flow integrieren möchten.

8. **Nachdem Sie alle Felder ausgefüllt haben, klicken Sie auf Erstellen.**

9. Klicken Sie im Fenster Lösungs-Explorer mit der rechten Maustaste auf den neu erstellten Prozess und wählen Sie Auf neuer Registerkarte bearbeiten aus.

   Das Fenster Geschäftsprozess-Flow-Editor wird geöffnet.

10. Klicken Sie oben im Fenster auf Hinzufügen und wählen Sie dann in der Dropdown-Liste Phase hinzufügen aus.

11. Geben Sie im rechten Bereich im Textfeld Anzeigename einen Namen ein, wählen Sie eine Kategorie aus der Dropdown-Liste Kategorie und wählen Sie die Entität aus, die der Prozessflow auswerten soll.

    Sie können beispielsweise Qualifizieren, Entwickeln oder Vorschlagen als Kategorie auswählen. Und Sie können jede verfügbare Dataverse-Tabelle als Entität auswählen.

12. Klicken Sie auf Übernehmen.

    Der neue Schritt wird jetzt auf der Seite Business Process Workflow Designer angezeigt.

13. Geben Sie im Datenschrittbereich auf der rechten Seite des Bildschirms das Feld an, auf das sich Ihr neuer Schritt bezieht, und die erforderliche Aktion.

14. Wiederholen Sie die Schritte 9 bis 13 für alle Phasen und Schritte, die Sie Ihrem Flow hinzufügen möchten.

15. Legen Sie die mit dem Fluss verbundenen Bedingungen oder die Verzweigungslogik fest, indem Sie die Kriterien definieren, die für jede Phase erfüllt werden müssen.

    Das in Abbildung 3.22 dargestellte Beispiel besteht aus zwei Phasen:

    - *Qualifizieren:* Um zur zweiten Phase zu gelangen, darf das zweite Datenfeld in der Phase *Qualifizieren* nicht leer sein.

    - *Identifizieren:* Der Benutzer muss die Hauptstadt und die Region auswählen, bevor er den Datensatz speichern und den Vorgang abschließen kann.

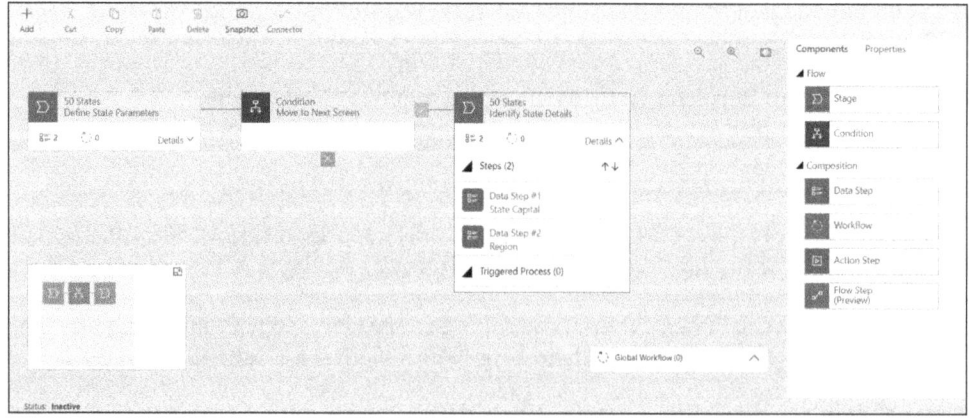

Abbildung 3.22: Durch Geschäftsprozess-Flows zur Tabelle »50 States« hinzugefügte Daten

16. Nachdem Sie Ihr Geschäftsprozessflowmodell fertiggestellt haben, klicken Sie auf die Schaltfläche VALIDIEREN, um zu bestätigen, dass das Modell wie erwartet funktioniert.

17. Wenn das Modell genau ist, klicken Sie auf PROZESSFLOW AKTIVIEREN, um es zu aktivieren.

18. Klicken Sie auf SPEICHERN, um den neuen Geschäftsprozess-Flow zu veröffentlichen.

19. Schließen Sie das Fenster Geschäftsprozess-Flow-Editor.

    Hinweis: Es gibt keine Schaltfläche, die Sie direkt zurück zum Editor für die modellgesteuerte App bringt.

Um Ihren Geschäftsprozess-Flow für Benutzer in einer modellgesteuerten App sichtbar zu machen, gehen Sie wie folgt vor:

1. Wählen Sie im Power Apps-Portal in der linken Navigation LÖSUNGEN aus.

   Der Bereich LÖSUNGEN wird geöffnet.

2. Wählen Sie die Lösung, die Ihren Geschäftsprozess-Flow enthält.

3. Bestätigen Sie im Abschnitt PROZESSE, dass der Geschäftsprozess-Flow richtig konfiguriert ist.

4. Nachdem Sie den Flow überprüft haben, klicken Sie oben im Bereich auf ALLE ANPASSUNGEN VERÖFFENTLICHEN.

   Dieser Schritt wendet die Änderungen auf die gesamte Lösung an.

5. Öffnen Sie Ihre modellgesteuerte App, um sicherzustellen, dass der Geschäftsprozess-Flow jetzt für die Benutzer sichtbar und funktionsfähig ist.

Verwechseln Sie nicht die Geschäftsregeln in Microsoft Dataverse und die Geschäftsprozess-Flows:

✔ **Geschäftsregeln:** Werden auf bestimmte Felder in einem Formular oder einer Tabelle angewendet und helfen bei der Automatisierung einfacher Prüfungen, um sicherzustellen, dass die Daten korrekt und konsistent sind. Eine Geschäftsregel kann Feldwerte automatisch ausfüllen, Felder ein- oder ausblenden und Daten basierend auf bestimmten Bedingungen validieren.

✔ **Geschäftsprozess-Flows:** Vergleichbar mit Schritt-für-Schritt-Anleitungen, die Benutzern helfen, bei der Dateneingabe einem festgelegten Verfahren zu folgen. Diese Flows stellen sicher, dass Benutzer Aufgaben in der richtigen Reihenfolge und unter den richtigen Bedingungen ausführen. Ein Geschäftsprozess-Flow enthält im Allgemeinen mindestens zwei oder drei Schritte, die ein Benutzer ausführen muss, um einen Datensatz zu speichern.

Teil II
Power Apps und Power Pages

IN DIESEM TEIL ...

✔ Erstellen Sie Canvas-Anwendungen, die es Entwicklern ermöglichen, ihre eigenen Benutzererfahrungen zu kreieren.

✔ Entwickeln Sie modellgesteuerte Anwendungen für Unternehmen und datengesteuerte Anwendungen.

✔ Erstellen Sie Low-Code-Websites, um Dataverse-Assets bereitzustellen, einschließlich Anwendungen und Analysen.

> **IN DIESEM KAPITEL**
>
> Den Nutzen von Power Apps für Ihr Unternehmen erkennen
>
> Canvas-Apps zur Erstellung interaktiver, persönlicher und dennoch datengesteuerter Anwendungen entwickeln
>
> Datenreiche, hochstrukturierte Anwendungen durch Verwendung modellgesteuerter Apps erstellen
>
> Lösungen für Power Apps-Apps verwalten und bereitstellen

Kapitel 4
Entwicklung mit Power Apps – ein Überblick

Sie haben wahrscheinlich auch schon die Geschichte gehört, dass ein Citizen Developer eine wunderbare, einzigartige Anwendung erstellt und sein Meisterwerk erfolgreich verkauft hat. Ganz sicher jedoch hat er nicht einfach die Anwendung geöffnet und mit der Arbeit begonnen. Er musste einen methodischen Prozess durchlaufen, um sein Endprodukt zu liefern. Ebenso müssen Sie als Entwickler oder Analyst überlegen, was Ihnen am wichtigsten ist: ein individuelles Erscheinungsbild oder ein Design, das auf hochstrukturierten Datenausgaben basiert, wenn Sie sich auf die Reise mit der Low-Code/No-Code-Plattform von Microsoft begeben.

In diesem Kapitel werden die Planung und Konzeptualisierung der Apps behandelt, die Sie mithilfe der Low-Code/No-Code-Anwendungsentwicklungslösung von Microsoft innerhalb von Power Platform, Power Apps genannt, erstellen möchten. In diesem Kapitel geht es noch nicht direkt um die Entwicklung, sondern um Daten und realistisches Design. Beginnen wir also die Reise auf dem Weg zu Power Apps.

Anwendungen mithilfe von Power Apps entwickeln

Mithilfe von Microsoft Power Apps, einer No-Code/Low-Code-Anwendungsentwicklungslösung, können Sie benutzerdefinierte, datengesteuerte Anwendungen erstellen, die auf Ihre Geschäftsanforderungen zugeschnitten sind. Power Apps verfügt über eine Drag-and-drop-Oberfläche und vorgefertigte Vorlagen, mit denen Sie schnell funktionale Apps basierend auf einer oder mehreren Datenquellen erstellen können. Power Apps kann auch in andere Microsoft-Produkte wie Microsoft 365, Dynamics 365, SharePoint Online oder Azure sowie in zahlreiche Anwendungen oder Datenplattformen von Drittanbietern integriert werden.

Das heißt aber nicht, dass Sie einfach auf Code verzichten können. Die Integration von JavaScript und anderen Programmiersprachen (wie C#, HTML und CSS) in Power Apps ermöglicht eine erweiterte Anpassung und Integration mit externen Diensten und APIs. Die Verwendung von Programmiersprachen außerhalb der Low-Code-Umgebung ermöglicht es einem Entwickler, hochkomplexe Geschäftslogik, benutzerdefinierte Benutzeroberflächenelemente (UI-Elemente), Backend-Verarbeitung und anspruchsvollere, reaktionsschnellere Designs bereitzustellen, als dies in der zentralen Power Apps-Entwicklungsumgebung möglich ist.

Entwickler berichten, dass sie mit Power Apps verschiedene Arten von Apps erstellen können. Das stimmt! Sie können zwischen drei Arten von Apps wählen:

- ✔ **Canvas-Apps:** Bieten ein hohes Maß an Flexibilität und Anpassungsmöglichkeiten für Entwickler und Benutzer, die eine individuelle Benutzererfahrung benötigen, mit Zugriff auf eine oder mehrere Datenquellen. Ideal für bestimmte Aufgaben.

- ✔ **Modellgesteuerte Apps:** Ermöglichen Entwicklern und Benutzern, sich auf Daten und Prozesse zu konzentrieren. Durch die Nutzung von Microsoft Dataverse (mehr dazu in Kapitel 3) erhalten Sie einen strukturierteren Ansatz für die App-Entwicklung. Modellgesteuerte Apps konzentrieren sich auf Datenqualität und Berichterstellung statt auf die Benutzererfahrung und generieren Benutzeroberflächen basierend auf dem zugrunde liegenden Datenmodell, wodurch sie für komplexe Geschäftsprozesse und Szenarien geeignet sind. Modellgesteuerte Apps sind hochstrukturierte Anwendungen.

- ✔ **Portal-Apps und Website-Erlebnisse:** Bringen Funktionen aus Canvas- und modellgesteuerten Apps zusammen. Websites, die mit Power Pages (dem Power Platform-Tool, mit dem die Website oder das Portal erstellt wird, auf dem diese Apps ausgeführt werden) erstellt wurden, sind häufig datengesteuert und nicht sehr grafisch oder interaktiv. Die Hauptdatenquelle für das Portal ist Microsoft Dataverse. Die mit Power Pages erstellten Portal- und Website-Erlebnisse basieren stark auf Power BI (besprochen in Teil 3) für anpassbare und interaktive Berichte. Weitere Informationen zur Verwendung von Power Pages finden Sie in Kapitel 8.

Wenn Sie die in Power Apps angebotenen Entwicklungstools mit den in Power Pages eingebetteten Funktionen kombinieren (siehe Kapitel 8), erhalten Sie eine umfassende Plattform, die eine breite Palette geschäftlicher Herausforderungen bewältigen kann. Vor Microsoft Power Platform mussten Entwickler über umfangreiche Programmiererfahrung verfügen, um jede der Komponenten zu erstellen. Jetzt verkürzt sich die Zeit von der Planung bis zur Bereitstellung drastisch und Sie können sich darauf konzentrieren, wie Sie die vorhandenen Daten verwenden und wie das Benutzererlebnis aussehen soll.

Realitätscheck: Etwas Codierung ist erforderlich

Benutzer können mithilfe der Microsoft Power Apps anspruchsvolle Anwendungen entwickeln, aber im Ernstfall müssen Sie in der Lage sein, zugrunde liegenden Code einzugeben. Natürlich können Sie Objekte per Drag-and-drop auf eine Arbeitsfläche ziehen oder eine Datenquelle mit einer App verbinden, ohne Code zu schreiben. Wenn Sie jedoch ein Verhalten so konfigurieren möchten, dass es auf eine bestimmte Weise funktioniert, benötigen Sie möglicherweise JavaScript. Oder wenn Sie Power BI (eine Business-Intelligence-Lösung für Unternehmen) in Ihrer Anwendung verwenden, um Informationen auf eine bestimmte Weise anzuzeigen, müssen Sie die Data-Analysis-Expressions-Sprache (DAX) verwenden, um eine komplexe Formel zu berechnen und darzustellen.

Power Apps – und im Übrigen auch Power Platform – machen das Programmieren nicht überflüssig. Das Erstellen bestimmter App-Verhaltensweisen erfordert Programmierkenntnisse, insbesondere bei der Integration mit anderen Diensten oder der Skalierung von Anwendungen. Wenn Sie mit Power Apps arbeiten, müssen Sie über Grundkenntnisse der funktionalen Ausdrucksprache namens Power Fx verfügen. Power Fx funktioniert etwas anders als Ihr herkömmliches C#. Beim Erstellen modellgesteuerter Apps müssen Sie außerdem JavaScript kennen, um ästhetische Verhaltensweisen zu steuern.

Die Freemium-Version von Power Apps, die in einem Microsoft 365-Abonnement enthalten ist, weist einige Einschränkungen auf. Sie erlaubt Ihnen beispielsweise nicht die Verwendung von Premium-Datenkonnektoren und bietet nur begrenzten Datenspeicher. Diese kostenlose Version von Power Apps beschränkt Sie auf die Verwendung von Konnektoren, die mit anderen wichtigen Microsoft-Produktivitätsfunktionen verknüpft sind, und nicht viel mehr. Wenn Sie die gesamten beworbenen Vorteile von Power Apps nutzen möchten, müssen Sie für die Premium-Version von Power Apps etwas Geld hinblättern.

Obwohl bei komplexen Anforderungen Ihrer Anwendung Entwicklungsarbeit erforderlich ist, bleibt die Low-Code/No-Code-Plattform Microsoft Power Apps das beste Produkt auf dem Markt, da sie die meisten Datenintegrationsoptionen bietet. Sie müssen nicht seitenlangen Code schreiben. Stattdessen schreiben Sie Snippets, um im Wesentlichen die Punkte zwischen den Anwendungskomponenten zu verbinden.

Alle Plattformen auf dem Markt, einschließlich Microsoft Power Apps, erfordern zwangsläufig ein gewisses Maß an benutzerdefinierter Codierung, wenn Sie versuchen, Funktionen zu erstellen, die Skalierbarkeit und Flexibilität unterstützen und gleichzeitig Sicherheit und

Compliance gewährleisten. Sie stellen damit jedoch sicher, dass die anfänglichen Entwicklungsinvestitionskosten durch langfristige Kosteneinsparungen, betriebliche Effizienz und Produktivitätssteigerungen ausgeglichen werden, nachdem alle Integrationen zusammengekommen sind, um Ihre Geschäftsanforderungen zu erfüllen.

Power Apps mit Datenquellen verbinden

Sofern Sie keine Canvas-App erstellen, die als einfacher Rechner fungieren soll (und keine Datenquelle zum Speichern der Daten benötigt), müssen Sie die App mit einer oder mehreren Datenquellen verbinden, damit sie funktioniert. Dazu fügen Sie *Konnektoren* hinzu. Sie überbrücken die Lücke zwischen Ihrer App und den Daten, die sie zum Leben erwecken. Jeder Konnektor bietet Zugriff auf eine einzelne Datenquelle.

Mit Konnektoren können Sie auf eine Reihe von Online- und lokalen Datenquellen zugreifen. Power Apps – und eigentlich die gesamte Power Platform-Suite – umfasst Hunderte von Datenkonnektoren. Abbildung 4.1 zeigt eine Liste von Konnektoroptionen mit SharePoint, SQL Server, Salesforce und (natürlich) Dynamics 365.

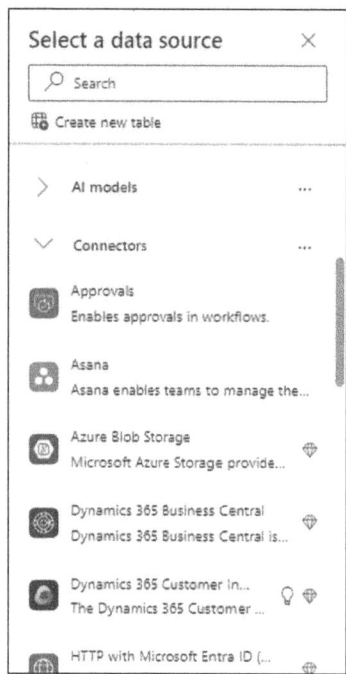

Abbildung 4.1: Einige Konnektoroptionen in einer Canvas-App

Sie können mit dem Erstellen Ihrer App auch beginnen, indem Sie die Power Apps-Benutzeroberfläche MIT DATEN BEGINNEN verwenden, die Ihnen die Auswahl aus fünf Optionen bietet:

✔ SharePoint-Liste erstellen

✔ Mit Excel oder CSV-Datei erstellen

✔ Mit einer leeren Tabelle beginnen

✔ Eine vorhandene Tabelle auswählen

✔ Externe Daten auswählen

Wenn Sie keine Datenquelle haben und nicht wissen, was sie enthalten soll, können Sie die integrierten Copilot-Funktionen verwenden, wie in Abbildung 4.2 gezeigt, dargestellt durch das Textfeld »Erstellen wir eine App«, das Ihnen einen Copilot für Power Apps vorstellt (Microsofts generative KI-Funktion zum Entwickeln von Dataverse-Tabellen und Canvas-basierten Apps). Denken Sie daran, dass Copilot einen grundlegenden Rahmen für Sie erstellt, auf dem Sie für die Datenerfassung und App-Erstellung aufbauen können. Sie müssen jedoch immer noch Anpassungen der Dataverse-Tabelle und der Benutzererfahrung vornehmen, unabhängig davon, ob Sie sich für ein Canvas- oder modellgesteuertes App-Design entscheiden.

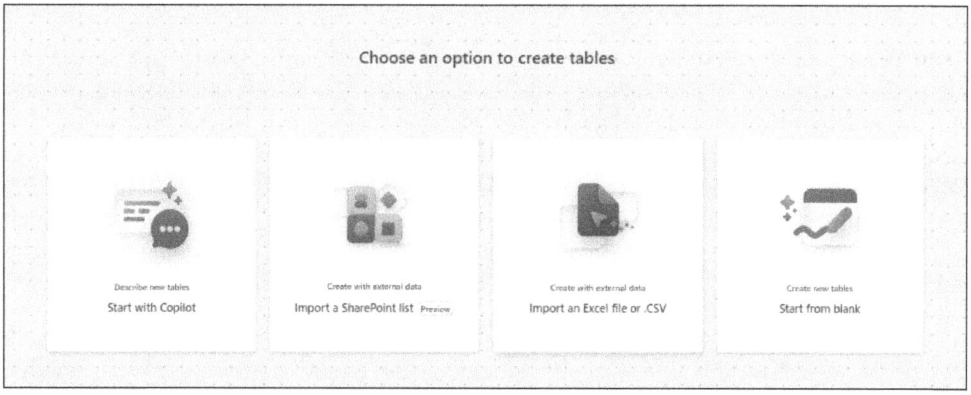

Abbildung 4.2: Wählen Sie eine Microsoft-Datenquelle aus oder verwenden Sie Copilot, um eine neue Datenquelle zu erstellen

 Modellgesteuerte Apps basieren ausschließlich auf Dataverse. Ich bespreche Dataverse in Kapitel 3. Wenn Sie auf Konnektoren verweisen müssen, arbeiten Sie mit einer Canvas-App, wie in diesem Kapitel und Kapitel 5 beschrieben.

Daten mit Aktionen verknüpfen

Konnektoren können nicht nur Daten in Ihrer App darstellen. Sie bieten auch einen *Aktionskanal*, das heißt, eine Möglichkeit, einen Trigger in Ihrer App aufzurufen. Tabelle 4.1 beschreibt die in Power Apps verfügbaren Datenkonnektortypen.

Kategorie	Was er bewirkt
Datenkonnektoren	Erleichtert das Abrufen, Bearbeiten und Speichern von Daten. Beispiele für Konnektoren sind SQL Server, Dataverse, Excel und SharePoint.
Aktionskonnektoren	Ermöglichen die Ausführung von Aufgaben, Flows und Aktivitäten. Beispiele für Konnektoren sind Microsoft 365 Outlook für E-Mails, X für Social-Media-Tweets und Dynamics 365 für die Datensatzerstellung.
Hybrid-Konnektoren	Kombinieren die Funktionen von Daten- und Aktionskonnektoren. Beispiele hierfür sind die Verwendung von Azure Blob Storage, Google Drive, Dropbox und OneDrive, die alle sowohl daten- als auch aktionsorientierte Konnektivität bieten.

Tabelle 4.1: Konnektortypen und Zweck

Eine Canvas-App entwerfen

Wenn Sie neu in der Erstellung von Canvas-basierten Apps mit Power Apps sind, kann Ihnen der Prozess der App-Erstellung von Grund auf sicher zunächst entmutigend erscheinen. Sie müssen nicht nur die Daten berücksichtigen, die Sie mit einer Canvas-App verwenden möchten, sondern auch die Benutzererfahrung konzipieren. Unabhängig von Ihrer Rolle – Geschäftsbenutzer, IT-Experte ohne vorherige Erfahrung im App-Design oder erfahrener Full-Stack-Entwickler – können Sie eine Canvas-App entwerfen, ohne Deep Coding verwenden zu müssen. Dennoch finden Sie das Design Ihrer Benutzeroberfläche und die Implementierungsoptionen vielleicht immer noch unüberschaubar.

Die meisten Benutzer haben eine allgemeine Vorstellung davon, was ihre App leisten soll, aber sie haben die Details und – noch wichtiger – die Funktionsweise der Datenquellen noch nicht vollständig ausgearbeitet. Sie benötigen einen Plan, der Sie bei der Ausführung des Entwurfs und der Implementierung einer Canvas-basierten Power Apps-App unterstützt. Die folgenden Abschnitte bieten einen Überblick über den Entwurfsprozess, und Kapitel 5 geht auf die wesentlichen Details des App-Entwurfs ein.

Die Bedürfnisse Ihres Unternehmens ermitteln

Die Planung ist die kritischste Phase bei der Entwicklung einer Canvas-basierten App, da Sie hier einen Rahmen für Ihr gesamtes Anwendungsentwicklungsprojekt erstellen. Während der Planungsphase müssen Sie Folgendes identifizieren:

✔ fas Problem, das die App lösen soll

✔ eer die App nutzen wird

✔ eas die App tun soll

Formulieren Sie in ein oder zwei Sätzen, was das Problem ist und wie die App zur Lösung des Problems beitragen kann. Mit anderen Worten: Eine gut definierte Problemstellung leitet den Designprozess, verhindert *eine Ausweitung des Umfangs* (also zu viel Schnickschnack) und stellt sicher, dass die App praktisch bleibt (und nicht zu kompliziert wird).

Die Planung Ihrer Canvas-App umfasst

- ✔ **Erkundung des App-Themas:** Aus geschäftlicher Sicht der allgemeine Zweck und die Ziele der App.

- ✔ **Kenntnis von Geschäftsprozessen:** Sie benötigen umfassende Kenntnisse und Daten über die Prozesse, die Sie mit Ihrer App ansprechen möchten.

- ✔ **Identifizierung Ihrer Datenquelle:** Diese Daten können in vorhandenen Datenbanken, externen Diensten oder Cloud-Speicherlösungen gefunden werden.

- ✔ **Prognose der Automatisierung:** Wenn Sie wissen, was Sie benötigen und womit Sie arbeiten, können Sie den für Ihre App geeigneten Automatisierungsgrad beurteilen.

- ✔ **Konzeptualisierung des Benutzererlebnisses:** Überlegen Sie, wie Ihre Datenquellen funktionieren und wie die Daten durch die App fließen, von der Eingabe bis zur Ausgabe, einschließlich der Dateneingabe und der Ergebnisse, die Sie bei Abfragen erwarten.

Ein Beispiel, bei dem Microsoft die App im Wesentlichen für Sie erstellt, ohne dass Sie viel Aufwand betreiben müssen, ist eine SharePoint-Liste. Gehen Sie wie folgt vor, um eine App aus einer SharePoint-Liste zu erstellen:

1. **Öffnen Sie eine SharePoint-Liste und klicken Sie auf INTEGRIEREN.**

2. **Treffen Sie im Menü eine Auswahl.**

    Sie haben drei Optionen: Power Apps, Power Automate und Power BI. Wenn beispielsweise jemand in Ihrer Organisation eine SharePoint-Liste erstellt und dann beschließt, daraus eine App zu machen, kann er diese Änderung hier vornehmen.

3. **Wählen Sie APP ERSTELLEN aus.**

    Es wird eine dreiseitige Canvas-App erstellt – ohne dass Sie auch nur eine Zeile Code schreiben müssen.

Der Flow der App ist einfach: (a) Daten im Listenformat anzeigen, (b) Daten hinzufügen, (c) Datendetails überprüfen und (d) Daten bearbeiten.

Jede Seite innerhalb der App enthält andere Aktionen, wofür eine Kombination aus Symbolen und Navigationskomponenten verwendet wird, wie zum Beispiel die Schaltflächen ZURÜCK, WEITER, LÖSCHEN und AKTUALISIEREN in der Navigationsleiste. In Abbildung 4.3 sehen Sie eine App, die aus einer SharePoint-Liste erstellt wurde und einen Aktivitätstracker darstellt. Die App erfasst relevante Reisedaten für einen Mitarbeiter, einschließlich Reisezweck, Reisedaten (von/nach), Reisetermine, Reisedauer und erforderliche Unterkünfte. Alle Daten aus dem Aktivitätstracker werden in der SharePoint-Liste als Ihre Datenquelle gespeichert.

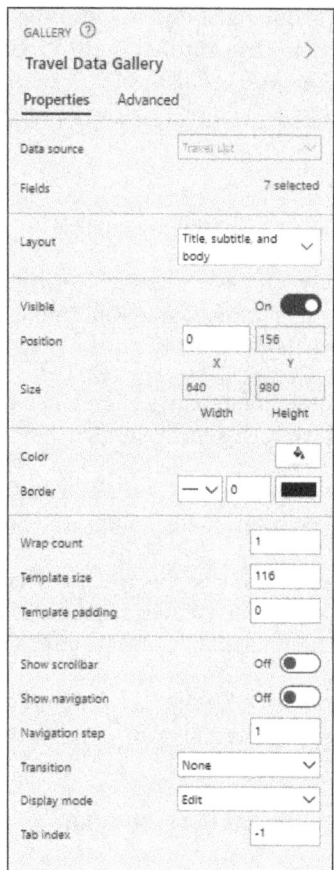

Abbildung 4.3: Die Galerieeigenschaften einer Canvas-App konfigurieren

 Sie fragen sich vielleicht: »Warum brauche ich überhaupt Power Apps, wenn ich mit SharePoint eine vollständig erstellte Power Apps-App erstellen kann?« Die Antwort ist einfach – Datenquellen und zusätzliche Komplexität:

- ✔ **Daten:** Eine SharePoint-Liste ist nur eine Art Datenquelle, aus der Sie eine App erstellen können.

- ✔ **Komplexität:** Die mit SharePoint erstellte App ist recht simpel. Die meisten Organisationen benötigen für ihre Dateneingabeanforderungen weitaus mehr Anpassungen als eine webbasierte Oberfläche zum Ausfüllen von Lücken (was Sie erhalten, wenn Sie die integrierte Power App-Integration verwenden).

Eine Verbindung zu den erforderlichen Daten herstellen

In dem Beispiel, das ich im vorigen Abschnitt verwende, war die Hauptkomponente der App, die Datenquelle, eine SharePoint-Liste. Power Apps-Anwendungen müssen größtenteils externe Informationen verwenden, die in einer Datenquelle gespeichert sind. Außerhalb der

SharePoint-Liste finden Sie möglicherweise relevante Daten in Quellen wie Excel, OneDrive oder mithilfe der Konnektoren, die Verbindungen zwischen relationalen Datenbanken oder Unternehmensanwendungen herstellen. (Informationen zu Konnektoren finden Sie im Abschnitt »Power Apps mit Daten verbinden« weiter oben in diesem Kapitel.)

Die Verwendung eines Konnektors zum Erstellen einer oder mehrerer Verbindungen ermöglicht die Interaktion beim Lesen und Schreiben von Daten in Microsoft Power Apps-Anwendungen, da Power Apps die Tabellen aus einer oder mehreren Anwendungen auf eine von zwei Arten in einer Canvas-App darstellen können:

✔ durch eine Galerie, in der Sie eine Sammlung von Daten anzeigen können

✔ in einem Formular für Lese- und Schreibrechte für eine Datenquelle

Eine spezielle Art von Datenquelle ist exklusiv für Canvas-Apps verfügbar, die sogenannte *Sammlung*. Eine Sammlung ist eine Datenstruktur, die lokal für eine App-Instanz ist, da die Daten vorübergehend in einer Tabelle gespeichert und nicht durch eine Verbindung zu einem Dienst gesichert sind. Informationen werden ausschließlich in der App gespeichert, was bedeutet, dass Benutzer diese Informationen nicht zwischen Geräten teilen können.

Die Oberfläche der Canvas-App entwerfen

Wenn Sie vorhaben, eine Canvas-App zu erstellen, müssen Sie wissen, welche Art von Benutzeroberfläche (UI) Sie verwenden möchten. Machen Sie sich nicht nur ein Bild von den Daten, sondern auch von den Steuerelementen – insbesondere den Branding-Funktionen –, die für eine App verfügbar sind. Zu den Steuerelementen gehören Textfelder, Schaltflächen, Dropdown-Listen, Galerien und Raster, um nur einige Beispiele zu nennen. Darüber hinaus können Sie Objekte wie Bilder und Symbole sowie Personalisierungen wie Farbschemata auf der Canvas platzieren. Für jedes auf der Canvas platzierte Element müssen Sie eine Logik hinter das Objekt stellen – daher der Low-Code-Teil der Arbeit in Power Apps.

Bevor Sie ein Objekt anpassen und auf der Benutzeroberfläche platzieren können, müssen Sie die Steuerelementeigenschaften konfigurieren. Gehen Sie wie folgt vor:

1. **Wählen Sie im Komponentenbereich die Komponente oder das Steuerelement aus, das Sie konfigurieren möchten.**

    Wählen Sie beispielsweise eine Schaltfläche, ein Textfeld oder eine Galerie aus.

2. **Ändern Sie im angezeigten Eigenschaftenfenster nach Bedarf die Attribute.**

    Abbildung 4.3 zeigt den Eigenschaftenbereich einer Galerie. Sie können Attribute wie Größe, Farbe, Schriftart und Textausrichtung ändern, um die Designanforderungen Ihrer App für Objekttypen wie Symbole, Bilder und Steuerelemente zu erfüllen.

3. **Wählen Sie die Option Erweitert, um den Bereich Erweitert zu öffnen.**

4. **Fügen Sie Code hinzu, um die Verhaltenseigenschaften zu unterstützen.**

   Beispielsweise bestimmt die OnSelect-Aktion für Schaltflächen, was passiert, wenn auf die Schaltfläche geklickt wird.

   Beispiele für Codeausschnitte, die in die Eigenschaft OnSelect eingefügt werden, sind Navigate(), Back() und Launch(). Wie in Abbildung 4.4 zu sehen ist, habe ich den Bereich ERWEITERT für die Galerie mit dem Code für Navigate() im Feld OnSelect angepasst.

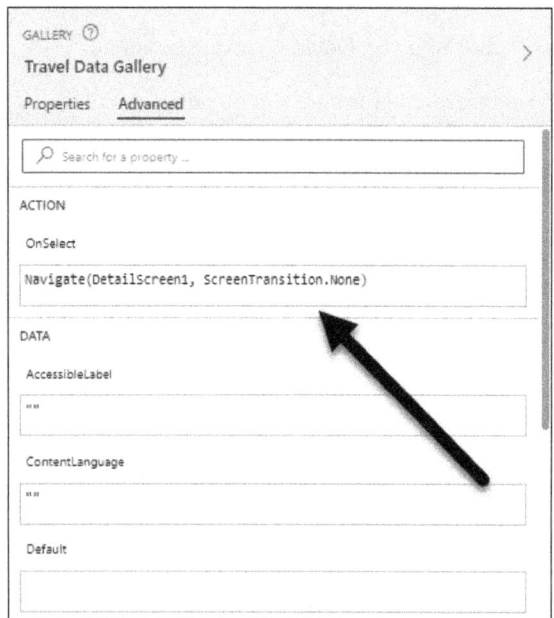

Abbildung 4.4: Erweiterte Eigenschaften zur Unterstützung einer mit einer Schaltfläche verknüpften Aktion konfigurieren

Mithilfe von Power Fx-Formeln in der Formelleiste können Sie Eigenschaften dynamisch an Interaktionsanforderungen oder Datenänderungen anpassen. Ein Beispiel hierfür ist das Anwenden der Eigenschaft Visible auf ein Steuerelement, um ein Steuerelement basierend auf bestimmten Bedingungen anzuzeigen oder auszublenden.

Wenn Sie den Umgang mit Steuerelementen und deren gewünschte Funktionsweise beherrschen, können Sie eine Canvas-App entwerfen, die funktional, benutzerfreundlich und optisch ansprechend ist.

Ihre Arbeit speichern und die Canvas-App freigeben

Der Vorgang zum Speichern Ihrer Änderungen und Freigeben einer App unterscheidet sich erheblich vom Speichern und Freigeben eines typischen Word- oder Excel-Dokuments. Wenn Sie mit einem Team an der App-Erstellung zusammenarbeiten, müssen Sie Aspekte wie die Verwaltung der Versionskontrolle, des Datenzugriffs und der Berechtigungen berücksichtigen. Überlegen Sie sich im Rahmen Ihres Planungs- und Entwurfsprozesses sorgfältig, wie Sie die App speichern und freigeben möchten, insbesondere wenn mehrere Entwickler beteiligt sind. Wenn jeder Entwickler in seiner eigenen Umgebung an der App arbeitet und dann versucht, seine Arbeit zusammenzuführen, stoßen Sie wahrscheinlich auf Unterschiede bei Konfiguration und Dateneinstellungen.

Wenn Sie Ihre Änderungen an einer Canvas-App speichern, werden die Änderungen zunächst nur für Sie, den App-Entwickler, oder für Sie und diejenigen veröffentlicht, die über Bearbeitungsberechtigungen verfügen. Wenn Ihnen als Bearbeiter der App nicht die erforderlichen Berechtigungen zugewiesen wurden, werden Ihnen die Änderungen nicht sofort angezeigt. Wählen Sie in diesem Fall VERÖFFENTLICHEN in der Symbolleiste aus, um Ihre App-Änderungen vollständig anzuzeigen.

Wenn Sie beispielsweise an der Gestaltung und Entwicklung einer App mitwirken, aber nicht die Person sind, die die App-Umgebung ursprünglich konfiguriert hat, verfügen Sie möglicherweise nicht über diese Veröffentlichungsrechte. Wenn AutoSave aktiviert ist, gilt dies für das Speichern von Änderungen, die Sie während der Entwicklung an der App vornehmen. Dies bedeutet jedoch nicht, dass andere diese Änderungen automatisch sehen können, es sei denn, Sie veröffentlichen sie.

Sie können das Speichern manuell oder automatisch durchführen. In Power Apps stehen Ihnen die folgenden Speicheroptionen zur Verfügung:

✔ **Schaltfläche SPEICHERN:** Um manuell zu speichern, wählen Sie die Schaltfläche SPEICHERN. Durch Auswahl dieser Schaltfläche werden alle nicht gespeicherten Änderungen übernommen.

✔ **Dropdown-Liste SPEICHERN:** Öffnen Sie diese Liste, um aus den folgenden Optionen auszuwählen:

  - MIT VERSIONSHINWEISEN SPEICHERN: Fügen Sie den Änderungen einen Verlaufskontext hinzu, indem Sie diese Option auswählen und eine Beschreibung eingeben, als Hinweise zu den Änderungen in dieser Version.

  - SPEICHERN UNTER: Wenn Sie eine exakte Kopie der App erstellen möchten, klicken Sie auf SPEICHERN UNTER. Sie können den Namen der App in einen anderen Namen als den der Original-App ändern.

  - HERUNTERLADEN EINER KOPIE: Hiermit exportieren Sie Ihre aktuelle Anwendung auf Ihren Desktop, sodass Sie die App später importieren können, wenn Sie eine neue App in einer anderen Power App-Umgebung erstellen möchten.

✔ **Schaltfläche VERÖFFENTLICHEN:** Wenn Sie bereit sind, die App für die ganze Welt zu veröffentlichen, wählen Sie die Schaltfläche VERÖFFENTLICHEN rechts neben der Schaltfläche SPEICHERN aus.

Wenn Sie die automatische Speicherung (AutoSave) aktivieren, speichert Power Apps Ihre Änderungen alle zwei Minuten. In einigen Situationen möchten Sie AutoSave möglicherweise nicht verwenden, zum Beispiel, wenn Änderungen genehmigt werden müssen, Sie Ihre Änderungen vor dem Speichern in einer Produktionsumgebung testen müssen oder

Sie einen klaren Pfad haben möchten, dem Sie folgen können, wenn Sie Versionen der App zurückverfolgen möchten. Um AutoSave zu aktivieren, gehen Sie wie folgt vor:

1. **Wählen Sie in der Canvas Apps-Symbolleiste E****INSTELLUNGEN****.**

   Das Fenster E<small>INSTELLUNGEN</small> wird angezeigt.

2. **Klicken Sie auf die Registerkarte A****LLGEMEIN****, um sie zu öffnen.**

3. **Schalten Sie die AutoSave-Option über den Schalter ein oder aus.**

Auch wenn Sie eine App automatisch gespeichert haben, wird sie erst für alle Benutzer veröffentlicht, wenn Sie auf V<small>ERÖFFENTLICHEN</small> klicken.

Einen App-Verlauf erstellen

Wenn Sie eine neue Version der Anwendung speichern, erstellt Power Apps einen Eintrag im Verlauf. So können Sie Änderungen im Laufe der Zeit verfolgen.

Wenn Sie einen historischen Kontext hinzufügen möchten, können Sie die Dropdownliste öffnen, indem Sie das Datenträgersymbol in der Symbolleiste auswählen, und dann M<small>IT</small> V<small>ERSIONSHINWEISEN SPEICHERN</small> auswählen. Das Fenster V<small>ERSIONSHINWEISE</small> <small>HINZUFÜGEN</small> wird angezeigt, in dem Sie Hinweise zu den Änderungen hinzufügen können, die Sie in der aktuellen App-Version vorgenommen haben. Wenn Sie die Option K<small>OPIE</small> <small>HERUNTERLADEN</small> auswählen, können Sie Ihre App in andere Power Apps-Instanzen importieren und exportieren.

Verwenden Sie AutoSave in Power Apps nicht, wenn Sie die Freigabe von Änderungen kontrollieren müssen, damit Sie nicht versehentlich ungetestete Updates an Endbenutzer verteilen. Vermeiden Sie außerdem die Verwendung von AutoSave, wenn jemand Änderungen überprüfen oder genehmigen muss, da Sie dadurch versehentlich einen formalen Validierungsprozess umgehen können.

App-Versionen überprüfen

Sie können Ihren App-Verlauf und die Änderungen zwischen den App-Versionen überprüfen, indem Sie auf der Maker Portal-Homepage zu den App-Details gehen. Um auf die App-Details zuzugreifen, gehen Sie wie folgt vor:

1. **Suchen Sie Ihre App auf der Startseite des Maker Portals in der App-Liste und wählen Sie dann die Ellipse neben dem App-Namen aus.**

   Ein Dropdown-Menü wird geöffnet.

2. **Wählen Sie D****ETAILS**** aus der Dropdown-Liste.**

   Das Detailfenster wird geöffnet.

3. **Wählen Sie die Registerkarte VERSIONEN (siehe Abbildung 4.5).**

   Eine Liste der App-Versionen wird angezeigt. Die neueste Version der App wird oben in der Liste angezeigt und wurde noch nicht veröffentlicht. Auf diese Version können nur Benutzer mit Bearbeitungszugriff zugreifen. Auf die Live-Version hingegen können alle Benutzer zugreifen, wie in der Spalte VERÖFFENTLICHT angezeigt.

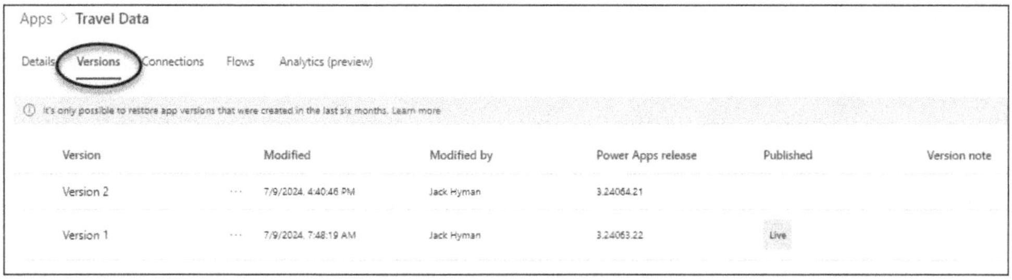

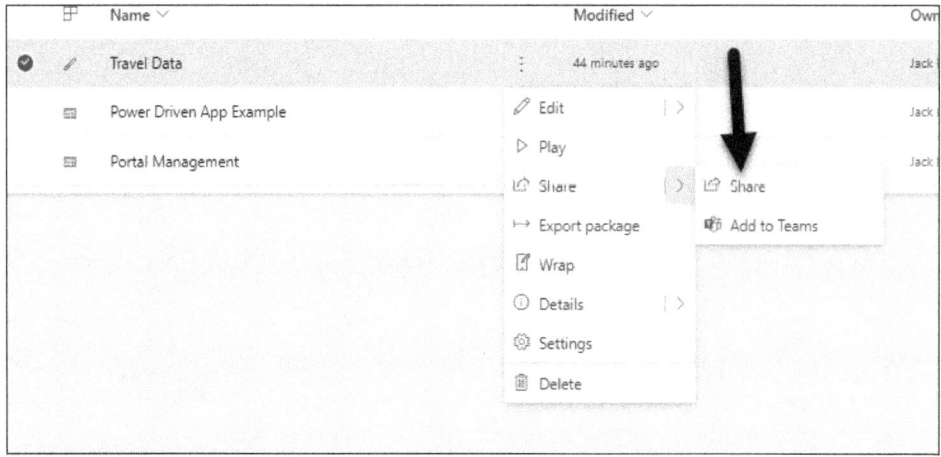

Abbildung 4.5: Der Speicherverlauf einer Anwendung auf der Registerkarte »Versionen«

 Endbenutzer können Ihre Änderungen erst sehen, wenn Sie Ihre Arbeit speichern und die App explizit veröffentlichen. Wenn Sie die neueste Version Ihrer App nicht veröffentlichen, kann niemand diese Version sehen – sie können trotzdem nur auf die Version zugreifen, die Sie zuletzt veröffentlicht haben.

Ihre Canvas-App teilen und verteilen

Um Ihre Canvas-basierte App freizugeben und zu verteilen, müssen Sie wissen, welche Benutzer mithilfe von Power Apps auf die App zugreifen. Beim Speichern einer App haben Sie effektiv zwei Optionen:

- ✔ **Geben Sie Ihre Anwendung an bestimmte Benutzer weiter.** Klicken Sie auf der Makers Portal-Startseite auf die Ellipse neben der App und wählen Sie im Popup-Menü TEILEN| TEILEN (siehe Abbildung 4.6).

Abbildung 4.6: Das Menü zum Teilen einer Anwendung

Das Popup-Fenster TEILEN wird angezeigt (siehe Abbildung 4.7):

- Geben Sie die Gruppe (oder den bestimmten Benutzer), die Sie hinzufügen möchten, in das Textfeld GEBEN SIE EINEN NAMEN, EINE E-MAIL-ADRESSE ODER JEDER ein.

- Personalisieren Sie die Einladung zur App, indem Sie Ihre Nachricht in das Textfeld E-MAIL-NACHRICHT eingeben.

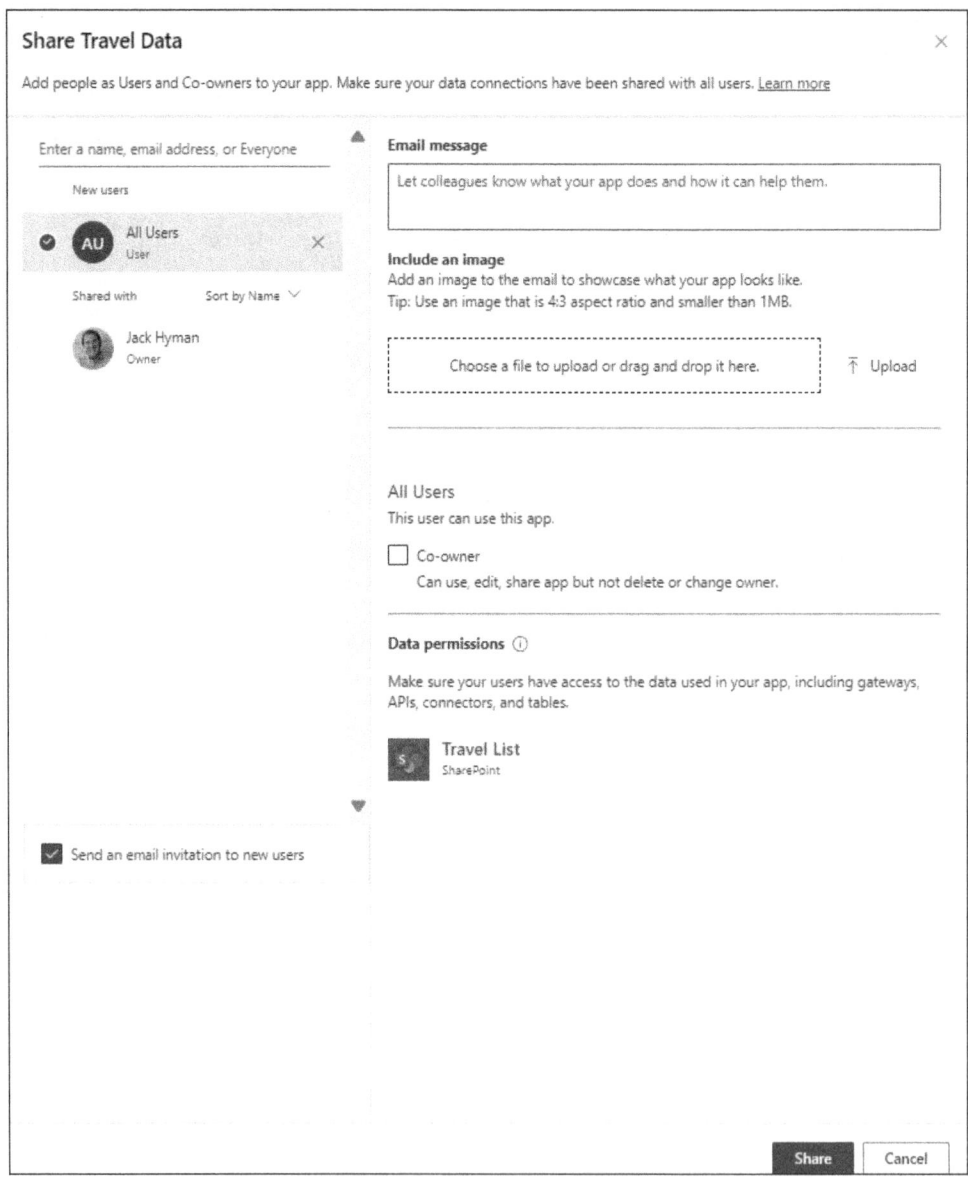

Abbildung 4.7: Auswählen, welche Benutzer Zugriff auf eine Canvas-App erhalten

- Wenn Sie einen Benutzer zum Miteigentümer machen möchten, aktivieren Sie das Kontrollkästchen MITEIGENTÜMER. Dadurch erteilen Sie dem Benutzer Bearbeitungszugriff.

- Wählen Sie die Datenberechtigungsstufe aus, die die Gruppe oder der Benutzer für die App erhält.

- Nachdem Sie alle Felder im Formular ausgefüllt haben, klicken Sie auf TEILEN, um Ihre App mit den angegebenen Gruppen und Benutzern zu teilen.

✔ **Verteilen Sie die Apps über Microsoft Teams.** Veröffentlichen Sie Ihre App direkt im Microsoft Teams-Mandanten Ihrer Organisation (wodurch sie für alle Teams und Kanäle verfügbar wird) oder für ein bestimmtes Team oder einen bestimmten Kanal (wodurch sie auf eine einzelne Website oder Gruppe innerhalb von Teams beschränkt wird). Diese Option bietet Ihnen eine gewisse Flexibilität bei der App-Verteilung und stellt sicher, dass die richtigen Teams oder die gesamte Organisation auf die App zugreifen können.

Eine modellgesteuerte App zusammenstellen

Anders als bei Canvas-Apps (über die Sie im Abschnitt »Eine Canvas-App entwerfen« weiter oben in diesem Kapitel lesen können) standardisiert das modellgesteuerte App-Design die Benutzererfahrung und konzentriert sich ganz auf Daten. Mit dem Schwerpunkt auf Daten ermöglichen modellgesteuerte Apps Entwicklern, schnell Formulare, Ansichten, Diagramme und Dashboards aus Tabellen zu erstellen. Jede Tabelle kann eine oder mehrere Beziehungen untereinander haben, die als 1:1-, 1:N- oder N:N-Beziehung bezeichnet werden:

✔ **1:1 (Eins-zu-eins):** Jeder Datensatz in einer Tabelle entspricht einem einzelnen Datensatzeintrag in einer anderen Tabelle.

✔ **1:N (Eins-zu-viele):** Ein einzelner Datensatz in einer Tabelle kann mit einem oder mehreren Datensätzen in einer anderen Tabelle verknüpft sein, aber jeder dieser Datensätze bezieht sich nur auf einen Datensatz in der ersten Tabelle. Beispielsweise kann der Bundesstaat Virginia mit vielen Städten verknüpft sein, darunter Arlington, Alexandria und Fairfax.

✔ **N:N (Viele-zu-viele):** Viele Datensätze in einer Tabelle können mit vielen Datensätzen in einer anderen Tabelle verknüpft sein und umgekehrt. Normalerweise verwalten Sie eine N:N-Beziehung mithilfe einer Verknüpfungstabelle, die Fremdschlüssel aus beiden verknüpften Tabellen enthält, wie zum Beispiel in einem Szenario mit Büchern und Autoren, in dem ein Autor viele Bücher schreiben kann und jedes Buch viele Autoren haben kann.

Bei Canvas-Apps basiert ein einzelnes Formular normalerweise auf einer Datenquelle (oder Tabelle), obwohl Sie Daten aus mehreren Tabellen manuell integrieren können. Im Gegensatz dazu unterstützen modellgesteuerte Apps Formulare, die Daten aus mehreren verknüpften Tabellen anzeigen und mit ihnen interagieren können, wodurch die Handhabung komplexer Beziehungen zwischen Daten einfacher wird. Beispielsweise ruft jedes Dropdown-Menü (auch als *Nachschlagefeld* bezeichnet) Daten aus einer einzelnen Tabelle ab. Ein modellgesteuertes App-Formular könnte viele Nachschlagefelder haben, was bedeutet, dass das Hauptformular so viele Tabellen enthält, wie es Nachschlagefelder gibt.

Sie müssen beim Entwurf Ihrer modellgesteuerten Apps auf Grundlage der Daten in Ihren Tabellen konsistent und einheitlich vorgehen. Im Gegensatz zu einer Canvas-App, deren Benutzeroberfläche zunächst leer ist und die Sie auf unbegrenzte Weise gestalten können, ist die Benutzeroberfläche einer modellgesteuerten App durch die im Drag-and-drop-App-Designer verfügbaren Komponenten etwas eingeschränkt. Jede Komponente ist normalerweise an ein Feld oder eine Beziehung in Ihren Datentabellen gebunden.

Im Gegensatz zu Canvas-Apps eignen sich modellgesteuerte Apps für Situationen, in denen bei der Datenerfassung eine logische Reihenfolge eingehalten werden muss. So sind beispielsweise komplexe Prozesse wie die Verwaltung von Vertriebspipelines, die Einarbeitung von Mitarbeitern, Personalakten, Schulungen und Zertifizierungen sowie das Leistungsmanagement durch die Verwendung eines gemeinsamen Variablensatzes miteinander verknüpft – nämlich des Namens und der ID eines Mitarbeiters. Jedes Formular in der modellgesteuerten App muss einen ganz bestimmten Datensatz erfassen und dabei einer logischen Abfolge folgen.

Die klassische Erfassung von Verkaufskontakten ist ein hervorragendes Beispiel hierfür:

✔ **Schritt 1:** Ihr erstes Formular beinhaltet möglicherweise die Identifizierung Ihres Kunden und seiner allgemeinen Eigenschaften.

✔ **Schritt 2:** Herausfinden, was der Kunde (der *Lead*) erwerben möchte

✔ **Schritt 3:** Erfasst die Daten im Zusammenhang mit dem Abschluss des Geschäfts.

✔ **Schritt 4:** Kann sich auf Kundenwartung und allgemeine Hinweise beziehen.

Der Lead hat also vier aufeinander folgende Schritte, und Sie könnten jeden davon in einer modellgesteuerten App als separates Formular (oder Registerkarte) gestalten. Die Daten sind stark strukturiert. Im Vergleich dazu erfordert eine Canvas-App viele Bildschirme, um diese Art von Datenerfassungsstruktur einzurichten. Sie müssen jeden Bildschirm unabhängig gestalten. Aber das Design der modellgesteuerten App macht die Datenerfassung systematisch.

Bei modellgesteuerten Apps führen alle Wege zurück zu Dataverse. (Lesen Sie Kapitel 3, um einen Überblick über Dataverse zu erhalten.) Ohne ein robustes Datenmodell hat eine modellgesteuerte App im Wesentlichen keine Funktionalität. Das Datenmodell definiert die Struktur und Beziehung zwischen allen Funktionen, einschließlich komplexer Prozesse, Arbeitsabläufe und Interaktionen zwischen Datenelementen.

Vorteile modellbasierter Apps

Modellgesteuerte Apps bieten im Vergleich zu Canvas-Apps einige Vorteile. Sie verfügen über eine vordefinierte Benutzeroberfläche, wobei Sie als Entwickler lediglich die Platzierung der Komponenten innerhalb der App bestimmen. Dieser strukturierte Ansatz hat bemerkenswerte Vorteile, darunter einen schnelleren Erstellungsprozess, da modellgesteuerte Apps funktionsreiche, komponentenorientierte Low-Code/No-Code-Komponenten bieten, die der Entwickler auf dem Formular einrichtet, nachdem er das Datenmodell und die Beziehungen konfiguriert hat. Wenn Sie Ihr Modell richtig gestalten, können Sie eine modellgesteuerte App viel einfacher erstellen als ein Canvas-basiertes Design. Die Entwicklung von Canvas-Apps jedoch gibt Ihnen die vollständige Kontrolle über das App-Layout,

Wenn Sie garantierte Zugänglichkeit und Konformität suchen, sollten Sie sich am besten für eine modellgesteuerte Anwendung entscheiden. Modellgesteuerte Apps gewährleisten eine konsistente Benutzeroberfläche auf verschiedenen Geräten. Die Anwendung ist automatisch zugänglich und reagiert auf praktisch jedem Gerät, das ein Benutzer möglicherweise hat (okay, vielleicht nicht auf jeder Smartwatch – aber auf jeden Fall auf einem Desktop, Laptop, Smartphone oder Tablet). Da Sie eine einheitliche Benutzererfahrung schaffen können, müssen Sie die App nur einmal erstellen, und unabhängig vom verwendeten Gerät hat der Benutzer die gleiche Erfahrung.

Darüber hinaus wird die Migration von Apps zwischen Entwicklungs-, Test- und Produktionsumgebungen durch die Verwendung von *Lösungen* und Möglichkeiten zum Verpacken aller Power App-Komponenten (auf die ich im Abschnitt »Lösungen verwalten und bereitstellen« weiter unten in diesem Kapitel eingehe) optimiert, wodurch die Effizienz und Verwaltbarkeit des Entwicklungsprozesses verbessert werden. Diese Merkmale machen modellgesteuerte Apps zu einer leistungsstarken Wahl, wenn Sie eine effiziente, konsistente und skalierbare Anwendungsentwicklung wünschen.

Den Lebenszyklus der modellgesteuerten App definieren

Modellgesteuerte Apps sind etwas einfacher zu erstellen als Canvas-Apps (da Sie sich nicht mit einer Benutzeroberfläche herumschlagen müssen), aber nehmen Sie den Erstellungsprozess nicht auf die leichte Schulter. Das Datenmodell steuert alle Facetten des Prozesses, von der Anforderungsermittlung bis zur Bereitstellung. Wie bei Canvas-Apps müssen Sie bei der Entwicklung einer modellgesteuerten Anwendung einen definierten Lebenszyklus berücksichtigen. Zuerst modellieren und identifizieren Sie Ihre Daten und Prozesse, und dann können Sie die App erstellen und bereitstellen. Bis Sie die Due Diligence für die Daten- und Prozessbewertung abgeschlossen haben, können Sie mit einer modellgesteuerten App nicht wirklich auf den Markt gehen.

Betrachten Sie Ihr Datenmodell als die Grundlage für die Erstellung Ihrer App. Es enthält die zentrale Geschäftslogik und die Geschäftsprozesse. Während der Anforderungs- und Datenmodellierungsphase definieren Sie die Datenstruktur, um sicherzustellen, dass

Dataverse wichtige Informationen effizient speichern, abrufen und bearbeiten kann. Sie müssen Entitäten, Felder und Beziehungen erstellen, die die Geschäftsanforderungen und -prozesse widerspiegeln, die Sie und das Unternehmen als Teil der Datenerfassung als notwendig erachten. Ohne eine ordnungsgemäße Datenmodellierung wird es Ihrer App wahrscheinlich an Stabilität und Kapazität mangeln, um angemessen zu funktionieren.

Hier sind die grundlegenden Schritte des modellgesteuerten App-Lebenszyklus:

1. **Definition der Geschäftsprozesse**

   Datenmodellierung steuert letztlich Geschäftsprozesse. Ohne die Daten können Sie keine Benutzeroberflächen, Workflows, Regeln und Automatisierungen erstellen, die steuern, wie die modellgesteuerte App die Daten erfasst, speichert und abruft. Wenn Sie beispielsweise Power Automate in Ihrer modellgesteuerten App verwenden möchten, planen Sie dies in dieser Phase, da die meisten Geschäftsprozesse, die Sie automatisieren möchten, auf Datenelemente angewiesen sind, um die entsprechende Workflow-Aktivität auszulösen. Wenn Sie Ihre Anwendung außerdem sehr sicher machen möchten, müssen Sie in dieser Phase ermitteln, welche Formulare und Ansichten eine Durchsetzung der Datenintegrität erfordern.

2. **Erstellen der App**

   Nachdem Sie die Daten- und Prozesskomponenten definiert haben, können Sie die App zusammenstellen, indem Sie die visuellen und funktionalen Elemente zusammenführen. Zu den visuellen Elementen gehören die im Formular platzierten Formularfelder, als Objekte gespeicherte Bilder und aus den Datenquellen generierte Dashboards. Anschließend werden Prozesse eingerichtet, die dem Benutzer bei der Dateneingabe basierend auf bedingten Ereignissen oder Triggern helfen.

3. **Konfigurieren der Sicherheitsrollen**

   Durch die Datensicherheit wird sichergestellt, dass nur bestimmte Benutzer Zugriff auf bestimmte Formulare, Ansichten und Berichte in einer modellgesteuerten App haben.

   Konfigurieren Sie zunächst die Sicherheit in Microsoft Entra (weitere Informationen zu Entra und Berechtigungen finden Sie in Kapitel 7), wo Sie Benutzer und Gruppen ordnungsgemäß einrichten können. Dann kommt der schwierige Teil: Erstellen Sie die Sicherheitsprofile für Ihre Anwendung. Befolgen Sie diese allgemeinen Schritte:

   a. Erstellen Sie diese Profile in Microsoft Dynamics 365.

   Eine ausführlichere Erläuterung der Verwendung von Dynamics 365 in modellgesteuerten Apps finden Sie in den Kapiteln 6 und 7.

   b. Nachdem Sie die Sicherheitsprofile eingerichtet haben, weisen Sie jedem Profil Benutzer zu.

   Sie müssen sowohl für Ihre Dataverse-Datenquelle als auch für Ihre Anwendung Benutzer zuweisen (was ich in Kapitel 7 ausführlicher bespreche).

Erst wenn Sie alle Sicherheitsfunktionen konfiguriert haben, können Sie auf Ebene der Benutzeroberfläche einer Anwendung Rollen und Verantwortlichkeiten ordnungsgemäß zuweisen.

4. **Die App teilen**

   Das Teilen einer modellgesteuerten App ist praktisch identisch mit dem Teilen einer Canvas-App, zumindest wenn es um das Teilen der App in Teams geht. Wenn Sie die App an bestimmte Endbenutzer oder Gruppen verteilen möchten, wählen Sie im Maker-Portal TEILEN aus. Rufen Sie auf der angezeigten Seite TEILEN explizit die Benutzer oder Gruppen auf, denen Sie Zugriff auf die Anwendung gewähren möchten, und geben Sie an, welche Sicherheitsrolle dafür gilt.

   Microsoft bietet automatisch drei modellgesteuerte App-Benutzergruppen an: Basisbenutzer, Systemanpasser und Systemadministratoren. Sie können den Benutzer einer dieser Rollen oder einer selbst erstellten Benutzergruppe zuweisen.

 Um modellgesteuerte Apps verwenden zu können, muss ein Benutzer über eine Lizenz zur Verwendung von Power Apps verfügen. Wenn der Benutzer nicht auf Dataverse zugreifen kann, kann er die App einfach nicht verwenden. Jeder Benutzer oder Benutzer innerhalb einer Gruppe muss außerdem explizit an eine Benutzerrolle gebunden sein (auf diese Weise wird die Lizenzverwaltung erzwungen).

Die Terminologie modellgesteuerter Apps

Sie müssen einige wichtige Konzepte kennen, um wirklich zu verstehen, wie modellgesteuerte Apps funktionieren. Wenn Sie mit einem Entwickler über modellgesteuerte Apps sprechen, konzentriert sich die Diskussion häufig auf Daten und nicht auf Konzepte der Benutzeroberfläche (UI). Obwohl einige der datenbezogenen Konzepte in Tabelle 4.2 auch auf Canvas-Apps übergreifen, sind andere exklusiv für modellgesteuerte Apps, da sie sich speziell auf die *Datenmodellierung* beziehen (also darauf, wie Daten in der App strukturiert sind).

Insgesamt ist jede Komponente einer modellgesteuerten App ein wesentliches Element der fertigen Anwendung, ähnlich wie einzelne Puzzleteile, die nahtlos zusammenpassen. Jedes der in Tabelle 4.2 aufgeführten Elemente trägt zu einem bestimmten Aspekt der Funktionalität und Benutzererfahrung der App bei.

Konzept	Was es bedeutet
Geschäftsprozess-Flows	Bieten Benutzern eine Möglichkeit, beim Eingeben von Daten in Formulare durch eine festgelegte Reihe von Schritten zu führen. Stellen Sie sicher, dass Benutzer bei jeder Interaktion mit einem bestimmten Geschäftsprozess immer dieselben Schritte ausführen. So können Sie die Konsistenz und Effizienz bei der Dateneingabe und bei Workflow-Vorgängen aufrechterhalten.
Geschäftsregeln	Ermöglichen die Automatisierung der Geschäftslogik innerhalb einer modellgesteuerten App. Wenden Sie die Logik direkt in Formularen und Daten an, um Konsistenz sicherzustellen.

Konzept	Was es bedeutet
Diagramme	Erstellt mit Tabellen aus Microsoft Dataverse, die Datenverbindungen nutzen können, einschließlich Microsoft Graph (das für jede Dataverse-Entität verfügbar ist, aber nicht direkt für Power BI). Sie stellen damit visuelle Darstellungen von Daten bereit, normalerweise mit ein bis drei Variablen, die Sie in Formulare und Dashboards einbetten können. Zu den Diagrammformaten gehören Balken-, Linien-, Kreisdiagramme und mehr.
Dashboards	Fassen mehrere Ansichten, Diagramme und andere visuelle Elemente in einer einzigen Benutzeroberfläche zusammen.
Eingebettetes Power BI	Integriert interaktive Berichte und Dashboards direkt in Power Apps-Anwendungen. Verwenden Sie eingebettetes Power BI anstelle von Dataverse-Diagrammen und -Dashboards, wenn Sie erweiterte Funktionen benötigen, die über die Diagrammfunktionen von Dataverse hinausgehen.
Beziehungen	Verbinden Tabellen basierend auf einer oder mehreren gemeinsamen Spalten. Helfen bei der Definition, wie Daten in einer Tabelle mit Daten in einer anderen Tabelle verknüpft sind. Ermöglichen Datenintegrität sowie komplexe Abfragen und Datenanalysen, indem Verknüpfungen zwischen verschiedenen Datenentitäten hergestellt werden.
Sitemaps	Definieren, wie Benutzer durch verschiedene Teile der App navigieren und darauf zugreifen. Die Sitemap bestimmt die Verfügbarkeit und Organisation von Tabellen, Formularen, Ansichten und anderen Komponenten und stellt sicher, dass Benutzer effizient auf die entsprechenden Bereiche der App zugreifen können.
Lösungen	Packen alle Komponenten einer modellgesteuerten App zur Verteilung zusammen. Dazu können Tabellen, Formulare, Ansichten und Geschäftslogik gehören. Werden zum Bereitstellen, Verwalten und Verteilen von Apps und Anpassungen in verschiedenen Umgebungen verwendet.
Tabellen	Tabellen in Microsoft Dataverse dienen als primärer Datenspeicher, ähnlich wie Datenbanktabellen, die über Azure SQL oder Access verfügbar sind. Sie speichern Daten in Zeilen und Spalten, stellen bestimmte Entitäten dar und bilden die Grundlage für die App-Funktionalität, indem sie eine effiziente Datenorganisation, den Zugriff, die Bearbeitung und Präsentation über Formulare, Ansichten und Geschäftsprozesse ermöglichen.
Ansichten	Vordefinierte Berichte, die Datensätze aus Tabellen in einem strukturierten, tabellarischen Format anzeigen. Mit diesen Berichten können Benutzer bestimmte Teilmengen von Daten anhand vordefinierter Kriterien oder Filter anzeigen. So können sie sich leichter auf relevante Informationen innerhalb eines größeren Datensatzes konzentrieren.

Tabelle 4.2: Wichtige Konzepte modellbasierter Apps

Lösungen verwalten und bereitstellen

Sie müssen *Lösungen verwalten und bereitstellen,* also alle Komponenten in einem App-Paket bündeln, einschließlich der Ansichten, Formulare, Berichte, Sicherheit und Tabellen (buchstäblich alles), sowohl für Canvas- als auch für modellgesteuerte Apps. Dazu erstellen Sie verschiedene Versionen der App, um ihre Konsistenz, Zuverlässigkeit und Skalierbarkeit sicherzustellen, während sie den Entwicklungszyklus durchlaufen. Eine Lösung ermöglicht es Ihnen, alle Teile einer App zu kompilieren und zuverlässig zu verpacken, sodass Sie sie in mehreren Hosting-Umgebungen wiederverwenden können, ohne das Rad neu erfinden zu müssen.

Um eine Lösung für die Bereitstellung zu verpacken, indem Sie Komponenten wie Formulare, Ansichten, Entitäten, Diagramme und Workflows bündeln, führen Sie die folgenden Schritte aus:

1. Wählen Sie im Maker Portal LÖSUNGEN|NEUE LÖSUNG.

   Das Fenster NEUE LÖSUNGEN wird auf der rechten Seite des Portals angezeigt.

2. Geben Sie den Lösungsnamen und einen benutzerfreundlichen Anzeigenamen in die entsprechenden Textfelder ein.

3. Wählen Sie aus der Dropdown-Liste HERAUSGEBER den Herausgeber aus (dabei folgen alle Komponenten einer bestimmten Namenskonvention), den Sie zum Erstellen der Lösung verwenden möchten.

   Wenn Sie Ihren Herausgeber beispielsweise auf *PPFD* einstellen, hat jedes Element eine Namenskonvention, die mit *PPFD_<Feldname>* oder PPFD_<TABELLENNAME> beginnt.

4. (Optional) Wenn Sie einen neuen Herausgeber erstellen müssen, wählen Sie die Schaltfläche NEUER HERAUSGEBER aus.

5. Füllen Sie im angezeigten Bereich die Textfelder ANZEIGENAME, NAME, BESCHREIBUNG und PRÄFIX aus.

   Das *Präfix* bezieht sich auf die einheitliche Namenskonvention für den Herausgeber.

   Sie sehen, wie jedes Steuerelement in Ihrer App angezeigt wird.

6. Klicken Sie auf SPEICHERN.

   Nachdem Sie den neuen Herausgeber erstellt haben, wählen Sie den von Ihnen erstellten Herausgeber aus der Dropdown-Liste HERAUSGEBER aus.

7. Geben Sie die Version der App basierend auf der Seite LÖSUNGEN ein.

8. Nachdem Sie alle Felder ausgefüllt haben, klicken Sie auf ERSTELLEN.

   Jetzt können Sie die einzelnen Komponenten zu Ihrer App hinzufügen.

Verwaltete und nicht verwaltete Lösungen

Als Voraussetzung für die Entwicklung von Canvas- und modellgesteuerten Apps müssen Sie sich des Unterschieds zwischen einer verwalteten und einer nicht verwalteten Lösung bewusst sein.

Um zu sehen, ob Ihre Anwendung verwaltet oder nicht verwaltet ist, können Sie im Maker Portal im Verzeichnis, das Ihre Apps enthält, Nicht verwaltet, Verwaltet oder Alle auswählen, um die Apps für den ausgewählten Typ in der Tabelle anzuzeigen. Abbildung 4.8 zeigt eine Tabelle mit nicht verwalteten Apps.

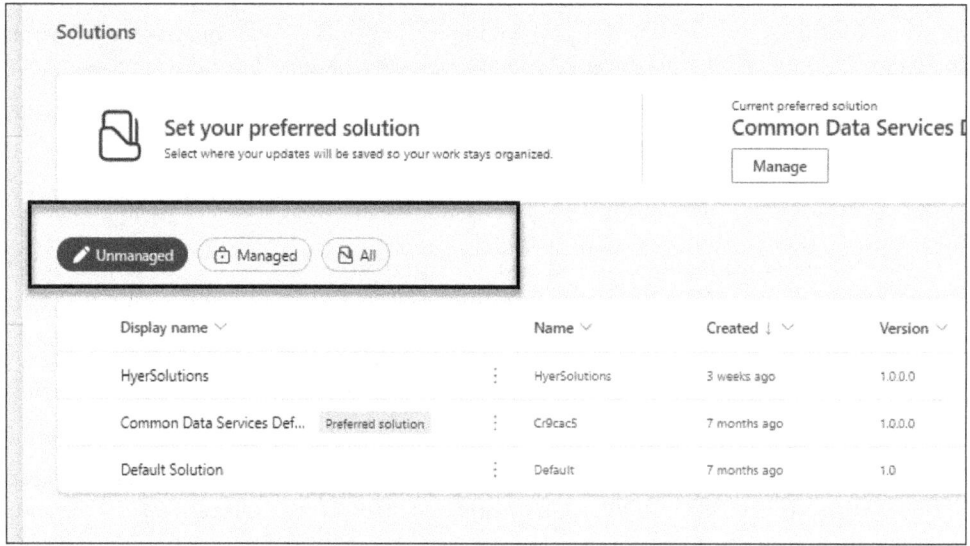

Abbildung 4.8: Eine Tabelle nicht verwalteter Apps

Verwenden Sie eine nicht verwaltete Lösung nur, wenn Sie ein Quellcodeverwaltungssystem nutzen möchten, das Versionsverfolgung und Rollback-Funktionen aktiviert. Konvertieren Sie die nicht verwaltete Lösung erst dann in eine verwaltete Lösung für die Produktionsbereitstellung, wenn Sie die Entwicklung und Tests abgeschlossen haben.

Eine verwaltete Lösung verwalten

Verwaltete Lösungen sind gepackte und gesperrte Versionen von Anwendungskomponenten, die Entwickler hauptsächlich verwenden, um Anwendungen an Endbenutzer und Kunden zu verteilen. Eine verwaltete Lösung stellt sicher, dass Benutzer die Komponenten innerhalb des Pakets nicht ändern können. Dadurch bleiben die Integrität und Konsistenz der App erhalten und nicht autorisierte Änderungen werden verhindert.

Wenn Sie die von Ihnen erstellte Anwendung auf einer Plattform wie dem Microsoft Marketplace verteilen möchten, konvertieren Sie Ihr Arbeitsprodukt in eine verwaltete Lösung, sodass niemand außer den ursprünglichen Entwicklern und Designern an der Codebasis herumbasteln kann.

Verwaltete Lösungen sind optimal für Produktionsumgebungen, in denen die App-Stabilität gewährleistet sein muss, da sie sicherstellen, dass die Anwendung nur die beabsichtigten Funktionen und Konfigurationen bereitstellt. Dadurch wird das Risiko von Fehlern und Inkonsistenzen verringert.

Nicht verwaltete Lösungen für die Entwicklungs- und Testphase nutzen

Nicht verwaltete Lösungen sind bearbeitbare, anpassbare App-Pakete, die alle Komponenten enthalten, die Sie in einer Power Apps-App erstellen. Die nicht verwaltete Lösung bietet mehr Flexibilität als verwaltete Lösungen (siehe vorheriger Abschnitt), und Entwickler verwenden diese Lösungen normalerweise während der Entwicklungs- und Testphasen. Wenn Ihre Organisation ständig Funktionen und Formulare ändert, sollten Sie eine Umgebung für Entwicklung und Tests in Betracht ziehen, während Sie die endgültige Produktions-App als verwaltete Lösung anbieten, die nicht mit einer laufenden Arbeit verknüpft ist. Hier einige der wichtigsten Funktionen nicht verwalteter Lösungen:

✔ Ermöglichen die Bearbeitung aller Komponenten, sodass Entwickler Änderungen vornehmen, neue Funktionen testen und schnell iterieren können.

✔ Stellen eine Sandbox-Umgebung zum Experimentieren und Verfeinern bereit, bevor die App zur Bereitstellung in eine verwaltete Lösung gepackt wird.

✔ Ermöglichen eine kollaborative Entwicklung, da mehrere Entwickler gleichzeitig an verschiedenen Komponenten arbeiten können.

CI/CD für modellgesteuerte Apps

Um Apps effizient und zuverlässig über die Power Apps-Plattform hinweg zu entwickeln, müssen Sie Verfahren implementieren, die Continuous Integration (CI) und Continuous Deployment (CD), auch als CI/CD bezeichnet, unterstützen:

✔ **CI:** Umfasst die regelmäßige Integration der Änderungen der Entwickler in ein gemeinsames Repository wie GitHub oder Azure DevOps, wo automatisierte Builds und Tests durch Entwickler schnell zur Identifizierung und Behebung von Problemen führen können.

✔ **CD:** Führt den CI-Prozess einen Schritt weiter, indem getestete Änderungen automatisch in Produktionsumgebungen bereitgestellt werden. So wird sichergestellt, dass Sie Aktualisierungen in allen Phasen des Anwendungslebenszyklus konsistent anwenden (siehe Abschnitt »Den modellgesteuerten App-Lebenszyklus definieren« weiter oben in diesem Kapitel).

Wenn Sie Pipelines in Power Platform verwenden, optimieren Sie den Prozess der Bereitstellung von Lösungen und Konfigurationen in verschiedenen Umgebungen. Eine Pipeline hilft bei der Automatisierung der Übertragung von Komponenten wie *Verbindungen* (Links zu externen Datenquellen), *Verbindungsverweisen* (vorkonfigurierte Links zu bestimmten externen Diensten, auf die Apps angewiesen sind) und *Umgebungsvariablen* (Einstellungen, die sich zwischen Umgebungen unterscheiden, wie URLs oder Anmeldeinformationen). Diese Komponenten werden in einem speziell entwickelten Paket, einer sogenannten *Pipeline*, gebündelt, um sicherzustellen, dass diese Komponenten ordnungsgemäß konfiguriert und in der Zielumgebung, zum Beispiel Entwicklung, Test oder Produktion, bereitgestellt werden.

Manche Entwickler erstellen eine Anwendung und lassen sie einfach laufen. Unternehmenskunden können es sich jedoch nicht leisten, das Risiko einzugehen, eine Anwendung zu erstellen und sie dann unbeaufsichtigt zu lassen. Eine App ist ein dynamisches Asset, das ständige Aufmerksamkeit und Wartung erfordert. Wenn Sie Geschäftsanwendungen erstellen, sollten Sie über Application Lifecycle Management (ALM) nachdenken. Um die Perspektive von Microsoft im Hinblick auf ALM und die Implementierung des vollständigen Lebenszyklus für Power Platform zu erfahren, erkunden Sie die Best Practices und Tools unter `http://learn.microsoft.com/power-platform/alm`.

> **IN DIESEM KAPITEL**
>
> Bestimmen, was Ihre Canvas-App tun soll
>
> Eine einfache Canvas-App entwerfen
>
> Bildschirme und Steuerelemente einer Canvas-App konfigurieren
>
> Eine Navigation in eine Canvas-App integrieren
>
> Eine Beispiel-App erstellen

Kapitel 5
Canvas-Apps in Power Apps personalisieren und erstellen

Oftmals steht der Künstler vor einer leeren Leinwand und ist etwas unsicher. Es gibt viele Ideen, doch irgendwann entstehen ein Konzept und ein wunderschönes Kunstwerk. Genauso ist es beim Erstellen von Canvas-basierten Apps in Power Apps. Jede Canvas-Seite ist eine leere Arbeitsfläche für Sie, die Sie mithilfe von Steuerelementen und Datenkomponenten gestalten können. Wenn Sie als Entwickler alle Steuerelemente und Komponenten zur Verfügung haben, müssen Sie die vorhandenen Low-Code-Tools sinnvoll einsetzen. In diesem Kapitel erfahren Sie, wie Sie eine einfache Canvas-App von Anfang bis Ende entwerfen und erstellen.

Die Grundlage für die Canvas-App erstellen

Canvas-Apps sind eine von zwei zentralen App-Optionen, die Benutzern von Microsoft Power Apps zur Verfügung stehen. (Die andere Option sind modellgesteuerte Apps, über die Sie in den Kapiteln 6 und 7 mehr erfahren.) Mithilfe von Power Apps können Entwickler benutzerdefinierte Anwendungen über eine Drag-and-drop-Oberfläche erstellen, ohne dass größere Programmierkenntnisse erforderlich sind. Sie vervollständigen Power Apps-App-Konfigurationen hauptsächlich durch Ändern von Steuerelementeigenschaften und Verwenden von Formeln für die Geschäftsverarbeitungslogik. Power Apps verfügt über eine eigene Low-Code-Programmiersprache namens *Power Fx*.

Power Fx wurde entwickelt, um Sie beim Erstellen von Anwendungen mit einem formelbasierten Ansatz zu unterstützen. Sie müssen nicht Hunderte Zeilen Code schreiben, um eine Funktion auszuführen. Ähnlich wie Microsoft Excel verwendet Power Fx eine Ausdruckssprache, um Logik zu definieren, Daten zu bearbeiten und das App-Verhalten zu steuern. Sie können Operationen wie mathematische Berechnungen, Textbearbeitung, Datenfilterung und bedingte Logik verwenden. Wahrscheinlich müssen Sie auf jedes Steuerelement und jede Komponente Ihrer App einen Aspekt von Power Fx anwenden, sei es, um anzugeben, wie die App Daten anzeigen soll, oder um eine Berechnung abzuleiten, wenn der Benutzer eine Schaltfläche auswählt.

Verwechseln Sie Power Fx nicht mit Data Analysis Expressions (DAX), einer Programmiersprache für Datenmodellierung und -analyse. Mit DAX können Sie in Power BI (Microsofts Business-Intelligence-Lösung, mehr dazu in Kapitel 9) berechnete Spalten, Kennzahlen und benutzerdefinierte Aggregationen erstellen. Mit Power Fx definieren Sie das Verhalten von Power Apps, bearbeiten Daten und steuern die Benutzeroberfläche über Formeln.

Um auf eine Liste aller Power Fx-Funktionen zuzugreifen, gehen Sie auf http://learn.microsoft.com und geben Sie *Power Fx-Formeln* in das Suchtextfeld ein.

Der Beginn Ihrer Canvas-Reise

Microsoft verfügt über zahlreiche URLs, die Ihnen bei Ihrer Microsoft Power Platform-Reise helfen können. Für Power Apps bietet Microsoft einige spezifische Adressen an (siehe Tabelle 5.1), die Benutzern Zugriff auf Tools zur Erstellung, Verwaltung und Administration von Apps bieten. Um auf die Tools zugreifen zu können, müssen Sie sich zunächst bei Power Platform anmelden.

Webseite	URL	Zweck
Maker Portal (auch bekannt als Power App Studio)	http://make.powerapps.com	Verwaltung aller Aspekte von Canvas- und modellgesteuerten Apps sowie Lösungen; Erstellen von Dataverse-Tabellen (früher Common Data Service) und KI-Komponenten.
Portal zur Erstellung von Canvas-Apps in Power Apps	http://create.powerapps.com	Eine ältere Version des Power App Studio, die sich auf die Entwicklung von Canvas-Apps konzentriert und nur über eingeschränkte Funktionen zum Bearbeiten und Erstellen spezifischer Anwendungen verfügt. Bis Anfang 2025 verabschiedet sich Microsoft von dieser Version der Studio-Erfahrung und führt sie mit dem Maker Portal zusammen.

Tabelle 5.1: Wichtige Microsoft Power Apps-Webseiten

KAPITEL 5 Canvas-Apps in Power Apps personalisieren und erstellen 147

Power Studio hat eine recht komplexe Benutzeroberfläche mit zahlreichen Funktionen. Abbildung 5.1 zeigt die Power Studio-Benutzeroberfläche, die die folgenden Komponenten enthält (in der Abbildung von 1 bis 11 nummeriert):

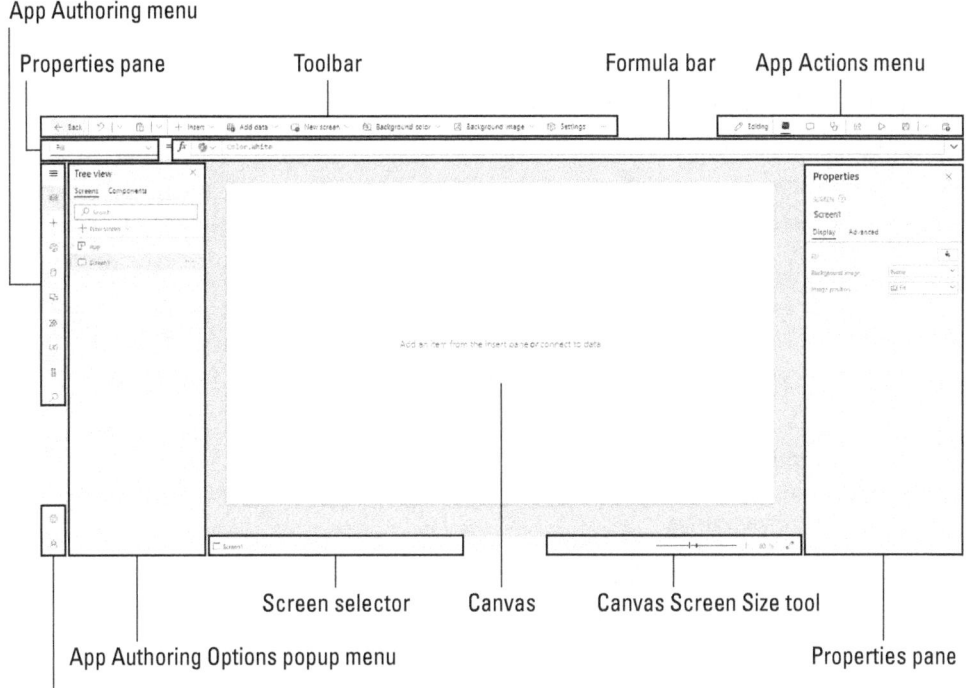

Abbildung 5.1: Alle Teile der Power Studio-Benutzeroberfläche

- ✔ **Symbolleiste (1):** Zeigt abhängig von dem Steuerelement, das Sie im Entwurfsbereich der Canvas-App auswählen, einen spezifischen Befehlssatz an.

- ✔ **Menü APP-AKTIONEN (2):** Hier benennen Sie Ihre App um, geben sie frei, führen den App-Checker aus, fügen Kommentare hinzu, zeigen eine Vorschau an, speichern oder veröffentlichen die App.

- ✔ **Eigenschaftenbereich (3):** Eine Liste von Eigenschaften, die Sie für das ausgewählte Objekt-Steuerelement anpassen können.

- ✔ **Formelleiste (4):** Hier erstellen oder bearbeiten Sie eine Formel für die ausgewählte Eigenschaft und wenden dabei eine oder mehrere Funktionen an.

- ✔ **Menü APP-AUTHORING (5):** Klicken Sie auf das *Hamburger-Menü* (die drei horizontalen Linien, die den linken Bereich erweitern), um das Navigationsfenster zu öffnen. Von diesem Fenster aus haben Sie verschiedene Optionen, zum Beispiel zwischen verschiedenen Datenquellen wechseln, zu Bildschirmen navigieren und neue Elemente (zum Beispiel Steuerelemente, Medien und Datenverbindungen) in Ihre App einfügen.

✔ **Popup-Fenster App-Authoring-Optionen (6):** Hier können Sie relevante Optionen auf die Komponenten und die Struktur einer App anwenden. (Abbildung 5.1 zeigt den Optionsbereich, geöffnet in der Strukturansicht, einer hierarchischen Struktur Ihrer Bildschirme, Steuerelemente, Datenquellen, Komponenten und Medien, die in einer App enthalten sind).

✔ **Canvas (die Arbeitsfläche) (7):** Hier platzieren Sie alle Objekte, die Sie in eine Canvas-App einbinden möchten, und erstellen so die Struktur der Benutzeroberfläche (UI).

✔ **Bildschirmbereich (8):** Hier können Sie bestimmte Einstellungen für das in der Benutzeroberfläche ausgewählte Objekt vornehmen, beispielsweise Farben, Schriftarten und Hintergründe.

✔ **Einstellungen und Virtual-Agent-Schaltflächen (9):** Wählen Sie das Zahnradsymbol, um das Fenster App-Einstellungen zu öffnen. Oder wählen Sie das Robotersymbol, um Hilfe beim Erstellen Ihrer App von einem *virtuellen Agenten* zu erhalten (das ist ein KI-gestützter Chatbot, der Ihnen während des App-Erstellungsprozesses Echtzeithilfe, Anleitung und automatisierte Unterstützung bietet).

✔ **Bildschirmauswahl (10):** Wechseln Sie zwischen verschiedenen Bildschirmen in Ihrer App, indem Sie auf diesen Bereich klicken und einen Eintrag aus dem angezeigten Popup-Menü auswählen.

✔ **Werkzeug Canvas-Bildschirmgröße (11):** Wenn Sie die Größe der Canvas ändern müssen, klicken Sie auf den Schieberegler und ziehen ihn auf die gewünschte Größe. Die Größenanzeige in Prozent wird rechts neben dem Schieberegler angezeigt.

Den richtigen Canvas-Typ auswählen

Stellen Sie sich vor, Sie gehen in ein Geschäft für Künstlerbedarf und betreten die Abteilung, in der es alles gibt, was Sie für Ihr Meisterwerk brauchen: Leinwand, Farbe, Pinsel und Werkzeuge. Wo fangen Sie an? So geht es den meisten neuen Entwicklern, wenn sie sich daran machen, den richtigen Leinwandtyp für ihre Power Apps-App auszuwählen. Einfach gesagt haben Sie auf der Power Apps Studio-Startseite (siehe Abbildung 5.2) vier Möglichkeiten, eine App zu erstellen. Wenn Sie sich genauer mit den einzelnen Methoden zur App-Erstellung befassen, finden Sie viele weitere Optionen, die Sie für jeden Ansatz in Betracht ziehen können:

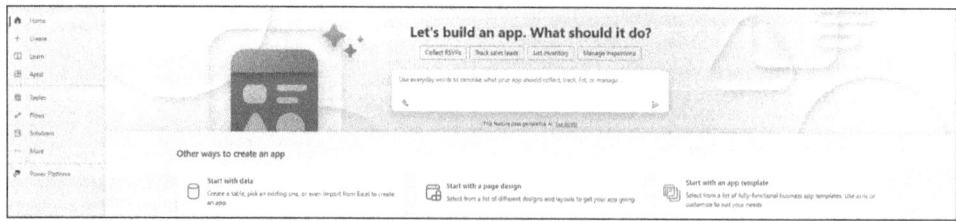

Abbildung 5.2: Beginnen Sie mit der Erstellung einer Canvas-App auf der Startseite von Power Apps Studio.

KAPITEL 5 Canvas-Apps in Power Apps personalisieren und erstellen

✔ **Mit Daten beginnen:** Wenn Sie auf diese Option klicken, wird das Fenster OPTION ZUM FORTFAHREN AUSWÄHLEN angezeigt (siehe Abbildung 5.3), das verschiedene auf Datenquellen basierende Optionen bietet:

- Erstellen mit einer SharePoint-Liste
- Erstellen mit Excel oder .CSV-Datei
- Mit einer leeren Tabelle beginnen
- Eine vorhandene Tabelle auswählen (die aus Dataverse stammt)
- Externe Datenquelle auswählen

Bei diesen Optionen stehen datengesteuerte Lösungen im Mittelpunkt, die meist auf Microsoft-Datenquellen wie Excel, SharePoint und Dataverse basieren. Sie können jedoch auch andere Quellen integrieren, wenn Sie die Option EXTERNE DATEN auswählen.

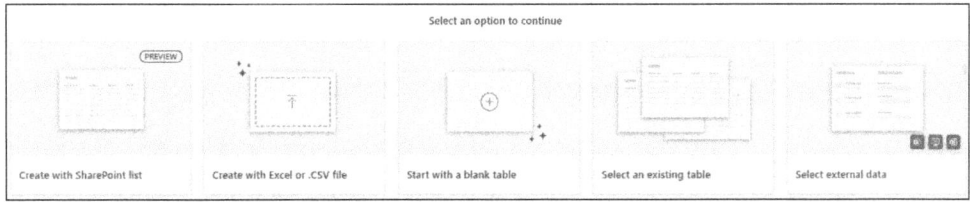

Abbildung 5.3: Optionen zum Erstellen einer Canvas-App, wenn Sie mit Daten beginnen

✔ **Mit einem Seitendesign beginnen:** Wenn Sie diese Option auswählen, wird das Fenster WÄHLEN SIE EIN SEITENDESIGN AUS, UM IHRE APP ZU ERSTELLEN geöffnet, wie in Abbildung 5.4 dargestellt. Einige dieser Optionen sind Canvas-basiert, während andere modellgesteuert sind. (Weitere Informationen zum Erstellen modellgesteuerter Apps finden Sie in den Kapiteln 6 und 7.) Die Canvas-basierten Optionen sind:

- Galerie mit Tabelle verbunden
- Galerie mit externen Daten verbunden
- leere Canvas
- eine Bild- oder Figma-Datei
- geteilter Bildschirm
- Seitenleiste
- Kopfzeile, Hauptabschnitt, Fußzeile

Abbildung 5.4: Ein Seitendesign zum Erstellen einer App auswählen

- ✔ **Mit einer App-Vorlage beginnen:** Wenn Sie diese Option auswählen, bietet Ihnen das angezeigte Fenster an, eine Verbindung zu einer Microsoft-basierten Datenquelle herzustellen. Alternativ können Sie eine der verfügbaren vorgefertigten Lösungen verwenden. Zu den Optionen gehören Rechnungsverwaltung, Onboarding, Ausgabenverwaltung und Budget-Tracker. Abbildung 5.5 zeigt einige Beispiele der verfügbaren Optionen.

- ✔ **Lassen Sie uns eine App erstellen. Was soll sie tun?:** Verwenden Sie die Microsoft Copilot-Schnittstelle (die das große Textfeld oben auf der Power Apps Studio-Startseite verwendet) über die Funktion Lassen Sie uns eine App erstellen. Was soll sie tun? (siehe Abbildung 5.2). In diesem Abschnitt der Startseite können Sie einen Prompt eingeben, um zu beschreiben, was Sie in Ihre App und Dataverse-Tabelle aufnehmen möchten. Nachdem Sie Ihren Prompt durch Klicken auf das Papierfliegersymbol übermittelt haben, generiert Microsoft Copilot eine dreiseitige Canvas-App zusammen mit einer einzelnen Dataverse-Tabelle. Nachdem Copilot die App generiert hat, können Sie die Canvas-Benutzererfahrung vollständig anpassen und Verbesserungen hinzufügen, die Ihren Anforderungen entsprechen.

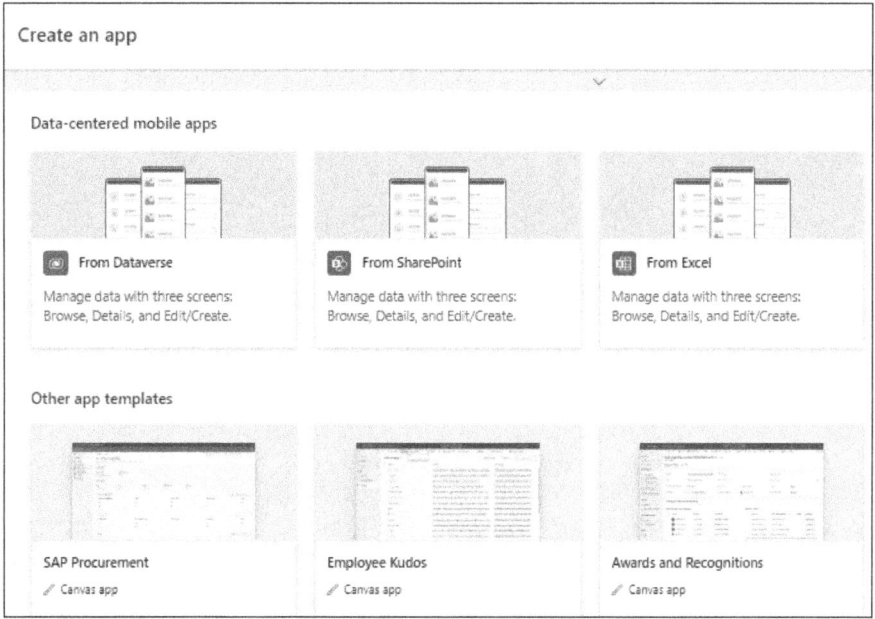

Abbildung 5.5: Mit einer App-Vorlage beginnen

Die Symbolleiste der Canvas-Apps

Die Symbolleiste der Canvas-App, die oben in der Power Studio-Oberfläche angezeigt wird (siehe Abbildung 5.1), ist vollgepackt mit allen wichtigen Funktionen, die Sie benötigen, um das gewünschte Benutzererlebnis zu schaffen. Die am häufigsten verwendete Symbolleistenfunktion ist die Dropdown-Liste EINFÜGEN, da sie alle Steuerelemente enthält, die Sie einer Canvas-App hinzufügen können. In Tabelle 5.2 sind alle wichtigen Symbolleistenfunktionen beschrieben, und Abbildung 5.6 zeigt ein Beispiel der Symbolleiste der Canvas-App mit geöffneter Dropdown-Liste EINFÜGEN.

Menü	Was es bewirkt
EINFÜGEN	Auswahl aus allen Steuerelementen und Komponenten, die Sie einer Canvas hinzufügen können
DATEN HINZUFÜGEN	Ihrer Canvas-App Datenquellen hinzufügen
NEUER BILDSCHIRM	Auswahl des Designs der Benutzeroberfläche, das Sie für Ihre App verwenden möchten
THEMA	Konfigurieren eines bestimmten Farbschemas für Ihre App
HINTERGRUNDFARBE	Farbgebung für die Canvas – mit einer beliebigen Farbe – durch Anklicken der Schaltfläche HINTERGRUNDFARBE und Auswahl der gewünschten Farbe aus den verfügbaren Paletten
HINTERGRUNDBILD	Hinzufügen einer Grafik zum Hintergrund der App (etwa zu Branding-Zwecken)

Tabelle 5.2: Symbolleistenmenüs der Canvas-App

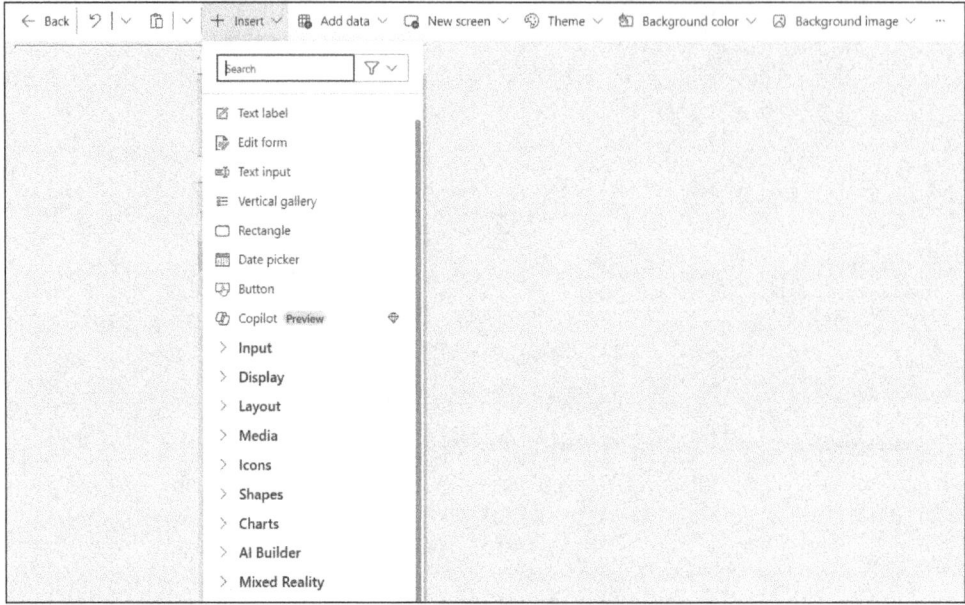

Abbildung 5.6: Die Symbolleiste der Canvas-Apps mit der Dropdown-Liste »Einfügen«

Eine Datenverbindung auswählen

Um die Datenquelle Ihrer Canvas-App auszuwählen, erstellen Sie entweder eine neue Canvas-App oder fügen Sie der bereits erstellten App eine Datenquelle hinzu. (Weitere Informationen zu Ihren Optionen zur App-Erstellung finden Sie im Abschnitt »Den richtigen Canvas-Typ auswählen« weiter oben in diesem Kapitel.) Sie müssen kein Microsoft-Produkt als Datenquelle verwenden. Sie können eine Verbindung zu praktisch jeder Quelle herstellen, solange die ausgewählte Datenquelle eine Möglichkeit für die Übergabe der Daten bietet, normalerweise über eine Anwendungsprogrammierschnittstelle (API), eine Reihe von Regeln und Protokollen, die es einer oder mehreren Anwendungen ermöglichen, miteinander zu kommunizieren und Daten auszutauschen.

Datenquellen zu einer leeren Canvas-App hinzufügen

Wenn Sie mit einer leeren Canvas-App beginnen und dann Ihre Datenverbindung herstellen möchten, gehen Sie wie folgt vor:

1. **Wählen Sie in Power Apps Studio M**IT EINEM SEITENDESIGN BEGINNEN|LEERE CANVAS **aus.**

    Das Datenfenster wird im App-Authoring-Menü angezeigt.

2. **Wählen Sie** DATEN HINZUFÜGEN.

    Die Dropdown-Liste DATEN HINZUFÜGEN wird geöffnet (siehe Abbildung 5.7).

KAPITEL 5 Canvas-Apps in Power Apps personalisieren und erstellen   153

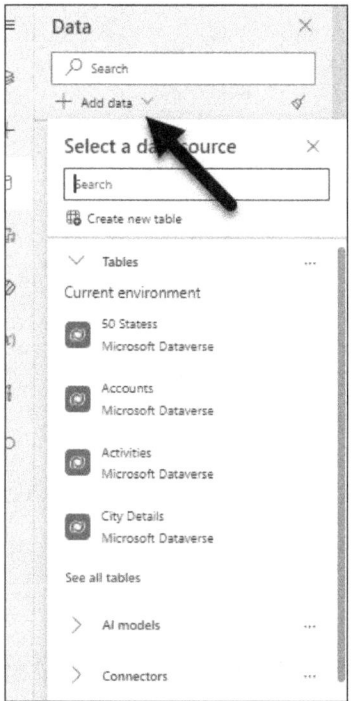

Abbildung 5.7: Daten hinzufügen aus der Dropdown-Liste »Daten hinzufügen«

3. Wählen Sie in der Dropdownliste DATEN HINZUFÜGEN die Option KONNEKTOREN aus.

   Eine Liste der verfügbaren Verbindungen wird angezeigt (siehe Abbildung 5.8).

4. Wählen Sie die Verbindung, die Sie verwenden möchten, aus der Liste aus, indem Sie darauf doppelklicken.

   Diese Verbindung wird im Datenbereich Ihrer App angezeigt.

Eine Datenquelle identifizieren oder ändern

Möglicherweise verfügen Sie über mehrere Datenquellen in einer einzigen App und müssen eine Verbindung gegen eine andere austauschen. Gehen Sie wie folgt vor, um diesen Wechsel vorzunehmen:

1. Identifizieren Sie in der App-Entwurfsansicht die Komponente, deren Daten Sie hinzufügen oder ändern möchten.

2. Wählen Sie im Bereich EINFÜGEN das Steuerelement (zum Beispiel eine Galerie oder ein Raster) aus, für das Sie die Datenquelle identifizieren oder ändern möchten.

   In Kapitel 4 erfahren Sie mehr über die Steuerelemente für Canvas- und modellgesteuerte Apps.

154 TEIL II Power Apps und Power Pages

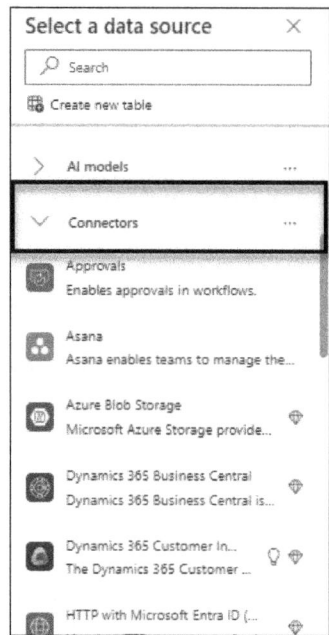

Abbildung 5.8: Auswählen eines Konnektors aus dem Menü »Konnektoren«

3. **Klicken Sie, um die entsprechende Kontrollgruppe zu erweitern.**

   In meinem Beispiel füge ich eine Galerie hinzu, indem ich auf EINFÜGEN klicke und dann die Dropdown-Liste LAYOUT erweitere.

   Der Name der aktuellen Datenquelle wird im Eigenschaftenbereich auf der rechten Seite des Fensters angezeigt. (In Abbildung 5.9 ist die Datenquelle KEINE.)

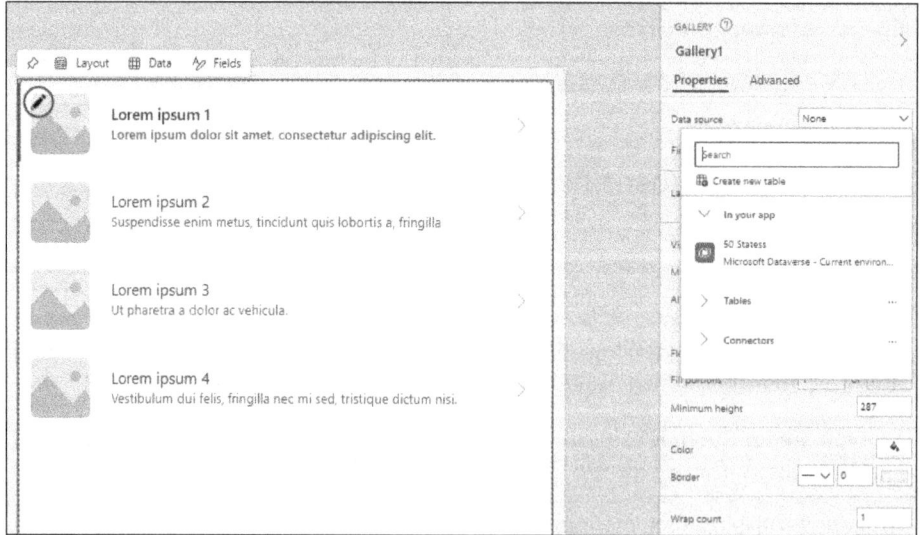

Abbildung 5.9: Eine Datenquelle im Eigenschaftenbereich ändern

4. Wählen Sie den Pfeil nach unten rechts neben dem Datenquellennamen.

5. Wählen Sie aus dem Popup-Menü die Datenquelle aus, die Sie für diese App verwenden möchten.

Die erforderlichen Bildschirme einrichten

Bevor Sie mit dem Entwurf Ihrer App beginnen, planen Sie alle erforderlichen Bildschirme. Überlegen Sie, welche Steuerelemente und Komponenten die App auf jedem Bildschirm enthalten soll. Microsoft bietet vorgefertigte Canvas-Layouts an, die Sie in der Power Studio-Symbolleiste finden, indem Sie NEUER BILDSCHIRM auswählen (siehe Abbildung 5.10). Im Popup-Menü NEUER BILDSCHIRM können Sie aus über 20 Designs auswählen. Je nachdem, welches App-Layout Sie auswählen, variieren die Bildschirmoptionen. Wenn Sie beispielsweise eine App für Mobiltelefone erstellen möchten, wählen Sie im Fenster MIT EINEM SEITENENTWURF BEGINNEN die entsprechende Vorlage aus. Anschließend werden nur Layoutoptionen für Mobilgeräte angezeigt (siehe Abbildung 5.11). Wenn Sie dagegen eine der Canvas- oder modellgesteuerten App-Vorlagen auswählen, die speziell für eine Desktop- oder Tablet-App gedacht sind, öffnen Sie Layoutoptionen für das Gerät Ihrer Wahl, nicht nur für die Größe mobiler Bildschirme.

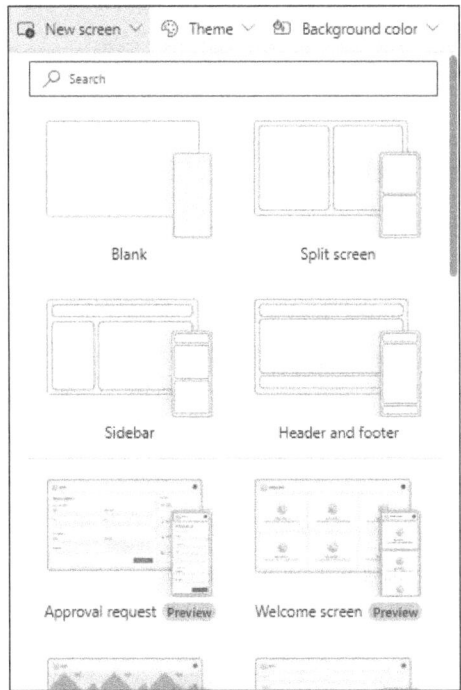

Abbildung 5.10: Bildschirmlayoutoptionen für Desktop, Tablet und Mobilgerät

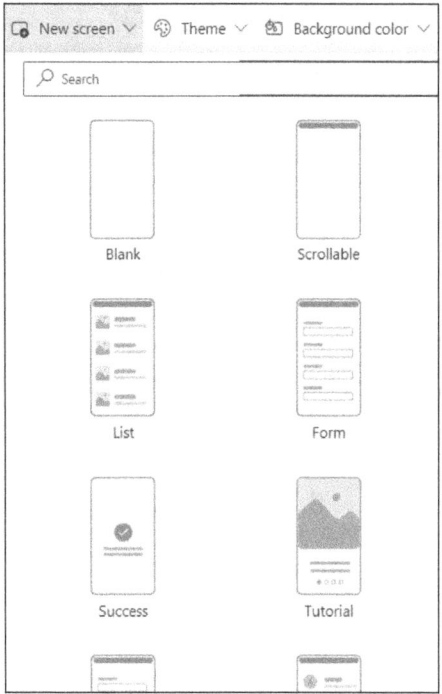

Abbildung 5.11: Spezifische Layoutoptionen für mobile Geräte

Steuerelemente in einer Canvas-App – die Grundlagen

Steuerelemente sind interaktive Elemente, mit denen Benutzer Daten in ihrer App eingeben, anzeigen und bearbeiten können. Beim Erstellen einer Canvas-App können Steuerelemente eine Beschriftung, ein Textfeld, einen Schieberegler oder ein Bild enthalten. Sie stehen vor der Herausforderung, diese auf der Canvas zu platzieren und sie so zu gestalten, dass Sie zu Ihren Daten passen. Überlegen Sie je nach Größe Ihres Bildschirms, wie viele Steuerelemente Sie verwenden und wie Sie die Daten effizient anzeigen können.

 Suchen Sie auf der Microsoft-Website nach einer Liste aller für Canvas-Apps verfügbaren Steuerelemente und deren relevanten Eigenschaften: Gehen Sie einfach zu http://learn.microsoft.com und geben Sie *Steuerelemente und Eigenschaften in Canvas-Apps* in das Suchtextfeld ein. Der erste angezeigte Artikel sollte alle gewünschten Informationen zu diesen Steuerelementen enthalten.

Ein Steuerelement hinzufügen und auswählen

Um eine Benutzererfahrung zu schaffen, müssen Sie Ihrer Canvas-App Steuerelemente für den Benutzer hinzufügen. Gehen Sie wie folgt vor, um Steuerelemente in Power Studio hinzuzufügen und auszuwählen:

1. **Klicken Sie auf dem Startbildschirm von Power Studio in der App-Liste unten auf der Seite auf das Bleistiftsymbol rechts neben dem Namen Ihrer App.**

   Ihre App wird auf der Canvas geöffnet.

2. **Klicken Sie im Menü App-Authoring auf die Registerkarte Einfügen.**

   Die Registerkarte Einfügen sieht aus wie ein + (wie in Abbildung 5.12 dargestellt).

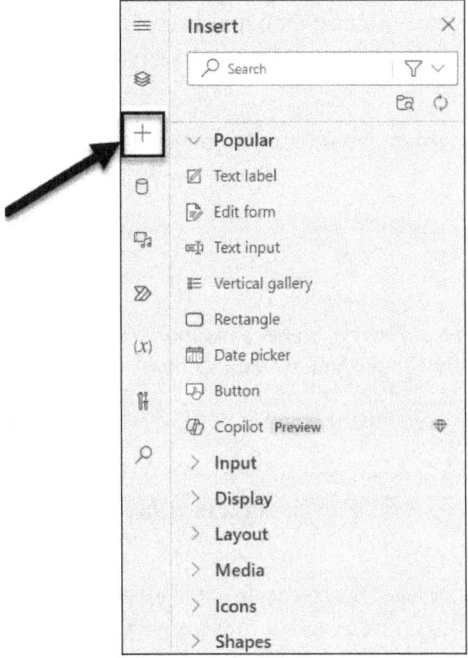

Abbildung 5.12: Die Optionen der Registerkarte »Einfügen« im Erstellungsmenü der Canvas-App

3. **Wählen Sie aus dem Popup-Menü Einfügen den Steuerelementtyp aus, den Sie hinzufügen möchten.**

   Hier können Sie beispielsweise Schaltfläche, Texteingabe oder Textbeschriftung auswählen.

   Dieses Steuerelement wird auf Ihrer Canvas angezeigt.

4. **Verschieben Sie das Steuerelement an die entsprechende Stelle.**

Ein Steuerelement umbenennen

Überlegen Sie sich gut, wie Sie Ihre Steuerelemente benennen. Wenn Sie beispielsweise 100 Beschriftungen haben und diese `Beschriftung1`, `Beschriftung2`, `Beschriftung3` usw. heißen, wie sollen Sie sich dann merken, welche Beschriftung was bewirkt? Geben Sie Ihren Steuerelementen aussagekräftige Namen. Sie können ein Steuerelement wie folgt umbenennen:

1. **Wählen Sie im Canvas-Bereich das Steuerelement aus, das Sie umbenennen möchten.**

   Der Eigenschaftenbereich dieses Steuerelements wird auf der rechten Seite des Fensters angezeigt.

2. **Klicken Sie oben im Eigenschaftenbereich auf das Namensfeld des Steuerelements.**

3. **Geben Sie den Namen, den Sie dem Steuerelement geben möchten, in das Feld NAME auf der Registerkarte ANZEIGE des Eigenschaftenbereichs ein und drücken Sie dann die ⏎.**

   Das Steuerelement hat jetzt einen neuen Namen. Jedes Steuerelement muss einen eigenen, eindeutigen Namen haben.

Ein Steuerelement löschen

Möglicherweise müssen Sie ein Steuerelement aufgeben, wenn es keinen Zweck mehr erfüllt. Sie haben verschiedene Möglichkeiten, ein Steuerelement zu löschen:

- ✔ Wählen Sie in der Strukturansicht das Steuerelement aus, das Sie löschen möchten, und drücken Sie dann die Entf-Taste.

- ✔ Klicken Sie mit der rechten Maustaste auf das Steuerelement und wählen Sie dann im angezeigten Popup-Menü LÖSCHEN aus.

- ✔ Gehen Sie im Popup-Fenster APP-AUTHORING-OPTIONEN (das Sie erreichen, indem Sie im APP-AUTHORING-Menü die Option STRUKTURANSICHT auswählen) zu dem Steuerelement, wählen Sie die drei Punkte neben dem Steuerelement aus und wählen Sie anschließend im Popup-Menü die Option LÖSCHEN aus (siehe Abbildung 5.11).

Den Text oder die Beschriftung innerhalb eines Steuerelements ändern

Beschriftungen und Textfelder bieten Ihnen die Möglichkeit, die Bedeutung eines Datenfelds zu verdeutlichen, indem Sie neben dem bearbeitbaren Steuerelement eine beschreibende Sprache einfügen. Vielleicht möchten Sie nicht, dass jedes Steuerelement als `Text1`, `Text2`, `Text3` oder `Label1`, `Label2`, `Label3` oder eine andere nichtssagende Reihe von Namen beschrieben wird. Aber verwechseln Sie Ihre Beschriftung nicht mit dem tatsächlichen Namen des Steuerelements (siehe den Abschnitt »Ein Steuerelement umbenennen« weiter

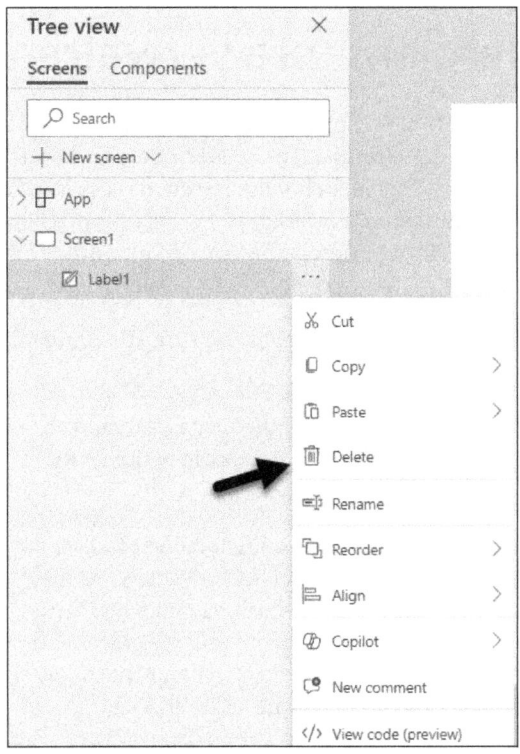

Abbildung 5.13: Ein Steuerelement löschen, das Sie nicht mehr benötigen

oben in diesem Kapitel). In diesem Abschnitt geht es darum, den Text zu ändern, der das Steuerelement beschreibt. Wenn Sie Ihre Beschriftungskonventionen aussagekräftig gestalten möchten, gehen Sie wie folgt vor, um das Beschriftungsschema für Text- und Beschriftungsobjekte anzupassen, die Sie auf die Arbeitsfläche ziehen:

1. **Wählen Sie auf der Canvas oder in der Strukturansicht des Optionsbereichs das Steuerelement aus, dessen Text oder Beschriftung Sie ändern möchten.**

   Der Eigenschaftenbereich für dieses Steuerelement wird auf der rechten Seite des Fensters angezeigt.

2. **Klicken Sie auf das Textfeld für die Eigenschaft, die Sie ändern möchten.**

   Alternativ können Sie auf die Eigenschaft STANDARD klicken, um den Ausgangswert von Texteingabefeldern festzulegen.

3. **Geben Sie den neuen Text oder die neue Beschriftung in das Textfeld ein.**

4. **Drücken Sie die ⏎.**

   Alternativ können Sie einfach außerhalb des Eigenschaftenbereichs klicken, um Ihre Änderungen zu bestätigen.

   Durch Hinzufügen des Textes im Textfeld werden die Änderungen auf die Beschriftung oder das Textfeld angewendet.

Bildschirme und Steuerelemente verwalten

Nachdem Sie alle gewünschten Steuerelemente auf Ihrer Canvas platziert haben (siehe Abschnitt »Steuerelemente in einer Canvas-App – die Grundlagen« weiter oben in diesem Kapitel), müssen Sie jedes Steuerelement und jedes Objekt so konfigurieren, dass es Daten anzeigt und auf Eingaben so reagiert, wie Sie es möchten. Power Apps hat nicht nur einen Ort, an dem Sie alle Steuerelemente oder Objekte konfigurieren können – es gibt drei. Der Zweck der Konfiguration bestimmt, wo Sie diese Konfiguration letztlich vornehmen:

- ✔ **Symbolleiste:** In erster Linie für ästhetische Zwecke, beispielsweise zum Hinzufügen, Anordnen und Gestalten von Steuerelementen in Ihrer App.

- ✔ **Eigenschaftenbereich:** Hier legen Sie die spezifischen Attribute und Einstellungen eines Steuerelements fest und ändern sie, einschließlich der zugehörigen Steuerelementaktionen.

- ✔ **Formelleiste:** Der Texteditor oben auf der Seite, mit dem Sie Konfigurationen ändern können, die mit dem Eigenschaften- oder Erweitert-Bereich für ein bestimmtes Steuerelement verknüpft sind. Benutzer können das Steuerelementverhalten (was jedes Steuerelement tut), Datenbindungen (wie Daten innerhalb des Steuerelements angezeigt werden) und dynamische Eigenschaften (bestimmte Verhaltensweisen, die vom Benutzer ausgelöst werden) definieren, indem sie eine Power FX-Formel in die Formelleiste eingeben.

Apps mithilfe der Symbolleiste konfigurieren

Die Power Apps-Symbolleiste bietet eine Reihe von Optionen, mit denen Sie die ästhetischen Merkmale Ihrer App konfigurieren können, darunter Schriftarten, Größe, Farben, Rahmen und Ausrichtung für ein bestimmtes Steuerelement. Sie können diese Attribute auch auf der Registerkarte EIGENSCHAFTEN (siehe folgenden Abschnitt) und in der Formelleiste (beschrieben im Abschnitt »Mit der Formelleiste Änderungen anwenden« weiter unten in diesem Kapitel) aktualisieren. Aber Sie sind wahrscheinlich bereits mit dem Design der Symbolleiste vertraut, das dem ähnelt, was Sie aus Anwendungen wie Microsoft Word und Excel kennen.

> Designfunktionen gelten nicht nur für Text. Sie können auch die Canvas ändern, indem Sie mithilfe der Designfunktion ein globales Farbschema anwenden und eine andere Hintergrundfarbe als Weiß verwenden. Wenn Sie ein Hintergrundbild integrieren möchten, können Sie dies mithilfe eines der Menüs der Symbolleiste erledigen.

Auf der rechten Seite der Symbolleiste können Sie eine Canvas-App außerdem teilen, prüfen, kommentieren, wiedergeben, speichern und veröffentlichen.

Apps über die Bereiche »Eigenschaften« und »Erweitert« konfigurieren

Wenn Sie Steuerelemente mithilfe des Eigenschaftenbereichs konfigurieren, können Sie die Attribute und Einstellungen sowohl ästhetisch als auch funktional anpassen.

Der Eigenschaftenbereich bietet eine detaillierte Benutzeroberfläche, über die Sie verschiedene Aspekte eines Steuerelements ändern können, zum Beispiel Schriftart, Größe und Ausrichtung (ähnlich der Symbolleiste, die ich im vorhergehenden Abschnitt besprochen habe). Die wahre Fülle des Eigenschaftenbereichs wird jedoch erst sichtbar, wenn Sie Änderungen an einem Steuerelement vornehmen, zum Beispiel Name, Position, Datenquellenbindungen und Darstellungseinstellungen. Verwenden Sie den Eigenschaftenbereich, um statische Eigenschaften wie Textwerte, Standardauswahl und Sichtbarkeit sowie dynamischere Attribute wie bedingtes und datengesteuertes Formatierungsverhalten festzulegen.

Sie können beispielsweise

- die Texteigenschaft einer Beschriftung festlegen, um bestimmte Informationen anzuzeigen,
- eine Dropdown-Liste an eine Datenquelle binden, indem Sie ihre Elementeigenschaft konfigurieren,
- die Sichtbar-Eigenschaft einer Schaltfläche anpassen, um sie je nach bestimmten Bedingungen anzuzeigen oder auszublenden.

Die Registerkarte EIGENSCHAFTEN (siehe Abbildung 5.14) bietet umfassende Optionen, mit denen Sie die Funktionalität und das Erscheinungsbild Ihrer App optimieren können. Mithilfe der Funktionen auf der Registerkarte ERWEITERT (siehe Abbildung 5.15) können Sie einige aktionsbasierte Steuerungsanpassungen vornehmen.

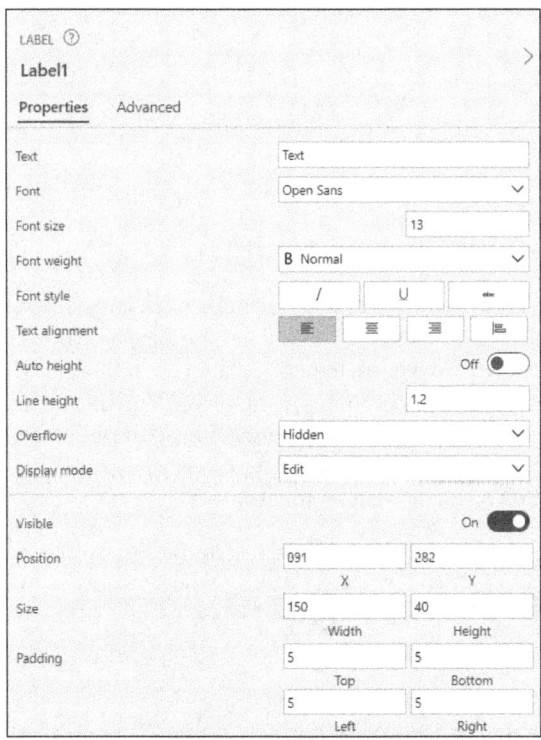

Abbildung 5.14: Eine Beschriftung im Eigenschaftenbereich formatieren

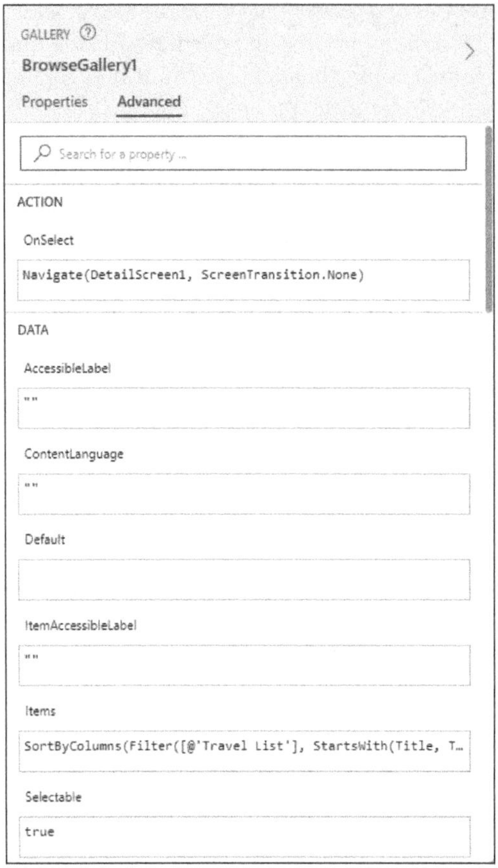

Abbildung 5.15: Eine Galerie im Bereich »Erweitert« konfigurieren

Änderungen mit der Formelleiste anwenden

Über der Canvas im Power Studio-Fenster können Sie Code und Formeln in ein langes Textfeld eingeben, die Formelleiste. Jedes Mal, wenn Sie Ihren Cursor in eine Eigenschaft der Registerkarte ERWEITERT setzen, werden die im Feld gespeicherten Daten auch in der Formelleiste angezeigt. Stellen Sie sich die Formelleiste als großen Textbereich vor, nicht nur als ein einzeiliges Textfeld, in dem Sie Codeänderungen vornehmen oder Konfigurationen anwenden können. Die Formelleiste kann Ihnen dabei helfen, Snippets zu visualisieren, ohne sich die Syntax der Programmiersprache Power Fx merken zu müssen.

Eine benutzerdefinierte Navigation erstellen

Anders als bei modellgesteuerten Apps (über die Sie in den Kapiteln 6 und 7 mehr erfahren), bei denen Microsoft die Navigation für Sie erstellt, müssen Sie bei der Arbeit mit

Canvas-Apps Objekte und Steuerelemente zur Canvas hinzufügen und dann die Navigation mithilfe von Steuerelementen, die Symbole enthalten können, für jeden Bildschirm erstellen. Jedes Objekt oder Steuerelement verwendet dann eine von drei Funktionen (siehe Tabelle 5.3), um zwischen den Bildschirmen hin- und herzuwechseln. Sie können Code für jede Option auf der Registerkarte ERWEITERT des Eigenschaftenbereichs hinzufügen.

Funktion	Zweck	Verwendung	Beispiel
Navigate()	Innerhalb einer App von einem Bildschirm zum anderen wechseln. Verwenden Sie diese Option, wenn Sie fließende Übergänge und optionale Animationen erstellen möchten.	Navigate(Bildschirmname, Bildschirmübergang)	Navigate(Homepage, ScreenTransition.Fade)
Back()	Ermöglicht Benutzern, zum vorherigen Bildschirm im Navigationsverlauf der App zurückzukehren. Merkt sich nur den letzten Bildschirm im Ablauf, ein gängiges Navigationsmuster, das die meisten Anwendungen bieten.	Back(Bildschirmname)	Back(Homepage)
Launch()	Integration externer Datenressourcen in Ihre Canvas-App; öffnet eine Webadresse (URL) im Standardwebbrowser des Geräts oder startet eine andere App, wenn Sie den Code nicht in die Canvas-App einbinden können.	Launch(Parameter1, Parameter2)	Launch("http://www.dummies.com")

Tabelle 5.3: Navigationsfunktionen, Zwecke und Beispiele

Eine To-do-Listen-App mit drei Bildschirmen erstellen

In den folgenden Abschnitten erfahren Sie, wie Sie in Power Apps eine Canvas-App mit drei Bildschirmen erstellen, mit der der Benutzer eine Aufgabenliste erstellen kann. Zum Erstellen dieser App benötigen Sie eine bereits in SharePoint, Dataverse oder Excel erstellte Datenquelle, die Felder für die Aufgabe, das Startdatum, das Enddatum, den Aufgabeninhaber, den Erledigungsstatus und Notizen enthält. (Ich zeige Ihnen in Kapitel 3, wie Sie eine Dataverse-Datenquelle erstellen.) Jeder Bildschirm, den Sie in den folgenden Abschnitten erstellen, dient einem bestimmten Zweck: Durchsuchen von Aufgaben, Anzeigen von Aufgabendetails und Bearbeiten oder Erstellen von Aufgaben.

Die To-do-Listen-App einrichten

Um eine To-do-Listen-App zu erstellen, müssen Sie zunächst den entsprechenden App-Typ auswählen und den Namen Ihrer App basierend auf der von Ihnen gewählten Vorlage festlegen. Gehen Sie wie folgt vor:

1. Öffnen Sie Power Apps, indem Sie zum Maker Portal gehen.

2. Wählen Sie auf der Startseite des Maker Portals POWER APPS|MIT EINEM SEITENDESIGN BEGINNEN|LEERE CANVAS aus.

   Das Fenster CANVAS-TYP wird angezeigt.

3. Klicken Sie auf die Option TELEFON und wählen Sie dann die Option NEU aus.

   Diese Option sieht aus wie ein eingekreistes Pluszeichen (siehe Abbildung 5.16).

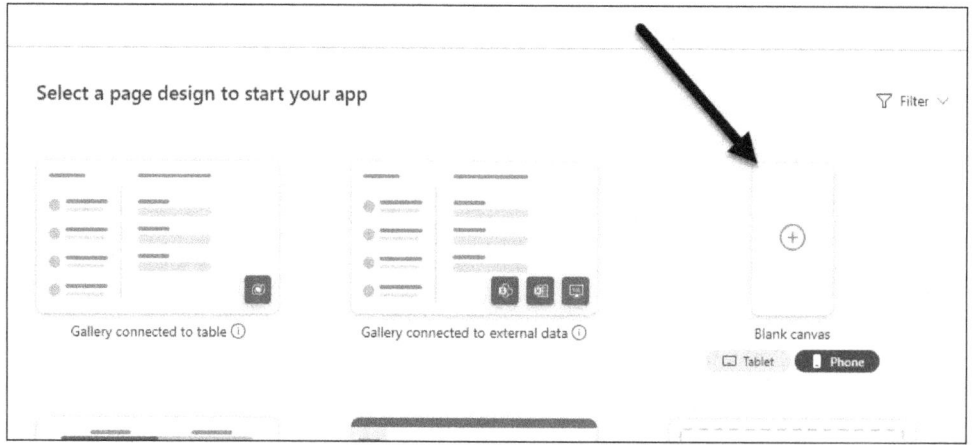

Abbildung 5.16: Ihrer App eine leere Canvas hinzufügen

4. Wählen Sie im Popup-Fenster STRUKTURANSICHTSOPTIONEN die Option APP aus.

   Der Eigenschaftenbereich wird auf der rechten Seite des Fensters angezeigt.

5. Klicken Sie im Eigenschaftenbereich in das Textfeld APP-NAME und geben Sie `To-do-Liste` als den gewünschten Namen ein.

   Abbildung 5.17 zeigt, wie dieser Name entsprechend geändert wurde.

6. Klicken Sie im Popup-Fenster STRUKTURANSICHTSOPTIONEN zweimal auf die Schaltfläche NEUE BILDSCHIRME, um zwei weitere Bildschirme hinzuzufügen.

   Wählen Sie beim Auswählen des Bildschirmtyps für zusätzliche Canvas-Seiten LEER aus.

7. Benennen Sie jeden Bildschirm um, indem Sie Schritt 5 wiederholen.

   Nennen Sie einen Bildschirm `BrowseScreen`, den zweiten Bildschirm `DetailScreen` und den dritten `EditScreen`.

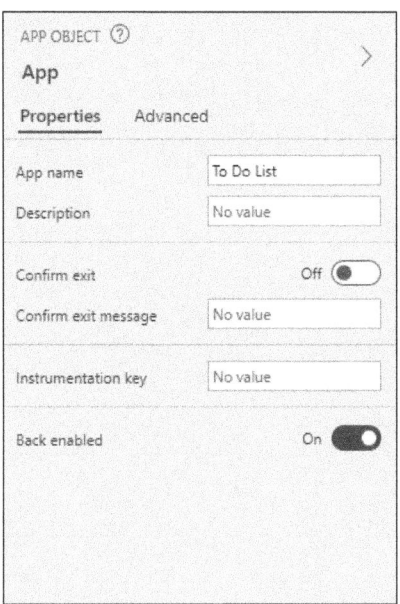

Abbildung 5.17: Den Namen Ihrer App im Eigenschaftenbereich ändern

Einen Durchsuchen-Bildschirm erstellen

Wenn Sie eine Datenquelle haben, die Sie verwenden möchten (Datenquellen beschreibe ich in den Kapiteln 2 und 3), müssen Sie im Durchsuchen-Bildschirm der App nur verschiedene Komponenten hinzufügen, die es einem Benutzer ermöglichen, die Daten in der Datenquelle der To-do-Listen-App zu durchsuchen. Zu den Komponenten gehören das Galerie-Steuerelement, ein Feld und einige Symbole.

Der Durchsuchen-Bildschirm ermöglicht es einem Benutzer, die Liste aller zu erledigenden Aufgaben in einem Übersichtsformat anzuzeigen und nach bestimmten Aufgaben zu suchen. Die folgenden Abschnitte führen Sie durch die Erstellung des Durchsuchen-Bildschirms.

Schritt 1: Eine Galerie zur Canvas hinzufügen

Sie müssen der Canvas ein Galeriesteuerelement hinzufügen, damit Sie alle im System verfügbaren Datensätze präsentieren können. Gehen Sie wie folgt vor, um das Galeriesteuerelement hinzuzufügen und zu konfigurieren:

1. Wählen Sie EINFÜGEN im APP-AUTHORING-Menü.

2. Ziehen Sie im Popup-Fenster EINFÜGEOPTIONEN eine Galerie per Drag-and-drop auf die Canvas (siehe Abbildung 5.18).

   Wählen Sie die Galerie aus, die am besten zu Ihrem gewünschten Layout passt. In meinem Beispiel ändere ich das Layout, indem ich die Schaltfläche LAYOUT auswähle.

   Der Eigenschaftenbereich wird rechts neben der Canvas angezeigt.

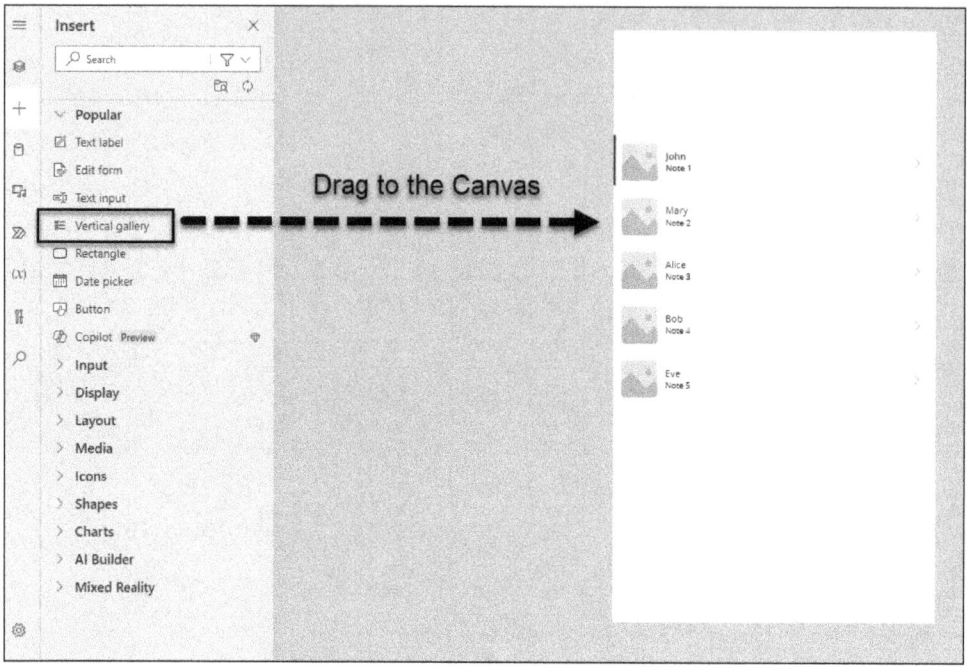

Abbildung 5.18: Ziehen Sie eine Galerie auf Ihre Canvas.

3. **Wählen Sie Ihre selbst erstellte Datenquelle aus.**

   Meine Datenquelle heißt `To Do Lists` (siehe Abbildung 5.19).

   Wie man eine Datenquelle erstellt, erkläre ich in Kapitel 3.

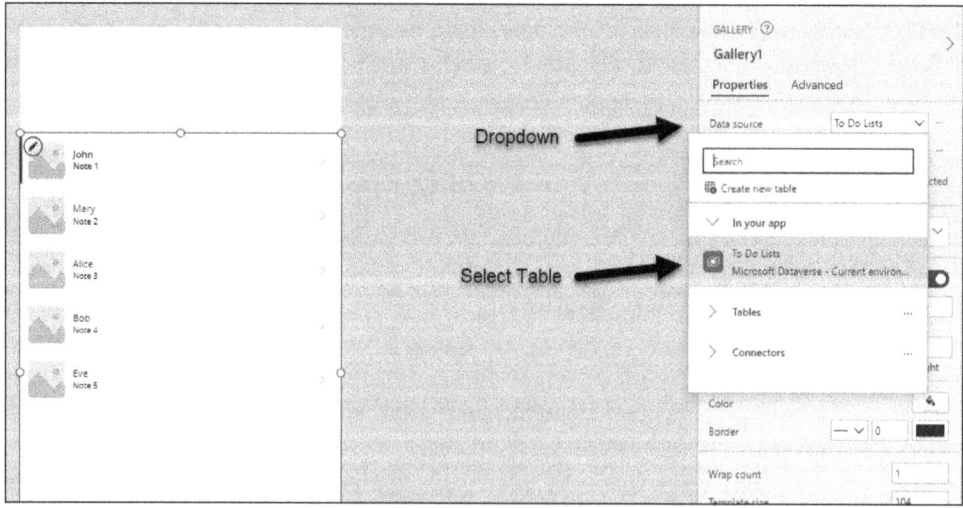

Abbildung 5.19: Wählen Sie die Datenquelle aus, die Sie mit Ihrer Galerie verbinden möchten.

Wenn Sie keine Datenquelle für To-do-Listen haben, probieren Sie das Copilot-Tool zur Tabellenerstellung aus. Wählen Sie unter der Dropdownliste DATENQUELLE die Option NEUE TABELLE erstellen aus. Copilot erstellt eine Tabelle in Dataverse.

Schritt 2: Die Galerie anpassen

Um die Felder und das Layout der Galerie zu aktualisieren, die Sie im vorigen Abschnitt zu Ihrer App hinzugefügt haben, gehen Sie wie folgt vor:

1. Wählen Sie die Galerie auf der Canvas aus.

2. Klicken Sie auf die Schaltfläche LAYOUT.

3. Wählen Sie aus der angezeigten Optionsliste das gewünschte Layout aus.

   Wählen Sie das am besten geeignete Layout für den Verwendungszweck Ihrer App. In dieser To-do-Listen-App möchten Sie den Aufgabennamen, das Startdatum und das Enddatum anzeigen. Wählen Sie daher die Optionen TITEL, UNTERTITEL und TEXT.

4. Klicken Sie auf die Schaltfläche FELDER und wählen Sie dann aus der angezeigten Liste die Felder aus, die Sie in die Galerie aufnehmen möchten, einschließlich der Reihenfolge dieser Felder.

   Zugegeben, dieser Vorgang ist nicht intuitiv, aber wenn Sie erst einmal den Dreh raus haben, wie man mit Canvas-Apps arbeitet, können Sie die Felder Ihrer App ganz einfach nach Wunsch anordnen. In meinem Beispiel mache ich das erste Feld, `Text 1`, zum Enddatum, `Untertitel 2` zum Startdatum und `Titel 2` zum Aufgabenfeld.

5. Passen Sie das Layout an, indem Sie nur den ersten Galeriebereich und dann jedes Element in diesem Block auswählen.

   Beispiele für die Anpassung sind die Fettauszeichnung von Beschriftungen oder das Ändern der Textfarbe im Eigenschaftenbereich.

   Die Galerie kann auch Beschriftungen enthalten, die Sie aus dem Bereich EINFÜGEN ziehen und dann auf der Registerkarte EIGENSCHAFTEN ändern können. Sie können die Aufgabe auch fett formatiert darstellen, damit sie sofort klar erkennbar ist.

6. Ändern Sie das Aufgabenobjekt.

   Gehen Sie wie folgt vor:

   a. Markieren Sie den Aufgabentext in der Bearbeitungsleiste.

   b. Wählen Sie in der Hauptsymbolleiste **Fett** und eine größere Schriftgröße (zum Beispiel 18 statt 12).

In meinem Beispiel habe ich die Einstellung Arial 18 Semibold gewählt.

c. Ändern Sie im Eigenschaftenbereich die Hintergrundfarbe in eine dunkle Farbe und die Textfarbe in Weiß.

Durch diesen Kontrast fällt die Aufgabe in der vertikalen Galerie und auf der Canvas auf.

7. **Wählen Sie in der Symbolleiste EINFÜGEN aus und ziehen Sie dann eine Beschriftung aus dem Popup-Menü in den ersten Galeriebereichsblock.**

8. **Platzieren Sie das Feld an der Stelle, an der es im ersten Galeriebereichsblock erscheinen soll.**

   Verschieben Sie die vorhandenen Datenobjekte, um den Feldern ein ansprechendes Aussehen zu verleihen.

9. **Ändern Sie den Namen des Etiketts in *Start:*.**

   Im Abschnitt »Ein Steuerelement umbenennen« weiter oben in diesem Kapitel wird erläutert, wie Sie den Namen einer Beschriftung ändern.

10. **Wiederholen Sie die Schritte 7 bis 9 und benennen Sie diese zweite Beschriftung in *Ende:* um.**

11. **Fügen Sie dem vertikalen Galerie-Steuerelement einen Rahmen hinzu.**

    Gehen Sie dazu wie folgt vor:

    a. Wählen Sie auf der Canvas die Galerie aus.

    b. Wählen Sie im Eigenschaftenbereich, der rechts im Fenster angezeigt wird, die Option RAND aus.

    Eine Farbpalette wird angezeigt.

    c. Wählen Sie im Eigenschaftenfenster eine Rahmengröße größer als 1 und eine Farbe, die die Galerie hervorstechen lässt.

12. **Klicken Sie rechts neben EIGENSCHAFTEN auf ERWEITERT, um den Bereich ERWEITERT zu öffnen.**

13. **Geben Sie im Feld `OnSelect Navigate(DetailScreen, ScreenTransition.None)` ein, damit ein Benutzer zum Detailbildschirm navigieren kann.**

Abbildung 5.20 zeigt das benutzerdefinierte Galerielayout für den Durchsuchen-Bildschirm in meinem Beispiel.

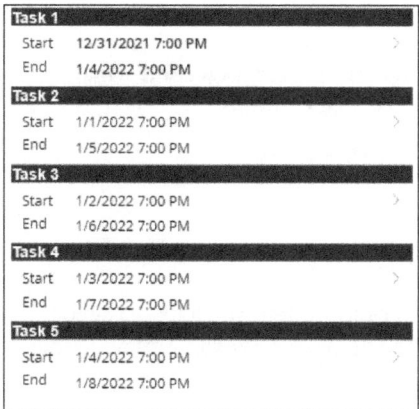

Abbildung 5.20: Der Durchsuchen-Bildschirm meiner benutzerdefinierten To-do-Listen-Galerie

Schritt 3: Eine Suchfunktion hinzufügen

Wenn Sie möchten, dass Benutzer die gesamte Aufgabenliste durchsuchen können, müssen Sie der Canvas zwei Objekte hinzufügen: eine Beschriftung und ein Textfeld. Für alle Umbenennungsschritte in der folgenden Liste blättern Sie zurück zum Abschnitt »Steuerelement umbenennen« weiter oben in diesem Kapitel, um die Vorgehensweise zu erfahren. Um die Suchfunktion zu erstellen, gehen Sie wie folgt vor:

1. Klicken Sie im App-Authoring-Menü auf die Option Einfügen.

   Das Popup-Fenster Einfügeoptionen wird angezeigt.

2. Ziehen Sie die Option Beschriftung per Drag-and-drop auf die Canvas.

3. Vergrößern Sie die Beschriftung, indem Sie eine der Ecken auswählen und ziehen, um die gesamte Breite der Canvas auszufüllen.

4. Ändern Sie den Beschriftungsnamen Label1 in Suchen.

5. Benennen Sie die Beschriftung im Eigenschaftenbereich in SearchLbl um.

   Durch diese Änderung können Sie die Beschriftung später explizit aufrufen, statt den generischen Namen zu verwenden.

6. Ziehen Sie das Textfeldelement aus dem Popup-Fenster Einfügeoptionen auf die Canvas und legen Sie es dort ab.

   Platzieren Sie Ihr neues Textfeld neben der Beschriftung.

7. Löschen Sie auf der Registerkarte Eigenschaften die Texteingabe im Textfeld.

   Stellen Sie sicher, dass das Textfeld leer ist.

8. Benennen Sie auf der Registerkarte Eigenschaften das Suchfeld in txtSearch um.

9. Wählen Sie die Galerie auf der Canvas aus.

10. Wählen Sie im Eigenschaftenbereich, der rechts im Fenster angezeigt wird, ERWEITERT aus, um die Registerkarte ERWEITERT zu öffnen.

11. Geben Sie im Feld ELEMENTE einen Codeabschnitt ein.

    Hier der Codeabschnitt für mein Steuerelement:

    ```
    Search('To Do Lists', txtSearch.Text,Task)
    ```

    Wenn jetzt jemand Ihre App verwendet, um nach bestimmten Aufgaben zu suchen, werden in den Ergebnissen nur die Einträge angezeigt, die die Wörter enthalten, die der Benutzer in das Suchtextfeld eingegeben hat.

Schritt 4: Neuladen, Sortieren und Hinzufügen der Navigation auf dem Durchsuchen-Bildschirm

Sie können bei der Einrichtung der Navigation auf dem Browserbildschirm kreativ werden. Sie können

- ✔ der Kopfzeile Beschriftungen hinzufügen, um einen Bildschirm zu beschreiben,

- ✔ die Schaltflächen oben in der App platzieren, um den Benutzer von Bildschirm zu Bildschirm zu führen,

- ✔ nur Symbole verwenden und dann *Alt-Tags* anwenden. Dabei handelt es sich um Metadaten, die Beschreibungen des App-Inhalts bieten, um Menschen mit Sehbehinderungen zu helfen.

Sie als Entwickler entscheiden, welche Navigationsoptionen angeboten werden. Wenn Sie die App jedoch für einen Unternehmensbenutzer entwerfen, müssen Sie alle diese Komponenten und die zugehörigen Attribute integrieren, da ein Benutzer sonst nicht effektiv navigieren kann und die Anwendung dadurch unbrauchbar wird.

In diesem Abschnitt zeige ich Ihnen, wie Sie allen Symbolen Funktionen zur Unterstützung von Navigationsaktionen wie Aktualisieren, Sortieren und Erstellen zuordnen. Darüber hinaus zeige ich Ihnen, wie Sie auf dem Durchsuchen-Bildschirm, der auch als Startseite fungiert, eine Beschriftung zur Beschreibung der App hinzufügen. Gehen Sie wie folgt vor:

1. Ziehen Sie aus dem Bereich EINFÜGEN eine Beschriftung an den oberen Rand der Canvas.

2. Vergrößern Sie die Beschriftung, sodass sie die gesamte Canvas von links nach rechts abdeckt.

3. Wählen Sie die Beschriftung aus und ändern Sie dann die Farbe auf der Registerkarte EIGENSCHAFTEN.

4. Benennen Sie auf der Registerkarte EIGENSCHAFTEN die Beschriftung um, indem Sie in das Textfeld TEXT klicken und *To Do Lists* eingeben.

    Abbildung 5.21 zeigt den Pfad, den Sie einschlagen, wenn Sie die Schritte 1 bis 4 befolgen.

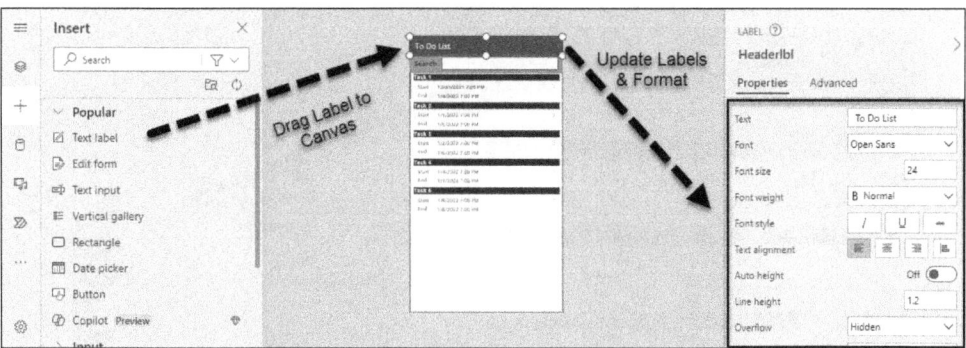

Abbildung 5.21: Eine Beschriftung einfügen und Text und Format anpassen

5. Klicken Sie im App-Authoring-Menü auf Einfügen.

6. Ziehen Sie aus dem Popup-Menü Einfügeoptionen ein Schaltflächen-Steuerelement auf die Canvas und legen Sie es dort ab.

   Der Eigenschaftenbereich für diese Schaltfläche wird auf der rechten Seite des Bildschirms angezeigt.

7. Klicken Sie im Eigenschaftenbereich auf die Registerkarte Erweitert und geben Sie den entsprechenden Befehl aus Tabelle 5.3 ein, um diese Schaltfläche zu aktivieren.

8. Wiederholen Sie die Schritte 5 bis 7 für zwei weitere Schaltflächen.

   Sie möchten Schaltflächen zum Neuladen (ein Pfeil, der einen Kreis bildet), Sortieren (zwei nach oben und unten zeigende Pfeile) und Hinzufügen (ein Pluszeichen) erstellen.

9. Platzieren Sie die Schaltflächen bündig am oberen Rand der Beschriftung.

10. Wählen Sie eine der Schaltflächen auf der Canvas aus.

11. Ändern Sie im Eigenschaftenbereich, der für diese Schaltfläche angezeigt wird, die Option Farbe, indem Sie auf die Farbpaletten-Schaltfläche klicken und dann die gewünschte Farbe auswählen.

    Abbildung 5.22 zeigt, wie diese Änderung für die Schaltfläche Hinzufügen vorgenommen wird.

12. Wählen Sie rechts neben Eigenschaften die Option Erweitert aus, um den Bereich Erweitert für das Symbol zu öffnen.

13. Geben Sie im Feld OnSelect den Codeabschnitt für die entsprechende Navigationsaktion ein.

    Jedes Navigationssymbol muss eine bestimmte Aktion ausführen:

    - **Aktualisieren:** `Update('To Do Lists')`

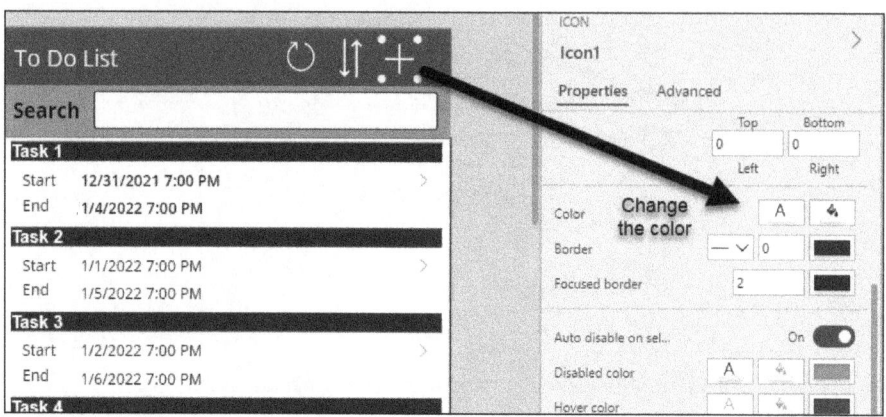

Abbildung 5.22: Die Navigationssymbole oben in der Beschriftung anpassen

- **Sortieren:** `UpdateContext({SortDescending1: !SortDescending1})`
- **Erstellen:** `NewForm(EditForm1);Navigate(EditScreen, ScreenTransition.None)`

14. Wiederholen Sie die Schritte 10 bis 13 für jede der Schaltflächen.

15. Wählen Sie auf der Canvas die Galerie aus und klicken Sie dann im Eigenschaftenbereich auf ERWEITERT.

    Der Bereich ERWEITERT für diese Galerie wird geöffnet.

16. Aktualisieren Sie das Textfeld ONSELECT, indem Sie den entsprechenden Codeausschnitt eingeben.

    Der Codeausschnitt, den ich für diese App verwendet habe, ist

    `Navigate(DetailScreen, ScreenTransition.None)`

Nachdem Sie die vorigen Schritte abgeschlossen haben, kann ein Benutzer Ihrer App die Seite aktualisieren, um die neuesten Daten anzuzeigen, die Daten in absteigender Reihenfolge sortieren und den Bildschirm *Neuen Datensatz erstellen* öffnen. (Informationen zum Erstellen dieses Bildschirms finden Sie im Abschnitt »Einen Bildschirm zum Erstellen/Bearbeiten hinzufügen« weiter unten in diesem Kapitel.) Wenn Sie ein Element in der Galerie auswählen, können Sie auch den Detailbildschirm für eine bestimmte Aufgabe anzeigen (wie Sie das tun, zeige ich Ihnen im nächsten Abschnitt).

Einen Detailbildschirm hinzufügen

Mit dem Bildschirm, der im Abschnitt »Einen Durchsuchen-Bildschirm erstellen« weiter oben in diesem Kapitel beschrieben wurde, geben Sie dem Benutzer der To-do-Listen-App einen Überblick über die Aufgaben. Sie können einem Benutzer jedoch auch die spezifischen Details einer Aufgabe in einem schreibgeschützten Format anzeigen, indem Sie einen zweiten Bildschirm erstellen, den sogenannten Detailbildschirm. Die folgenden Abschnitte führen Sie durch den Vorgang.

Schritt 1: Eine Navigation für Zurück, Löschen und Bearbeiten erstellen

Wenn Sie einen Detailbildschirm erstellen, müssen Sie mit der Navigation beginnen. Gehen Sie wie folgt vor:

1. Öffnen Sie den Bildschirm mit dem Namen *DetailScreen* in der Strukturansicht.

   Wie Sie diesen Bildschirm erstellen, erfahren Sie im Abschnitt »Eine To-do-Listen-App erstellen« weiter oben in diesem Kapitel.

2. Fügen Sie dem Bildschirm eine Beschriftung hinzu.

   Wie Sie dem Durchsuchen-Bildschirm eine Beschriftung hinzufügen, erkläre ich weiter oben in diesem Kapitel im Abschnitt »Schritt 3: Eine Suchfunktion hinzufügen«. Für den Detailbildschirm ist der Vorgang ähnlich.

3. Fügen Sie durch Auswahl des entsprechenden Symbols eine ZURÜCK-Schaltfläche in der Kopfzeile ein.

4. Wählen Sie die Schaltfläche ZURÜCK in der Kopfzeile.

5. Geben Sie auf der Registerkarte ERWEITERT des Eigenschaftenbereichs, der auf der rechten Seite des Fensters angezeigt wird, den Text `Navigate(BrowseScreen)` in das Textfeld ONSELECT ein.

   Alternativ können Sie stattdessen `Back()` verwenden, wodurch der Benutzer zum vorherigen Bildschirm, dem ursprünglichen Durchsuchen-Bildschirm, zurückgelangt.

6. Fügen Sie eine Schaltfläche LÖSCHEN ein, indem Sie der Kopfzeile ein weiteres Symbol hinzufügen.

7. Legen Sie im Eigenschaftenbereich der Schaltfläche LÖSCHEN auf der Registerkarte ERWEITERT die Eigenschaft `OnSelect` fest.

   Geben Sie diesen Codeabschnitt ein:

   ```
   Remove(
       [@'To Do Lists'],
       Gallery1.Selected
   ); Back(ScreenTransition.Fade)
   ```

   Durch Anklicken dieser Schaltfläche wird nun der aktuelle Datensatz aus dem Dataset gelöscht.

8. Ziehen Sie im Bereich EINFÜGEN das Symbol BEARBEITEN in die Kopfzeile und wählen Sie dann diese Schaltfläche auf der Canvas aus.

9. Legen Sie den `OnSelect`-Wert auf der Registerkarte ERWEITERT des Eigenschaftenbereichs fest.

   Geben Sie den folgenden Codeabschnitt ein:

   ```
   EditForm(EditForm1);Navigate(EditScreen, ScreenTransition.None)
   ```

Bedenken Sie, dass Sie dem Bildschirm zum Erstellen/Bearbeiten noch nichts hinzugefügt haben. Diese Funktion kann also erst ausgeführt werden, wenn Sie die Anweisungen im Abschnitt »Einen Bildschirm zum Bearbeiten/Erstellen bereitstellen« weiter unten in diesem Kapitel ausgeführt haben.

Schritt 2: Die ausgewählte Aufgabe anzeigen

Um die Daten im schreibgeschützten Modus auf dem Detailbildschirm anzuzeigen, gehen Sie wie folgt vor:

1. Klicken Sie im APP-AUTHORING-Menü auf EINFÜGEN.

2. Ziehen Sie aus dem angezeigten Popup-Menü EINFÜGEOPTIONEN ein Anzeigeformular auf die Canvas und legen Sie es dort ab.

3. Wählen Sie auf der Canvas das neue Anzeigeformular aus.

   Der Eigenschaftenbereich des Anzeigeformulars wird auf der rechten Seite des Fensters angezeigt.

4. Wählen Sie aus der Dropdownliste DATENQUELLE im Eigenschaftenfenster dieselbe Datenquelle aus, die Sie auf dem Durchsuchen-Bildschirm verwenden.

   Wie Sie eine Datenquelle für den Durchsuchen-Bildschirm eingeben, erfahren Sie im Abschnitt »Einen Durchsuchen-Bildschirm erstellen« weiter oben in diesem Kapitel. In meinem Beispiel verwende ich die Datenquelle To Do Lists.

5. Ändern Sie die Eigenschaft *Items*, indem Sie einen Codeabschnitt in das Textfeld eingeben.

   Geben Sie den Codeabschnitt `Gallery1.Selected` ein.

   Wenn Sie in Schritt 2 zum ersten Mal ein Anzeigeformular aus dem Menü APP-AUTHORING auf die Canvas verschieben, wird es an einer zufälligen Stelle platziert. Sie möchten jedoch Ihre Steuerelemente wahrscheinlich basierend auf dem von Ihnen gewünschten Design organisieren.

6. Klicken Sie im Anzeigeformular auf die Schaltfläche FELDER.

   Abbildung 5.23 zeigt das angezeigte Popup-Menü FELDER.

7. Ordnen Sie die Felder wie gewünscht an, indem Sie sie im Popup-Menü FELD nach oben oder unten ziehen.

8. Nachdem Sie alle Felder nach Ihren Wünschen organisiert haben, klicken Sie auf FORMULAR ANZEIGEN.

   Die Aktualisierungen werden im Detailbildschirm angezeigt.

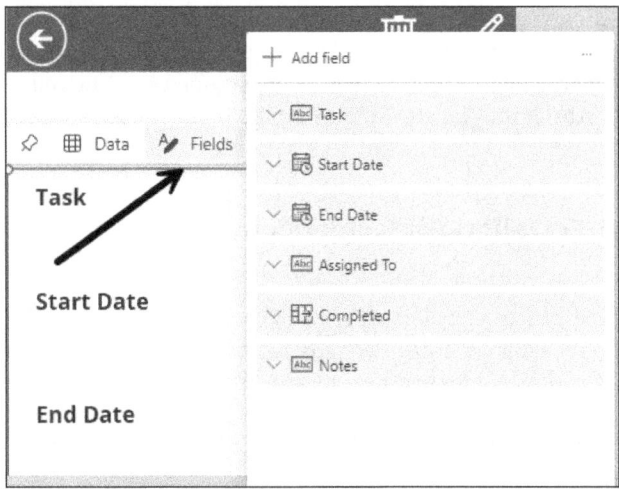

Abbildung 5.23: Das Popup-Menü der Schaltfläche »Felder«

Nachdem Sie die vorigen Schritte ausgeführt haben, kann ein Benutzer auf einen einzelnen Datensatz zugreifen, dessen Details auf dem Detailbildschirm angezeigt werden. Der Benutzer kann einen Datensatz auch bearbeiten und löschen, indem er die Schaltflächen verwendet, die Sie in der Navigation auf der rechten Seite der Kopfzeile erstellt haben. Schließlich kann der Benutzer zum Durchsuchen-Bildschirm zurückkehren, der als Startseite fungiert, um alle Aufgaben zu überprüfen, indem er auf den Zurück-Pfeil klickt. Sie sehen meinen Beispiel-Detailbildschirm in Abbildung 5.24.

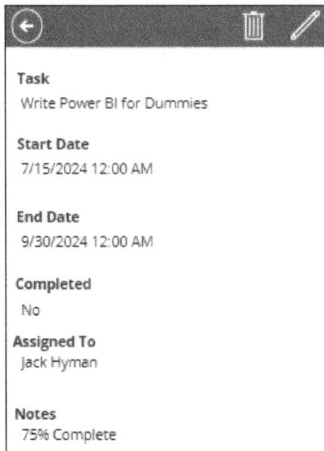

Abbildung 5.24: Ein Detailbildschirm meiner To-do-Listen-App

Einen Bildschirm zum Bearbeiten/Erstellen bereitstellen

Der Bearbeiten/Erstellen-Bildschirm dient einem doppelten Zweck: als Tool zum Erstellen und Bearbeiten von Datensätzen, die mit der Galerie auf dem Durchsuchen-Bildschirm verknüpft sind. In den folgenden Abschnitten wird gezeigt, wie ein Bildschirm erstellt wird, der es einem Benutzer ermöglicht, einen neuen Eintrag hinzuzufügen oder die vorhandenen Einträge auf dem Detailbildschirm zu ändern. (Weitere Informationen zum Erstellen des Detailbildschirms finden Sie im Abschnitt »Einen Detailbildschirm hinzufügen« weiter oben in diesem Kapitel.)

Schritt 1: Dem Bearbeiten/Erstellen-Bildschirm ein Formular hinzufügen

Um Ihren Bearbeiten/Erstellen-Bildschirm zu erstellen, müssen Sie zunächst ein Steuerelement FORMULAR BEARBEITEN zur Arbeitsfläche hinzufügen, damit ein Benutzer die Daten in der To-do-Listen-App entweder hinzufügen oder bearbeiten kann. Gehen Sie wie folgt vor:

1. **Öffnen Sie den Bildschirm mit dem Namen** *EditScreen* **in der Strukturansicht.**

   Der Abschnitt »Eine To-do-Listen-App erstellen« weiter oben in diesem Kapitel beschreibt, wie Sie diesen Bildschirm erstellen.

2. **Wählen Sie EINFÜGEN im APP-AUTHORING-Menü.**

   Das Popup-Menü EINFÜGEOPTIONEN wird angezeigt.

3. **Ziehen Sie das Steuerelement FORMULAR BEARBEITEN von der Registerkarte EINFÜGEN auf die Canvas.**

4. **Wählen Sie in der Eigenschaft DATENQUELLE im Eigenschaftenbereich dieselbe Datenquelle aus, die Sie in den anderen Bildschirmen verwenden.**

   Jeder Bildschirm in meinem Beispiel verwendet die Datenquelle *To Do Lists*.

5. **Geben Sie in der Elementeigenschaft auf der Registerkarte ERWEITERT des Eigenschaftenbereichs einen Codeabschnitt ein.**

   Setzen Sie die Elementeigenschaft auf `Gallery1.Selected`.

Schritt 2: Die Navigation zum Speichern und Abbrechen erstellen

Im Gegensatz zum Detailbildschirm (siehe Abschnitt »Einen Detailbildschirm hinzufügen» weiter oben in diesem Kapitel) enthält der Erstellen/Bearbeiten- Bildschirm:

- ✔ **Die Schaltfläche ABBRECHEN:** Bringt den Benutzer zurück zum vorherigen Bildschirm, entweder zum Durchsuchen- oder zum Detailbildschirm (je nachdem, auf welchem Bildschirm er zuletzt war). Je nachdem, auf welche vorherige Seite der Benutzer wechselt, variiert die `OnSelect`-Aktion.

   Wenn ein Benutzer beim Erstellen oder Bearbeiten eines Datensatzes entscheidet, dass er ihn nicht speichern möchte, kann er auf die Schaltfläche ABBRECHEN klicken, um die Benutzeroberfläche zu verlassen, ohne zu speichern.

✔ **Die Schaltfläche SPEICHERN:** Speichert den neu erstellten oder bearbeiteten Datensatz im Dataset.

Gehen Sie wie folgt vor, um eine Navigation für Ihren Erstellen/Bearbeiten-/Bildschirm zu erstellen:

1. **Fügen Sie dem Erstellen/Bearbeiten-Bildschirm eine Beschriftung hinzu.**

   Der Abschnitt »Schritt 3: Eine Suchfunktion hinzufügen« weiter oben in diesem Kapitel beschreibt, wie Sie einem Bildschirm eine Beschriftung hinzufügen.

2. **Klicken Sie im APP-AUTHORING-Menü auf EINFÜGEN.**

3. **Ziehen Sie aus dem Popup-Menü EINFÜGEOPTIONEN das Symbol ABBRECHEN per Drag-and-drop auf die Canvas.**

   Das ABBRECHEN-Symbol fungiert als Schaltfläche.

4. **Ändern Sie im Eigenschaftenbereich rechts im Fenster die Farbe des Symbols in Weiß, indem Sie die Farbeigenschaft aktualisieren.**

5. **Geben Sie im Feld ONSELECT auf der Registerkarte ERWEITERT des Eigenschaftenbereichs den entsprechenden Codeabschnitt ein.**

   Verwenden Sie den folgenden Codeabschnitt:

   ```
   ResetForm(EditForm1); Back()
   ```

6. **Ziehen Sie im Menü EINFÜGEOPTIONEN das Symbol SPEICHERN auf die Canvas.**

7. **Wählen Sie im Eigenschaftenbereich der Schaltfläche SPEICHERN das Datenträgersymbol aus und ändern Sie dann auf der Registerkarte ERWEITERT die Farbe des Symbols in Weiß.**

8. **Wählen Sie erneut das Symbol SPEICHERN aus und geben Sie den entsprechenden Codeabschnitt auf der Registerkarte ERWEITERT des Felds ONSELECT im Eigenschaftenbereich ein.**

   Verwenden Sie den folgenden Codeabschnitt:

   ```
   SubmitForm(EditForm1); Navigate(BrowseScreen)
   ```

Ihr endgültiger Erstellen/Bearbeiten-Bildschirm sollte jetzt ungefähr wie in Abbildung 5.25 gezeigt aussehen.

Abbildung 5.25: Der »Erstellen/Bearbeiten«-Bildschirm

Das Endprodukt überprüfen

Nachdem Sie alle drei Bildschirme in Ihrer To-do-Listen-App entworfen und konfiguriert haben, führen Sie die folgenden Schritte aus, um den Vorgang abzuschließen:

1. **Klicken Sie in der Symbolleiste auf die Schaltfläche APP CHECKER.**

   Power Apps prüft, ob die App Fehler aufweist.

2. **Wenn der App Checker Rot anzeigt oder Feedback zu Korrekturmaßnahmen gibt, beheben Sie den Fehler, indem Sie den Anweisungen folgen.**

3. **Führen Sie nach den Korrekturen die Schritte 1 und 2 erneut aus.**

4. **Wenn keine Fehler mehr auftreten, speichern Sie die App, indem Sie in der Symbolleiste SPEICHERN und dann VERÖFFENTLICHEN auswählen.**

 Als App-Designer können Sie alle Änderungen sehen, aber bis Sie die App veröffentlichen, sehen die Benutzer diese Änderungen nicht in ihrer Version der App.

Abbildung 5.26 zeigt die drei Bildschirme des Endprodukts.

KAPITEL 5 **Canvas-Apps in Power Apps personalisieren und erstellen** 179

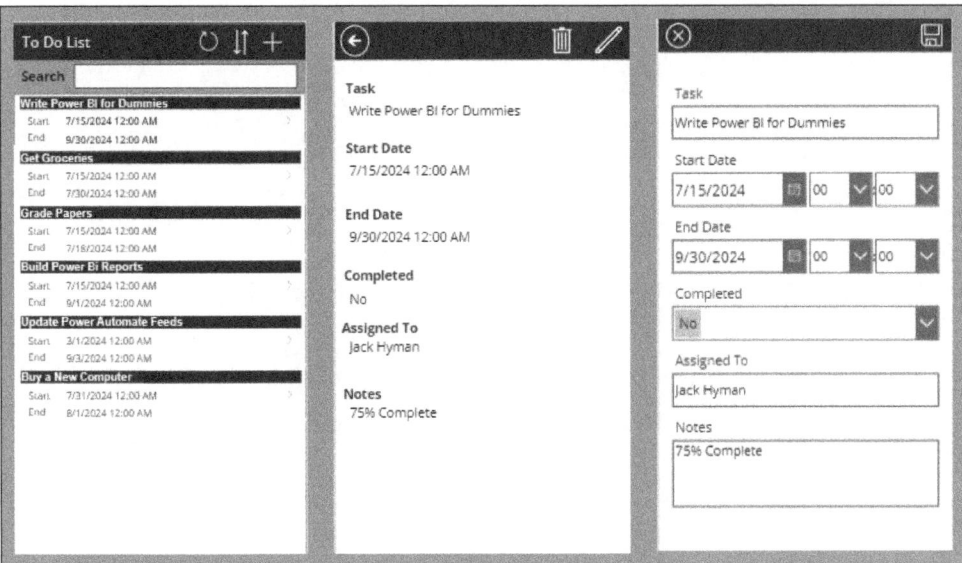

Abbildung 5.26: Die fertigen drei Seiten der To-do-Listen-Canvas-App

 Wenn Sie Ihre App in einem Gerätesimulator rendern möchten, damit Sie sehen können, wie sie sich verhält, wenn sie mit verschiedenen Geräten oder Betriebssystemen aufgerufen wird, wählen Sie eine der Optionen rechts neben der Canvas und dann WIEDERGEBEN aus. Ihre App verhält sich nun so, als ob Sie die ausgewählte Option verwenden würden, und ermöglicht Ihnen die Nutzung aller verfügbaren Funktionen. Sie können zwischen Desktop-, Mobil- und Tablet-Geräten wählen, insbesondere zwischen Gerätesimulatoren von Apple, Motorola und Samsung.

> **IN DIESEM KAPITEL**
>
> Wissen, wann modellbasierte Apps der richtige Weg sind
>
> Mit den Schlüsselkomponenten zum Erstellen einer modellgesteuerten App arbeiten
>
> Die Benutzeroberfläche Ihrer App mithilfe von Formularen einrichten
>
> Ansichten entwerfen, die dem Benutzer die Suche in den Daten der App erleichtern

Kapitel 6

Datenlösungen mit modellgesteuerten Apps

Microsoft Power Apps vereinfacht das Design der Benutzeroberfläche für modellgesteuerte Anwendungen (Apps), sodass Sie sich ganz auf die Daten konzentrieren können, die diese Apps verarbeiten. Statt Zeit mit dem Entwurf von Bildschirmen zu verbringen (wie Sie es bei Canvas-Apps tun; siehe Kapitel 5), können Sie sich um die Datenmodellierung kümmern, beispielsweise dass jedes in Ihren Dataverse-Tabellen gespeicherte Datenelement einen Wert hat. In diesem Kapitel wird gezeigt, wie Sie eine grundlegende modellgesteuerte App planen und erstellen, wobei der Schwerpunkt auf der Verwendung von Dataverse-Formularen, -Ansichten und grundlegender Anwendungssicherheit liegt.

Modellgesteuerte Apps – ein Überblick

Modellgesteuerte Apps sind vollständig *komponentenorientiert*, was bedeutet, dass der Benutzer nur begrenzte Kontrolle über das Layout der App hat. Die vom Benutzer ausgewählten Komponenten bestimmen die Struktur der App, aber statt jede Komponente manuell auf einer Arbeitsfläche zu platzieren, definiert Microsoft das Layout der App basierend auf einem standardisierten Erscheinungsbild. Der App Designer wählt Komponenten – einschließlich Formularen, Ansichten, Diagrammen und Dashboards – aus seinen Dataverse-Tabellen aus. Ein typischer Benutzer wählt möglicherweise ein Formular zur Dateneingabe und -bearbeitung sowie Ansichten zur Anzeige der aus diesen Daten erstellten

Datensätze. Für modellgesteuerte Apps haben Sie keine Drag-and-drop-Steuerung für das Layout wie für Canvas-Apps (siehe Kapitel 5); stattdessen organisiert Power Apps die modellgesteuerten App-Komponenten automatisch, um ein »What You See Is What You Get«-Erlebnis (WYSIWYG) zu gewährleisten. Das Layout, das Sie während des Erstellungsprozesses modellgesteuerter Apps sehen, spiegelt also genau das wider, was der Endbenutzer erlebt (und erwartet), was zu einer konsistenten und reaktionsfähigen App führt.

Das Design

Einige Benutzer berichten, dass sie beim Arbeiten mit modellgesteuerten Apps, die vollständig auf Dataverse-Tabellen basieren, eigentlich nichts entwerfen, sondern lediglich konfigurieren. Andere Benutzer sagen möglicherweise, dass sie die Anwendung und ihre Benutzererfahrung entwerfen, weil sie mehr als nur die Benutzeroberfläche (wie sie durch die Formularseiten dargestellt wird) planen müssen; sie legen auch die Daten- und Automatisierungsprozesse fest. Die Wahrheit ist, dass beim Erstellen einer Dataverse-Tabelle bereits die Datenausgabe für Formulare und Ansichten in der App geplant werden. Alles ist miteinander verbunden, vom Erstellen der Tabelle bis zur Definition der Spaltenbeziehungen und Entitätstypen. Diese grundlegenden Aufgaben, die Sie in Dataverse erledigen, wirken sich darauf aus, wie die Daten in der App angezeigt werden und wie Benutzer mit ihnen interagieren.

Im Folgenden erfahren Sie, wie diese Begriffe auf modellgesteuerte Apps angewendet werden:

- ✔ **Seiten:** Enthalten die Navigationspunkte in Ihrer App oder die Bildschirme, mit denen der Benutzer interagiert.

- ✔ **Daten:** Umfasst alle Dataverse-Tabellen, die Teil Ihrer App sind (also alle Tabellen, die Sie in die App einbinden und darin konfigurieren, worum es in Kapitel 3 geht), sowie alle anderen Tabellen innerhalb der Dataverse-Umgebung. Ihre Dataverse-Umgebung kann viele Tabellen und Automatisierungsfunktionen enthalten, auf die nicht nur eine bestimmte modellgesteuerte App, sondern auch andere zugreifen können, selbst wenn diese anderen Apps diese Funktionalität nicht verwenden.

- ✔ **Automatisierung:** Führt einen Anwendungsgeschäftsprozess aus. Insbesondere besteht ein *Geschäftsprozess-Flow* innerhalb einer modellgesteuerten App aus einer Reihe von Schritten, die Benutzer oder das System durch bestimmte Aufgaben führen. Häufig wird ein solcher Prozess von einer Kombination aus Triggern und Aktionen ausgelöst. *Trigger* sind Ereignisse, die die Automatisierung initiieren, zum Beispiel das Erstellen eines neuen Datensatzes in einer Dataverse-Tabelle, während die *Aktion* die Aufgabe ist, die aufgrund des Triggers ausgeführt wird, zum Beispiel das Senden einer E-Mail oder das Aktualisieren eines oder mehrerer Datensätze.

Power Platform erstellt modellgesteuerte Apps ausschließlich unter Verwendung von Dataverse-Tabellen. Das bedeutet nicht, dass Dataverse Ihre einzige Datenlösung sein muss. Sie können virtuelle Tabellen aus Drittanbieterquellen verwenden, wenn Sie diese in Dataverse einbinden. Kapitel 3 beschreibt, wie Power Platform mit Microsoft Dataverse funktioniert.

Mit Seiten in modellgesteuerten Apps beginnen

Um einer modellgesteuerten App eine neue Seite hinzuzufügen, wählen Sie im App-Designer SEITE HINZUFÜGEN aus. Sie können aus fünf Seitentypen wählen:

✔ **Dataverse-Tabelle:** Um ein Formular und eine Ansicht zu erstellen, wählen Sie DATAVERSE-TABELLE. Wenn Sie beispielsweise eine Tabelle mit dem Namen *Kunden* haben, wird bei Auswahl dieser Tabelle automatisch eine Seite für Sie generiert. Sie erhalten also ein Formular, mit dem Benutzer Aktionen wie das Hinzufügen neuer Datensätze und das Aktualisieren vorhandener Datenzeilen ausführen können. Dadurch wird auch eine Ansicht erstellt, um die Daten in einem strukturierten tabellarischen Format anzuzeigen.

✔ **Dashboards:** Kombinieren mehrere Komponenten wie Diagramme, Ansichten und Berichte in sich. Die Daten für Dashboards können aus einer oder mehreren Dataverse-Tabellen stammen. Eine Dashboard-Seite ermöglicht Benutzern die Interaktion mit Echtzeitdaten durch visuelle Darstellungen wie Diagramme, Zusammenfassungen und Listen. Dadurch wird die Überwachung wichtiger Kennzahlen und der Leistung einfacher, als wenn man sich auf modellgesteuerte App-Ansichten und Dateneingabebildschirme verlassen müsste.

✔ **Navigationslink:** Leitet Benutzer zu einer externen URL weiter, ohne einen separaten App-Bildschirm zu erstellen. Nachdem Sie diesen Seitentyp ausgewählt haben, geben Sie eine Website-URL, zum Beispiel www.dummies.com, und den Titel der Website ein. Nachdem Sie auf HINZUFÜGEN geklickt haben, wird in der Navigation ein Link angezeigt, der auf die externe Website verweist. Wenn ein Benutzer in der App-Navigation auf diesen Link klickt, wird ein neues Browserfenster mit dieser Seite geöffnet.

✔ **Webressourcenseite:** Zum Einbetten externer Dateien oder Ressourcen von Drittanbietern direkt in eine Anwendung. Beispiele für Webressourcen sind PDFs, Word-Dokumente, HTML-Dateien, JavaScript oder andere benutzerdefinierte Webelemente, die normalerweise einer Lösung hinzugefügt werden. Auf einer Webressourcenseite können Sie Inhalte integrieren, die Sie nicht direkt in einer Dataverse-Tabelle speichern können.

✔ **Benutzerdefiniert:** Einbettung einer benutzerdefinierten Benutzeroberfläche direkt in eine modellgesteuerte App, zum Beispiel einen Rechner oder andere benutzerdefinierte Funktionen, die mithilfe von Canvas-App-Funktionen erstellt wurden. Dieser Ansatz bietet Ihnen die Designflexibilität einer Canvas-App, ohne dass Sie eine vollständig benutzerdefinierte App erstellen müssen – Sie integrieren einfach eine einzelne benutzerdefinierte Seite in die modellgesteuerte Umgebung.

Sie können der modellgesteuerten App Seiten hinzufügen, indem Sie auf die Schaltfläche NEU (die wie ein Pluszeichen aussieht) klicken und dann den gewünschten Seitentyp auswählen, wie in Abbildung 6.1 gezeigt.

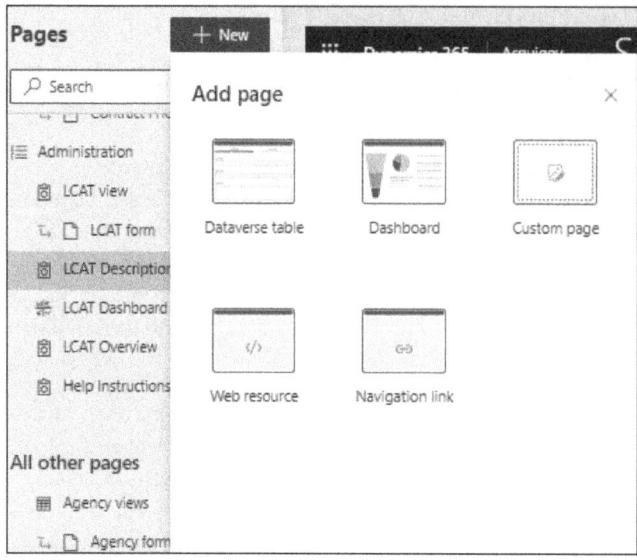

Abbildung 6.1: Neue Seitentypen zu einer App hinzufügen

Geschäftsprozesse in modellbasierten Apps automatisieren

In modellgesteuerten Apps dienen Geschäftsregeln und Prozessflows unterschiedlichen, sich jedoch ergänzenden Zwecken:

✔ **Geschäftsregeln:** Setzen Logik und Automatisierung direkt in Formularen durch. Damit können Sie Bedingungen definieren, Validierungen anwenden und Aktionen automatisieren (zum Beispiel Felder ausblenden oder anzeigen, Standardwerte festlegen oder Felder sperren), ohne Code schreiben zu müssen. Anschließend verwenden Sie Regeln auf Formularebene, um sicherzustellen, dass Benutzer bei der Interaktion mit Daten einer vordefinierten Logik folgen.

✔ **Geschäftsprozess-Flows:** Führen Benutzer durch strukturierte Phasen, um Aufgaben in einer bestimmten Reihenfolge abzuschließen. Jede Seite innerhalb des Flows kann eine oder mehrere Dataverse-Registerkarten enthalten. Geschäftsprozess-Flows sind nützlich für Prozesse wie Lead-Qualifizierung oder Verkaufsgenehmigungen, die mehrere Schritte umfassen, um Daten vom Benutzer zu erfassen.

 Während modellgesteuerte Apps Geschäftsregeln und Prozessflows zulassen, können Canvas-Apps (siehe Kapitel 5) Geschäftsregeln nur implementieren, indem sie sie mit Power Automate integrieren (mehr dazu in den Kapiteln 14 und 15), um die Automatisierung zu ermöglichen.

Geschäftsregeln befolgen

Geschäftsregeln erzwingen die Geschäftslogik für jede Dataverse-Spalte, um Datenintegrität und -konsistenz sicherzustellen. Sie können Geschäftsregeln auf einzelne Formulare und Ansichten einer Dataverse-Tabelle anwenden. Diese Regeln umfassen bedingte Logik zum Festlegen von Feldwerten, Aktivieren oder Deaktivieren von Feldern, Anzeigen oder Ausblenden von Feldern und Validieren von Daten. Die Logik wird auf der Client- oder Serverseite ausgeführt (innerhalb der Formulare im Dataverse-Backend). Sie können diese Regeln mithilfe einer Drag-and-drop-Oberfläche im Power Apps Maker Portal einrichten.

Um eine Geschäftsregel zu erstellen, navigieren Sie zum Abschnitt TABELLEN des Maker-Portals, wählen die gewünschte Tabelle aus und klicken auf die Registerkarte GESCHÄFTSREGELN. Sie können Regeln entwerfen, indem Sie Bedingungen und Aktionen auf eine Canvas im Flussdiagrammstil ziehen.

Geschäftsprozess-Flows folgen

Geschäftsprozess-Flows führen Benutzer in einer bestimmten Reihenfolge durch eine Reihe von Phasen und Schritten und stellen so eine konsistente Ausführung von Geschäftsverfahren sicher. Ein bekanntes Beispiel ist die Arztpraxis: Zuerst werden Sie nach Ihren personenbezogenen Daten gefragt (erster Schritt), dann nach Ihrer Krankenversicherung und schließlich nach Ihrer Krankengeschichte (sekundärer und tertiärer Schritt). Jeder dieser Schritte stellt eine andere Phase im Flow dar.

Flows können mehrere Dataverse-Tabellen umfassen, was bedeutet, dass verschiedene Phasen verschiedene Datensatztypen umfassen. Ihre personenbezogenen Daten könnten beispielsweise in einer Patiententabelle gespeichert sein, während Ihre Versicherungsdaten und Ihre Krankengeschichte in separaten Tabellen mit den Namen »Versicherung« und »Medizinisches Profil« gespeichert sein könnten.

Geschäftsprozess-Flows bieten eine visuelle Darstellung des Prozesses oben in einem modellgesteuerten App-Formular, sodass Benutzer ihren Fortschritt leicht erkennen und die erforderlichen nächsten Schritte verstehen können. Durch Anpassen der Geschäftsprozessflowphase können Sie jeden Schritt an verschiedene Benutzerrollen anpassen. Darüber hinaus können Sie sicherstellen, dass die Flowschritte für die Verantwortlichkeiten des Benutzers relevant sind, und in jeden Schritt Automatisierung integrieren.

Abbildung 6.2 zeigt einen Geschäftsprozess-Flow zur Qualifizierung eines Verkaufsleads.

Wissen, wann der modellgesteuerte Ansatz verwendet werden soll

Wann sollten Sie eine modellgesteuerte App erstellen und wann eine Canvas-App (siehe Kapitel 5)? Anders als bei einer Canvas-App, bei der der Designer die vollständige Kontrolle über das App-Layout hat, bestimmen bei einer modellgesteuerten App die Komponenten, die Sie der App hinzufügen, weitgehend die Benutzeroberfläche. Die Verwendung modellgesteuerter Apps hat einige Vorteile:

✔ **Schnelle Entwicklung:** Wenn der Entwickler das Datenmodell und die Beziehungen richtig hinbekommt, können Sie die Formulare schnell entwickeln, da Sie nicht beim Codieren stecken bleiben.

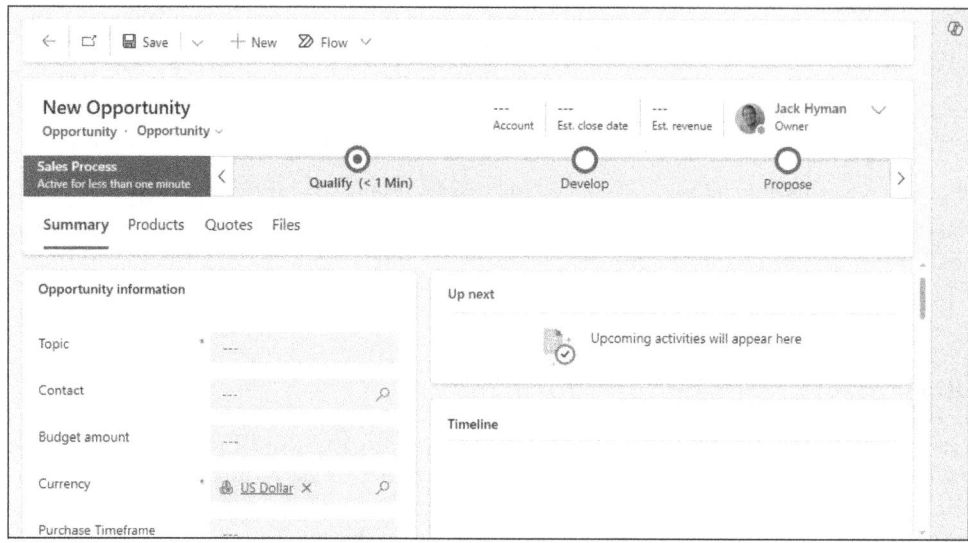

Abbildung 6.2: Ein Geschäftsprozess-Flow für eine neue Verkaufsgelegenheit

✔ **Konsistenz:** Der Entwickler erstellt modellgesteuerte Apps, indem er für alle Gerätetypen eine einheitliche Oberflächenstruktur verwendet. Diese Struktur stellt sicher, dass alle Benutzer auf die Benutzeroberflächen zugreifen können, auch Benutzer mit Behinderungen. Diese Struktur ist außerdem responsiv, was bedeutet, dass das Benutzererlebnis unabhängig vom verwendeten Gerät konsistent und optimiert bleibt.

✔ **Effizienz:** Durch die Verwendung einer *Lösung* – einer Zusammenstellung aller Assets, aus denen eine modellgesteuerte App besteht (siehe Kapitel 4) – können Sie Ihre App effizient migrieren und Konsistenz in Entwicklungs-, Test- und Produktionsumgebungen sicherstellen. Mit einer Canvas-App können Sie nicht unbedingt die gleiche Effizienz erreichen, da Sie diese manuell anpassen müssen. Sie folgen nicht zwangsläufig dem strukturierten Datenmodell oder den standardisierten Bereitstellungsprozessen für Umgebungen, die modellgesteuerte Apps aufweisen.

In Tabelle 6.1 werden die Unterschiede zwischen einer modellgesteuerten App und einer Canvas-App (siehe Kapitel 5) erläutert. Dies kann Ihnen bei der Entscheidung helfen, welcher Ansatz Ihren Entwicklungs- und Geschäftsanforderungen am besten entspricht.

Mindestanforderungen für eine modellgesteuerte App

So wie Sie ein Auto nicht fahren können, wenn es keinen Motor, keine Fenster oder keinen Sicherheitsgurt hat, können Sie auch keine modellgesteuerte App erstellen, ohne mindestens eine Umgebung für die Entwicklung (wo Sie programmieren), das Testen (wo Sie Ihre App vor der Veröffentlichung validieren) und die Produktion (eine Live-Umgebung) einzurichten. Diese Reihe von Umgebungen wird als *Application Lifecycle Management*

Kategorie	Modellgesteuert	Canvas
Datenplattformen	Nur Dataverse	Dataverse und Konnektoren zu über 100 anderen Datenquellen
Design-Erfahrung	Kein Code, komponentenorientiert	Verwendung von Steuerelementen auf der Canvas unter Nutzung der Funktionen der Programmiersprache Power Fx
UI-Anpassung	Beschränkt	Volle Kontrolle
Konsistenz	Hoch strukturiert; basierend auf Tabellen, die der Entwickler implementiert	Variiert, je nachdem, wie bewusst Sie Kontrollen implementieren
Migration	Einfach; verwendet Dataverse und das Lösungspaket, um zwischen Umgebungen zu wechseln (beispielsweise von der Entwicklung zur Produktion)	Variiert je nach verwendetem Datentyp; kann komplex sein
Schnelle Erstellung	Abhängig von der Anzahl der Formulare und Ansichten; kann schnell sein	Abhängig von der Komplexität des Designs der Benutzeroberfläche, aber immer deutlich langsamer als modellbasierte Apps
Reaktionsfähigkeit und Zugänglichkeit	Automatisch	Entwickler müssen Alt-Tags implementieren, um die Barrierefreiheit zu unterstützen
Navigation	Automatisch erstellt basierend auf Beziehungen und Konfigurierbarkeit von Dataverse-Tabellen	Der Designer muss die Navigation implementieren; für die Ausführung ist eine umfangreiche Codekonfiguration erforderlich

Tabelle 6.1: Unterschiede zwischen modellgesteuerten und Canvas-Apps

(ALM)-Bedingungen bezeichnet. (ALM wird auch in Kapitel 4 behandelt.) Als Entwickler müssen Sie für Ihre modellgesteuerte App Folgendes einrichten:

✔ eine Microsoft Power Apps-Lizenz

✔ Dataverse-Speicherkapazität (mindestens 1 GB)

Der Zugriff auf die Dataverse-Speicherkapazität hängt von Ihrer Lizenzierung für Power Apps und Dynamics 365 ab. Wenn Sie die kostenlose Version von Power Apps mit Microsoft 365 verwenden, erhalten Sie keine Dataverse-Kapazität und müssen auf eine Premium-Power-Apps-Lizenz upgraden, um Dataverse verwenden zu können. Wenn Sie jedoch Dynamics 365 verwenden, ist Dataverse standardmäßig in Ihrem Dynamics 365-Abonnement enthalten, sodass Sie keine separate Power Apps Premium-Lizenz benötigen.

✔ Eine aktive Power Platform-Umgebung und Administratorzugriff

✔ Berechtigungen für Sie als Entwickler, entweder als Systemadministrator oder Systemanpasser, um die Sicherheitsrollen der Umgebung anzupassen:

- *Systemadministrator:* Hat vollen Zugriff auf die Verwaltung aller Daten, Einstellungen und Benutzer innerhalb des Systems.

- *Systemanpasser:* Kann die Komponenten und Funktionen des Systems ändern, ohne vollständigen Zugriff auf Betriebsdaten zu erhalten.

✔ Mindestens eine einzelne Dataverse-Tabelle, die mindestens eine Spalte enthält; jede Dataverse-Tabelle enthält eine Ansicht zum Anzeigen von Datensätzen und ein Formular für die Dateneingabe

✔ Eine Sitemap, um die Tabellen, Formulare, Ansichten und Dashboards zur Lösung hinzuzufügen.

Kernkomponenten zum Erstellen einer modellgesteuerten App verwenden

Um eine modellgesteuerte App zu erstellen, erstellen Sie zunächst eine Dataverse-Tabelle. Die Tabelle dient als Grundlage für die Speicherung der Daten Ihrer App. In der Tabelle definieren Sie Spalten (manchmal auch als *Felder* bezeichnet), die bestimmte Datentypen enthalten sollen, zum Beispiel Text, Zahlen, Daten oder Optionen. Nachdem Sie der Tabelle mindestens eine Spalte zugewiesen haben, können Sie mit der Konfiguration wichtiger Komponenten beginnen, zum Beispiel:

✔ **Formulare:** Zur Dateneingabe

✔ **Ansichten:** Zur Anzeige von Daten in einem Listen- oder Rasterformat

✔ **Diagramme:** Zur Datenvisualisierung

✔ **Dashboards:** Um einen Überblick über wichtige Kennzahlen zu geben

Diese Komponenten werden automatisch als Seiten in Ihrer modellgesteuerten App gerendert und bieten eine benutzerfreundliche Schnittstelle für die Dateninteraktion.

Im Abschnitt DATENERFAHRUNGEN Ihrer Dataverse-Tabelle (wie meiner To-do-Listen-Tabelle in Abbildung 6.3) können Sie auf FORMULARE, ANSICHTEN, DIAGRAMME oder DASHBOARDS klicken, um die App Designer-Oberfläche zu öffnen, wo Sie jede Komponente erstellen können, die Sie später in die App integrieren möchten. Um das Framework der App zu erstellen, führen Sie die Entwicklung jedoch am einfachsten in der Dataverse-Entität durch, die Sie erstellen. Sie können einer Tabelle Spalten hinzufügen.

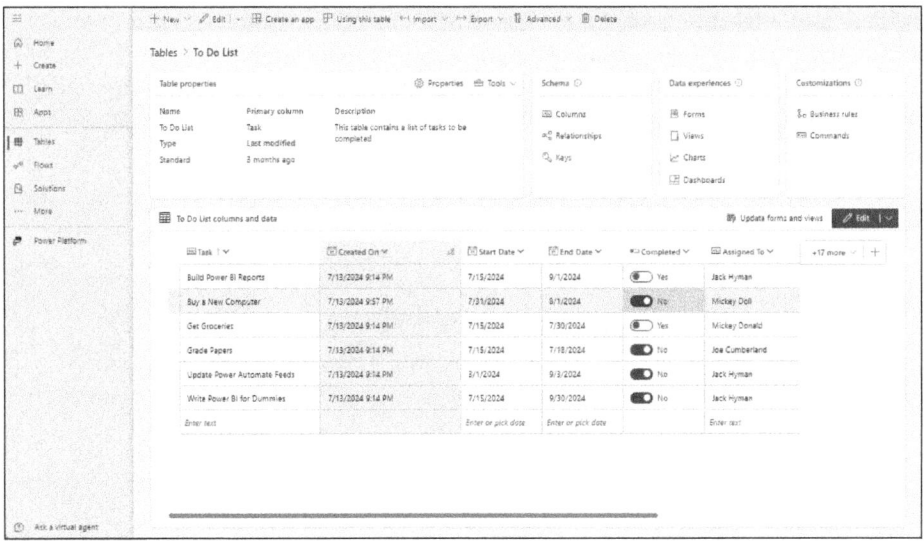

Abbildung 6.3: Meine To-do-Listen-Tabelle in Dataverse

✔ **In Dataverse:** Fügen Sie Ihrer Dataverse-Tabelle eine neue Spalte hinzu, indem Sie in Dataverse auf das Pluszeichen (+) rechts neben der Tabelle klicken (siehe Abbildung 6.3). Wenn Sie auf diese Schaltfläche klicken, wird das Popup-Fenster NEUE SPALTE geöffnet, wie in Abbildung 6.4 dargestellt.

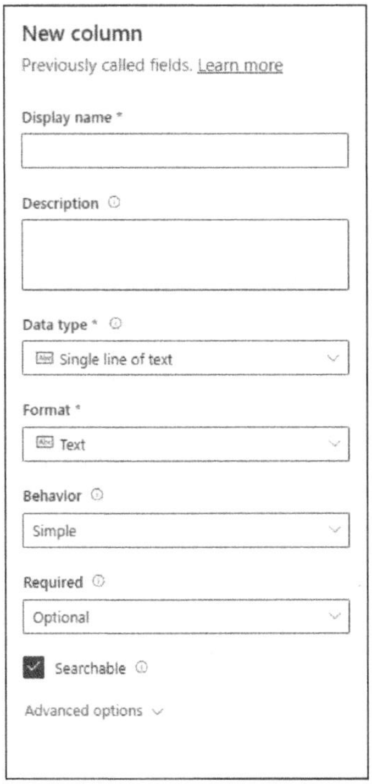

Abbildung 6.4: Popup-Fenster »Neue Spalte« von Dataverse

✔ **In Ihrer modellgesteuerten App:** Alternativ können Sie, nachdem Sie ein Formular erstellt und es zu Ihrer App hinzugefügt haben, anschließend innerhalb Ihrer modellgesteuerten App eine neue Spalte erstellen, indem Sie im linken Navigationsbereich Neue Tabellenspalte auswählen und das Popup-Fenster Neue Spalte ausfüllen (siehe Abbildung 6.5).

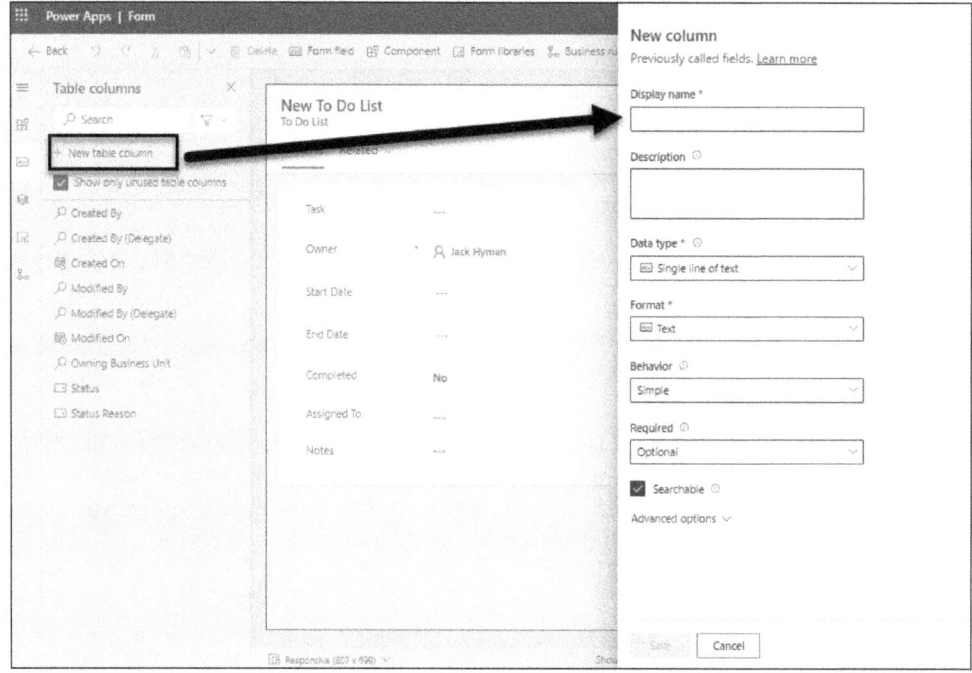

Abbildung 6.5: Eine Tabellenspalte direkt aus Ihrer modellgesteuerten App hinzufügen

Eine Dataverse-Tabellenseite erstellen

Um eine Dataverse-Tabelle für eine modellgesteuerte App zu erstellen, müssen Sie zunächst die Struktur auf der Registerkarte Tabelle des Maker Portals definieren. Die Tabelle enthält und organisiert die Daten Ihrer App. Sie erstellt außerdem ein grundlegendes Formular und einen Satz von Ansichten für die modellgesteuerte App. Um ein Formular oder eine Ansicht zu verwenden, müssen Sie der Tabelle Spalten hinzufügen. Eine Dataverse-Tabelle besteht aus einer oder mehreren Spalten und enthält auch verschiedene Datentypen. Beispiele für Datentypen sind Text, Zahlen, Währung, Daten, Suchen und Auswahloptionen.

Um eine Dataverse-Tabelle zu erstellen und in Ihre modellgesteuerte App zu integrieren, gehen Sie wie folgt vor:

1. **Öffnen Sie die Power App, die Sie bearbeiten möchten, im Maker Portal.**

2. **Wählen Sie das Bleistiftsymbol, um auf den App Designer zuzugreifen.**

3. **Klicken Sie im App Designer in der Navigation auf die Registerkarte Seiten.**

Ein neues Fenster wird geöffnet, das alle in der App vorhandenen Seiten und eine Schaltfläche Neu anzeigt.

4. **Klicken Sie auf die Schaltfläche Neu.**

5. **Um eine neue Dataverse-Tabellenseite zu erstellen, klicken Sie in den Optionen auf Dataverse-Tabelle.**

   Wenn Sie einen anderen Seitentyp hinzufügen möchten, können Sie auch eine der anderen Optionen auswählen, die im Abschnitt »Mit Seiten in modellgesteuerten Apps beginnen« weiter oben in diesem Kapitel beschrieben werden.

   Im angezeigten Auswahlfenster für Dataverse-Tabellen können Sie eine vorhandene Tabelle auswählen (was hier beschrieben) oder eine neue Tabelle erstellen (wie in Kapitel 3 beschrieben).

6. **Aktivieren Sie das Kontrollkästchen neben der Tabelle, die Sie aus der Liste der Dataverse-Tabellen verwenden möchten.**

7. **(Optional) Wenn die Tabelle in der Navigation der App angezeigt werden soll, aktivieren Sie das Kontrollkästchen über der Schaltfläche Hinzufügen.**

8. **Klicken Sie auf Hinzufügen, um die Tabelle zur Navigation hinzuzufügen.**

   Das Formular und die Ansicht für diese Tabelle werden jetzt in der Navigation der App angezeigt.

Sie können die Ansichts- und Formularlayouts direkt im App Designer der modellgesteuerten App ändern. Benutzer können auch direkt über die Navigation auf das jeweilige Formular zugreifen.

In meinem Beispiel habe ich die Tabelle *Company* zur Navigation der modellgesteuerten App hinzugefügt, und Power Apps hat sie automatisch in *Companys* umbenannt. Diese Ergänzung der Navigation umfasst sowohl eine Ansicht als auch ein Formular:

✔ **Ansicht:** Präsentiert eine schreibgeschützte Anzeige ausgewählter Spalten aus Ihrer Dataverse-Tabelle. In Abbildung 6.6 sehen Sie die von mir erstellte Firmenansicht. Beachten Sie, dass A den App-Designer kennzeichnet, während B kennzeichnet, wie die Navigation für Benutzer angezeigt wird. In dieser Ansicht werden alle aktiven Firmeneinträge angezeigt.

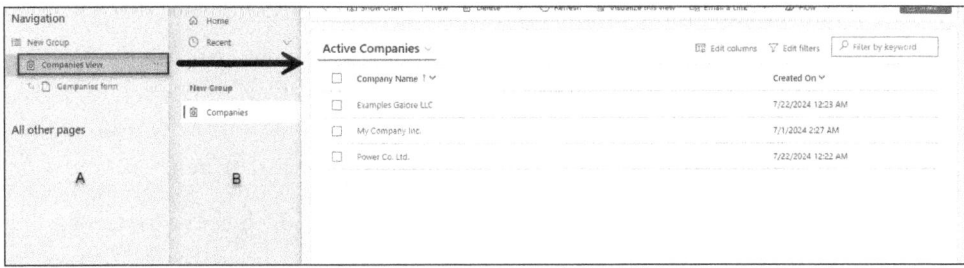

Abbildung 6.6: Navigation und Auflistungen der Firmenansicht

✔ **Formular:** Wird zur Dateneingabe verwendet und ermöglicht Benutzern die Eingabe oder Aktualisierung von Daten. Abbildung 6.7 zeigt mein Firmenformular, mit dem Benutzer interagieren können, um Daten hinzuzufügen oder zu ändern.

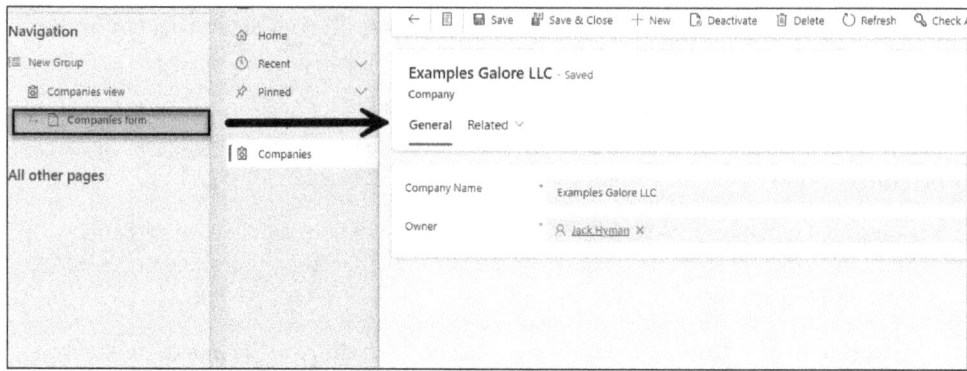

Abbildung 6.7: Das den Benutzern bereitgestellte Formular

Eine Dataverse-Tabelle und ihre Formularelemente ändern

Mit dem App Designer können Sie Formularfelder aus einer Dataverse-Tabelle direkt aus Ihrer App heraus zu Ihrer modellgesteuerten App hinzufügen (indem Sie dort das Formular anpassen). Unter anderem können Sie die folgenden Änderungen an einem Formular vornehmen:

✔ Dem Formular neue Spalten hinzufügen

✔ Spalten aus dem Formular entfernen

✔ Der Tabelle Spalten hinzufügen und sie dann dem Formular hinzufügen

✔ *Registerkarten* (Abschnitte eines Formulars, mit deren Hilfe Felder organisiert werden können) aus dem Formular entfernen oder hinzufügen

Eine Tabellenspalte ausblenden

Um eine Spalte in einer Dataverse-Tabelle auszublenden, gehen Sie wie folgt vor:

1. **Melden Sie sich bei Power Apps an und öffnen Sie das Power Apps Maker Portal.**
2. **Wählen Sie im Abschnitt IHRE APPS Ihre App aus.**
3. **Klicken Sie auf das Bleistiftsymbol, um den App Designer zu öffnen.**

   Im App Designer können Sie das Formular ändern, einschließlich dem Ausblenden oder Hinzufügen zusätzlicher Spalten.

4. Wählen Sie auf der Registerkarte SEITEN die Dataverse-Tabelle aus, die Sie bearbeiten möchten.
5. Wählen Sie das spezifische Formular aus, das mit der Dataverse-Tabelle verknüpft ist, die Sie ändern möchten.
6. Wählen Sie im sich öffnenden Formular-Designer die Spalte aus, die Sie ausblenden möchten.

   Die Spalte muss bereits im Formular-Designer angezeigt sein. Sie können das Feld nicht aus dem Bereich Tabellenspalten ausblenden.

7. Aktivieren Sie im Bereich SPALTENEIGENSCHAFTEN rechts auf dem Bildschirm das Kontrollkästchen AUSBLENDEN.

   Das Feld wird aus dem Formular ausgeblendet.

Eine ausgeblendete Spalte wieder sichtbar machen

Um eine Spalte einzublenden, gehen Sie wie folgt vor:

1. Deaktivieren Sie im Bereich TABELLENSPALTEN das Kontrollkästchen NUR NICHT VERWENDETE TABELLENSPALTEN ANZEIGEN (siehe Abbildung 6.8).

   Die Spalte wird in der Liste im Bereich TABELLENSPALTEN angezeigt.

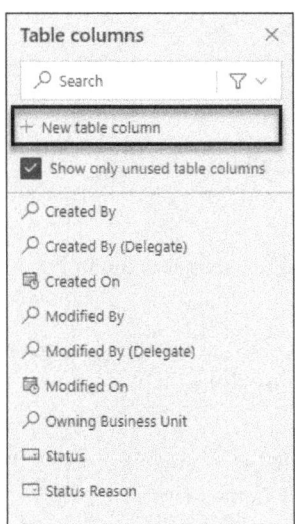

Abbildung 6.8: Ausblenden (und Einblenden) verwendeter Tabellenspalten

2. Doppelklicken Sie auf die Spalte, um sie wieder zum Formular hinzuzufügen und das vorherige Ausblenden rückgängig zu machen.

3. Klicken Sie auf SPEICHERN und dann auf VERÖFFENTLICHEN, um Ihre Änderungen anzuwenden.

Eine Spalte von der App aus hinzufügen

Wenn Sie eine neue Tabellenspalte aus der App hinzufügen müssen, gehen Sie wie folgt vor:

1. **Wählen Sie im Bereich Tabellenspalten die neue Tabellenspalte aus.**

   Ein Popup-Fenster wird angezeigt, siehe Abbildung 6.9.

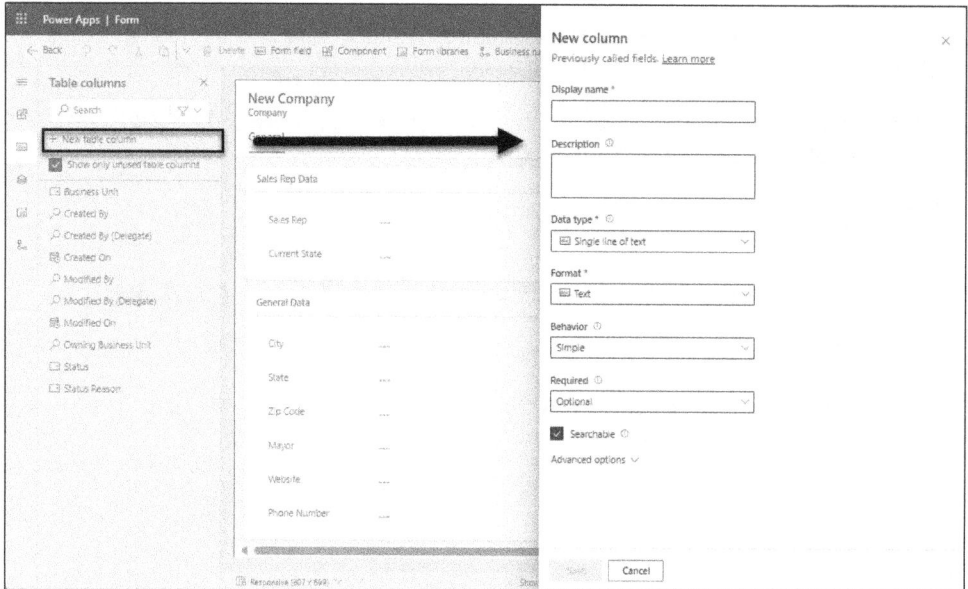

Abbildung 6.9: Eine neue Tabellenspalte zu einem Formular hinzufügen

2. **Füllen Sie die Felder im Popup-Fenster für die neue Tabellenspalte aus.**

   Zu diesen Feldern gehören:

   ✔ *Anzeigename:* Eine benutzerfreundliche Bezeichnung für die Spalte, die in Formularen, Ansichten und Dashboards angezeigt wird.

   ✔ *Beschreibung:* Zusätzliche Informationen zum Zweck oder Verwendungszweck der Spalte, die Administratoren oder Entwicklern helfen, ihre Rolle im System zu verstehen, insbesondere bei komplexen Apps.

   ✔ *Datentyp:* Definiert die Informationen, die in der Spalte gespeichert werden, z. B. Text, Zahl, Datum/Uhrzeit, Währung, Optionssatz, Suchen usw.

    Nachdem Sie Daten in die Spalte eingegeben haben, können Sie das Datentypformat nicht mehr ändern.

   ✔ *Format:* Weitere Details dazu, wie ein Benutzer die in ein Feld eingegebenen Daten formatieren kann. Beispielsweise zwingt ein Datentyp mit einer einzelnen Textzeile im Format E-Mail den Benutzer zur Eingabe einer E-Mail-Adresse.

✔ *Verhalten:* Wie sich bestimmte Datentypen verhalten, zum Beispiel Datum/Uhrzeit oder ein Textfeld. Wenn Sie beispielsweise `Text` als Format auswählen, können Sie das Verhalten entweder auf `Einfach` (einfache Dateneingabe) oder `Berechnet` (durch eine Power Fx-Formel bestimmt) festlegen.

✔ *Erforderlich:* Ob die Spalte für jeden Datensatz einen Wert haben muss. Sie können `Erforderlich` auf `Optional` (der Benutzer kann das Feld leer lassen), `Geschäftlich erforderlich` (der Benutzer muss einen Wert eingeben) oder `Empfohlen` (der Benutzer muss keinen Wert eingeben, es wird jedoch dringend empfohlen, das Feld auszufüllen) festlegen.

✔ *Durchsuchbar:* Wenn Sie das Kontrollkästchen DURCHSUCHBAR aktivieren, indiziert das System die Daten für zukünftige Suchvorgänge.

Das Beispiel in Abbildung 6.9 zeigt das Hinzufügen einer Tabellenspalte für eine E-Mail-Adresse mit dem Datentyp `Einzelzeile` und dem Format `E-Mail`, um sicherzustellen, dass Benutzer nur gültige E-Mail-Adressen eingeben können.

3. Klicken Sie auf SPEICHERN.

Das Popup-Fenster wird geschlossen und das Feld wird im Bereich TABELLENSPALTEN angezeigt.

4. **Ziehen Sie die neue Spalte aus dem Bereich TABELLENSPALTEN in den Bereich Formularseite.**

Sie können die Spalte an einer beliebigen Stelle im Formular platzieren.

5. **Klicken Sie auf SPEICHERN und dann auf VERÖFFENTLICHEN.**

Ihre neue Tabellenspalte wird im Formular-Designer der modellgesteuerten App angezeigt.

Um ein Element aus einem Formular zu löschen, markieren Sie einfach das Feld und klicken Sie in der Symbolleiste oben im Formular-Designer der App auf LÖSCHEN. Das Feld wird dann wieder in den Bereich TABELLENSPALTE verschoben.

Mit Seitenkomponenten kreativ werden

Bei einer modellgesteuerten App können Sie Ihrer Kreativität nur begrenzt freien Lauf lassen, da Sie durch die verfügbaren Seitenkomponenten eingeschränkt sind. Um Ihre modellgesteuerte App jedoch benutzerfreundlicher zu gestalten und ein einzelnes Formular nicht zu überladen, können Sie den Dateneingabevorgang in Registerkarten unterteilen, die das Formular in mehrere Abschnitte oder Seiten aufteilen.

Registerkarten bieten eine Möglichkeit, die Dateneingabe logisch zu organisieren und die Benutzerfreundlichkeit zu verbessern. Darüber hinaus können Sie mit modellgesteuerten Apps Formulare in strukturierte Abschnitte unterteilen, wobei jede Registerkarte bis zu vier Abschnitte unterstützt. Diese Abschnitte helfen dabei, verwandte Daten auf klare und überschaubare Weise zu organisieren und anzuzeigen.

Hier eine Aufschlüsselung der Komponenten des App-Designers in einer modellgesteuerten App (siehe Abbildung 6.10):

✔ **Komponentenbereich (in Abbildung 6.10 mit A gekennzeichnet):** Enthält verschiedene Formularsteuerelemente, die Sie per Drag-and-drop aus dem Komponentenbereich in den Formularbereich ziehen können, um das Layout des Formulars anzupassen. Sie können Spalten, Abschnitte, Registerkarten und mehr hinzufügen.

✔ **Registerkarten (mit B gekennzeichnet):** Ermöglicht Ihnen, ein einzelnes Formular in kleinere, geordnete Abschnitte zu unterteilen, sodass Benutzer leichter durch die verschiedenen Teile des Formulars navigieren können. Sie können Registerkarten aus dem Komponentenbereich hinzufügen.

✔ **Formularbereich (mit C gekennzeichnet):** Hier erstellen Sie das Formular, indem Sie Komponenten aus dem Komponentenbereich zum Formular-Designer hinzufügen. Sie können beispielsweise Abschnitte einfügen, um die Tabellenspalten auf einer bestimmten Registerkarte in logische Gruppierungen aufzuteilen, damit das Formular einfacher zu verwenden und zu verstehen ist.

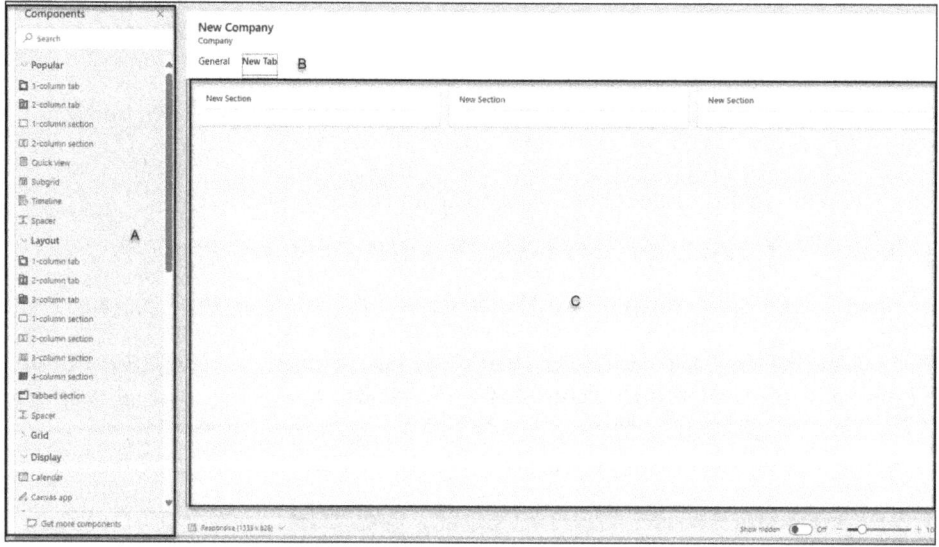

Abbildung 6.10: Die Komponenten des Fensters »Formular-Designer« der modellgesteuerten App

Bessere Übersicht mit der Strukturansicht

Sie denken vielleicht, dass Sie eine modellgesteuerte App problemlos verwalten können, weil das Layout vollständig datengesteuert ist. Dennoch sollten Sie die Komplexität aufgrund der Anzahl der Komponenten, die Sie in einem Formular platzieren können, nicht unterschätzen. Sie erstellen eine Hierarchie der Komponenten, von der Kopfzeile einer Seite bis zur Fußzeile. Sie können den Bereich STRUKTURANSICHT verwenden, um die Eigenschaften jedes

Formulars, einschließlich Spalten, Abschnitte, Registerkarten und Komponenten, schnell zu identifizieren. Um mit der Strukturansicht zu arbeiten, gehen Sie wie folgt vor:

1. **Öffnen Sie den Bereich STRUKTURANSICHT, indem Sie auf das Bleistiftsymbol rechts neben dem Formularnamen klicken.**
2. **Klicken Sie auf die Registerkarte STRUKTURANSICHT, die links angezeigt wird.**
3. **Navigieren Sie im Strukturansichtsbereich nach unten, um die spezifische Formularkomponente zu finden.**

   Sie können die *Knoten* (den Pfeil neben jedem Hauptabschnitt) erweitern oder reduzieren, indem Sie darauf klicken. Auf diese Weise werden die Elemente innerhalb dieses Knotens entweder angezeigt oder ausgeblendet.

4. **Wählen Sie im Strukturansichtsbereich eine Komponente aus.**

   Diese Komponente wird im Formular-Designer hervorgehoben (in Abbildung 6.11 habe ich die Spalte für den Verkaufsvertreter ausgewählt). Im Eigenschaftenbereich auf der rechten Seite des Fensters werden alle relevanten Eigenschaften für das ausgewählte Spaltenobjekt angezeigt.

 Wenn Sie eine Komponente ausblenden müssen, können Sie sie in der Symbolleiste oben auf der Seite in der Strukturansicht von Anzeigen auf AUSBLENDEN und umgekehrt umschalten. Sie können Komponenten über dieselbe Symbolleiste auch löschen.

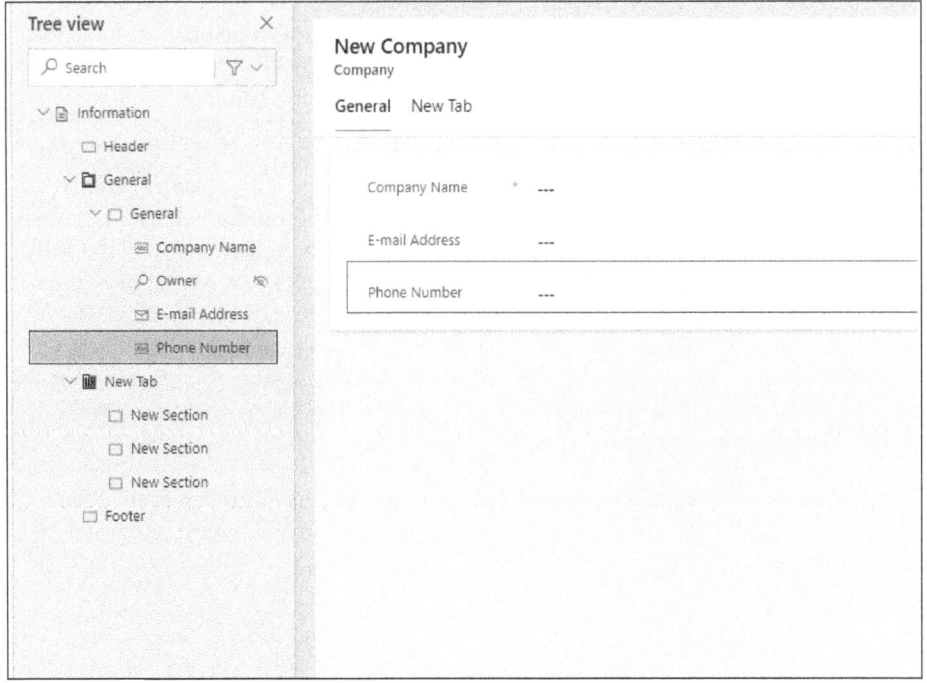

Abbildung 6.11: Darstellung einer modellgesteuerten App in der Strukturansicht

Eine Seitenstruktur erstellen, die die Navigation unterstützt

In einer modellgesteuerten App ist alles stark strukturiert, einschließlich jeder Seite, des auf jeder Seite erstellten Formulars und der Navigation. Sie als Anwendungsentwickler können Formularseiten und Ansichten in nur eine von drei Komponenten segmentieren:

✔ **Bereiche:** Wenn Ihre App mehrere Hauptfunktionen hat, können Sie sie in verschiedene Bereiche unterteilen. Sie können diese Bereiche in Hauptteile der App-Navigation unterteilen, zum Beispiel Dateneingabe, Berichterstellung oder Administration. In einer modellgesteuerten App werden diese Bereiche in der unteren linken Ecke des Navigationsbereichs angezeigt, sodass Benutzer problemlos zwischen verschiedenen App-Funktionen wechseln können.

   Wenn Sie nicht möchten, dass Ihre Endbenutzer auf einen Administrationsteil der Navigation Ihrer App zugreifen, können Sie den Zugriff auf die Dateneingabe und Berichterstellung auf der Grundlage eines rollenbasierten Zugriffs beschränken (siehe Kapitel 7).

✔ **Gruppen:** Wenn Ihre App über verwandte Funktionen verfügt, können Sie alle Formulare und Datenansichten in Gruppen organisieren, die als Unterkategorien innerhalb eines Bereichs fungieren. Diese Struktur hilft Benutzern, schnell zwischen verschiedenen Abschnitten und verwandten Aufgaben zu navigieren.

   Beispielsweise kann eine App einem Benutzer einen Bereich namens `Dateneingabe` anbieten, der zwei Gruppen umfasst: `Personenformulare` und `Produktformulare`. Jede Gruppe könnte ein oder mehrere Formulare unter der Gruppe haben. Ein anderer Bereich könnte der Berichterstattung gewidmet sein, die die Berichte in Personenberichte und Produktberichte unterteilt. Unter jeder Gruppe könnten Sie eine oder mehrere Dashboardseiten oder eingebettete Power BI-Berichte anlegen.

✔ **Seiten:** Benutzer interagieren mit Inhalten über Seiten, wie Formulare, Dashboards, benutzerdefinierte Seiten oder Navigationslinks (siehe Abschnitt »Mit Seiten in modellgesteuerten Apps beginnen« weiter oben in diesem Kapitel). Seiten sind in Gruppen organisiert, die verwandte Elemente in sich zusammenfassen. Manchmal enthält eine Gruppe eine einzelne Seite, manchmal mehrere Seiten. Sowohl Seiten als auch Gruppen sind in Bereiche unterteilt, die die Hauptabschnitte der App darstellen, wie zum Beispiel die Dateneingabe oder die Berichterstellung. Einige Apps haben möglicherweise nur einen Bereich, während andere viele haben können, in denen sich Gruppen und Seiten befinden.

   Durch die Unterteilung jedes Geschäftsbereichs in Bereiche, Gruppen und Seiten kann ein Unternehmen seinen Benutzern eine einfache Navigation mit möglichst wenigen Klicks ermöglichen.

Bereiche aktivieren

Standardmäßig deaktiviert eine modellgesteuerte App die Verwendung von Bereichen, sodass die App nur einen einzigen Bereich hat. Um einen Bereich zu aktivieren, gehen Sie wie folgt vor:

1. Wählen Sie im App Designer EINSTELLUNGEN aus.

2. Wählen Sie im Einstellungsfenster die Registerkarte NAVIGATION.

   Die Registerkarte NAVIGATION verfügt über mehrere Kontrollkästchen, die Sie aktivieren oder deaktivieren können.

3. Aktivieren Sie das Kontrollkästchen BEREICHE AKTIVIEREN.

4. Klicken Sie auf das X.

Einen neuen Bereich hinzufügen

Um einen Bereich in einer modellgesteuerten App hinzuzufügen, müssen Sie innerhalb der *Sitemap* der App arbeiten, die die Navigation der App organisiert, indem sie sie in Bereiche, Gruppen und Seiten unterteilt. Einige Apps haben mehr als einen Bereich, während eine einfachere App auch nur einen Bereich haben kann. Um einen Bereich hinzuzufügen, damit Sie eine App in genauer definierte Themen aufteilen können, gehen Sie wie folgt vor:

1. Wählen Sie im linken Navigationsbereich des App Designers SEITEN aus.

   Der Bereich SEITEN wird geöffnet.

2. Wählen Sie aus der Dropdown-Liste BEREICHE oben auf der Seite die Option NEUER BEREICH aus.

   Auf der rechten Seite des Fensters wird der Eigenschaftenbereich des neuen Bereichs geöffnet.

3. Ändern Sie die Eigenschaften, um den Bereich zu identifizieren.

   Zu den Angaben, die Sie eingeben müssen, gehören Titel und ID.

4. Klicken Sie auf SPEICHERN.

5. Wiederholen Sie die Schritte 2 bis 4, um so viele Bereiche zu erstellen, wie Sie benötigen, um die App entsprechend zu segmentieren.

6. Nachdem Sie alle gewünschten Bereiche hinzugefügt haben, klicken Sie auf SPEICHERN und dann auf VERÖFFENTLICHEN.

   Die neuen Bereiche werden auf der linken Seite der App-Oberfläche angezeigt.

Eine Gruppe erstellen

Beim Erstellen von Gruppen müssen Sie eines von zwei Szenarien berücksichtigen: Das erste liegt vor, wenn Sie noch keine Seite hinzugefügt haben; das andere liegt vor, wenn eine Seite vorhanden ist und Sie Ihre Seiten lediglich in detailliertere Einheiten aufteilen möchten:

- ✔ **Wenn Sie noch keine Seite hinzugefügt haben:** Beginnen Sie mit dem Hinzufügen einer Seite (siehe Kapitel 6). Wenn Sie eine Seite hinzufügen, wird sie automatisch der Standardgruppe zugewiesen (da Sie zunächst nur eine Gruppe haben). Um den Gruppennamen zu ändern, wählen Sie die oberste Option im Navigationsbereich und aktualisieren Sie im Eigenschaftenbereich (rechts im Fenster) die Titel- und ID-Details.

- ✔ **Wenn Sie bereits eine Seite haben:** Im Navigationsbereich auf der linken Seite des Fensters sollte mindestens eine Gruppe aufgeführt sein. Um eine zusätzliche Gruppe zu erstellen, wählen Sie die Ellipse (die drei Punkte) neben dem Namen der vorhandenen Gruppe aus. Wählen Sie im Popup-Menü NEUE GRUPPE aus. Geben Sie den Namen und die ID der neuen Gruppe im Eigenschaftenbereich ein.

Spaß mit Formularen

Apps sind nur so gut wie die Daten, die in sie eingegeben werden und die sie ausgeben. Wenn die Benutzeroberfläche der App es dem Benutzer nicht ermöglicht, Informationen zu finden oder einzugeben, ist die App wertlos. Das Tor zur Unterstützung aller Aktivitäten auf der Benutzeroberfläche ist ein *Formular*, die primäre Methode zum Sammeln und Verwalten der Daten Ihrer App. Sie können in einer modellgesteuerten App ein relativ einfaches oder ein komplexes Formular erstellen. Wenn Ihr Formular viele Komponenten enthält, haben Sie wahrscheinlich eine höhere Datenkomplexität, was bedeutet, dass Sie das Layout und die Logik des Formulars sorgfältig verwalten müssen, um Benutzerfreundlichkeit und Leistung sicherzustellen. Beispielsweise müssen Sie möglicherweise ein einzelnes Formular in mehrere Seiten aufteilen, um durchgängig eine benutzerfreundliche Erfahrung sicherzustellen.

 Wenn Sie als Anwendungsentwickler eine App entwickeln möchten, erstellen Sie die App-Lösung als *nicht verwaltet* (das heißt, sie kann später bearbeitet und geändert werden), damit Benutzer neue Formulare und Komponenten hinzufügen können. Nachdem Sie die Lösung in *eine verwaltete Lösung* umgewandelt haben (das heißt, sie ist gesperrt und nicht mehr bearbeitbar), setzt Power Apps die App in Produktion und schränkt Änderungen ein. In einer verwalteten App können Sie keine neuen Formulare erstellen oder vorhandene Formulare für Tabellen bearbeiten. Wenn Sie und die Benutzer der App eine kontinuierliche Weiterentwicklung benötigen, ist es daher wichtig, Application Lifecycle Management (ALM) zu implementieren, wie zuvor in diesem Kapitel und in Kapitel 4 beschrieben.

Die vier vordefinierten Formulartypen, die Sie in einer modellgesteuerten App verwenden können, sind:

- ✔ **Hauptformular:** Hier können Sie die Hauptbenutzeroberfläche erstellen. Dient der detaillierten Dateneingabe und -verwaltung.

✔ **Schnelles Erstellen:** Ermöglicht eine schnelle und minimale Dateneingabe. Ziehen Sie diesen Formulartyp in Betracht, wenn Sie nur wenige Felder haben, die nicht den gesamten Bildschirm einnehmen müssen.

✔ **Schnellansicht:** Schreibgeschützt. Wird verwendet, um verwandte Daten ohne Bearbeitung anzuzeigen. Wenn Sie Daten vergleichen und gegenüberstellen müssen und keine Dateneingabe benötigen, bietet diese Option eine optimierte Möglichkeit, Informationen ohne komplexe Eingabeanforderungen zu visualisieren und zu analysieren.

✔ **Kartenformular:** Ein kleines, kompaktes Formular, das Sie möglicherweise in ein Hauptformular einbetten, um wichtige Details anzuzeigen oder einen schnellen Überblick über zugehörige Daten aus einer anderen Dataverse-Tabelle oder eine Zusammenfassung zugehöriger Daten bereitzustellen.

Die vier Formulartypen in modellgesteuerten Apps haben alle den Zweck, die Dateninteraktion zu erleichtern, sei es bei der Dateneingabe oder bei der Datenänderung. Sie können alle Formulare anpassen, aber unabhängig davon, welches Formular Sie anpassen, möchten Sie Daten auf eine Weise organisieren und präsentieren, die für die jeweilige Aufgabe am besten geeignet ist. Alle vier Formulartypen bieten dem Benutzer Flexibilität bei der Interaktion innerhalb der App.

Erste Schritte mit Formularlayouts

Formulare können ganz simpel sein und beispielsweise erfordern, dass ein Benutzer nur bestimmte Felder ausfüllt, bevor er auf die Schaltfläche SPEICHERN klickt. Eine modellgesteuerte App auf Unternehmensebene dagegen könnte für eine komplexere Datenerfassung als ein einfaches Einzelformular mit ein paar Feldern auf einer Seite vorgesehen sein. Modellgesteuerte Apps auf Unternehmensebene enthalten häufig viele (möglicherweise Dutzende oder Hunderte) Formulare. Planen Sie das Formularlayout sorgfältig, bevor Sie Ihre App entwerfen, und beachten Sie dabei Folgendes:

✔ **Anzahl der Registerkarten:** Sie möchten, dass jede Registerkarte einen bestimmten Datensatztyp enthält. Stellen Sie sich Registerkarten wie die verschiedenen Abschnitte eines Aktenschranks vor, wobei jede Registerkarte einen separaten Ordner mit zugehörigen Informationen darstellt. So wie jeder Ordner bestimmte Dokumente innerhalb eines größeren Systems organisiert, organisiert jede Registerkarte in Ihrer modellgesteuerten App zugehörige Daten in überschaubaren Abschnitten.

✔ **Anzahl der Spalten und Abschnitte pro Registerkarte:** Die erste Regel beim Anwendungsdesign besteht darin, das Scrollen zu minimieren. Eine weitere Regel besteht darin, ähnliche Daten in einem Formular zu gruppieren. Wenn Sie eine große Menge an Daten auf einer einzigen Seite anzeigen müssen, verwenden Sie beispielsweise Registerkarten, um verwandte Themen in separaten Bereichen zu organisieren.

Platzieren Sie beispielsweise bei einer Bewerbung Ihre Kontaktinformationen auf einer Registerkarte, Ihre früheren Arbeitgeber auf der zweiten Registerkarte und Ihre Ausbildung auf der dritten Registerkarte. Wenn Sie auf jeder Registerkarte Ja/Nein- oder Kurzantwortdaten erfassen müssen, können Sie mehrere Spalten verwenden, indem Sie das Layout anpassen und die Felder in zwei oder mehr Spalten aufteilen. Dadurch wird das Formular übersichtlicher und die Navigation wird einfacher.

✔ **Welche Komponenten sollen integriert werden:** Sie können verschiedene Komponenten verwenden, wie Raster, Bilder, benutzerdefinierte Formulare oder Karten, die im Bereich KOMPONENTEN verfügbar sind. Oder vielleicht möchten Sie Suchvorgänge und Auswahlfelder einbeziehen, die Sie im Bereich TABELLENSPALTE erstellen. (Informationen zum Erstellen von Suchvorgängen finden Sie im Abschnitt »Ein Raster und ein Suchfeld zu einer Registerkarte hinzufügen« weiter unten in diesem Kapitel.)

Befolgen Sie diese allgemeinen Schritte, um ein effektives Formular zu entwerfen:

1. **Identifizieren Sie die Spalten, die Sie benötigen, basierend auf den Anforderungen für die Dateneingabe und die Anzeige.**

2. **Bestimmen Sie, wie Sie Ihre Komponenten in diesen Spalten organisieren möchten.**

   Entscheiden Sie, ob Sie Raster, Bilder, Suchfunktionen oder benutzerdefinierte Formulare verwenden möchten, um die Daten anzuzeigen oder Benutzereingaben zu ermöglichen.

Weitere Einzelheiten zum Auswählen und Konfigurieren von Spalten, die Teil eines Formulars sind, finden Sie in Kapitel 3. Dort erkläre ich ausführlich, wie Sie die richtigen Spalten und Komponenten für Ihre Dataverse-Dateneingabeanforderungen auswählen.

Ein Hauptformular erstellen

Wenn Sie eine Tabelle in Dataverse erstellen, haben Sie einen Vorsprung, da Power Apps automatisch ein Hauptformular erstellt. Aber natürlich ist Ihre Arbeit nicht erledigt, nur weil Power Apps das Formular erstellt hat. Sie müssen jedes Formular konfigurieren und mit den Komponenten füllen, die Sie zur Dateneingabe verwenden möchten. Gehen Sie wie folgt vor, um das Hauptformular zu erstellen und zu formatieren:

1. **Melden Sie sich an, um auf das Power Apps Maker Portal zuzugreifen.**

2. **Wählen Sie auf der linken Seite die Registerkarte TABELLEN und wählen Sie dann die Tabelle aus, mit der Sie arbeiten möchten.**

3. **Klicken Sie im Fenster TABELLEN auf den Namen der Tabelle, für die Sie ein Formular erstellen oder bearbeiten möchten.**

   Das Tabellenfenster für die ausgewählte Tabelle wird angezeigt.

   In meinem Beispiel klicke ich auf die Tabelle *Company*.

4. **Wählen Sie in der Spalte DATENERFAHRUNGEN des Tabellenfensters *Company* die Option FORMULARE aus (siehe Abbildung 6.12).**

   Das Formularfenster für *Company* wird geöffnet.

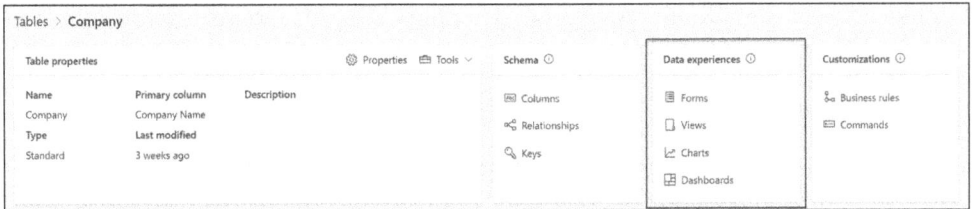

Abbildung 6.12: Das Formularfenster für Company mit hervorgehobener Spalte »Datenerfahrungen«

5. Klicken Sie auf die drei vertikalen Punkte links neben dem Formulartyp.

 Jedes von Power Apps erstellte Standardformular trägt den Namen *Informationen*. Sie können ihn beibehalten oder ändern.

6. Wählen Sie im Popup-Menü BEARBEITEN|BEARBEITEN.

   Abbildung 6.13 zeigt dieses Menü.

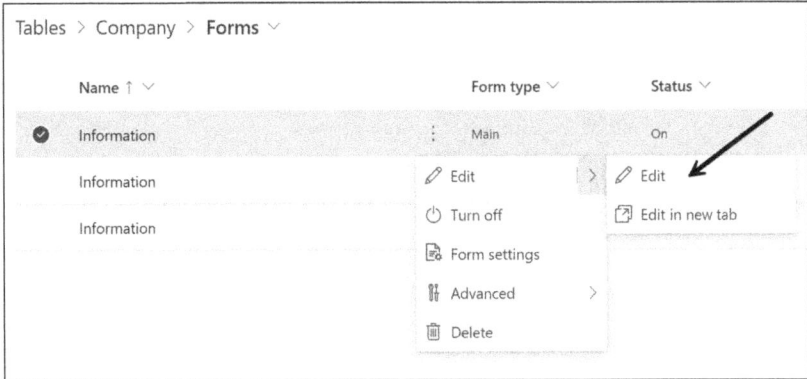

Abbildung 6.13: Das Bearbeitungsfenster für ein Formular öffnen

Das Hauptformular für Ihre Tabelle wird angezeigt. Dort können Sie dem Formular die entsprechenden Registerkarten hinzufügen.

Registerkarten zu Ihrem Formular hinzufügen

Gehen Sie wie folgt vor, um Registerkarten zu erstellen:

1. Ziehen Sie im Komponentenbereich links im Hauptformularfenster die einspaltige Registerkarte per Drag-and-drop in das Hauptformular.
2. Wählen Sie die Registerkarte aus, um den Eigenschaftenbereich zu öffnen.
3. Ändern Sie den Namen der Registerkarte im Feld BESCHRIFTUNG.

   Für mein Beispiel ändere ich den Namen in *Locations*.

4. Ziehen Sie aus dem Komponentenbereich die zweispaltige Registerkarte per Drag-and-drop in das Formular.

5. Wiederholen Sie die Schritte 2 und 3 für jede neue Registerkarte.

   n meinem Beispiel habe ich den Namen der Registerkarte in `Contracts` geändert. Abbildung 6.14 zeigt, wie das Formular die beiden Registerkarten `Locations` und `Contracts` integriert.

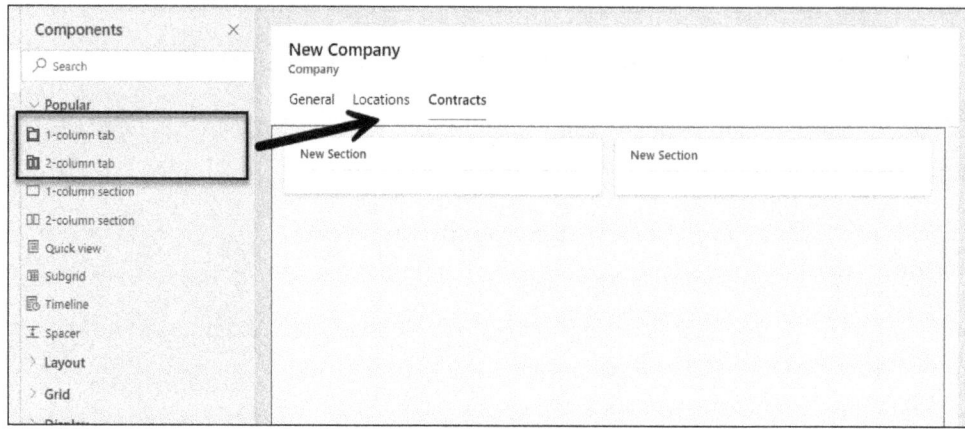

Abbildung 6.14: Ein Formular mit hinzugefügten Registerkarten

6. Klicken Sie auf die Standardregisterkarte Verwandte Themen und wählen Sie in der Symbolleiste Ausblenden aus.

   Die Registerkarte Verwandt in einem modellgesteuerten App-Formular zeigt Daten aus anderen Tabellen an, die mit dem aktuellen Dataset verknüpft sind (und die dieses Dataset nicht enthält).

Dem Hauptformular Tabellenspalten hinzufügen

Sie können Ihrem Hauptformular im Formular-Designer Tabellenspalten hinzufügen. Gehen Sie wie folgt vor:

1. Klicken Sie im Hauptformular auf die Registerkarte Allgemein.

   Die Registerkarte Allgemein ist eine Standardregisterkarte, die für jedes Formular erstellt wird.

   Für dieses Beispiel nehmen wir an, dass im Formular zwei Spalten angezeigt werden: `Company` und `Owner`.

2. Blenden Sie das Feld *Owner* aus, indem Sie die Spalte auswählen und dann in der Symbolleiste auf die Schaltfläche Ausblenden klicken.

3. Ziehen Sie die Felder für E-Mail und Telefon per Drag-and-drop aus dem Tabellenspaltenbereich in das Formular.

4. Wählen Sie im Bereich TABELLENSPALTE die Option NEUE TABELLENSPALTE aus.

   Der Bereich NEUE TABELLENSPALTE wird auf der rechten Seite angezeigt.

5. Erstellen Sie eine neue Spalte namens *Point of Contact* mit dem Datentyp `Einzelne Textzeile`.

   Wie Sie eine Spalte erstellen, erfahren Sie im Abschnitt »Eine Spalte von der App aus hinzufügen« weiter oben in diesem Kapitel.

6. Wiederholen Sie Schritt 5, um eine weitere Spalte mit dem Namen *Reseller* hinzuzufügen, die die Datentypoption `Ja/Nein` verwendet.

   Beide Tabellenspalten werden im Bereich TABELLENSPALTEN angezeigt.

7. Ziehen Sie aus dem Komponentenbereich auf der linken Seite des Fensters einen einspaltigen Abschnitt auf die Registerkarte ALLGEMEIN.

8. Klicken Sie auf den Abschnitt und benennen Sie ihn im daraufhin geöffneten Eigenschaftenfenster um.

9. Wiederholen Sie die Schritte 7 und 8, um gegebenenfalls weitere Abschnitte hinzuzufügen.

   Den oberen Abschnitt habe ich im Eigenschaftenfenster `Company Profile` und den unteren Abschnitt `Reseller Data` genannt.

10. Ziehen Sie die Spalte `Point of Contact` per Drag-and-drop aus dem Bereich TABELLENSPALTEN in den Abschnitt `Reseller Data`, und machen Sie dann dasselbe für die Spalte `Reseller`.

11. Speichern Sie das Formular, indem Sie in der Symbolleiste auf die Schaltfläche SPEICHERN UND VERÖFFENTLICHEN klicken.

Ein Raster und ein Suchfeld zu einer Registerkarte hinzufügen

In diesem Abschnitt zeige ich Ihnen, wie Sie einer Registerkarte ein Raster und ein Suchfeld hinzufügen. Sie können die Registerkarte `Locations` verwenden, die wir im Abschnitt »Registerkarten zu Ihrem Formular hinzufügen« weiter oben in diesem Kapitel erstellt haben. Und um diese Schritte ausführen zu können, müssen Sie zusätzliche Tabellen erstellen (einschließlich einer mit dem Namen `States`, deren Erstellung ich Ihnen in Kapitel 3 zeige). Sie müssen zusätzliche Tabellen vorab ausgefüllt haben, bevor Sie die verschiedenen Komponenten verwenden können. Nachdem Sie diese Tabellen erstellt haben, können Sie die Daten in das Formular integrieren. Gehen Sie wie folgt vor, um auf der Registerkarte *Locations* ein Raster und eine Such-Dropdownliste einzurichten:

1. Klicken Sie im Formular-Designer auf die Registerkarte *Locations*, um dorthin zu gelangen.

2. Erstellen Sie eine neue Tabellenspalte, indem Sie im Bereich TABELLENSPALTE auf die Schaltfläche NEUE TABELLENSPALTE klicken.

3. Geben Sie im Textfeld SPALTENNAME *Company HQ* ein.

4. Wählen Sie aus der Dropdownliste DATENTYP die Option SUCHE|SUCHE aus.

5. Wählen Sie in der Dropdownliste VERWANDTE TABELLE die Tabelle *States* aus.

6. Klicken Sie auf SPEICHERN.

   Benutzer können jetzt den Namen des Staates für den Firmensitz aus einer vordefinierten Liste auswählen.

7. Ziehen Sie die neu erstellte Suchspalte per Drag-and-drop aus dem Bereich TABELLENSPALTEN auf die Registerkarte *Locations* und positionieren Sie sie anschließend mithilfe des Formular-Designers.

8. Wiederholen Sie die Schritte 2 bis 7, um weitere Tabellenspalten aus dem Bereich TABELLENSPALTEN hinzuzufügen.

   Fügen Sie Komponenten aus dem Komponentenbereich hinzu.

   In Abbildung 6.15 füge ich dem Formular ein bearbeitbares Raster hinzu (unter der Registerkarte *Locations*).

    Die Konfiguration einiger Komponenten, wie zum Beispiel des bearbeitbaren Rasters, kann ziemlich komplex werden. Ein bearbeitbares Raster ist besonders nützlich für Massenaktualisierungen oder wenn Sie eine schnelle, effiziente Dateneingabe für mehrere Datensätze benötigen. Um zu erfahren, wie Sie die Komponente »bearbeitbares Raster« konfigurieren, gehen Sie zu http://learn.microsoft.com und geben Sie »bearbeitbares Raster« in das Suchtextfeld ein. Die Ergebnisse können Ihnen eine bessere Vorstellung davon geben, wie Sie bearbeitbare Raster verwenden.

9. Wählen Sie SPEICHERN UND VERÖFFENTLICHEN.

   Alle Benutzer können jetzt auf das aktualisierte Hauptformular mit der neuen Suchspalte zugreifen.

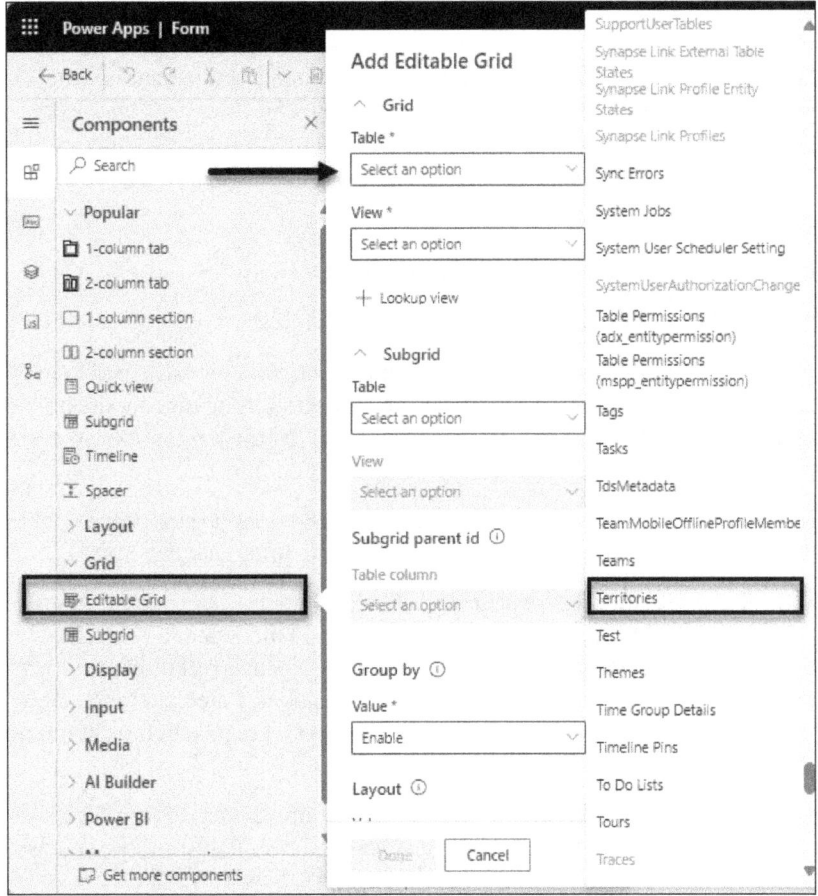

Abbildung 6.15: Ein bearbeitbares Raster erstellen

In Ansichten eintauchen

Sie möchten den Benutzern Ihrer modellgesteuerten App die Möglichkeit geben, die in Dataverse-Tabellen gespeicherten Datensätze abzufragen, die sie mithilfe eines Formulars eingegeben haben. Basierend auf einer definierten Abfrage können Sie Datensätze in einem schreibgeschützten Format über eine Ansicht präsentieren. Im Gegensatz zu einem Formular (wie im Abschnitt »Spaß mit Formularen« weiter oben in diesem Kapitel beschrieben) ist eine *Ansicht* eine Momentaufnahme des Datensatzes einer Dataverse-Tabelle. Mit einer Ansicht konfigurieren Sie die Spalten, die Sie anzeigen möchten, mithilfe bestimmter Filter, die einschränken, welche Datensätze auf der Seite der modellgesteuerten App angezeigt werden. Eine Ansicht besitzt Folgendes:

✔ Mindestens eine Spalte

✔ Eine Standardsortierreihenfolge (wenn sie mehrere Spalten enthält)

✔ Filter zur Einschränkung eines Datasets basierend auf einer endlichen Bedingung

Der Entwickler entscheidet über jedes dieser Merkmale abhängig vom jeweiligen Benutzertyp, zum Beispiel wenn ein Vertriebs- und Marketingprofi eine öffentliche Ansicht erhält, oder wenn alle Endbenutzer Zugriff auf eine Systemansicht erhalten. (Informationen zu rollenbasierten Zugriffsprinzipien finden Sie in Kapitel 7.) Bedenken Sie, dass ein App-Designer öffentliche und Systemansichten erstellt, ein Benutzer jedoch mit der entsprechenden Berechtigung des Systemadministrators auch persönliche Datenansichten erstellen kann.

Ansichten basierend auf Rollen und Verantwortlichkeiten zuweisen

Nicht alle Benutzer sehen die gleichen Daten. Jeder kann auf öffentliche Ansichten zugreifen. Sie können den Zugriff auf Ansichten auf eine einzelne Person beschränken, indem Sie PERSÖNLICHE ANSICHTEN festlegen. Ansichten hängen von Sicherheitsrollen und Verantwortlichkeiten ab, wie in Kapitel 7 erklärt. Die drei Ansichtstypen sind:

✔ **Persönliche Ansicht:** Die Daten, die der Benutzer erstellt, vorausgesetzt, der Benutzer hat Zugriff auf die Erstellung und Freigabe des Datasets innerhalb der App.

✔ **Systemansicht:** Eine vordefinierte Ansicht, die allen Benutzern basierend auf ihren Sicherheitsrollen zur Verfügung steht. Diese Ansichten sind nicht an eine einzelne modellgesteuerte App gebunden, sondern mit Dataverse-Tabellen verknüpft, und können in mehreren Apps verwendet werden, die auf dieselben Daten zugreifen. Nur Systemadministratoren oder Anpasser, also mit Dataverse verknüpfte Rollen, können die Systemansichten ändern.

✔ **Öffentliche Ansicht:** Eine allgemeine Ansicht, auf die alle App-Benutzer zugreifen können. Benutzer können benutzerdefinierte Filter auf Spaltendaten in ihrer Anwendungsinstanz anwenden, aber sie können Änderungen an der öffentlichen Ansicht nicht speichern, es sei denn, sie haben die Berechtigung zum Erstellen persönlicher Ansichten.

Öffentliche Ansichten verstehen

Der einfachste Weg, eine neue Ansicht zu erstellen oder eine vorhandene Ansicht zu ändern, besteht darin, mit Ihrer Dataverse-Tabelle zu beginnen, da jede Tabelle standardmäßig mit sechs vorgefertigten Ansichten ausgestattet ist, wie in Abbildung 6.16 dargestellt.

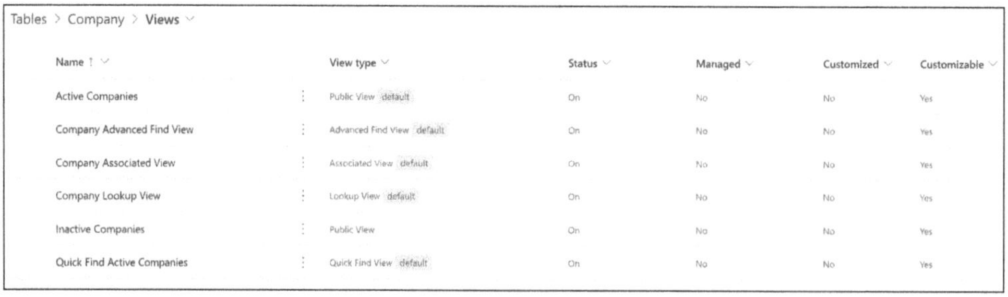

Name ↑	View type	Status	Managed	Customized	Customizable
Active Companies	Public View default	On	No	No	Yes
Company Advanced Find View	Advanced Find View default	On	No	No	Yes
Company Associated View	Associated View default	On	No	No	Yes
Company Lookup View	Lookup View default	On	No	No	Yes
Inactive Companies	Public View	On	No	No	Yes
Quick Find Active Companies	Quick Find View default	On	No	No	Yes

Abbildung 6.16: Die verfügbaren Ansichtstypen für eine Dataverse-Tabelle

Tabelle 6.2 beschreibt alle für eine Dataverse-Tabelle verfügbaren Ansichtstypen.

Ansichtstyp	Was er zeigt
Aktiv	In einer öffentlichen Ansicht werden alle als aktiv markierten Datensätze angezeigt. Datensätze werden *aktiv*, sobald sie gespeichert sind. Bis ein Benutzer einen Datensatz *deaktiviert* (als inaktiv markiert), bleibt er aktiv und wird in der öffentlichen Ansicht angezeigt.
Inaktiv	In dieser Ansicht werden alle Datensätze angezeigt, die ein Benutzer deaktiviert hat. Diese Datensätze werden normalerweise archiviert und von einem Benutzer nicht mehr aktiv angezeigt. Sie können sie jedoch zu Referenz- oder historischen Zwecken aufbewahren.
Schnellsuche	Suche in mehreren vom Systemadministrator vordefinierten Spalten. Die Ansicht gibt die Ergebnisse in einem Listenformat aus und zeigt nur die Datensätze an, in denen die Daten in den angegebenen Spalten mit dem Suchparameter übereinstimmen.
Erweiterte Suche	Hiermit erstellen Sie benutzerdefinierte Abfragen mit bestimmten Filtern, die es Benutzern ermöglichen, in mehreren Tabellen nach Daten zu suchen. Zeigt die übereinstimmenden Datensätze basierend auf den in der Abfrage angewendeten Filtern an.
Verwandt	Zeigt alle zugehörigen Datensätze aus einer anderen Tabelle an, die mit einem bestimmten Datensatz verknüpft sind.
Suche	Zeigt Schlüsseldaten aus einem Datensatz an, wenn Sie diesen nach einer Suche auswählen. Zeigt normalerweise eine oder zwei Schlüsselspalten mit Daten an und bietet so eine übersichtliche Ansicht des Datensatzes.

Tabelle 6.2: Öffentliche Ansichtstypen

Ein Benutzer kann einen Datensatz aktivieren oder deaktivieren, wenn er über die entsprechenden Berechtigungen verfügt. Die Möglichkeit, einen Datensatz zu aktivieren oder zu deaktivieren, wirkt sich auch auf alle anderen öffentlichen Ansichten aus, da ein inaktiver Datensatz nur angezeigt wird, wenn Sie ein Dataset so filtern, dass inaktive Daten angezeigt werden.

Eine Ansicht erstellen oder bearbeiten

Ein Benutzer kann entweder eine der verfügbaren öffentlichen Ansichten ändern oder seine persönliche Ansicht für eine bestimmte Entität erstellen. Um eine Ansicht zu erstellen oder zu bearbeiten, gehen Sie im Makers Portal zu TABELLEN. Wählen Sie dann im Abschnitt DATENERFAHRUNG die Tabelle aus, für die Sie eine Ansicht erstellen oder bearbeiten möchten.

Die folgenden Abschnitte beschreiben, wie Sie eine vorhandene Ansicht ändern und eine neue öffentliche Ansicht erstellen.

Konsistenz ist der Schlüssel. Versuchen Sie, das Layout jeder Ansicht für jede Tabelle möglichst gleich zu halten. Replizieren Sie beispielsweise die Spalten, die Sie für die aktiven und inaktiven Optionen verwenden, damit die Daten beim Durchsuchen des Datasets in einem vertrauten Format angezeigt werden. Darüber hinaus können Sie dafür sorgen, dass die erste Spalte in jeder Ansicht den *eindeutigen Wert* enthält (einen Wert, der sich nicht wiederholt).

Eine vorhandene öffentliche Ansicht erstellen

Gehen Sie wie folgt vor, um eine vorhandene öffentliche Ansicht zu ändern und Sortier- und Filterbedingungen hinzuzufügen:

1. **Wählen Sie aus der Dataverse-Tabellenliste die Tabelle aus, die Sie verwenden möchten.**

   In meinem Beispiel wähle ich die Tabelle `Company`.

2. **Klicken Sie in der Tabelle im Abschnitt Datenerfahrungen auf Ansichten.**

   Eine Liste der verfügbaren, von Power Apps erstellten Ansichten wird angezeigt.

3. **Klicken Sie auf den Link für die Ansicht, die Sie ändern möchten.**

   Ich habe `Active Company` ausgewählt.

   Eine Standardbenutzeroberfläche wird angezeigt.

   Sie können diese Standardoberfläche anpassen, indem Sie beispielsweise zusätzliche Spalten hinzufügen oder nicht benötigte Spalten entfernen.

4. **Wählen Sie die Schaltfläche + Spalte anzeigen rechts neben der öffentlichen Ansicht.**

5. **Doppelklicken Sie in der Liste Ansicht auf jede Spalte, die Sie hinzufügen möchten.**

6. **Wiederholen Sie die Schritte 4 und 5 für jede Spalte, die Sie zur Ansicht aktiver Datensätze hinzufügen möchten.**

   In meinem Beispiel habe ich die Spalten `Company HQ`, `E-mail Address`, `Phone Number`, `Reseller` und `Point of Contact` hinzugefügt.

   Alternativ können Sie die Felder per Drag-and-drop aus dem Tabellenspaltenbereich in den Ansichtsbereich ziehen. Die Spalten werden von links nach rechts in der Reihenfolge angezeigt, in der Sie sie hinzugefügt haben.

7. **(Optional) Um nicht benötigte Spalten in der Ansicht aktiver Datensätze zu löschen, klicken Sie auf die Spalte und wählen Sie Löschen aus der Dropdown-Liste aus.**

   In meinem Beispiel habe ich die Spalte `Created By` entfernt.

KAPITEL 6 Datenlösungen mit modellgesteuerten Apps   211

8. Ordnen Sie die Spalten neu an, sodass sie in der gewünschten Reihenfolge angezeigt werden, indem Sie die Spaltenüberschriften per Drag-and-drop verschieben.

   Für dieses Beispiel habe ich den `Point of Contact` aus der letzten Spalte in die dritte Spalte zwischen `Company HQ` und `E-Mail Address` verschoben.

9. (Optional) Um neben der ersten Spalte weitere Sortieroptionen hinzuzufügen, klicken Sie im Eigenschaftenbereich für die ausgewählte Ansicht auf DANN SORTIEREN NACH.

   Die erste Spalte im Beispiel (siehe Abbildung 6.17) ist der Firmenname. Ich habe nach Firmensitz sortiert und dann einen sekundären Sortierparameter hinzugefügt.

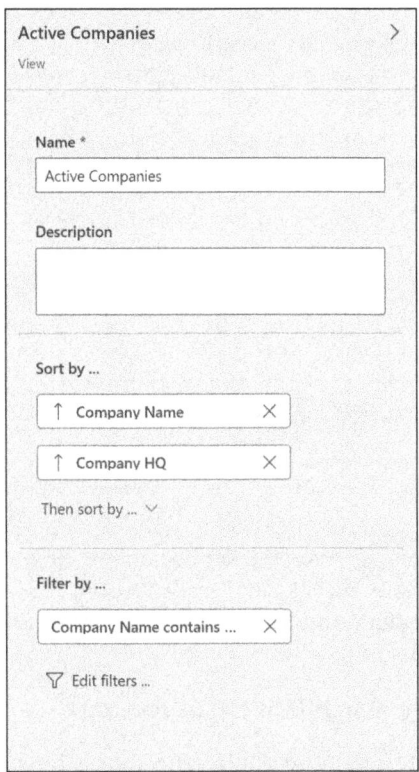

Abbildung 6.17: Eine Sortier- und Filterbedingung für eine Ansicht erstellen

10. Wenn Sie auch einen Filterparameter hinzufügen möchten, klicken Sie im Abschnitt FILTERN NACH auf FILTER BEARBEITEN.

11. Fügen Sie im angezeigten Fenster FILTER BEARBEITEN jede Bedingung hinzu, nach der Sie filtern möchten.

    Zu den Filterparametern, aus denen Sie auswählen können, gehören ENTHÄLT, STATUS und GLEICH.

    Ich habe eine Filterbedingung erstellt, die FIRMENNAME ENTHÄLT entspricht (siehe Abbildung 6.17).

12. Um die Ansicht in Dataverse zu speichern, klicken Sie auf SPEICHERN UND VERÖFFENTLICHEN.

Die aktualisierte Ansicht *Active Company* (siehe Abbildung 6.18) enthält alle von mir hinzugefügten Werte sowie die in Abbildung 6.17 gezeigten Bedingungen SORTIEREN NACH und FILTERN NACH. Die Ansicht wird in der App nur aktualisiert, wenn Sie die App erneut veröffentlichen, indem Sie in der Symbolleiste auf die Schaltfläche SPEICHERN UND VERÖFFENTLICHEN klicken.

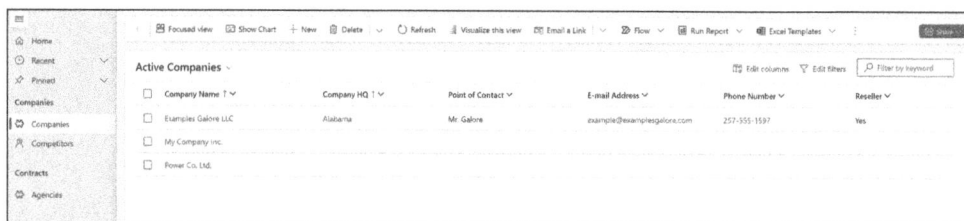

Abbildung 6.18: Eine angepasste aktive Ansicht in einer modellgesteuerten App

Eine neue Ansicht erstellen

Um eine neue Ansicht in Ihrer modellgesteuerten App zu erstellen, beginnen Sie mit der Dataverse-Tabelle Ihrer Wahl. Gehen Sie im Beispiel zurück zur Tabelle *Company*, die unter ANSICHTEN erstellt wurde. Statt auf eine vorhandene Ansicht zuzugreifen, können Sie mit den folgenden Schritten eine neue Ansicht erstellen:

1. Klicken Sie oben im Ansichtsbereich auf die Schaltfläche NEUE ANSICHT.

2. Geben Sie im Fenster NEUE ANSICHT den Namen und die Beschreibung der vorgeschlagenen Ansicht in die entsprechenden Textfelder ein.

    Geben Sie zusätzlich zu dem Namen am besten auch eine Beschreibung der vorgeschlagenen Ansicht an.

3. Klicken Sie auf ERSTELLEN.

    Die primäre Spalte (in meinem Beispiel für den Unternehmensnamen) wird als einzige in der Ansicht aufgelisteten Spalten angezeigt.

KAPITEL 6 Datenlösungen mit modellgesteuerten Apps

4. **Fügen Sie der Ansicht für die Firmenzentrale** Company HQ **eine weitere Spalte hinzu.**

   Sie können entweder

   - die Spalten per Drag-and-drop aus dem Bereich TABELLENSPALTEN ziehen oder
   - auf die Schaltfläche + SPALTE ANZEIGEN rechts neben der letzten Spalte in der Ansicht klicken.

   Ich habe die Spalte Company HQ hinzugefügt.

   In Ihrer neuen Ansicht werden jetzt zwei Spalten angezeigt.

5. **Klicken Sie in der Symbolleiste auf die Schaltfläche SPEICHERN UND VERÖFFENTLICHEN, um Ihre neue Ansicht zu speichern.**

   Sie können die damit erstellte Ansicht jetzt als aktive Ansicht in der gesamten modellgesteuerten App verwenden.

> **IN DIESEM KAPITEL**
>
> Diagramme und Dashboards in eine modellgesteuerte App integrieren
>
> Eine Automatisierung von Geschäftsprozess-Flows aufbauen
>
> Daten sichern, die Ihre modellgesteuerte App erfasst und präsentiert

Kapitel 7
Modellgesteuerte Apps erweitern

Um den größtmöglichen Nutzen aus den Daten zu ziehen, die Sie mit Ihren modellgesteuerten Apps erfassen, möchten Sie normalerweise eine Möglichkeit finden, um eine Geschichte mit diesen Daten zu erzählen. Wenn Sie beispielsweise ein Unternehmen leiten, möchten Sie dazu vielleicht Visualisierungen verwenden, die auf den in Dataverse gespeicherten Daten basieren, und Diagramme und Dashboards in Ihre modellgesteuerten Apps integrieren.

Viele Entwickler nutzen Power BI für Datenvisualisierung und Power Automate für Workflow-Management. Diese Aufgaben lassen sich jedoch auch direkt in Dataverse erledigen. Auch darauf gehe ich in diesem Kapitel ein.

Ich zeige auch, wie Sie Sicherheitsrollen erstellen und zuweisen, die festlegen, welche Benutzer auf die Daten zugreifen können, die Sie über Ihre modellgesteuerten Apps erfassen und präsentieren.

Diagramme und Dashboards

Bei der Planung einer modellgesteuerten App ist es wichtig, die erwarteten Ergebnisse der Benutzer zu berücksichtigen. Tabellarische Berichte in Dataverse bieten zwar schnellen Zugriff auf Datensatzebene, sind aber nicht immer für alle Benutzer notwendig. Sie möchten eine Momentaufnahme ihrer Daten, um schnell zu verstehen, was sie bedeuten, ähnlich wie beim Erzählen einer Geschichte.

Für visuelle Einblicke kann ein Benutzer die Diagramm- und Dashboardfunktionen von Dataverse verwenden, die in den Tabelleneinstellungen von Dataverse verfügbar sind. Ein Entwickler kann die Visualisierung dann in einer modellgesteuerten App verfügbar (und sogar interaktiv) machen. Wenn Sie Benutzern alternativ Zugriff auf anspruchsvolle Berichte und Verteilungen gewähren möchten, können Sie eingebettete Power BI-Berichte innerhalb einer Lösung aktivieren.

Wenn Sie bei der Diagramm- und Dashboard-Funktionalität in Dataverse bleiben, benötigen Sie keine sekundäre Power BI-Lizenz. Allerdings muss jeder Benutzer der von Ihnen erstellten Apps als Power Apps-Benutzer eine Lizenz besitzen. Sehen Sie im Microsoft 365 Admin Center oder Power Platform Admin Center nach, um sicherzustellen, dass alle Benutzer, die Ihre App verwenden möchten, über die entsprechende Power Apps Premium-Lizenz verfügen.

In Dataverse sind *Diagramme* visuelle Darstellungen, die Daten aus einer oder mehreren Spalten in einer einzelnen Dataverse-Tabelle anzeigen. Sie könnten beispielsweise eine Tabelle mit dem Namen Unternehmen haben, die mehrere Spalten enthält. Ein Diagramm kann die Daten aus der Tabelle *Unternehmen* und ihren Spalten analysieren, aber es kann nicht direkt Daten aus anderen Tabellen wie *Kunde* oder *Produkte* analysieren, es sei denn, diese Tabellen haben eine definierte Beziehung in Dataverse.

Angenommen, ein Benutzer möchte die Verteilung bestimmter Werte in einer Tabelle ermitteln. Ein Diagramm kann die Antworten *aggregieren* (das heißt, die Daten zusammenfassen oder gruppieren) und visuell darstellen. Sie können Ihr Diagramm zur Darstellung solcher Daten mithilfe eines oder mehrerer Visualisierungstypen gestalten, darunter Säulen-, Balken-, Flächen-, Stapel-, Linien-, Flächen- oder Kreisdiagramme.

Bei modellgesteuerten Apps können Sie als Entwickler auch das *Rastersteuerelement* (ein tabellarisches Layout, das Datenzeilen aus einer Dataverse-Tabelle anzeigt) verwenden, indem Sie die Ansicht so konfigurieren, dass die Daten in einem Rasterformat angezeigt werden. Ein Rastersteuerelement kann:

- ✔ **Daten in einem schreibgeschützten oder bearbeitbaren Format präsentieren:** Raster können Daten *schreibgeschützt* (nur zum Anzeigen) oder *bearbeitbar* (Benutzer können Datensätze direkt aktualisieren) anzeigen. Schreibgeschützte Raster werden im Allgemeinen für Abschlussberichte verwendet; bearbeitbare Raster ermöglichen Benutzern, ihre Daten zu aktualisieren, ohne die Benutzeroberfläche verlassen oder jeden Datensatz einzeln aufrufen zu müssen.

- ✔ **Filter- und Drilldown-Operationen zulassen, die nur die Visualisierung betreffen:** Sie ändern die sichtbaren Daten, ohne das Dataset zu beeinflussen. Ein Benutzer kann die Ansicht des Datasets anhand eines Filters einschränken, um sich eine bessere Übersicht zu verschaffen.

- ✔ **Mehrere Tabellenpunkte in einer einzigen Tabelle anzeigen, statt sie in einer Spalte zusammenzufassen:** Statt die Daten aus einer Spalte zu kombinieren, können Raster mehrere Datenpunkte (zum Beispiel Umsatz, Kosten, Gewinn) nebeneinander anzeigen und so eine umfassendere Ansicht aller für ein Dataset relevanten Daten bereitstellen.

KAPITEL 7 Modellgesteuerte Apps erweitern 217

✔ **Werte zwischen zwei Tabellenspalten vergleichen:** Ähnlich wie bei der Darstellung mehrerer Tabellen können Sie Werte auch mithilfe eines Rasters vergleichen, um Unterschiede oder Trends zu erkennen. Funktionen wie die bedingte Formatierung können wichtige Erkenntnisse noch weiter hervorheben.

Zur detaillierteren Darstellung eines Diagramms können Sie externe Visualisierungen in eine modellgesteuerte App importieren. Dies erfolgt durch die Integration von Webressourcen wie HTML-Dateien oder Bilddateien (JPEG, PNG, GIF) in eine benutzerdefinierte Visualisierung. Informationen zum programmgesteuerten Integrieren von Webressourcen finden Sie unter `https://learn.microsoft.com/en-us/power-apps/developer/model-driven-apps/web-resources`.

Visualisierungen aus Dataverse erstellen

Ihre modellgesteuerte App kann Diagramme und Dashboards enthalten:

✔ **Diagramm:** Eine einzelne Momentaufnahme der Daten aus einer Tabelle. Sie können einer Tabelle beliebig viele Diagramme zuordnen, und jedes Diagramm steht für sich.

✔ **Dashboard:** Zeigt mehrere Diagramme für eine einzelne Tabelle in einem Fenster an. Auf diese Weise können Sie alle Daten in einem visuellen Format auf einer einzigen Seite überprüfen.

Gehen Sie wie folgt vor, um ein Diagramm zu erstellen:

1. **Greifen Sie auf das Power Apps Maker-Portal zu, indem Sie zu** `http://make.powerapps.com` **gehen.**

2. **Wählen Sie im Bereich Lösungen auf der linken Seite Tabellen aus.**

   Das Fenster Tabellen wird angezeigt.

3. **Wählen Sie im Tabellenfenster die Tabelle aus, aus der Sie ein Diagramm erstellen möchten.**

   Tabelleneinstellungen wird für Ihre ausgewählte Tabelle geöffnet.

4. **Klicken Sie im Bereich Datenerfahrungen auf Diagramme.**

5. **Wählen Sie die Schaltfläche Neues Diagramm in der Befehlsleiste (siehe Abbildung 7.1).**

Abbildung 7.1: Die Schaltfläche »Neues Diagramm« und die Dropdown-Liste »Diagramme«

Alternativ können Sie aus der rechts angezeigten Diagrammliste ein beliebiges vorhandenes Diagramm (auf das Sie Zugriff haben) auswählen.

6. Geben Sie im angezeigten Fenster NEUES DIAGRAMM im Textfeld GEBEN SIE HIER EINEN DIAGRAMMNAMEN EIN einen Namen für das Diagramm ein.

7. Wählen Sie aus der Dropdown-Liste DIAGRAMMTYP den Diagrammtyp aus, den Sie anzeigen möchten.

Die Grundlage für Ihr Diagramm ist die Auswahl DATEN ANZEIGEN. Dies bedeutet, dass die Ausgabe des Diagramms auf der ausgewählten Ansicht aus der Tabelle basiert, die Sie in der Dropdown-Liste ausgewählt haben.

In meinem Beispiel analysiert das Diagramm die Ansicht `Active City Details` aus der Tabelle `Company` (siehe Abbildung 7.2).

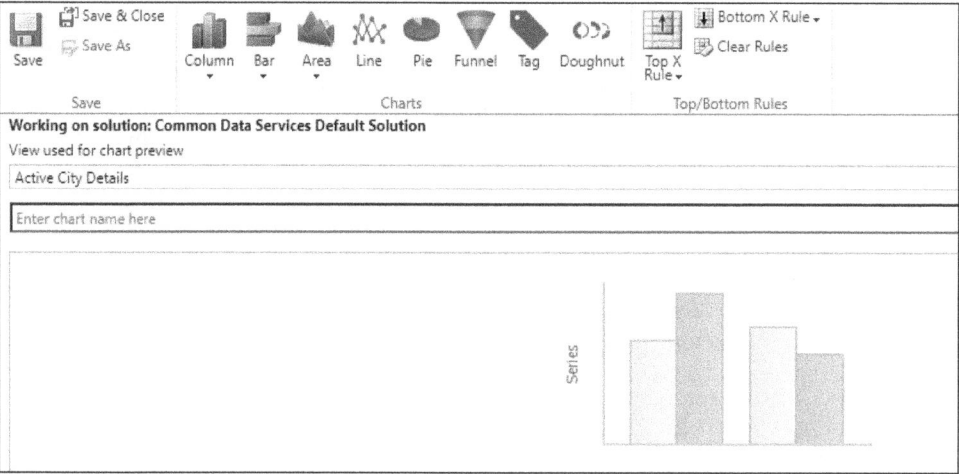

Abbildung 7.2: Das Fenster »Neues Diagramm«, in dem Sie den zu erstellenden Diagrammtyp auswählen können

8. Wählen Sie die Daten aus, die im Diagramm angezeigt werden sollen.

Abbildung 7.3 zeigt das Fenster DIAGRAMMKONFIGURATION, in dem Sie die zu verwendenden Daten angeben können.

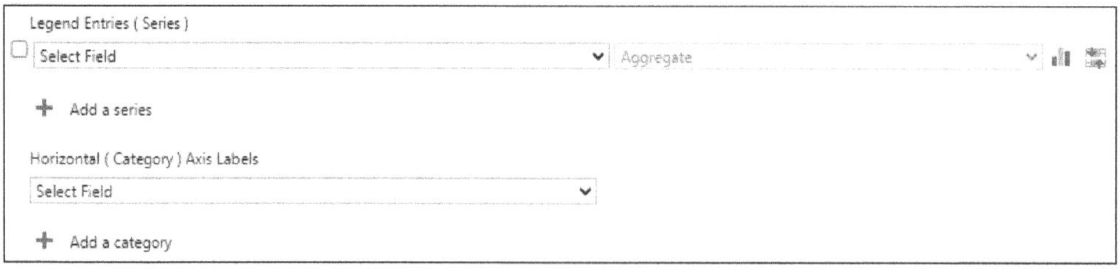

Abbildung 7.3: Das Fenster »Diagrammkonfiguration«

9. Wählen Sie im Abschnitt LEGENDENEINTRÄGE (ZEILEN) des Fensters DIAGRAMMKONFIGURATION aus der Dropdownliste FELDER AUSWÄHLEN die Daten aus, die Sie grafisch darstellen möchten.

10. Konfigurieren Sie die Seriendaten, um anzugeben, wie Sie diese Daten aufschlüsseln möchten.

    Die Optionen für die Zusammenfassung umfassen normalerweise Durchschnitt, Anzahl, Max, Min und Summe; sie variieren jedoch je nach Feldtyp. Numerische Felder bieten alle Optionen. Textfelder dagegen bieten im Allgemeinen nur die Option Anzahl, und Datumsfelder können Min und Max bieten.

    Als Beispiel: Ich habe die Daten des Bundesstaats ausgewählt und die Aufschlüsselungsoption ANZAHL: ALLE verwendet.

11. Wählen Sie im Abschnitt HORIZONTALE (KATEGORIE-) ACHSENBESCHRIFTUNGEN aus der Dropdown-Liste FELD AUSWÄHLEN ein Feld aus, das Ihre Daten kategorisiert.

    Wenn Sie Daten *aggregieren* (zählen) möchten, wählen Sie dasselbe Feld aus, das Sie in Schritt 9 ausgewählt haben.

    In meinem Beispiel habe ich das Feld für das Bundesland ausgewählt. Ich möchte das Diagramm in Abbildung 7.4 verwenden, um die Anzahl der Vertriebsmitarbeiter zu ermitteln, die einem Bundesland zugeordnet sind, indem ich die Instanzen eines bestimmten Bundeslandes zusammenfasse.

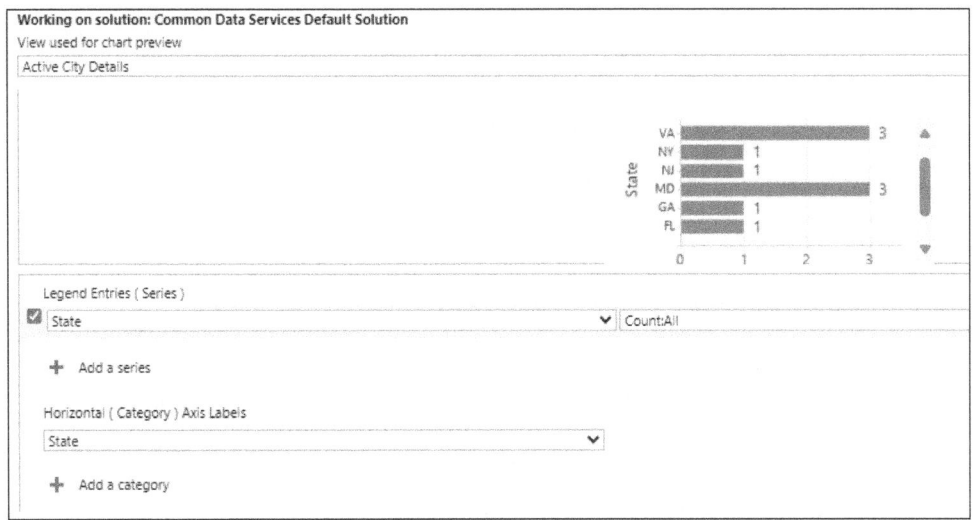

Abbildung 7.4: Eine Vorschau auf ein Diagramm, das aus einer Dataverse-Tabelle erstellt wurde

12. (Optional) Fügen Sie im Feld BESCHREIBUNG eine Beschreibung für Ihr Diagramm hinzu.

    Eine Beschreibung hilft anderen Benutzern, den Zweck des Diagramms zu verstehen.

13. Wenn Sie mit Ihrem Diagramm zufrieden sind, wählen Sie SPEICHERN UND SCHLIESSEN, um das Fenster DIAGRAMM-DESIGNER zu schließen und zu Ihrer Diagrammliste zurückzukehren.

    Das Diagramm wird in den Dataverse-Tabelleneinstellungen der Tabelle gespeichert.

 Standardmäßig ist der Name des Diagramms auf der Registerkarte DIAGRAMME der Vergleich der beiden ausgewerteten Spalten. Sie können den Namen des Diagramms ändern, um ihn aussagekräftiger zu gestalten, indem Sie die Diagrammeigenschaften bearbeiten.

Mit Dashboards eine Geschichte erzählen

Ein einzelnes Diagramm liefert nur einen Teil der Geschichte über Ihre Daten. Stellen Sie sich vor, Sie möchten anhand des Tabellenbeispiels *Unternehmen* aus dem vorhergehenden Abschnitt die Anzahl der aktiven Mitarbeiter pro Bundesstaat, die Anzahl der Städte, in denen Mitarbeiter pro Bundesstaat arbeiten, und die Gesamtzahl der aktuellen Mitarbeiter anzeigen, die einem Gebiet zugewiesen sind. Jeder dieser Datenpunkte erzählt eine einzigartige Geschichte über die Beschäftigungsstruktur eines potenziellen Unternehmens innerhalb der Dataverse-Tabelle *Unternehmen*.

Um diese Informationen zu vermitteln, kann ein Entwickler mehrere Diagramme erstellen, die jeweils verschiedene Aspekte des Unternehmensstatus hervorheben. Wenn diese Diagramme auf einer Seite zusammengefasst werden, erzählen sie gemeinsam eine umfassendere Geschichte, beispielsweise die Verteilung der Vertriebsmitarbeiter auf verschiedene Datenpunkte. Diese Sammlung von Visualisierungen auf einer Seite wird als Dashboard bezeichnet.

Gehen Sie wie folgt vor, um ein Dashboard zu erstellen:

1. Wählen Sie im Power Apps Maker Portal LÖSUNGEN aus.

2. Wählen Sie eine der angezeigten Lösungen aus.

3. Wählen Sie in der geöffneten Lösung TABELLEN aus.

    Das Fenster TABELLENEINSTELLUNGEN wird geöffnet.

4. Wählen Sie im Abschnitt DATENERFAHRUNG die Option DASHBOARDS aus.

    Das Fenster DASHBOARD wird angezeigt.

5. Wählen Sie NEUES DASHBOARD aus der Befehlsleiste.

    Alternativ können Sie jedes vorhandene Dashboard (sofern Sie ein oder mehrere erstellt haben) aus der Dropdown-Liste DASHBOARDS auswählen, um dieses Dashboard zu öffnen oder zu bearbeiten.

6. **Wählen Sie im angezeigten Popup-Menü das gewünschte Dashboard-Typ-Format aus.**

    Sie haben vier Möglichkeiten (siehe Abbildung 7.5):

    - 4-Spalten-Übersicht
    - 3-Spalten-Übersicht (variable Breite)
    - 3-Spalten-Übersicht
    - 2-Spalten-Übersicht

    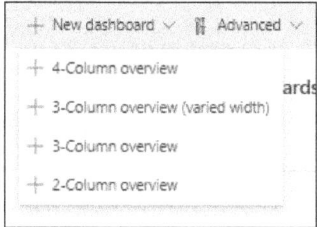

    Abbildung 7.5: Das Dashboard-Layout auswählen

    Für mein Beispiel habe ich die Layoutoption 3-SPALTEN-ÜBERSICHT (VARIABLE BREITE) ausgewählt.

    Es erscheint eine Vorlage, in der Sie die Konfiguration Ihres Dashboards abschließen können.

7. **Geben Sie im Textfeld NAME einen Namen für Ihr Dashboard ein.**

8. **Wählen Sie aus der Dropdown-Liste FILTERN NACH die Methode aus, nach der Sie die Daten filtern möchten.**

    Für die Option ENTITÄT FILTERN sollte bereits die Tabelle ausgewählt sein, die Sie in Schritt 2 angegeben haben.

9. **Wählen Sie in der Dropdownliste ZEITRAHMEN die Daten aus, die Sie basierend auf dem jeweiligen Zeitraum darstellen möchten.**

10. **Wählen Sie in der Dropdownliste ENTITÄTSANSICHT aus, aus welcher Ansicht die Daten abgeleitet werden sollen.**

11. **Wählen Sie im Abschnitt VISUAL-FILTER die mit der Entität verknüpften Diagramme aus.**

    Die Anzahl der Diagramme variiert je nach verwendetem Layout.

    Mein Beispiel enthält neben dem Diagramm für die einzelnen Bundesstaaten, das ich im vorhergehenden Abschnitt erstellt habe, zwei weitere Diagramme.

12. **Klicken Sie in der Symbolleiste auf das Diagrammsymbol.**

13. Wählen Sie aus der angezeigten Liste ein Diagramm aus.

14. **Wiederholen Sie die Schritte 1, 2 und 13 für die beiden verbleibenden Diagramme.**

    Drei Diagramme werden nebeneinander angezeigt, eines in jedem Visual-Filter-Feld, wie in Abbildung 7.6 dargestellt.

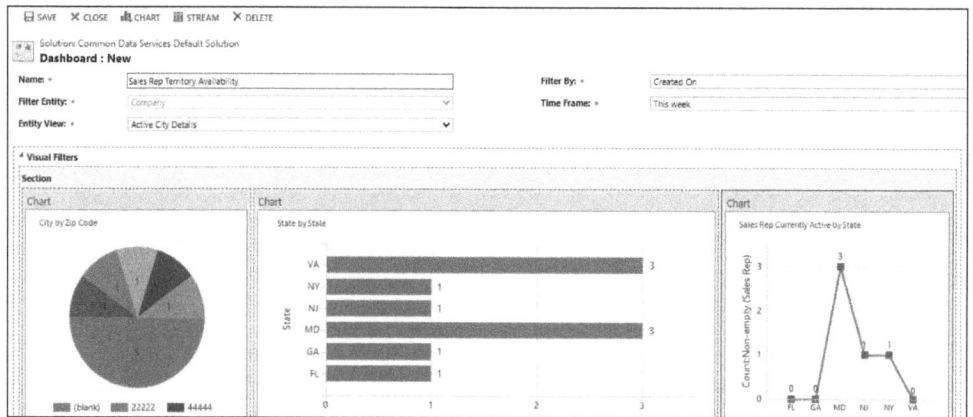

Abbildung 7.6: Ein 3-Spalten-Übersichts-Dashboard (variable Breite) erstellen

15. **Fügen Sie Ihrem Dashboard einen Stream hinzu, indem Sie auf die Schaltfläche Stream klicken.**

    Im Kontext eines Dataverse-Dashboards bezieht sich ein *Stream* auf den kontinuierlichen Dataflow oder auf Aktualisierungen aus einer Dataverse-Tabelle. Im Gegensatz zu einem statischen Diagramm ermöglicht ein Stream dem Benutzer die Überwachung und Visualisierung. Mit anderen Worten: Wenn Ihr Dataset aktualisiert wird, wird auch die mit diesem Dataset verknüpfte Ansicht aktualisiert, ohne dass eine manuelle Aktualisierung erforderlich ist.

16. **Klicken Sie vor dem Beenden auf die Schaltfläche Speichern und dann auf Schliessen.**

    Dataverse speichert das Dashboard und die zugehörigen Konfigurationen mit den spezifischen Tabellen, die Sie in Schritt 6 auswählen, in der Dataverse-Umgebung. Sie können es jetzt Benutzern zur Verfügung stellen, indem Sie es mit jeder Lösung verknüpfen, die die entsprechende Dataverse-Tabelle verwendet.

Ein Dashboard in eine modellgesteuerte App einbetten

Nachdem Sie ein Dashboard (siehe vorheriger Abschnitt) oder eine andere Dataverse-Komponente erstellt haben, müssen Sie die Komponente manuell einer Lösung in Dataverse zuordnen. Dataverse verknüpft diese Komponenten nicht automatisch mit Ihrer modellgesteuerten App. Sie müssen sie daher selbst hinzufügen.

KAPITEL 7 Modellgesteuerte Apps erweitern 223

Mit Lösungen in Dataverse können Sie verschiedene Komponenten wie Tabellen, Dashboards, Formulare und Workflows bündeln, die zum Erstellen von Apps verwendet werden. Lösungen erleichtern die Verwaltung, Versionierung und Bereitstellung in verschiedenen Umgebungen.

 Sie können nichts einbetten, was nicht existiert. Stellen Sie daher sicher, dass Sie alle Dashboards und Berichte erstellt haben, die Sie mit Ihrer App verknüpfen möchten, bevor Sie versuchen, sie einzubetten.

Um eine Komponente, zum Beispiel ein Dataverse-Dashboard oder einen Dataverse-Bericht, in eine modellgesteuerte App einzubetten, gehen Sie wie folgt vor:

1. **Melden Sie sich bei `http://make.powerapps.com` an, um auf das Power Apps Maker Portal zuzugreifen.**

2. **Wählen Sie im linken Navigationsbereich LÖSUNGEN aus.**

   Sie müssen Ihre Dashboards und eingebetteten Berichte als Teil einer Lösung integrieren.

   Die Liste LÖSUNGEN wird geöffnet. In dieser Liste werden alle in Ihrer Umgebung verfügbaren Lösungen angezeigt, einschließlich *verwalteter* (vorgefertigter und nicht bearbeitbarer) und *nicht verwalteter* (für die Entwicklung bearbeitbarer) Lösungen.

3. **Wählen Sie aus der Liste LÖSUNGEN die Lösung aus, die Sie verwenden möchten.**

   Nachdem Sie eine Lösung ausgewählt haben, können Sie alle mit dieser Lösung verknüpften Komponenten sehen.

4. **Wählen Sie in der Dashboard-Symbolleiste NEU|DASHBOARD und wählen Sie anschließend aus dem angezeigten Dashboard-Popupmenü das Format aus, das Sie erstellen möchten.**

   Abbildung 7.7 zeigt das Dashboard-Popup-Menü. Wenn Sie ein Dashboard einbetten, wählen Sie dieselbe Konfiguration, die Sie für Ihr Dataverse-basiertes Dashboard gewählt haben (wie Sie es erstellen, erfahren Sie im vorherigen Abschnitt).

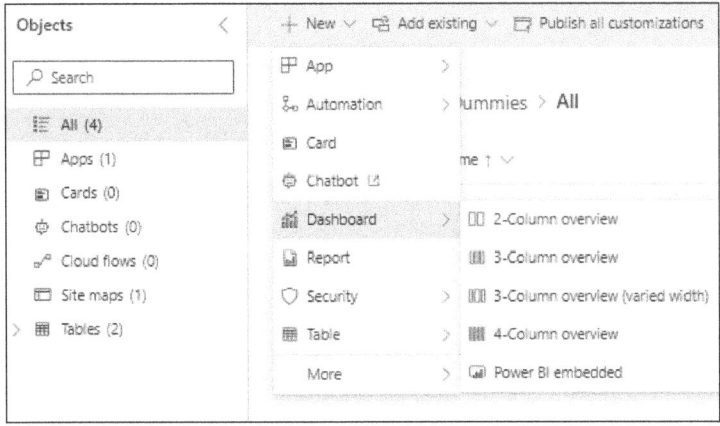

Abbildung 7.7: Ein neues Dataverse-Dashboard erstellen

5. **Nachdem Sie Ihr Dashboard formatiert haben (Schriftarten, Schriftausrichtung und sonstige Formatierungen geändert), klicken Sie auf SPEICHERN.**

   Das aktualisierte Dashboard oder der aktualisierte Bericht wird in der Komponentenliste angezeigt.

Power BI-Berichte und Dashboards einbetten

Wenn Sie Komponenten von außerhalb von Dataverse hinzufügen, müssen Sie manchmal einige zusätzliche Schritte ausführen, um diese Assets vollständig in Ihre App zu integrieren. Eine der häufigsten Integrationen, insbesondere für komplexe Berichte oder Dashboards, ist das Einbetten von Power BI-Inhalten. Sie können einen einzelnen Power BI-Bericht oder ein Dashboard einbetten, indem Sie einem ähnlichen Prozess folgen wie dem, den Sie zum Einbetten von Dataverse-Dashboards und -Berichten verwenden (siehe vorheriger Abschnitt), mit einigen zusätzlichen Schritten.

Um einen Power BI-Bericht in eine modellgesteuerte App einzubetten, gehen Sie wie folgt vor:

1. **Wählen Sie im Dashboards-Menü die Option POWER BI EMBEDDED.**

   Das Popup-Fenster NEUES POWER BI EMBEDDED wird geöffnet (siehe Abbildung 7.8).

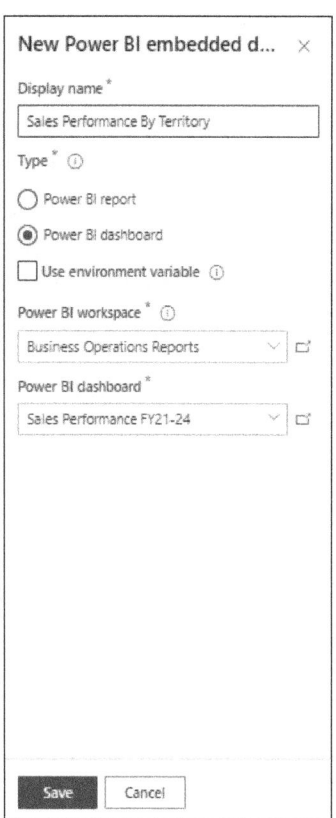

Abbildung 7.8: Das Popup-Fenster für ein neues eingebettetes Power BI-Dashboard

2. Geben Sie im Textfeld ANZEIGENAME einen aussagekräftigen Namen ein, der den Zweck des eingebetteten Power BI-Assets widerspiegelt.

3. Wählen Sie im Abschnitt TYP das Optionsfeld für Power BI-Bericht oder Power BI-Dashboard aus.

   Power Apps verwendet nicht automatisch einen Standardtyp, daher wählen Sie zwischen der Einbettung eines Berichts oder Dashboards. Beide Komponenten zeigen Echtzeitdaten aus dem Power BI-Dienst.

4. (Optional) Wenn Sie Power BI-Inhalte dynamisch mithilfe umgebungsspezifischer Einstellungen verknüpfen möchten, aktivieren Sie das Kontrollkästchen UMGEBUNGSVARIABLE VERWENDEN.

5. Wählen Sie in der Dropdown-Liste POWER BI-ARBEITSBEREICH den Power BI-Arbeitsbereich aus, der das Dashboard enthält, das Sie einbetten möchten.

6. Wählen Sie aus der Dropdownliste POWER BI-DASHBOARD den Bericht oder das Dashboard aus, den/das Sie in die App einbetten möchten.

7. Klicken Sie auf SPEICHERN.

   Das aktualisierte Dashboard bzw. der aktualisierte Bericht wird angezeigt und zeigt Ihren neu eingebetteten Inhalt in der Komponentenliste Ihrer Lösung an.

Nachdem Sie gespeichert und veröffentlicht haben, kann es einige Minuten dauern, bis ein eingebettetes Dashboard oder ein eingebetteter Bericht in einer App aktiv angezeigt wird. Geraten Sie also nicht in Panik, wenn Sie nicht sofort etwas sehen.

Eingebettete Komponenten in eine modellgesteuerte App integrieren

Auch nachdem Sie Ihre Komponente zur Lösung hinzugefügt haben (siehe vorherige Abschnitte), haben Sie sie noch nicht zur App-Navigation hinzugefügt. Gehen Sie wie folgt vor, um Ihr Dashboard vollständig zu integrieren:

1. Öffnen Sie das Power Apps Maker-Portal unter http://make.powerapps.com.

2. Wählen Sie im Bereich LÖSUNGEN die Lösung aus, die Ihre modellgesteuerte App und Komponenten enthält.

   Die Lösung enthält Ihre modellgesteuerte App und die eingebetteten Komponenten.

3. Klicken Sie in der angezeigten Lösung auf den Namen der App.

   Der App Designer wird geöffnet.

4. Klicken Sie im App Designer auf SEITEN.

5. Klicken Sie im Abschnitt SEITEN oben im App Designer auf SEITE HINZUFÜGEN.

6. Wählen Sie aus der angezeigten Liste den Seitentyp DASHBOARDS aus.

   Das Popup-Fenster DASHBOARD AUSWÄHLEN wird geöffnet (siehe Abbildung 7.9).

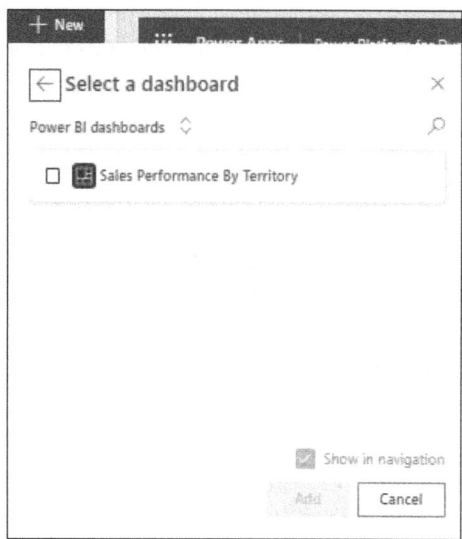

Abbildung 7.9: Ein Dashboard auswählen

7. Wählen Sie aus der Dropdown-Liste ALLE DASHBOARDS den gewünschten Dashboard-Typ aus.

8. Wählen Sie aus der Liste im Fenster DASHBOARD AUSWÄHLEN das Dashboard aus, das Sie der Seite hinzufügen möchten.

   Sie können auch das Suchfeld verwenden, um Ihr Dashboard zu finden.

   Nachdem Sie das Dashboard ausgewählt haben, wird es in der modellgesteuerten App angezeigt.

9. Passen Sie die restlichen Eigenschaften im Eigenschaftenbereich an.

10. Klicken Sie auf SPEICHERN und dann auf VERÖFFENTLICHEN, um die Änderungen auf die App anzuwenden.

    Im Beispiel in Abbildung 7.10 habe ich das eingebettete Power BI-Dashboard ausgewählt, das Sie in der Navigation sehen können, und das dem Benutzer ein interaktiveres und dynamischeres Erlebnis bietet. Die in Abbildung 7.10 gezeigten Diagrammformate sind in Ihrer herkömmlichen Dataverse-Diagramm- und Dashboard-Erfahrung nicht verfügbar, daher die Integration mit Power BI. Abbildung 7.11 zeigt ein neues Dashboard, das mithilfe von Dataverse-Diagrammdaten integriert wurde und ein optimiertes Format basierend auf einer einzelnen Tabelle darstellt.

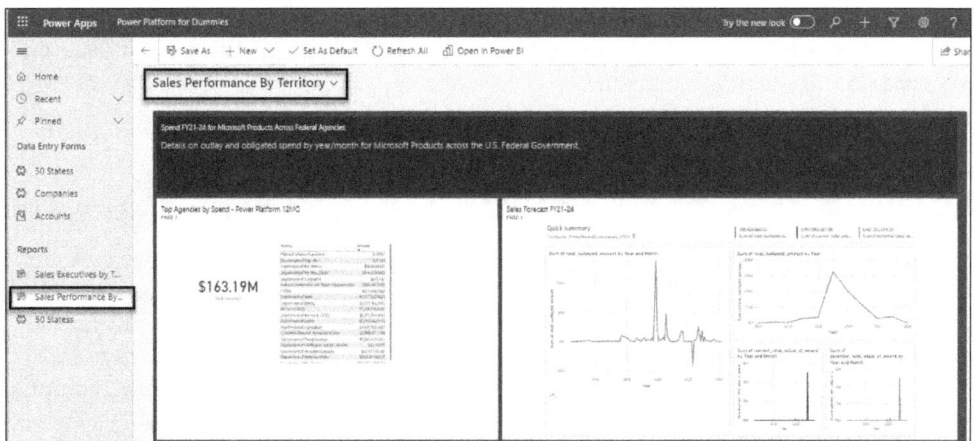

Abbildung 7.10: Beispiel für ein eingebettetes Power BI-Dashboard

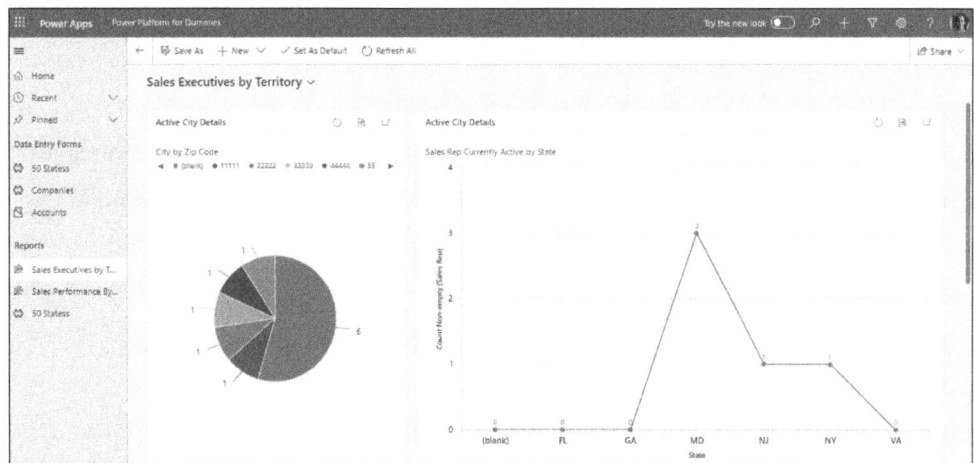

Abbildung 7.11: Beispiel-Dashboard, erstellt mit Diagrammen von Dataverse

Geschäftsprozess-Flows erstellen

Organisationen möchten normalerweise Daten erfassen, die zu einer Entscheidung oder einem Ergebnis führen. Geschäftsprozess-Flows gewährleisten Datenkonsistenz und standardisieren die Schritte für die Kundeninteraktionen, wie zum Beispiel die einheitliche Bearbeitung von Serviceanfragen oder die Anforderung einer Rechnungsgenehmigung vor der Auftragserteilung, die zu solchen Ereignissen führen. Diese Schritte bieten eine geführte Benutzererfahrung, die auf unterschiedliche Sicherheitsrollen zugeschnitten ist, rationalisieren Prozesse und reduzieren den Bedarf an umfangreicher Schulung, weil der Prozess die Benutzer stufenweise durch die Aufgaben führt.

Geschäftsprozess-Flows definieren die Phasen und Schritte, die oben auf jeder Seite einer modellgesteuerten App angezeigt werden, wobei jeder Schritt eine Spalte für die Dateneingabe in einem Formular darstellt. Ein Geschäftsprozess-Flow stellt sicher, dass der Benutzer die erforderlichen Schritte ausführt, bevor er zur nächsten Phase übergehen kann. Dieser Prozess wird als *Stage-Gating* bezeichnet.

Einen Geschäftsprozess-Flow erstellen

Das Erstellen eines Geschäftsprozess-Flows in Power Apps für modellgesteuerte Apps rationalisiert komplexe Arbeitsabläufe, indem Benutzer durch eine definierte Abfolge von Phasen und Aktionen geführt werden. Durch die Verknüpfung von Zeilen aus bis zu fünf verschiedenen Tabellen verbessern Geschäftsprozess-Flows die Konzentration des Benutzers auf den Workflow selbst, sodass er sich nicht ständig auf die Datenstruktur zu konzentrieren muss. Sie können bis zu zehn aktive Geschäftsprozess-Flows pro Tabelle haben, sodass Sie Prozesse an unterschiedliche Benutzerrollen und unterschiedliche Bedingungen anpassen können.

Um einen Geschäftsprozess-Flow zu erstellen, gehen Sie wie folgt vor:

1. **Öffnen Sie Power Apps, indem Sie zu** https://make.powerapps.com.
2. **Wählen Sie Lösungen aus der Lösungsleiste links.**
3. **Wählen Sie aus der Lösungsliste im rechten Bereich eine vorhandene Lösung aus.**

   Sie können auch eine neue Lösung für den Geschäftsprozess-Flow erstellen. Informationen zum Erstellen einer Lösung finden Sie in Kapitel 4.

   Die ausgewählte Lösung wird geöffnet.

4. **Wählen Sie Neu|Automatisierung|Prozess|Geschäftsprozessflow.**

   Abbildung 7.12 zeigt den Menüpfad.

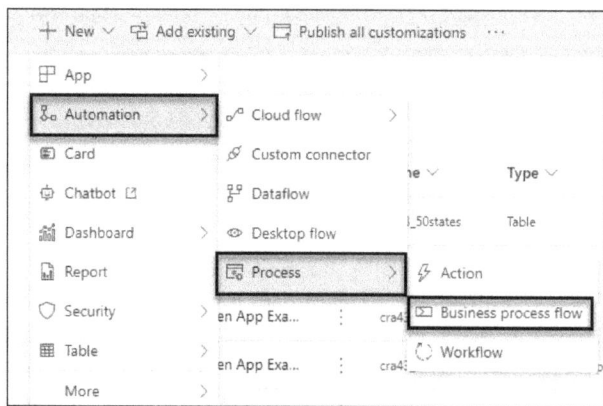

Abbildung 7.12: Der Menüpfad zum Erstellen eines neuen Geschäftsprozess-Flows

Das Popup-Fenster NEUER GESCHÄFTSPROZESSFLOW wird geöffnet (siehe Abbildung 7.13).

Abbildung 7.13: Das Popup-Fenster »Neuer Geschäftsprozess-Flow«

5. **Geben Sie einen Namen in das Textfeld ANZEIGENAME ein.**

   Nachdem Sie den Anzeigenamen Ihres Flows eingegeben haben (zum Beispiel *E-Mail auslösen*), generiert das System den logischen Namen im Feld NAME (etwa *cr043_triggeranemail*). Der Name ist eine Kombination aus dem Herausgebernamen (siehe Kapitel 2 und 4) und dem Anzeigenamen.

6. **Wählen Sie aus der Dropdown-Liste TABELLE die Tabelle aus, die der Flow verwenden soll.**

   In meinem Beispiel habe ich die Kontotabelle aus der Tabellenliste ausgewählt.

7. **Klicken Sie auf ERSTELLEN.**

   Der neue Geschäftsprozess-Flow ist einstufig und wird nun in Ihrer ausgewählten Lösung aufgelistet.

Phasen konfigurieren

Nachdem Sie einen neuen Geschäftsflow erstellt haben (siehe vorheriger Abschnitt), können Sie ihm Phasen hinzufügen. Um von einer Geschäftsphase zur nächsten zu gelangen, gehen Sie wie folgt vor:

1. **Ziehen Sie eine Komponente von der Registerkarte Komponenten auf das Pluszeichen (+) im Designer-Bereich.**

   Abbildung 7.14 zeigt fünf vorhandene Phasen.

   Eine neue Phase wird geöffnet.

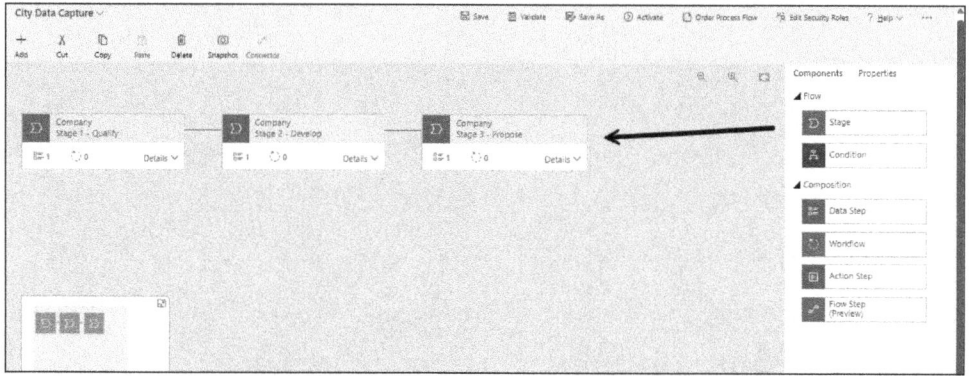

Abbildung 7.14: Durch Anklicken des Pluszeichens (+) eine Phase zum Business Process Flow Designer hinzufügen

2. **Geben Sie den Namen der Phase in das Textfeld Anzeigename im Eigenschaftenbereich ein.**

3. **Wählen Sie aus der Dropdown-Liste Kategorie eine Phasenkategorie aus.**

   Wählen Sie die Phase aus, die die Aktion oder Phase in Ihrem Zuordnungsprozess am besten darstellt:

   - **Qualifizieren:** Bewerten oder qualifizieren eines Leads, Falls oder einer Chance.
   - **Entwickeln:** Weiterentwickeln des Falls oder der Chance im Rahmen des Aufnahmeprozesses.
   - **Vorschlagen:** Beim Übergang zu einem formellen Angebot oder beim Anbieten einer Lösung.
   - **Abschließen:** Die letzte Phase eines Prozesses (zum Beispiel Fallabschluss oder Verkaufsabschluss).
   - **Benutzerdefiniert:** Wenn die aufgeführte Phase für den spezifischen Prozess Ihrer Organisation einzigartig ist.

Das Beispiel in Abbildung 7.14 hat zwei benutzerdefinierte Phasen und drei vorgefertigte Phasen.

4. **Klicken Sie auf ÜBERNEHMEN, um die Phase im Geschäftsprozess-Flow zu speichern.**

Sie folgen demselben Prozess, unabhängig davon, ob Sie Ihrem Geschäftsprozess-Flow einen oder mehrere Phasen hinzufügen.

Schritte konfigurieren

Nachdem Sie eine neue Phase hinzugefügt haben (siehe vorheriger Abschnitt), müssen Sie die Schritte konfigurieren, die der Benutzer ausführen muss, um zur nächsten Phase zu gelangen. Um die Schritte zu konfigurieren, gehen Sie wie folgt vor:

1. **Öffnen Sie die Phase, die Sie konfigurieren möchten, indem Sie darauf doppelklicken.**
2. **Wählen Sie DETAILS oben rechts in der Phase.**
3. **Ziehen Sie den gewünschten Kompositionsschritt aus dem Komponentenbereich auf die Phase.**

In Abbildung 7.15 führen Sie Drag-and-drop von A nach B durch.

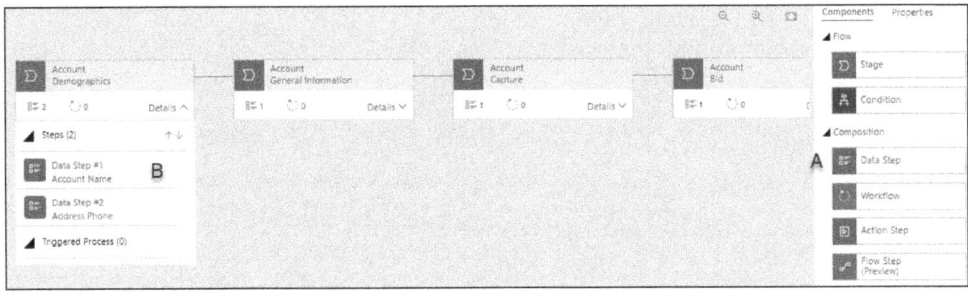

Abbildung 7.15: Verfügbare Schritte, die in eine Phase integriert werden können

Zu Ihren Optionen gehören:

- DATENSCHRITT: Erfordert, dass der Benutzer Daten eingibt oder überprüft, beispielsweise einen bestimmten Spaltennamen.
- WORKFLOW: Automatisiert Geschäftslogik und Prozesse, die im Hintergrund ausgeführt werden. Sie können den Flow auf einem Geschäftsprozess-Flow oder einer Geschäftslogik basieren, die in der modellgesteuerten App zu finden sind.
- AKTIONSSCHRITT: Löst bestimmte Aktionen innerhalb der App aus, wie beispielsweise das Senden einer E-Mail basierend auf einer definierten Bedingung.
- FLOW-SCHRITT: Ermöglicht Ihnen, die App mit Microsoft Power Automate zu integrieren, um vordefinierte Flows auszuführen.

Die Verfügbarkeit dieser Optionen kann je nach Konfiguration oder am System vorgenommenen Updates variieren. Jede Option erfordert eine spezifische Konfiguration, abhängig vom Geschäftsszenario für diese Phase.

Im Beispiel in Abbildung 7.15 erfordert jedes Gate zwei Datenschritte. Dies bedeutet, dass der Benutzer zwei Felder ausfüllen muss, bevor er mit dem nächsten Schritt fortfahren kann.

4. Wiederholen Sie Schritt 3, bis Sie die gewünschten Schritte in dieser Phase abgeschlossen haben.
5. Wählen Sie per Doppelklick den Schritt innerhalb der Phase aus, den Sie konfigurieren möchten.
6. Geben Sie im Eigenschaftenbereich für den jeweiligen Schritt einen Anzeigenamen in das Textfeld SCHRITTNAME ein.

Abbildung 7.16 zeigt den Eigenschaftenbereich für den Datenschritt *Kontoname*.

Abbildung 7.16: Der Bereich »Datenschritteigenschaften«

7. (Optional) Wählen Sie die entsprechende Spalte aus der Dropdown-Liste DATENFELD aus, wenn Benutzer zum Abschließen des Schritts Daten eingeben müssen.
8. (Optional) Aktivieren Sie das Kontrollkästchen ERFORDERLICH, wenn der Benutzer zum Abschließen des Schritts etwas in die Spalte eingeben muss.

Die Dropdown-Liste SEQUENZ bestimmt die Reihenfolge, in der Benutzer die Schritte innerhalb einer Phase abschließen müssen.

9. Klicken Sie auf ÜBERNEHMEN.

   Der Schritt wird in die Phase übernommen.

10. Wiederholen Sie die Schritte 1 bis 9 so oft wie nötig, um alle Schritte in allen Phasen des Geschäftsprozess-Flows auszufüllen.

Gehen Sie beim Konfigurieren von Schritten vorsichtig vor. Wenn Sie mehrere Optionen haben, denken Sie daran, dass wenn Sie eine boolesche Spalte mit zwei Optionen verwenden (zum Beispiel Ja/Nein) und die Spalte auf ERFORDERLICH festlegen, die Benutzer JA auswählen müssen, um fortzufahren. Wenn Sie dagegen eine Auswahlspalte verwenden, kann der Benutzer entweder JA oder NEIN auswählen und trotzdem fortfahren (wählen Sie also mit Bedacht).

Verzweigungsbedingungen anwenden

Sie verwenden eine *Verzweigungsbedingung*, also einen bedingten Schritt, wenn Sie erwarten, dass der Benutzer bestimmte Schritte befolgt, einen Schritt auf eine bestimmte Weise formatieren möchten oder wenn Sie sicherstellen möchten, dass der Benutzer alle Daten in das Formular eingibt, bevor er mit dem nächsten Schritt im Geschäftsprozess-Flow fortfährt. Verzweigungsbedingungen dienen in allen Fällen als Hindernisse, um zur nächsten Phase im Geschäftsprozess-Flow zu gelangen. Gehen Sie wie folgt vor, um eine Verzweigungsbedingung hinzuzufügen:

1. Ziehen Sie im Fenster BUSINESS PROCESS FLOW DESIGNER die Option BEDINGUNG im Abschnitt FLOW der Registerkarte KOMPONENTEN auf ein Pluszeichen (+) zwischen zwei Phasen im Flow.

Die Pluszeichen (+) sind in einer Geschäftsprozess-Flow-Ansicht im Designer möglicherweise nicht immer sichtbar. Sie werden jedoch normalerweise angezeigt, wenn Sie den Mauszeiger zwischen Phasen schieben, und geben an, wo Sie Bedingungen hinzufügen können.

2. Legen Sie im Eigenschaftenbereich des Business Process Flow Designer-Fensters die Eigenschaften für Ihre Verzweigungsbedingung fest.

   Zu den Eigenschaften, die Sie festlegen, gehören das *Feld* (welche Daten werden durch die Bedingung ausgewertet), *Operatoren* (ob die Bedingung gleich ist, enthält, kleiner ist als usw.) und der *Wert* (was gemessen wird).

   In Abbildung 7.17 habe ich zwei Bedingungen angewendet. Beide erfordern, dass Daten in den Feldern vorhanden sind, bevor ein Benutzer zum nächsten Schritt übergehen kann.

3. Klicken Sie im Eigenschaftenbereich auf ÜBERNEHMEN, wenn Sie mit der Einrichtung Ihrer Verzweigung fertig sind.

   Jetzt wird die Verzweigungsbedingung wirksam und zeigt an, dass ein Entweder-oder-Zustand vorliegt, der angibt, wie der Flow fortgesetzt werden kann.

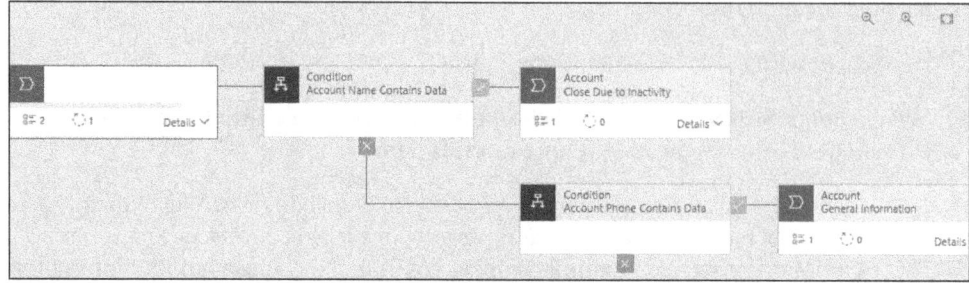

Abbildung 7.17: Ein Geschäftsprozess-Flow mit Verzweigungsbedingungen

4. Wiederholen Sie die Schritte 1 bis 3 für jede Verzweigung, die Sie hinzufügen möchten.

Den Geschäftsprozess-Flow abschließen

Nachdem Sie alle Elemente zu Ihrem Geschäftsprozess-Flow hinzugefügt haben (siehe vorherige Abschnitte), führen Sie diese Schritte aus, um den Flow zu validieren und zu aktivieren:

1. **Klicken Sie in der Symbolleiste des Business Process Flow Designers auf die Schaltfläche VALIDIEREN.**

   Die Validierungsaktion prüft, ob Ihr Flow Fehler oder Inkonsistenzen aufweist, einschließlich fehlender erforderlicher Schritte oder falsch konfigurierter Phasen, Schritte oder Verzweigungsbedingungen.

2. **Überprüfen Sie die Fehlermeldungen, die im Validierungsbereich angezeigt werden.**

   Fehler beziehen sich normalerweise auf fehlende Pflichtfelder, falsche Bedingungen oder unvollständige Schritte.

3. **Klicken Sie auf eine Fehlermeldung.**

   Der Designer führt Sie direkt zu dem Teil des Flows, der Ihre Aufmerksamkeit erfordert.

4. **Beheben Sie das Problem, indem Sie die Eigenschaften der entsprechenden Komponenten anpassen.**

   Beispielsweise könnte es sein, dass Sie sicherstellen müssen, dass alle erforderlichen Felder vorhanden sind oder alle Schritte ordnungsgemäß verbunden sind.

5. **Wiederholen Sie die Schritte 3 und 4, bis alle Fehler behoben sind.**

6. **Wenn Ihr Flow fehlerfrei ist, klicken Sie auf AKTIVIEREN.**

 Durch die Aktivierung wird der Geschäftsprozess-Flow für Benutzer verfügbar. Wenn Sie jedoch bestimmte Änderungen vornehmen möchten (zum Beispiel neue Phasen oder Bedingungen hinzufügen), müssen Sie den Flow zuerst deaktivieren, dann bearbeiten und dann erneut aktivieren.

Haben Sie schon einmal eine E-Mail erhalten, sobald Sie in einem Webformular auf SENDEN geklickt haben? Mithilfe eines Geschäftsprozess-Flows in Power Apps können Sie auch Workflows integrieren (automatische Aktionen, die durch bestimmte Ereignisse ausgelöst werden; Einzelheiten finden Sie in Kapitel 14), die die Verwendung von Power Apps und Power Automate kombinieren, um Aktionen auszulösen, zum Beispiel das Senden einer E-Mail, um einen Benutzer zu benachrichtigen, wenn ein neuer Datensatz erstellt wird, oder das Posten eines Eintrags in einer SharePoint-Liste, wenn ein Formular übermittelt wird.

Um Workflows in einer modellgesteuerten App mithilfe von Geschäftsprozess-Flows einzurichten, gehen Sie zu `http://learn.microsoft.com`, geben Sie `Workflow Geschäftsprozess-Flow` in das Suchtextfeld ein und drücken Sie die ⏎. Klicken Sie auf den Link zum Artikel, der auf der Ergebnisseite angezeigt wird.

Die Sicherheit in modellgesteuerten Apps kontrollieren

Damit der Benutzer auf modellgesteuerte Apps zugreifen kann, muss der Administrator allen Benutzern eine vordefinierte Sicherheitsrolle zuweisen. Daher muss der Administrator jedem Benutzer eine Lizenz für Power Apps Premium erteilen. (Die Lizenzierung bespreche ich in Kapitel 2.) Bei rollenbasierter Sicherheit verknüpft der Administrator eine bestimmte Sicherheitsrolle mit Berechtigungen, die definieren, was ein Benutzer mit dieser Rolle tun kann, wenn er mithilfe einer App auf eine Tabelle zugreift. Mit anderen Worten: Ein Benutzer mit einer bestimmten Sicherheitsrolle kann Daten in eine App schreiben, ein anderer Benutzer mit einer anderen Sicherheitsrolle kann die Daten vielleicht nur anzeigen. Die Sicherheitsrolle eines wieder anderen Benutzers ermöglicht diesem das Schreiben, Löschen und Lesen der Datensätze. Und so weiter.

Standardmäßig sind einer Dataverse-Tabelle zwei Rollen zugewiesen. Beide Rollen können die Konfiguration eines Systems vollständig aktualisieren. Hier die Unterschiede:

✔ **Systemadministrator:** hat Zugriff auf alle Datensätze im System

✔ **Systemanpasser:** kann nur die Datensätze ändern, die er selbst erstellt

Als Entwickler müssen Sie ein neues Sicherheitsprofil erstellen, wenn Sie mehr als diese beiden Rollen benötigen (was häufig der Fall ist).

 Das Teilen einer modellgesteuerten App unterscheidet sich grundlegend vom Teilen einer Canvas-App (worüber Sie in den Kapiteln 4 und 5 mehr erfahren). Das Teilen einer modellgesteuerten App hängt davon ab, wie der Administrator die Microsoft Dataverse-Datentabellenberechtigungen in der App zuweist. Wenn der Administrator keine Sicherheitsrollen für die App definiert hat, wenden Sie sich an einen Power Platform-Administrator (zum Beispiel an diejenigen, die die Lizenzzuweisung für Ihre Power Apps verwalten), um die entsprechenden Rollen zuzuweisen.

Eine Sicherheitsrolle erstellen

Gehen Sie wie folgt vor, um eine Sicherheitsrolle für eine modellgesteuerte App zu erstellen:

1. Melden Sie sich beim Power Platform Admin Center an.

2. Wählen Sie auf der Registerkarte UMGEBUNGEN die Umgebung aus, in der Ihre modellgesteuerte App gehostet wird.

   Die Seite mit den ausgewählten Umgebungsdetails wird geöffnet.

3. Wählen Sie EINSTELLUNGEN im Bereich UMGEBUNGSDETAILS aus.

4. Wählen Sie im Einstellungsmenü BENUTZER + BERECHTIGUNGEN| SICHERHEITSROLLEN.

   Abbildung 7.18 zeigt einige der verfügbaren Sicherheitsrollen. Häufig basieren Sicherheitsrollen auf den Anwendungen, die Sie in Ihrer Umgebung haben.

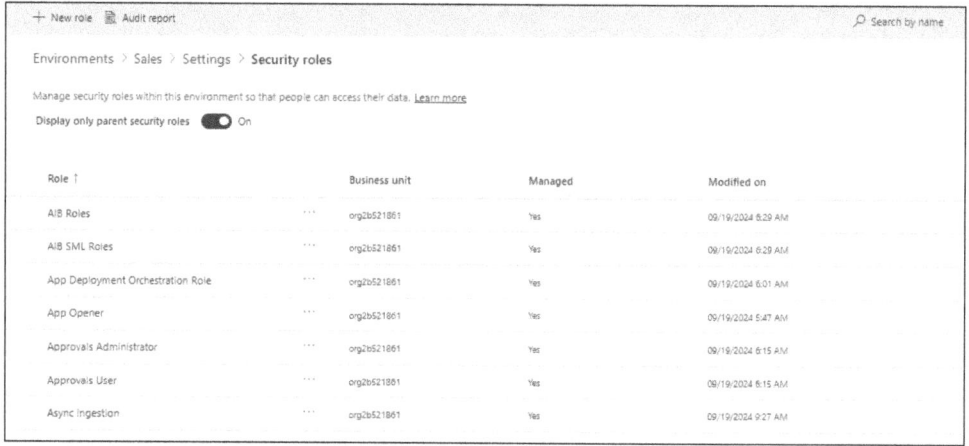

Abbildung 7.18: Beispiele für Sicherheitsrollen

5. Wählen Sie NEUE ROLLE in der Befehlsleiste.

6. Geben Sie im Fenster ROLLEN ERSTELLEN einen Rollennamen in das Textfeld ROLLENNAME ein.

7. Wählen Sie aus der Dropdown-Liste GESCHÄFTSEINHEIT eine Geschäftseinheit aus.

8. Wenden Sie je nach Geschäftsanforderung Berechtigungen auf einen Benutzer oder ein Team an.

 Wenn Sie möchten, dass Teammitglieder die Berechtigungen der Rolle erben, wenn sie einem Team zugewiesen werden, akzeptieren Sie die Standardeinstellung BERECHTIGUNGSVERERBUNG FÜR MITGLIEDER als DIREKTE BENUTZERZUGRIFFSEBENE. Wählen Sie andernfalls TEAMBERECHTIGUNGEN aus. Wenn Sie außerdem davon ausgehen, dass ein Benutzer die neue Rolle benötig, um modellgesteuerte Apps auszuführen, akzeptieren Sie die Einstellung STANDARDMÄßIG AKTIVIERT für INCLUDE APP OPENER PRIVILEGES FOR RUNNING MODEL-DRIVEN APPS für die von Ihnen festgelegten direkten oder Teamberechtigungen.

9. Klicken Sie im Fenster Neue Rolle auf SPEICHERN.

   Ihre neue Rolle wird jetzt gespeichert und der Umgebung hinzugefügt.

10. Geben Sie in der Suchleiste oben rechts im Fenster SICHERHEITSROLLEN den Namen einer Tabelle ein, für die Sie einem Benutzer Berechtigungen erteilen möchten, und klicken Sie auf SUCHEN.

11. Klicken Sie auf den Tabellennamen, um die Berechtigungseinstellungen der Tabelle zu öffnen.

    In meinem Beispiel habe ich die Tabelle *Unternehmen* ausgewählt, um die Sicherheitsrollen und Berechtigungen zu konfigurieren.

12. Konfigurieren Sie die Tabelle basierend auf den Anforderungen für die Benutzer, die auf eine oder mehrere Tabellen in der Umgebung zugreifen.

    Die Anforderungen definieren die Zugriffsebene, die verschiedene Benutzer für die Daten in dieser Tabelle haben müssen. Beispiel:

    - **In den Leseberechtigungseinstellungen:** Wählen Sie die Option Organisation, um eine Nur-Lese-Rolle für alle Benutzer in der Organisation zu erstellen. Die aufgeführte Einstellung ermöglicht es allen Benutzern der Organisation, Daten anzuzeigen, ohne Änderungen vorzunehmen, und bietet schreibgeschützten Zugriff auf das gesamte System.

    - **Erstellen Sie eine Benutzerrolle, die das Lesen, Erstellen und Aktualisieren von Datensätzen ermöglicht:** Legen Sie die Berechtigung für den Lese-, Schreib- und Erstellungszugriff auf die Geschäftseinheit fest. Diese Einstellung verhindert, dass diese Benutzer auf Datensätze außerhalb ihrer Einheit zugreifen oder diese ändern.

    - **Fügen Sie die Möglichkeit zum Löschen eines Datensatzes hinzu:** Wählen Sie in den Löschberechtigungseinstellungen die Option LÖSCHEN und für die anderen Berechtigungen die Option GESCHÄFTSEINHEIT.

13. Nachdem Sie einer Rolle alle gewünschten Berechtigungen zugewiesen haben, klicken Sie auf SPEICHERN.

    Die neue Sicherheitsrolle wurde erstellt.

> Eine Übersicht über den vollständigen Umfang der Berechtigungszuweisungen und die Zuweisung von Rollen finden Sie unter http://learn.microsoft.com. Geben Sie in das Suchtextfeld *Sicherheitsrollen und Berechtigungen* ein und drücken Sie die ⏎. Klicken Sie in der angezeigten Ergebnisliste auf den Link zum Artikel.

Sie können Benutzern mehr als nur Berechtigungen auf Organisationsebene zuweisen (wie etwa die in den vorherigen Schritten erstellte Rolle). Sie können auf die Schaltfläche ROLLE VERWALTEN klicken, um ein Popup-Menü mit weiteren Berechtigungsoptionen zu öffnen (siehe Abbildung 7.19). Tabelle 7.1 erklärt, was jede Sicherheitsrolle erlaubt.

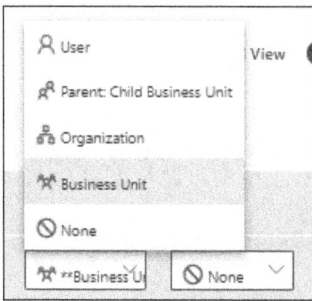

Abbildung 7.19: Optionen für Sicherheitsrollen

Rolle	Beschreibung
Benutzer	Basierend auf den Berechtigungen, die Administratoren ihnen zuweisen, können Benutzer nur auf Datensätze zugreifen, die ihnen gehören, und auf Objekte, die mit ihnen oder dem Team geteilt wurden. Die meisten Benutzer erhalten Zugriff auf Benutzerebene, da dies ihren Zugriff beschränkt und Datensicherheit und eine ordnungsgemäße Zugriffskontrolle gewährleistet.
Übergeordnet: Untergeordnete Geschäftseinheit	Benutzer können nur auf Datensätze in ihrer Geschäftseinheit und allen untergeordneten Einheiten zugreifen. Diese Rollen werden normalerweise Administratoren und Managern gewährt, die Zugriff auf eine oder mehrere Geschäftseinheiten benötigen.
Organisation	Benutzer mit dieser Zugriffsebene können alle Datensätze in der gesamten Organisation anzeigen, unabhängig von ihrem Zugriff in der Hierarchie der Geschäftseinheit. Um die Datensicherheit zu schützen, beschränken Sie diese Zugriffsebene auf diejenigen, die sie wirklich benötigen. Normalerweise wird diese Rolle nur Administratoren und Managern zugewiesen.
Geschäftseinheit	Benutzer können nur auf die Datensätze zugreifen, die ihrer Geschäftseinheit zugeordnet sind. Diese Rolle wird normalerweise Managern zugewiesen, aber auch einzelnen Benutzern kann der Zugriff gewährt werden, wenn er teamweiten, bilateralen Zugriff benötigt.
Keiner	kein Zugriff gestattet.

Tabelle 7.1: Sicherheitsrollen in Power Platform

Eine Sicherheitsrolle bearbeiten

Wenn Sie als Entwickler eine bereits verwendete Rolle aktualisieren möchten, gehen Sie wie folgt vor:

1. **Gehen Sie zum Power Platform Admin Center.**

   Sie können über `http://admin.powerplatform.microsoft.com` auf das Admin Center zugreifen.

2. **Wählen Sie aus der Liste Umgebungen die Umgebung aus, in der Ihre modellgesteuerte App gehostet wird.**

   Das Umgebungs-Dashboard wird geöffnet.

3. **Wählen Sie auf der Seite Umgebungseinstellungen die Option Einstellungen aus.**

4. **Wählen Sie im Einstellungsbereich Benutzer + Berechtigungen| Sicherheitsrollen aus.**

   Die Benutzeroberfläche Sicherheitsrollen wird geöffnet.

5. **Geben Sie im Suchtextfeld oben rechts in der Benutzeroberfläche Sicherheitsrollen den Namen der Rolle ein und drücken Sie die ⏎.**

6. **Wählen Sie in der Rollenliste die Tabelle aus, für die Sie die Rolle bearbeiten möchten.**

7. **Wählen Sie Bearbeiten in der Befehlsleiste oben im Fenster.**

   Der Sicherheitsrollen-Editor wird angezeigt.

8. **Geben Sie im Textfeld Suchen (in Abbildung 7.20 mit A gekennzeichnet) den Namen der Tabelle ein, die Sie ändern möchten.**

9. **Wählen Sie die Tabelle im Bereich Tabellenberechtigung (mit der Kennzeichnung B) aus.**

   Das Raster mit den Tabellenberechtigungen wird angezeigt.

10. **Verwenden Sie die Matrix (mit der Kennzeichnung C), um die Berechtigungen so zu ändern, dass sie den aktualisierten Anforderungen entsprechen.**

    Sie können beispielsweise die Berechtigungen zum Erstellen, Lesen und Schreiben anpassen.

11. **Klicken Sie oben im Fenster (mit der Kennzeichnung D) auf Speichern + Schliessen.**

    Mit Speichern + schließen werden Ihre Änderungen gespeichert und das Fenster Sicherheitsrollen geschlossen.

Im Beispiel in Abbildung 7.20 verfügt ein Benutzer über mehr als nur die Berechtigung Nur Lesen. Ich habe ihm die Berechtigungen Erstellen, Lesen und Schreiben erteilt.

Abbildung 7.20: Eine Sicherheitsrolle bearbeiten, um zusätzliche Berechtigungen einzuschließen

Eine App freigeben

Damit Benutzer auf eine modellgesteuerte App zugreifen können, müssen sie zwei wichtige Anforderungen erfüllen. Sie müssen

- ein lizenzierter Power Apps-Benutzer sein,
- eine Sicherheitsrolle erhalten haben. Diese Zuweisung erfolgt, wenn ein Administrator die App mit dem Benutzer teilt.

Die Sicherheitsrolle verwaltet Berechtigungen für die Power Apps-App selbst und zugehörige Dienste, wie zum Beispiel die mit der Power App verknüpfte Dataverse-Tabelle. Diese Rolle stellt sicher, dass Benutzer auf diesen Plattformen über die erforderlichen Berechtigungen verfügen, und bietet damit eine sichere und integrierte Benutzererfahrung.

Um einem Benutzer eine Sicherheitsrolle zuzuweisen und eine App mit ihm zu teilen, gehen Sie wie folgt vor:

1. **Öffnen Sie das Power Apps Maker Portal, indem Sie zu** http://make.powerapps.com **gehen.**

2. **Wählen Sie im linken Navigationsbereich Apps aus.**

    Die Option Apps ist in Abbildung 7.21 mit A gekennzeichnet.

    Suchen Sie in der angezeigten App-Liste die App, die Sie freigeben möchten.

KAPITEL 7 Modellgesteuerte Apps erweitern   241

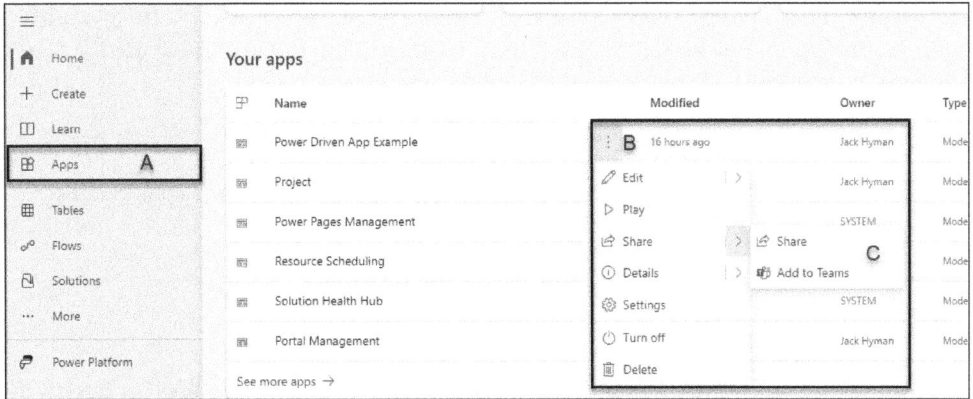

Abbildung 7.21: Eine App im Maker Portal teilen

3. **Wählen Sie die Ellipse (…) links neben dem Namen der App aus.**

   Eine Dropdown-Liste (Kennzeichnung B) wird geöffnet.

4. **Wählen Sie Teilen|Teilen.**

5. **Wählen Sie im sich auf dem Bildschirm App teilen die App im App-Navigationsbereich auf der linken Seite aus.**

   Abbildung 7.22 zeigt das ausgewählte Power Driven App-Beispiel (mit der Kennzeichnung A).

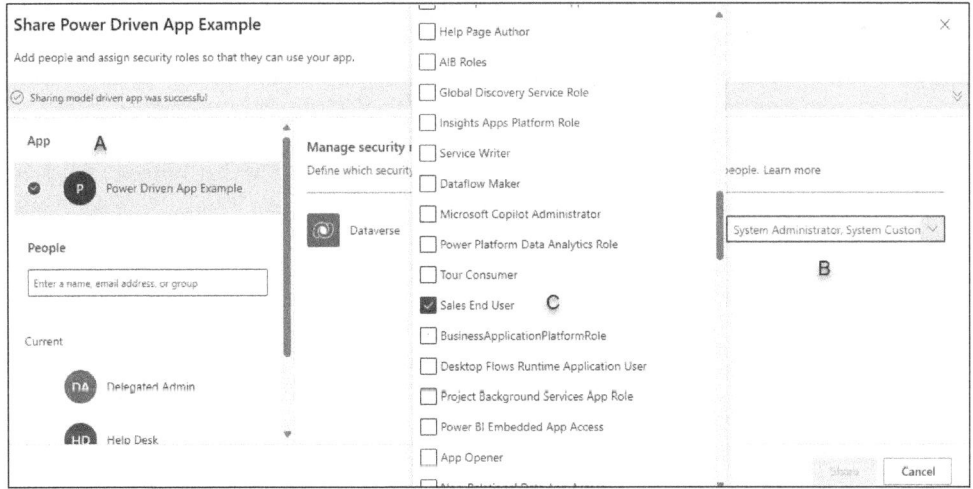

Abbildung 7.22: Eine Sicherheitsrolle für eine modellgesteuerte App konfigurieren

6. Wählen Sie im Popup-Menü SICHERHEITSROLLE auf der rechten Seite des Bildschirms (mit der Kennzeichnung B in Abbildung 7.22) die Rolle aus, die Sie bearbeiten möchten.

   In Abbildung 7.1 habe ich `Sales End User` (mit der Kennzeichnung C) ausgewählt.

7. Wählen Sie im Abschnitt BENUTZER einen lizenzierten Benutzer aus, der einer bestimmten Umgebung zugeordnet ist.

   In meinem Beispiel wähle ich den Helpdesk-Benutzer aus.

   Das Fenster SICHERHEIT ZUWEISEN wird geöffnet.

8. Wählen Sie im Dataverse-Menü die Sicherheitsrolle aus, die Sie diesem Benutzer zuweisen möchten.

   Standardmäßig ist die Rolle SYSTEMADMINISTRATOR ausgewählt.

9. Deaktivieren Sie die Kontrollkästchen SYSTEMADMINISTRATOR und VERTRIEBSENDBENUTZER.

10. Wiederholen Sie die Schritte 7 bis 9 für jeden Benutzer, den Sie bearbeiten möchten.

11. Klicken Sie auf TEILEN, nachdem Sie alle gewünschten Rollen zugewiesen haben.

    Die Benutzer, denen Sie eine Sicherheitsrolle zugewiesen haben, können jetzt auf die freigegebene modellgesteuerte App zugreifen.

> Wenn Sie der Systemadministrator sind, können Sie einen Benutzer nicht nur auf der Grundlage einer einzelnen Rolle, sondern auch einer Geschäftseinheit, von Teams oder einer Microsoft Entra-Gruppe zuweisen. Sie finden Microsofts Ansatz zu diesen erweiterten Dataverse-Sicherheitsüberlegungen, wenn Sie unter http://learn.microsoft.com `Sicherheit in Microsoft Dataverse` in das Suchtextfeld eingeben und dann die ⏎ drücken. Auf der Ergebnisseite wird ein Link zum Artikel angezeigt.

> **IN DIESEM KAPITEL**
>
> Verstehen, wie Power Pages in die Power Platform integriert wird
>
> Die in Power Pages verfügbaren Tools und Komponenten kennenlernen
>
> Listen, Formulare und Power BI-Visualisierungen in eine mit Power Pages erstellte Website integrieren
>
> Die Erweiterungsfunktionen von Power Pages erkunden

Kapitel 8
Websites mit Power Pages erstellen

Low-Code-Technologien haben die Art und Weise, wie Organisationen öffentlich zugängliche Websites bereitstellen, drastisch verändert, insbesondere bei Websites mit großen Datenmengen. Seit Anfang der 2000er Jahre ist SharePoint Microsofts robustes Tool für internes Content-Management und die Zusammenarbeit im Team. Obwohl SharePoint Benutzern früher das Erstellen öffentlich zugänglicher Websites ermöglichte, liegt sein Hauptaugenmerk auf der Zusammenarbeit innerhalb von Organisationen mithilfe von Microsoft 365-Tools. Im Jahr 2019 aktualisierte Microsoft seine Produktausrichtung und führte das Power Apps Portal ein, das in Power Pages umbenannt wurde.

Mit Power Pages können Sie öffentlich zugängliche Websites erstellen, die mit Microsoft Dataverse (siehe Kapitel 3) verbunden sind, sodass externe Benutzer Ihres Unternehmens sicher mit Daten interagieren können. Sie können Power Pages zum Entwerfen und Starten von Websites verwenden, selbst wenn Sie nur über begrenzte technische Kenntnisse verfügen. In diesem Kapitel erfahren Sie, wie Sie mit Power Pages Websites erstellen, von der Einrichtung bis zum Entwurf Ihrer ersten Website.

Was Power Pages leisten kann

Wenn Organisationen Websites verwenden, um Elemente wie einfache Anwendungen oder detaillierte Analyseberichte zu veröffentlichen, stellen sie häufig fest, dass die Standardlösungen für Content-Management-Systeme (CMS) – Tools wie WordPress, Drupal und DotNetNuke – einfach nicht ausreichen. Sie können diese Tools verwenden, um Apps und Berichte in eine Website einzubetten. (Wenn Sie etwas in eine Website *einbetten*, bedeutet dies, dass externe Inhalte wie Anwendungen, Berichte oder Multimedia in ihre Struktur integriert werden, sodass Benutzer direkt auf der Seite damit interagieren können.) Das Einbetten von Elementen schränkt jedoch ein, was Sie damit tun können. Eine dieser Einschränkungen ist, dass Sie die von Power Platform bereitgestellten Funktionen nicht vollständig nutzen können.

Immer mehr Organisationen nutzen daher Power Pages für ihre Websites. Sie benötigen eine Plattform, die Daten sicher verarbeiten und gleichzeitig Datenanalysen und einfache Anwendungen integrieren kann, die mit Microsoft Power Platform erstellt wurden. Mit Power Pages können Sie Elemente aus Dataverse in Ihre Website integrieren. *Integrieren* bedeutet, die Rohdaten in einem übersichtlichen, ansprechenden Format auf einer Seite darzustellen. Durch die Integration von Elementen wie Tabellen aus Dataverse oder Berichten aus Power BI können Sie interaktive, datengesteuerte Erlebnisse für Ihre Benutzer erstellen. Darüber hinaus können Sie Dataverse-Elemente ohne große Programmiererfahrung integrieren.

Power Pages ermöglicht Benutzern, mit wenig oder keinem Code Dataverse-Ausgaben, wie zum Beispiel detaillierte Analyseberichte, in die Website ihrer Organisation zu integrieren. Die Integration dieser Elemente ermöglicht eine vollständige Interaktion mit den Daten, sodass Benutzer Berichte direkt auf der Webseite filtern, sortieren und aufschlüsseln können. Im Gegensatz dazu bedeutet das Einbetten von Elementen, dass sie einfach als statischer Inhalt in die Website eingefügt werden, was die Funktionalität und Benutzerinteraktion einschränkt. Wenn Sie entscheiden, ob Sie eine eigenständige Anwendung entwickeln oder eine Power Pages-Website erstellen möchten, berücksichtigen Sie die in Tabelle 8.1 aufgeführten Gründe für Power Pages.

Ihre Organisation könnte von Power Pages profitieren, wenn Sie

✔ Analysen, formularbasierte Lösungen und die Automatisierung von Geschäftsprozessen in Ihre Website integrieren wollen,

✔ Power Pages für personalisierte Benutzererfahrungen durch rollenbasierte Authentifizierung und Autorisierungsintegration nutzen wollen. Power Pages ermöglicht es Benutzern, sich von außerhalb bei einer Website anzumelden und dabei eine Identität von Superadministrator bis Mitwirkender beizubehalten oder die Website sogar anonym anzuzeigen. Ihre Organisation kann von der rollenbasierten Authentifizierung von Power Pages profitieren, indem sie sicheren, personalisierten Zugriff bieten und eine angemessene Inhaltssichtbarkeit basierend auf der Rolle eines Benutzers bereitstellt.

Grund	Beschreibung
Low-Code-Entwicklung	Sie benötigen nur minimale Programmiererfahrung, um die Website zu entwickeln, bereitzustellen und zu verwalten.
Integration mit anderen Microsoft-Technologien	Vollständige Integration mit allen Power Platform-Anwendungen, einschließlich Power BI, Power Apps, Power Automate und Dataverse; beinhaltet außerdem umfassende Unterstützung für alle Microsoft 365-Anwendungen.
Datengesteuerte Apps	Verwendung *kontextbezogener Datenmodelle* (eine Möglichkeit, Daten effizient rund um bestimmte Geschäftsprozesse zu organisieren) und Definition von Beziehungen zwischen Entitäten, während gleichzeitig robuste Sicherheit und Compliance in der gesamten Anwendung gewährleistet sind.
Anpassung und Erweiterbarkeit	Power Pages kann JavaScript, HTML, CSS und andere fortgeschrittene Sprachen unterstützen.
Skalierbarkeit	Wird auf der globalen Infrastruktur von Microsoft gehostet, wodurch die Website weltweite Reichweite hat.
Sicherheit und Compliance	Unterstützt personalisierte Benutzererlebnisse auf der Grundlage rollenbasierter Anmeldeinformationen. Vollständige Unterstützung der SSL-Verschlüsselung.

Tabelle 8.1: Wichtige Gründe für die Verwendung von Power Pages

Alle anderen Apps in der Power Platform-Suite außer Power Pages erfordern, dass ein Benutzer mindestens eine Rolle und Verantwortung hat. (Informationen zu Rollen finden Sie in Kapitel 7.)

Integration von Power Pages mit Dataverse

Power Pages ist eine Komponente von Power Platform und arbeitet in Verbindung mit Dataverse, das als zugrunde liegende Datenspeicher- und Verwaltungsebene fungiert. Power Pages kann die Funktionen von Dataverse nutzen, zum Beispiel zentrale Verwaltung, Metadatenverwaltung, Sicherheit und Auditing. Im Wesentlichen ist Power Pages ein Tool zum Erstellen externer Websites und lässt sich in Dataverse integrieren, um Daten sicher zu speichern und zu verwalten.

Wenn Sie auch mehrsprachige Unterstützung bereitstellen müssen, was die Verwendung von Formularen, Ansichten und Geschäftslogik für die Prozessautomatisierung beinhalten kann (Funktionen, die häufig in Dynamics 365 oder modellgesteuerten Apps zu finden sind), kann Power Pages ebenfalls geeignete Funktionen bieten. Mit Power Pages können Sie dynamische, mehrsprachige Websites erstellen, die in Dataverse integriert sind (wo alle

Ihre Website-Inhalte sicher gespeichert sind). Sie können die Inhalte einer Power Pages-Website mithilfe verschiedener Tools bearbeiten und verwalten, darunter das benutzerfreundliche Power Pages Design Studio, die ältere Power Apps-Oberfläche für erweiterte Konfigurationen oder professionelle Website- und Anwendungsentwicklungstools wie Visual Studio Code.

Bereitstellung einer Power Pages-Website

Bereitstellung bedeutet, eine Website einzurichten und zu konfigurieren. Auf Power Pages-Websites in einer Power Platform-Umgebung kann über das Power Platform-Admin Center zugegriffen werden. (Eine Einführung in das Admin Center finden Sie in Kapitel 2.) Jede Power Pages-Website muss eine Dataverse-Datenbank enthalten. Was das Design betrifft, erhalten Sie nach der Bereitstellung einer Power Pages-Website Zugriff auf eine Reihe anpassbarer Vorlagen von Microsoft, die auf bestimmte Geschäftsszenarien ausgerichtet sind.

Geben Sie beim Bereitstellen Ihrer Website den Namen, die Standardadresse und die Sprache ein, in der Ihre Website präsentiert werden soll (Sie können Ihre Website mit mehrsprachiger Unterstützung einrichten, wie im Einschub »Integration von Power Pages mit Dataverse« erwähnt).

 Eine Power Pages-Website beginnt immer als *Testangebot* (das heißt, eine temporäre Version mit eingeschränkter Nutzung zum Testen und Auswerten), die Sie später in eine *Produktions-Website* umwandeln können (das heißt, eine voll funktionsfähige Website, deren Betrieb Geld kostet).

Um Ihre Power Pages-Website bereitzustellen, gehen Sie wie folgt vor:

1. Klicken Sie auf der Startseite WILLKOMMEN BEI POWER PAGES (siehe Abbildung 8.1) auf ERSTE SCHRITTE.

Abbildung 8.1: Die Startseite von Power Pages

KAPITEL 8 Websites mit Power Pages erstellen

Sie erreichen diese Seite unter http://make.powerpages.microsoft.com.

Der Setup-Assistent wird angezeigt.

2. **Wählen Sie in der Dropdown-Liste UMGEBUNG auf der rechten Seite des Bildschirms die Umgebung aus, für die Sie Ihre Power Pages-Website konfigurieren möchten.**

3. **Klicken Sie auf ERSTE SCHRITTE.**

   Die nächste Seite für den Einrichtungsvorgang wird angezeigt.

4. **Wählen Sie unter ORGANISATIONSTYP den Organisationstyp aus, für den Sie Ihre Website gestalten möchten.**

   Für mein Beispiel wähle ich SONSTIGES, was bedeutet, dass dies als allgemeine Website gedacht ist.

5. **Wählen Sie WEITER.**

   Die Seite zur Vorlagenauswahl wird geöffnet.

6. **Geben Sie grundlegende Informationen zur Website ein, einschließlich ihres Namens und der vorgeschlagenen Power Pages-Websiteadresse (URL), wie in Abbildung 8.2 gezeigt.**

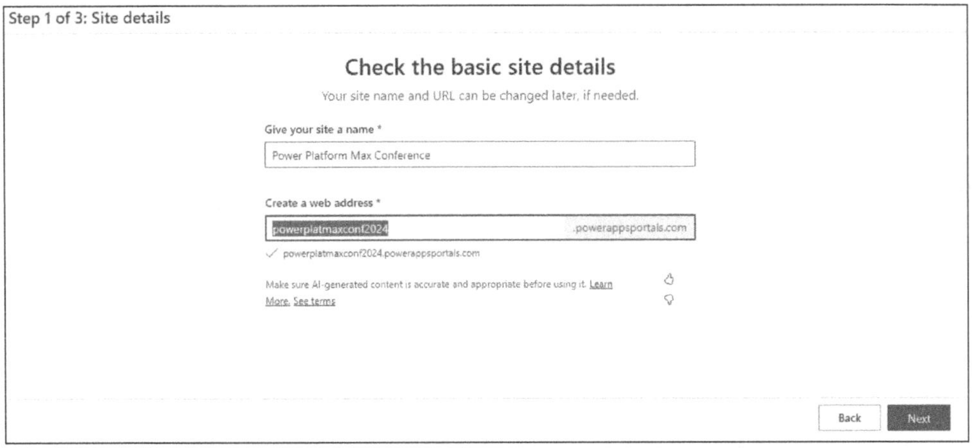

Abbildung 8.2: Der Bildschirm für die grundlegende Einrichtung von Websites

7. **Wählen Sie VORLAGEN DURCHSUCHEN aus, um eine Vorlage für Ihre Website auszuwählen.**

   Vorlagen bieten Optionen. Mit Website-Vorlagen können Sie schnell eine Standardsite einrichten, die vordefinierte Strukturen enthält, oder Sie können Copilot (den KI-Assistenten von Microsoft) verwenden, um Ihre Vorlage zu erstellen, indem basierend auf Ihren Eingaben personalisierte Inhalte und Designelemente generiert werden.

- **Allgemeine Vorlagen:** Power Pages bietet Website-Vorlagen basierend auf gängigen Szenarien und Branchen.

- **Vorlagenideen aus der Vorlagengalerie:** Sehen Sie sich vorgefertigte Vorlagenideen an. (Abbildung 8.3 zeigt die Vorlagengalerie.)

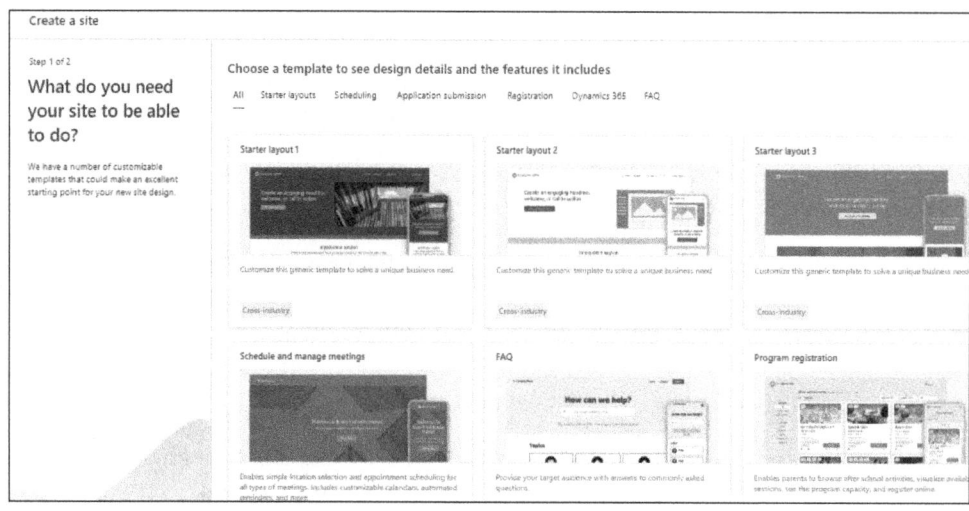

Abbildung 8.3: Die Vorlagengalerie

- **Copilot-Vorlagenerstellung:** Lassen Sie sich von Copilot ein für Ihr Unternehmen geeignetes Vorlagenframework erstellen.

 Wenn Sie Copilot verwenden, teilen Sie dem System mit, was die Website enthalten muss, und er tut sein Bestes, um eine geeignete Website-Struktur und ein geeignetes Design zu generieren (erwarten Sie jedoch keine perfekten Ergebnisse).

Um eine Website mit Copilot zu erstellen, geben Sie eine Beschreibung Ihres Website-Konzepts in das Textfeld ein (siehe Abbildung 8.4) und klicken Sie dann auf Meine Website erstellen.

In meinem Beispiel habe ich mich dafür entschieden, mit einer Vorlage zu beginnen, um die standardmäßigen Vorlagenoptionen zu erkunden.

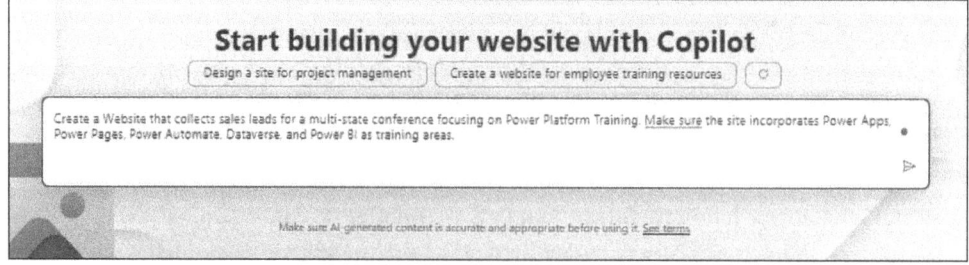

Abbildung 8.4: Teilen Sie Copilot mit, was Sie in Ihrer Power Pages-Websitevorlage haben möchten.

Das Fenster VORLAGE AUSWÄHLEN wird geöffnet und zeigt vordefinierte Vorlagenkonzepte an, wie in Abbildung 8.5 dargestellt.

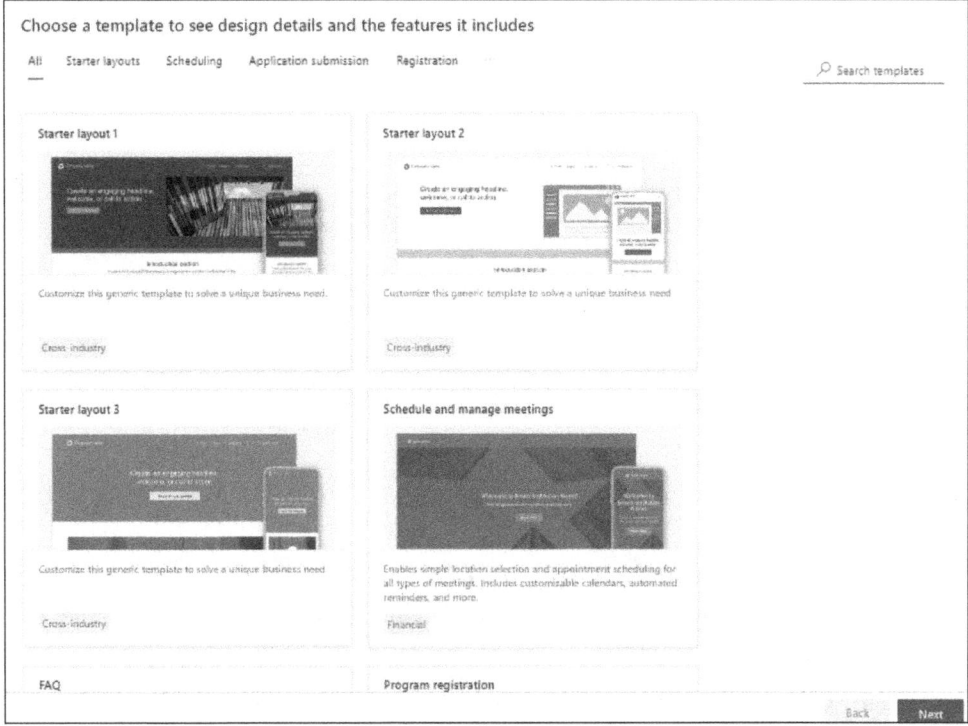

Abbildung 8.5: Sie können aus zahlreichen Designvorlagen für Ihre Website wählen

8. **Wählen Sie eines der Starter-Layouts oder die Option LEERE SEITE.**

   Die verschiedenen Vorlagenoptionen werden angezeigt.

   Wenn Sie Dynamics 365 zum Erstellen Ihrer neuen Website verwenden möchten, können Sie abhängig von der App, die Sie verwenden möchten, bestimmte Vorlagen auswählen, zum Beispiel Sales, Project Operations und Field Service. Denken Sie daran, dass Sie die Dynamics 365-Apps installieren müssen, wenn Sie Ihre Umgebung einrichten, einschließlich Dataverse (besprochen in den Kapiteln 2 und 3).

   In meinem Beispiel wähle ich das Starter-Layout 2 aus.

9. **Klicken Sie unten auf der Seite auf die Schaltfläche DIESE VORLAGE AUSWÄHLEN.**

   Das Fenster WEBSITE-DETAILS wird geöffnet (siehe Abbildung 8.6).

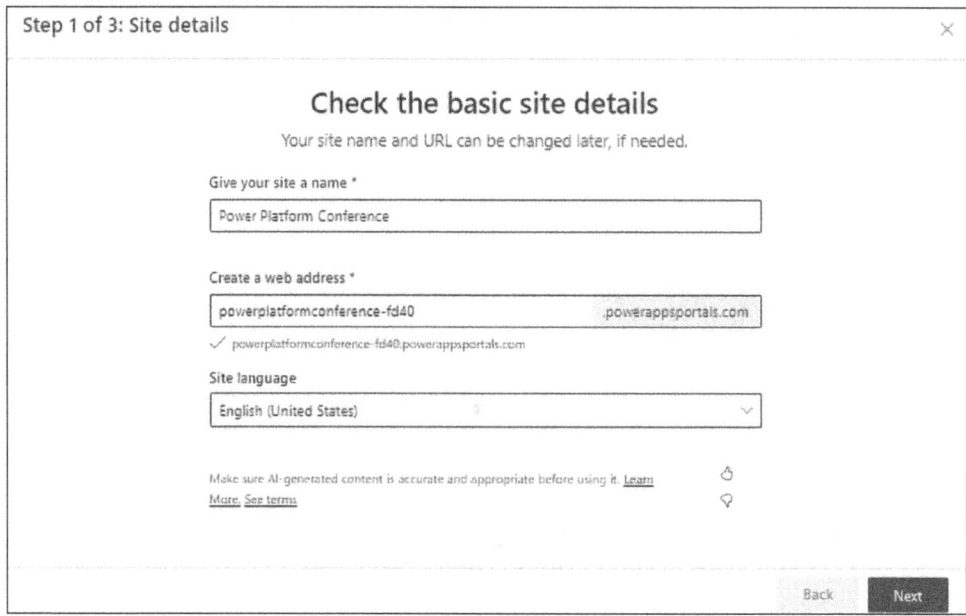

Abbildung 8.6: Den Namen Ihrer Website, Ihre Webadresse und Ihre Sprache festlegen

10. Geben Sie im Textfeld Geben Sie Ihrer Website einen Namen den Namen ein, den Sie verwenden möchten.

11. Geben Sie die gewünschte Webadresse in das Textfeld Webadresse erstellen ein.

    Ihre Adresse endet immer mit powerappsportals.com, Sie können in dieses Textfeld jedoch einen beliebigen Namen eingeben. (Wenn dieser Name jedoch bereits von jemandem verwendet wird, wird eine Meldung angezeigt, die Sie darüber informiert, dass der Name nicht verfügbar ist, und Sie auffordert, einen anderen geeigneten Namen auszuwählen.)

12. Wählen Sie aus der Dropdown-Liste Website-Sprache die Sprache aus, in der der Website-Inhalt präsentiert werden soll.

    Standardmäßig ist Englisch ausgewählt.

13. Klicken Sie auf Fertig.

    Die vollständige Bereitstellung dauert oft einige Minuten. Haben Sie also Geduld.

    Ihre Website wird in der Galerie Aktive Websites des Power Pages-Portals angezeigt (Abbildung 8.7).

KAPITEL 8 Websites mit Power Pages erstellen   251

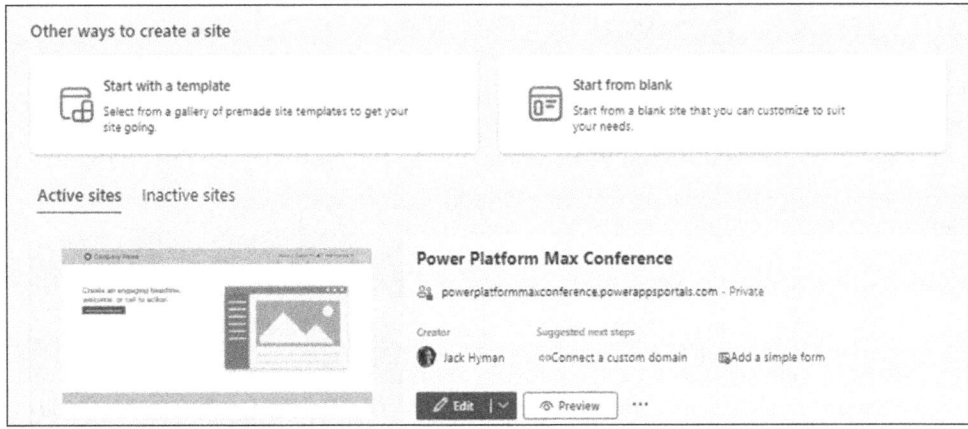

Abbildung 8.7: Die Galerie aktiver Websites in Power Pages

14. **Wählen Sie in der Galerie aktiver Websites von Power Pages VORSCHAU aus.**

    Die Website-Vorschau wird angezeigt. Hier können Sie das Design der Website überprüfen. Meine Beispiel-Website ist in Abbildung 8.8 als Vorschau dargestellt.

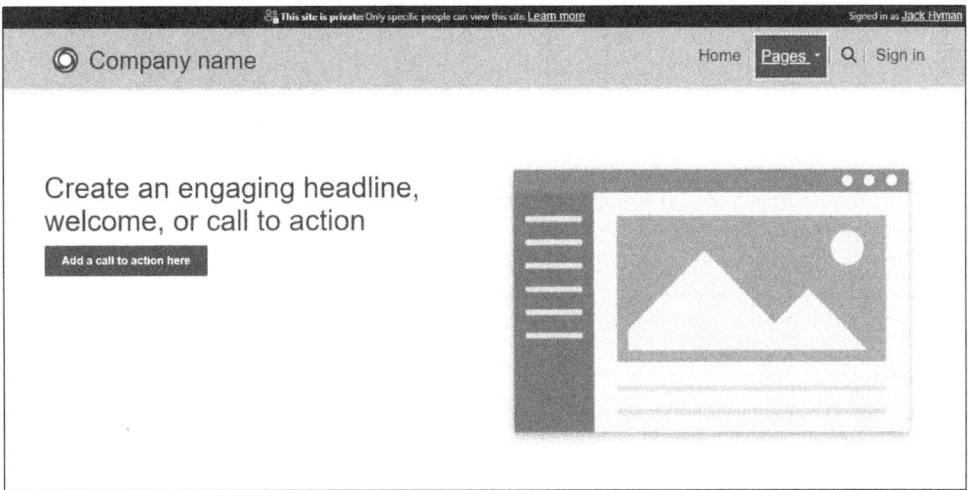

Abbildung 8.8: Die Vorschau auf ein Power Pages-Layout abrufen

Alternativ können Sie mit der Bearbeitung der Website beginnen, indem Sie in der Galerie auf das Bleistiftsymbol klicken. Wie Sie mit der Bearbeitung Ihrer Website beginnen, erkläre ich weiter unten in diesem Kapitel im Abschnitt »Auf den Registerkarten SEITEN, STYLING, DATEN, EINRICHTEN und SICHERHEIT navigieren«.

Wenn Sie den Namen der Website oder die URL ändern möchten, die Sie in den vorhergehenden Schritten eingegeben haben, können Sie dies beim Konfigurieren der Website-Einstellungen tun (darüber werde ich später in diesem Kapitel im Abschnitt »Das Power Pages-Toolset erkunden« sprechen).

Dynamics 365-Vorlagen verwenden

Dynamics 365 ist eine Suite von Geschäftsanwendungen, die häufig in Power Platform verwendet werden, insbesondere in Power Pages. Insbesondere ermöglicht Power Pages Benutzern das Erstellen und Bereitstellen von Webportalen, die die Funktionalität von Dynamics 365 auf externe Zielgruppen wie Kunden, Partner oder Lieferanten erweitern. Jede App verfügt über mindestens eine anwendungsspezifische Vorlage in der Power Pages-Vorlagengalerie, auf die Sie während der Portalerstellung zugreifen können. In der Power Pages-Vorlagengalerie finden Sie Vorlagen für jede wichtige Dynamics 365-Domäne, einschließlich:

- ✔ **Kundenerfahrung:** Ermöglichen Sie Kunden die Lösung von Problemen mit Kernfunktionen wie Fallmanagement, Zugriff auf die Wissensdatenbank und Community-Foren. Wenn diese Funktionen in ein Power Pages-Portal integriert sind, tragen sie zur Reduzierung des Arbeitsaufwands und zur Verbesserung der Benutzerzufriedenheit bei.

- ✔ **Service:** Erleichtert die Echtzeit-Verwaltung von Arbeitsaufträgen, die Planung und die Ressourcenverfolgung für Außendiensttechniker.

- ✔ **Lieferkette:** Verwenden Sie die Vorlagen des Bestellportals, um den Prozess des Auftragslebenszyklus-Managements zu unterstützen. Solche Vorlagen können die Zusammenarbeit mit Lieferanten, die Bestandsverwaltung und die Logistikverfolgung optimieren.

- ✔ **Finanzen:** Präsentieren Sie Finanzdaten, Rechnungsverfolgungsaktivitäten und Berichte sicher, um die finanzielle Transparenz zu verbessern und die Prozesse des Zahlungs- und Spesenmanagements zu optimieren.

Weitere Vorlagenbeispiele sind Self-Service-Portale, Außendienst, Community-Websites, Verkaufs- und Bestellportale.

Abbildung 8.9 zeigt die Partnerportal-Vorlage, die neben den Standard-CMS-Funktionen auch Dynamics 365 Sales Enterprise-Funktionen bietet.

Wenn Sie das Dynamics 365-Modul nicht besitzen, können Sie nicht auf die gesamte Palette der für eine Power Pages-Website verfügbaren Tabellen zugreifen. Sie können jedoch die wesentlichen Funktionen für die grundlegende Portalfunktionalität nutzen, einschließlich der Verwaltung von Benutzern, Webinhalten und einer (eingeschränkten) Datenverwaltung. Wenn Sie das Dynamics 365-Modul besitzen, können Sie für die in Abbildung 8.9 angezeigte Partnerportal-Vorlage auf Funktionen zugreifen, die in der Abbildung nicht gezeigt sind. Diese zusätzlichen Funktionen ermöglichen die Verwaltung von Partnerprofilen, die Anzeige gemeinsamer Verkaufschancen und die Zusammenarbeit bei vertriebs- oder servicebezogenen Aktivitäten mithilfe der Dynamics 365 Customer Services-Tabellen.

Statt Wochen damit zu verbringen, all diese Website-Komponenten zu erstellen, müssen Sie als Webentwickler nur den Inhalt der Website anpassen, indem Sie vorgefertigte Komponenten verwenden, die Ihnen in Power Pages zur Verfügung stehen. Zu den Komponenten, die sich einfach integrieren lassen, gehören Power Apps-Formulare, Power BI-Visualisierungen (wie Diagramme und

Dashboards) oder Power Automate-Workflows. Und das Beste daran: Sie können basierend auf Ihrer Rolle (konfiguriert vom Power Platform-Entwickler und -Administrator) gezielten Zugriff auf all diese Elemente erhalten. Beispielsweise kann ein Besucher nur Berichte sehen, ein Mitwirkender jedoch Daten eingeben.

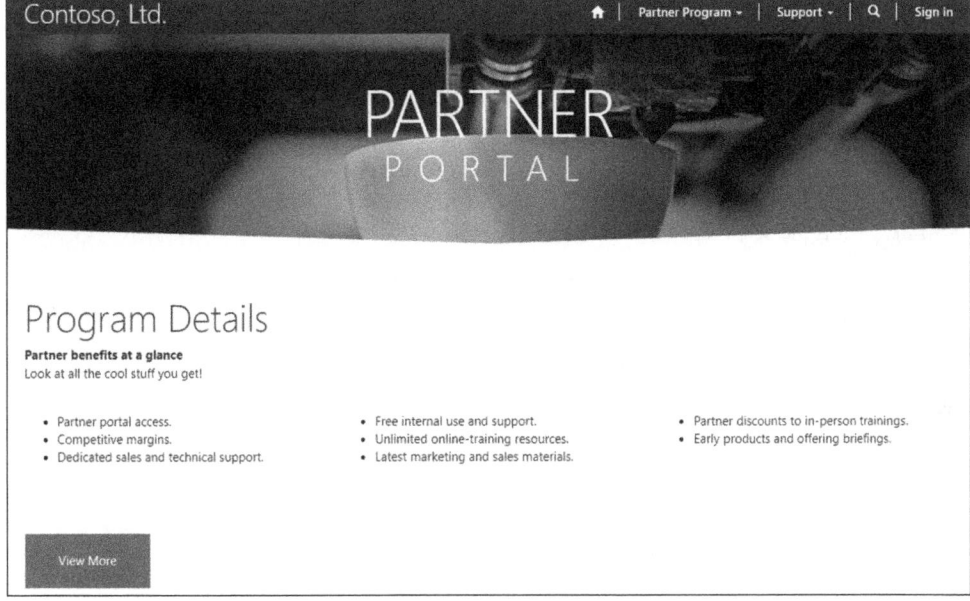

Abbildung 8.9: Eine Power Pages-Vorlage für Dynamics 365 Sales

Zum Erstellen einer Dynamics 365-Website folgen Sie den Schritten im Abschnitt »Eine Power Pages-Website bereitstellen« weiter oben in diesem Kapitel.

Das Power Pages-Toolset

Unabhängig davon, welche Content-Management-Plattform Sie verwenden, müssen Sie Ihre Website-Inhalte irgendwo speichern, einschließlich Verweisen auf die Struktur, das Layout und die Funktionalität innerhalb der Website. Wenn Sie Power Pages verwenden, speichern Sie alle Daten, einschließlich der Seitenfunktionalität, in Dataverse. Sie müssen jedoch nicht alle Ihre Änderungen in Dataverse-Tabellen vornehmen. Bei der Arbeit mit Power Pages stellen sich viele Entwickler zwei Fragen:

✔ Wie füge ich mit Power Pages Design Studio Inhalte hinzu und verwalte sie?

✔ Wie kann ich Geschäftsdaten aus anderen Power Platform-Anwendungen wie Power Apps und Power BI in die Website integrieren?

In den folgenden Abschnitten wird das Power Pages-Toolset behandelt, um Sie bei der Entwicklung Ihrer Website zu unterstützen.

Power Pages Design Studio

Power Pages Design Studio ist das Haupttool zum Erstellen und Anpassen von Power Pages-Websites. In Design Studio können Sie eine einfache Webseite erstellen und Power Platform-Komponenten (wie Formulare, Berichte und Dashboards) zu den Portalvorlagen hinzufügen. Dazu verwenden Sie eine Drag-and-drop-Umgebung, die den Umgebungen in Power Apps (siehe Kapitel 4 und 6), Power BI (siehe Kapitel 12) und Power Automate (siehe Kapitel 14) sehr ähnlich ist.

Bevor Sie Power Pages Design Studio verwenden, müssen Sie eine Website bereitstellen (siehe Abschnitt »Eine Power Page-Website bereitstellen« weiter oben in diesem Kapitel). Nachdem Sie die Website bereitgestellt haben und Power Pages die Vorlagenstruktur erstellt hat, gehen Sie wie folgt vor:

1. **Gehen Sie zu** http://make.powerpages.microsoft.com **und melden Sie sich unter Ihrem Konto an.**

   Die Startseite von Power Pages Design Studio wird geöffnet, wo Sie mit der Bearbeitung beginnen können.

2. **Wählen Sie in Power Pages Design Studio Ihre Power Pages-Website aus der Galerie aktiver Websites aus.**

   Die Website-Übersichtsseite wird geöffnet.

3. **Wählen Sie die Schaltfläche WEBSITE BEARBEITEN aus, die auf der rechten Seite der Website-Übersichtsseite angezeigt wird.**

   Ihre Website wird im Bearbeitungsmodus von Design Studio geöffnet.

4. **(Optional) Wenn Sie auf den Code der Website zugreifen möchten, klicken Sie auf BEARBEITEN, um eine Dropdown-Liste zu öffnen, und wählen Sie WEBSITE-CODE BEARBEITEN aus.**

   Der Code-Editor wird geöffnet und ermöglicht Ihnen, erweiterte Anpassungen vorzunehmen.

Auf den Registerkarten »Seiten«, »Styling«, »Daten«, »Einrichten« und »Sicherheit« navigieren

Auf der linken Seite von Design Studio befinden sich verschieden Registerkarten (siehe Abbildung 8.10), die in die Hauptbereiche SEITEN, STYLING, DATEN, EINRICHTEN und SICHERHEIT unterteilt sind. Jeder Bereich unterstützt unterschiedliche Aspekte der Erstellung und Verwaltung Ihres Power Pages-Portals:

- ✔ **Seiten:** Ermöglicht Ihnen das Erstellen, Bearbeiten und Organisieren von Webseiten für Ihre Website, ähnlich wie bei der Verwendung eines Standarddokumenteditors wie Microsoft Word. Neben der Funktion als Standardeditor können Sie auf dieser Registerkarte auch neue Inhaltsseiten hinzufügen, vorhandene Seiten verwalten und Layouts oder Navigationselemente anpassen. Damit wird sie zum primären Knotenpunkt für die Websitestruktur und das Inhaltsmanagement.

✔ **Styling:** Wenn es um das Design Ihrer Seiten – oder der gesamten Website – geht, gehen Sie zur Registerkarte STYLING, wo Sie das visuelle Erscheinungsbild Ihrer Website anpassen können, zum Beispiel indem Sie Themen, Farben, Schriftarten und andere Designelemente auf der gesamten Website oder für bestimmte Abschnitte ändern. Mithilfe der Registerkarte STYLING können Sie sicherstellen, dass Ihr Portal Ihrem Marken-Branding entspricht und ein einheitliches Benutzererlebnis bietet.

✔ **Daten:** Entwickler können eine Verbindung zu den Daten herstellen, die Ihre Website antreiben. Auf diese Weise können Sie Tabellen aus einer Vielzahl von Datenquellen, einschließlich Dataverse oder Dynamics 365, verwalten und integrieren.

✔ **Einrichten:** Ermöglicht Ihnen die Konfiguration der Kerneinstellungen für Ihr Portal, zum Beispiel Website-Metadaten, URLs, Spracheinstellungen und andere Betriebskonfigurationen. Dies ist vergleichbar mit einem Cockpit für alle allgemeinen Website-Einstellungen, einschließlich des Verhaltens Ihrer Website und der Integration mit externen Diensten oder Modulen.

✔ **Sicherheit:** Dient der Konfiguration von Benutzerzugriff, Authentifizierung und rollenbasierten Berechtigungen. Ein Entwickler kann basierend auf Benutzer- oder Gruppenzuweisungen festlegen, wer die verschiedenen Abschnitte Ihrer Website anzeigen, bearbeiten oder zu ihnen beitragen kann.

 Jede Registerkarte bietet die wichtigsten Tools, sodass ein Entwickler den Inhalt oder die Struktur der Website erstellen und personalisieren kann.

Abbildung 8.10: Die Registerkarten von Design Studio

Registerkarte »Seiten«

Auf der Registerkarte SEITEN können Sie Ihrer Website neue Seiten hinzufügen und die Navigationsstruktur erstellen. Jede Vorlage enthält mindestens eine Startseite. Sie fügen die restlichen Seiten hinzu und wählen die Layouts für diese anderen Seiten aus.

Ihre Navigation einrichten

Bevor Sie mit der Erstellung von Webseiten beginnen, müssen Sie die Navigation mit den folgenden Schritten erstellen:

1. Wählen Sie die Registerkarte SEITEN, um zur Startseite zu navigieren.

2. Wählen Sie die *Ellipse* (die drei Punkte) rechts auf der Startseite aus (siehe Abbildung 8.11).

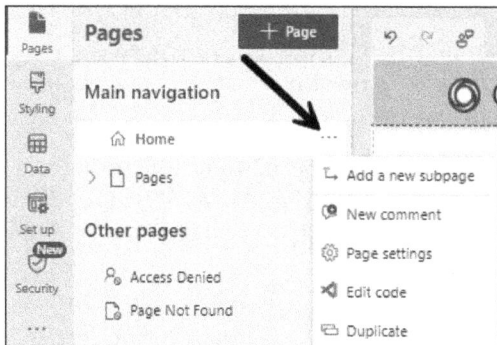

Abbildung 8.11: Klicken Sie auf die Ellipse, um auf zusätzliche Seitenoptionen zuzugreifen.

3. Wählen Sie im angezeigten Popup-Menü NEUE UNTERSEITE HINZUFÜGEN aus.

   Bestimmen Sie, wie viele Unterseiten Sie benötigen, basierend auf der Navigationsstruktur Ihrer Website und dem Inhalt, den Sie unter jedem Menü oder Untermenü platzieren möchten. Obwohl Sie noch weitere Gelegenheiten haben, Ihrer Website Unterseiten hinzuzufügen (eine Website ist eine sich ständig verändernde Plattform), hilft die Planung der Hierarchie im Voraus dabei, von Anfang an eine reibungslose Navigation und einen logischen Ablauf sicherzustellen.

4. Geben Sie im Textfeld SEITENNAME einen Namen ein.

   Der eingegebene Name wird in der Navigation der Website.

5. Wählen Sie die gewünschte Layoutvorlage aus dem Dropdown-Menü LAYOUTVORLAGEN aus.

   Sie können die Struktur der Seite auswählen, zum Beispiel ein ein- oder zweispaltiges Layout oder andere verfügbare Konfigurationen. Das Layout bestimmt nicht nur, wie

Inhaltsblöcke auf der Seite angezeigt werden, sondern beeinflusst auch das Benutzererlebnis, indem es steuert, wie Informationen fließen und präsentiert werden. Darüber hinaus definiert das Layout die Platzierung wichtiger Elemente – zum Beispiel Kopf- und Fußzeile sowie Navigationsmenüs –, um ein einheitliches Design zu gewährleisten, das sich an unterschiedliche Bildschirmgrößen und Geräte anpasst.

6. Klicken Sie auf HINZUFÜGEN.

7. **Wiederholen Sie die Schritte 2 bis 6 für jeden Hauptabschnitt, den Sie in der Navigation erstellen möchten.**

Diese Abschnitte werden als Elemente der obersten Ebene in der Navigationsleiste angezeigt. Bei Bedarf können Sie mit denselben Schritten auch Unterseiten unter jedem Navigationselement der obersten Ebene erstellen.

Für mein Beispiel habe ich vier Navigationsabschnitte der obersten Ebene hinzugefügt (siehe Abbildung 8.12).

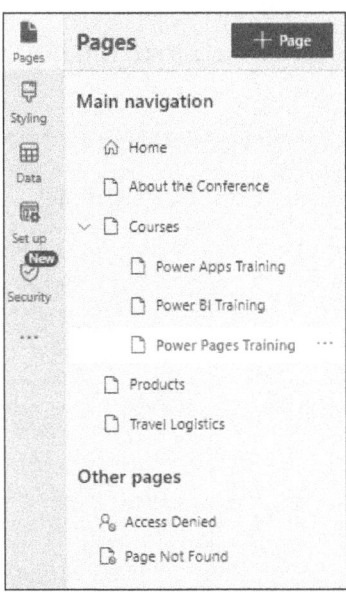

Abbildung 8.12: Navigation und Seiten zu einer Power Pages-Website hinzufügen

8. **Klicken Sie auf der Registerkarte SEITEN auf die Ellipse neben einem der Abschnitte, die Sie erstellt haben.**

9. **Wählen Sie NEUE UNTERSEITE HINZUFÜGEN aus dem Popup-Menü.**

Das Dialogfeld Seite hinzufügen wird angezeigt.

10. **Befolgen Sie die Schritte 2 bis 6, um eine Webseite unter der obersten Navigationsebene zu erstellen, die Sie in Schritt 8 ausgewählt haben.**

Sie können diese Schritte wiederholen, um weitere Unterseiten hinzuzufügen. Die Ellipse wird neben allen Navigationselementen der obersten Ebene angezeigt.

In meinem Beispiel habe ich unter dem obersten Navigationselement drei weitere Seiten hinzugefügt, wie in Abbildung 8.12 dargestellt.

Ihre Webseiten bearbeiten

Wenn Sie nach dem Einrichten einer Seite den Namen der Seite oder die URL ändern oder den Zugriff auf die Seite einschränken möchten, gehen Sie wie folgt vor:

1. **Klicken Sie auf die Ellipse neben der Seite, die Sie bearbeiten möchten, und wählen Sie im angezeigten Popup-Menü SEITENEINSTELLUNGEN aus.**

   Das Popup-Fenster SEITENEINSTELLUNGEN wird geöffnet.

2. **Ändern Sie im Bereich SEITENDETAILS den Seitennamen, indem Sie das Textfeld bearbeiten.**

3. **Ändern Sie den editierbaren Teil der URL, indem Sie das Feld TEIL-URL im Textfeld aktualisieren.**

4. **Klicken Sie auf die Registerkarte BERECHTIGUNGEN (siehe Abbildung 8.13).**

   Das Optionsfeld JEDER KANN DIESE SEITE SEHEN ist standardmäßig ausgewählt.

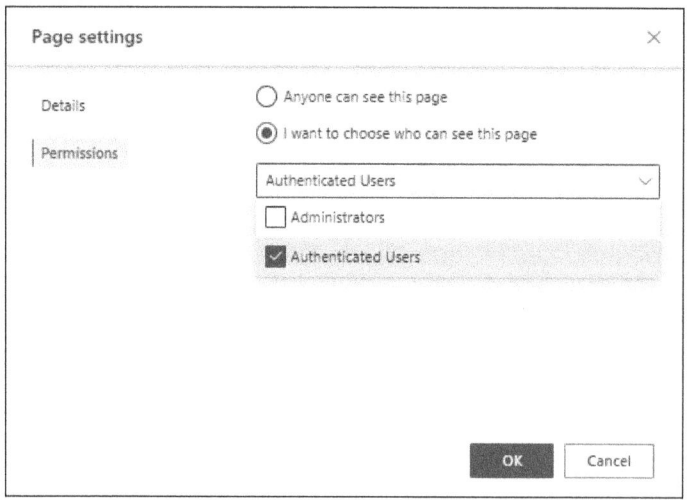

Abbildung 8.13: Der Bereich »Berechtigungen« im Popup-Fenster »Seiteneinstellungen«

5. **(Optional) Aktivieren Sie das Optionsfeld ICH MÖCHTE AUSWÄHLEN, WER DIESE SEITE SEHEN KANN und wählen Sie aus der Dropdownliste aus, wer diese Berechtigung haben soll.**

   Sie können NUR ADMINISTRATOREN, AUTHENTIFIZIERTE BENUTZER oder beides auswählen.

6. Wenn Sie die Einstellungen Ihren Wünschen entsprechend vorgenommen haben, klicken Sie auf OK.

Ihre Änderungen werden gespeichert und das Fenster SEITENEINSTELLUNGEN wird geschlossen.

Registerkarte »Styling«

Die Registerkarte STYLING deckt alle ästhetischen Aspekte des Seitendesigns ab, unter anderem:

✔ Farbpalette, Hintergrundfarbe und Schaltflächenfarben

✔ Schriftarten

✔ Kopf- und Fußzeilen

✔ Titel und Abschnitte

✔ Ränder und Abstände

✔ Link-Stil und Hover-Effekte

Sie können jeden dieser Bereiche anpassen, indem Sie die Stileinstellungen ändern. Wenn Sie keine Anpassungen vornehmen möchten, können Sie ein Stildesign verwenden. Eine Liste der Stildesigns finden Sie auf der linken Seite des Bereichs STYLING. In Abbildung 8.14 ändert der von mir ausgewählte Stil (Markierung A), die angegebenen Designbereiche (Markierung B).

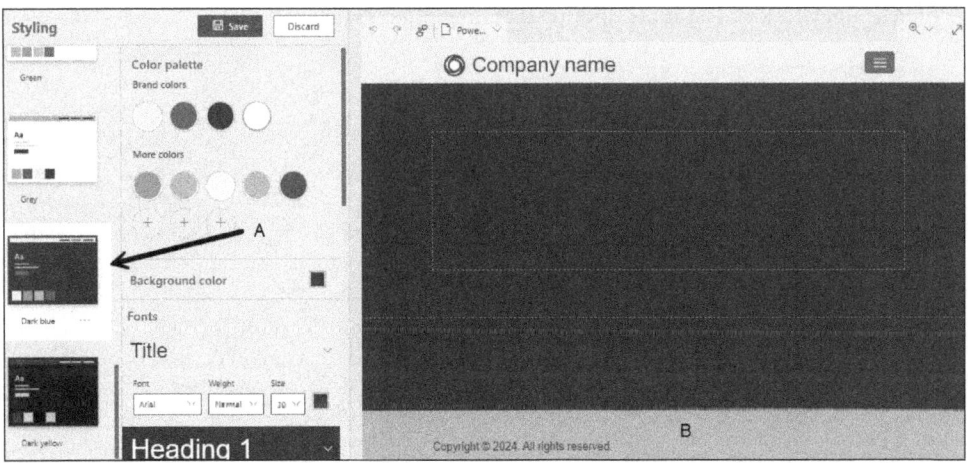

Abbildung 8.14: Optionen auf der Registerkarte »Styling« auswählen und die Änderungen im Entwurfsbereich anzeigen

Die Styling-Tools in Power Pages sind fast identisch mit den Tools, die Sie beim Bearbeiten eines Dokuments in Microsoft Word verwenden können – von der Eingabe im Dokumenteditor bis zum Hervorheben von Text, Auswählen von Schriftarten und Ändern der Textgröße.

Registerkarte »Daten«

Da Power Pages sowohl in Dataverse als auch in Datenquellen von Drittanbietern (wie SharePoint, Oracle, Salesforce, SQL Server oder Microsoft Fabric) integriert werden können, können Sie praktisch jede Datenquelle problemlos auf einer Webseite anzeigen. In den folgenden Abschnitten wird erläutert, wie Sie zuerst Dataverse-Daten und dann Datenquellen von Drittanbietern auf Ihren Power Pages-Webseiten anzeigen.

Dataverse-Daten anzeigen

Über die Registerkarte DATAVERSE können Sie eine neue Dataverse-Tabelle in Power Pages erstellen oder eine Dataverse-Tabelle aus einer freigegebenen Umgebung importieren (mehr dazu erfahren Sie in Kapitel 3). Durch die Verwendung von Dataverse können Webentwickler Datenkonsistenz, Sicherheit und Zugänglichkeit über verschiedene Anwendungen hinweg sicherstellen. Anders als bei der Verwendung von Datenquellen von Drittanbietern garantieren Dataverse-Tabellen, dass Ihre Daten in einem strukturierten und relationalen Format gespeichert werden, das Sie problemlos mit Formularen, Ansichten und Listen auf einer Power Pages-Website verknüpfen können.

Um Dataverse für eine Power Pages-Website zu implementieren, führen Sie die folgenden Schritte aus:

1. **Klicken Sie im linken Navigationsbereich auf die Registerkarte DATEN.**

   Diese Registerkarte ist in Abbildung 8.15 mit A gekennzeichnet.

   Der Dataverse-Bereich wird angezeigt.

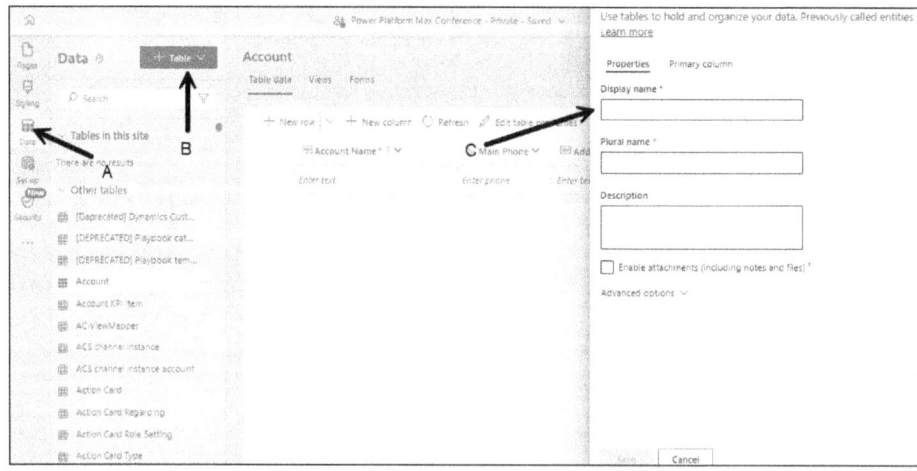

Abbildung 8.15: Der Registerkarte »Daten« eine Tabelle hinzufügen

2. Klicken Sie oben links auf die Schaltfläche TABELLE (in Abbildung 8.15 mit B gekennzeichnet).

   Wenn Sie alternativ eine vorhandene Dataverse-Tabelle verwenden möchten, gehen Sie einfach zum Bereich TABELLEN im Dataverse-Fenster und wählen Sie eine der Tabellen aus, die in der Liste VORHANDENE TABELLEN auf der linken Seite des Bildschirms angezeigt werden.

3. Klicken Sie im angezeigten Tabellenbereich auf die Schaltfläche NEUE TABELLE.

   Das Popup-Fenster TABELLE ERSTELLEN wird geöffnet.

4. Geben Sie im Eigenschaftenbereich einen Namen in das Textfeld ANZEIGENAME ein (in Abbildung 8.15 mit C gekennzeichnet).

5. Geben Sie im Textfeld PLURALNAME die Pluralform des Tabellennamens ein.

6. Geben Sie im Textfeld BESCHREIBUNG eine kurze Beschreibung des Tabellenzwecks ein.

7. (Optional) Aktivieren Sie das Kontrollkästchen ANHÄNGE AKTIVIEREN (einschließlich Notizen und Dateien), wenn die Tabelle Dateianhänge wie Word-Dokumente oder PDF-Dateien unterstützen soll.

8. Klicken Sie unten im Popup-Fenster auf SPEICHERN.

   Ihre neue Tabelle wird in Dataverse gespeichert.

9. Fügen Sie die Spalten hinzu, die Sie in die Tabelle aufnehmen möchten.

   Um Spalten hinzuzufügen, folgen Sie den Schritten in Kapitel 3. Dort wird die Definition von Spaltennamen, Datentypen und Pflichtfeldern erläutert.

10. Wenn Sie die Konfiguration der Tabelle abgeschlossen haben, klicken Sie auf FERTIG.

    Die Tabelle ist jetzt im Power Pages-Portal verfügbar, sodass Pages die Daten auf relevanten Webseiten nutzen kann.

Zugriff auf Datenquellen von Drittanbietern

Manchmal können Sie Dataverse einfach nicht als primäre Datenquelle verwenden. Stattdessen verlangt Ihr Power Pages-Portal möglicherweise, dass Sie auf Daten aus externen Systemen wie Datenbanken oder Cloud-basierten Anwendungen zugreifen und diese integrieren. Power Pages bietet eine Vielzahl von Vorlagentypen für geschäftsorientierte Aktivitäten. Für den Echtzeit-Informationszugriff ziehen es Organisationen oft vor, Daten aus dem tatsächlichen System abzurufen, statt Datenakrobatik zu betreiben (Sie wissen schon, Daten in mehrere Systeme zu verschieben, nur damit sie auf einer Webseite hübsch aussehen).

Damit Sie nicht mit Ihren Daten jonglieren müssen, hat Microsoft es ausschließlich für Power Pages möglich gemacht, auf Datenquellen von Drittanbietern zuzugreifen, statt auf

Dataverse. Dieser Ansatz hat viele Vorteile, zum Beispiel den Wegfall von Datenduplikaten in Dataverse, die Reduzierung von Speicherkosten und die Sicherstellung, dass Benutzer immer die neuesten Informationen sehen.

Um Ihre Power Pages-Website so einzurichten, dass sie Daten aus einer Drittanbieterquelle erhält, gehen Sie wie folgt vor:

1. Klicken Sie auf die Schaltfläche TABELLE.
2. Klicken Sie im linken Navigationsbereich auf die Registerkarte DATEN.

   Die Tabellenansicht wird angezeigt.

3. Klicken Sie oben auf dem Bildschirm auf die Schaltfläche TABELLE.
4. Klicken Sie in der Tabellenansicht auf die Schaltfläche NEUE TABELLE AUS EXTERNEN DATEN.

   Das Fenster NEUE TABELLE AUS EXTERNEN DATEN wird angezeigt.

5. Wählen Sie aus der Dropdown-Liste die externe Datenverbindung aus, die Sie verwenden möchten.

   Zu den verfügbaren Verbindungen gehören Optionen wie SharePoint oder SQL Server.

6. Klicken Sie rechts neben der externen Datenquelle auf VERBINDUNG HINZUFÜGEN.

   Das Fenster VERBINDUNG HINZUFÜGEN wird angezeigt.

7. Klicken Sie im Fenster VERBINDUNG HINZUFÜGEN auf VERBINDUNG ÖFFNEN.

   Das Fenster VERBINDUNGSEINSTELLUNGEN wird geöffnet.

8. Wählen Sie die Verbindungsmethode, die Sie verwenden möchten

   Hier Ihre Optionen:

   - DIREKT VERBINDEN (CLOUD-DIENST): Wählen Sie diese Option, wenn Sie eine Verbindung mit einer Cloud-basierten Option herstellen, beispielsweise einer SharePoint-Website.
   - VERBINDUNG ÜBER EIN LOKALES DATENGATEWAY HERSTELLEN: Wählen Sie diese Option, wenn Sie eine Verbindung zu einer lokal (auf einem Server) gehosteten SharePoint-Website herstellen, für die ein lokales Datengateway erforderlich ist.

9. Klicken Sie auf VERBINDUNG ERSTELLEN.

   Eine Aufforderung zur Authentifizierung wird angezeigt.

10. Folgen Sie den Anweisungen zur Authentifizierung, indem Sie Ihre Anmeldeinformationen für die SharePoint-Website eingeben.

    Das System benachrichtigt Sie, wenn die Verbindung bestätigt wurde.

11. **Nachdem die Verbindung bestätigt wurde, klicken Sie auf WEITER.**

    Das Fenster DATENQUELLENAUSWAHL wird geöffnet.

12. **Wählen Sie die Zieldatenquelle aus der Dropdown-Liste aus.**

    Nachdem Sie die Datenquelle ausgewählt haben, wird ein Fenster DATENVORSCHAU geöffnet.

13. **Konfigurieren Sie die Datenquelle, indem Sie die erforderlichen Felder oder Spalten auswählen, die Sie Dataverse zuordnen möchten.**

14. **Klicken Sie im Datenzuordnungsfenster auf WEITER.**

    Das System importiert die Datenquelle als virtuelle Tabelle in Dataverse, eine externe Verbindung zu einer Live-Datenquelle.

     Virtuelle Tabellen in Dataverse ermöglichen Echtzeitzugriff auf externe Datenquellen wie SharePoint, ohne dass die Daten in Dataverse gespeichert werden müssen. Dadurch kann Dataverse auf die SharePoint-Daten verweisen und mit ihnen interagieren, als wären sie native Daten, und dabei die referenzielle Integrität und Beziehungen beibehalten.

15. **Überprüfen Sie die Datenzuordnung und die Feldeinstellungen.**

    Wenn etwas geändert werden muss, nehmen Sie jetzt die erforderlichen Anpassungen an der Datenzuordnung und den Feldeinstellungen vor.

16. **Klicken Sie auf FERTIG.**

    Die Datenquelle wird nun in Power Pages als Dataverse-Tabelle angezeigt. Der Benutzer kann die Daten verwenden, um nach Bedarf Formulare, Tabellen oder andere Inhalte zu erstellen.

Registerkarte »Einrichten«

Um eine Website einzurichten, müssen Sie mehr tun, als nur Inhalte zu erstellen. Wenn Ihre Website Daten- und Sicherheitsanforderungen hat, müssen Sie diese Anforderungen unter bestimmten Bedingungen konfigurieren. Microsoft stellt Tools bereit, mit denen auch Nicht-Entwickler die Integrität und Zuverlässigkeit einer Website überwachen können, während sie diese erstellen.

 Wenn Sie eine benutzerdefinierte Domäne hinzufügen, IP-Einschränkungen konfigurieren oder ein Content Delivery Network (CDN) konfigurieren möchten, wählen Sie im linken Navigationsbereich die Registerkarte EINRICHTEN und wählen Sie dann unten im angezeigten Bereich ADMIN CENTER ÖFFNEN aus.

Auf die folgenden Funktionen können Sie über die Registerkarte EINRICHTEN zugreifen:

✔ ALLGEMEIN: Befasst sich mit den wichtigsten Systemattributen und Betriebsfunktionen:

✔ WEBSITE-DETAILS: Bietet eine Anzeige, die die Zuverlässigkeit der aktuellen Sicherheitskonfiguration angibt. Sie können diese Informationen verwenden, um die Sicherheitseinstellungen Ihrer Website zu bewerten und zu verbessern. Bei der in Abbildung 8.16 gezeigten Website habe ich 5 der 7 Sicherheitsmaßnahmen, die das System überprüft, erfolgreich konfiguriert. Diese Anzeige zeigt auch die wichtigsten Website-Einstellungen an, einschließlich der Bereiche, die Aufmerksamkeit erfordern, um optimale Sicherheit zu gewährleisten.

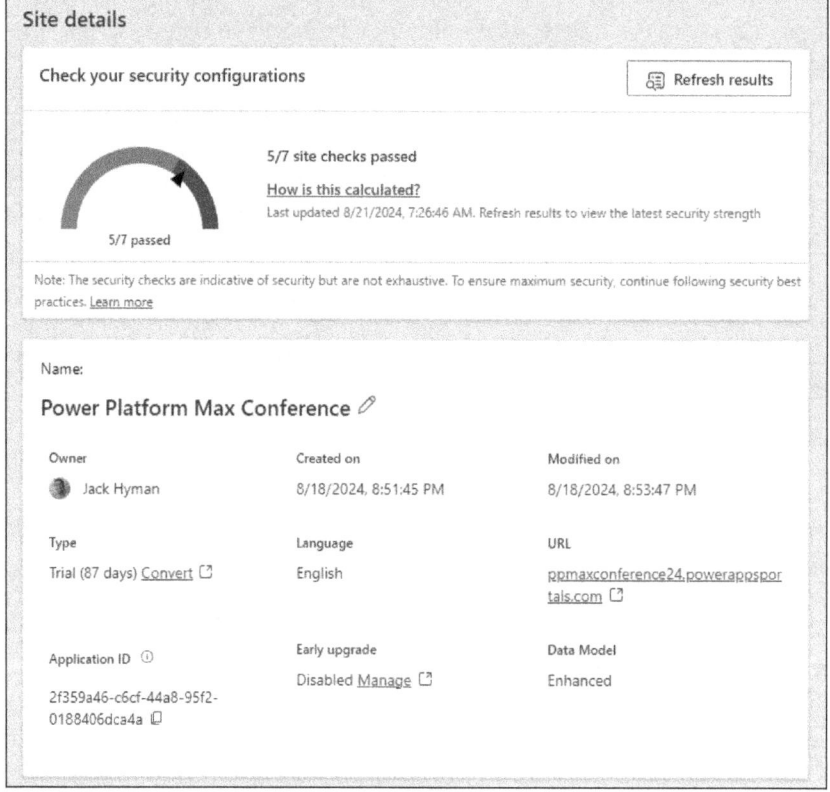

Abbildung 8.16: Die »Website-Details«-Statistiken mit Schwerpunkt auf der allgemeinen Website-Leistung

✔ GO-LIVE-CHECKLISTE: Hilft sicherzustellen, dass Sie Ihre Website mit allen erforderlichen Elementen entwerfen, nicht nur in Bezug auf Inhalt, sondern auch auf die Infrastruktur. Die Checkliste enthält sieben Kriterien, wie in Abbildung 8.17 dargestellt.

✔ MOBIL: Unter diesem Menüpunkt gibt es nur eine Option, PROGRESSIVE WEB APPLICATION, die sich auf die Anpassbarkeit Ihrer Power Pages-Website auf Mobilgeräte konzentriert. Wenn Sie ein Erlebnis speziell für ein Mobilgerät erstellen möchten, können Sie in Power Pages benutzerdefinierte Pakete erstellen, die eine zielgerichtete

Startseite, eine benutzerdefinierte Splash-Seite, eine benutzerdefinierte Offline-Seite und spezifische Webzertifikate für mobile Anwendungen enthalten.

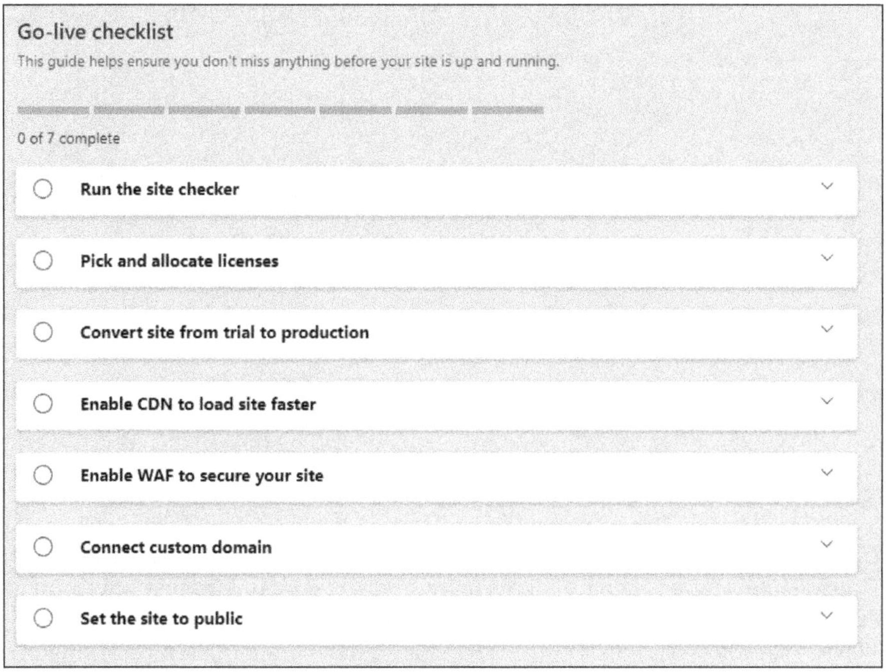

Abbildung 8.17: Das Fenster »Go-Live-Checkliste«

✔ **Integrationen:** Bezieht sich auf die Integration von Power Platform, Dynamics 365 und Datenquellen von Drittanbietern in die Power Pages-Umgebung:

- CLOUD-FLOWS: Sie können Ihrer Website Power Automate-Flows (auch als *Cloud-Flows* bezeichnet) hinzufügen, indem Sie sie in diesem Abschnitt konfigurieren.

- EXTERNE APPS (VORSCHAU): Wählen Sie diese Option, wenn Sie Integrationen von Drittanbietern hinzufügen möchten, beispielsweise DocuSign (für die Verwaltung digitaler Signaturen) oder Stripe (für die Zahlungsverwaltung).

✔ **Copilot:** Wenn Sie eine Suchfunktion in Ihr Power Pages-Portal integrieren möchten, können Sie Copilot Search verwenden, die generative KI-Lösung von Microsoft, um Suchergebnisse aus Dataverse und anderen verbundenen Datenquellen abzufragen und abzurufen. Sie können die Ergebnisse auf einer Webseite anzeigen lassen.

✔ **SITE SEARCH (VORSCHAU):** Sie können die Suchfunktionen von Microsoft Copilot in Ihre Power Pages-Website integrieren. Auf dem Bildschirm SITE SEARCH (VORSCHAU) (siehe Abbildung 8.18) können Sie die Suchfunktionen von Copilot mit den Schaltern SCHLÜSSELWORTSUCHE AKTIVIEREN und SITE SEARCH MIT GENERATIVER KI AKTIVIEREN (VORSCHAU) aktivieren oder deaktivieren.

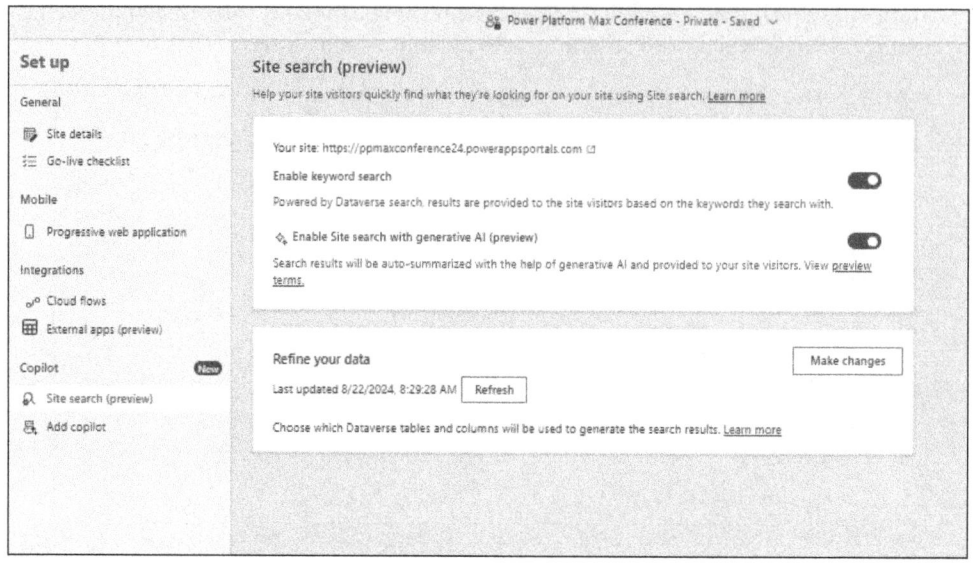

Abbildung 8.18: Microsoft Copilot-Suchfunktionen in Ihre Power Pages-Website integrieren

✔ **COPILOT ZUR WEBSITE HINZUFÜGEN:** Wenn Sie eine benutzerdefinierte Microsoft Copilot-Integration für eine andere Power Platform-App (oder sogar Microsoft 365) erstellt haben, können Sie diese nicht-suchbasierten Copilot-Komponenten zu Ihrer Power Pages-Website hinzufügen, indem Sie sie auf diesem Bildschirm konfigurieren (siehe Abbildung 8.19).

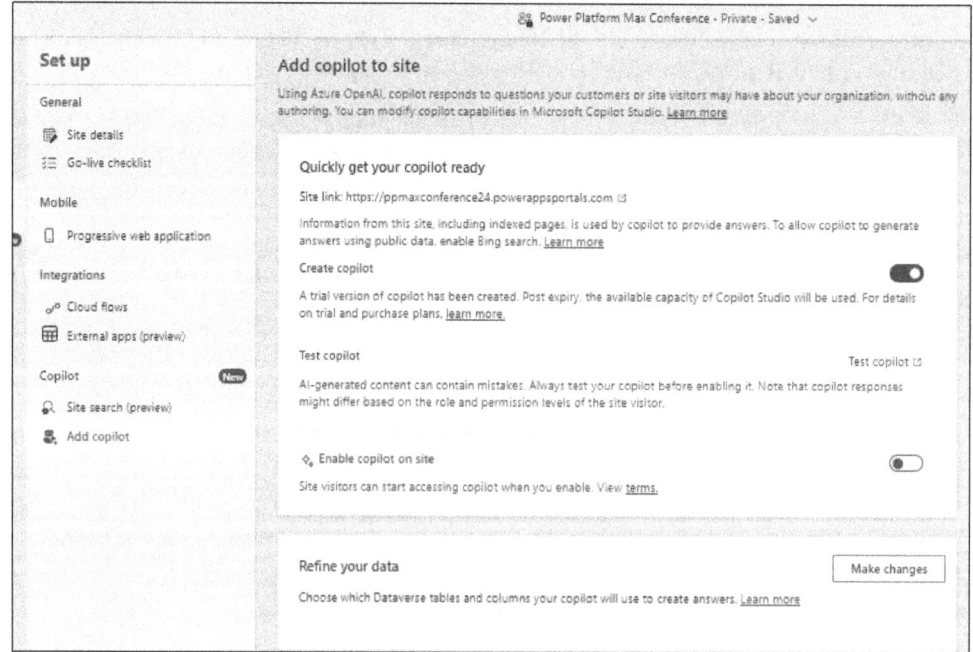

Abbildung 8.19: Benutzerdefinierter Copilot-Komponenten zu Power Pages hinzufügen

Möglicherweise möchten Sie nicht jede Tabelle – oder jede Spalte – in die von Microsoft Copilot generierten Suchergebnisse einbeziehen. Wenn dies der Fall ist, können Sie solche Einschränkungen im Abschnitt DATEN VERFEINERN auf diesem Bildschirm festlegen.

Registerkarte »Sicherheit«

Auf der Registerkarte SICHERHEIT von Design Studio können Sie eine Vielzahl von Inhaltstypen in Power Pages überwachen, schützen und verwalten. Die meisten, wenn nicht alle Sicherheitsfunktionen hängen mit den Dataverse-Berechtigungen zusammen, die Sie mit Ihren Power Pages-Website-Einstellungen konfigurieren (siehe Abschnitt »Registerkarte SEITEN« weiter oben in diesem Kapitel), da sich die Sicherheit auf Seiten-, Tabellen- und Anwendungsberechtigungen bezieht. Abbildung 8.20 zeigt das Menü der Registerkarte SICHERHEIT, und Tabelle 8.2 beschreibt kurz jede Option.

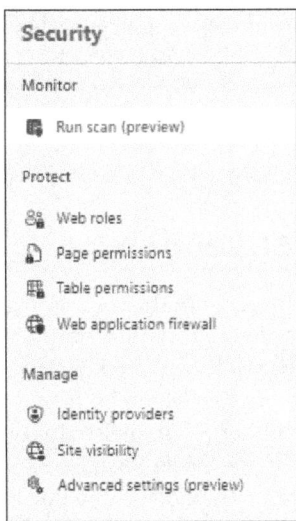

Abbildung 8.20: Das Registerkartenmenü »Sicherheit«

Sicherheitsoption	Was sie bewirkt
SCAN DURCHFÜHREN	Überprüft die Website auf häufige Probleme und Schwachstellen und gibt Empfehlungen zur Verbesserung der Sicherheit.
WEB-ROLLEN	Definiert Rollen, die Entwickler und Administratoren Benutzern oder Benutzergruppen zuweisen können. Web-Rollen steuern den Zugriff auf bestimmte Websitebereiche oder die Möglichkeit, bestimmte Aktionen innerhalb der Website auszuführen.
SEITENBERECHTIGUNGEN	Kontrolliert den Zugriff auf bestimmte Seiten der Website und stellt sicher, dass nur autorisierte Benutzer bestimmte Inhalte anzeigen oder mit ihnen interagieren können.
TABELLENBERECHTIGUNGEN	Steuert den Zugriff auf in Dataverse-Tabellen gespeicherte Daten und definiert, wer Datensätze lesen, schreiben, erstellen oder löschen kann.

Sicherheitsoption	Was sie bewirkt
WEBANWENDUNGS-FIREWALL	Schützt Ihre Website vor webbasierten Angriffen und anderen Schwachstellen, indem es den Datenverkehr filtert und überwacht.
IDENTITÄTSANBIETER	Gibt an, welche authentifizierten Benutzer auf Ihre Website zugreifen können. Ein Anbieter wie Microsoft Entra (früher Azure Active Directory) verwaltet und überprüft Benutzeridentitäten und ermöglicht Benutzern die Anmeldung mit ihren Anmeldeinformationen von verschiedenen Plattformen oder Systemen aus.
SICHTBARKEIT DER WEBSITE	Steuert, wer die Websites anzeigen kann. Zu den Sichtbarkeitsoptionen gehören ÖFFENTLICH (für alle zugänglich) oder EINGESCHRÄNKT (beschränkt auf authentifizierte Benutzer oder bestimmte Rollen, gilt für die gesamte Website oder einzelne Elemente und/oder Seiten).
ERWEITERTE EINSTELLUNGEN	Öffnet das Fenster ERWEITERTE EINSTELLUNGEN, in dem Sie erweiterte Funktionen in Bezug auf Datenspeicherung, Verschlüsselung, Sicherheitseinstellungen und andere Verwaltungsfunktionen für Microsoft Power Pages konfigurieren können.

Tabelle 8.2: Optionen der Registerkarte »Sicherheit«

Power Pages Management-App verwenden

Manchmal müssen Sie etwas tiefer in die Materie einsteigen, um Ihre Power Pages-Website zu konfigurieren. Wenn Sie über die grundlegende Konfigurationsverwaltung hinausgehen müssen, die die Power Pages-Registerkarten bieten, klicken Sie auf die Ellipse, die unter der Registerkarte SICHERHEIT angezeigt wird. Im jetzt geöffneten Menü können Sie beispielsweise automatisierte Workflows erstellen, indem Sie in der Symbolleiste FLOW und dann die Option FLOW ERSTELLEN auswählen. Dadurch gelangen Sie zu Power Automate (Informationen zu Power Automate finden Sie in den Kapiteln 14 und 15) und zur Power Pages Management-App. Hier stehen Ihnen Hunderte von Konfigurationen zur Verfügung.

Mithilfe der Power Pages Management-App können Sie die von Ihrer Organisation innerhalb der Power Pages-Plattform erstellten Websites effizient verwalten und konfigurieren, indem Sie allgemeine Aufgaben automatisieren und rationalisieren. Abbildung 8.21 zeigt die Benutzeroberfläche der Power Pages Management-App.

Mithilfe dieser App können Sie den Entwicklungs- und Wartungsprozess optimieren und Verwaltungsaufgaben von einem zentralen Ort aus durchführen, wie beispielsweise Inhalt, Struktur, Sicherheit und Benutzerfreundlichkeit des Portals überwachen.

Wenn Sie die über 50 Konfigurationsoptionen (und es werden ständig mehr) erkunden möchten, die die Power Pages Management-App bietet, und die Ihnen dabei helfen, Ihre Website über die von den Registerkarten gebotenen grundlegenden Möglichkeiten hinaus zu strukturieren, Inhalte zu verbessern oder zu sichern, gehen Sie zu http://learn.microsoft.com, geben Sie *Portal Management App* in das Suchfeld ein und drücken Sie die ⏎. In den Suchergebnissen sollte ein Link zum Artikel erscheinen.

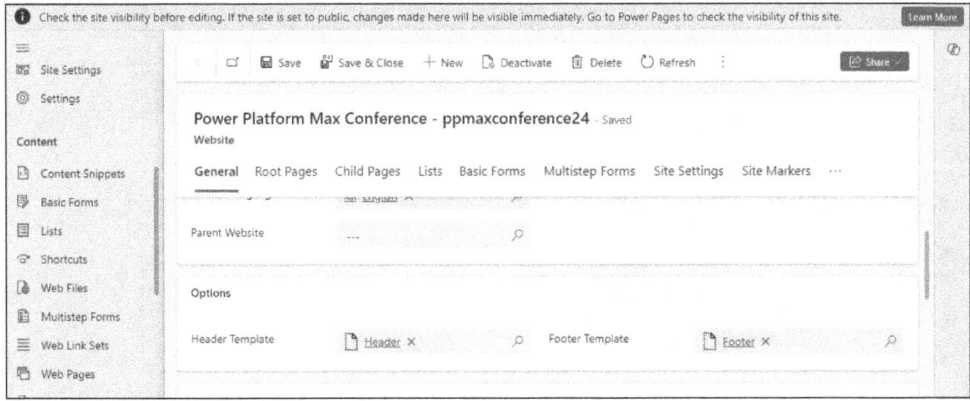

Abbildung 8.21: Die Power Pages Management-App

Funktionen in Power Pages integrieren

Wenn Sie eine Datenquelle so strukturieren, dass sie in eine Seite integriert werden kann, können Sie ihr mit Sicherheit in Power Pages ein Zuhause geben. Über die Registerkarte DATEN in Power Pages Design Studio (blättern Sie zurück zum Abschnitt »Registerkarte DATEN« weiter oben in diesem Kapitel) oder die Power Pages Management-App (siehe vorheriger Abschnitt) können Sie einfach Geschäftsdaten für Ihre Website erstellen, verwalten und visualisieren, indem Sie Daten, Formulare und Links als Website-Komponenten verwenden. Jedes Mal, wenn Sie eine Liste oder ein Formular einfügen, rendert Power Pages das Objekt und integriert die Komponenten in das Seitenlayout, indem es Daten aus Dataverse verwendet. Die Listen- und Formulardefinition (die Art und Weise, wie die Daten aus Dataverse angezeigt werden, einschließlich des Layouts zum Anzeigen und Bearbeiten von Datensätzen) kann Interaktivität enthalten. Sie können sie schreibgeschützt machen und so den Zugriff auf bestimmte Benutzer beschränken. Sie können auch allen Benutzern Vollzugriff erteilen (sogenannte *Schreibrechte*). In den folgenden Abschnitten wird erläutert, wie Sie Listen und Formulare in Ihre Power Pages-Webseiten integrieren.

Listen in eine Power Pages-Website integrieren

Wenn Sie eine Webseite in Power Pages Design Studio öffnen, werden die Seiten in Blöcke unterteilt. Jeder der Blöcke auf einer Seite besteht aus unterschiedlichen Abschnitten der Seite, darunter Kopfzeilen, Fußzeilen, Textinhalte oder Widgets, die so angeordnet sind, dass sie das Layout und die Struktur der Seite steuern. Diese Blöcke enthalten normalerweise Elemente wie Text, Bilder, Schaltflächen oder Datenkomponenten. Ein Block enthält einen Rahmen mit einem Pluszeichen (+) am unteren Rand. Ein Entwickler kann auf das Pluszeichen (+) eines Blocks klicken, um ein Popup-Menü zu öffnen (siehe Abbildung 8.22) und den Block zu formatieren oder zusätzlichen Inhalt hinzuzufügen.

Innerhalb jedes Blocks kann ein Benutzer Inhalte oder ästhetische Elemente hinzufügen, indem er das Layout anpasst. Noch interessanter ist jedoch, dass ein Benutzer Datenkomponenten wie Galerien, Formulare, Listen oder eingebettete Power BI-Komponenten hinzufügen kann, indem er die entsprechenden Optionen aus dem Menü auswählt.

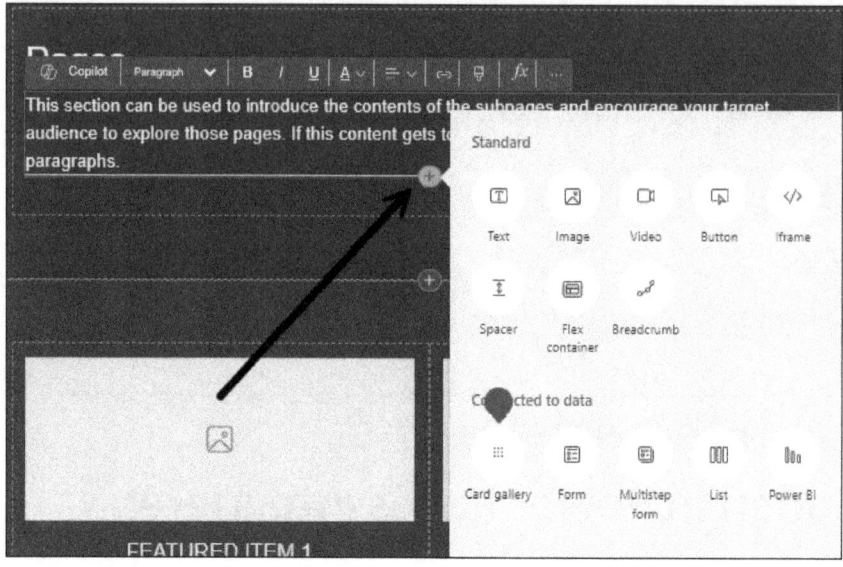

Abbildung 8.22: Komponenten in eine Power Pages-Webseite integrieren

Wenn Sie in Power Pages Listendaten auswählen, ziehen Sie einen bestimmten Datensatzsatz aus einer Dataverse-Tabelle, die als *Dataverse-Ansicht* bezeichnet wird, wie in Abbildung 8.23 gezeigt. Nachdem Sie die Daten integriert haben, wird die Liste aus der Tabelle auf Ihrer Webseite angezeigt, wie in Abbildung 8.24 dargestellt, und die Datensätze werden als Teil der Seite angezeigt.

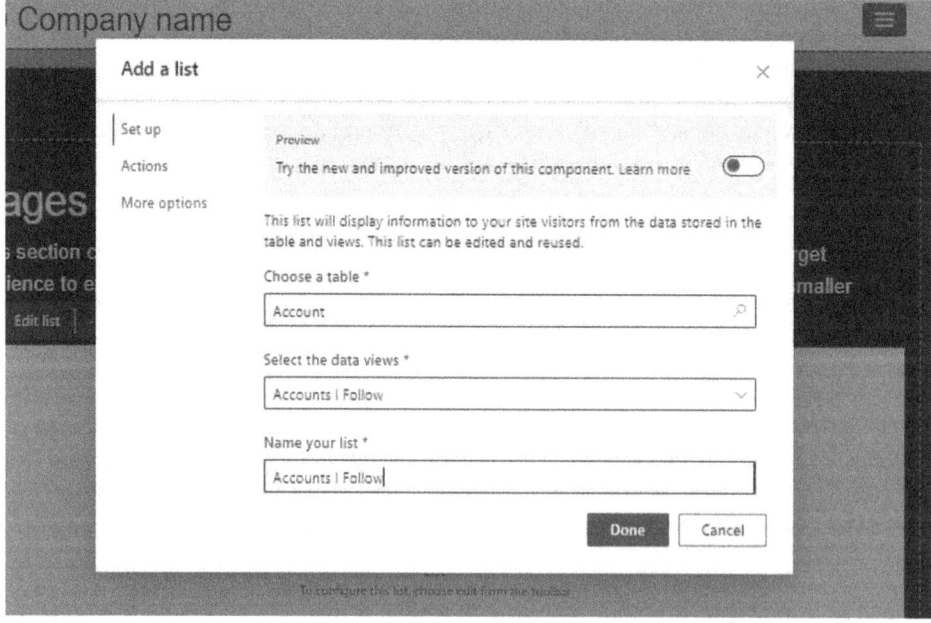

Abbildung 8.23: Das Popup-Fenster »Liste hinzufügen«

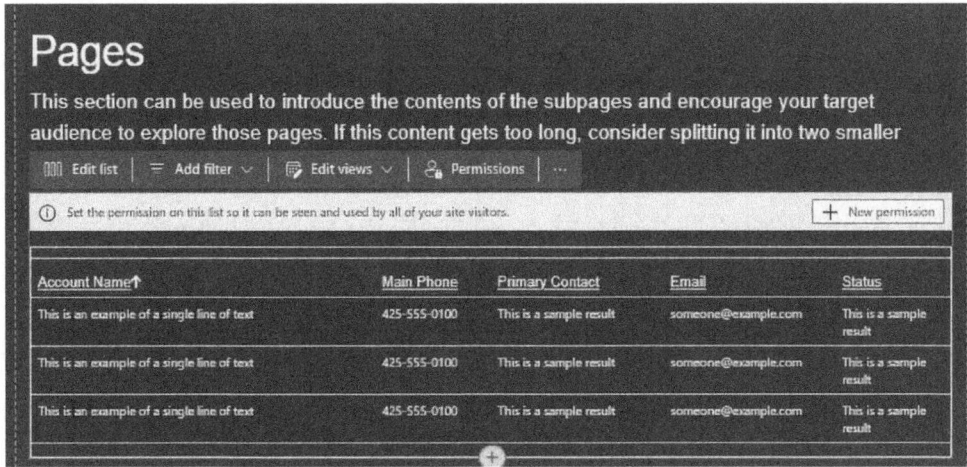

Abbildung 8.24: Eine Beispielliste von Dataverse, die auf einer Power Pages-Website präsentiert wird

Formulare in eine Power Pages-Website einbinden

Sie können in Power Pages auf verschiedene Weise Formulare erstellen, zum Beispiel mithilfe von Microsoft Copilot oder vorgefertigten Assets, die von Microsoft bereitgestellt werden. Sie können auch Ihre eigenen Formulare aus vorhandenen Dataverse-Tabellen erstellen. Ähnlich wie beim Hinzufügen einer Liste (siehe vorheriger Abschnitt) führen Sie die folgenden Schritte aus, um ein Formular hinzuzufügen:

1. **Klicken Sie auf das Pluszeichen (+) unten im Block, in dem Sie das Formular hinzufügen möchten.**

    Das Menü mit den Inhaltsoptionen wird geöffnet.

2. **Klicken Sie auf die Schaltfläche FORMULAR.**

    Der Formular-Designer wird angezeigt.

Im Formular-Designer können Sie sich für eine von drei Optionen entscheiden:

- ✔ **Verwenden Sie Copilot:** Beschreiben Sie ein Formular, um es zu erstellen. Formulieren Sie dazu einen Prompt, den Sie Copilot übergeben.

- ✔ **Wählen Sie aus vorgefertigten Formularen von Microsoft:** Microsoft übernimmt die ganze Arbeit für Sie und erstellt Formulare, wie beispielsweise für die Benutzerregistrierung oder die Erfassung von Produktsupportdaten.

- ✔ **Wählen Sie ein Formular aus, das Sie zu einem früheren Zeitpunkt erstellt haben, oder fügen Sie ein Formular hinzu:** Sie können ein Formular auswählen, das Sie bereits erstellt haben und das in Dataverse gespeichert ist, oder basierend auf einer Dataverse-Tabelle ein neues Formular erstellen.

Formulare mit Copilot erstellen

Wenn Sie noch kein Formular erstellt haben und etwas Inspiration benötigen, kann Sie Microsofts generative KI-Plattform Copilot durch den Prozess führen. Gehen Sie wie folgt vor:

1. **Klicken Sie auf die Schaltfläche FORMULAR.**

   Das Textfeld BESCHREIBEN SIE EIN FORMULAR, UM ES ZU ERSTELLEN wird angezeigt, wenn Sie auf die Schaltfläche FORMULAR klicken.

2. **Geben Sie ein, was Sie mit Ihrem Formular erreichen möchten.**

   Sie sehen das Formulareingabefenster, wie in Abbildung 8.25 gezeigt.

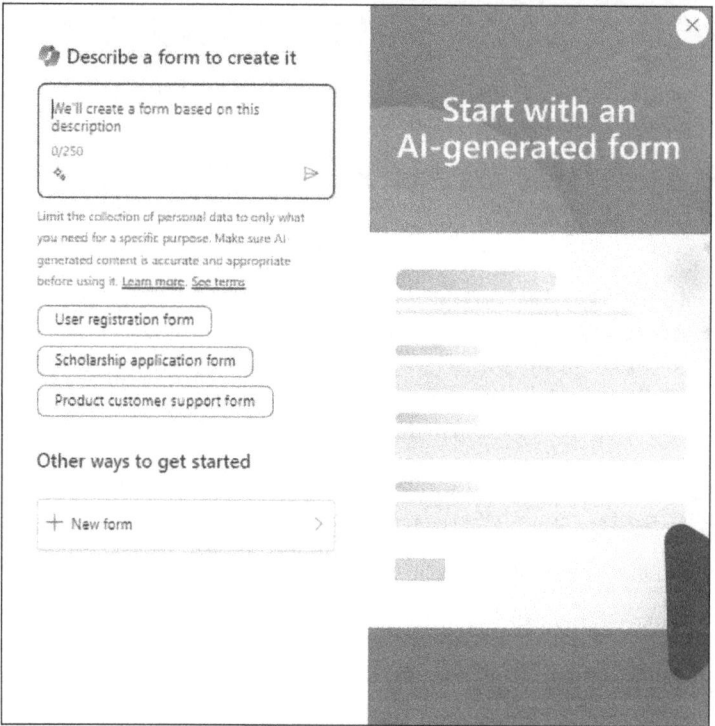

Abbildung 8.25: Das Textfeld des Formulargenerators: Beschreiben Sie ein Formular, um es zu erstellen

3. **Klicken Sie auf die Schaltfläche SENDEN (die wie ein Flugzeug aussieht), um Ihre Textbeschreibung abzusenden.**

   Auf der rechten Seite sehen Sie ein Musterformular.

4. **Geben Sie im Textfeld MÖCHTEN SIE ÄNDERUNGEN VORNEHMEN? die gewünschten Änderungen ein.**

KAPITEL 8 Websites mit Power Pages erstellen   273

Wenn Sie Copilot beispielsweise auffordern, das Feld PRODUKTNAME aufzunehmen, wird dieses Feld beim ersten Mal wahrscheinlich als Textfeld erstellt. Sie können Copilot auffordern, das Feld in eine Dropdown-Liste umzuwandeln.

5. **Klicken Sie erneut auf die Schaltfläche SENDEN, um die Änderungen im Formular anzuzeigen.**

6. **Wiederholen Sie die Schritte 4 und 5, bis Sie in der Vorschau auf der rechten Seite des Fensters alle Elemente sehen, die Sie in Ihr Formular integrieren möchten.**

7. **(Optional) Verschieben Sie die Felder, indem Sie auf die entsprechenden Schaltflächen auf der linken Seite des Fensters klicken.**

   Abbildung 8.26 zeigt beispielsweise, wie das Feld für die E-Mail-Adresse nach oben verschoben und das Feld für die Menge entfernt wird.

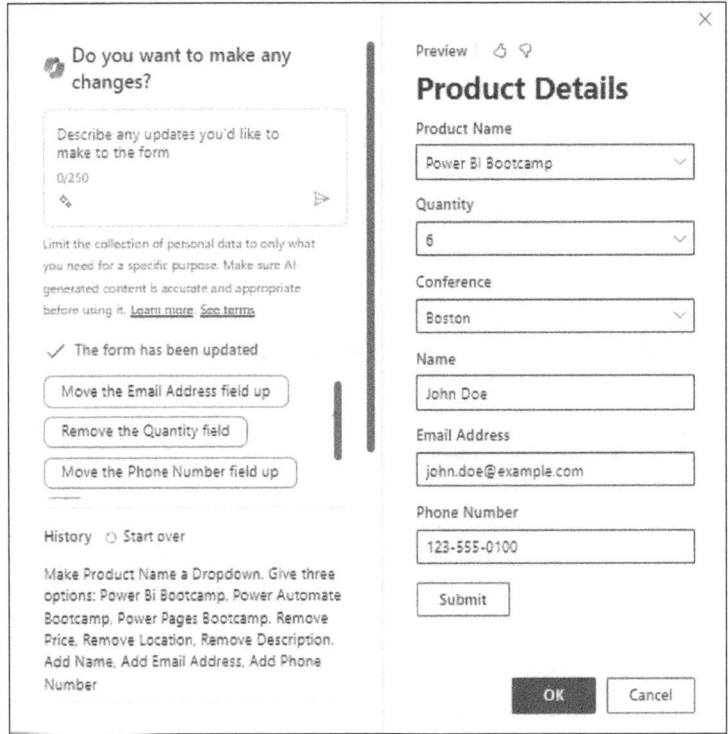

Abbildung 8.26: Eine Vorschau des mit Copilot erstellten Formulars anzeigen und optimieren

8. **Wenn das Formular Ihren Wünschen entspricht, klicken Sie auf OK.**

   Das Formular ist jetzt in Dataverse gespeichert und für Ihre Power Pages-Website verfügbar.

Die Ausgabe von Copilot ist keineswegs vorhersehbar. Schließlich lernt es auf der Grundlage Ihrer Prompts. Sie müssen das Formular wahrscheinlich einige Male optimieren, bevor Sie mit dem Ergebnis zufrieden sind.

Vorgefertigte Formulare verwenden

Wenn Sie vorgefertigte Formulare verwenden möchten, die Microsoft bereits erstellt (und in Ihrem Auftrag entworfen) hat, können Sie aus mehreren Optionen wählen. Wenn Sie auf die Schaltfläche FORMULAR klicken, wird der Formular-Designer geöffnet, wo Sie aus einigen vorgefertigten Formularen wählen können, die basierend auf der von Ihnen verwendeten Website-Vorlage empfohlen werden. Beispiele sind:

✔ Benutzerregistrierung

✔ Stipendienbewerbung

✔ Produkt-Kundensupport

Sie finden diese Optionen in der Mitte der Formular-Designer-Oberfläche. Nachdem Sie ein Formular ausgewählt haben, müssen Sie nicht viel mehr tun, außer den Stil des Formulars anzupassen (falls Sie dies wünschen). Wenn Sie Felder hinzufügen oder entfernen möchten, können Sie das ebenfalls problemlos tun. Microsoft bietet eine vorgefertigte Struktur, sodass Sie sich auf die Anpassung konzentrieren können, ohne ganz von vorne anfangen zu müssen.

Dataverse-Tabellen in Power Pages-Websites verwenden

Sie können eine Dataverse- oder Dynamics 365-Tabelle in Ihre Power Pages-Website integrieren, damit Benutzer mit den Daten interagieren können. Unabhängig davon, ob Sie eine Tabelle direkt in Dataverse erstellt haben oder über eine Dynamics 365-Anwendung (die auf Dataverse basiert, wie in Kapitel 3 erläutert) auf eine Tabelle zugreifen, können Sie Ihrer Website problemlos Formulare hinzufügen, damit Benutzer Daten eingeben oder anzeigen können.

Gehen Sie wie folgt vor, um eine Dataverse-Tabelle auf Ihrer Power Pages-Website zu verwenden:

1. Klicken Sie auf die Schaltfläche HINZUFÜGEN, um das Popup-Fenster FORMULAR HINZUFÜGEN zu öffnen.

2. Wählen Sie auf der Registerkarte FORMULAR Ihre Tabelle und anschließend das mit der Tabelle verknüpfte Formular aus.

   In meinem Beispiel habe ich die Tabelle BENUTZER und das Formular INFORMATIONEN ausgewählt (siehe Abbildung 8.27).

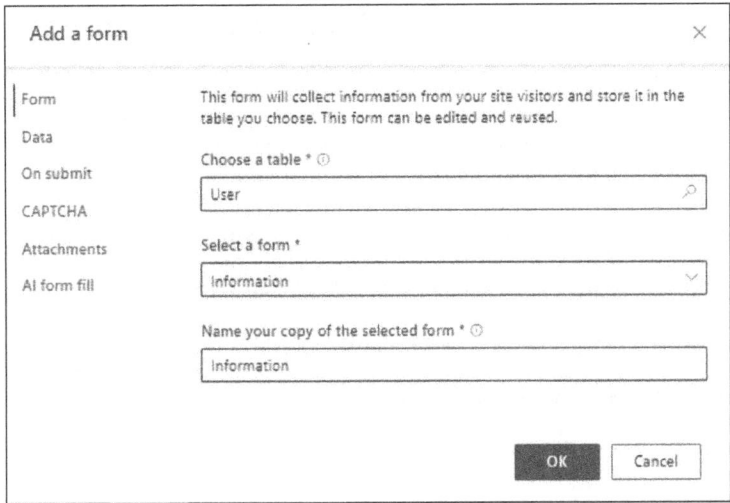

Abbildung 8.27: Die Benutzeroberfläche »Formular hinzufügen« für Dataverse in Power Pages

3. Wählen Sie die Registerkarte DATEN und legen Sie fest, ob ein Benutzer neue Datensätze erstellen, vorhandene Datensätze aktualisieren oder schreibgeschützten Zugriff auf die Daten haben soll.

4. Klicken Sie auf die Registerkarte BEIM SENDEN und geben Sie eine Nachricht ein, die dem Benutzer angezeigt wird, wenn er auf die Schaltfläche SENDEN des Formulars klickt.

   Wenn mit dem Formular beispielsweise ein neuer Datensatz erstellt wird, möchten Sie dem Benutzer möglicherweise mitteilen: »Danke für das Senden eines neuen Eintrags«.

5. (Optional) Wenn Sie ein CAPTCHA mit Ihrem Formular wünschen, aktivieren Sie ein oder beide Kontrollkästchen auf der Registerkarte CAPTCHA.

   Ein CAPTCHA ist eine Art Test, um zu bestätigen, ob ein Benutzer tatsächlich ein Mensch ist.

6. (Optional) Wenn Sie Benutzern das Senden von Anhängen als Teil des Formulars gestatten möchten, klicken Sie auf die Registerkarte ANHÄNGE und schalten Sie den Ja/Nein-Umschalter auf JA.

   Wenn Sie JA auswählen, kann ein Benutzer Dateien in einem Datensatz speichern.

7. (Optional) Klicken Sie auf die Registerkarte AI FORM FILL und stellen Sie den Ja/Nein-Schalter auf JA, wenn den Benutzern KI beim Ausfüllen des Formulars helfen soll.

   Wenn Sie JA auswählen, wird Microsoft Copilot auf Ihrem Formular aktiviert und unterstützt den Benutzer bei der Dateneingabe.

Power BI in eine Power Pages-Website integrieren

Power BI kann Ihrer Website eine magische Note verleihen, wenn Sie ein Bild unter Verwendung eines Berichts oder eines Dashboards für textbasierten Inhalt präsentieren möchten. Um eine Power BI-basierte Datenvisualisierung auf Ihrer Power Pages-Website zu verwenden, aktivieren Sie zunächst Power BI, indem Sie die folgenden Schritte ausführen:

1. **Klicken Sie im Power Platform Admin Center oben rechts auf das Zahnradsymbol.**

2. **Klicken Sie im angezeigten Einstellungsmenü auf ADMIN CENTER.**

    Das Fenster ADMIN CENTER-EINSTELLUNGEN wird geöffnet.

3. **Wählen Sie RESSOURCEN|POWER PAGES-WEBSITES.**

    Eine Liste aller aktiven Power Pages-Websites wird angezeigt.

4. **Klicken Sie in der Liste auf den Namen der Website, für die Sie Power BI Services aktivieren möchten.**

    Es öffnet sich die Konfiguration für die jeweilige Website.

5. **Klicken Sie im Bereich DIENSTE auf der rechten Seite des Bildschirms auf die Schalter POWER BI-VISUALISIERUNG, POWER BI EMBEDDED Services und SHAREPOINT-INTEGRATION, um sie auf JA zu setzen.**

    Abbildung 8.28 zeigt den Bereich DIENSTE.

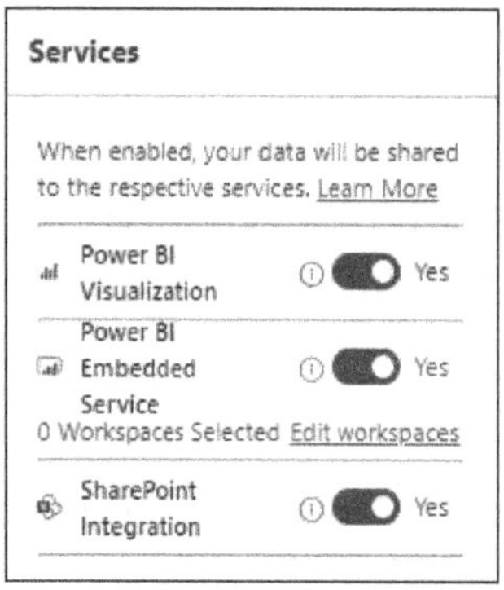

Abbildung 8.28: Der Bereich »Dienste« im Power Pages-Management

6. **Kehren Sie zu Ihrer Power Pages-Website zurück und fügen Sie eine Power BI-Komponente innerhalb eines Blocks hinzu.**

7. **Klicken Sie auf die Schaltfläche POWER BI BEARBEITEN, die oben links in dem Block angezeigt wird, in dem Sie die Power BI-Komponente hinzugefügt haben**

    Damit wird ein Popup-Fenster geöffnet (siehe Abbildung 8.28) mehrere Parameter für Ihre Power BI-Visualisierung konfigurieren müssen.

8. **Wählen Sie eine Option aus der Dropdown-Liste ZUGRIFFSTYP.**

   Sie können wählen, ob Sie die Power BI-Visualisierung für einen bestimmten Kunden einbetten (eingeschränkter Zugriff), für Ihre Organisation einbetten (alle Benutzer innerhalb Ihrer Domäne) oder im Web veröffentlichen (für alle Benutzer zugänglich) möchten.

9. **Wählen Sie aus der Dropdownliste ARBEITSBEREICH den Power BI-Arbeitsbereich aus, von dem aus Sie auf Ihren Bericht oder Ihr Dashboard zugreifen können.**

   Informationen zu Berichten, Dashboards und Arbeitsbereichen finden Sie in den Kapiteln 12 und 13.

   Um einen Power BI-Bericht oder ein Power BI-Dashboard einzubetten, müssen Sie bereits Inhalte erstellt und in Power BI Services gespeichert haben – insbesondere einen zugänglichen Arbeitsbereich (keinen persönlichen Arbeitsbereich) –, für den eine Premium-Lizenz erforderlich ist.

10. **Wählen Sie aus der Dropdown-Liste TYP aus, ob Sie einen Bericht oder ein Dashboard einbetten möchten.**

    In meinem Beispiel habe ich DASHBOARD ausgewählt.

    Basierend auf dem Typ, den Sie in Schritt 10 auswählen, wird eine Dropdown-Liste angezeigt, in der Sie das spezifische Element auswählen können, das Sie auf der Seite einbetten möchten.

11. **Wählen Sie das einzubettende Element aus.**

    In meinem Beispiel (siehe Abbildung 8.29) habe ich auf der Seite ein Dashboard platziert, das in einem Arbeitsbereich gespeichert ist.

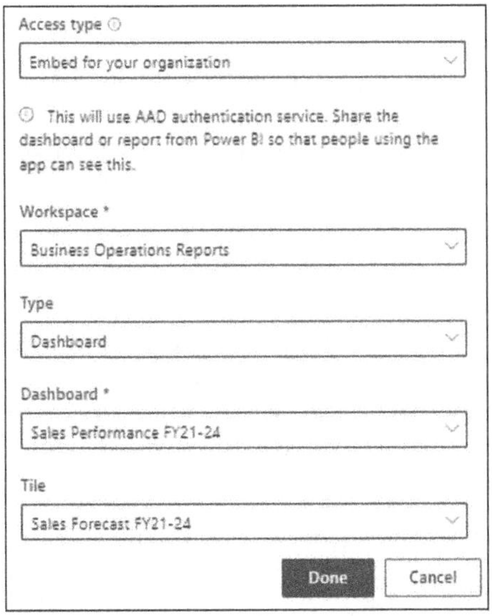

Abbildung 8.29: Eine Power BI-Visualisierung konfigurieren

12. Wenn Sie mit allen ausgewählten Optionen zufrieden sind, klicken Sie auf FERTIG.

Das Power BI-Dashboard wird jetzt auf der Webseite angezeigt, die Sie in Schritt 6 zum Einbetten angegeben haben.

Das Power Pages Toolset erweitern

Power Pages bietet *Erweiterungsfunktionen*, also Anpassungs- und Entwicklungsmöglichkeiten, mit denen Sie die Funktionalität Ihrer Website über Standardvorlagen und Designoptionen hinaus erweitern können. Während einige dieser Funktionen (zum Beispiel Webvorlagen) eine vordefinierte Struktur für Ihre Website bereitstellen, können Sie mit anderen (zum Beispiel Liquid und JavaScript) Code direkt eingeben, um die Interaktivität und Datenpräsentation zu verbessern, statt nur eine Vorlage zu importieren.

Die Auszeichnungssprache Liquid

Liquid, eine Open-Source-Auszeichnungssprache, dient als Rückgrat der Power Pages-Webvorlagen. Wenn Sie Liquid in Ihre Webvorlagen integrieren, können Sie interaktive Funktionen wie benutzerdefinierte Ansichten, gefilterte Datenlisten und bedingte Anzeigen erstellen, die alle auf Benutzereingaben oder rollenbasiertem Zugriff basieren. Beispiel:

✔ Jeder Benutzer erhält ein personalisiertes Dashboard, indem er seine relevanten Daten aus Dataverse abruft und anzeigt.

✔ Formulare erstellen, die basierend auf der Benutzerauswahl dynamisch aktualisiert werden.

Mit Liquid können Sie dynamische Inhalte integrieren und wie bei anderen Power Platform-Tools auch den Bedarf an benutzerdefiniertem Code reduzieren.

 Informationen zum Programmieren mit Liquid finden Sie auf der Microsoft-Website http://learn.microsoft.com. Geben Sie einfach *Liquid* in das Suchfeld ein und drücken Sie die ⏎. Die Ergebnisseite enthält Links zu Artikeln zur Verwendung von Liquid.

Webvorlagen

Webvorlagen in Power Pages sind HTML-basierte Seitenstrukturen, die das Layout und Design einer Seite innerhalb des Portals definieren. Die Vorlage verwendet eine Kombination aus Standard-HTML und der Liquid-Auszeichnungssprache (siehe vorheriger Abschnitt), um Daten dynamisch aus Dataverse abzurufen, sodass Sie sowohl statische als auch dynamische Inhalte anzeigen können. Hier einige der wichtigsten Merkmale von Webvorlagen:

✔ **Wiederverwendbar:** Können ein einheitliches Design über mehrere Seiten hinweg bieten.

✔ **Hochgradig anpassbar:** Es ist möglich, eine Vorlage von Grund auf neu zu erstellen, um bestimmte Design- oder Funktionsanforderungen zu erfüllen.

✔ **Integriert in Dataverse:** Unterstützen die Aktivierung der dynamischen Inhaltsgenerierung, sodass Entwickler Kontrolle über die Seitenlayouts haben.

Informieren Sie sich über die Erstellung wiederholbarer Webvorlagen. Gehen Sie auf http://learn.microsoft.com, geben Sie **Webvorlagen** in das Suchfeld ein und drücken Sie die ⏎. In den Suchergebnissen sollte nun ein Link zum Microsoft-Artikel über diese Vorlagen erscheinen.

JavaScript und CSS

Mit Power Pages können Sie Ihre Website mithilfe von JavaScript und Cascading Style Sheets (CSS) anpassen:

- ✔ **JavaScript:** Sie können JavaScript in Webseiten, Vorlagen, Formularen und Listen verwenden, um dynamische Verhaltensweisen wie die Überprüfung von Benutzereingaben, das Aufrufen externer Webdienste und den Zugriff auf Dataverse-Funktionen sowie interaktive Funktionen wie das automatische Ausfüllen von Feldern oder das Anzeigen benutzerdefinierter Fehlermeldungen hinzuzufügen. Obwohl JavaScript häufig über wiederverwendbare Codeabschnitte funktioniert, sind dafür gewisse Programmierkenntnisse erforderlich.

- ✔ **CSS:** Formatiert HTML-Elemente, statt als Auszeichnungssprache wie HTML oder XML zu fungieren. Sie können CSS also verwenden, um die visuelle Darstellung einer Power Pages-Website zu steuern. Obwohl Sie einige grundlegende Formatierungen im Arbeitsbereich FORMATIERUNG von Design Studio vornehmen können (siehe den Abschnitt »Registerkarte FORMATIERUNG« weiter oben in diesem Kapitel), können Sie das Erscheinungsbild und Verhalten Ihrer Website weiter verfeinern, indem Sie CSS verwenden, um das Benutzererlebnis mit relevanten Schriftarten, Farben, Abständen und anderen Designelementen zu verbessern. Sie können CSS auch verwenden, um bestimmte Designfunktionen zu implementieren, ohne auf JavaScript angewiesen zu sein, zum Beispiel um Elemente auszublenden oder das Layout anzupassen.

Code-Editoren verwenden

Power Pages bietet eine vereinfachte Version von Microsoft Visual Studio (seiner integrierten Entwicklungsumgebung oder IDE) namens Visual Studio Code für das Web, auf die Sie innerhalb von Power Pages Design Studio zugreifen können. Mit Visual Studio Code für das Web können Sie HTML-Quellcode direkt bearbeiten. Der Zugriff auf diesen Code-Editor kann Ihnen dabei helfen, komplexe Layouts zu erstellen und Ihre Power Pages-Website über die von Microsoft bereitgestellten Standardvorlagen hinaus umfassend anzupassen. Um mit Visual Studio in Power Pages zu arbeiten, klicken Sie in der Symbolleiste auf die Schaltfläche CODE BEARBEITEN. Das Code-Editor-Fenster wird angezeigt, in dem Sie auf die vollständigen Funktionen dieses Code-Editors zugreifen können.

Wenn Sie sich mit den Grundlagen von Visual Studio Code für das Web vertraut machen, auf die Dokumentation zugreifen oder eine Kopie der Software auf Ihren Desktop herunterladen möchten, besuchen Sie http://code.visualstudio.com. Geben Sie **Visual Studio Code für das Web** in das Suchfeld ein und drücken Sie die ⏎, um eine Liste mit Artikeln zum Code-Editor anzuzeigen.

> **IN DIESEM KAPITEL**
>
> Ihre Optionen für Business Intelligence-Tools verstehen
>
> Sich mit der Power BI-Terminologie vertraut machen
>
> Die von Microsoft verfügbaren Lizenzierungsoptionen verstehen

Kapitel 9
Power BI – Grundlagen

Die Auswahl der richtigen Version von Power BI kann wie ein Besuch im größten Süßwarenladen der Welt sein: Sie können aus scheinbar unzähligen Alternativen mit subtilen Nuancen wählen. Die endgültige Auswahl hängt letztendlich von Wünschen, Bedürfnissen, Umfang und natürlich vom Geld ab. Einige Versionen sind kostenlos (okay, mehr oder weniger), andere können teuer sein. Und der offensichtlichste Unterschied besteht natürlich darin, dass einige Versionen Desktop- oder Server-basiert sind, während andere nur Online-Funktionen bieten.

Wenn Sie die Microsoft-Website besuchen und nach Produkten suchen, stellen Sie fest, dass es mehrere Versionen von Power BI gibt. Die Preisseite und die Produktseite stimmen jedoch nicht unbedingt überein. (Danke für die Hilfe, Microsoft!) Es ist nicht klar, ob »Kostenlos« kostenlos ist oder ob Produkte in bestimmten Power BI-Versionen enthalten sind. Dieses Kapitel klärt Unklarheiten, die Sie möglicherweise wahrnehmen, damit Sie in Zukunft wissen, welches Produkt Sie verwenden sollten.

Bevor es mit den Informationen zum Kauf und zur Lizenzierung weitergeht, werden in diesem Kapitel die grundlegenden Funktionen von Power BI erläutert und einige Begriffe wiederholt.

Ein Blick hinter die Kulissen von Power BI

Power BI ist ein Konglomerat aus vielen Produkten, die zusammen eine Business Intelligence- und Datenanalyseplattform für Unternehmen bilden. Wenn Sie schon einmal Excel verwendet haben, sind Sie mit Funktionen wie Power Query, Power Pivot, Power View und Power Map vertraut. In Kombination mit Power BI-spezifischen Funktionen wie Power Q&A, das für die Power Platform entwickelt wurde, ist das Endprodukt, das Sie einsetzen werden, entweder Power BI Desktop oder Power BI Services. Mit beiden Produkten können Benutzer große Datasets organisieren, sammeln, verwalten und analysieren. *Big Data* ist ein Konzept, bei dem der Geschäfts- und Datenanalyst extrem große Datasets auswertet, die Muster und Trends in Bezug auf menschliches Verhalten und Interaktionen aufdecken können, die ohne den Einsatz spezifischer Tools nicht leicht erkennbar sind. Eine typische Big-Data-Sammlung wird oft in Millionen von Datasets ausgedrückt. Im Gegensatz zu einem Tool wie Microsoft Excel kann Power BI viele Datenquellen und Millionen von Datasets gleichzeitig auswerten. Die Quellen müssen auch nicht mithilfe einer Tabellenkalkulation strukturiert werden. Sie können unstrukturierte und halbstrukturierte Daten enthalten.

Strukturierte Daten sind in einem vordefinierten Format organisiert, wie zum Beispiel bei Dataverse-Tabellen mit klaren Zeilen und Spalten, was die Suche und Analyse erleichtert. *Halbstrukturierte Daten* haben kein festes Schema; dieser Datentyp verwendet Markierungen und Tabulatoren. XML und JSON sind zwei Beispiele für halbstrukturierte Daten. *Unstrukturierte Daten* haben kein definiertes Format, wie zum Beispiel die Daten in Ihrem typischen Microsoft Word-Dokument, Adobe Acrobat PDF oder einem Foto im JPG- oder PNG-Format.

Nachdem Sie diese vielen Datenquellen zusammengeführt und verarbeitet haben, kann Power BI Ihnen dabei helfen, visuell ansprechende Ergebnisse in Form von Diagrammen, Grafiken, Berichten, Dashboards und KPIs (Key Performance Indicators) zu erzielen, die Ihnen dabei helfen, Daten wie Zufriedenheit, Kundeneinblicke, Wachstumsraten und Effizienzziele besser zu verstehen, wie in Abbildung 9.1 dargestellt.

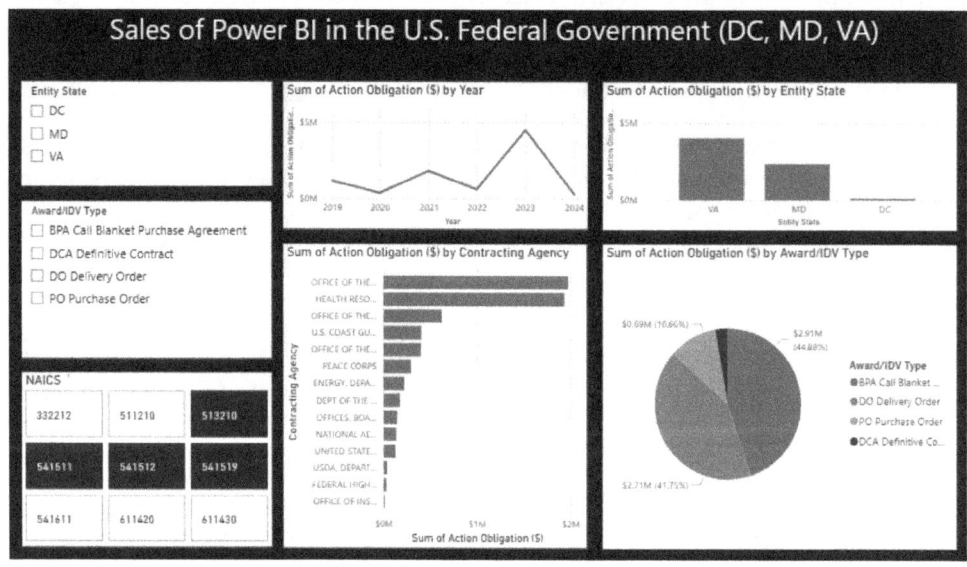

Abbildung 9.1: Beispiel für eine Power BI-Ausgabe

Wie ich in diesem Abschnitt bereits erwähnt habe, ist Power BI nicht nur eine Single-Source-Anwendung. Es verfügt über Desktop-, Online- und Mobilkomponenten. Die folgenden Abschnitte behandeln die kleineren Apps und Dienste, auf die Sie bei der Arbeit mit Power BI stoßen werden.

Fragen stellen mit Power Query

Mit Power Query erfüllt Power BI die Anforderungen an einen robusteren Abfrage-Editor als Excel. Mit dem Excel-Editor können Sie Daten nur aus einer einzigen Datenquelle extrahieren, während Sie mit Power BI Power Query Daten aus zahlreichen Datenquellen extrahieren und Daten aus relationalen Quellen wie SQL Server Enterprise, Azure SQL Server, Oracle, MySQL, DB2 und einer Vielzahl anderer Plattformen lesen können. Wenn Sie Daten aus unstrukturierten, halbstrukturierten oder Anwendungsquellen extrahieren möchten – wie CSV-Dateien, Textdateien, Excel-Dateien, Word-Dokumenten, SharePoint-Dokumentbibliotheken, Microsoft Exchange Server, Dynamics 365 oder Outlook –, macht Power Query dies möglich. Und wenn Sie Zugriff auf API-Dienste haben, die bestimmten Datenfeldern auf Plattformen wie LinkedIn, Facebook oder Twitter zugeordnet sind, können Sie Power Query auch zum Mining dieser Plattformen verwenden.

Was auch immer Sie mit Power Query erledigen lassen, das Verfahren ist immer ziemlich dasselbe: Es transformiert die von Ihnen angegebenen Daten (bei Bedarf mithilfe einer grafischen Benutzeroberfläche), indem es Spalten, Zeilen, Datentypen, Datum und Uhrzeit, Textfelder und entsprechende Operatoren hinzufügt. Power Query verwaltet diese Transformation, indem es ein umfangreiches Dataset nimmt, das nichts weiter als ein Haufen Rohdaten ist (für Sie natürlich oft unorganisiert und verwirrend), und es dann für geschäftliche Zwecke in Tabellen, Spalten und Zeilen organisiert. Sie können diese Ausgabe dann in eine portable Datei wie Excel oder etwas Robusteres wie ein Power Pivot-Modell übertragen (siehe nächsten Abschnitt).

Modellieren mit Power Pivot

Das Power BI-Datenmodellierungstool heißt Power Pivot. Mit diesem Tool können Sie Modelle wie Sternschemata, berechnete Kennzahlen und Spalten erstellen und komplexe Diagramme aufbauen. Power Pivot verwendet eine andere Programmiersprache namens Data Analysis Expression Language – kurz DAX. DAX ist eine formelbasierte Sprache, die für Datenanalysezwecke verwendet wird. Sie werden bald feststellen, dass DAX als Sprache voller nützlicher Funktionen steckt, also bleiben Sie dran.

Visualisieren mit Power View

Die Visualisierungs-Engine von Power BI ist Power View. Die Idee besteht darin, eine Verbindung zu Datenquellen herzustellen, diese Daten zur Analyse abzurufen und zu transformieren und dann die Ausgabe mithilfe einer der zahlreichen Visualisierungsoptionen von Power View anzuzeigen. Mit Power View können Benutzer Daten nach einzelnen Variablen oder nach einem gesamten Bericht filtern. Benutzer können Daten auf Variablenebene aufteilen oder sogar Elemente in Power View herauslösen, um sich wie ein Laser auf Daten zu konzentrieren, die als anomal angesehen werden könnten.

Daten mit Power Map zuordnen

Manchmal erfordert die Visualisierung von Daten etwas mehr als ein Balkendiagramm oder eine Tabelle. Vielleicht benötigen Sie eine Karte, die georäumliche Koordinaten mit 3D-Anforderungen integriert. Angenommen, Sie möchten Ihren Daten Dimensionalität verleihen – vielleicht mithilfe von Heatmaps, indem Sie die Höhe und Breite einer Spalte messen oder die verwendete Farbe auf einer statistischen Referenz basieren lassen. In diesem Fall sollten Sie den Power Map-Funktionssatz von Power BI in Betracht ziehen. Eine weitere in Power Map integrierte Funktion ist die Verwendung georäumlicher Funktionen mithilfe von Microsoft Bing, der externen Suchmaschinentechnologie von Microsoft, die Funktionen zum Zuordnen von Standorten umfasst. Ein Benutzer kann Daten mithilfe von geografischen Breiten- und Längengraddaten hervorheben, die so detailliert wie eine Adresse oder so global wie ein Land sind.

Daten mit Power Q&A interpretieren

Eine der größten Herausforderungen für viele Benutzer ist die Dateninterpretation. Nehmen wir beispielsweise an, Sie haben dieses unglaubliche Datenmodell mit Power Pivot erstellt. Und was nun? Ihre Datenstichprobe ist in Bezug auf die Größe oft ziemlich groß, was bedeutet, dass Sie eine Möglichkeit benötigen, alle im Modell bereitgestellten Daten zu verstehen. Aus diesem Grund hat Microsoft eine Engine für natürliche Sprache entwickelt, eine Möglichkeit, Text, Zahlen und sogar Sprache zu interpretieren, damit Benutzer das Datenmodell direkt abfragen können.

 Power Q&A funktioniert direkt in Verbindung mit Power View.

Ein klassisches Beispiel für eine Situation, in der Power Q&A enorm hilfreich sein kann, ist die Ermittlung, wie viele Benutzer einen bestimmten Artikel in einem bestimmten Geschäft gekauft haben. Wenn Sie noch tiefer in die Materie einsteigen möchten, können Sie eine ganze Reihe von Kennzahlen analysieren – und zum Beispiel fragen, ob der Artikel in mehreren Farben oder Größen erhältlich ist, oder an welchem Wochentag die meisten Artikel verkauft wurden. Die Möglichkeiten sind endlos, solange Sie Ihr Datenmodell so aufgebaut haben, dass es die Fragen berücksichtigt.

Power BI Desktop

All diese Power BI-Plattformen sind großartig, aber die wirklich umwerfende Idee war die Bündelung von Power Query, Power Pivot, Power View und Power Q&A zu Power BI Desktop. Mit Power BI Desktop können Sie alle Ihre Business Intelligence-Aktivitäten unter einem Dach durchführen. Sie können BI- und Datenanalyseaktivitäten viel einfacher entwickeln. Und schließlich aktualisiert Microsoft die Power BI Desktop-Funktionen monatlich, sodass Sie immer auf dem neuesten Stand der BI-Technologie sind.

Power BI Services

Im Laufe der Zeit hat sich der Produktname zu Power BI Services weiterentwickelt. Als das Produkt noch in der Betaphase war, hieß es Power BI Website. Heute wird das Produkt oft als Power BI Online oder Power BI Services bezeichnet. Wie auch immer Sie es nennen, es fungiert als Software-as-a-Service-Begleiter für Power BI. Power BI Services ist unter https://app.powerbi.com zugänglich und ermöglicht Benutzern die Zusammenarbeit und Freigabe ihrer Dashboards, Berichte und Datasets von einem einzigen Ort aus.

Die von Ihnen lizenzierte Power BI-Version bestimmt Ihre Möglichkeit, Daten in Power BI-Diensten zu teilen und zu erfassen.

Die Power BI-Terminologie

Egal, ob es von Microsoft oder einem anderen Hersteller entwickelt wurde, jedes Produkt, dem Sie begegnen, hat seine eigene Terminologie. Es mag Ihnen wie eine Fremdsprache vorkommen, aber wenn Sie die Website eines Herstellers besuchen und eine einfache Suche durchführen, werden Sie mit Sicherheit ein Glossar finden, in dem erklärt wird, was all diese mysteriösen Begriffe bedeuten.

Microsoft hat, wenig überraschend, auch ein eigenes Glossar für Power BI. (Man bezeichnet dort die Terminologie aus Gründen, die nur ihnen klar sind, als Konzepte.) Bevor Sie Ihre Power BI-Reise fortsetzen, sollten wir uns mit der Lage vertraut machen. In der Microsoft Power BI-Sprache gelten einige Konzepte für alle Anbieter, egal, wer sie sind. Beispielsweise sind Berichte und Dashboards bei allen Anbietern wichtige Konzepte. Übernehmen nun alle anderen Anbieter die Praxis von Microsoft und bezeichnen Datenströme als eine Art Flow? Nicht ganz. Sie alle haben ihre eigenen Namen für diese spezifischen Funktionen, obwohl sich alle diese Funktionen im Allgemeinen auf die gleiche Weise verhalten.

Microsoft hat es ziemlich gut geschafft, bei wichtigen Konzepten bei gängigen Namen zu bleiben. Dennoch übernehmen einige der fortgeschritteneren Produktfunktionen speziell für KI/maschinelles Lernen und Sicherheit den anspruchsvollen Jargon von Microsoft-Produkten wie Azure Active Directory oder Azure Machine Learning.

Kapazitäten

Was ist das Erste, woran Sie denken, wenn es um Daten geht? Ist es der Typ oder die Menge? Oder ziehen Sie beides in Betracht? Bei Power BI müssen Sie sich als Erstes mit dem Konzept der Kapazitäten vertraut machen, die für Power BI von zentraler Bedeutung sind. Warum, fragen Sie sich? Kapazitäten sind die Gesamtheit der Ressourcen, die Sie benötigen, um ein Projekt abzuschließen, das Sie in Power BI erstellen. Zu den Ressourcen gehören der Speicher, der Prozessor und der Arbeitsspeicher, die zum Hosten und Bereitstellen der Power BI-Projekte erforderlich sind.

Es gibt zwei Arten von Kapazität: gemeinsam genutzte und dedizierte. Eine *gemeinsam genutzte* Kapazität ermöglicht es Ihnen, Ressourcen mit anderen Microsoft-Endbenutzern zu teilen. *Dedizierte* Kapazitäten dienen ausschließlich Ihnen allein. Während gemeinsam genutzte Kapazität sowohl für kostenlose als auch für zahlende Power BI-Benutzer verfügbar ist, erfordert dedizierte Kapazität ein Power BI-Premiumabonnement.

Arbeitsbereiche

Arbeitsbereiche sind ein Mittel zur Zusammenarbeit und zum Teilen von Inhalten mit Kollegen. Egal, ob er persönlich ist oder für die Zusammenarbeit vorgesehen ist, jeder Arbeitsbereich, den Sie erstellen, wird im Hinblick auf Kapazitäten erstellt. Stellen Sie sich einen Arbeitsbereich als einen Container vor, mit dem Sie den gesamten Lebenszyklus von Dashboards, Berichten, Arbeitsmappen, Datasets und Dataflows in der Power BI Services-Umgebung verwalten können. (Abbildung 9.2 zeigt MEIN ARBEITSBEREICH, ein spezielles Beispiel für einen Power BI-Arbeitsbereich.)

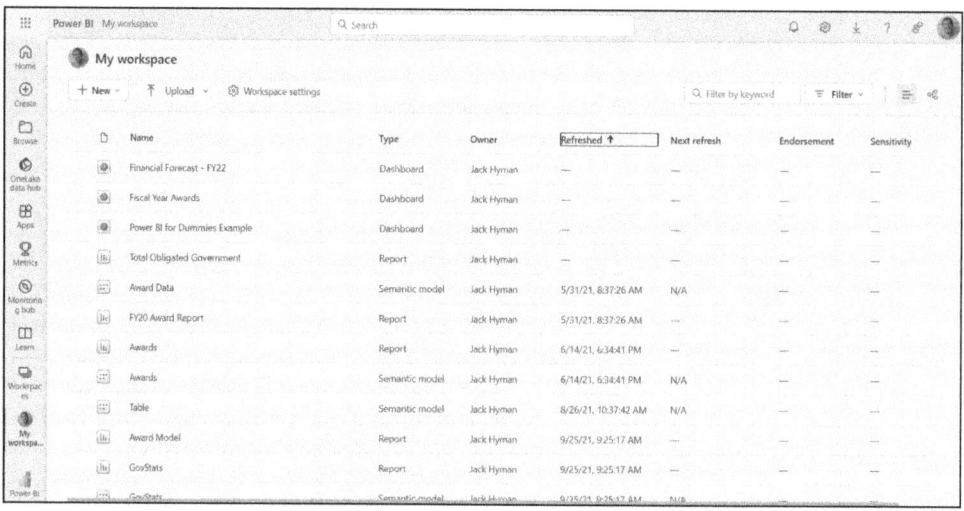

Abbildung 9.2: »Mein Arbeitsbereich« in Power BI Services

MEIN ARBEITSBEREICH ist nicht der einzige verfügbare Arbeitsbereichstyp. Power BI bietet auch eine Option namens ARBEITSBEREICH, die für die Zusammenarbeit und Freigabe in Gruppen gedacht ist. Wenn Sie zusammenarbeiten möchten, müssen Sie auf einen Power BI Pro- oder Premium-Plan upgraden, da Sie nicht über MEIN ARBEITSBEREICH hinausgehen können, es sei denn, Sie verfügen über eine Premium-Version von Power BI. Zu den Funktionen der Zusammenarbeit gehört die Möglichkeit, Power BI-basierte Dashboards, Berichte, Arbeitsmappen, Datasets und Apps mit einem Team zu erstellen und zu veröffentlichen.

Möchten Sie die Arbeit hochladen, die Sie mit Power BI Desktop erstellt haben? Oder müssen Sie die Arbeit online bearbeiten, ohne mit jemandem zusammenzuarbeiten? Wenn die Antwort auf eine der Fragen »Ja« lautet, ist MEIN ARBEITSBEREICH alles, was Sie brauchen. Sie benötigen lediglich die kostenlose Power BI Online-Lizenz. Sobald Sie mit anderen zusammenarbeiten möchten, müssen Sie auf ein kostenpflichtiges Pro- oder Premium-Abonnement upgraden.

Jetzt wissen Sie also, dass Ihre Arbeit in einem Arbeitsbereich gespeichert ist. Nächste Frage: Was passiert mit den Daten in diesem Arbeitsbereich? Die Antwort ist zweigeteilt: Es gibt das, was Sie als Benutzer sehen, und dann gibt es das, was im Rahmen des Datentransformationsprozesses hinter den Kulissen passiert. Beginnen wir mit den Aktivitäten hinter den Kulissen.

Ein *Dataflow* ist eine Sammlung von Tabellen, die die in Power BI importierten Datensätze sammelt. Nachdem die Tabellen als Teil von Power BI Services in Ihrem Arbeitsbereich erstellt und verwaltet wurden, können Sie Daten innerhalb eines Dataflows hinzufügen, bearbeiten und löschen. Die Datenaktualisierung kann auch nach einem vordefinierten Zeitplan erfolgen. Bedenken Sie, dass Power BI einen Azure Data Lake verwendet, eine Möglichkeit, die extrem großen Datenmengen zu speichern, die Power BI benötigt, um Daten schnell auszuwerten, zu verarbeiten und zu analysieren. Als Dienst hilft Azure Data Lake auch dabei, Daten schnell zu bereinigen und zu transformieren, wenn die Datasets umfangreich sind.

Im Gegensatz zu einem Dataflow (der wiederum eine Sammlung von Tabellen ist) sollte ein Dataset als einzelnes Asset in Ihrer Sammlung von Datenquellen behandelt werden. Stellen Sie sich ein Dataset als eine Teilmenge von Daten vor. Bei Verwendung mit Dataflows wird das Dataset einem verwalteten Azure Data Lake zugeordnet. Es enthält wahrscheinlich einige oder alle Daten im Datensee. Die Granularität der Daten variiert stark, abhängig von der Geschwindigkeit und dem Umfang des verfügbaren Datasets.

Der Analyst oder Entwickler kann die Daten extrahieren, wenn er die gewünschte Ausgabe erstellt, zum Beispiel einen Bericht. Manchmal werden mehrere Datasets benötigt. In diesem Fall kann eine Dataflow-Transformation erforderlich sein. Anderseits können manchmal mehrere Datensätze dasselbe Dataset nutzen, das im Azure Data Lake gespeichert ist. In diesem Fall ist nur eine geringe Transformation erforderlich.

Nachdem Sie die Daten selbst bearbeitet haben, müssen Sie die erstellten Daten in Power BI veröffentlichen. Microsoft geht davon aus, dass Sie die Daten für andere Benutzer freigeben möchten. Wenn Sie ein Dataset freigeben möchten, benötigen Sie eine Pro- oder Premium-Lizenz.

Berichte

Daten können unbegrenzt in einem System gespeichert werden und ungenutzt bleiben. Aber was nützt das, wenn die Daten im System nicht von Zeit zu Zeit abgefragt werden, damit Benutzer wie Sie und ich verstehen, was sie bedeuten? Angenommen, Sie arbeiten für ein Krankenhaus. Sie müssen die Mitarbeiterdatenbank abfragen, um für einen Notfall herauszufinden, wie viele Mitarbeiter im Umkreis von acht Kilometern der Einrichtung wohnen. Dann können Sie mithilfe eines Power BI-Berichts schnell (allerdings nicht in Warp-Geschwindigkeit) eine Zusammenfassung Ihres Datasets erstellen. Natürlich kann es sich um ein paar Hundert Datensätze oder Zehntausende von Datensätzen handeln, die natürlich alle einzigartig sind, aber die Datensätze werden alle zusammengeführt, um dem Krankenhaus zu zeigen, wer im Notfall alle Hände voll zu tun haben kann, egal ob der Notfall nur einen Häuserblock weiter, acht oder achtzig Kilometer entfernt ist.

Power BI Reports übersetzt diese Daten in eine oder mehrere Seiten mit Visualisierungen – Liniendiagramme, Balkendiagramme, Donuts, Treemaps, was auch immer. Sie können Ihre Daten entweder auf hoher Ebene auswerten oder sich auf eine bestimmte Datenuntermenge konzentrieren (wenn Sie das Dataset zuvor abfragen konnten). Sie können einen Bericht auf verschiedene Weise erstellen, von der Übernahme eines Datasets mit einer einzigen Quelle und der Erstellung einer Ausgabe von Grund auf bis zum Importieren von Daten aus mehreren Quellen. Ein Beispiel hierfür wäre die Verbindung mit einer Excel-Arbeitsmappe oder einem Google Sheets-Dokument mithilfe von Power View-Tabellen. Von dort aus übernimmt Power BI die Daten aus der gesamten Quelle und interpretiert sie. Das Ergebnis ist ein Bericht (siehe Abbildung 9.3) basierend auf den importierten Daten unter Verwendung vordefinierter Konfigurationen, die vom Berichtsautor festgelegt wurden.

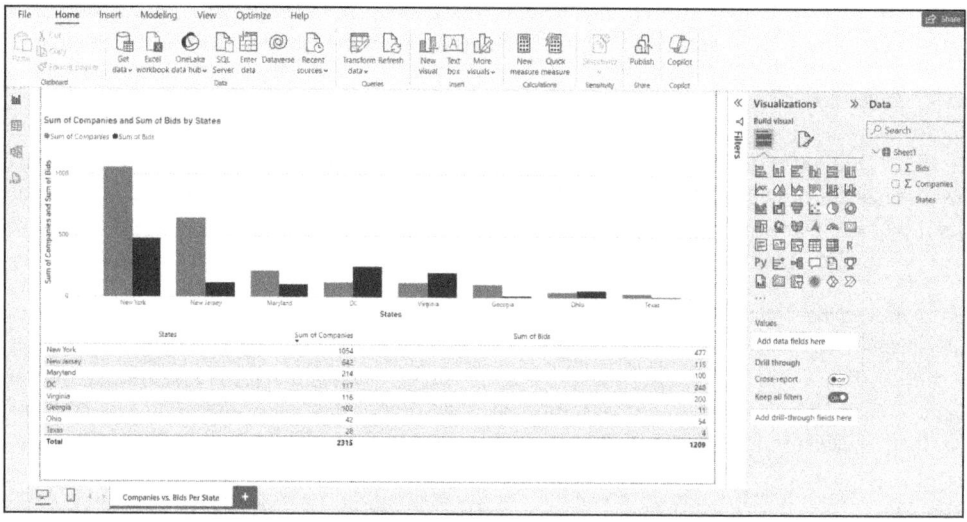

Abbildung 9.3: Beispiel für einen Power BI-Bericht

Power BI bietet zwei Berichtsansichtsmodi: Leseansicht und Bearbeitungsansicht. Wenn Sie einen Bericht öffnen, wird er normalerweise standardmäßig in der Leseansicht geöffnet. Wenn Ihnen Bearbeitungsberechtigungen erteilt wurden, können Sie zur Bearbeitungsansicht wechseln, um Änderungen am Bericht vorzunehmen. In einem Arbeitsbereich können Benutzer mit Administrator-, Mitglieds- oder Mitwirkendenrollen Berichte bearbeiten, sofern sie über die entsprechenden Berechtigungen verfügen.

In Power BI können privilegierte Benutzer Berichte in der Bearbeitungsansicht entwerfen, erstellen und freigeben, während Benutzer mit schreibgeschütztem Zugriff mit diesen Berichten interagieren, sie aber nicht ändern können. Diese Berichte sind auf der Registerkarte BERICHTE in einem Power BI-Arbeitsbereich zugänglich und können mehrere Seiten mit Visualisierungen enthalten, wobei jede Seite möglicherweise aus einem oder mehreren Datasets schöpft. Berichte sind nicht auf eine einseitige Visualisierung beschränkt und können verschiedene interaktive Elemente basierend auf mehreren Datenquellen enthalten.

Dashboards

Wenn Sie Erfahrung mit Power BI haben, wissen Sie bereits, dass es ein äußerst visuelles Tool ist. Entsprechend seiner visuellen Natur erweckt das Power BI-Dashboard, auch als Canvas bezeichnet, Ihre Datengeschichte zum Leben. Wenn Sie alle Teile Ihres Datenpuzzles einen Moment festhalten möchten, verwenden Sie das Dashboard. Stellen Sie es sich als leere Leinwand vor. Während Sie im Laufe der Zeit Ihre Berichte, Widgets, Kacheln und Key Performance Indicators (KPIs) erstellen, heften Sie die gewünschten Elemente an das Dashboard, um eine einzige Visualisierung zu erstellen. Das Dashboard stellt das große Dataset dar, das Ihrer Meinung nach Ihr Thema auf einen Blick abdeckt. So kann es Ihnen bei der Entscheidungsfindung helfen, Sie bei der Überwachung von Daten unterstützen oder es Ihnen ermöglichen, durch Anwendung verschiedener Visualisierungsoptionen in Ihr Dataset einzusteigen.

Um auf ein bestimmtes Dashboard zuzugreifen, müssen Sie zunächst einen Arbeitsbereich öffnen. Klicken Sie dann einfach auf die Registerkarte DASHBOARDS der App, mit der Sie gerade arbeiten. Bedenken Sie, dass jedes Dashboard eine angepasste Ansicht eines zugrunde liegenden Datasets darstellt. Um Ihre Dashboards zu finden, gehen Sie zu MEINE ARBEITSBEREICHE und wählen Sie dann im Menü FILTER die Option DASHBOARDS, um zu sehen, was verfügbar ist (siehe Abbildung 9.4).

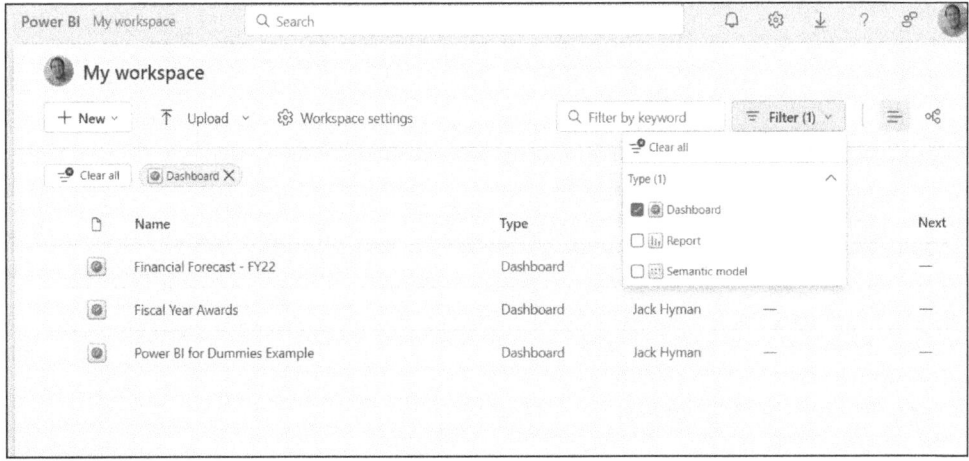

Abbildung 9.4: So finden Sie Ihre Dashboards

 Wenn Sie Eigentümer eines Dashboards sind, haben Sie die Berechtigung, es zu bearbeiten. Andernfalls haben Sie nur Lesezugriff. Sie können ein Dashboard für andere freigeben, diese können jedoch möglicherweise keine Änderungen speichern. Beachten Sie, dass Sie mindestens eine Power BI Pro-Lizenz benötigen, wenn Sie ein Dashboard für einen Kollegen freigeben möchten.

Ansichten

Der Kern von Power BI Desktop ist die Möglichkeit, Ihre Daten vor der Veröffentlichung zu modellieren und zu visualisieren. Dabei werden die mit Power BI Desktop erstellten Dateien in Power BI Services gespeichert. Auf der linken Seite von Power BI Desktop befinden sich vier Symbole, die Ansichten für die eigenen Daten darstellen (siehe Abbildung 9.5):

- ✔ **Berichtsansicht:** In den Berichtsansichten kann ein Benutzer seine Visualisierungen erstellen.

- ✔ **Tabellenansicht:** In der Tabellenansicht kann ein Benutzer die Daten in einer Matrix oder einem Tabellenformat mit sichtbaren Zeilen und Spalten anzeigen. Der Benutzer kann damit detaillierte Daten und Werte überprüfen und vergleichen, anstatt seine Daten zu visualisieren.

- ✔ **Modellansicht:** In der Modellansicht kann ein Benutzer alle Tabellen, Spalten und Beziehungen im Datenmodell visualisieren. Diese Ansicht ist besonders hilfreich, wenn Sie versuchen, komplexe Beziehungen mit vielen Tabellen aufzubauen und diese dennoch in einem einzigen Bericht anzuzeigen.

- ✔ **DAX-Abfrageansicht:** Die DAX-Abfrageansicht ermöglicht Benutzern die Interaktion mit und die Bearbeitung von Daten innerhalb eines semantischen Power BI-Modells durch das Schreiben und Ausführen von DAX-Abfragen (Data Analysis Expressions). Diese Ansicht unterstützt eine erweiterte Datenanalyse, Filterung und Berechnung und bietet Benutzern die Flexibilität, komplexe Erkenntnisse und benutzerdefinierte Metriken direkt innerhalb des Datenmodells zu erstellen.

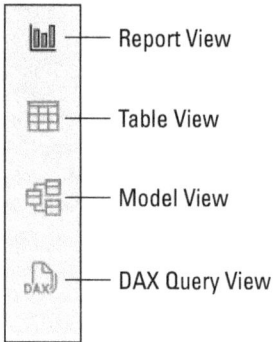

Abbildung 9.5: Anzeigeoptionen in Power BI Desktop

Canvas

In Power BI ist die Canvas der Hauptarbeitsbereich, in dem Visualisierungen erstellt und angeordnet werden (siehe Abbildung 9.6). Der Begriff wird häufig verwendet, um den Bereich in Power BI Desktop oder Power BI Services zu beschreiben, in dem Benutzer visuelle Elemente per Drag-and-drop verschieben können, um ihre Berichte oder Dashboards zu erstellen.

Für Berichte ist die Canvas der Bereich, in dem ein Benutzer seine Diagramme, Grafiken, Tabellen und Karten hinzufügen, organisieren und visualisieren kann. Jede Visualisierung wird vom Benutzer an der gewünschten Stelle platziert. Beim Erstellen eines Berichts können Sie eine oder mehrere Visualisierungen auf einer Canvas haben.

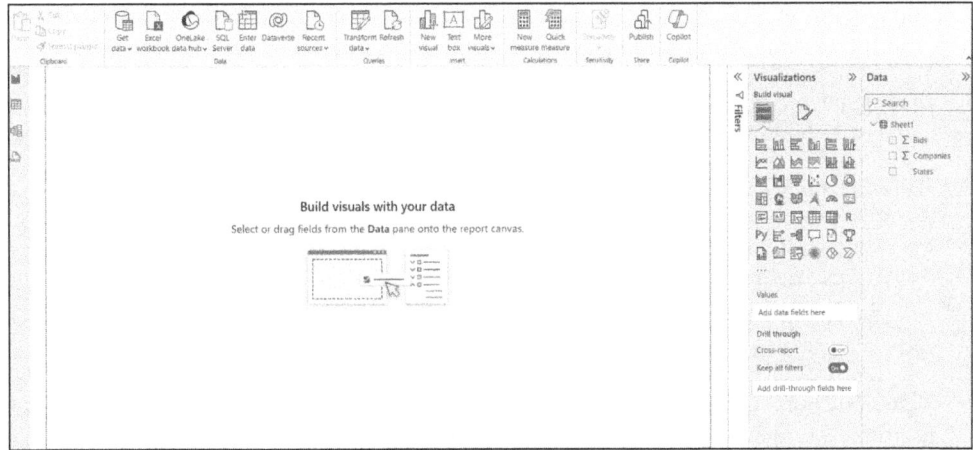

Abbildung 9.6: Ein leerer Canvas-Bereich in Power BI Desktop

Dashboards können nur in Power BI Services erstellt werden. Ein Benutzer kann verschiedene Berichte auf einer Canvas anheften, was in diesem Fall eine einzelne Seite ist, die einen Überblick über verschiedene Datensätze bietet.

DirectQuery

Unternehmensbenutzer, die in Echtzeit auf Daten zugreifen müssen, sollten sich für DirectQuery statt für einen Import entscheiden. Beim Importieren ziehen Sie die Daten einmal in Power BI und müssen das Dataset manuell aktualisieren. DirectQuery bietet Benutzern eine direkte Verbindung zu Datenquellen und ermöglicht damit Echtzeitabfragefunktionen. Statt Daten in Power BI zu importieren, verbleiben sie im Quellsystem, zum Beispiel Dataverse, und Power BI fragt diese Daten direkt ab, wenn die Visualisierungsquelle aktualisiert wird. Der DirectQuery-Ansatz ist besonders nützlich für die Arbeit mit großen Datasets oder Szenarien, in denen Daten häufig aktualisiert werden. Sie stellen sicher, dass Benutzer immer die aktuellsten Daten sehen.

 Während die Echtzeitaktualisierung von Daten ideal erscheinen mag, hat die Verwendung von DirectQuery sicherlich auch ihre Nachteile. Benutzer werden je nach der zugrunde liegenden Datenquelle und ihrer Komplexität Leistungsprobleme feststellen. Wenn die Datenquelle langsam ist oder durch eine hohe Benutzerkapazität belastet wird, kommt es möglicherweise zu Verzögerungen beim Datenabruf. Sie müssen auch die Sicherheitsauswirkungen berücksichtigen. Bei DirectQuery werden Live-Abfragen an eine Datenquelle durchgeführt. Sie müssen sicherstellen, dass die Datenquelle ordnungsgemäß geschützt ist, da ein unbefugter Zugriff die Integrität des Datasets beeinträchtigen kann. Es wird dringend empfohlen, bei der Verwendung von DirectQuery die Implementierung rollenbasierter Zugriffskontrollen in Betracht zu ziehen und die Netzwerkkonfiguration zu sichern.

In Power BI sind Bereiche Ihr Tor zum Navigieren durch die verschiedenen in den Umgebungen verfügbaren Features. Am wichtigsten ist, dass jeder Bereich zwischen Power BI

Desktop und Power BI Services konsistent ist. Bereiche ermöglichen Benutzern die Verwaltung und Interaktion mit verschiedenen Datenebenen in Berichten und Dashboards.

Unabhängig davon, ob Sie sich in Power BI Desktop oder Power BI Services befinden, umfassen die in Abbildung 9.7 dargestellten Hauptbereiche Folgendes:

- **Datenbereich:** In diesem Bereich werden die Felder angezeigt, die zum Erstellen einer Visualisierung verfügbar sind. Die Felder werden aus einem Datenmodell geladen. Sie können Felder per Drag-and-drop auf eine Canvas ziehen, um eine Visualisierung zu erstellen. Sie können Daten auch in einer Tabelle organisieren, um Berechnungen mit DAX zu erstellen (weitere Informationen zu DAX finden Sie im Abschnitt »Ansichten« weiter oben in diesem Kapitel).

- **Visualisierungsbereich:** Sie können einen von über 20 Visualisierungstypen wie Diagramme, Graphen und Karten auswählen, um einen Bericht zu erstellen. Sie können Visualisierungen auch mithilfe von Eigenschaften einrichten und Formatierungen festlegen, um die Präsentation der Visualisierung anzupassen.

- **Filterbereich:** Wenn Sie ein Dataset auf eine bestimmte Teilmenge von Merkmalen beschränken müssen, zum Beispiel einen bestimmten Standort oder einen aktiven/inaktiven Status basierend auf gespeicherten Spalten, können Sie Filter auf den gesamten Bericht oder eine Teilmenge einer Visualisierung innerhalb eines Berichts anwenden.

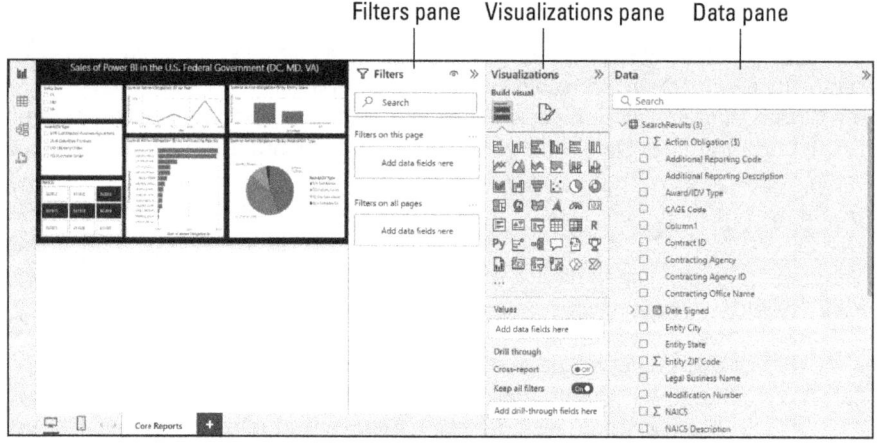

Abbildung 9.7: Die Hauptnavigationsbereiche von Power BI

Power BI Services verfügt über mehrere andere Bereiche, auf die wie in Abbildung 9.8 gezeigt zugegriffen werden kann. Die folgenden Bereiche sind spezifisch für Power BI Services, während die zuvor aufgeführten Bereiche sowohl in Power BI Desktop als auch in Services verfügbar sind.

- **Bereich ERSTELLEN:** Im Bereich ERSTELLEN können Benutzer die Erstellung neuer Berichte, Datasets und Dashboards in Power BI Services initiieren.

✔ **Browserbereich:** Der Browserbereich unterstützt Benutzer bei der Navigation zwischen verschiedenen Berichten, Datasets, Dashboards und anderen Inhalten, die exklusiv im Power BI Services verfügbar sind.

✔ **Arbeitsbereichsbereich:** Der Arbeitsbereichsbereich bietet Zugriff auf Arbeitsbereiche, in denen Benutzer Berichte, Dashboards und Datasets organisieren, freigeben und gemeinsam bearbeiten können. Es gibt zwei Arten von Arbeitsbereichen, einen freigegebenen Arbeitsbereich und einen persönlichen Arbeitsbereich namens MEIN ARBEITSBEREICH.

✔ **Bereich APPS:** Im Bereich APPS werden alle zugänglichen Power BI-Apps angezeigt, die mehrere Dashboards und Berichte zu einer einheitlichen Erfahrung zusammenfassen. (Greifen Sie auf diesen Bereich zu, indem Sie auf die Ellipse klicken.)

✔ **Überwachungsbereich:** Der Überwachungsbereich bietet Tools zum Überwachen und Verwalten der Nutzung, Leistung und Integrität von Berichten, Datasets und Dataflows in einem oder mehreren Arbeitsbereichen. (Greifen Sie auf diesen Bereich zu, indem Sie auf die Ellipse klicken.)

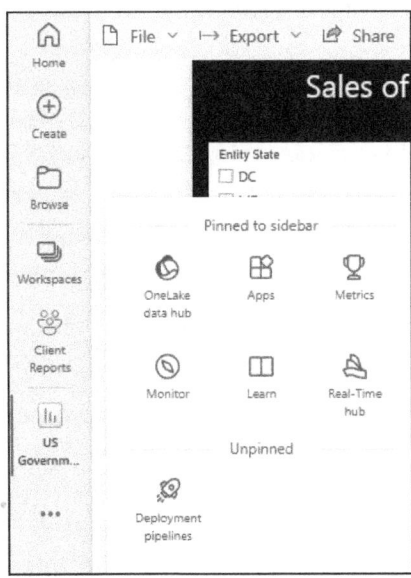

Abbildung 9.8: Navigationsbereiche in Power BI Services

Vergleich der Desktop- und Serviceoptionen

Die meisten Designer und Benutzer verwenden Power BI Desktop, um ihre Berichte zu erstellen, und verteilen sie dann über Power BI Services an andere. Andere verwenden lieber Power BI Services, um Berichte online anzuzeigen, zu bearbeiten und mit ihnen zu interagieren, als sich auf die effizientere Desktopversion zu verlassen. Wenn Sie über ausreichenden Zugriff auf den Dienst verfügen, können Sie Berichte bearbeiten, visuelle Ausgaben basierend auf vorhandenen Datenmodellen und Datensätzen erstellen und mit anderen Benutzern zusammenarbeiten, die Zugriff auf die von Ihnen erstellten Berichte, Dashboards und KPIs benötigen, ohne zwischen beiden Versionen von Power BI wechseln zu müssen. Tabelle 9.1 veranschaulicht die Vor- und Nachteile von Power BI Desktop im Vergleich zu Services.

Plattform	Vorteile	Nachteile
Power BI Desktop	Umfassende Funktionen zur Datenmodellierung und Berichterstellung. Unterstützt Offline-Zugriff, sodass Benutzer ohne Internetverbindung arbeiten können.	Muss heruntergeladen und installiert werden, was für Benutzer mehrerer Geräte einschränkend sein kann.
Power BI Services	Ermöglicht nahtloses Teilen und Zusammenarbeiten direkt in der Cloud. Die reine Cloud-Nutzung vereinfacht die Berichtsanzeige, die Dashboard-Interaktion und die KPI-Verfolgung, ohne dass lokale Dateien auf dem Desktop eines Benutzers erforderlich sind.	Bietet weniger Datenmodellierungs- und Transformationstools als Power BI Desktop.

Tabelle 9.1: Wichtige Vor- und Nachteile von Power BI Desktop und Power BI Services

Wenn Sie die Unterschiede zwischen Power BI Desktop und Power BI Services in Microsofts eigenen Worten erfahren möchten, besuchen Sie https://learn.microsoft.com/en-us/power-bi/fundamentals/service-service-vs-desktop. Dort finden Sie Folgendes:

✔ Microsoft bietet kostenlosen Zugriff auf eine eingeschränkte Version der Power BI Services.

✔ Für robuste Tools zur Zusammenarbeit und erweiterten Speicher benötigen Sie mindestens die Pro- oder Premium-Edition.

✔ Anwendungsfälle, die für beide Versionen von Power BI geeignet sind.

Um eine Kopie der Power BI-Desktopanwendung herunterzuladen, gehen Sie zu https://powerbi.microsoft.com/en-us/desktop.

Updates verwalten

Das Schöne an Software as a Service (SaaS) ist, dass ein Anbieter jederzeit mit wenig Aufwand eine neue Funktion zu einem Produkt hinzufügen kann. Wenn Anbieter Updates per SaaS-Cloud-Bereitstellung durchführen, sehen Benutzer neue Funktionen sofort und können sie sofort verwenden. Mit Ausnahme von Power BI Desktop und Power BI Report Server fallen alle anderen Versionen von Power BI in das Cloud-Bereitstellungsmodell, das allgemein als Services bezeichnet wird, da jede Version als SaaS bereitgestellt wird.

Die SaaS-Cloud-Bereitstellung ermöglicht es Microsoft, Funktionen regelmäßig automatisch zu aktualisieren und das Produkt über das Internet mithilfe eines Webbrowsers wie Microsoft Edge, Google Chrome oder Apple Safari bereitzustellen. Im Falle eines technischen Problems muss Microsoft nicht auf die Softwareversion am Monatsende warten, um den Code zu aktualisieren – dies geschieht sofort. Die SaaS-Bereitstellung gewährleistet kontinuierlichen Zugriff auf die neuesten Funktionen, eine schnellere Lösung von Problemen und ein verbessertes allgemeines Benutzererlebnis ohne manuelle Aktualisierungen oder Ausfallzeiten.

Bei herunterladbarer Software wie Power BI Desktop liegt es an Ihnen, den Überblick über die Updates zu behalten. Cloudbasierte Lösungen können täglich aktualisiert werden, aber Anbieter aktualisieren herunterladbare Software in der Regel viel seltener. Microsoft stellt jeden Monat kumulative Updates für Power BI Desktop bereit, mit allen Features und Funktionen, die auf der Services-Plattform verfügbar sind.

Wenn Sie sicherstellen möchten, dass Sie über die neueste Edition von Power BI Desktop verfügen, haben Sie drei Möglichkeiten:

✔ Prüfen Sie auf der Microsoft-Website, ob ein Update verfügbar ist.

✔ Achten Sie auf In-App-Benachrichtigungen, die darauf hinweisen, dass eine neue Version heruntergeladen werden kann.

✔ Konfigurieren Sie automatische Updatebenachrichtigungen, indem Sie DATEI|OPTIONEN UND EINSTELLUNGEN|OPTIONEN|UPDATES wählen. Aktivieren Sie das Kontrollkästchen, um Updatebenachrichtigungen für Power BI Desktop anzuzeigen.

Merkmale vergleichen

Tabelle 9.2 beschreibt die in Power BI Desktop und Power BI Services verfügbaren Merkmale und gibt an, welche Merkmale in beiden Versionen vorhanden sind.

Power BI Desktop	Allgemein	Power BI Services
Mehr als 100 Datenquellen	Berichte	Begrenzte Datenquellen
Datentransformation	Visualisierungen	Dashboarding
Datengestaltung	Sicherheit	KPI-Verwaltung
Datenmodellierung	Filter	Arbeitsbereiche
Kennzahlen	R-Visualisierungen (Big Data-Ausgaben)	Teilen und Zusammenarbeit
Berechnete Spalten	Merkliste	Hosting und Speicherung
DAX	Fragen und Antworten	Hosting und Speicherung
Python		Workflow/Dataflow
Themen		Paginierte Berichte
Sicherheit auf Zeilenebene		Gateway-Verwaltung
		Sicherheit auf Zeilenebene (RLS)

Tabelle 9.2: Power BI Desktop- und Power BI Services-Funktionen

Teil III
Mit Power BI die Datenstory erzählen

IN DIESEM TEIL ...

✔ Erfahren Sie, wie Sie Daten in Power BI vorbereiten und bereinigen.

✔ Lernen Sie die in Power BI Desktop verfügbaren Datenvisualisierungsoptionen kennen.

✔ Entdecken Sie, wie Sie Berichte und Dashboards mit Power BI Desktop und Power BI Online erstellen können.

✔ Erweitern Sie Ihr Wissen über die grundlegenden Verwaltungsfunktionen von Power BI Online.

> **IN DIESEM KAPITEL**
>
> Die von Power BI unterstützten Datenquellentypen definieren
>
> Datenquellen in Power BI verbinden und konfigurieren
>
> Mit gemeinsam genutzten Datasets arbeiten
>
> Datasets importieren und eine Verbindung zu ihnen herstellen
>
> Mit gängigen Datenquellen arbeiten
>
> Den Bereinigungsbedarf auf der Grundlage von Anomalien, Eigenschaften und Datenqualitätsproblemen bestimmen

Kapitel 10
Mit Daten arbeiten

Anbieter von Unternehmenssoftware wie Microsoft haben Datenquellenkonnektoren entwickelt, die Unternehmen dabei helfen, Daten in Anwendungen wie Power BI zu importieren. Sie werden schnell erkennen, dass das Herstellen einer Verbindung zu Datenquellen nicht unbedingt der schwierige Teil ist – oft ist es die Datentransformation, die etwas Zeit in Anspruch nimmt. Nachdem Sie herausgefunden haben, welche Methode sich am besten zum Vorbereiten und Laden der Daten in Power BI eignet, sind Sie auf dem besten Weg, die Daten in Ihrem Universum zu analysieren und zu visualisieren.

In diesem Kapitel lernen Sie die Methoden kennen, die Sie zum Vorbereiten und Laden von Daten mithilfe von Power BI Desktop und Services anwenden können. Anschließend erfahren Sie, wie Sie Anomalien und Inkonsistenzen erkennen, Datenstrukturen und Spalteneigenschaften prüfen und Datenstatistiken nutzen.

Daten aus der Quelle abrufen

Ohne Datenquelle ist die Verwendung von Microsoft Power BI schwierig. Sie können eine Verbindung zu Ihrer Datenquelle herstellen oder einen der vielen Konnektoren verwenden, die Microsoft den Benutzern als Teil von Power BI Desktop oder Services zur Verfügung stellt. Bevor Sie mit dem Laden von Daten beginnen, müssen Sie zunächst die geschäftlichen Anforderungen an Ihre Datenquelle verstehen. Befindet sich die Datenquelle beispielsweise lokal auf Ihrem Desktop und wird sie gelegentlich aktualisiert? Stammen Ihre Daten möglicherweise aus der Datenquelle eines Drittanbieters, der Echtzeit-Feeds bereitstellt? Die Anforderungen für beide Szenarien sind sehr unterschiedlich.

Microsoft fügt seiner Desktop- und Services-Plattform kontinuierlich Datenkonnektoren hinzu. Seien Sie nicht überrascht, wenn im Rahmen des regulären Power BI-Updates monatlich mindestens ein oder zwei neue Konnektoren veröffentlicht werden. Infolgedessen bietet Power BI bereits weit über 100 Datenkonnektoren. Zu den beliebtesten Optionen gehören Dateien, Datenbanken und Webdienste.

Eine Liste aller verfügbaren Datenquellen finden Sie unter `https://docs.microsoft.com/en-us/power-bi/connect-data/power-bi-data-sources`.

Um Ihre Daten in Power BI korrekt abzubilden, müssen Sie die genaue Art der Daten ermitteln. Würden Sie beispielsweise den Excel-Konnektor verwenden, wenn der Dokumenttyp für eine Azure SQL-Datenbank bestimmt wäre? Das würde nicht die Ergebnisse liefern, die Sie als Power BI-Benutzer suchen.

In *Microsoft Power Platform für Dummies* finden Sie überall Verweise auf XLS- und CSV-Datenquellen. Die Daten stammen aus einer öffentlich zugänglichen Datenquelle namens FPDS, der Federal Procurement Database. Für alle Beispiele im Buch habe ich den Begriff **Power BI** in das Suchfeld auf der Website eingegeben. Drücken Sie dann auf Go. Sobald die abgefragten Ergebnisse angezeigt werden, wählen Sie die Schaltfläche CSV auf der rechten Seite aus. Das Dataset kann dann als Datei mit dem Namen `SearchResults.csv` auf Ihren Desktop heruntergeladen werden. Dies ist der von `fpds.gov` erstellte Standarddateiname.

Um die Daten zu importieren, gehen Sie wie folgt vor:

1. **Öffnen Sie die Registerkarte Start in Power BI Desktop und wählen Sie Daten abrufen|Text/CSV (siehe Abbildung 10.1).**

2. **Navigieren Sie im Fenster Öffnen zur Datei `SearchResults.csv`, wählen Sie sie durch Klicken aus und klicken Sie dann auf Öffnen.**

   Power BI zeigt die Datenquelle auf einer Navigatorseite an. Abbildung 10.2 zeigt die Navigatorseite für `SearchResults.csv`.

3. **Wenn die Datei geöffnet ist, wird das Dataset auf dem Bildschirm in einem Fenster mit dem Titel SearchResults.csv angezeigt. Klicken Sie auf die Schaltfläche Daten transformieren (siehe Abbildung 10.2).**

KAPITEL 10 Mit Daten arbeiten 301

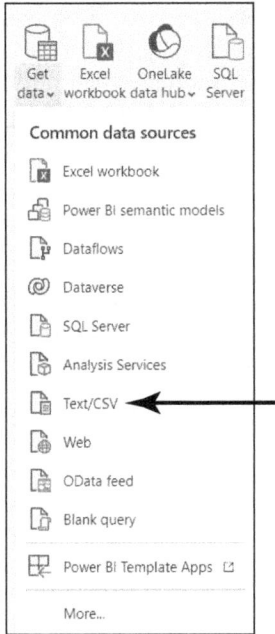

Abbildung 10.1: Den CSV-Konnektor in Power BI Desktop suchen

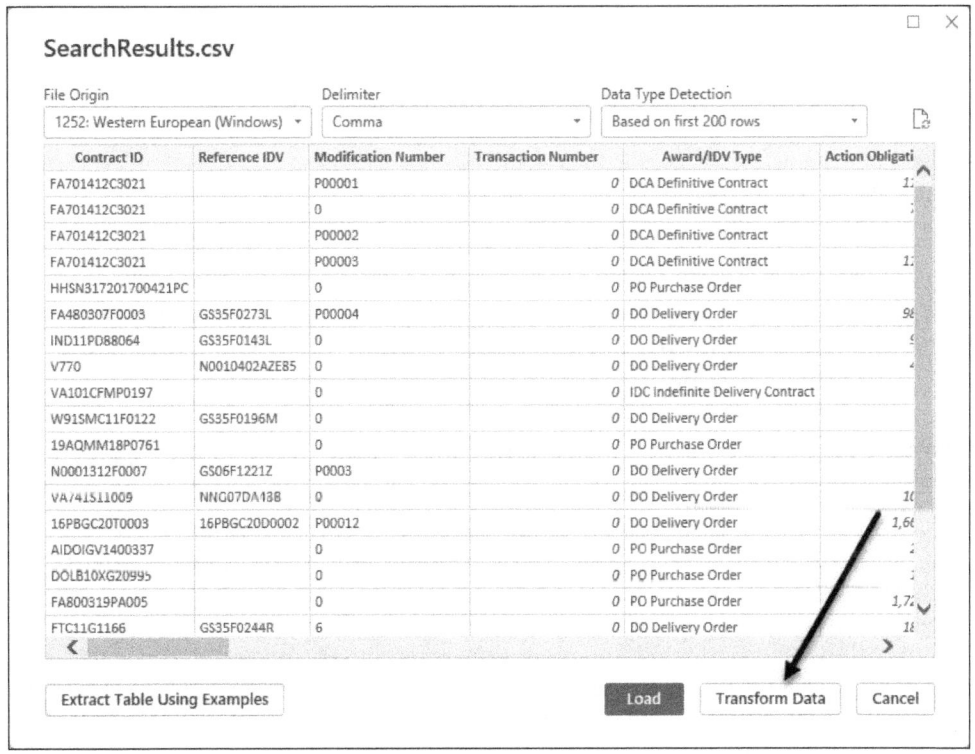

Abbildung 10.2: Die Navigationsseite in Power BI

Sie können auch auf die Schaltfläche LADEN klicken. Wenn Sie LADEN gewählt hätten, müssten Sie Änderungen an Ihrem Dataset manuell vornehmen. Wenn Sie DATEN TRANSFORMIEREN wählen, übernimmt Power BI die schwierige Arbeit für Sie. (Im nächsten Abschnitt, »Daten bereinigen, transformieren und laden«, erfahren Sie mehr über die Datentransformation, aber im Moment liegt der Schwerpunkt darauf, zu wissen, wie Daten vorbereitet und geladen werden.)

Nachdem Sie auf die Schaltfläche DATEN TRANSFORMIEREN geklickt haben, wird der Power Query-Editor angezeigt. Der Power Query-Editor lädt die Daten aus der CSV-Datei, auf die Sie gerade in den vorherigen Power BI-Bildschirmen geklickt haben. Dieser Vorgang ist unabhängig von der Datenquelle immer derselbe. Für dieses Beispiel lädt der Power Query-Editor SearchResults.csv, und die Benutzeroberfläche wird wie in Abbildung 10.3 angezeigt.

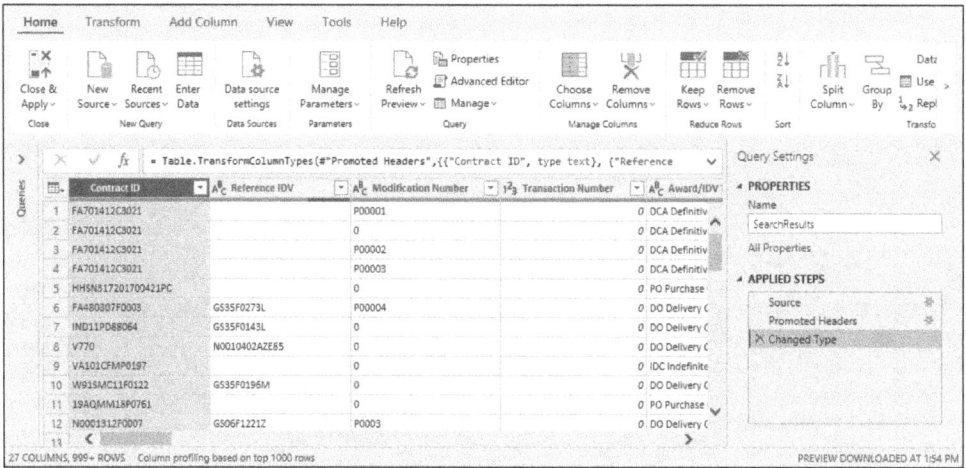

Abbildung 10.3: Der Power Query-Editor

Wenn Sie Daten in Power BI Desktop laden, werden sie als Momentaufnahme gespeichert. Um sicherzustellen, dass Sie die neuesten Daten sehen, klicken Sie auf dem Startbildschirm hin und wieder auf die Schaltfläche VORSCHAU AKTUALISIEREN. Wenn Sie ein Live-Dataset benötigen, müssen Sie DirectQuery auswählen.

DirectQuery wird verwendet, wenn Sie mit großen Datasets arbeiten müssen, die nicht vollständig in den Speicher importiert werden können, Echtzeit- oder nahezu Echtzeit-Datenzugriff erfordern oder strenge Datensicherheits- und Governance-Regeln einhalten müssen. DirectQuery ermöglicht Power BI, Daten direkt aus der Quelle abzufragen, was es ideal für Umgebungen mit relationalen Datenbanken wie Azure SQL Server macht. DirectQuery ist auch geeignet, wenn nur minimale Datentransformationen erforderlich sind und die zugrunde liegende Datenquelle Abfragelasten effizient verarbeiten kann. Wenn schnelle Leistung oder komplexe Datentransformationen erforderlich sind, verwenden Sie stattdessen den Importmodus.

Das Laden von Ordnern mit darin enthaltenen Daten kann einige besondere Herausforderungen mit sich bringen. Obwohl Sie einen Ordner auswählen und nahezu jeden Dateityp aufnehmen (Daten daraus laden) können, ist es eine andere Sache, eine Ordnerstruktur mit dem Power Query-Editor zu replizieren. Wenn Sie in Power BI Daten laden, die in einem Ordner gespeichert sind, sollten Sie sicherstellen, dass derselbe Dateityp und dieselbe Struktur vorhanden sind.

Angenommen, Sie möchten mit einer Reihe von Microsoft Excel- oder Google Sheets-Dateien arbeiten, die ähnliche Strukturen oder Layouts aufweisen. Um sicherzustellen, dass die Daten einheitlich formatiert sind, befolgen Sie unbedingt diese Schritte, die mit der Premium-Version von Power Platform funktionieren:

1. Klicken Sie auf die Registerkarte START in der Multifunktionsleiste, und klicken Sie auf die Schaltfläche DATEN ABRUFEN.

2. Wählen Sie im angezeigten Menü ALLE|ORDNER.

   Möchten Sie es anders versuchen? Wechseln Sie zur Registerkarte START in der Multifunktionsleiste, klicken Sie auf NEUE QUELLE, wählen Sie im angezeigten Menü MEHR und dann ORDNER.

3. Egal, wie Sie ORDNER auswählen, Ihr nächster Schritt besteht darin, auf die Schaltfläche VERBINDEN zu klicken (siehe Abbildung 10.4).

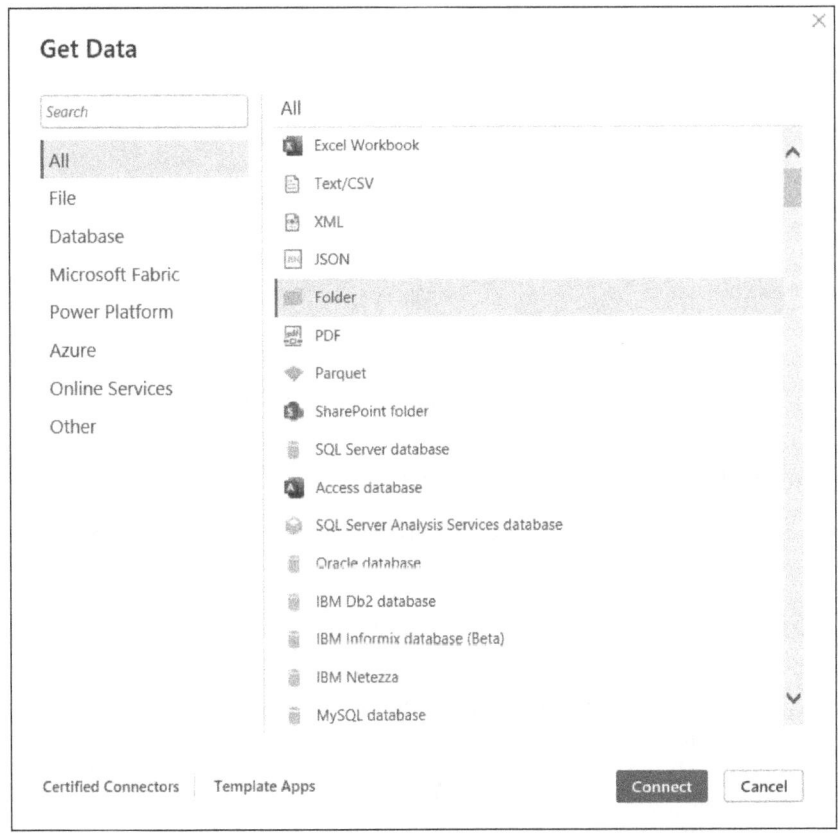

Abbildung 10.4: Ordner in »Daten abrufen« auswählen

Durch Drücken der Schaltfläche VERBINDEN wird der Zugriff auf eine einzelne Datenquelle aktiviert.

4. **Suchen Sie den Ordnerpfad, in dem Sie Dateien auf Ihrem Desktop gespeichert haben, und navigieren Sie dann zu dem Speicherort, an dem Sie die Datei abgelegt haben, etwa** `C:\PPFD\Datafiles\`.

Die Dateien aus dem gerade ausgewählten Ordner werden auf den Power Query-Bildschirm geladen, wie in Abbildung 10.5 dargestellt.

Abbildung 10.5: Dateien aus einem Ordner werden in Power BI geladen.

5. **Überprüfen Sie die Tabellen, die auf den Power Query-Bildschirm geladen wurden.**
6. **Nachdem Sie die Tabellen ausgewählt haben, klicken Sie auf die Schaltfläche DATEN TRANSFORMIEREN.**

Die Datensätze aus `TrainingNAICS.xlsx` werden jetzt in den Power Query-Editor geladen.

 Der Unterschied zwischen den Optionen DATEN KOMBINIEREN und DATEN TRANSFORMIEREN liegt im Dateityp und der Struktur. Vorausgesetzt, dass alle Dateien ähnlich sind und konsistente Spalten erstellt werden können, können Sie wahrscheinlich die Option DATEN KOMBINIEREN verwenden, um alles in einer einzigen Datei zusammenzuführen. Andernfalls sind Sie mit der Option DATEN TRANSFORMIEREN besser bedient, da es normalerweise eine einzige Dateistruktur gibt.

Sie wissen jetzt, dass nicht viel getan werden muss, um eine Datei, einen Ordner, eine Datenbank oder eine Webquelle in Power BI zu laden. Die meisten Benutzer können ihre Datenquellen im Handumdrehen konfigurieren, wenn sie auf den Dateipfad verweisen können, wenn sie die Datenbankverbindung und die Sicherheitsanmeldeinformationen kennen oder wenn sie die URL und die zugehörigen Parameter kennen. Die Power Query-Funktion von Power BI erkennt automatisch die Nuancen in der Verbindung und wendet die richtigen Transformationen an. Weitere Informationen zu Power Query finden Sie in Kapitel 9.

Datenquelleneinstellungen verwalten

Normalerweise ändern sich Ihre Dataset-Anforderungen im Laufe der Zeit. Das bedeutet, wenn sich die Datenquelle ändert, ändern sich auch einige der Einstellungen, die ursprünglich geladen wurden, als Sie Power BI konfiguriert haben. Angenommen, Sie verschieben den Ordner PPFD mit zwei Dateien von C:\Desktop nach C:\Dokumente. Bei einer solchen Änderung des Ordnerspeicherorts wäre es erforderlich, dass Sie die Datenquelleneinstellungen ändern, die auf diese Datendateien verweisen. Sie können diese Änderungen auf zwei Arten vornehmen:

1. **Wählen Sie links unter den DAX-Abfragen eine Abfrage aus.**

2. **Suchen Sie ABFRAGE BEARBEITEN, indem Sie im Datenbereich mit der rechten Maustaste auf die importierte Tabelle klicken.**

3. **Klicken Sie unter ANGEWANDTE SCHRITTE auf QUELLE, wie in Abbildung 10.6 gezeigt.**

   Es wird ein Fenster geöffnet, das auf den Dateipfad und die Datenquelle verweist. Beachten Sie, dass das Ordnerfenster angezeigt wird, wenn Sie auf das Zahnradsymbol neben QUELLE klicken. Andernfalls müssen Sie auf das Wort QUELLE doppelklicken.

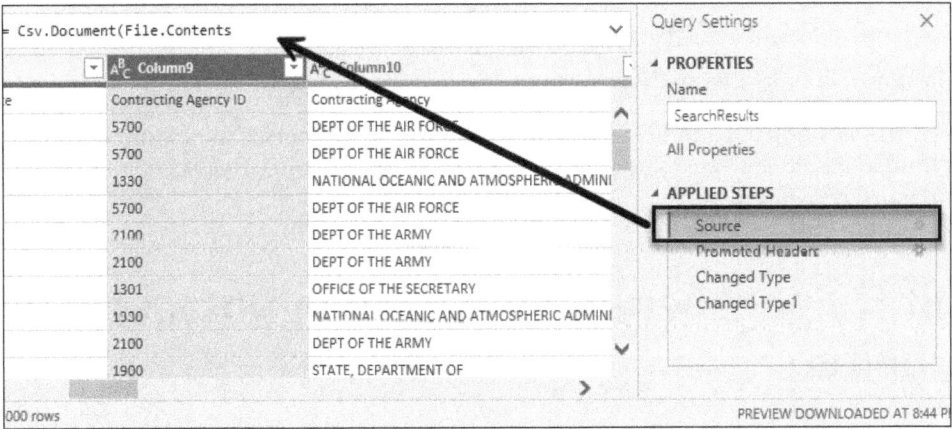

Abbildung 10.6: Mit dem Bereich »Angewandte Schritte« die Datenquelleneinstellungen aktualisieren

4. **Nehmen Sie die erforderlichen Aktualisierungen vor, um den neuen Anforderungen zu entsprechen.**

   Ändern Sie mit dieser Option den Dateityp oder Pfad der Originaldatei für jede Abfrage.

Obwohl die hier beschriebenen Schritte auf den ersten Blick einfach erscheinen, können sie sich als mühsam erweisen, da Sie für jede Abfrage eine Änderung an jeder aufgelisteten Datei vornehmen müssen. Dieser Vorgang kann ziemlich zeitaufwendig sein, und wenn Sie viele Abfragen haben, sind Fehler aufgrund der mühsamen Natur der Arbeit vorprogrammiert. Aus diesem Grund sollten Sie eine alternative Option in Betracht ziehen – eine, bei der Sie den Quellspeicherort sofort überall ändern können, statt jede Abfrage einzeln bearbeiten zu müssen. Gehen Sie für diese Methode wie folgt vor:

1. **Klicken Sie auf der Registerkarte Start des Power Query-Editors auf die Schaltfläche Datenquellen-Einstellungen. (Das ist die Schaltfläche mit dem Zahnrad – siehe Abbildung 10.7.)**

   Für die Änderung des Quellenspeicherorts öffnet sich ein neues Fenster.

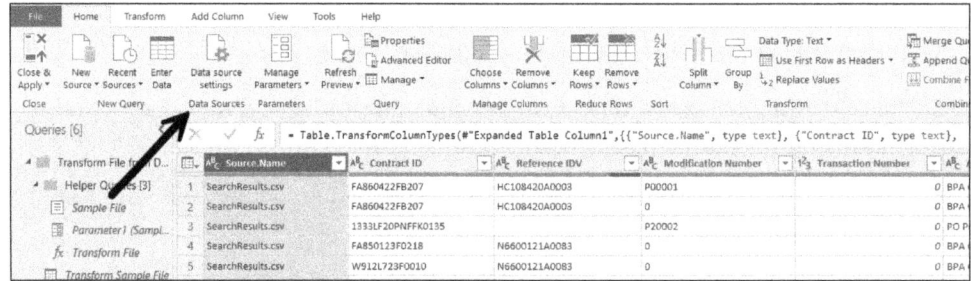

Abbildung 10.7: Die Schaltfläche »Datenquellen-Einstellungen«

2. **Wählen Sie alle Dateien aus, deren Speicherort geändert werden muss, indem Sie Quelle ändern wählen.**

3. **Nehmen Sie die gewünschten Änderungen am Quellspeicherort vor.**

4. **(Optional) Ändern und löschen Sie die zugehörigen Sicherheitsanmeldeinformationen, indem Sie hier Berechtigungen bearbeiten oder Berechtigungen löschen auswählen.**

Mit freigegebenen und lokalen Datasets arbeiten

Bisher lag der Schwerpunkt dieses Kapitels auf lokalen Datasets, die Sie mit Power BI Desktop erstellen und verwalten. Nachdem das Dataset veröffentlicht und mithilfe von Power BI Services mit anderen geteilt wurde – entweder über Mein Arbeitsbereich oder den geteilten Arbeitsbereich –, wird das Dataset als *geteiltes Dataset* bezeichnet. Anders als bei

Power BI Desktop, wo Sie das Dataset auf der lokalen Festplatte ständig aktualisieren müssen, wird ein geteiltes Dataset in der Cloud gespeichert. Dies bedeutet, dass Aktualisierungen bei jedem Klicken auf VERÖFFENTLICHEN konsistenter werden können, unabhängig davon, ob es in Ihrem Arbeitsbereich oder bei anderen gespeichert ist.

Die Verwendung eines freigegebenen Datasets gegenüber einem lokalen Dataset bietet noch viele weitere Vorteile, darunter:

✔ Konsistenz zwischen Berichten und Dashboards

✔ Reduzierung der Kopiervorgänge für Datasets durch die zentrale Bereitstellung einer Datenquelle

✔ Möglichkeit, mit geringem Aufwand neue Datenquellen aus vorhandenen Quellen zu erstellen

 Um eine Verbindung mit einem veröffentlichten Dataset in Power BI Services herzustellen, müssen Sie über die Berechtigung ERSTELLEN verfügen oder ein mitwirkendes Mitglied des freigegebenen Arbeitsbereichs sein, in dem das Dataset vorhanden ist. Stellen Sie sicher, dass der Besitzer des Datasets Ihnen den Zugriff entsprechend Ihren geschäftlichen Anforderungen gewährt.

Sie können mithilfe von Power BI Desktop oder Power BI Services eine Verbindung mit einem freigegebenen Dataset herstellen. Gehen Sie dazu wie folgt vor:

1. Öffnen Sie die Registerkarte START in Power BI Desktop und wählen Sie DATEN ABRUFEN|SEMANTISCHE POWER BI-MODELLE (siehe Abbildung 10.8).

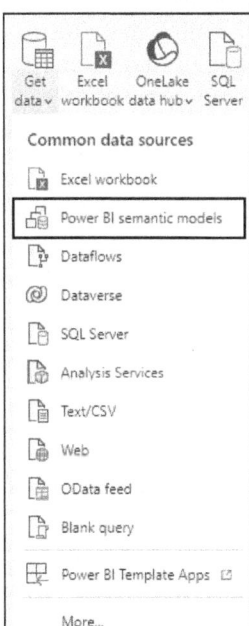

Abbildung 10.8: Ein Dataset aus Power BI Desktop auswählen

Die Daten werden von Power BI Desktop zu Power BI Services übertragen, damit Sie sie mit anderen teilen oder online statt von Ihrem Desktop aus darauf zugreifen können.

2. **Gehen Sie in Power BI Services zuerst zu dem Arbeitsbereich, in dem Sie Ihre Daten veröffentlicht haben, und wählen dann Neu|Bericht, wie in Abbildung 10.9 gezeigt.**

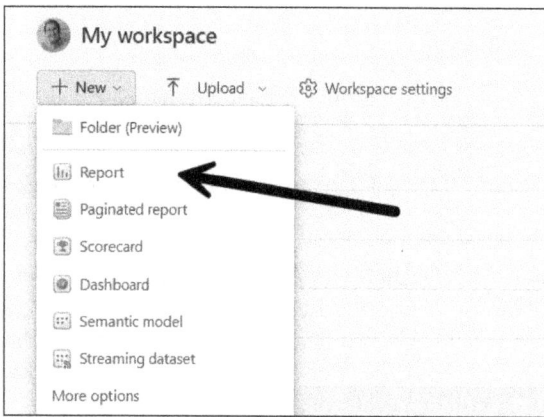

Abbildung 10.9: Eine Verbindung zu einem freigegebenen Dataset in Power BI Services herstellen

Unabhängig davon, ob Sie Power BI Desktop oder Power BI Services verwenden, können Sie jetzt einfacher eine Verbindung zu einem Dataset herstellen, ohne sich um Datenaktualisierungsprobleme oder Versionskontrolle kümmern zu müssen. Sie haben auch die Möglichkeit, in Power BI Services neben jedem Bericht in Mein Arbeitsbereich oder einem freigegebenen Arbeitsbereich Kopie speichern auszuwählen, ohne ein Dataset neu erstellen zu müssen. Diese Aktion ähnelt dem Herstellen einer Verbindung zu einem Dataset mithilfe von Power BI Desktop, da Sie einen Bericht ohne das Basisdatenmodell erstellen.

 Machen Sie sich keine Gedanken, wenn Sie sich für die Verwendung eines freigegebenen Datasets entscheiden und dann einige Schaltflächen in Power BI Desktop inaktiv werden. Dies liegt daran, dass Sie mit dem Power Query-Editor keine Änderungen mehr vornehmen können. Infolgedessen ist auch die Datenansicht nicht mehr sichtbar. Sie können jedoch feststellen, ob Ihr Dataset freigegeben oder lokal ist, indem Sie unten rechts auf der Power BI Desktop-Oberfläche nachsehen. Dort finden Sie den Namen des Datasets und den Benutzer, der auf die Daten zugreift.

Wenn Sie von einem freigegebenen Dataset zu einem lokalen Dataset wechseln müssen, gehen Sie wie folgt vor:

1. Klicken Sie in der Gruppe Abfragen im Startmenü auf Daten transformieren.
2. Wählen Sie die Option Datenquelleneinstellungen.
3. Ändern Sie die Datenquelleneinstellungen so, dass sie auf das Dataset verweisen, zu dem Sie eine Verbindung herstellen möchten, statt auf das freigegebene Dataset.
4. Klicken Sie auf die Schaltfläche Quelle ändern, wenn Sie fertig sind.

Den richtigen Speicher- und Verbindungsmodus auswählen

Wie Sie vielleicht schon vermutet haben, können Sie Daten mit Power BI Desktop und Power BI Services auf viele Arten nutzen. Die gängigste Methode ist das Importieren von Daten in ein Datenmodell. Wenn Sie die Daten in Power BI importieren, kopieren Sie das Dataset lokal, bis Sie eine Datenaktualisierung durchführen. Während Datendateien und -ordner nur in Power BI importiert werden können, können Sie mit Datenbanken eine Verbindung verwenden, die mehr Flexibilität unterstützt.

Sie können auf zwei Arten eine Verbindung zu einer Datenbank herstellen:

- ✔ **Die Daten lokal importieren.** Dies unterstützt das Zwischenspeichern von Datenmodellen sowie die Möglichkeit, die Anzahl der Verbindungen und Suchvorgänge zu reduzieren. Durch das Importieren des Modells kann ein Benutzer alle Desktopfunktionen nutzen, die von Power BI angeboten werden. Das lokale Importieren führt zu verbesserter Leistung, schnellerer Berichterstellung und einer optimierten Datenanalyse.

- ✔ **Mit DirectQuery eine Verbindung zur Datenquelle erstellen.** Bei dieser Option werden die Daten nicht zwischengespeichert. Stattdessen muss die Datenquelle jedes Mal abgefragt werden, wenn ein Datenabruf erforderlich ist. Die meisten, aber nicht alle Datenquellen unterstützen DirectQuery. Der Hauptvorteil der Verwendung von DirectQuery besteht darin, dass es einen Echtzeitdatenabruf ohne Zwischenspeicherung ermöglicht und so sicherstellt, dass die aktuellsten Informationen abgefragt werden, wenn ein Benutzer versucht, Daten aus der Datenquelle abzurufen.

Sie können eine von zwei weiteren Methoden verwenden. Eine davon heißt *Live Connection*. Ziel dieser Methode ist es, die in Power BI Desktop oder Power BI Services integrierten Analysedienste zu verwenden. Live Connection unterstützt auch berechnungsbasierte Aktivitäten, die innerhalb eines Datenmodells auftreten. Der Hauptvorteil von Live Connection besteht darin, dass es Echtzeitzugriff auf komplexe, vorgefertigte mehrdimensionale Modelle ermöglicht, ohne Daten importieren oder replizieren zu müssen. Die Wahl zwischen Live Connection und DirectQuery ist vom Zweck der Datenverbindung abhängig. Mit Live Connection stellen Sie eine Verbindung zu mehrdimensionalen Modellen wie SSAS her, während DirectQuery für relationale Datenbanken verwendet wird und Daten nach Bedarf mithilfe von Quellen wie Azure SQL Server abfragt.

Die zweite Alternative verwendet zusammengesetzte Modelle. Nehmen wir an, dass ein Benutzer sowohl Datenimport als auch DirectQuery kombinieren muss oder dass eine Verbindung zu mehreren DirectQuery-Verbindungen erforderlich ist. In diesem Fall wenden Sie ein zusammengesetztes Modell an. Beim Umgang mit der Modellsicherheit sind Sie jedoch mit einigen Risiken konfrontiert. Sie könnten beispielsweise eine Power BI Desktop-Datei öffnen, die von einer nicht vertrauenswürdigen Quelle gesendet wurde. Wenn die Datei ein zusammengesetztes Modell enthält, können die Informationen, die jemand aus einer einzelnen Quelle mithilfe der Anmeldeinformationen eines Benutzers abruft, der die Datei öffnet, als Teil der neu erstellten Abfrage an eine andere Datenquelle gesendet werden. Daher ist es wichtig, sicherzustellen, dass Ihre Datenquellen nur denjenigen ordnungsgemäß zugewiesen werden, die Zugriff auf die Quellen benötigen.

Die vier Speichermodi – lokaler Speicher, DirectQuery, Live Connection und zusammengesetzte Modelle – speichern die Daten an einem einzigen Ort. Sie sind entweder lokal beim Benutzer oder an einen Server in einem Netzwerk in einem Rechenzentrum oder in der Cloud gebunden.

Der *Dualmodus* ist kein Hybridmodus. Vielmehr ermöglicht er die Verwendung einer Tabelle sowohl im Import- als auch im DirectQuery-Modus. Dies bedeutet, dass eine Tabelle für den schnellen Abruf zwischengespeichert (importiert) und bei Bedarf auch direkt von der Quelle abgefragt werden kann (DirectQuery). Wenn für andere Tabellen ein anderer Speichermodus verwendet wird, sind Sie nicht darauf beschränkt, DirectQuery für alle Tabellen zu verwenden. Der Dualmodus ist besonders nützlich, wenn Sie mit Tabellen arbeiten müssen, die in DirectQuery verfügbar sind, aber die Flexibilität wünschen, sie bei Bedarf ähnlich wie importierte Tabellen zu behandeln.

Datenquellen – eine Herausforderung!

Daten können kompliziert sein. Zugegeben, das Hochladen einer einzelnen Datei mit ein paar Tabellen oder vielleicht eines Feeds mit einem einzelnen Datenstrom zum Laden und Transformieren ist ein Kinderspiel. Was passiert jedoch, wenn Sie ein Dataset in einer unternehmensweiten Unternehmensanwendung haben, in das kontinuierlich Transaktionen geschrieben werden? Dieses Szenario ist ganz anders. Und Unternehmen sollten sich (aus gutem Grund) mit der Integration und Ausgabe von Business Intelligence (BI)-Ergebnissen befassen. Mit Power BI müssen sich Organisationen keine Gedanken über komplexe technische Manipulationen machen, wenn es um ihre Datensysteme oder ihre Kommunikation mit Datenfeeds von Drittanbietern geht. Wie Sie in diesem Kapitel erkennen, ist die Integration fließend – Power BI hat die Möglichkeit, einen standardisierten Verbindungsprozess zu verwenden, unabhängig von den Konnektivitätsanforderungen.

Daten aus auf Microsoft basierenden Dateisystemen abrufen

Dieser Abschnitt behandelt die Integration mit auf Microsoft basierenden Anwendungen wie OneDrive for Business und SharePoint 365. Beides sind auf Microsoft 365 basierende Anwendungen.

 Wenn Sie OneDrive verwenden, müssen Sie bei Microsoft 365 angemeldet sein. Solange Sie angemeldet sind, können Sie auf Dateien und Ordner zugreifen, als würden Sie auf Ihre lokale Festplatte zugreifen. Der einzige Unterschied besteht darin, dass Ihre Festplatte Microsoft OneDrive ist.

Andererseits bietet SharePoint 365 eine Vielzahl von Optionen für die Dokumentenverwaltung und Zusammenarbeit. Die erste Möglichkeit besteht darin, eine Site-Sammlung, Site oder Subsite (in Power BI als SharePoint-Ordner bezeichnet) zu durchsuchen. In diesem Fall müssen Sie die vollständige SharePoint-Site-URL eingeben. Wenn Ihr Unternehmen beispielsweise über ein Intranet verfügt, könnte die Site `http://<die_site>.sharepoint.com` lauten.

Sie können in Power BI auch eine oder mehrere SharePoint-Listen sammeln, laden und transformieren. (In SharePoint sieht eine *Liste* wie ein einfacher Container aus – ähnlich einer Excel-Tabelle –, verhält sich aber eher wie eine Datenbank.) Mithilfe einer Liste können Benutzer Informationen – insbesondere Metadaten – auf einer SharePoint-Site sammeln, auf der Dokumente gesammelt werden. Bei einer Liste werden Daten in Zeilen gesammelt, wobei jede Zeile als Zeilenelement dargestellt wird, ähnlich einem Datenbank- oder Tabellenelement. Zum Laden einer SharePoint-Liste müssen Sie den URL-Pfad der SharePoint-Sitesammlung, -Site oder -Subsite kennen. Sobald ein Benutzer authentifiziert ist, werden alle verfügbaren Listen für ihn geladen.

Wenn Sie zum ersten Mal mit Power BI arbeiten, möchten Sie möglicherweise alle Ihre Dateien auf dem Desktop speichern, um Ihre Daten zu verwalten. Nach einer Weile wird der Umgang mit mehreren Versionen desselben Datasets jedoch unüberschaubar. Aus diesem Grund sollten Sie eine Cloud-Option wie OneDrive oder eine SharePoint-Site verwenden, um Ihre Dateien und Datasets, Berichte, Dashboards und Verbindungsdateien zu verwalten. Dies hilft dabei, alles so einfach wie möglich zu halten.

Mit relationalen Datenquellen arbeiten

Viele Organisationen verwenden relationale Datenbanken, um Transaktionsaktivitäten aufzuzeichnen. Beispiele für Systeme, die typischerweise relationale Datenbanken einsetzen, sind Enterprise Resource Planning (ERP)-, Customer Relationship Management (CRM)- und Supply Chain Management (SCM)-basierte Systeme. Ein anderer Systemtyp könnte beispielsweise eine E-Commerce-Plattform sein. Alle diese Systeme haben eines gemeinsam: Sie alle können von einem Business Intelligence-Tool wie Power BI profitieren, das Daten auswertet, indem es eine Verbindung mit der relationalen Datenbank herstellt, statt einzelne Datendateien zu extrahieren.

Unternehmen verlassen sich auf Lösungen wie Power BI, die ihnen helfen, den Zustand ihrer Betriebsabläufe zu überwachen, indem sie Trends erkennen und ihnen helfen, Kennzahlen, Indikatoren und Ziele vorherzusagen. Sie können Power BI Desktop verwenden, um eine Verbindung zu praktisch jeder relationalen Datenbank herzustellen, die in der Cloud oder vor Ort verfügbar ist.

Im Beispiel in Abbildung 10.10 ist Power BI mit einem Azure SQL Server verbunden, der webbasierten Unternehmensdatenbank von Microsoft. Abhängig von Ihrer relationalen Datenbanklösung haben Sie mehrere Möglichkeiten. Eine Möglichkeit wäre, den Befehl DATEN ABRUFEN|MEHR ... auf der Registerkarte START der Multifunktionsleiste und dann DATENBANK auszuwählen. Hier finden Sie Microsoft-spezifische Datenbanken. Wenn Sie nach einer anderen Art von Datenquelle suchen, wählen Sie DATEN ABRUFEN|MEHR ... und WEITERE. In diesem Abschnitt finden Sie über 40 alternative Datenbankoptionen.

Da es sich bei der ausgewählten Lösung um ein auf Microsoft Azure basierendes Produkt handelt, können Sie in diesem Fall entweder im Suchfeld nach dem Produkt suchen oder nach Auswahl von MEHR auf die Option AZURE klicken.

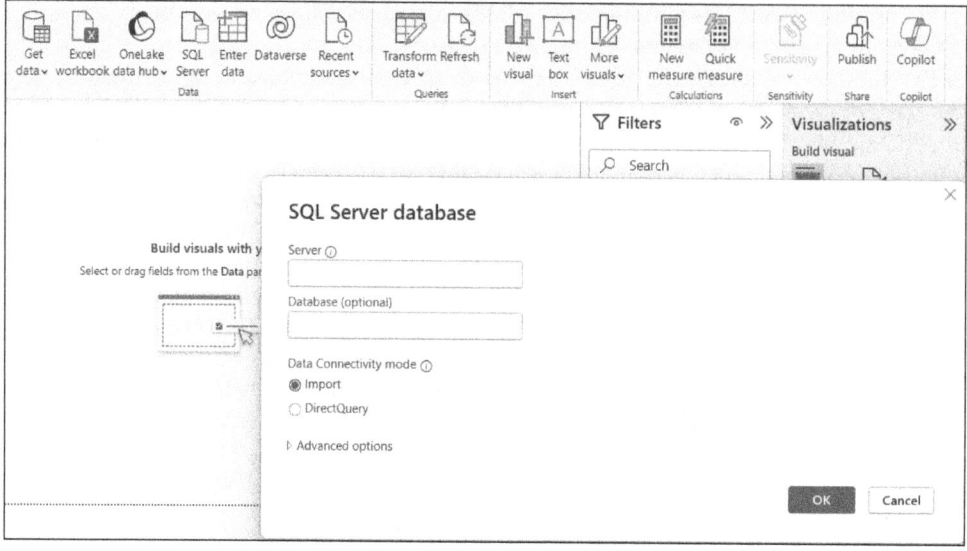

Abbildung 10.10: Die Azure SQL-Datenbank speichern

Nachdem Sie unter DATEN ABRUFEN den Datenbankquellentyp ausgewählt haben, müssen Sie die Anmeldeinformationen für die relationale Datenbank eingeben. In diesem Fall geben Sie die folgenden Informationen ein:

✔ Servername

✔ Datenbankname

✔ Modustyp – Import oder DirectQuery

Abbildung 10.11 zeigt ein Beispiel für die Felder, die Sie ausfüllen müssen. (Sie müssen keine eindeutigen Befehlszeilen oder SQL-Abfrageanweisungen hinzufügen, es sei denn, Sie möchten eine detailliertere Datenansicht.)

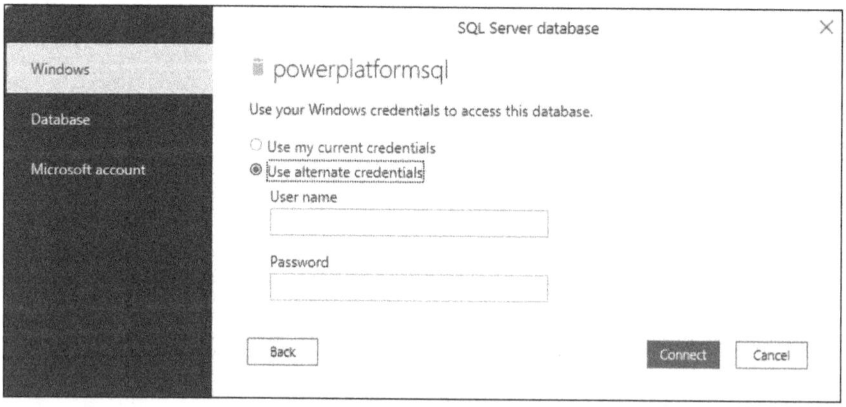

Abbildung 10.11: Eingabe der Anmeldeinformationen für die relationale Datenbank

In den meisten Fällen sollten Sie IMPORTIEREN auswählen. DirectQuery ist vor allem für große Datasets vorgesehen. Die Datenaktualisierungen sind für nahezu Echtzeitaktualisierungen vorgesehen.

Nachdem Sie Ihre Anmeldeinformationen eingegeben haben, werden Sie aufgefordert, sich mit Ihrem Benutzernamen und Kennwort über Ihre Windows-, Datenbank- oder Microsoft-Kontoauthentifizierung anzumelden, wie in Abbildung 10.12 dargestellt.

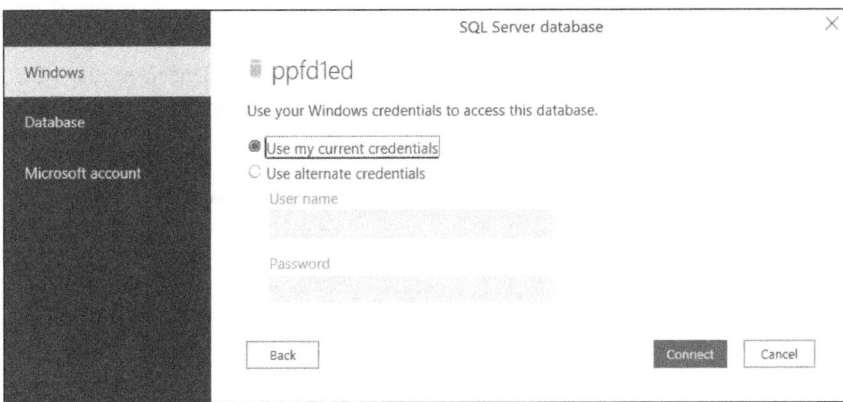

Abbildung 10.12: Die Authentifizierungsmethode zum Herstellen einer Verbindung auswählen

Relationale Datenbanken

Die Verbindung zur Datenquelle ist oft schwierig, da Sie sicherstellen müssen, dass Ihre Datenbankquelle und die Namenskonventionen richtig sind. Wenn Sie diese beiden Dinge jedoch erst einmal erledigt haben, sollte alles reibungslos verlaufen – zumindest bis Sie die zu importierenden Daten auswählen müssen. Wenn die Datenbank viele Tabellen enthält, kann dies sehr komplex sein.

Nachdem Sie die Datenbank mit Power BI Desktop verbunden haben, zeigt der Navigator die aus der Datenquelle verfügbaren Daten an, wie in Abbildung 10.13 dargestellt. In diesem Fall werden alle Daten aus der Azure SQL-Datenbank angezeigt. Sie können eine Tabelle oder eine der Entitäten auswählen, um eine Vorschau des Inhalts anzuzeigen.

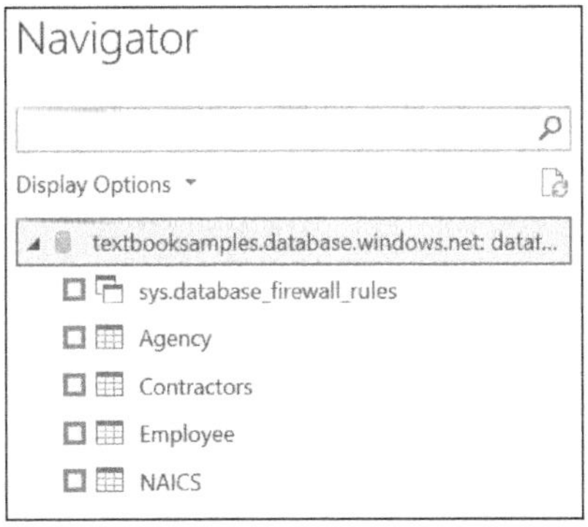

Abbildung 10.13: Tabellen aus dem Navigator zum Importieren auswählen

Die in das Modell geladenen Daten müssen die richtigen Daten sein, bevor Sie mit dem nächsten Dataset fortfahren. Führen Sie die folgenden Schritte aus, um Daten aus der relationalen Datenquelle, die Sie in Power BI Desktop aufnehmen möchten, zu importieren und die Daten dann zu laden oder zu transformieren und zu laden:

1. **Wählen Sie im Navigator eine oder mehrere Tabellen aus.**

   Die ausgewählten Daten werden in den Power Query-Editor importiert.

2. **Klicken Sie auf die Schaltfläche LADEN, wenn Sie das Laden der Daten in ein Power BI-Modell basierend auf ihrem aktuellen Status ohne Änderungen automatisieren möchten.**

3. **Klicken Sie auf die Schaltfläche DATEN TRANSFORMIEREN, wenn Power BI die Power Query-Engine ausführen soll.**

   Die Engine führt Aktionen wie das Bereinigen überzähliger Spalten, das Gruppieren von Daten, das Entfernen von Fehlern und die Verbesserung der Datenqualität aus.

Nichtrelationale Datenbanken

Einige Organisationen verwenden nicht-relationale Datenbanken wie Microsoft Cosmos DB oder Apache Hadoop, um ihre unzähligen und erheblichen Datenherausforderungen zu bewältigen. Diese Datenbanken verwenden keine Tabellen zum Speichern ihrer Daten. Bei nicht-relationalen (NoSQL-) Daten können die Daten auf verschiedene Arten gespeichert werden. Die Optionen reichen von Dokument, Schlüsselwert, Breitspalte bis hin zu Diagrammen. Alle Datenbankoptionen bieten flexible Schemata und lassen sich bei großen Datenmengen problemlos skalieren.

Sie müssen sich zwar immer noch mit einem Benutzernamen und einem Kennwort bei der Datenbank authentifizieren, aber der Abfrageansatz ist etwas anders. Bei Microsoft Cosmos DB, der von Microsoft erstellten NoSQL-Datenbank, die Power BI ergänzt, muss ein Benutzer beispielsweise die Endpunkt-URL sowie den Primärschlüssel und den schreibgeschützten Schlüssel identifizieren, damit eine Verbindung zur Cosmos DB-Instanz im Azure-Portal hergestellt werden kann. Gehen Sie wie folgt vor, um eine Verbindung mit Cosmos DB herzustellen:

1. **Öffnen Sie die Registerkarte START in Power BI Desktop und wählen Sie DATEN ABRUFEN|MEHR ....**

2. **Suchen Sie im angezeigten Untermenü das Untermenü AZURE und klicken Sie einmal darauf.**

3. **Klicken Sie, um die Option AZURE COSMOS DB auszuwählen (siehe Abbildung 10.14), damit Sie eine nicht relationale Datenbankverbindung erstellen können.**

4. **Geben Sie die URL der Cosmos DB in das URL-Feld ein und klicken Sie dann auf OK (siehe Abbildung 10.15).**

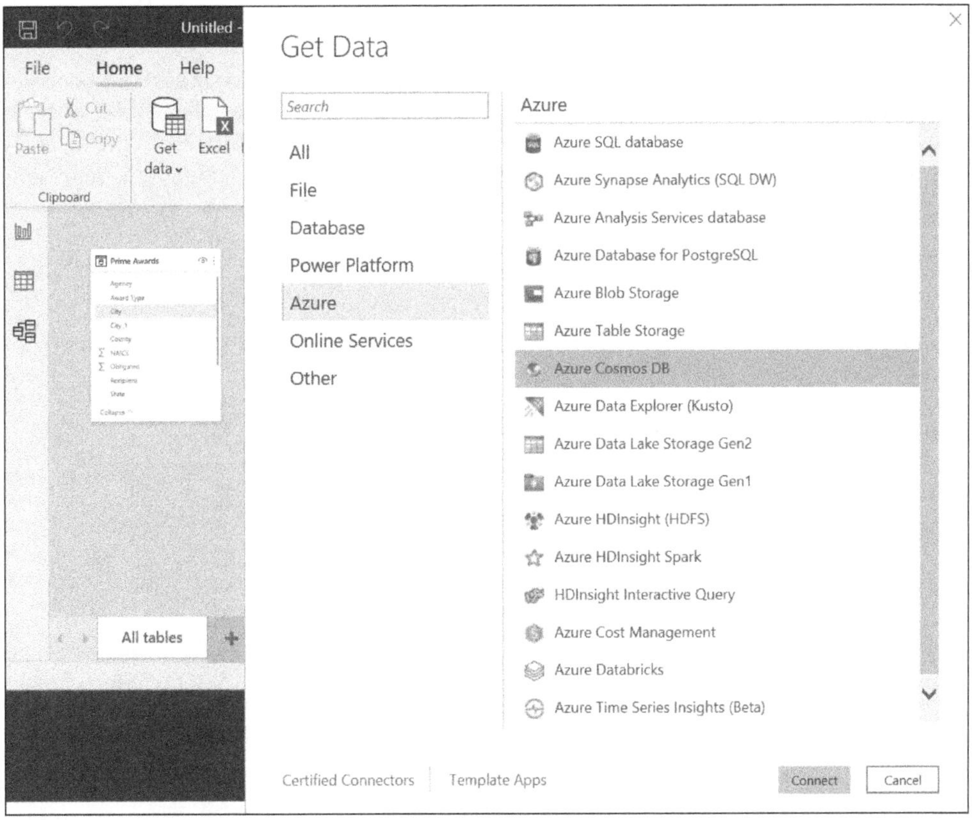

KAPITEL 10 Mit Daten arbeiten 315

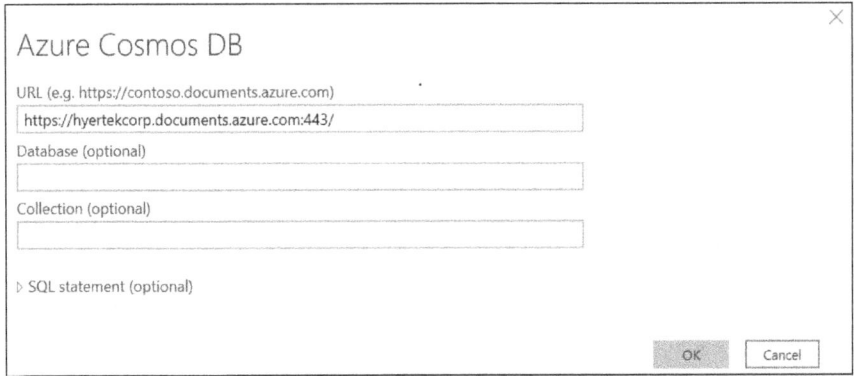

Abbildung 10.14: Die Cosmos DB-Datenquelle auswählen

Abbildung 10.15: Verbindung mit Cosmos DB, einer Microsoft NoSQL-Datenbank

 Wenn Sie eine NoSQL-Datenbank verwenden, müssen Sie die Schlüssel zur Authentifizierung kennen. Für Cosmos DB finden Sie diese Schlüssel im Azure-Portal. Notieren Sie sich unbedingt die primären und sekundären Lese-/Schreibschlüssel sowie die primären und sekundären schreibgeschützten Schlüssel.

SQL-Abfragen verwenden

Power BI verfügt über einen intelligenten SQL-Abfrageeditor. Angenommen, Sie wissen genau, welche Tabellen Sie aus der Azure SQL-Datenbank benötigen. In diesem Fall müssen Sie die Tabellen nur mit wenigen Eingaben in einer SQL-Abfrage aufrufen, statt alle Tabellen vom Azure SQL Server anzufordern. Abbildung 10.16 zeigt beispielsweise eine repräsentative SELECT-Abfrage für eine Tabelle, die in der Datenbank dataforpowerbi abgelegt ist.

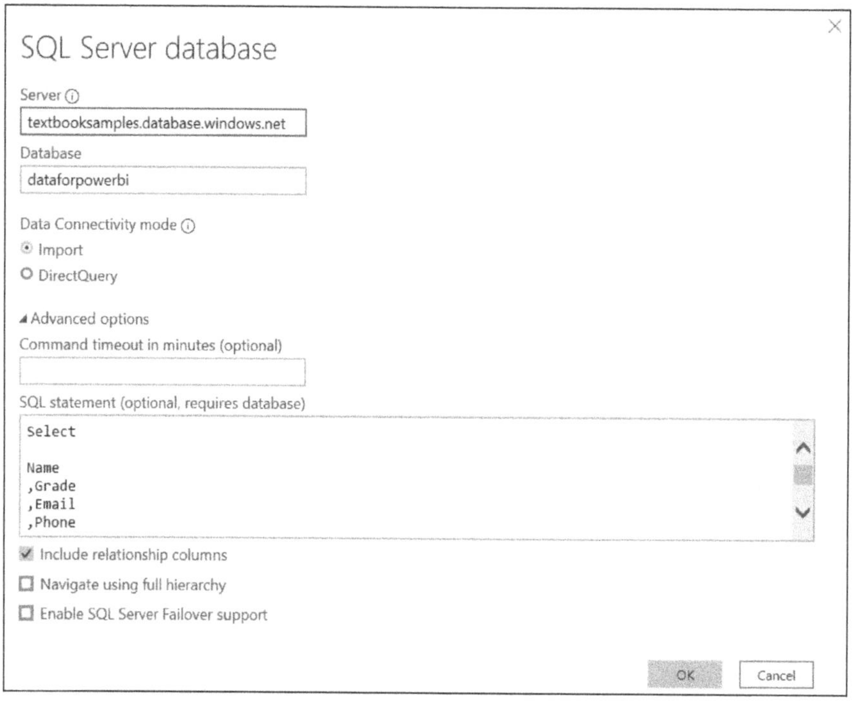

Abbildung 10.16: Repräsentative Abfragedaten für Azure SQL Server

JSON-Dateien

JSON-Dateien sehen überhaupt nicht wie strukturierte Datendateien aus. Warum ist das so? JSON – kurz für JavaScript Object Notation – ist ein schlankes Datenaustauschformat. Der JSON-Dateityp ist weder strukturiert noch unstrukturiert und wird als *halbstrukturiert* bezeichnet, da der Dateityp standardmäßig als Schlüssel-Wert-Paar dargestellt wird. Bei JSON-basierten Datasets müssen die Daten extrahiert und normalisiert werden, bevor sie zu einem Bericht in Power BI werden. Aus diesem Grund müssen Sie die Daten mit dem Power Query-Editor von Power BI Desktop transformieren.

Wenn Ihr Ziel darin besteht, Daten aus einer JSON-Datei zu extrahieren, wandeln Sie die Liste in eine Tabelle um, indem Sie auf die Registerkarte TRANSFORMIEREN klicken und in der Gruppe KONVERTIEREN die Option IN TABELLE auswählen. Eine weitere Möglichkeit besteht darin, in einen bestimmten Datensatz zu gelangen, indem Sie auf einen Datensatzlink klicken. Wenn Sie eine Vorschau des Datensatzes anzeigen möchten, klicken Sie auf die Zelle, ohne auf den Link zu klicken. Dadurch wird unten im Power Query-Editor ein Datenvorschaubereich geöffnet.

Sie möchten noch mehr Details festlegen? Klicken Sie in den Abfrageeinstellungen auf das Zahnrad neben dem Quellschritt, wodurch ein Fenster zur Festlegung erweiterter Einstellungen geöffnet wird. Dort können Sie in der Dropdown-Liste DATEIURSPRUNG Optionen wie die Dateicodierung festlegen. Wenn Sie bereit sind und Ihre JSON-Datei transformiert ist, klicken Sie auf SCHLIESSEN UND ÜBERNEHMEN, um die Daten in das Power BI-Datenmodell zu laden. Im Beispiel in Abbildung 10.17 wurden Mitarbeiterdatensätze aus der JSON-Datei transformiert.

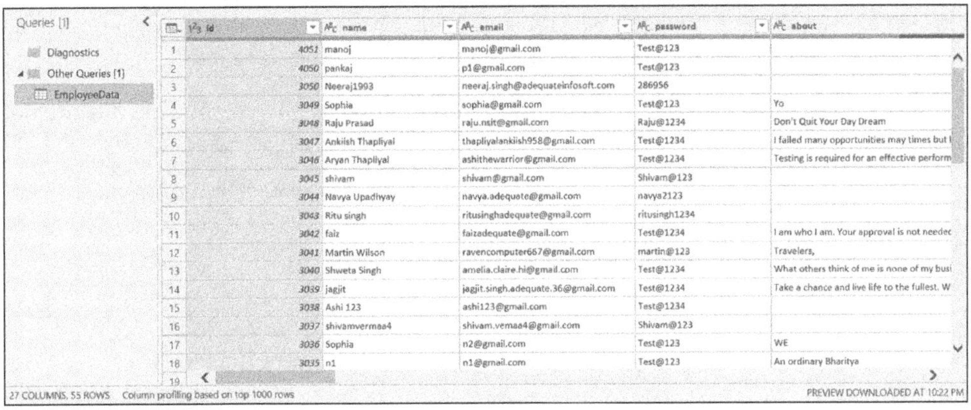

Abbildung 10.17: JSON-Datei, transformiert vom Power Query-Editor

Nachdem der Power Query-Editor die Datei transformiert hat, müssen Sie möglicherweise noch bestimmte Felder bearbeiten. In diesem Beispiel enthält das Feld für das Land ausschließlich Nulleinträge und ist daher ein Hauptkandidat zum Löschen. Eine solche Auswahl lässt sich mithilfe des Dropdownmenüs (siehe Abbildung 10.18) ganz einfach treffen. Dort können Sie einen Drilldown durchführen und bestimmte Datensätze löschen.

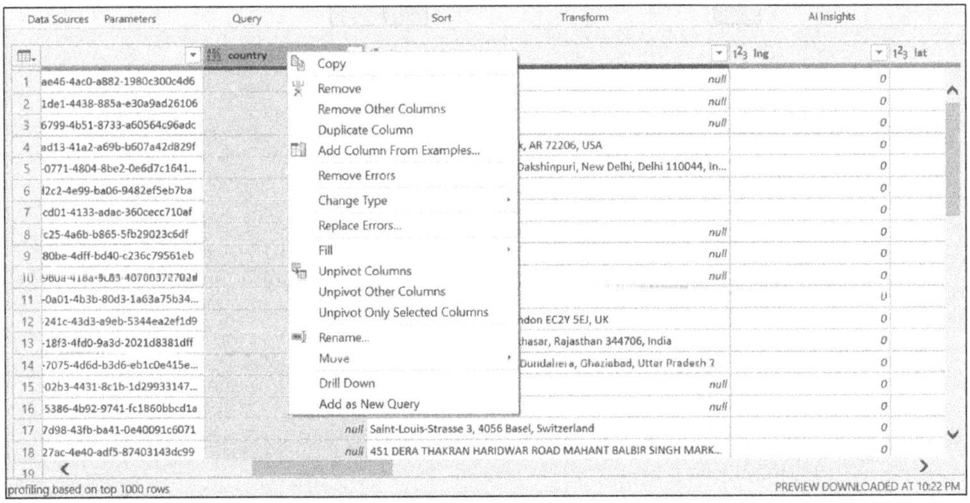

Abbildung 10.18: Eine JSON-Datei mit dem Power Query-Editor ändern

Online-Quellen

Unternehmensanwendungen und Datenfeeds von Drittanbietern sind in Power BI weit verbreitet. Microsoft verfügt über mehr als 100 Konnektoren zu Anwendungen, die von anderen Anbietern entwickelt und verwaltet werden, darunter Adobe, Denodo, Oracle und Salesforce, um nur einige zu nennen. Natürlich unterstützt Microsoft auch seine Unternehmensanwendungslösungen, darunter die der Produktfamilien Dynamics 365, SharePoint 365 und Power Platform. Onlinequellen können in mehreren Kategorien mithilfe der Funktion DATEN ABRUFEN in Power BI Desktop gefunden werden. Die besten Quellen finden Sie jedoch unter der Überschrift ONLINEDIENSTE oder WEITERE.

Das in Abbildung 10.19 gezeigte Beispiel ist mit der Datenquelle Dynamics 365 (Dataverse) verbunden.

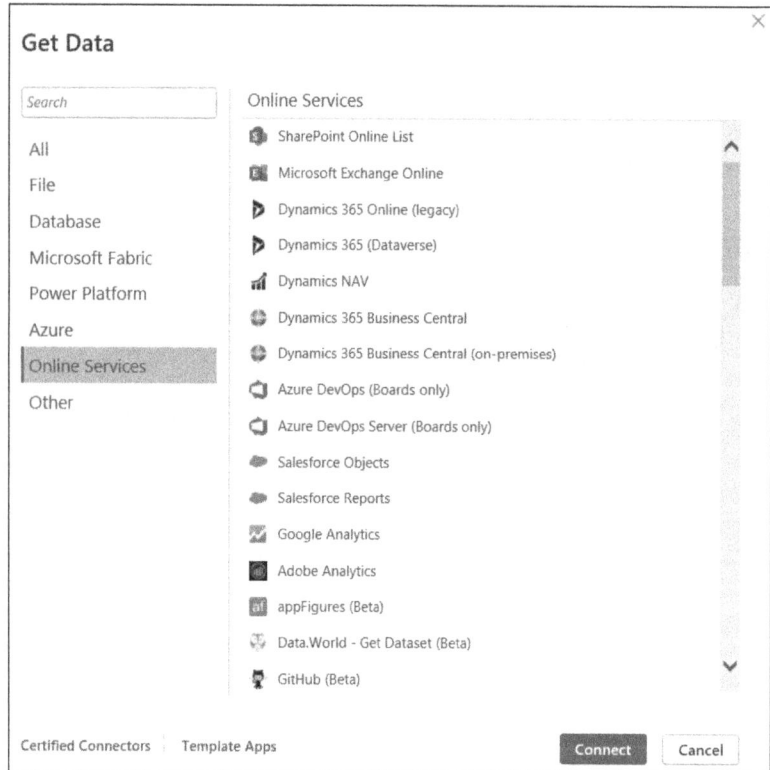

Abbildung 10.19: Eine Verbindung mit einem Online-Dienst in Power BI Desktop herstellen

Um eine Verbindung mit einem Online-Dienst herzustellen, gehen Sie wie folgt vor:

1. Öffnen Sie die Registerkarte START in Power BI Desktop und wählen Sie DATEN ABRUFEN|MEHR ....

2. Klicken Sie im angezeigten Untermenü auf ONLINE-DIENSTE.

   Zu den Online-Diensten zählen Unternehmensanwendungen, bei denen große Datensätze verfügbar sind (vorausgesetzt, die Benutzeranmeldeinformationen sind zugänglich).

3. **Klicken Sie auf der rechten Seite des Menüs DATEN ABRUFEN auf DYNAMICS 365 (DATAVERSE).**

   Auf diese Weise wird eine Verbindung zum Datenrepository von Microsoft speziell für Power Platform und Dynamics 365 ermöglicht.

4. **Sie werden aufgefordert, sich mit einem Benutzernamen und einem Kennwort bei der Datenquelle anzumelden. Klicken Sie nach erfolgreicher Authentifizierung unten rechts im CommonDataService-Fenster auf VERBINDEN.**

   Eine Verbindung zu Microsoft Dataverse wird hergestellt.

Sie werden anschließend aufgefordert, Ihre Online-Anmeldeinformationen für Ihre Organisation einzugeben, wenn Sie sich noch nicht bei Power BI Desktop und der Zieldatenquelle authentifiziert haben. Im Allgemeinen ist dieser Teil bereits vorausgefüllt, da es sich um Ihre Single Sign-On-Anmeldung handelt, die mit Azure Active Directory verknüpft ist.

Sobald Sie sich für eine Sitzung authentifiziert haben, werden alle aus der Datenbank für die jeweilige Quelle verfügbaren Daten in den Navigatorbereich im Power Query-Editor geladen, wie in Abbildung 10.20 dargestellt. Power Query transformiert die Daten, bevor sie in den Navigator geladen werden. In diesem Fall stammen die zu transformierenden Daten aus einer Dynamics 365 Dataverse-Instanz namens *HR System*.

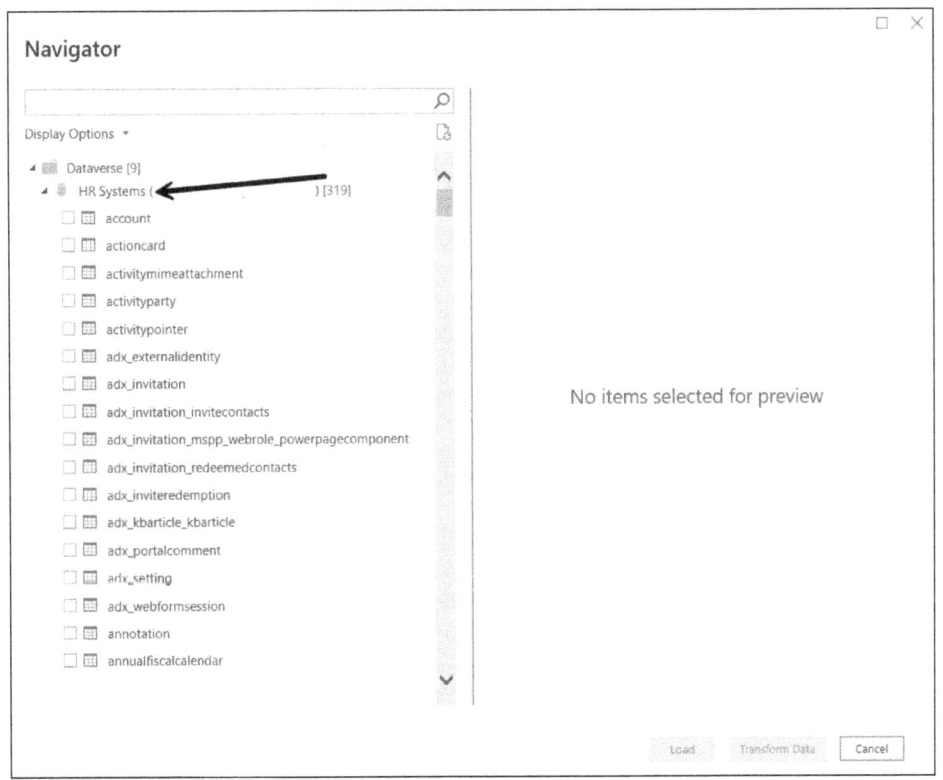

Abbildung 10.20: Im Navigatorbereich des Power Query-Editors angezeigte Daten

Daten bereinigen, transformieren und laden

Damit Daten bereinigt und transformiert werden können, braucht Ihr Unternehmen Analysten und Ingenieure – und Detektive. Die Idee dahinter ist, dass Sie die Daten zunächst analysieren müssen, bevor sie in das System gelangen oder nachdem sie sich im vorgesehenen Datenspeicher befinden. Einfach nur die Daten zu überfliegen, reicht nicht aus. Sie müssen einem strengen Prozess folgen, während Sie in Ihrem Datenheuhaufen nach Nadeln suchen. Ohne einen strengen Prozess können Sie keine Datenkonsistenz über alle Spalten, Werte und Schlüssel hinweg gewährleisten. Wenn Sie einen sorgfältigen Analyseprozess befolgen, können Sie optimierte Abfragen entwickeln, die dabei helfen, die Daten problemlos in das System zu laden.

In den folgenden Abschnitten werden die Aktivitäten beschrieben, die Power BI-Experten durchführen, um diesen Analyseprozess zu unterstützen. Dazu gehören das Bereinigen, Transformieren und Laden von Daten.

Anomalien und Inkonsistenzen erkennen

Anomale Daten gibt es in vielen Formen. Mit Power Query können Sie ungewöhnliche Datentrends finden, nach denen Sie Ausschau halten – sogar kleine Unklarheiten, die Sie allein nur schwer erkennen würden. Sie können beispielsweise sehen, wie ein aus dem Kontext gerissener Dollarbetrag oder Fehler auf fehlende Werte zurückgeführt werden kann, die die Datenergebnisse verfälschen. Dies sind alles reale Szenarien, die Sie mit Power BI bewältigen können.

Die einfachste und offensichtlichste Möglichkeit, Fehler zu erkennen, besteht darin, sich eine Tabelle im Power Query-Editor anzusehen. Sie können die Qualität jeder Spalte mithilfe der Datenvorschaufunktion bewerten. Sie können in jeder Spalte die Daten unter einem Überschriftswert überprüfen, um Daten zu validieren, Fehler zu erkennen und leere Werte zu erkennen. Sie müssen dazu lediglich im Power Query-Hauptmenü ANSICHT|DATENVORSCHAU|SPALTENQUALITÄT auswählen. In Abbildung 10.21 fällt sofort auf, dass in der Spalte für die Agentur Daten fehlen, wie durch die als leer gemeldete Zahl von <1 % angezeigt wird. Ein solches Verhalten entspricht Datenanomalien.

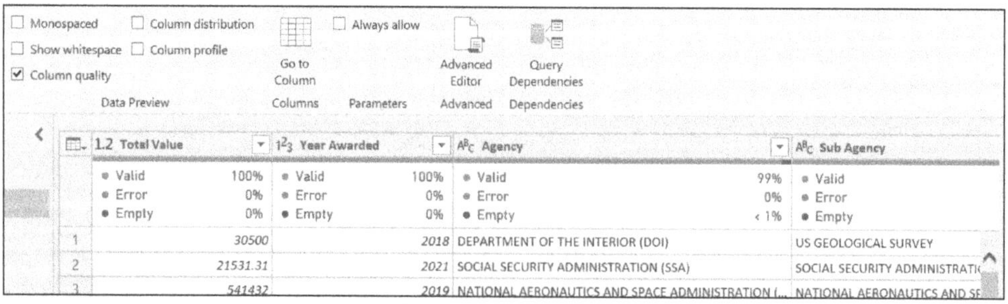

Abbildung 10.21: Probleme mit der Spaltenqualität beheben

Beachten Sie, dass alle Spalten außer der Spalte für die Agentur eine Gültigkeit von 100 % haben. In diesem Fall bedeutet <1 %, dass Sie entweder einen Nullwert oder fehlerhafte Daten haben. Der Zweck der Untersuchung von Datenqualitätsproblemen mit Power Query lässt sich am besten anhand dieser Stichprobe veranschaulichen, da alle anderen Spalten einen Fehlerprozentsatz von 0 aufweisen. Wie Sie solche Mehrdeutigkeiten beheben, erfahren Sie später in diesem Kapitel.

Datenstrukturen und Spalteneigenschaften überprüfen

Die Auswertung von Daten geht über die Spaltenqualität hinaus. Eine weitere Metrik, mit der Sie Datenstrukturprobleme besser identifizieren können, ist die *Spaltenwertverteilung*. Dabei handelt es sich um eine Metrik für die unterschiedlichen Werte in der ausgewählten Spalte sowie den Prozentsatz der Zeilen in der Tabelle, die jeder Wert darstellt. Sie ermitteln diese Metrik im Power Query-Editor, indem Sie ANSICHT|DATENVORSCHAU|SPALTENVERTEILUNG auswählen. Beachten Sie in Abbildung 10.22, dass die Spalten für den Gesamtwert eine hohe Anzahl unterschiedlicher und eindeutiger Werte aufweisen.

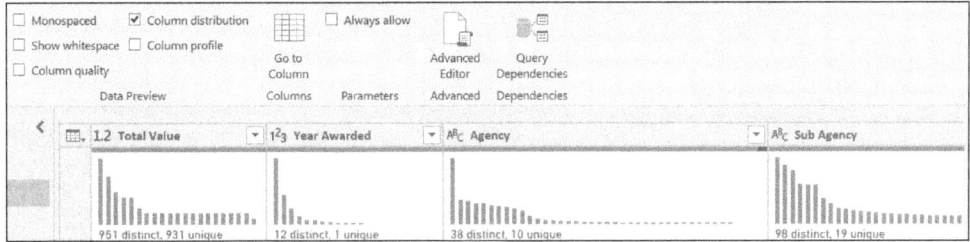

Abbildung 10.22: Ein Blick auf die Spaltenverteilung

Und das sagen Ihnen die Angaben *unterschiedlich* und *eindeutig*:

- ✔ **Unterschiedliche Anzahl:** Die Anzahl der unterschiedlichen Werte in einer Spalte, wenn Duplikate weggelassen werden
- ✔ **Eindeutige Anzahl:** Die Anzahl der Werte, die genau einmal vorkommen

Mithilfe des Befehls SPALTENVERTEILUNG können Sie die Anzahl der unterschiedlichen und eindeutigen Werte in jeder Spalte bestimmen. Wie bereits erwähnt, ist die Verteilung der Wertespalten unter der Spaltenüberschrift sichtbar. Unabhängig vom Analyseziel ist die Spaltenprofilierung für alle Datentypen verfügbar.

Jede Spalte zeigt die Form der Daten, also etwa die Verteilung der Werte oder die Häufigkeit, mit der ein bestimmter Datentyp vorkommt. Der Wert 2021 beispielsweise kommt am häufigsten vor, während die Werte 2011 bis 2020 im Diagramm proportional verteilt sind, wie in Abbildung 10.22 unter der Überschrift *Awarded Years* zu sehen ist.

 Wenn Sie die Daten außerhalb von Power BI und dem Power Query-Editor auswerten möchten, klicken Sie mit der rechten Maustaste auf die gewünschten Spalten und wählen Sie dann im angezeigten Menü WERTVERTEILUNG KOPIEREN aus. Sie erhalten eine Liste mit unterschiedlichen Werten und die Häufigkeit, mit der die Daten in den Spalten vorkommen.

Die Spaltenverteilung ist ein wertvolles Dienstprogramm: Wenn bestimmte Spalten wenig geschäftlichen Wert bieten, können Sie sie weglassen. Ein Beispiel hierfür wäre, wenn Sie nur eine begrenzte Anzahl unterschiedlicher Werte haben. Durch das Entfernen von Spalten während der Analyse können Sie leistungsfähigere Abfragen erstellen, da Sie durch das Löschen unerwünschter Datensätze für mehr Übersicht sorgen.

Dateneigenschaften schnell ändern

Nachdem Sie Daten aus Ihrer Online-Zieldatenquelle oder einer beliebigen anderen Datenquelle in Power BI importiert haben, müssen Sie sicherstellen, dass die Dateneigenschaften im Dataset richtig zugewiesen sind. Sie möchten nicht, dass ein Wertedatensatz abgeschnitten und falsch angezeigt wird, weil im Dataset eine nachfolgende Null vorhanden ist, oder dass falsch zugewiesene Datentypen Ihre Datenvisualisierung ins Chaos stürzen.

Idealerweise ändern Sie diese Verhaltensweisen, wenn Sie die Daten laden und wenn Sie das Datenmodell in der Datenmodellansicht ändern. Sie könnten beispielsweise feststellen, dass Sie ein numerisches Feld in einen Zeichenfolgenfeldwert umwandeln müssen, wie dies in Abbildung 10.23 der Fall ist.

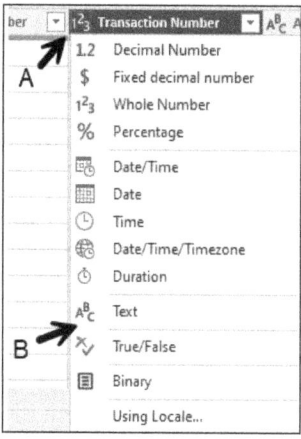

Abbildung 10.23: Die Eigenschaften einer Spalte ändern

Um die Dateneigenschaften einer Spalte zu ändern, nachdem die Daten in Power BI geladen wurden, gehen Sie wie folgt vor:

1. **Öffnen Sie die Power BI-Registerkarte START und klicken Sie auf DATEN TRANSFORMIEREN.**

   Ihr Dataset wird auf dem Bildschirm neben dem Abfragebereich angezeigt.

2. **Suchen Sie die Spalte, deren Datentyp ungenau ist.**

Beispielsweise scheint in Abbildung 10.23 die Spalte für die Transaktionsnummer ein numerischer Wert zu sein, der Datentyp sollte jedoch stattdessen ein Textdatentyp sein, da einige Elemente wie Zeichenfolgen aussehen.

3. **Wählen Sie das Symbol auf der linken Seite der Spaltenüberschrift. Es ist derzeit als 123 angegeben (mit A gekennzeichnet). Ändern Sie den Wert Ganze Zahl in Text (indem Sie auf die mit B gekennzeichnete Option klicken).**

4. **Nachdem Sie alle Spalten überprüft und die erforderlichen Änderungen an Ihren Dateneigenschaften vorgenommen haben, klicken Sie auf der linken Seite des Power Query-Editors auf Schließen und Übernehmen.**

IN DIESEM KAPITEL

Grundlegende Konzepte der Datenmodellierung mit Power BI beherrschen

Datenoptimierungsstrategien zur Datenvisualisierung kennenlernen

Datenverwaltungstechniken in Power BI erkunden

Ein Datenmodell veröffentlichen

Kapitel 11
Datenmodellierung für die Visualisierung

Das Erstellen von Visualisierungen in Power BI beginnt mit dem Aufbau eines starken Datenmodells. Nachdem Sie Daten in Power BI Desktop importiert haben, müssen Sie sie verfeinern, indem Sie Typen definieren, Tabellen entwerfen, Hierarchien erstellen und Beziehungen herstellen. Diese Vorbereitung stellt sicher, dass die Daten genau und effizient für die Analyse sind, was zu aussagekräftigen Visualisierungen führt.

In diesem Kapitel zeige ich, wie die Datenmodellierung in Power BI Desktop zu effektiven Visualisierungen führt. Wenn Sie Ihre Daten mit den in Power BI verfügbaren Datenmodellierungstools verfeinern, können Sie sicher sein, dass sie gut strukturiert sind. Dazu gehört das Definieren von Datentypen, das Formatieren und Verwalten von Beziehungen und Tabellen. Sobald das Datenmodell einsatzbereit ist, können Sie in Power BI Desktop detaillierte Berichte und überzeugende Visualisierungen erstellen. Diese können dann über Power BI Services freigegeben werden, wo Sie interaktive Dashboards erstellen können, die mehrere Berichte und Datasets kombinieren und eine umfassende Ansicht Ihrer Daten für Analysen und Entscheidungsfindungen bieten.

Ein Datenmodell erstellen

Zum Erstellen von Visualisierungen ist ein Datenmodell erforderlich. Das ist jedoch noch nicht alles. Ihre Datenquelle muss korrekt, spezifisch und gut gestaltet sein. Power BI kann damit tatsächlich einige erstaunliche Dinge tun, zum Beispiel Daten über mehrere Datasets hinweg mithilfe seines ETL-Frameworks (Extrahieren, Transformieren und Laden) transformieren, um Entwicklungs- und Designaktivitäten zu unterstützen. Nachdem die Daten sicher in der Desktopanwendung gespeichert wurden, benötigen sie jedoch weitere Aufmerksamkeit. Sie müssen einige spezifische Maßnahmen ergreifen, um die Daten vorzubereiten, damit das Modell erstellt werden kann und als Dataset für die Visualisierung und Berichterstattung perfekt funktioniert. Ein gut definiertes Dataset hilft Ihnen bei der Analyse der Daten, sodass Sie präskriptive und beschreibende Erkenntnisse gewinnen können.

Die Modellerstellung endet nicht mit der Datenaufnahme. Es müssen Datentypen definiert, Tabellendesigns angewendet, Hierarchien erstellt, Verknüpfungen und Beziehungen gestaltet sowie Daten im Modell klassifiziert werden.

Tabellenansicht und Modellierungsansicht

Nachdem Sie Daten in die Power BI-Desktopumgebung importiert haben, müssen Sie die Daten so bearbeiten, dass sie Ihren Anforderungen an Ihre Modelle entsprechen. Der erste Schritt auf Ihrem Weg besteht darin, die Registerkarten TABELLENANSICHT und MODELLANSICHT zu erkunden. Der Unterschied zwischen den beiden besteht darin, dass die Registerkarte TABELLENANSICHT alle in das Datenmodell importierten Daten darstellt. Im Gegensatz dazu ist die Registerkarte MODELLANSICHT die Visualisierung des Modells basierend auf dem, was Power BI zu einem bestimmten Zeitpunkt über das Modell denkt.

Sie sind dafür verantwortlich, das Modell nach dem Importieren der Daten zu aktualisieren. Dies können Sie entweder auf der Registerkarte TABELLENANSICHT (durch Anzeigen aller Dateninstanzen) oder auf der Registerkarte MODELLANSICHT (durch Überprüfen des eigentlichen Modells) erledigen. Ein Beispiel für die Ausgabe auf der Registerkarte TABELLENANSICHT ist in Abbildung 11.1 dargestellt. Abbildung 11.2 zeigt die Ausgabe auf der Registerkarte MODELLANSICHT.

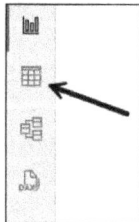

Abbildung 11.1: Die Registerkarte »Tabellenansicht«

Das START-Menüband für die Modellansicht wird als Cockpit für die Verwaltung vieler Ihrer Datenaktionen betrachtet, unabhängig davon, in welcher Ansicht Sie sich in Power BI Desktop befinden. Wie Sie in Abbildung 11.3 sehen, ist das START-Menüband für die Modellansicht in verschiedene Bereiche unterteilt: DATEN, ABFRAGEN, BEZIEHUNGEN, BERECHNUNGEN, SICHERHEIT, FRAGEN UND ANTWORTEN, VERTRAULICHKEIT und FREIGABE. Jeder Bereich verfügt über einen eigenen Funktionssatz, wie in Tabelle 11.1 aufgeführt.

KAPITEL 11 Datenmodellierung für die Visualisierung

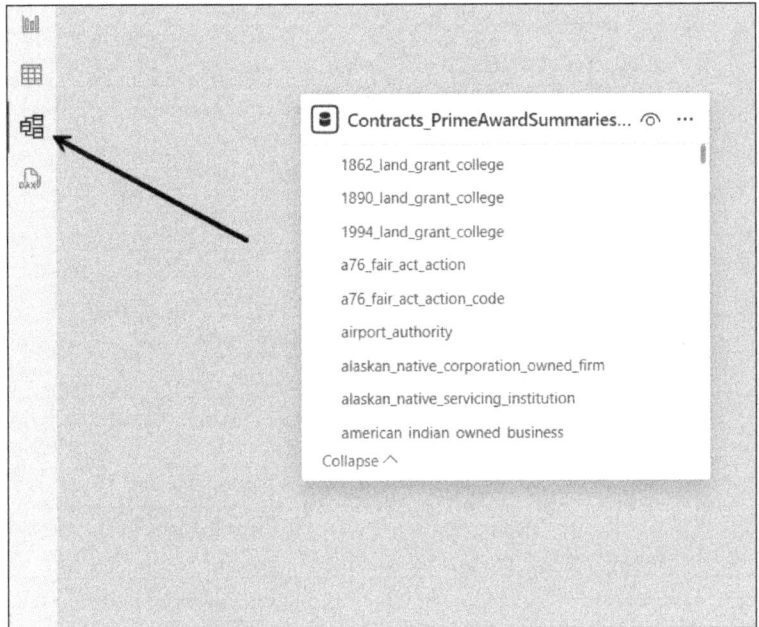

Abbildung 11.2: Die Registerkarte »Modellansicht«

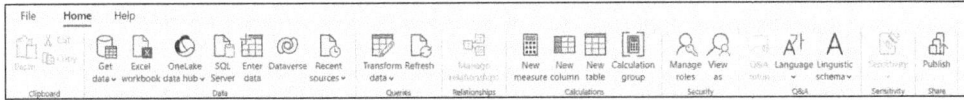

Abbildung 11.3: Das »Start«-Menüband in der Modellansicht

Schaltfläche	Was sie bewirkt
DATEN ABRUFEN	Ruft Daten aus einer Datenquelle ab. Sie können aus mehr als 100 Datenquellenoptionen wählen, sowohl relationalen als auch nicht relationalen.
EXCEL-ARBEITSMAPPE	Ruft Daten aus einer Excel-Datei ab, einer gängigen Microsoft-Datenquelle.
ONELAKE DATENHUB	Zentrales Repository auf Basis von Microsoft Fabric zum Importieren von Daten in Power BI.
SQL SERVER	Ruft Daten aus einer SQL Server-Verbindung ab.
DATEN EINGEBEN	Erstellt neue Tabellen in Power BI.
DATAVERSE	Stellt eine Verbindung zu einer Umgebung von Power BI mithilfe einer Abfragezeichenfolge her, einschließlich der von DirectQuery unterstützten.
AKTUELLE QUELLEN	Ermöglicht Benutzern den Zugriff auf die zuletzt in Power BI erstellten Datenquellen.
DATEN TRANSFORMIEREN	Dient als Gateway zum Power Query Editor mit Tools zum Bearbeiten und Transformieren von Datasets.

Schaltfläche	Was sie bewirkt
AKTUALISIEREN	Aktualisiert die Daten auf einfache Weise.
BEZIEHUNGEN VERWALTEN	Stellt Kardinalität zwischen Tabellen in Power BI her.
NEUE KENNZAHL	Erstellt eine neue berechnete Kennzahl mithilfe der Formelleiste.
NEUE SPALTE	Erstellt eine neue Spalte für eine bestimmte Tabelle.
NEUE TABELLE	Erstellt eine neue Tabelle.
BERECHNUNGSGRUPPEN	Erstellt wiederverwendbare dynamische Kennzahlen.
ROLLEN VERWALTEN	Legt fest, wer bestimmte Datenmodelle anzeigen darf.
ANZEIGEN ALS	Beschränkt das Dataset auf bestimmte Benutzer.
F&A	Konfiguriert eine von Copilot unterstützte Frage- und Antwort-Engine zur Interaktion mit Datasets.
SPRACHE	Bietet eine Auswahl zwischen Englisch und Spanisch.
LINGUISTISCHES SCHEMA	Ermöglicht die Erweiterung des Sprachschemas mit eigenen Datasets per Import oder Export.
VERTRAULICHKEIT	Ermöglicht Benutzern, Daten mit einer Vertraulichkeitsklassifizierung wie »allgemein« oder »vertraulich« zu kennzeichnen. Für die Datenverwaltung konzipiert.
VERÖFFENTLICHEN	Veröffentlicht das Dataset in Power BI Services.

Tabelle 11.1: Schaltflächen auf dem Startmenüband der Power BI-Modellansicht

Der Power Query-Editor verfügt über viele der in Tabelle 11.1 gezeigten Funktionen, besitzt aber (wenig überraschend) auch spezifische Funktionen zur Abfragebearbeitung, wie in Abbildung 11.1 dargestellt.

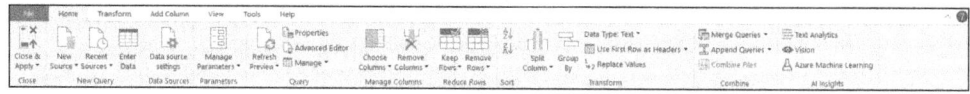

Abbildung 11.4: Das Menüband des Power Query-Editors

Ein deutlicher Unterschied zwischen der Modellansicht und dem Power Query-Editor besteht darin, dass Sie mit dem Power Query-Editor die Datenquelleneinstellungen ändern, Parameter verwalten, Editorparameter konfigurieren, Zeilen und Spalten konfigurieren, gruppieren, sortieren und Datentypen verarbeiten können. Außerdem stehen KI-Funktionen für die Textanalyse im Mittelpunkt. Wenn Sie mit der Verwaltung des Entwurfs Ihrer Datasets beginnen, wagen Sie sich wahrscheinlich an die Zeilen- und Spaltenverwaltung, da die Konfiguration von Zeilen und Spalten, damit sie sich nach Ihren Wünschen verhalten, für das Verhalten eines Datasets von wesentlicher Bedeutung ist. Wie Sie wahrscheinlich vermutet haben, haben Sie daher im Power Query-Editor ein bisschen mehr Schnickschnack zum Ausprobieren, da Sie Abfragen bearbeiten und keine Modelle erstellen.

Abfragen importieren

Es schadet nie, das Importieren einer oder mehrerer Excel-Dateien zu üben, um neue Abfragen zu erstellen. Denken Sie daran, dass Sie Ihre Abfragen mithilfe einer von mehreren Importoptionen in Power BI Desktop importieren können. Wechseln Sie zunächst über den Navigationsbereich auf der linken Seite des Bildschirms zur Tabellenansicht, in der alle vorhandenen Tabellen verfügbar sind. Wenn Sie neu beginnen möchten, öffnen Sie eine neue Datei, indem Sie im Hauptmenü DATEI|NEU auswählen. Wenn Sie jedoch aus einer der über 100 verfügbaren Datenquellen importieren möchten, führen Sie die folgenden Schritte aus:

1. Klicken Sie auf DATEN ABRUFEN und wählen Sie dann den Dateityp oder die Quelle aus, die Sie in Power BI importieren möchten.

   Sobald Sie Ihre Datenquelle ausgewählt haben, wird das Navigatorfenster geöffnet, wie in Abbildung 11.5 dargestellt.

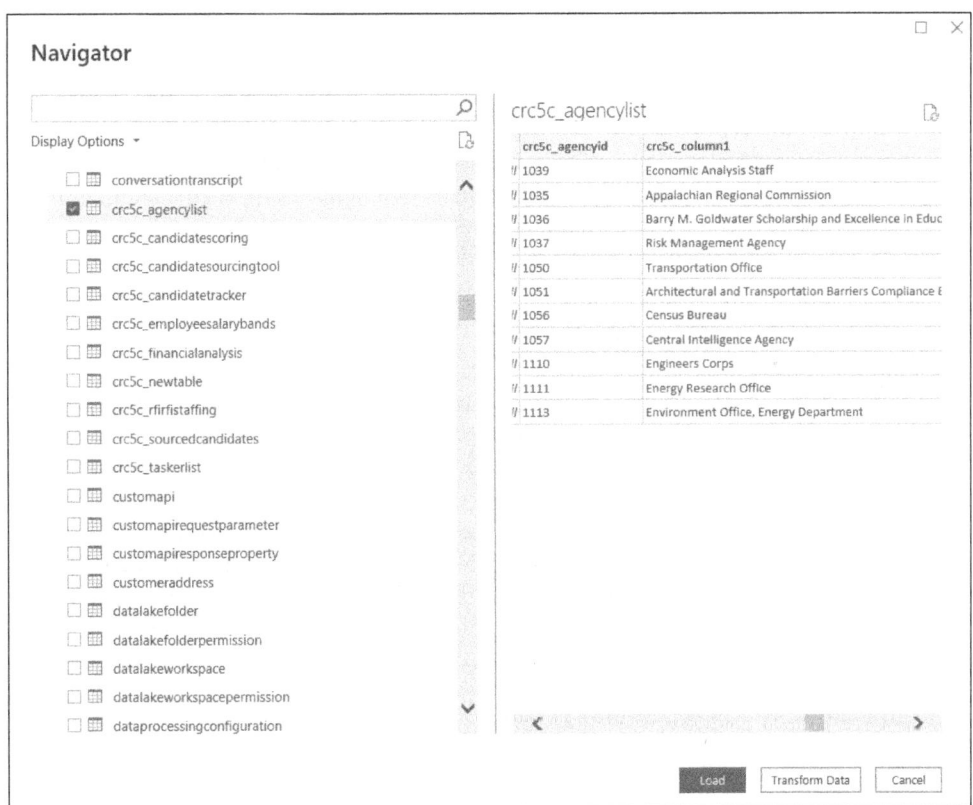

Abbildung 11.5: Das Navigationsfenster in der Tabellenansicht

2. Um Daten zu laden, wählen Sie einen oder mehrere Datasets aus und klicken dann auf die Schaltfläche LADEN.

3. **Um Daten zu transformieren, wählen Sie einen oder mehrere Datasets aus und klicken dann auf die Schaltfläche** DATEN TRANSFORMIEREN.

Im Beispiel in Abbildung 11.5 habe ich Dataverse als Datenquelle und eine einzelne Tabelle ausgewählt.

Wenn Sie LADEN wählen, bedeutet das, dass die Daten keinem bestimmten Datentyp zugeordnet werden. Wenn Sie DATEN TRANSFORMIEREN wählen, versucht Power BI sein Bestes, um basierend auf ETL-Eigenschaften den richtigen Datentyp zuzuordnen. Mit DATEN TRANSFORMIEREN haben Sie die Möglichkeit, Änderungen am Datenmodell vorzunehmen.

Obwohl die Tabellenansicht wie der Power Query-Editor aussehen kann, sollten Sie bedenken, dass im Power Query-Editor nur eine Stichprobe Ihrer Daten angezeigt wird, während in der Tabellenansicht alle Daten verfügbar sind, nachdem sie in das Datenmodell importiert wurden. In der Tabellenansicht arbeiten Sie mit Ihrem gesamten Dataset, und Änderungen werden live mit den Anforderungen und Spezifikationen im Dashboard vorgenommen. Sowohl die Tabellenansicht als auch der Power Query-Editor können jedoch berechnete Spalten in Echtzeit erstellen.

Nachdem die Daten geladen wurden, können Sie sie bearbeiten, Abfragen hinzufügen, Spalten hinzufügen oder löschen oder die vorhandenen Beziehungen zwischen einer oder mehreren Tabellen oder Spalten innerhalb einer einzelnen Tabelle verwalten. In den folgenden Abschnitten wird ausführlich erläutert, wie Sie jede dieser Aktivitäten durchführen.

Datentypen definieren

Wenn Power BI ein Dataset importiert, wird standardmäßig ein bestimmter Datentyp verwendet. In Abbildung 11.6 sehen Sie beispielsweise, dass die Tabelle `Primary Contracts` mehrere Spalten hat. Zwei dieser Spalten zeigen Dezimalzahlen als Optionen an. Die hier dargestellten Spalten sind `total_obligated_amount` und `total_outlayed_amount`. Der Datentyp ist möglicherweise nicht genau, da diese Spalten monetäre Werte enthalten. Sie haben die Wahl zwischen einer Dezimalzahl oder einer festen Dezimalzahl. In diesem Fall liegen monetäre Werte vor, es muss also eine Dezimalzahl verwendet werden. Ein Benutzer kann Formatierungen in die Spalte einfügen, um den Kontext der Daten in jeder Zelle besser darzustellen.

Um die Datentypen für eine bestimmte Spalte zu überprüfen, gehen Sie wie folgt vor.

1. **Öffnen Sie die Tabellenansicht.**

2. **Wählen Sie in der gerade importierten Datenquelle die Spalte aus, die Sie überprüfen möchten, und markieren Sie sie.**

3. **Stellen Sie sicher, dass Sie sich auf der Registerkarte** SPALTENTOOLS **befinden (siehe Abbildung 11.6).**

4. **Überprüfen Sie auf der Registerkarte** SPALTENTOOLS **die Eigenschaft** NAME.

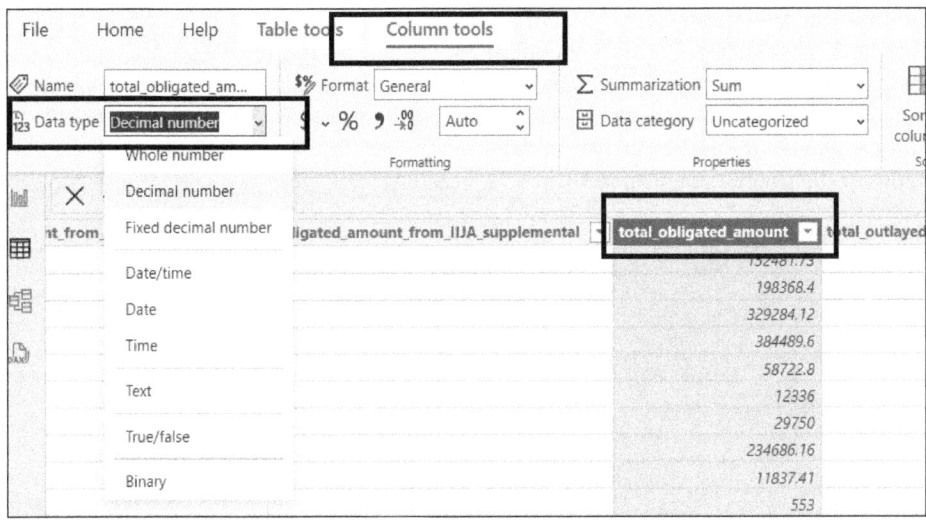

Abbildung 11.6: Auf der Registerkarte »Spaltentools« den Datentyp ändern

5. Überprüfen Sie, ob das Dropdown-Menü Datentyp (siehe Abbildung 11.6) auf den richtigen Datentyp eingestellt ist.

In diesem Fall ist es auf Dezimalzahl eingestellt.

6. Ändern Sie die Option in Feste Dezimalzahl.

Dieses Verfahren zum Ändern von Datentypen ist in Power BI in allen Bereichen einheitlich, unabhängig davon, ob Sie numerische Daten in Text oder Text in numerische Daten ändern möchten.

Formatierung und Datentypeigenschaften

Je nachdem, ob eine Spalte Text oder Zahlen enthält, können Sie das Dropdown-Menü Format auf der Registerkarte Spaltentools verwenden, um einer Spalte bestimmte Eigenschaften zuzuweisen und damit bestimmte Verhaltensweisen sicherzustellen. Im vorigen Abschnitt wurde das Währungsformat auf Spalten angewendet. Wenn die Spalte Zahlen enthält, können Sie auch andere Verhaltensweisen anwenden, darunter Dezimalzahlen, ganze Zahlen, Prozentsätze und wissenschaftliche Zahlenformatierung (siehe Abbildung 11.7).

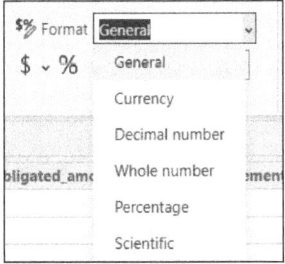

Abbildung 11.7: Optionen zur numerischen Formatierung

Angenommen, Sie möchten Eigenschaften wie Maße, geografische Markierungen oder mathematische Verhaltensweisen auf eine Spalte anwenden. In diesem Fall können Sie eine Summierung (eine Möglichkeit, Daten mathematisch weiter auszuwerten) oder eine Datenkategorie (eine Möglichkeit, geografisch basierte Daten zu klassifizieren) anwenden. Summierungsoptionen für die Registerkarte SPALTENTOOLS sind in Abbildung 11.8 gezeigt, Optionen für die Datenkategorie in Abbildung 11.9.

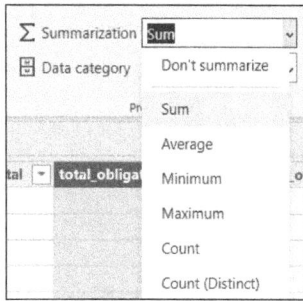

Abbildung 11.8: Die Summierungsoptionen auf der Registerkarte »Spaltentools«

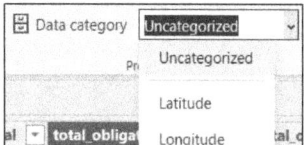

Abbildung 11.9: Die Datenkategorieoptionen

Mit Summierungsoptionen können Sie jede Spalte mit numerischen Daten in einer Tabelle zu einem einzigen Wert zusammenfassen. Datenkategorieoptionen sind für die Kartenanzeige in Power BI anwendbar – also Breiten- und Längengrad oder Grad.

Tabellen verwalten

Nachdem Sie eine Tabelle importiert und ein Dataset erstellt haben, stellen Sie möglicherweise fest, dass Sie den Namen der Tabelle ändern müssen. Oder Sie möchten eine Tabelle löschen. Dies sind gängige Aktionen, die ein Datenexperte in Power BI Desktop ausführen kann, während er sein Datenmodell entwirft, entwickelt und bereitstellt.

Tabellen hinzufügen

Es kann vorkommen, dass Sie Ihrem Datenmodell eine oder mehrere Tabellen hinzufügen müssen, nachdem Sie das Dataset in Power BI Desktop importiert haben. Vielleicht möchten Sie eine zusätzliche Faktentabelle für die Transaktionsaktivität erstellen oder eine Dimensionstabelle, um eine neue Suche zu unterstützen. Beide Szenarien kommen häufig vor, aber glücklicherweise ist das Hinzufügen einer Tabelle unkompliziert. Sie müssen jedoch noch ein wenig Konfigurationsarbeit leisten, nachdem Sie die Spaltennamen festgelegt haben.

KAPITEL 11 Datenmodellierung für die Visualisierung 333

So fügen Sie eine Tabelle hinzu:

1. Klicken Sie in der Modellansicht auf die Schaltfläche DATEN EINGEBEN auf der Registerkarte START des Menübands MODELLANSICHT, wie in Abbildung 11.10 gezeigt.

   Die Benutzeroberfläche zum Erstellen einer Tabelle wird angezeigt.

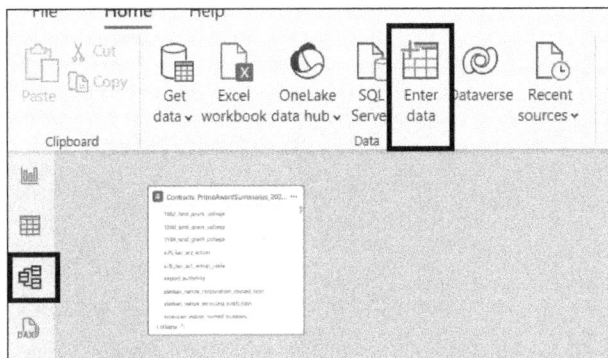

Abbildung 11.10: Die Schaltfläche »Daten eingeben«

2. Geben Sie die Spaltennamen und die den Spalten entsprechenden Daten in die dafür vorgesehenen Tabellenzellen ein.

3. Geben Sie im Feld NAME einen Tabellennamen ein.

   Die Tabelle sollte ungefähr so aussehen wie in Abbildung 11.11.

4. Klicken Sie auf LADEN, wenn Sie mit der Erstellung Ihrer Tabelle fertig sind.

Das Ergebnis ist eine brandneue Tabelle, die als Teil des Datenmodells angezeigt wird und auf die Sie sowohl in der Tabellenansicht als auch in der Modellansicht zugreifen können.

Tabellen umbenennen

Das Umbenennen einer Tabelle ist ganz einfach, solange noch keine Tabelle denselben Namen hat. In Power BI muss jede Tabelle in einem Datenmodell einen eindeutigen Namen haben. Beispielsweise können nicht zwei Tabellen den Namen Produkt haben.

Um eine Tabelle in Power BI Desktop umzubenennen, gehen Sie wie folgt vor:

1. Suchen Sie in der Tabellenansicht oder der Modellansicht den Datenbereich.

2. Klicken Sie mit der rechten Maustaste auf den Tabellennamen, den Sie ändern möchten.

3. Wählen Sie im angezeigten Menü UMBENENNEN aus (siehe Abbildung 11.12).

4. Geben Sie im markierten Feld einen neuen Namen für Ihre Tabelle ein und drücken Sie dann die ⏎.

   Der Tabellenname wird innerhalb von 30 Sekunden aktualisiert.

Abbildung 11.11: Eine Tabelle erstellen

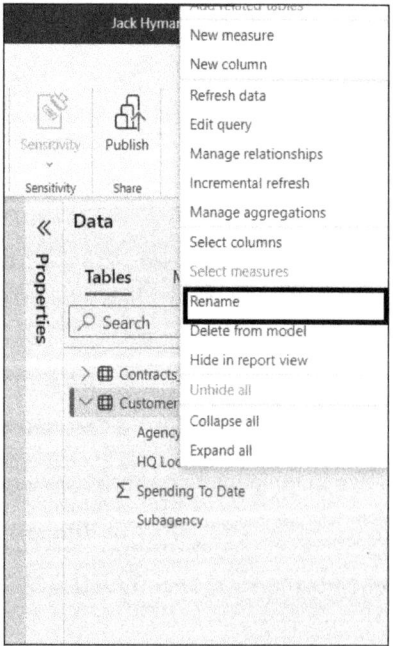

Abbildung 11.12: Der Tabellenname wird in der Modellansicht aktualisiert.

Tabellen löschen

Wenn Sie eine Tabelle aus einem Modell löschen möchten, gehen Sie einige Risiken ein. Wenn mit der Tabelle Beziehungen verknüpft sind, werden diese Beziehungen unterbrochen. Wenn berechnete Felder in einen Bericht eingebettet sind, werden auch diese gelöscht. Das Entfernen einer Tabelle ist jedoch, wie das Verschieben einer Spalte, ein relativ einfacher Vorgang. Gehen Sie wie folgt vor, um eine Tabelle zu entfernen:

1. **Suchen Sie in der Tabellenansicht oder der Modellansicht den Datenbereich.**

2. **Klicken Sie mit der rechten Maustaste auf die zu entfernende Tabelle und wählen Sie dann im angezeigten Menü die Option AUS MODELL LÖSCHEN (siehe Abbildung 11.13).**

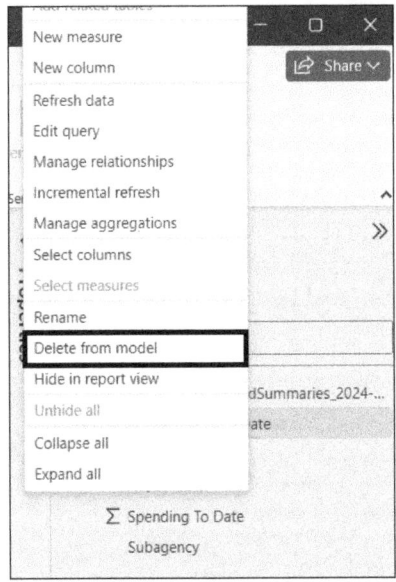

Abbildung 11.13: Eine Tabelle entfernen

Eine Eingabeaufforderung wird angezeigt, in der Sie gefragt werden, ob Sie die Tabelle wirklich löschen möchten (siehe Abbildung 11.4). Sobald Sie auf JA klicken, kann diese Änderung nicht mehr rückgängig gemacht werden.

3. **Klicken Sie auf LÖSCHEN.**

   Die Tabelle wird aus dem Modell gelöscht.

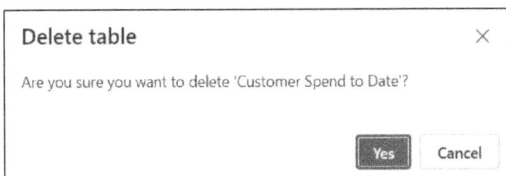

Abbildung 11.14: Bestätigen, ob die Tabelle gelöscht werden soll

Spalten umbenennen und löschen

Das Umbenennen oder Löschen einer Spalte erfolgt auf dieselbe Weise wie das Umbenennen oder Löschen einer Tabelle. Die einzige Einschränkung besteht darin, dass das Löschen einer Spalte bei Abhängigkeiten wie Schlüsselerzwingungen möglicherweise zu unterbrochenen Beziehungen führen kann.

Um eine Spalte umzubenennen, gehen Sie wie folgt vor:

1. **Suchen Sie in der Tabellenansicht oder der Modellansicht den Datenbereich.**
2. **Klicken Sie mit der rechten Maustaste auf den Spaltennamen, den Sie ändern möchten.**
3. **Benennen Sie die Spalte um.**

   Der Spaltenname wird automatisch aktualisiert.

   Wenn aufgrund von Beziehungsaktualisierungen eine Aktualisierung erforderlich ist, wird diese entsprechend durchgeführt.

Wenn die Spalte gelöscht wird, werden Sie feststellen, dass die Verknüpfung unterbrochen wird, wenn eine Beziehung zwischen zwei Tabellen besteht. Abbildung 11.15 zeigt eine Spalte, deren Name in *Agency* geändert werden soll. Sobald der Name geändert ist, wird eine Beziehung zwischen den beiden Tabellen hergestellt.

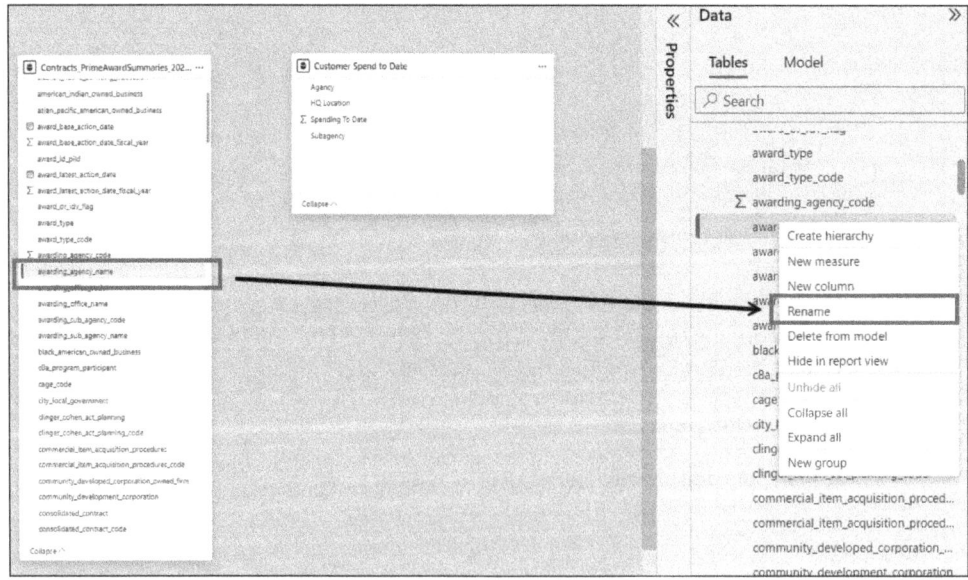

Abbildung 11.15: Einen Spaltennamen zum Bilden einer Beziehung ändern

Um eine Spalte zu löschen, gehen Sie wie folgt vor:

1. **Suchen Sie in der Tabellenansicht oder der Modellansicht den Bereich FELDER.**
2. **Klicken Sie mit der rechten Maustaste auf den Spaltennamen und wählen Sie dann im angezeigten Menü AUS MODELL LÖSCHEN aus.**

   Sie werden benachrichtigt, dass die Spalte gelöscht wird.
3. **Klicken Sie auf LÖSCHEN.**

   Die Spalte wird gelöscht und das Modell automatisch aktualisiert.

   Wenn Beziehungen unterbrochen werden, werden die Verknüpfungen zwischen den Tabellen entsprechend aktualisiert.

Daten in Tabellen hinzufügen und ändern

Manchmal müssen einer vorhandenen Tabelle Daten hinzugefügt oder darin geändert werden. Dieser Vorgang ist weniger transparent, da ein Benutzer zum Abschließen der Aktion in den Power Query-Editor wechseln muss. Wenn Sie die Daten in Power BI erstellt haben, ist der Vorgang zum Hinzufügen oder Ändern etwas einfacher als bei Datasets, die mithilfe einer Datei importiert oder mithilfe von Direct Query aufgenommen wurden. Um Tabellen, die Sie selbst erstellt haben, Zeilen hinzuzufügen oder Zellen in Zeilen zu ändern, gehen Sie wie folgt vor:

1. **Navigieren Sie zum Bereich ABFRAGEN auf der Registerkarte START des Menübands MODELLANSICHT und klicken Sie auf die Schaltfläche DATEN TRANSFORMIEREN.**

   Der Power Query-Editor wird auf dem Bildschirm angezeigt.
2. **Wählen Sie das von Ihnen erstellten Dataset aus.**
3. **Wählen Sie das Feld in der Tabelle aus, das Sie ändern möchten.**
4. **Klicken Sie im Bereich TRANSFORMIEREN des Menübands auf die Schaltfläche WERTE ERSETZEN.**

   Es wird ein neues Fenster mit dem Namen WERTE ERSETZEN angezeigt, in dem Sie den alten Wert durch den neuen Wert ersetzen können (siehe Abbildung 11.16).

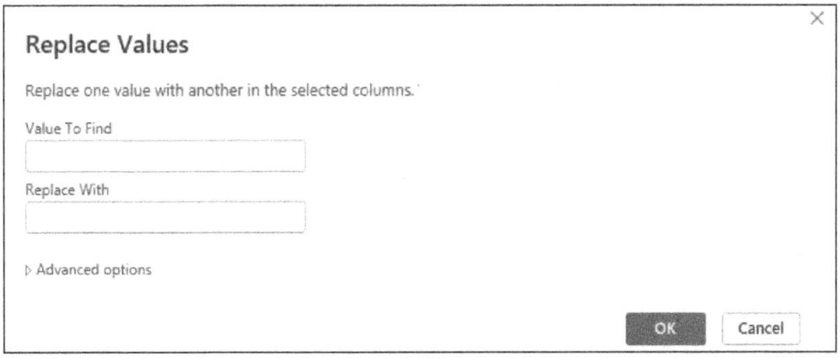

Abbildung 11.16: Tabellendaten ändern

Beziehungen verwalten

Wenn zwei Tabellen durch verbunden sind, bedeutet dies oft, dass eine Beziehung über einen Schlüssel besteht. Es kann sich um eine Primär-Primärschlüssel- oder eine Primär-Fremdschlüssel-Beziehung handeln. Unter bestimmten Umständen kann eine Tabelle sogar über ein einziges Feld zusammengeführt werden. Dieses einzelne Feld kann einer anderen Tabelle mit einem gleichartigen Feld zugeordnet werden, wodurch ein Lookup erstellt wird. In diesem Abschnitt wird der Wert von Beziehungen beim Entwerfen und Entwickeln des Datenmodells behandelt.

Beziehungen automatisch erstellen

Power BI erkennt, wenn beim Transformieren von Daten eine Beziehung besteht. Wenn Sie beispielsweise zwei Tabellen mit einem numerischen Datentyp haben und diese ähnlich benannt sind, gelten sie als in einer Beziehung stehend. Power BI erkennt diese Beziehungen im Rahmen des ETL-Prozesses. Die automatische Erkennung reduziert den manuellen Arbeitsaufwand, der zum Identifizieren der Beziehungen erforderlich ist. Außerdem können Sie das Risiko von Fehlern zwischen Tabellen verringern.

Um zu sehen, wie Power BI Beziehungen zwischen Datasets anzeigt, gehen Sie wie folgt vor:

1. Öffnen Sie die Registerkarte START im Menüband MODELLANSICHT.

2. Klicken Sie im Bereich BEZIEHUNGEN auf das Symbol BEZIEHUNGEN VERWALTEN.

   Beim Importieren der Datasets werden bestehende Beziehungen automatisch abgeglichen.

3. (Optional) Wenn die Systeme die Beziehungen automatisch erkennen sollen, klicken Sie auf die Schaltfläche AUTOMATISCH ERKENNEN.

Beziehungen manuell erstellen

Manchmal stimmen die Namen von Primär- und Fremdschlüsseln nicht überein, aber Sie wissen, dass die Daten zwischen ihnen eine Beziehung herstellen. Beispielsweise könnten LocationID und CityID ein und dasselbe sein oder vielleicht StateID und StateAbbreviation. All dies sind Beispiele, bei denen Datenanalysten die Beziehung zwischen zwei Tabellen manuell zuordnen müssen, obwohl Power BI das Muster eigentlich hätte erkennen können. Um Beziehungen zwischen Tabellen und Schlüsseln manuell herzustellen, gehen Sie wie folgt vor:

1. Öffnen Sie die Registerkarte START im Menüband MODELLANSICHT.

2. Klicken Sie im Bereich BEZIEHUNGEN auf das Symbol BEZIEHUNGEN VERWALTEN.

3. Klicken Sie auf die Schaltfläche NEUE BEZIEHUNG.

4. Das Fenster NEUE BEZIEHUNG wird angezeigt, wie in Abbildung 11.17 dargestellt.

KAPITEL 11 Datenmodellierung für die Visualisierung   339

Abbildung 11.17: Das Fenster »Neue Beziehung«

5. Wählen Sie die beiden Tabellen aus, die in einer Beziehung stehen.

6. Wählen Sie mithilfe der Dropdown-Menüs KARDINALITÄT und KREUZFILTERRICHTUNG die gewünschten Einstellungen aus.

7. Klicken Sie auf SPEICHERN, wenn Sie fertig sind.

Beziehungen löschen

Das Löschen von Beziehungen erfolgt auf eine von drei Arten. Entweder entfernen Sie das Feld in einer der beiden Tabellen, das die Verknüpfung zwischen den beiden Tabellen herstellt, oder Sie verwenden die Benutzeroberfläche BEZIEHUNGEN VERWALTEN, um die Beziehung analog zu der Weise zu trennen, wie Sie sie dort erstellt haben. Deaktivieren Sie das Kontrollkästchen AKTIV. Klicken Sie dann auf LÖSCHEN. Eine Warnung wird angezeigt, die auf eine Unterbrechung der Beziehung hinweist. Bestätigen Sie die Unterbrechung der Beziehung und klicken Sie dann auf OK.

Am einfachsten können Sie eine Beziehung auflösen, indem Sie die Modellansicht öffnen und mit der rechten Maustaste auf die Verknüpfung klicken. Wählen Sie LÖSCHEN. Sie werden aufgefordert, das Auflösen der Beziehung zu bestätigen.

Daten in Tabellen klassifizieren und codieren

Während Sie Ihre Datensammlung in Power BI im Laufe der Zeit aufbauen, ist es wichtig, Kontext hinzuzufügen, damit jeder Benutzer, der auf die von Ihnen erstellten Datasets zugreift, versteht, was sie bedeuten. Unabhängig davon, ob Ihre beschreibenden Daten an ein einzelnes Dataset oder an mehrere gebunden sind, handelt es sich um eine fortlaufende Aktivität für die Person, die für die Verwaltung der Daten verantwortlich ist. Eine Möglichkeit, Benutzern Ihrer Daten zu helfen, deren Bedeutung besser zu verstehen, besteht darin, *Metadaten* – also Daten, die Ihre Daten beschreiben – innerhalb jeder Tabellen- oder Spalteneigenschaft hinzuzufügen.

Um einer Tabelle oder Spalte Metadaten hinzuzufügen, gehen Sie wie folgt vor, je nachdem, ob es sich um eine Tabelle oder eine Spalte handelt:

1. Öffnen Sie die Modellansicht.
2. Klicken Sie, um die Tabelle (für die Beschreibung einer ganzen Tabelle) oder eine Spalte innerhalb der Tabelle auszuwählen. (Sie müssen die spezifische Spalte unter den Tabellen auswählen.)
3. Geben Sie im Eigenschaftenbereich im Feld BESCHREIBUNG eine Beschreibung ein.

   Hier können Sie eine ausführliche Beschreibung eingeben.

4. Geben Sie Synonyme ein, die auch den Tabellen- oder Spaltennamen beschreiben können.

Achten Sie darauf, Datenkategorien nicht mit Datentypen zu verwechseln. Datenkategorien sind eine Möglichkeit, Daten in einem Modell zu gruppieren. Datentypen hingegen sind spezifisch und legen fest, ob die Daten Text, numerisch oder gemischt sind.

Daten anordnen

Das Anordnen von Daten in einem Dataset unterscheidet sich von dem, was passiert, wenn Daten in Visualisierungsdaten transformiert werden. Das Anordnen von Daten in Power BI kann auf verschiedene Arten erfolgen: SORTIEREN NACH, GRUPPIEREN NACH und DATEN AUSBLENDEN. In den nächsten Abschnitten werden die einzelnen Arten ausführlicher beschrieben.

»Sortieren nach« und »Gruppieren nach«

SORTIEREN NACH und GRUPPIEREN NACH können leicht verwechselt werden. SORTIEREN NACH sortiert Daten in aufsteigender (A–Z) und absteigender (Z–A) Reihenfolge auf Spaltenbasis. Um die Daten in einem Dataset aufsteigend oder absteigend zu sortieren, müssen Sie den Power Query-Editor öffnen, um eine Sortieraktion durchzuführen. Sie können jeweils nur nach einer Spalte sortieren.

Datengruppen, das Äquivalent zu GRUPPIEREN NACH, ermöglichen Benutzern das Erstellen logischer Gruppierungen von Datenpunkten innerhalb eines Feldes. Diese Funktion hilft dabei, große Datasets zu vereinfachen und zusammenzufassen, indem sie in kleinere, handlichere Segmente kategorisiert werden. Abbildung 11.18 zeigt beispielsweise eine Datengruppe namens `Executive Agencies`. In diesem Szenario von GRUPPIEREN NACH sind alle Behörden aufgeführt, die der Exekutive der US-Regierung unterstehen.

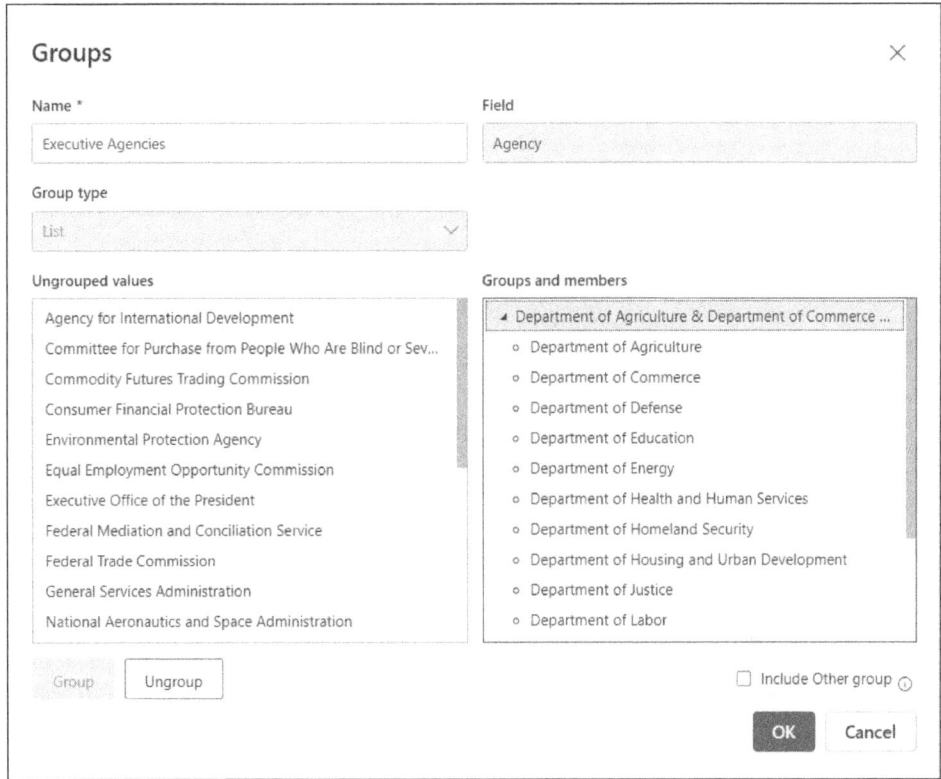

Abbildung 11.18: Die Datengruppierung zur besseren Organisation eines großen Datasets

Daten ausblenden

Manchmal möchten Sie Spaltendaten einer Tabelle nicht anzeigen. Vielleicht bietet die Spalte im Dataset bei der Ergebnisdarstellung wenig Informationen, oder vielleicht machen die Daten die Visualisierung zu kompliziert. Es kann sein, dass die Spalte, obwohl sie im Dataset enthalten ist, tatsächlich ungenaue Daten liefert. Sie können sich aus den verschiedensten Gründen dafür entscheiden, Daten auszublenden. Das Ausblenden von Daten, statt die betreffende Spalte direkt zu löschen, stellt sicher, dass Sie später noch auf die Daten zugreifen können, wenn Sie sie doch noch benötigen.

Um eine Spalte auszublenden, wie in Abbildung 11.20 gezeigt, gehen Sie wie folgt vor:

1. **Klicken Sie in der Modellansicht auf die Tabelle, die die Spalte enthält, die Sie ausblenden möchten.**

2. Klicken Sie auf die Spalte, die Sie ausblenden möchten.

3. Öffnen Sie den Eigenschaftenbereich.

4. Suchen Sie den Schieberegler IST AUSGEBLENDET.

5. Verschieben Sie die Option von NEIN auf JA.

   Im Feld wird ein durchgestrichenes Auge angezeigt (siehe Abbildung 11.19). Dies weist darauf hin, dass das Feld ausgeblendet wurde.

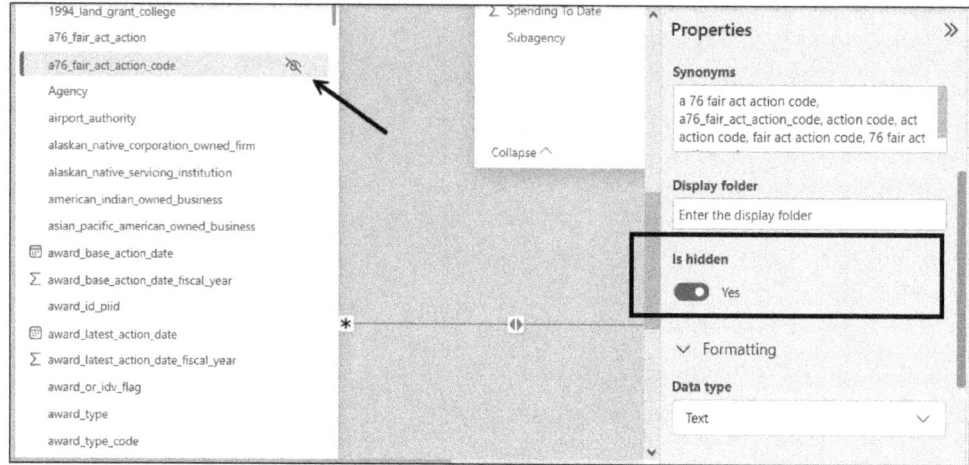

Abbildung 11.19: Daten ausblenden

Wenn Sie die Spalte zu irgendeinem Zeitpunkt wieder einblenden möchten, wiederholen Sie diese Schritte, schieben Sie diesmal den Schieberegler IST AUSGEBLENDET jedoch auf NEIN.

Datenmodelle veröffentlichen

Wenn ein Datenmodell zur Veröffentlichung in Power BI Services bereit ist, ist nur noch ein Mausklick erforderlich – wenn Sie Ihr Online-Konto bei Microsoft Power BI Services unter https://app.powerbi.com/ eingerichtet haben. Sie werden aufgefordert, Ihren Benutzernamen und die E-Mail-Adresse anzugeben, mit der Sie sich bei allen Power Platform-/Office 365-Anwendungen anmelden. Je nach Art Ihrer Lizenz variieren das Datenvolumen und die Aktualisierung Ihres Modells.

Um Ihr Modell zu veröffentlichen, öffnen Sie die Registerkarte START auf dem Power BI-Desktop und klicken auf VERÖFFENTLICHEN (siehe Abbildung 11.20).

KAPITEL 11 Datenmodellierung für die Visualisierung   343

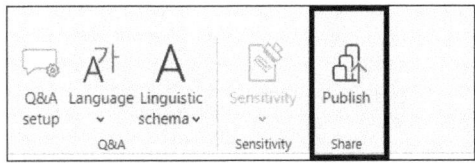

Abbildung 11.20: Mit der Schaltfläche »Veröffentlichen« werden das Datenmodell und die Berichte an Power BI Services bereitgestellt.

 Es gibt Hunderte von Techniken zum Verfeinern von Daten und des Power BI-Datenmodells. Mein Buch *Power BI für Dummies* (veröffentlicht bei Wiley) behandelt zusätzliche Techniken, mit denen Sie Datenmodelle für eine magische Visualisierung transformieren können. Sehen Sie sich auch die Sammlung der Artikel und Schulungsvideos von Microsoft zur Datenmodellierung für Power BI an. Gehen Sie zu https://learn.microsoft.com und suchen Sie nach *Datenmodellierung*.

IN DIESEM KAPITEL

Die verschiedenen Visualisierungsoptionen in Power BI beherrschen

Entscheiden, wann bestimmte Visualisierungstechniken eingesetzt werden sollen

Lernen, wie aussagekräftige Berichte und Dashboards erstellt werden

Kapitel 12
Daten in Power BI visualisieren

Sie kennen wahrscheinlich das Sprichwort »Ein Bild sagt mehr als tausend Worte«. Einer der Gründe, warum so viele Menschen Power BI verwenden, ist die Möglichkeit, Bilder aus Daten zu erstellen. Nachdem Sie die Daten (möglicherweise Millionen von Datensätzen) importiert haben, können Sie mit Power BI Visualisierungen erstellen, die Ihnen dabei helfen, die Aussage der Daten zu verstehen. Eine Visualisierung ist für die meisten Menschen leichter zu verstehen als ein großes, komplexes Dataset oder ein mehrseitiger Bericht.

In diesem Kapitel zeige ich, wie Sie auf die in Power BI verfügbaren Visualisierungen zugreifen und wie Sie die besten Visualisierungen für Ihre Datenerlebnisse auswählen. Darüber hinaus geht es in diesem Kapitel um Berichte und Dashboards, die Ihnen dabei helfen, die Geschichte zu erzählen, die Sie mit Ihren Visualisierungen vermitteln möchten.

Berichte und Visualisierungen – Grundlagen

Visualisierungen sind im Grunde Bilder von Daten. Eine Visualisierung kann einfach ein Diagramm oder eine Grafik sein, die einen oder mehrere Datenpunkte innerhalb eines Datasets zeigt. Wenn Sie mit Visualisierungen in Power BI arbeiten, verwenden Sie Power BI Desktop, um ein Datenmodell und Visualisierungen zu erstellen, und Power BI Services, um Datasets, *Berichte* (eine einzelne Visualisierung, die eine eindeutige Geschichte erzählt) und *Dashboards* (eine Sammlung von Berichten) im Web bereitzustellen.

Mit anderen Worten: Wenn Sie Ihre Daten mit anderen Benutzern teilen möchten, müssen Sie sich mit Power BI Desktop und Power BI Services vertraut machen. Sie können

Visualisierungen bearbeiten oder sie innerhalb von Services aktualisieren. Sie können ausschließlich in Power BI Services mit anderen Benutzern zusammenarbeiten, während Sie mit beiden Versionen von Power BI selbst Änderungen an Ihren Berichten vornehmen können. Da es jedoch mehr Möglichkeiten zur Datenmodellierung gibt, erfolgt die meiste Visualisierungsbearbeitung in Power BI Desktop und nicht in Power BI Services.

Visualisierungen erstellen

Angenommen, Sie haben ein Dataset in Power BI Desktop gespeichert und möchten es als Visualisierung freigeben. Wechseln Sie zunächst zur Registerkarte BERICHT, indem Sie in der linken Navigation auf die Registerkarte BERICHTSANSICHT klicken (siehe Abbildung 12.1). Die Visualisierungsoberfläche wird angezeigt. Sie können diese Oberfläche verwenden, um einen Visualisierungstyp per Drag-and-drop aus dem Bereich VISUALISIERUNGEN auf der rechten Seite auf die Visualisierungsfläche zu ziehen. Abbildung 12.2 zeigt ein Beispiel für die Berichtsansicht in Power BI Desktop. In dieser Ansicht werden Visualisierungen erstellt und bearbeitet.

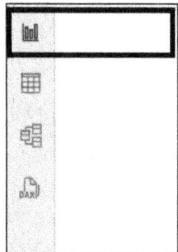

Abbildung 12.1: Die Schaltfläche »Berichtsansicht«

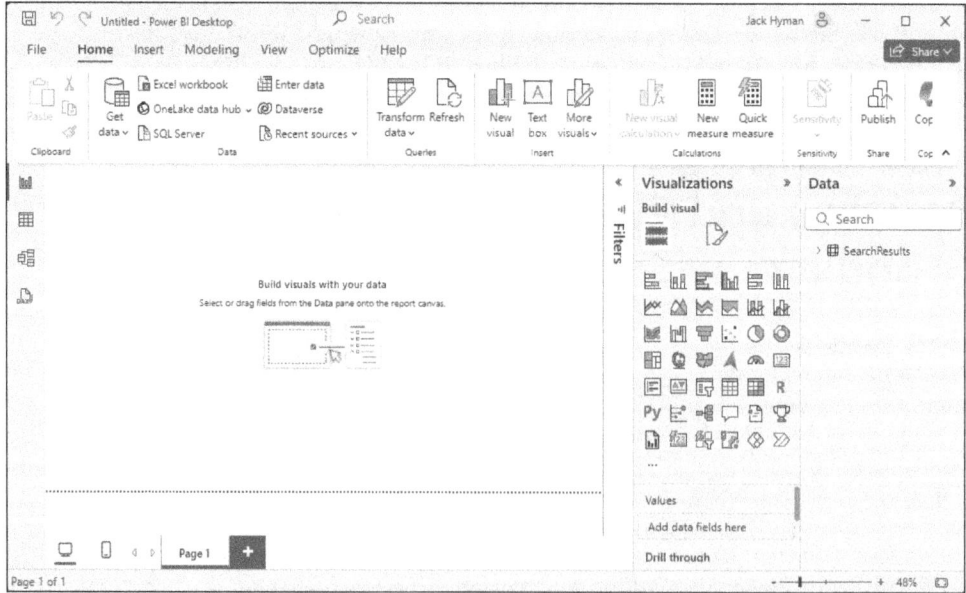

Abbildung 12.2: Power BI Desktop-Berichtsansicht

In der Berichtsansicht können Sie verschiedene Aktivitäten im Zusammenhang mit der Visualisierung durchführen, wie zum Beispiel

- ✔ Auswahl eines visuellen Symbols aus dem Visualisierungsbereich,
- ✔ Auswahl der in der Visualisierung zu verwendenden Datenfelder,
- ✔ Verschieben von Feldern aus dem Datenbereich auf die Arbeitsfläche, um eine Visualisierung zu erstellen,
- ✔ Schneller Zugriff auf verschiedene Befehle, Tools und Funktionen zum Verwalten Ihrer Daten, Erstellen von Visualisierungen und Anpassen von Berichten über das Menüband,
- ✔ Interpretation der Ergebnisse der Visualisierungen mithilfe des Q&A-Editors.

Sie können Berichte verbessern, indem Sie Textfelder, benutzerdefinierte Formen und Bilder integrieren. Bei Visualisierungen in mehrseitigen Berichten können Sie Schaltflächen, Lesezeichen und Seitennavigation hinzufügen.

Eine Visualisierung auswählen

Der Bereich VISUALISIERUNGEN in der Berichtsansicht von Power BI Desktop enthält mehr als 20 Visualisierungsoptionen, die Sie auf die Arbeitsfläche ziehen können. Für eine Visualisierung muss ein Benutzer ein oder mehrere Felder aus dem Datenbereich auswählen, nachdem er das Visual (das visuelle Element) auf die Arbeitsfläche gezogen hat. Er muss das entsprechende Kontrollkästchen aktivieren, um das Feld aus dem Datenbereich für ein Visual zu verwenden. Abbildung 12.3 zeigt ein Beispiel für den Bereich VISUALISIERUNGEN, und Abbildung 12.4 zeigt den zugehörigen Datenbereich.

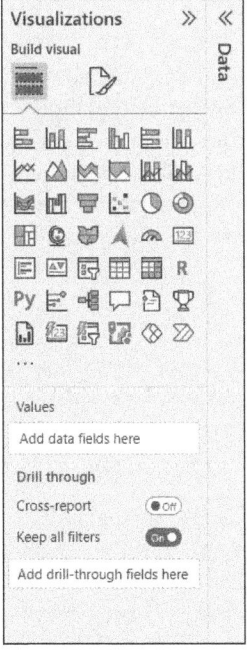

Abbildung 12.3: Der Visualisierungsbereich

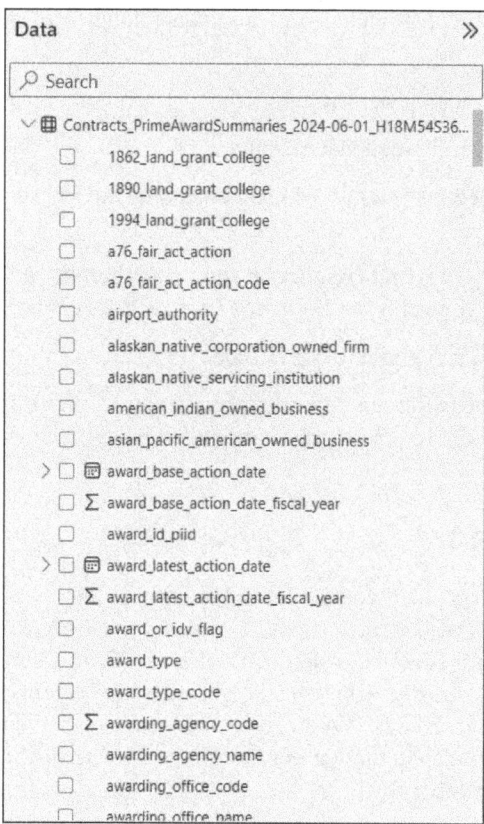

Abbildung 12.4: Der Datenbereich

Aktivieren Sie nicht zu viele Kontrollkästchen, da die Visualisierung sonst möglicherweise nicht überzeugend wirkt. Wählen Sie im Datenbereich nur die Variablen aus, die relevant sind. Verwenden Sie die Felder, die zur Spezifität des Berichts beitragen. Bedenken Sie, dass »je mehr, desto besser« nicht unbedingt für visuelle Elemente gilt, die Sie in Visualisierungen einbinden, da zu viele Details verwirrend sein können und die Visualisierung unübersichtlich machen.

Daten filtern

Beim Erstellen einer Visualisierung müssen Sie häufig Daten filtern. Wenn Sie ein neues Feld zum Einfügen in eine Visualisierung auswählen, wird das Feld einer der Werte angezeigt, nach denen gefiltert werden kann. Abhängig von der Größe Ihres Datasets für einen bestimmten Wert möchten Sie den Fokus möglicherweise einschränken.

Angenommen, Sie wählen einen Wert namens *funding_agency_name* als Auswahl aus dem Datenbereich aus. Unter *funding_agency_name* haben Sie eine Liste von Agenturen, nach denen Sie filtern können, einschließlich ALLE AUSWÄHLEN. In Abbildung 12.5 sehen Sie, dass mehrere Filter in den Bereich eingefügt wurden, aber noch keiner bearbeitet wurde. Sie werden auf Fälle stoßen, in denen die Reduzierung eines Datasets basierend auf einem Wert das Dataset erheblich reduziert. In Abbildung 12.6 werden in der Visualisierung nur die Einträge angezeigt, die mit der ausgewählten Unteragentur verknüpft sind.

KAPITEL 12 Daten in Power BI visualisieren

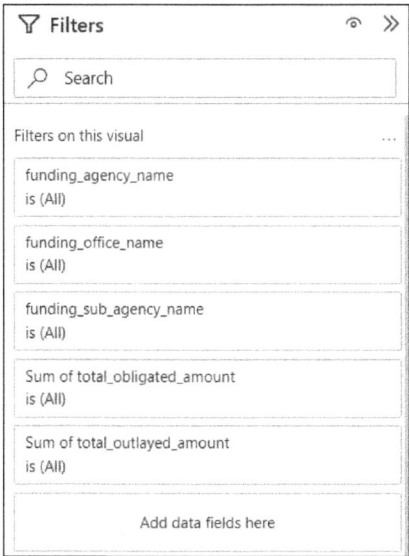

Abbildung 12.5: Filterbereich mit mehreren Feldern aus dem Datenbereich

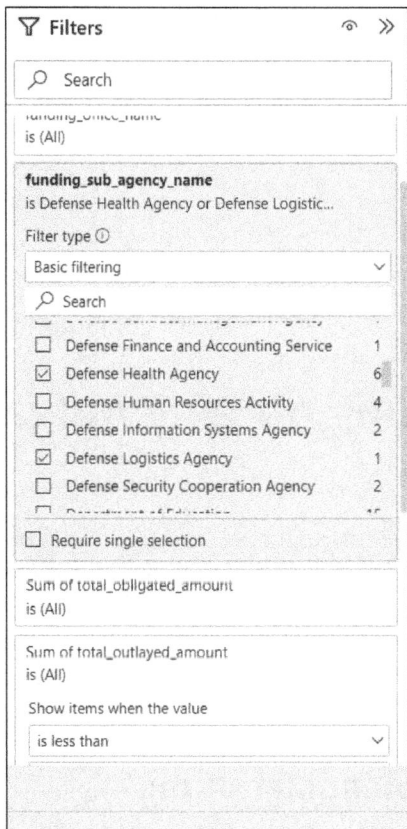

Abbildung 12.6: Filterbedingungen mit quantitativen Daten einrichten

Benutzer können die Daten nur für die jeweilige Visualisierung oder für alle Visualisierungen filtern, indem sie die Optionen AUF DIESER SEITE FILTERN oder AUF ALLEN SEITEN FILTERN im Filterbereich verwenden, wie in Abbildung 12.7 dargestellt.

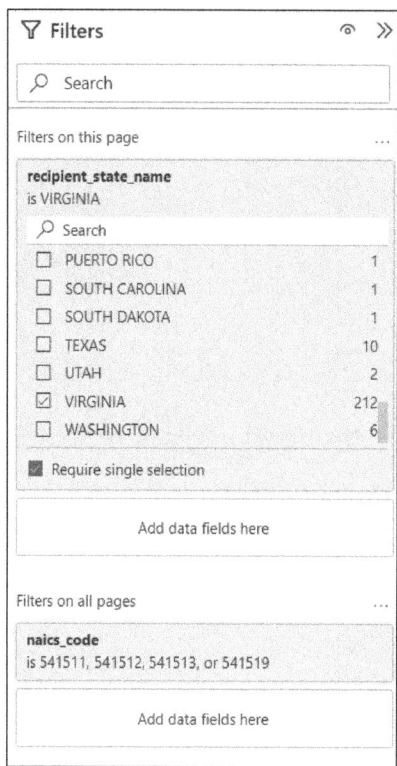

Abbildung 12.7: Die Optionen »Auf dieser Seite filtern« und »Auf allen Seiten filtern«

Die beste Visualisierung für eine Aufgabe wählen

Die Auswahl des am besten geeigneten Visualisierungstyps ist der Schlüssel zum Erstellen effektiver und aufschlussreicher Power BI-Berichte und Dashboards. Bei der Auswahl einer Visualisierung müssen Sie unbedingt die Art Ihrer Daten und die Geschichte berücksichtigen, die Sie mit Ihren Präsentationsoptionen vermitteln möchten. Balkendiagramme, Liniendiagramme, Streudiagramme und Treemaps sind nur einige Beispiele für die vielfältigen Optionen, die in Power BI verfügbar sind.

Balkendiagramme und Säulendiagramme

Power BI bietet mehrere Varianten von Balken- und Säulendiagrammen. Mit jeder dieser Varianten können Sie zwei oder mehr Werte innerhalb einer fokussierten Datenkategorie zusammenfassen und vergleichen. Sie verwenden Balken- oder Säulendiagramme beispielsweise für Vergleiche, da sie eine Momentaufnahme eines Datensatzes bieten.

Gestapelte Balkendiagramme und gestapelte Säulendiagramme

Die gestapelten Balkendiagramme und gestapelten Säulendiagramme eignen sich am besten zum Vergleichen von Kategorien mit einer standardmäßigen quantitativen Variable. Die Balken werden proportional zu den dargestellten Werten angezeigt – horizontal bei gestapelten Balkendiagrammen und vertikal bei gestapelten Säulendiagrammen. Eine Achse eines Diagramms stellt eine Kategorie zum Vergleich dar, die andere ist der fokussierte Wert.

Normalerweise vergleichen Sie zunächst nur zwei Variablen. Sollten Sie jedoch mehrere Variablen haben, unterstützt Power BI die Aufschlüsselung von Datasets in feinere Details. In Abbildung 12.8 sehen Sie beispielsweise ein gestapeltes Balkendiagramm mit einer einzigen Datenkategorie, dem rückstellungspflichtigen Betrag. Der rückstellungspflichtige Betrag wird dann in Segmente aufgeteilt, wobei der Wert dem unterschiedlichen Vergabetyp zugewiesen wird. Die Proportionalität der Balken ist der Vertragstyp. In diesem Fall erhält entweder ein kleines Unternehmen (rot) oder ein großes Unternehmen (blau) einen Vertrag.

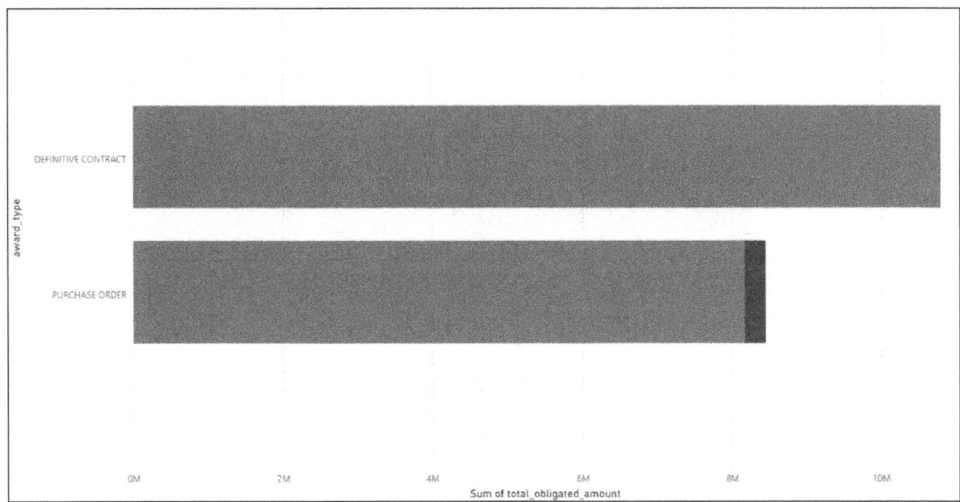

Abbildung 12.8: Ein gestapeltes Balkendiagramm

Wenn Sie der x-Achse eine zweite Dimension hinzufügen, sehen Sie, dass die gestapelten Balkendiagramme als aggregierte Werte noch weiter aufgeschlüsselt sind. Sie kombinieren die Ausgaben und die rückstellungspflichtigen Beträge für jeden Vergabetyp (siehe Abbildung 12.9). Bei einigen gestapelten Balken kann es nur einen Status geben, bei anderen mehrere.

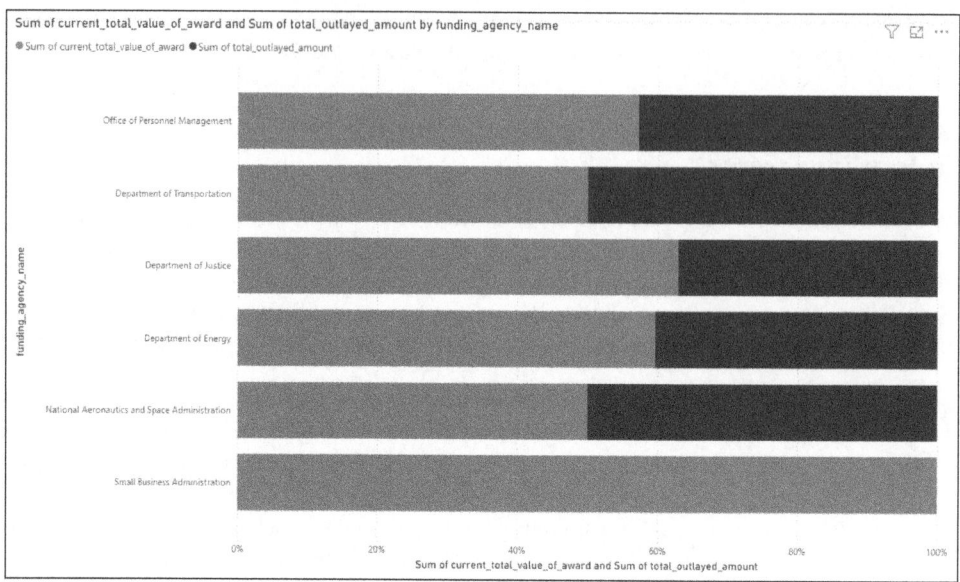

Abbildung 12.9: Mehrere Dimensionen in einem gestapelten Balkendiagramm

Ein gestapeltes Säulendiagramm ändert die Richtung der Daten von horizontal nach vertikal. Es gibt keinen wirklichen Unterschied in der Zusammenfassung der Daten – nur in der Visualisierung des Datasets. Abbildung 12.10 zeigt konzeptionell dieselben Daten wie Abbildung 12.8 für endgültige Verträge (eine Vergabeart), dieses Mal jedoch vertikal dargestellt. Dasselbe gilt für die in Abbildung 12.11 gezeigten mehreren Dimensionen. Im Beispiel in Abbildung 12.11 wurde eine andere Dimension verwendet. Die x-Achse berücksichtigt die Agentur. Die y-Achse kombiniert Verpflichtungen und Ausgaben über verschiedene Vergabearten hinweg.

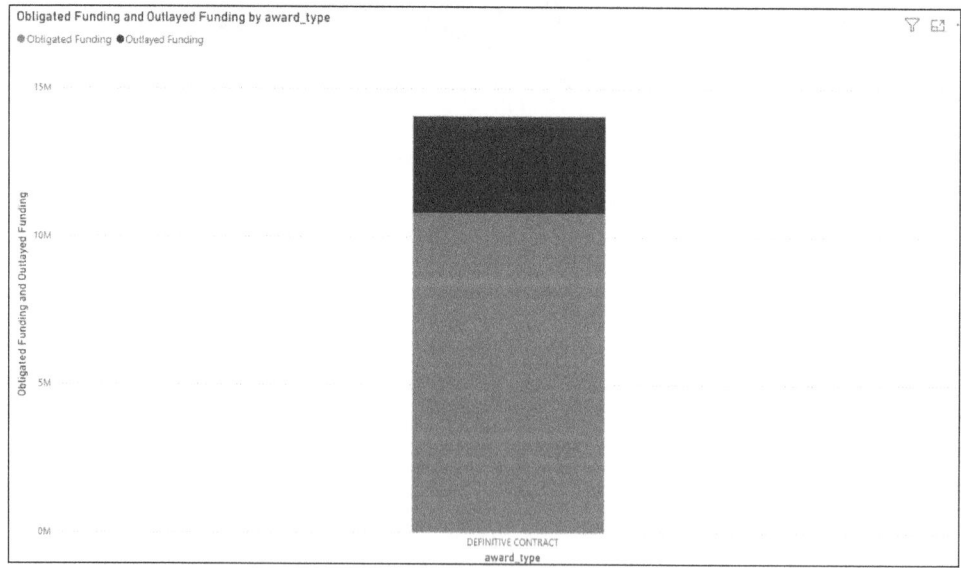

Abbildung 12.10: Ein gestapeltes Säulendiagramm

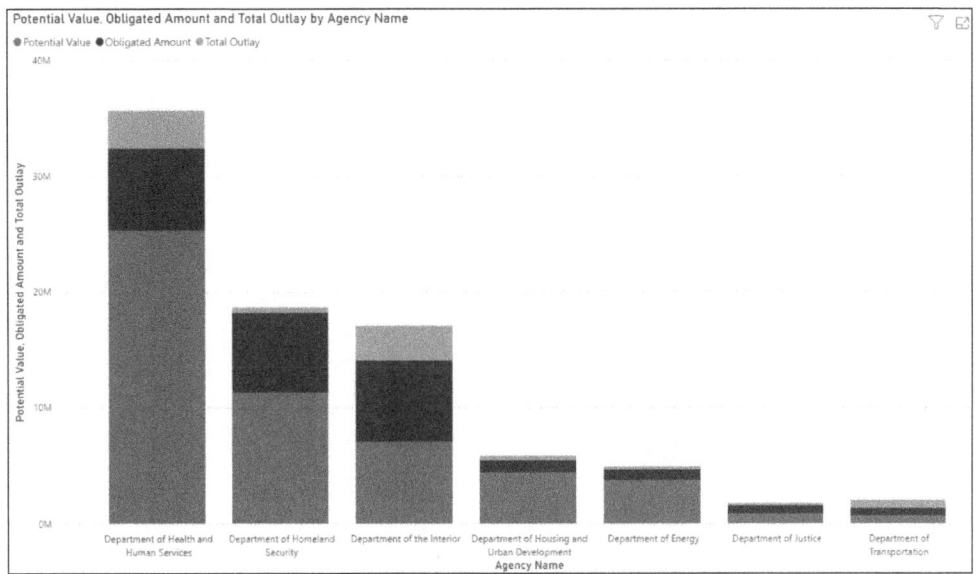

Abbildung 12.11: Mehrere Dimensionen in einem gestapelten Säulendiagramm

Gruppierte Balkendiagramme und gruppierte Säulendiagramme

Im Gegensatz zu gestapelten Balkendiagrammen und gestapelten Säulendiagrammen, bei denen die Daten in einem einzelnen Balken oder einer einzelnen Säule pro Kategorie komprimiert sind, sind die Daten in gruppierten Balkendiagrammen und gruppierten Säulendiagrammen diskreter aufgeschlüsselt. Es ist einfacher, Werte als größer oder kleiner zu erkennen, wenn die Werte in ihre diskreten Balken aufgeschlüsselt sind. Stellen Sie sich dies als ein typisches Vergleichsszenario vor. Im Fall von Abbildung 12.12 haben Sie einen Vergleich der rückstellungspflichtigen und der ausgegebenen Mittel für drei Vertragsarten. Beim gruppierten Säulendiagramm in Abbildung 12.13 sehen Sie, dass jede der Säulen die rückstellungspflichtigen und ausgegebenen Mittel aggregiert für die Vergabearten vergleicht. Der einzige Unterschied ist die Platzierung der Balken.

 Ihre Daten bestimmen die Auswahl Ihrer Visualisierung. Manchmal möchten Sie vielleicht zeigen, wie konsistent die Daten innerhalb einer Kategorie sind. Ein anderes Mal möchten Sie vielleicht Extreme aufzeigen. Ihr geschäftlicher Anwendungsfall, die Anzahl der Datenkategorien und -felder und die Wirkung, die Sie erzielen möchten, müssen bei der Auswahl Ihrer Visualisierung berücksichtigt werden.

 Es gibt noch einen weiteren Typ von Balken- und Säulendiagrammen, das sogenannte *100 % gestapelte Balken- und 100 % gestapelte Säulendiagramm*. Beide zeigen den relativen Anteil verschiedener Kategorien innerhalb einer Gruppierung. Jede Gruppierung ergibt insgesamt 100 % und jeder Balken kann mehrere Kategorien enthalten, und natürlich erscheint die Summe als ganzer Balken. Darüber hinaus können mehrere Balken innerhalb jeder Kategorie verglichen werden. Die Summe der Teile innerhalb eines Balkens, unabhängig davon, ob es sich bei der Grafik um einen Balken oder eine Säule handelt, ergibt insgesamt 100 %.

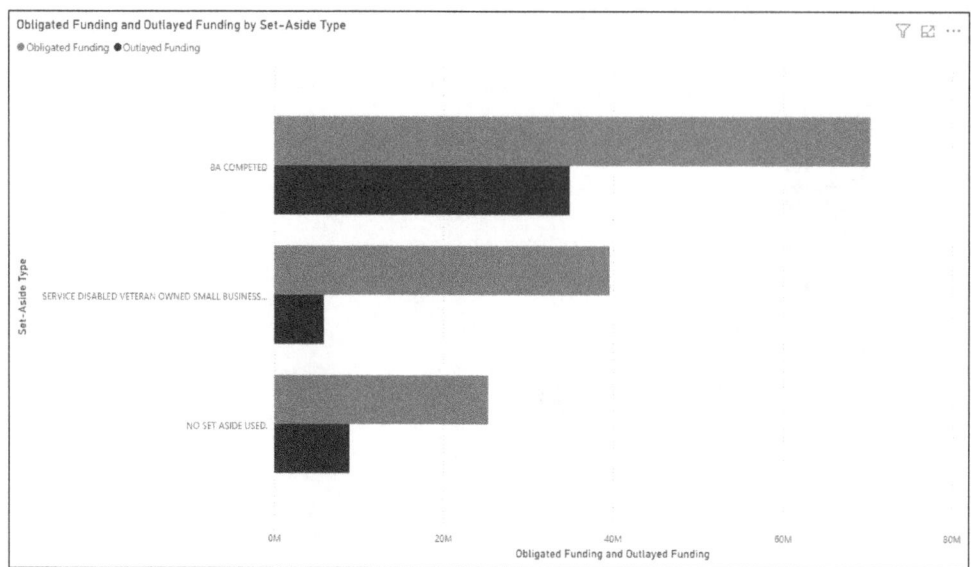

Abbildung 12.12: Ein gruppiertes Balkendiagramm

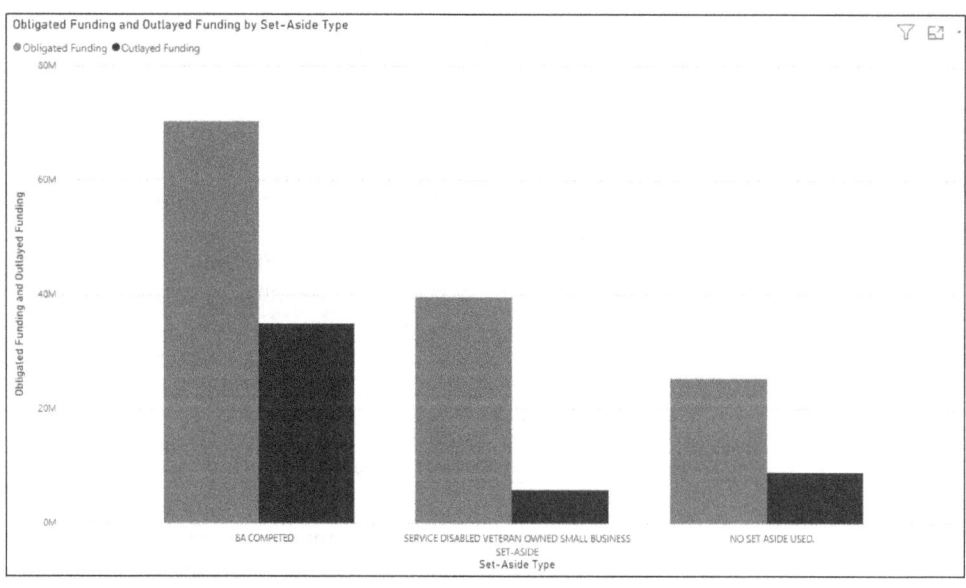

Abbildung 12.13: Ein gruppiertes Säulendiagramm

Einfache Liniendiagramme und Flächendiagramme

Wenn Sie eine Trendanalyse über einen bestimmten Zeitraum durchführen möchten, sollten Sie ein Linien- oder Flächendiagramm verwenden. Bei beiden Diagrammtypen weisen Sie der x-Achse einen numerischen Wert zu, während die y-Achse als Schlüsselmetrik fungiert. Ein Liniendiagramm verbindet bestimmte Datenpunkte mithilfe eines geraden Liniensegments. Das Flächendiagramm ist besser geeignet, wenn Sie nach Änderungen in einem Dataset suchen. Während beide einem Trend folgen, wird das Flächendiagramm mit einer bestimmten Farbe oder Textur gefüllt, um Datenvariationen anzuzeigen.

In den Beispielen in Abbildung 12.14 (Liniendiagramm) und Abbildung 12.15 (Flächendiagramm) sehen Sie eine Momentaufnahme der Entwicklung der rückstellungspflichtigen Mittel über einen Zeitraum von mehreren Kalenderjahren. Es wird erwartet, dass im Jahr 2024 mit rund 250 Millionen US-Dollar der höchste Ausgabenbetrag realisiert wird. Andererseits blieben die Ausgaben von 2010 bis 2020 nahezu unverändert.

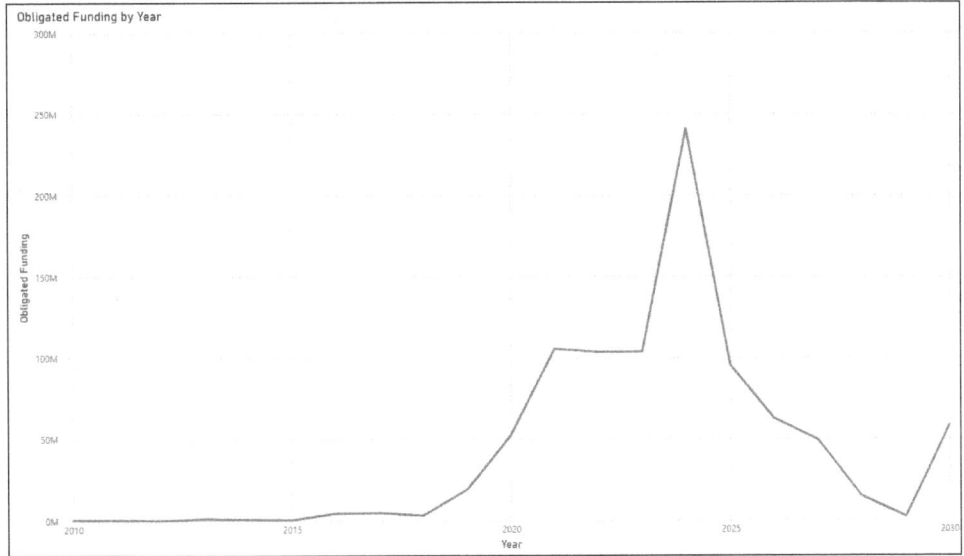

Abbildung 12.14: Ein Liniendiagramm

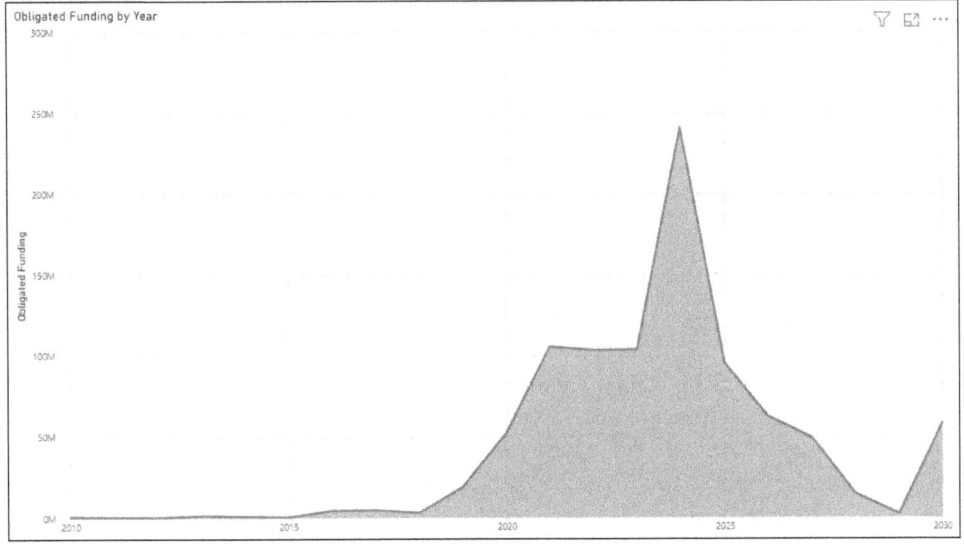

Abbildung 12.15: Ein Flächendiagramm

Liniendiagramme und Balkendiagramme kombinieren

Manchmal wollen Sie eine Analyse für mehrere Trends durchführen. Wenn das Dataset aussagekräftig ist und Sie so viele Informationen wie möglich in einer einzigen Visualisierung unterbringen möchten, ist die Kombination von Diagrammtypen eine Möglichkeit. Zwei Optionen sind das Linien- und das gestapelte Säulendiagramm sowie das Linien- und das gruppierte Säulendiagramm.

Sehen Sie sich das in Abbildung 12.16 dargestellte Beispiel an: Die Linie stellt die gesamten aktuellen Ausgaben dar, während die Spalten die rückstellungspflichtigen Ausgaben zeigen. Im Jahr 2023 gab es mehr Ausgaben als rückstellungspflichtig waren, während in anderen Jahren die Ausgaben eher einem angemessenen Haushaltsverhalten entsprechen.

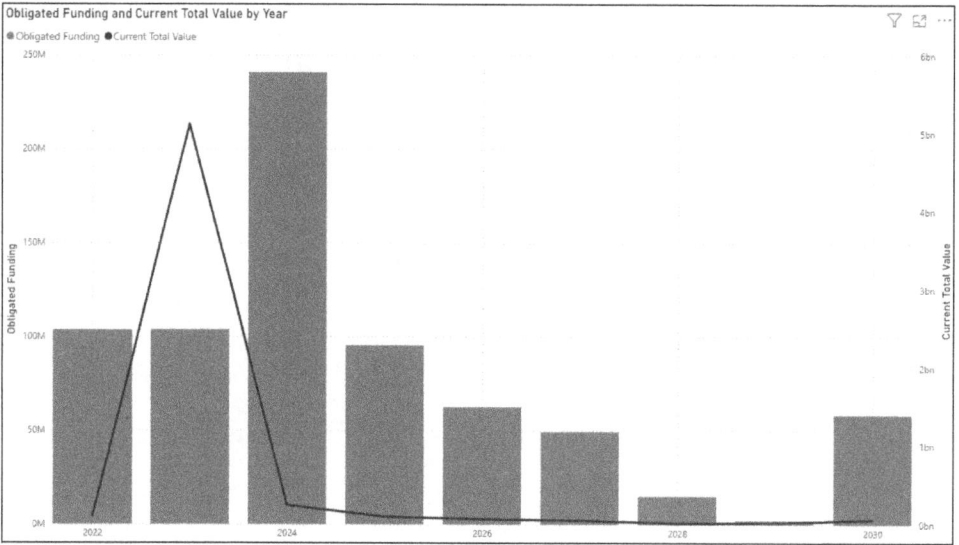

Abbildung 12.16: Ein Liniendiagramm und ein gestapeltes Säulendiagramm

 Wenn Sie versuchen, Vergleiche für gemeinsame Diagramme zu erstellen, stellen Sie sicher, dass sie füreinander relevant sind. Der Datenvergleich sollte nicht zu mehrdeutig sein, da Sie den Wert Ihres Berichts nicht verwässern möchten. Achten Sie außerdem darauf, nicht zu viele Vergleichsebenen hinzuzufügen.

Bänderdiagramme

Wenn Sie die Werte in der Reihenfolge sehen möchten, in der sie als Elemente in einer Legende erscheinen, sollten Sie am besten das Bänderdiagramm in Betracht ziehen. Ein *Bänderdiagramm* sortiert Elemente basierend darauf, welches Element die meisten seiner Werte auf einer bestimmten Achse hat. Wenn für eine Kategorie mehrere Werte ausgewertet werden, wird jeder Kategorietyp anders dargestellt.

Abbildung 12.17 zeigt, dass die meisten staatlichen Zuschüsse an benachteiligte Unternehmen (sogenannte *8a*-Organisationen) gingen. Die wenigsten Zuschüsse wurden für HUBZone-Unternehmen vergeben.

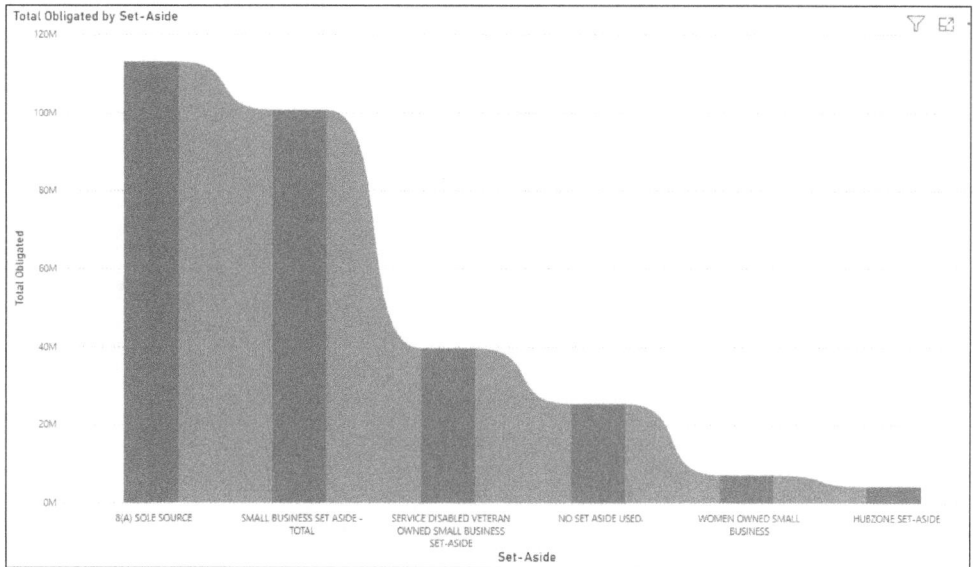

Abbildung 12.17: Ein Banddiagramm

Wasserfalldiagramme

Wenn Sie die Stärken oder Schwächen eines bestimmten Werts von Anfang an vergleichen und verstehen möchten, wie sich der Wert auf der Grundlage einer oder mehrerer anderer Bedingungen verändert, sollten Sie ein Wasserfalldiagramm verwenden. Ein klassischer Anwendungsfall für ein Wasserfalldiagramm ist eine Kostenanalyse oder die Überprüfung des Kontostands. Im Diagramm werden Zwischenaktionen angezeigt, die positive und negative Bewegungen zeigen.

Im Beispiel in Abbildung 12.18 stellt die letzte Spalte die Gesamtausgaben (300 Millionen US-Dollar) dar. Jeder der Wasserfallbalken stellt einen Teil der 300 Millionen Dollar dar.

Trichterdiagramme

Wenn Sie lineare Prozesse verstehen, aufeinanderfolgende Phasen visualisieren oder die Gewichtung kritischer Elemente in einem Dataset rationalisieren möchten, ist ein Trichterdiagramm die richtige Wahl. Um die Analogie der Verkaufstrichtermodellierung zu verwenden: Wenn die Pipeline (alle Ihre Verkaufsdaten) Angebote unterschiedlicher Beträge enthält, können Sie damit besser verstehen, wo der Schwerpunkt liegt.

In Abbildung 12.19 sehen Sie, dass der Gesamtbetrag des Trichters den größten Teil der Gesamtausgaben sowohl prozentual als auch in Dollar darstellt. Je weiter Sie im Trichter nach unten gehen, desto geringer wird der Betrag. Während der Trichter ganz oben 100 % darstellt, entspricht der untere Teil 3,7 % der Gesamtausgaben.

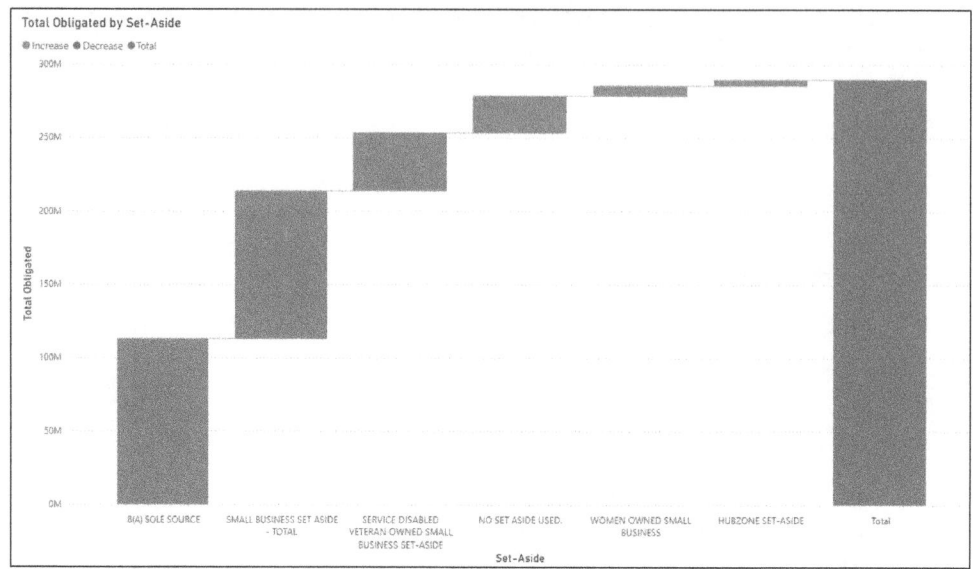

Abbildung 12.18: Ein Wasserfalldiagramm

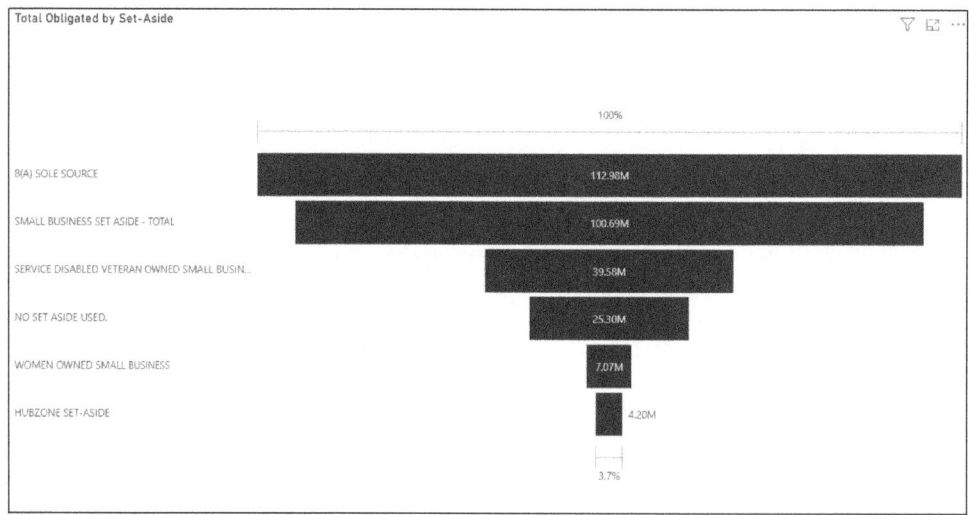

Abbildung 12.19: Ein Trichterdiagramm

Sie haben wahrscheinlich bemerkt, dass einige der in diesem Kapitel beschriebenen Berichte beim Filtern spezifisch werden. Ein Großteil der Spezifität korreliert mit der Feldzuordnung im Visualisierungsbereich. Unabhängig von der Visualisierung müssen Sie möglicherweise die folgenden Bereiche unter FORMATIERUNG im Visualisierungsbereich anpassen:

✔ **Kategorien:** Werden in Balkendiagrammen auf der horizontalen Achse dargestellt (in Säulendiagrammen auf der vertikalen Achse). Sie können mehrere Kategorien einschließen und ein Drilldown aktivieren, um tiefere Datenebenen zu erkunden.

✔ **Aufschlüsselung:** Ermöglicht Ihnen, Änderungen zwischen Kategorien anzuzeigen.

✔ **Werte:** Bezeichnet das wichtigste numerische Feld, das dargestellt wird.

✔ **Tooltip:** Zeigt automatisch Feldbeschreibungen an, wenn ein Benutzer den Mauszeiger über einen Balken oder eine Spalte in einer Visualisierung bewegt.

Streudiagramme

Angenommen, Sie haben ein umfangreiches Dataset, bei dem Sie die Beziehung zwischen einer Variable auf zwei Achsen ermitteln und dann die *Korrelation* bestimmen möchten – die Ähnlichkeit oder das Fehlen derselben. In diesem Fall ist ein Streudiagramm eine geeignete Wahl. In Abbildung 12.20 sehen Sie, dass jeder Punkt im Bundesstaat Maryland oder im District of Columbia eine Auftragsvergabe kennzeichnet. Jeder Punkt entspricht dem für eine Auftragsvergabe rücklagenpflichtigen Betrag im Vergleich zum bisher ausgegebenen Betrag.

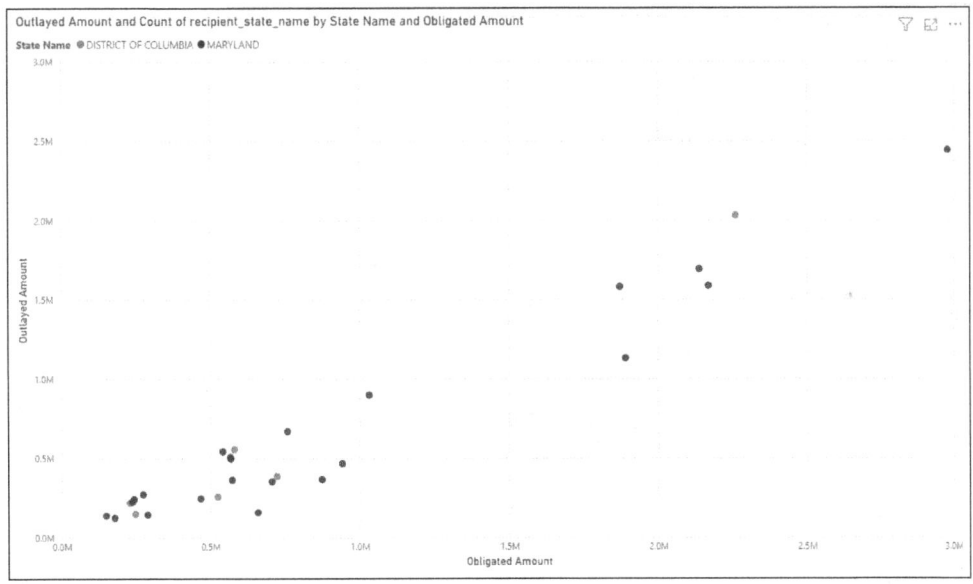

Abbildung 12.20: Ein Streudiagramm

Kreis- und Donut-Diagramme

Kreisdiagramme sind kreisförmige Grafiken, die die Werte einer einzelnen Kategorie in Abschnitte (oder Prozentsätze) aufteilen. Das Ganze ergibt zusammen 100 Prozent. Das *Donut-Diagramm* ist eine Erweiterung des Kreisdiagramms. Es zeigt Kategorien als Bögen mit einem großen Loch in der Mitte an. Die Werte sind genau dieselben – es geht hier eher um das Design.

In Abbildung 12.21 (Kreisdiagramm) und Abbildung 12.22 (Donut-Diagramm) sehen Sie eine Aufschlüsselung der Vertragsarten für ein bestimmtes Produkt, das die Regierung über einen bestimmten Zeitraum gekauft hat. Je größer das Segment des Kreises oder Rings, desto mehr Verträge wurden vergeben.

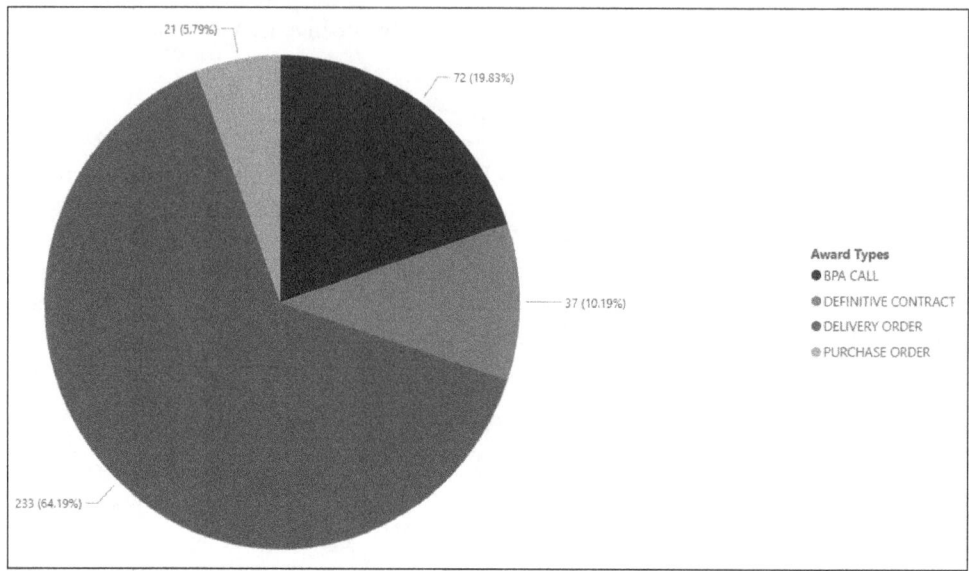

Abbildung 12.21: Ein Kreisdiagramm

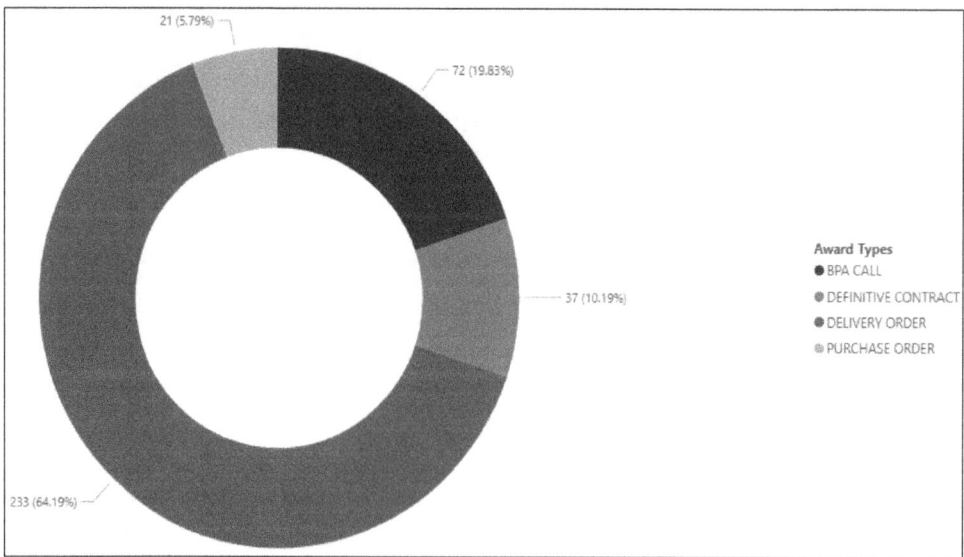

Abbildung 12.22: Ein Donut-Diagramm

Treemaps

Für die Gewichtung und die Proportionalität muss der Benutzer die Daten aus einer hierarchischen Perspektive besser verstehen. Die Treemap mit ihrer Reihe verschachtelter Rechtecke verschiedener Größen bietet eine solche Perspektive. Entsprechend der Zusammenfassung von Werten oder der Häufigkeit zeigen markantere Darstellungen mehr Aktivität. Im Gegensatz dazu stellen kleinere Rechtecke eine kleinere Teilmenge von Daten innerhalb eines Zweigs dar.

Die Treemap in Abbildung 12.23 veranschaulicht einige Kennzahlen. Zunächst wird die Verteilung der Verträge für ein bestimmtes Produkt an drei Standorten gemessen: Virginia, Maryland und District of Columbia. Virginia hat den Löwenanteil der Produkt- und Dienstleistungsverkäufe. Als Nächstes wird innerhalb jedes Bundesstaats die Aufteilung der Vertragsarten veranschaulicht. Und an jedem Standort waren Lieferaufträge das am häufigsten verwendete Vertragsmittel.

Abbildung 12.23: Eine Treemap

Indikatoren

Wenn Sie die Effektivität eines Geschäftsziels messen möchten, sollten Sie eine oder mehrere ähnliche Kennzahlen vergleichen. Power BI bietet *Indikatoren* oder *Key Performance Indicators* (KPIs), mit denen Sie den Wert Ihres Unternehmens anhand einer oder mehrerer Variablen messen können. Es stehen mehrere Arten der Visualisierung kritischer Leistungsindikatoren zur Verfügung.

Radiale Messgeräte

Für KPIs wird häufig ein *Messgerät* verwendet, um schnell einen Datenpunkt anzuzeigen, der einen Wert mit einem Zielbereich vergleicht. Angenommen, Sie verfolgen die Finanzlage eines Budgets. In Abbildung 12.24 belaufen sich die gesamten steuerlichen Verpflichtungen für ein bestimmtes Produkt über fünf Jahre (2019–2024) auf 637 Millionen US-Dollar.

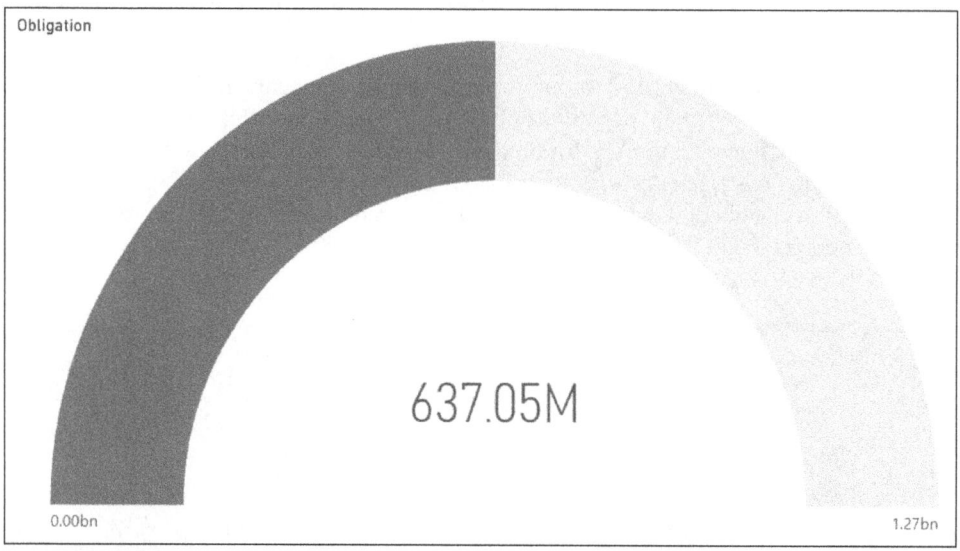

Abbildung 12.24: Verwendung eines Messgeräte-Diagramms

Karten und Multikarten

Angenommen, Sie suchen nach einer einzelnen Zahl, die Ihnen dabei hilft, eine bestimmte Statistik zu ermitteln. In diesem Fall kann Ihnen der Kartenindikator dabei helfen, Ihre Daten zu verfolgen. Beispiele für die Verwendung von Karten sind Gesamtumsatz, Marktanteil oder, wie in Abbildung 12.25 gezeigt, der rücklagenpflichtige Betrag in Dollar. Das Beispiel mit mehreren Karten zeigt eine Aufschlüsselung der Ausgaben für die drei Staaten (siehe Abbildung 12.26).

Abbildung 12.25: Beispiel für eine Karte

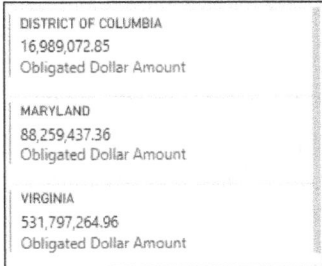

Abbildung 12.26: Beispiel mit mehreren Karten

Slicer

Angenommen, Sie möchten einen visuellen Drilldown-Filter für eine große Menge an Tabellendaten erstellen, damit der Benutzer nach Bedarf sortieren und filtern kann. In diesem Fall könnte ein *Slicer* – ein Tool im Dashboard-Stil, das direkt in den Bericht integriert werden kann und Benutzern ermöglicht, beim Analysieren der Daten Werte auszuwählen – genau das Richtige für Sie sein. Sie können zwischen Dashboard-, Dropdown- oder Kontrollkästchen-Slicern wählen. Ein Beispiel für mehrere Slicer-Typen sowie ein Beispiel für tabellarische Daten finden Sie in Abbildung 12.27.

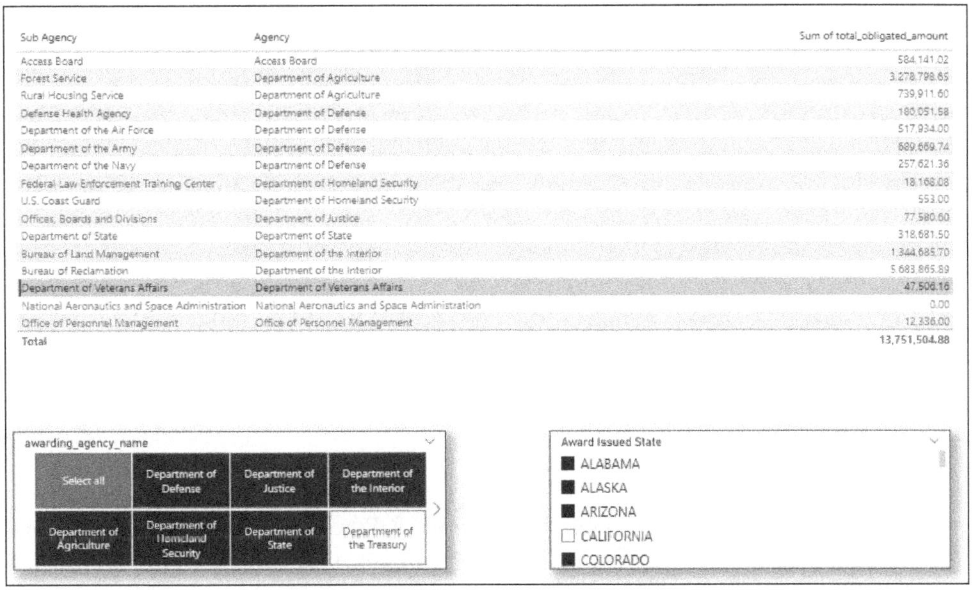

Abbildung 12.27: Ein Beispiel für einen Slicer mit Tabelle

Berichtsvisualisierungen formatieren und konfigurieren

Alle Visualisierungen in Power BI sind in irgendeiner Form konfigurierbar. Obwohl einige Visualisierungen berichtsspezifische Konfigurationen basierend auf ihren vordefinierten Kriterien verwenden, können viele Elemente als Standard für alle Visualisierungen betrachtet werden. Unabhängig davon können Sie eine Visualisierung formatieren, indem Sie das Element auswählen und auf das praktische Farbrollersymbol im Visualisierungsbereich klicken (siehe Abbildung 12.28), um auf die Formatierungstools zuzugreifen.

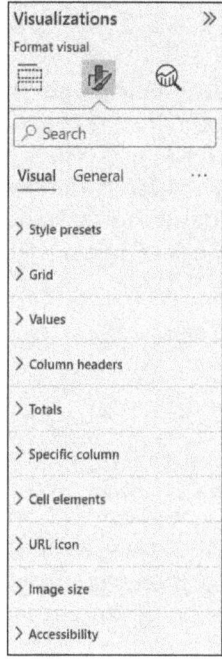

Abbildung 12.28: Formatierungsfunktionen im Bereich »Visualisierungen«

Hier einige gängige Formatierungsoptionen:

- ✔ **Allgemeine Formatierung:** Hier können Sie die *X*-Position, *Y*-Position, Breite, Höhe und den *Alternativtext* auswählen – die Beschreibung, die für Eingabehilfen verwendet wird.

- ✔ **Titel:** Hier formatieren Sie den Titeltext, Text- und Zeilenumbruch, Farbe (Schriftart und Hintergrund) und Textfunktionen (Ausrichtung, Schriftgröße und Schriftart).

- ✔ **Hintergrund:** Hier legen Sie den Seiten- und Visualisierungshintergrund fest.

✔ **Sperraspekt:** Hier sperren Sie ein visuelles Element basierend auf der Proportion des jeweiligen Objekts auf der Arbeitsfläche.

✔ **Ränder:** Hier formatieren Sie die Randfarben und Radien Ihrer Bilder.

✔ **Schatten:** Hier legen Sie die Farbe und Position des Schattens fest.

✔ **Tooltips:** Hier formatieren Sie alle standardmäßigen oder berichtsspezifischen Tooltips (Beschreibungen).

✔ **Überschriften:** Hier können Sie Überschriften abhängig von Bedingungen ausblenden oder anzeigen.

 Abhängig von der Visualisierung sind viele weitere Optionen verfügbar. Die obige Liste umfasst nur die Optionen, die für alle Visualisierungen verfügbar sind.

Die Berichtsseite konfigurieren

Das Formatieren einer Berichtsseite unterscheidet sich nicht wesentlich vom Formatieren eines visuellen Elements, außer dass ein Bericht mehrere visuelle Elemente enthalten kann. Gehen Sie dazu direkt in den Bereich VISUALISIERUNGEN. Klicken Sie dort auf das Farbrollersymbol. Auf dem angezeigten Bildschirm gehen Sie dann zur Registerkarte ALLGEMEIN. Hier können Sie die Berichtskonfiguration standardisieren, einschließlich Titel, Eigenschaften und Symbolen für einen Bericht (siehe Abbildung 12.29).

Abbildung 12.29: Konfigurieren der Berichtseigenschaften auf der Registerkarte »Allgemein«

Sie können die folgenden seitenbezogenen Funktionen auf der Registerkarte ALLGEMEIN unter EIGENSCHAFTEN formatieren:

✔ **Seiteninformationen:** Hier ändern Sie den Namen des Berichts, schalten Tooltips ein und aus und aktivieren Fragen und Antworten auf einer ganzen Seite, nicht nur für ein bestimmtes Bild.

✔ **Seitengröße:** Hier wählen Sie den Größenfaktor für Ihre Visualisierung, der sich dann auf Papiersorte und Seitengröße auswirkt (siehe Abbildung 12.30).

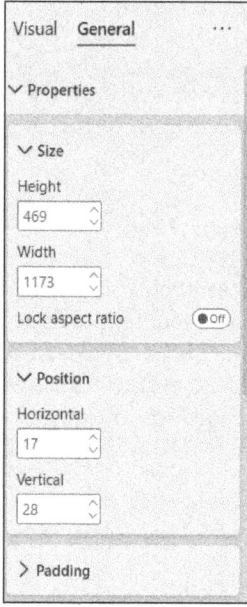

Abbildung 12.30: Seitenlayouteigenschaften

✔ **Seitenhintergrund:** Hier konfigurieren Sie die Hintergrundfarbe der Berichtsseite.

✔ **Seitenausrichtung:** Hier entscheiden Sie, ob der Inhalt Ihrer Berichte linksbündig oder mittig auf einer Seite angezeigt werden soll.

✔ **Titel:** Hier geben Sie einem Bericht mit dem Titel ein bestimmtes Erscheinungsbild (siehe Abbildung 12.31).

✔ **Designästhetik auf Objektebene:** Hier ändern Sie die Hintergrundfarbe, fügen einen Rahmen hinzu oder wenden einen Schatten auf das Berichtsobjekt an, nicht nur auf die Seite (siehe Abbildung 12.32).

 Die beste Möglichkeit, Konsistenz bei der Berichtsformatierung sicherzustellen, besteht darin, eine Seite zu erstellen und die Seitenkonfiguration mehrere Male zu duplizieren. Dadurch sparen Sie sich die Mühe, das Rad immer wieder neu zu erfinden.

KAPITEL 12 Daten in Power BI visualisieren   367

Abbildung 12.31: Beispiel für das Branding eines Berichts

Abbildung 12.32: Objektebenenentwurf für einen Bericht

Wenn Sie sicherstellen möchten, dass Ihr Bericht die Anforderungen an die Barrierefreiheit erfüllt, können Sie jedem Objekt *Alternativtext* hinzufügen (eine Möglichkeit, Dinge für Menschen zu beschreiben, die diese Unterstützung benötigen). Abbildung 12.33 zeigt ein Beispiel für den Alternativtext-Editor. Sie finden diese Option auch im Bereich ALLGEMEIN.

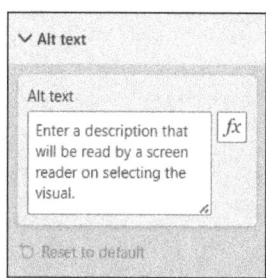

Abbildung 12.33: Alt-Text-Editor

Symbole in einem Bericht entfernen

In einem Power BI-Bericht finden Sie viele Symbole, die die Funktionalität innerhalb des Berichts steuern – Fixieren, Fokusmodus, Datenlayouts und so weiter. Power BI kann ein leistungsstarkes Tool sein, aber die Symbole können ablenken, wenn Sie möchten, dass die Visualisierung für sich alleine glänzt. Um diese Symbole ein- und auszuschalten, klicken Sie auf das Berichtsobjekt. Wechseln Sie dann zum Formatierungsbereich. Suchen Sie unter der Registerkarte ALLGEMEIN die Option SYMBOL in der Dropdownliste KOPFZEILENSYMBOLE. Hier können Sie über ein Dutzend (und es werden immer mehr) Funktionen ein- oder ausschalten, die wahrscheinlich in Ihren Power BI-Bericht eingebettet sind, wie in Abbildung 12.34 gezeigt. Beispiele dafür sind Warnungen oder Fehleranzeigen.

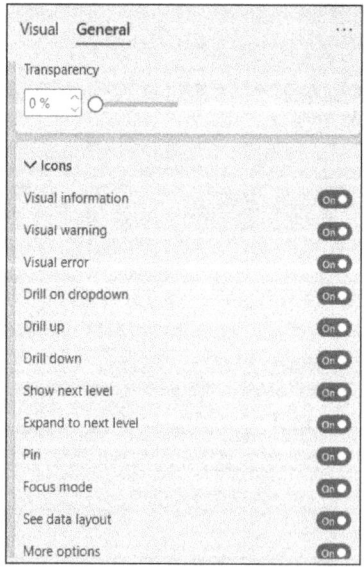

Abbildung 12.34: Symbole in einem Power BI-Bericht verwalten

Berichte vom Desktop im Web veröffentlichen

Showtime! Nachdem Sie alle Änderungen an Ihrer Berichtsseite mithilfe von Power BI Desktop vorgenommen haben, suchen Sie in der oberen Symbolleiste auf der Registerkarte START nach der Schaltfläche VERÖFFENTLICHEN und führen die folgenden Schritte aus:

1. **Klicken Sie auf die Schaltfläche VERÖFFENTLICHEN.**

   Power BI fordert Sie auf, den Power BI-Bericht lokal auf Ihrem Desktop zu speichern. Dadurch wird eine PBIX-Datei gerendert. Die Benutzeroberfläche von Power BI Services wird angezeigt.

2. **Wählen Sie den Arbeitsbereich aus, in dem Sie den Bericht zur Anzeige und Verteilung innerhalb von Power BI Services speichern möchten (siehe Abbildung 12.35), und klicken Sie dann auf SPEICHERN.**

   Power BI benachrichtigt Sie, dass der Bericht seinen Zielarbeitsbereich zur Anzeige erreicht hat. Weitere Informationen zu Arbeitsbereichen finden Sie in Kapitel 13.

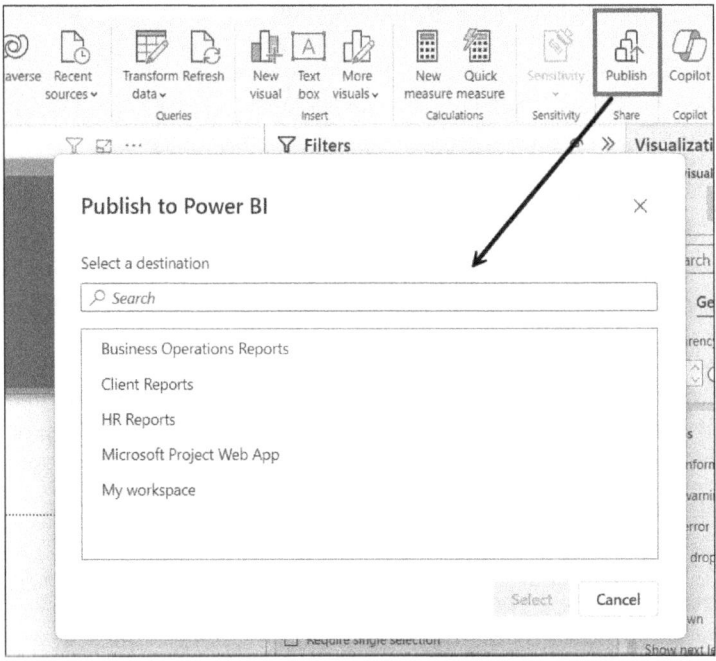

Abbildung 12.35: Einen Bericht von Power BI Desktop in Power BI Services veröffentlichen

3. **Öffnen Sie Power BI Services.**

    Um Power BI Services zu öffnen, klicken Sie im Dialogfeld POWER BI SERVICES auf den Link `<Dateiname> in Power BI öffnen`.

    Über Power BI Services können Sie den Bericht anzeigen oder aus den einzelnen Berichten aussagekräftige Dashboards erstellen.

Dashboards

Stellen Sie sich Folgendes vor: Sie sehen eine Mischung aus Bildern und Text, ordentlich angeordnet auf einer Anzeige. Sie zeigt Ihnen, dass in Ihrer Organisation alles reibungslos läuft. Doch dann ändert sich eines der visuellen Elemente. Alarmglocken schrillen – zumindest im übertragenen Sinn – und viele Telefone klingeln und SMS-Nachrichten werden verschickt. Die Person, die auf den Notfall reagiert, muss nicht allzu tief graben, da die Organisation eine Reihe von Datasets gesammelt hat, die in Form einer einzelnen Benutzererfahrung verfügbar sind und nicht erst aus einer Sammlung von Ad-hoc-Berichten herausgesucht werden müssen.

Die Datasets auf einer einzigen Arbeitsfläche bieten alle Echtzeitzugriff auf den aktuellen Betriebszustand. Das Dashboard mag wie ein großer Datenbrei erscheinen, aber es sind aussagekräftige Daten, die so präsentiert werden, dass diejenigen, die die Feinheiten des Dashboards beherrschen, sofort erkennen können, was schiefläuft. Dieser Abschnitt führt Sie in die Geheimnisse der Dashboarderstellung mit Power BI Services ein.

Bevor Sie in die Geheimnisse eingeweiht werden, hier ein paar wichtige Grundsätze zum Dashboarding mit Power BI:

- ✔ **Sie können ein Dashboard nur mit Power BI Services erstellen.** Um die volle Bandbreite der Dashboard-Funktionen nutzen zu können, benötigen Sie eine Pro- oder Premium-Lizenz.

- ✔ **Ein Dashboard soll vielfältige Informationen zeigen.** Ein Bericht kann nur ein einziges Dataset enthalten. Obwohl es völlig in Ordnung ist, nur ein Dataset in einem Dashboard zu verwenden, ist es weitaus üblicher, dort mehrere Datasets darzustellen.

- ✔ **Ein Dashboard ist eine Zusammenstellung vieler Objekte.** Diese Zusammenstellung beschränkt sich auf nur einen Bildschirm.

- ✔ **Jedes visuelle Element in einem Dashboard wird als Kachel bezeichnet.** In Berichten werden visuelle Elemente als *Ausgaben* bezeichnet.

- ✔ **Power BI Services ist ein webbasierter Dienst.** Für Power BI Desktop ist keine Internetverbindung erforderlich. Datenwarnungen sind nur mit Power BI Services verfügbar.

Dashboards konfigurieren

Ein *Dashboard* ist in seiner einfachsten Form lediglich eine Collage aus vielen Datenobjekten, die auf einer Seite angeheftet werden können. In den meisten Fällen sind die Elemente visueller Natur; manchmal kann der Inhalt des Dashboards Text, Video, Audio oder die Navigation zu anderen Dashboards und Datenquellen enthalten. Dashboards können Ressourcen unter Verwendung von Berichten, Excel-Arbeitsmappen, Erkenntnissen, Q&A-Ergebnissen und Multimedia von verschiedenen Inhaltsanbietern integrieren.

Ein neues Dashboard erstellen

Wenn Sie bei Power BI Services angemeldet sind, sollten Sie sicherstellen, dass Sie über ein Dataset und einige visuelle Elemente verfügen, die auf einem Dashboard platziert werden können. Um ein Dashboard zu erstellen, gehen Sie wie folgt vor:

1. Öffnen Sie in Power BI Services MEIN ARBEITSBEREICH oder den Arbeitsbereich, zu dem Sie das Dashboard zur Nutzung hinzufügen möchten.

2. Klicken Sie oben im Arbeitsbereichsfenster auf NEU.

3. Wählen Sie DASHBOARD aus dem angezeigten Menü, wie in Abbildung 12.36 dargestellt.

4. Geben Sie den Namen des neuen Dashboards ein und klicken Sie dann auf ERSTELLEN.

Ein leerer Anzeigebereich wird für Sie eingerichtet, damit Sie mit dem Portieren und Anheften von Berichten beginnen können.

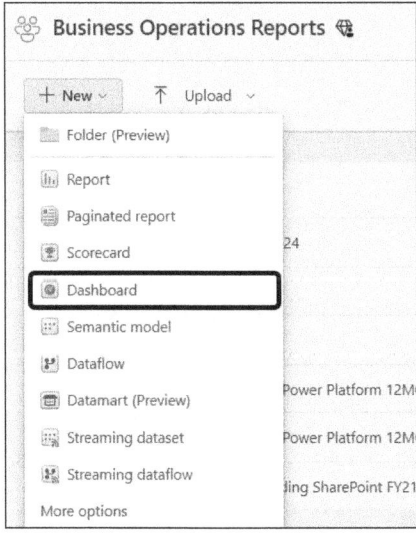

Abbildung 12.36: Ein Dashboard erstellen

Ein Dashboard mit Inhalten füllen

Sie müssen ein paar Punkte beachten, wenn Sie versuchen, ein Objekt in Ihr Dashboard zu integrieren. Zunächst müssen Sie überlegen, welche Art von Objekten erforderlich sind, um eine geplante Berichtszusammenstellung auf einem Dashboard hervorzuheben. Der zweite Punkt hat mit dem Layout und der Anzahl der Objekte zu tun, die Sie dem Anzeigebereich anheften möchten.

Sie können über die eigentlichen Berichte hinaus einige unterschiediche Elemente hinzufügen:

- ✔ **Webinhalte:** HTML-basierte Webinhalte
- ✔ **Bilder:** ausschließlich öffentlich zugängliche Bilder
- ✔ **Textfelder:** statischer Text, der formatiert werden kann
- ✔ **Video:** Videos, die auf YouTube oder Vimeo eingebettet werden können
- ✔ **Benutzerdefinierte Streamingdaten:** Echtzeitdaten aus einer API-, Azure Stream- oder PubNub-Quelle

Sie kennen vielleicht die meisten der in der obigen Liste beschriebenen Inhaltsquellen, aber wenn Sie extrem große Datasets in einem Dashboard darstellen möchten, sollten Sie Azure Streams oder PubNub verwenden. Azure Stream ist die Abkürzung für Azure Stream Analytics, eine Engine für Echtzeitanalysen und komplexe Ereignisverarbeitung, die darauf ausgelegt ist, große Mengen (normalerweise Live-)Daten aus mehreren Quellen gleichzeitig zu analysieren und zu verarbeiten. PubNub ist wie Azure Streams ein weiterer Streaming-Dienst für Echtzeitanalysen, der sich auf die Bereitstellung von Inhalten mithilfe eines Publish/Subscribe-Messaging-Prozesses in Echtzeit konzentriert, hauptsächlich für Geräte des Internets der Dinge (IdDT).

Um inhaltsbasierte Objekte (im Power BI-Jargon »Kacheln«) zur Anzeigefläche hinzuzufügen, gehen Sie wie folgt vor:

1. **Gehen Sie auf der Dashboard-Arbeitsfläche zum Menü BEARBEITEN.**
2. **Wählen Sie KACHEL HINZUFÜGEN.**
3. **Wählen Sie aus dem Menü, das daraufhin angezeigt wird, einen der aufgelisteten Objekttypen aus.**
4. **Passen Sie das Objekt auf der Dashboard-Anzeigefläche wie gewünscht an.**

Alle Inhalte, die Sie auf einem Dashboard platzieren, müssen öffentlich zugänglich sein. Auch wenn eine Authentifizierung oder ein Upload erforderlich ist, damit ein Benutzer die Daten anzeigen kann, ist dies mit Power BI derzeit nicht möglich.

Berichte anheften

Das Erstellen von Kacheln für die Visualisierung von Berichten (die Objekte, die sich auf dem Dashboard befinden) unterscheidet sich geringfügig von anderen Inhaltsergänzungen. Bei Dashboards heften Sie die vorhandene Berichtsvisualisierung an, die Sie in Power BI Desktop erstellt und als einzelne Objekte auf Power BI Services portiert haben. Anschließend wird unter Verwendung einer Sammlung solcher Berichte ein einzelnes Dashboard erstellt. So heften Sie eine Berichtsvisualisierung an:

1. Gehen Sie zu einem Arbeitsbereich, der einen Bericht enthält, einschließlich einer oder mehrerer Visualisierungen, die Sie in ein Dashboard aufnehmen möchten.

2. Suchen Sie die Option AN EIN DASHBOARD ANHEFTEN in der Kopfzeile des Diagramms (siehe Abbildung 12.37).

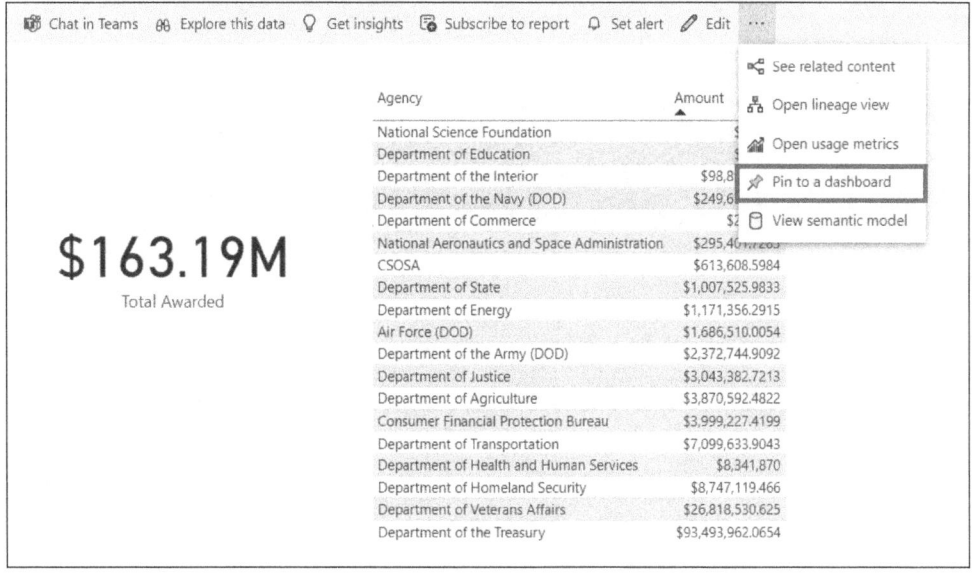

Abbildung 12.37: Die Option »An ein Dashboard anheften«

3. Klicken Sie auf dem angezeigten Bildschirm AN DASHBOARD ANHEFTEN auf ein Optionsfeld, um anzugeben, ob die Visualisierung Teil eines neuen Dashboards sein oder zu einem vorhandenen Dashboard hinzugefügt werden soll (siehe Abbildung 12.38).

    Sie fügen die Visualisierung einem vorhandenen Dashboard hinzu, daher sollten Sie diese Option auswählen. Anschließend wählen Sie über das Dropdown-Menü das gewünschte Dashboard aus.

4. Nachdem Sie Ihre Auswahl getroffen haben, klicken Sie auf ANHEFTEN.

    Wiederholen Sie die Schritte 1 bis 4 für alle Visualisierungen, die Sie in Ihr Dashboard aufnehmen möchten. Das Ergebnis ist ein Dashboard wie das in Abbildung 12.39 gezeigte.

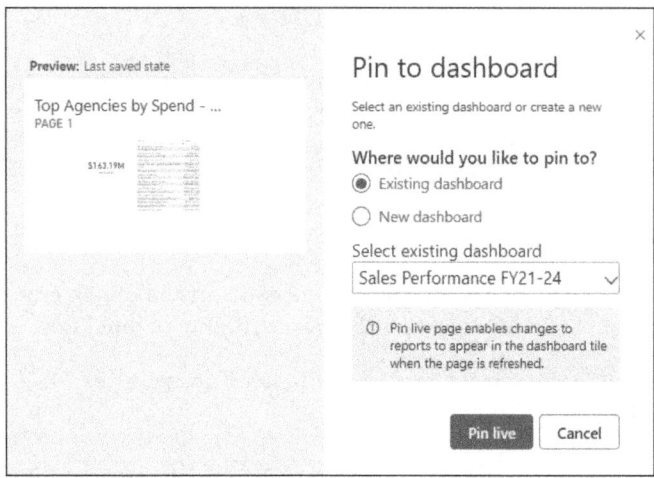

Abbildung 12.38: Ein neues oder vorhandenes Dashboard auswählen

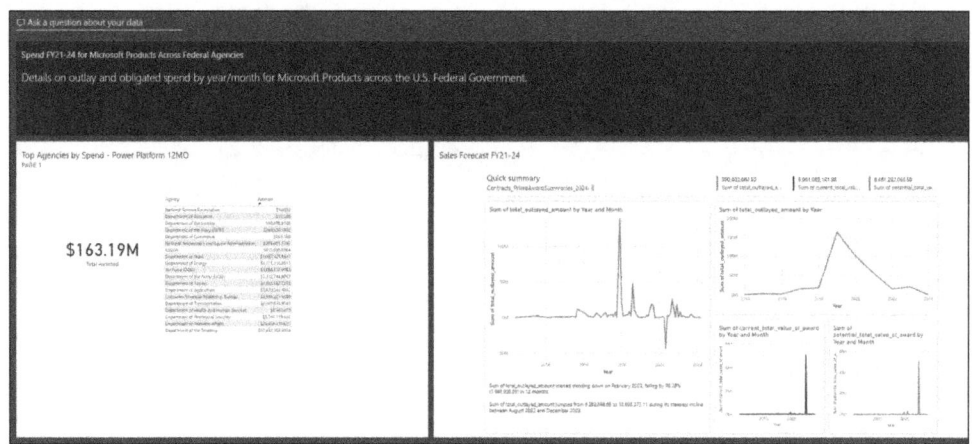

Abbildung 12.39: Ein fertiges Dashboard mit einer Textkachel

 Angeheftete Visualisierungen sind nicht interaktiv. Aktualisierungen sind erst sichtbar, nachdem Sie das Dataset aktualisiert haben, aus dem die Visualisierung abgeleitet wurde. Wenn Sie Echtzeitdaten benötigen, verwenden Sie die Kachel BENUTZERDEFINIERTE STREAMINGDATEN.

IN DIESEM KAPITEL

Die Freigabe und Zusammenarbeit mit Power BI-Diensten einrichten

Den Geschäftsbetrieb mit Überwachungs- und Leistungstools beschleunigen

Online-Fehlerbehebung durch Anzeige der Datenherkunft nutzen

Kapitel 13
Mit Power BI Services teilen und zusammenarbeiten

Nachdem Sie den gesamten Datenlebenszyklus für verschiedene Datenquellen durchlaufen, Visualisierungen erstellt und Berichte veröffentlicht haben, besteht Ihr nächster Schritt darin, die Daten von Ihrem Desktop mit allen Stakeholdern Ihres Unternehmens zu teilen. Dazu müssen Sie ins Web wechseln, da Sie wahrscheinlich nicht möchten, dass Benutzer Ihre Power BI Desktop-Daten verändern. Stattdessen sollen sie Power BI Services verwenden, um Aktivitäten mithilfe eines Arbeitsbereichs auszuführen – eine entscheidende Funktion für die Zusammenarbeit und Freigabe. In diesem Kapitel erfahren Sie mehr über Arbeitsbereiche und wie Sie mit Überwachungstools, die mit Power BI Services bereitgestellt werden, zusammenarbeiten, Daten freigeben und Ihre Geschäftsabläufe beschleunigen können.

In einem Arbeitsbereich zusammenarbeiten

Stellen Sie sich vor, Sie sind in einem Kunstmuseum. Sie können allein oder mit Ihren Begleitern die Exponate erkunden und Anekdoten zu jedem Werk lesen. Ein Power BI-Arbeitsbereich, der in Power BI Services zur Verfügung steht, ist vergleichbar mit der Organisation von Inhalten für ein Museum, nur dass es sich hier um Daten handelt! Ein Arbeitsbereich wird von einem Power BI-Designer erstellt, um darin eine Sammlung von Dashboards und Berichten zu verwalten. Stellen Sie sich einen Arbeitsbereich als Aktenschrank vor. Der Designer kann den Arbeitsbereich basierend auf Rollen, Verantwortlichkeiten und Berechtigungen für Benutzer freigeben. Der Designer kann sogar eine App erstellen, indem er gezielt Sammlungen von Dashboards und Berichten bündelt und sie an seine Organisation verteilt, unabhängig davon, ob es sich dabei nur um wenige Benutzer oder eine ganze Community handelt. Diese Apps, die als *Vorlagen*-Apps bezeichnet werden, können auf einer Vielzahl von Geräten verteilt werden, darunter Desktops und Smartphones.

Arbeitsbereichstypen definieren

Die Idee hinter einem Power BI-Arbeitsbereich besteht darin, dass er alle Inhalte enthalten soll, die für eine bestimmte App spezifisch sind. Möglicherweise möchten Sie sogar mehrere Arbeitsbereiche basierend auf dem Benutzer- oder Berichtstyp erstellen. Beispielsweise könnte es sein, dass Sie einen Arbeitsbereich ausschließlich für PBIX-Dateien und einen anderen für paginierte Berichte einrichten möchten. Wenn Designer eine App erstellen, bündeln sie alle Inhaltsressourcen, die für die Verwendung und Bereitstellung erforderlich sind, die sie in eine App einbetten oder eigenständig in einem Arbeitsbereich verwenden können. Der Inhalt kann alles von Datensätzen über Dashboards bis hin zu Berichten umfassen.

 Ein Arbeitsbereich muss nicht unbedingt alle Inhaltstypen enthalten. Er kann ausschließlich Berichte, Datensätze oder Dashboards enthalten. Dies hängt vom Geschäftszweck ab und davon, wie der Designer Inhalte mit anderen Benutzern teilen und mit ihnen zusammenarbeiten möchte.

Die in Abbildung 13.1 gezeigten Arbeitsbereiche sind für die gemeinsame Nutzung und Zusammenarbeit mit anderen über ein spezielles Schema für die Zusammenarbeit vorgesehen. Sie greifen über MEIN ARBEITSBEREICH (siehe Abbildung 13.2) darauf zu, Ihren »Desktop« im Internet für Power BI. Sie können Daten von Power BI Desktop in Power BI Services

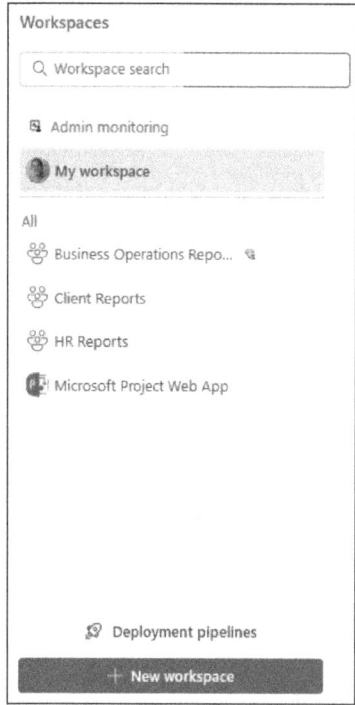

Abbildung 13.1: Eine Liste von Arbeitsbereichs-Apps

veröffentlichen. Anschließend können Sie die gerade online veröffentlichten Assets in einem oder mehreren Arbeitsbereichen organisieren, speichern und freigeben, die Sie für die Zusammenarbeit verwenden möchten. In Abbildung 13.3 finden Sie Assets, die in Power BI Desktop erstellt wurden und jetzt in einem Arbeitsbereich verfügbar sind. In diesem Kapitel betrachten wir ein Projekt für die Pipeline-Identifizierung.

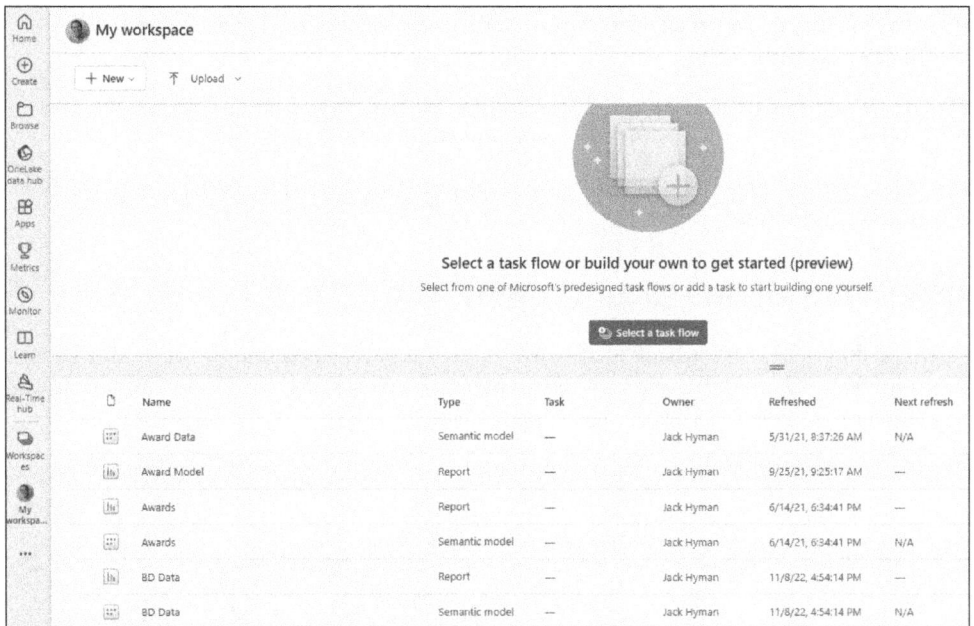

Abbildung 13.2: Die Benutzeroberfläche »Mein Arbeitsbereich«

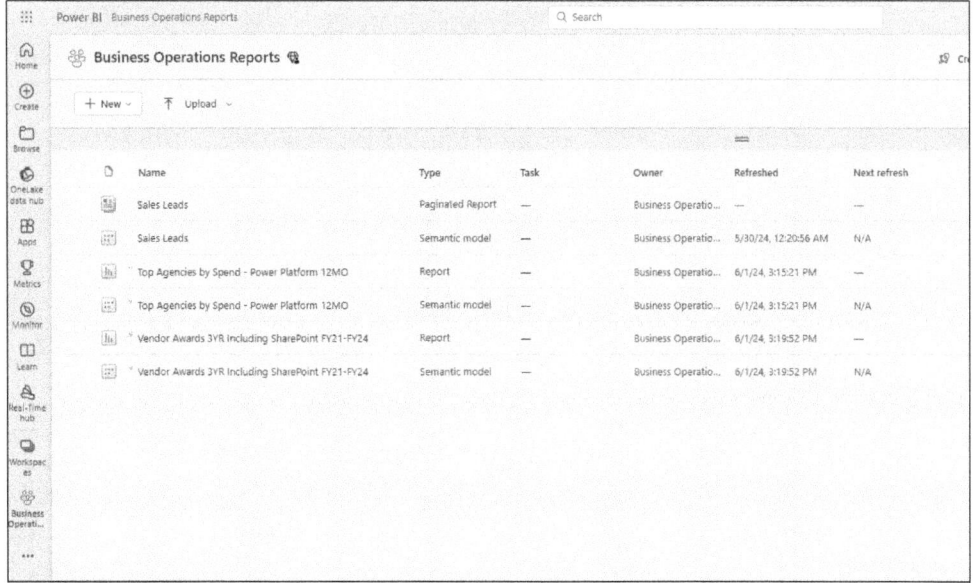

Abbildung 13.3: Der Inhalt eines Arbeitsbereichs in Power BI

Sie fragen sich vielleicht, warum Sie sich die Mühe machen sollten, von Power BI Desktop zu Power BI Services zu wechseln. Als Funktion für die Freigabe und Zusammenarbeit in Power BI Services ermöglichen Ihnen Arbeitsbereiche Folgendes:

✔ Eine fokussierte Zusammenarbeit in einem kleinen oder weltweit verteilten Team zu unterstützen

✔ Arbeitsbereiche zu verwenden, um Berichte und Dashboards für ein oder mehrere Teams unterzubringen

✔ Die gemeinsame Nutzung und Präsentation von Berichten und Dashboards zu optimieren, indem Sie sie in einer einzigen Umgebung unterbringen

✔ Für Sicherheit zu sorgen, indem Sie den Zugriff auf Datensätze, Berichte und Dashboards kontrollieren

Arbeitsbereiche – Grundlagen

Wenn Sie Power BI Services aufrufen, wird Ihnen das Navigationsmenü von Power BI Services angezeigt (siehe Abbildung 13.4). Es ist keine Überraschung, dass Datenaufnahme und -zugriff einen großen Teil von Services ausmachen.

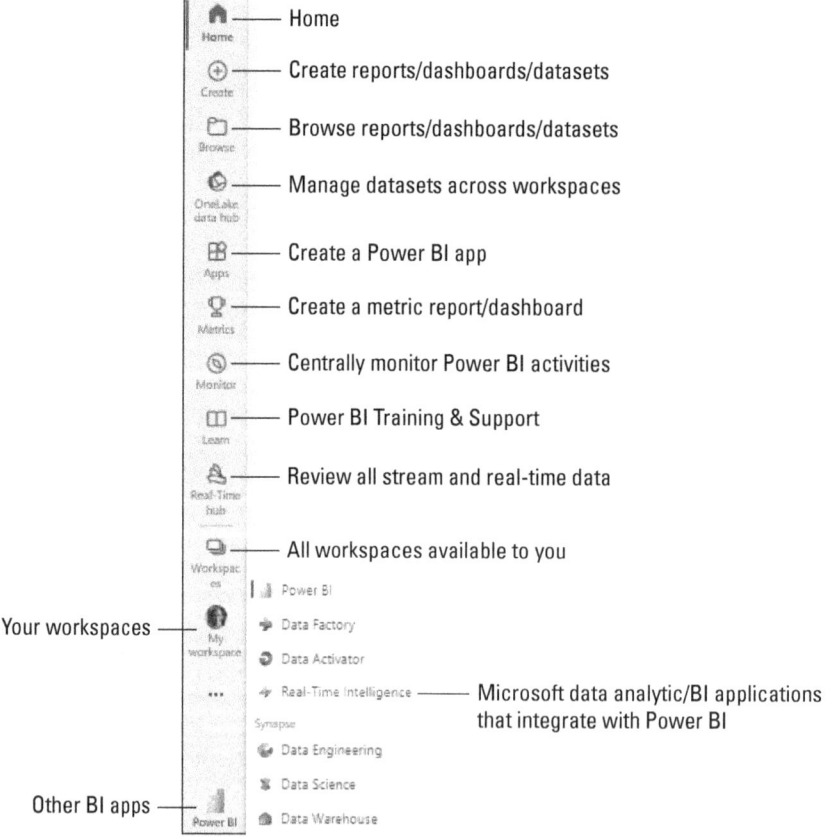

Abbildung 13.4: Das Navigationsmenü in Power BI Services

Unten in der Liste finden Sie arbeitsbereichsbezogene Funktionen. Ein Benutzer hat einen einzigen MEIN ARBEITSBEREICH, kann aber mehrere Arbeitsbereiche innerhalb von MEIN ARBEITSBEREICH haben. Beachten Sie, dass ein Benutzer zu jedem Zeitpunkt jeweils nur in einem Arbeitsbereich aktiv sein kann – der in der Navigation hervorgehoben dargestellt wird.

Arbeitsbereiche erstellen und konfigurieren

Zum Erstellen eines Arbeitsbereichs müssen Sie einige Elemente konfigurieren, darunter Branding, Name, Beschreibung, Zugriff, Speicher, Lizenzmodus, App-Typ und Sicherheitseinstellungen. Führen Sie die folgenden Schritte aus, um diese Konfiguration abzuschließen:

1. **Klicken Sie im Navigationsbereich von Power BI Services auf das Arbeitsbereichssymbol.**
2. **Klicken Sie im angezeigten Menü auf die Schaltfläche NEUER ARBEITSBEREICH** (siehe Abbildung 13.5).

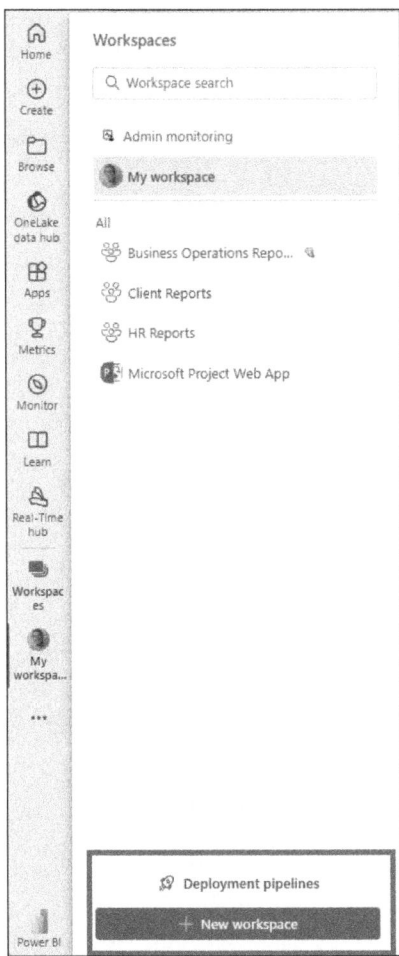

Abbildung 13.5: Die Schaltfläche »Neuer Arbeitsbereich«

3. **Verwenden Sie im Fenster ARBEITSBEREICH ERSTELLEN, das auf der rechten Seite angezeigt wird, die Einstellungen, um den neuen Arbeitsbereich zu konfigurieren.**

   Hier Ihre Optionen, unterteilt in STANDARD (siehe Abbildung 13.6) und ERWEITERT (siehe Abbildung 13.7):

   - **Name:** Benennen Sie den Arbeitsbereich basierend auf seinem Inhalt und seinen Datensätzen. Behandeln Sie diesen Namen wie für eine Dateisammlung.
   - **Beschreibung:** Beschreiben Sie den Zweck des Arbeitsbereichs.
   - **Upload:** Speichern Sie ein Foto von Ihrem Desktop, um den Arbeitsbereich individuell anzupassen.
   - **Kontaktliste:** Administratoren des Arbeitsbereichs oder zugewiesene Benutzer erhalten Benachrichtigungen über Aktualisierungen in jedem Power BI-Arbeitsbereich.
   - **Lizenzmodus:** Wählen Sie den Lizenztyp aus, der das Recht zum Zugriff auf Inhalte im Arbeitsbereich erteilt. Eine Organisation kann Zugriff auf einen Typ (Pro) oder mehrere Typen (Premium-basiert) haben.

4. **Wenn Sie fertig sind, klicken Sie auf ÜBERNEHMEN.**

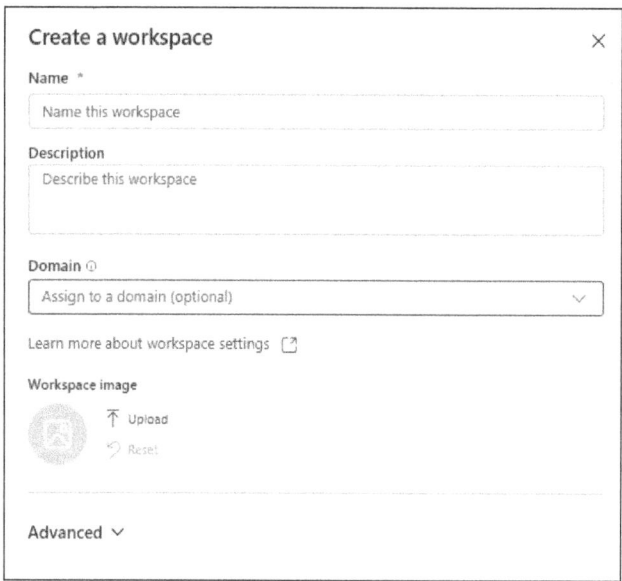

Abbildung 13.6: Die Standardfunktionen eines Arbeitsbereichs konfigurieren

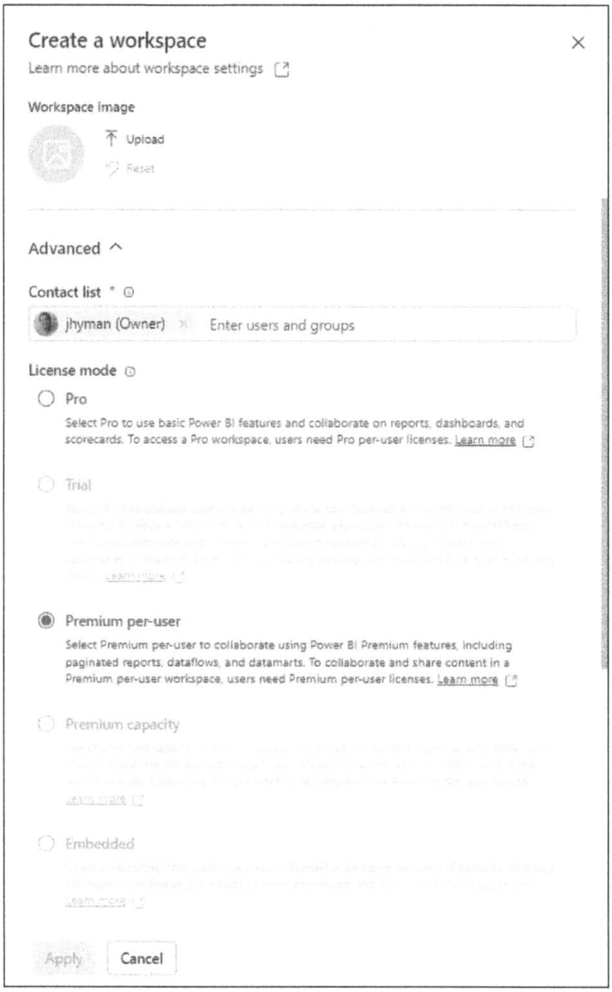

Abbildung 13.7: Die erweiterten Funktionen eines Arbeitsbereichs konfigurieren

Erste Schritte mit der Zugriffsverwaltung

Ein großer Teil des Teilens und Zusammenarbeitens beginnt mit der Zugriffsverwaltung. Sie müssen konfigurieren, wer Zugriff auf Arbeitsbereiche und die verschiedenen Inhaltsressourcen in den Arbeitsbereichen erhält. Sie als Designer können vier verschiedene Rollentypen zuweisen: Administrator, Mitglied, Mitwirkender oder Viewer (Zuschauer). Um den Zugriff zu ändern, führen Sie die folgenden Schritte aus:

1. **Klicken Sie im Power BI-Navigationsbereich auf das Arbeitsbereichssymbol.**

2. **Wählen Sie aus dem angezeigten Menü den Arbeitsbereich aus, den Sie ändern möchten.**

3. **Wählen Sie auf der rechten Seite der Arbeitsbereichsbeschriftung die drei vertikalen Punkte aus.**

4. Klicken Sie im angezeigten Menü auf ARBEITSBEREICHSZUGRIFF (siehe Abbildung 13.8).

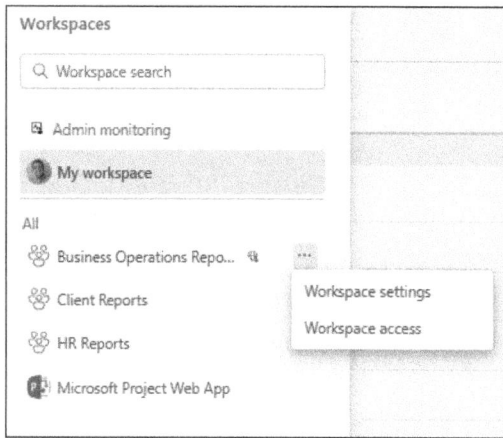

Abbildung 13.8: Zugriff auf den Arbeitsbereich zuweisen

5. Geben Sie die E-Mail-Adressen oder Gruppenkonten derjenigen ein, deren Zugriff Sie steuern möchten, sowie die Arbeitsbereichsrollen, die Sie ihnen zuweisen möchten. Denken Sie daran, dass diese Benutzer auch für Power BI Pro oder Premium lizenziert sein müssen.

6. Wenn Sie fertig sind, schließen Sie diesen Bereich, indem Sie rechts oben auf das X klicken.

Wenn Sie eine Benutzergruppe erstellen, wird jedes Mitglied dieser Benutzergruppe der Gruppe zugewiesen. Ist ein Benutzer Mitglied mehrerer Benutzergruppen, wird dieser Person die höchste Berechtigungsstufe basierend auf ihrer zugewiesenen Rolle zugewiesen. Wenn Sie die Benutzergruppen jedoch einbetten, erhalten alle enthaltenen Benutzer die Berechtigung.

Ihre Möglichkeiten zur Interaktion mit Daten in Arbeitsbereichen sind erheblich eingeschränkt, sofern Sie nicht über eine Pro- oder Premium-Lizenz verfügen.

Umgang mit Einstellungen und Speicher

Erinnern Sie sich an all die Einstellungen, die Sie beim Erstellen eines Arbeitsbereichs konfiguriert haben? Sie können sie jederzeit ändern, einschließlich des Speichertyps von Pro in Premium Per User, Premium Per Capacity oder Embedded. Wenn Sie einen Arbeitsbereich löschen möchten, können Sie dies unter Premium tun. Um diese Änderungen vorzunehmen, führen Sie die folgenden Schritte aus:

1. Klicken Sie im Navigationsbereich von Power BI Services auf das Arbeitsbereichssymbol.

2. Wählen Sie aus dem angezeigten Menü den Arbeitsbereich aus, den Sie ändern möchten.

3. Klicken Sie auf der rechten Seite der Arbeitsbereichsbeschriftung auf die vertikalen Punkte.

4. Klicken Sie auf ARBEITSBEREICHSEINSTELLUNGEN.

   Der Bereich ARBEITSBEREICHSEINSTELLUNGEN wird auf der rechten Seite des Bildschirms angezeigt.

5. Klicken Sie auf PREMIUM (siehe Abbildung 13.9).

6. Wählen Sie die Kapazität aus, die Ihren Anforderungen am besten entspricht.

7. Wenn Sie fertig sind, klicken Sie auf SPEICHERN.

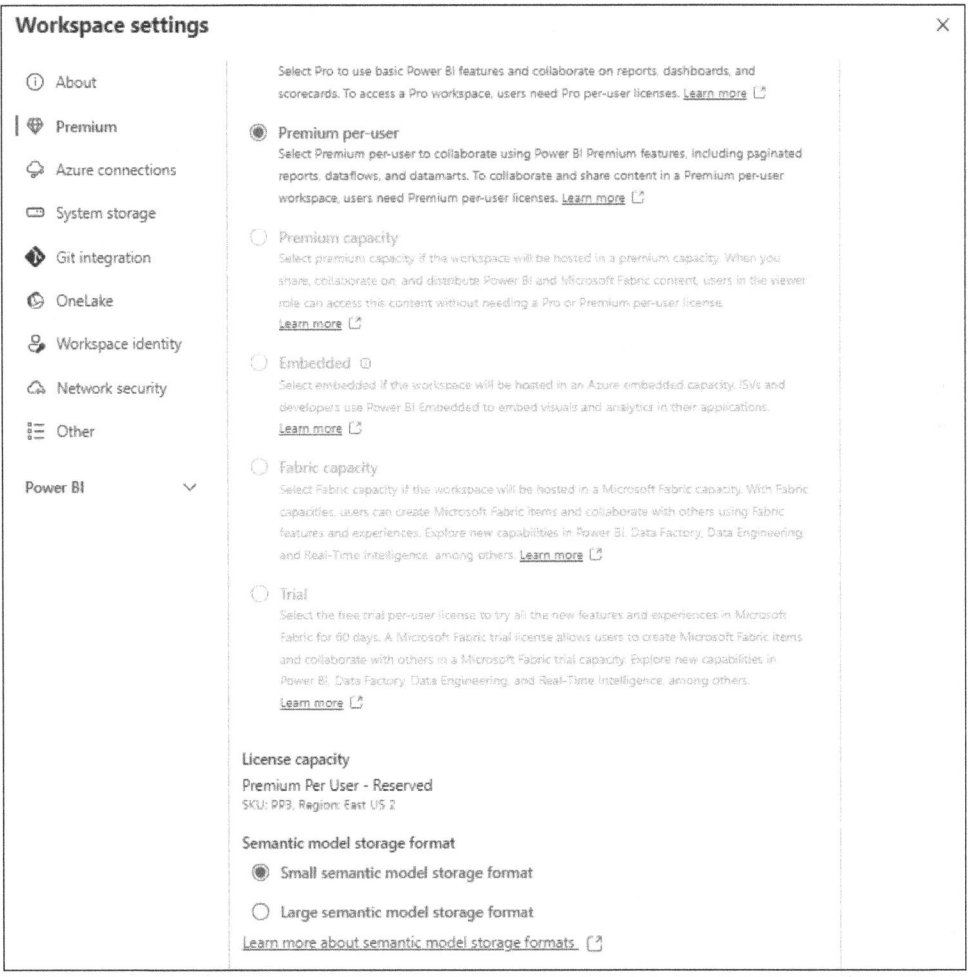

Abbildung 13.9: Arbeitsbereichseinstellungen

Sie fragen sich vielleicht, was genau die Option EMBEDDED beinhaltet. Vielleicht haben Sie schon einmal eine Unternehmensanwendung genutzt oder eine Website besucht und dort eingebettete Analysefunktionen gesehen. In diesem Fall könnte Power BI die Lösung hinter der Anwendung oder Website gewesen sein. Mit der Option EMBEDDED können Sie eine App erstellen, sodass sich ein Kunde nicht authentifizieren muss.

Je nachdem, welche Art von Power BI-Lizenz Sie besitzen, wird diese Schnittstelle unterschiedlich sein. Möglicherweise verfügen Sie nicht über einige der angezeigten Funktionen. Für Abbildung 13.9 gehe ich davon aus, dass ein Benutzer Power BI Premium Per User besitzt.

Daten aufteilen und zerlegen

Wenn Benutzer Ihre Berichte, Dashboards und Datasets verwenden, möchten Sie vielleicht wissen, *wie* sie diese Inhaltsressourcen verwenden. Aus diesem Grund hat Microsoft Überwachungs- und alternative Datenanalysetools in Power BI integriert, damit Benutzer mit Pro- und Premium-Lizenzen solche Metriken auswerten können.

Sie können Nutzungsdaten auf verschiedene Weise aufteilen. Zu den Optionen gehören die Analyse von Daten in Excel sowie der Zugriff auf eine Übersicht Ihrer Daten mit dem Quick Insights-Bericht. Sie können auch Metrikberichte nutzen, um zu verstehen, wer auf Ihre Berichte und Dashboards zugreift und diese anzeigt. Klicken Sie oben auf der Seite auf die neue Schaltfläche, um Datenausgaben einschließlich Berichten, Dashboards und semantischen Modellen innerhalb eines Arbeitsbereichs zu erstellen (siehe Abbildung 13.10). Wenn Sie einen Bericht speziell für ein semantisches Modell erstellen möchten, klicken Sie auf die drei Punkte und wählen dann ein Datenausgabeformat aus (siehe Abbildung 13.11). Hier können Sie Ihre Daten in Excel analysieren, einen Bericht oder einen paginierten Bericht erstellen. Sie können auch Copilot Ihr Dataset analysieren und automatisch einen Bericht für Sie erstellen lassen.

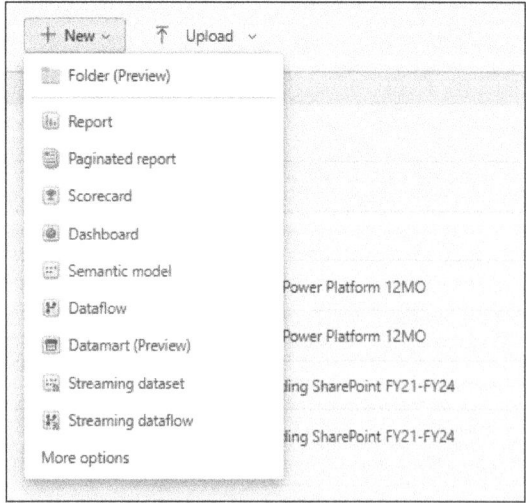

Abbildung 13.10: Eine datengesteuerte Ausgabe erstellen

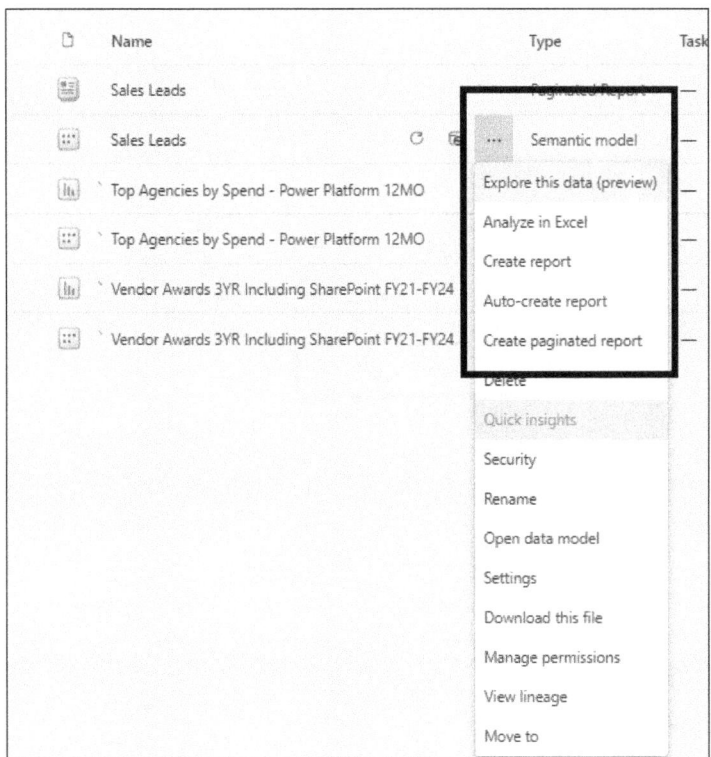

Abbildung 13.11: Verschiedene Möglichkeiten zum Erstellen von Berichten und Analysieren von Daten

Von schnellen Einblicken profitieren

Vielleicht brauchen Sie schnell eine Momentaufnahme eines Datastes. Oder Sie suchen nach Mustern, Trends und Mehrdeutigkeiten in Ihren Daten. Die Anomalien in den Daten können schwierig zu finden sein, wenn Sie gerade erst anfangen und nicht wissen, wo Sie mit der Suche beginnen sollen. Power BI versucht, Ihnen die harte Arbeit abzunehmen, indem es die Leistung von Copilot für Power BI nutzt. Mit Copilot für Power BI und dem Quick Insights-Bericht können Sie kritische Trends, Muster, Indikatoren und Anomalien in Ihren Daten identifizieren. Um auf Quick Insights zuzugreifen, suchen Sie ein Datenmodell mit mehreren (mindestens fünf bis sechs Datenspalten) mit mehreren Hundert Datenzeilen. Wenn Sie das semantische Modell gefunden haben, klicken Sie auf die drei Punkte (oder *Ellipse*) und wählen Sie QUICK INSIGHTS ABRUFEN aus, wie in Abbildung 13.12 gezeigt. Es wird eine optimale Übersicht für Sie erstellt, wie in Abbildung 13.13 gezeigt. Das in diesem Beispiel verwendete Dataset stammt von usaspending.gov und umfasst 278 Datenspalten. Die konkrete Abfrage umfasste 2.400 Datenzeilen.

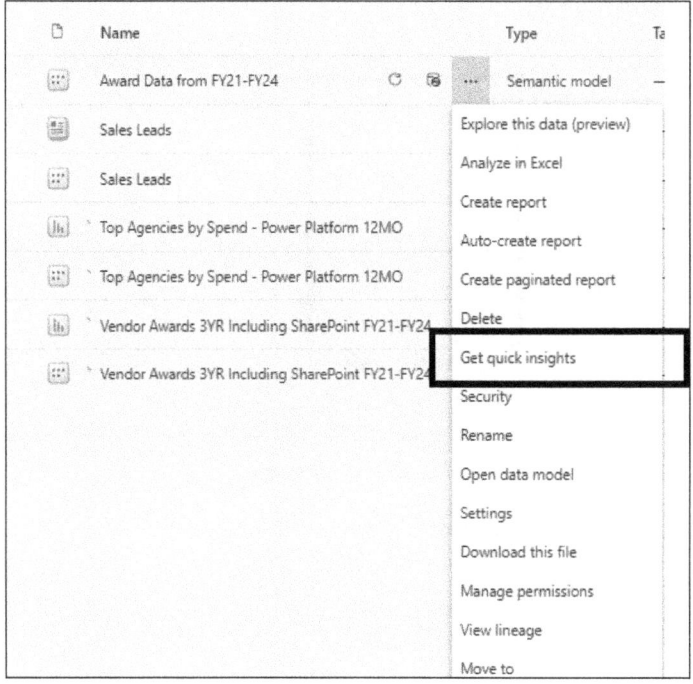

Abbildung 13.12: Quick Insights abrufen

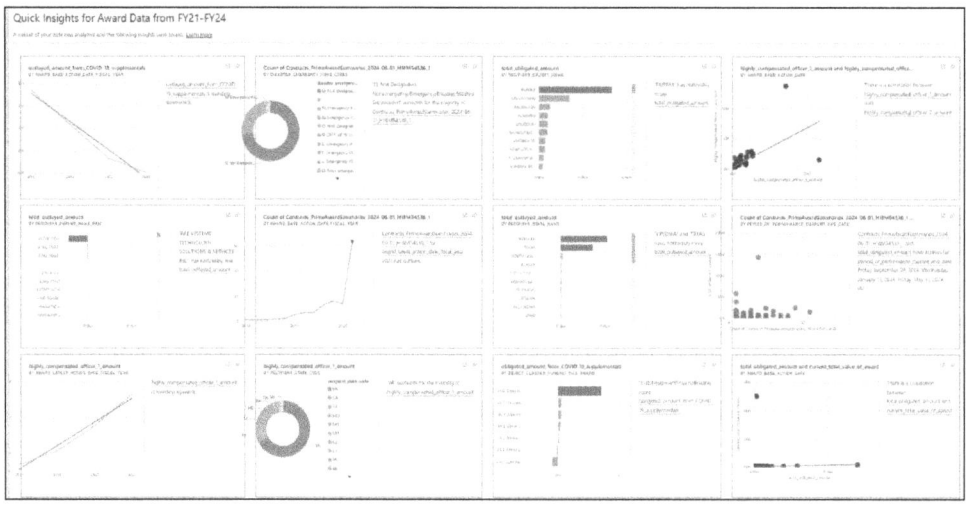

Abbildung 13.13: Beispiel einer Quick Insights-Ausgabe

Berichte mit Nutzungsmetriken

Wollten Sie schon immer wissen, wie beliebt ein Bericht oder Dashboard ist? Oder wer heute, diese Woche oder im Laufe der Zeit auf ein Element in einem Arbeitsbereich zugegriffen hat? Microsoft hat festgestellt, dass Datenzugriffsmetriken Designern dabei helfen, erstklassige Analysen bereitzustellen. Ein Bericht mit Nutzungsmetriken kann Benutzern dabei helfen, Datenpunkte zu analysieren, beispielsweise im Hinblick auf Verteilungstypen, Ansichten, Betrachter, Betrachterrang, Ansichten pro Tag und eindeutigen Ansichten pro Tag, wie in Abbildung 13.14 gezeigt.

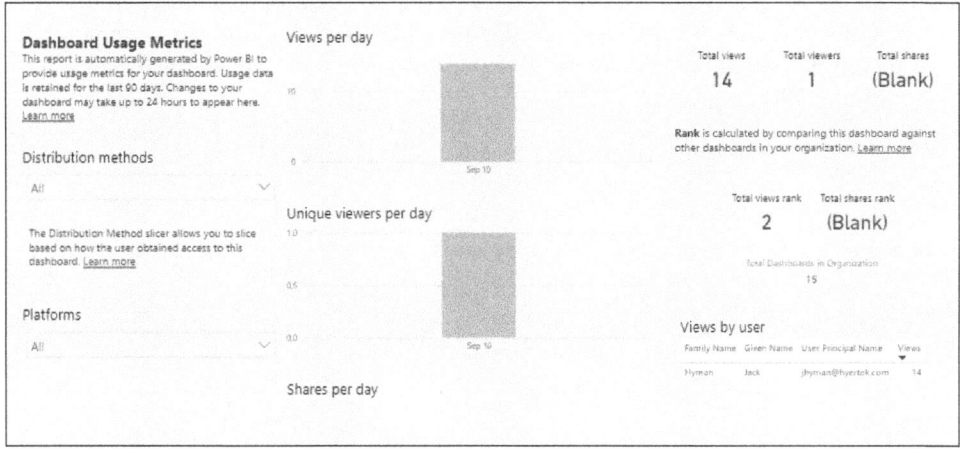

Abbildung 13.14: Ein Bericht mit Nutzungsmetriken

Paginierte Berichte

Weiter oben in diesem Kapitel haben Sie erfahren, wie Sie Berichte als unabhängige Inhaltsressourcen in Power BI Desktop und Services erstellen, aktualisieren und löschen. Unabhängige Berichte sind für die Datenexploration und Interaktivität optimiert, diese Berichte sind jedoch nicht druckbar. Hier ist der paginierte Bericht praktisch, der in mehreren Formaten an Benutzer verteilt werden kann, wobei die Daten kontinuierlich fließen. Mit anderen Worten, die Daten werden am Ende der ersten Seite nicht unterbrochen. Sie unterliegen jedoch Einschränkungen hinsichtlich der Gestaltung des Berichts.

Im Gegensatz zu webbasierten Berichten sind paginierte Berichte für den Druck bestimmt. Das heißt, sie sind so formatiert, dass sie gut auf Papier passen. Man könnte die Präsentation dieser Berichte als »pixelgenau« bezeichnen. Angenommen, Sie möchten eine hochkomplexe PDF-Datei erstellen. Ein Beispiel könnte ein Jahresendbericht oder eine Gewinn- und Verlustrechnung sein. In diesem Fall ist ein paginierter Bericht eine ausgezeichnete Wahl.

Um einen paginierten Bericht zu erstellen, gehen Sie wie folgt vor:

1. **Öffnen Sie den Arbeitsbereich, der Ihr Ziel-Dataset enthält.**

    In diesem Fall enthält der Arbeitsbereich Geschäftsbetriebsberichte (siehe Abbildung 13.3).

2. **Wählen Sie das semantische Modell (Dataset) aus, das Sie zum Erstellen Ihres paginierten Berichts verwenden möchten, und suchen Sie dann die drei Punkte (Ellipse) neben dem Modellnamen.**

    In diesem Fall heißt das semantische Modell »Sales Leads«.

3. **Klicken Sie auf die drei Punkte und wählen Sie dann im Dropdown-Menü (oben) die Option PAGINIERTEN BERICHT ERSTELLEN aus.**

   Das Fenster mit dem paginierten Bericht wird geöffnet.

4. **Ziehen Sie die gewünschten Felder des Datasets aus dem Datenbereich in den Erstellungsbereich. Wenn Sie die Felder ausschließlich als Filter verwenden möchten, ziehen Sie die Felder per Drag-and-drop in den Filterbereich (siehe Abbildung 13.15).**

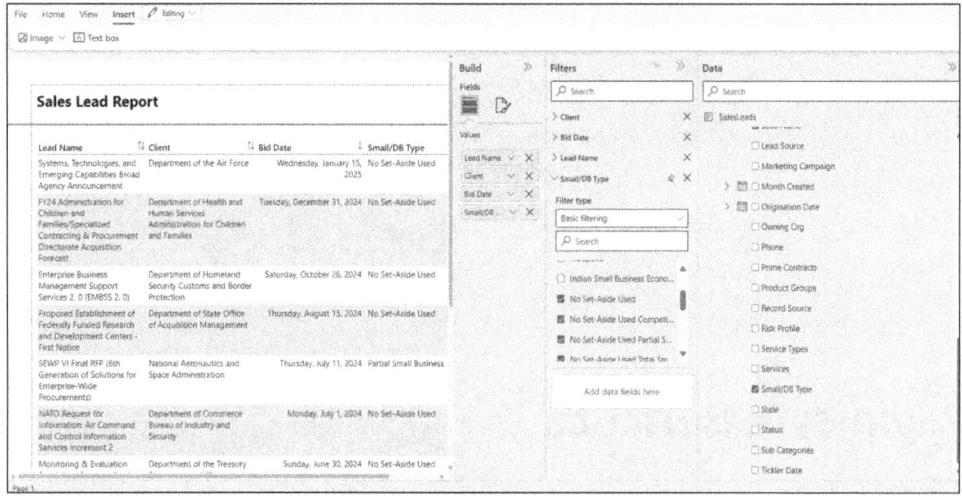

Abbildung 13.15: Einen paginierten Bericht erstellen

5. **Ihr Bericht wird nun mit den entsprechenden Spalten gefüllt.**

6. **Passen Sie Kopf- und Fußzeile nach Wunsch mit Bildern oder Textfeldern an. Formatieren Sie die Spalten, indem Sie die Schriftart ändern und den Text nach Belieben ausrichten.**

7. **Wenn Sie mit der Bearbeitung des paginierten Berichts fertig sind, wählen Sie DATEI|SPEICHERN und geben einen Namen für Ihren Bericht ein.**

   Wählen Sie einen sprechenden Namen für Ihren Bericht aus.

Jeder Benutzer, der Zugriff auf diesen Bericht hat, entweder durch ein Abonnement oder durch die Zusammenarbeit in diesem Arbeitsbereich, kann den druck- und downloadfreundlichen Bericht jetzt herunterladen und verteilen.

 Obwohl das Anzeigen eines paginierten Berichts für Pro- oder Premium-Benutzer möglich ist, ist für die Veröffentlichung eine Premium-Lizenz erforderlich.

Fehlerbehebung bei der Verwendung der Datenherkunft

BI-Projekte können schnell komplex werden. Es kann eine Herausforderung sein, den Dataflow von einer Quelle zu seinem Ziel zu verfolgen. Angenommen, Sie haben ein relativ komplexes, anspruchsvolles Analyseprojekt erstellt, das mehrere Datenquellen enthält und zahlreiche Berichte und Dashboards verwaltet. Jedes dieser Assets weist eine Reihe von Abhängigkeiten auf. Beim Überprüfen dieser Assets stoßen Sie möglicherweise auf Fragen wie: »Was passiert mit diesem Bericht, wenn ich diesen Datenpunkt ändere?« Oder vielleicht möchten Sie besser verstehen, wie sich eine von Ihnen vorgenommene Änderung auf ein Dataset auswirkt.

Die Datenherkunft (»Data Lineage«) vereinfacht viele komplexe Prozesse, indem sie diese in überschaubarere Schritte aufteilt. Betrachten Sie sie als Ihren kleinen Detektiv! Mit der Datenherkunft können Sie den Weg Ihrer Daten von Anfang bis Ende verfolgen, was entscheidend ist, wenn Sie nicht mehr weiter wissen. Unabhängig davon, ob Sie einen Arbeitsbereich mit einem einzigen Bericht oder Dashboard oder einen Arbeitsbereich mit vielen Berichten und Dashboards verwalten, können Sie sicherstellen, dass die Auswirkungen einer einzigen Änderung in einem Dataset erkannt werden, indem Sie die Informationen über die Datenherkunft nutzen, um diese Änderungen zu verfolgen. Ein zusätzlicher Vorteil ist, dass Sie mit der Datenherkunft auch viele Probleme mit der Datenaktualisierung lösen können.

Um auf Informationen zur Datenherkunft zuzugreifen, führen Sie diese Schritte aus:

1. **Gehen Sie zu dem gewünschten Arbeitsbereich.**
2. **Öffnen Sie das gewünschte Element, um die Herkunft zu überprüfen.**
3. **Wählen Sie DATENHERKUNFT aus dem angezeigten Menü (siehe Abbildung 13.16).**

   Die Herkunftsansicht wird wie in Abbildung 13.17 dargestellt für alle Datenquellen im Arbeitsbereich angezeigt, die mit dem von Ihnen ausgewählten Element verknüpft sind.

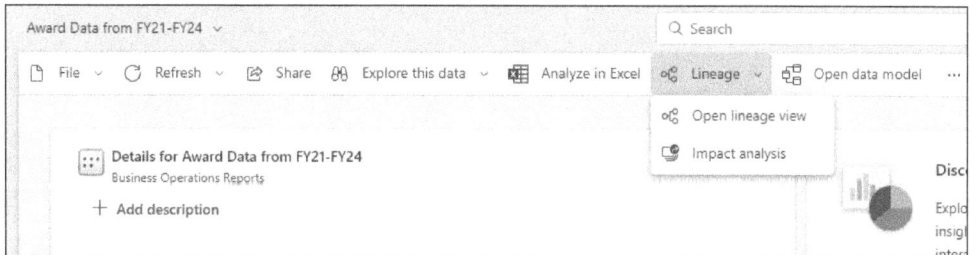

Abbildung 13.16: Zugriff auf die Datenherkunft erhalten

Wie bei anderen Arbeitsbereichsfunktionen können nur bestimmte Rollen auf die Herkunftsansicht zugreifen. Sie müssen Administrator, Mitwirkender oder Mitglied sein, um die Herkunftsansicht anzeigen zu können. Außerdem müssen Sie über eine Power BI-Pro- oder -Premium-Lizenz mit einem appbasierten Arbeitsbereich verfügen, um die Ansicht nutzen zu können.

Sobald Sie DATENHERKUNFT auswählen, wird die Ansicht aller im Arbeitsbereich gefundenen Elemente auf der Arbeitsfläche angezeigt. Abbildung 13.17 zeigt beispielsweise die Datenherkunft für das in diesem Kapitel besprochene Arbeitsbereichsprojekt.

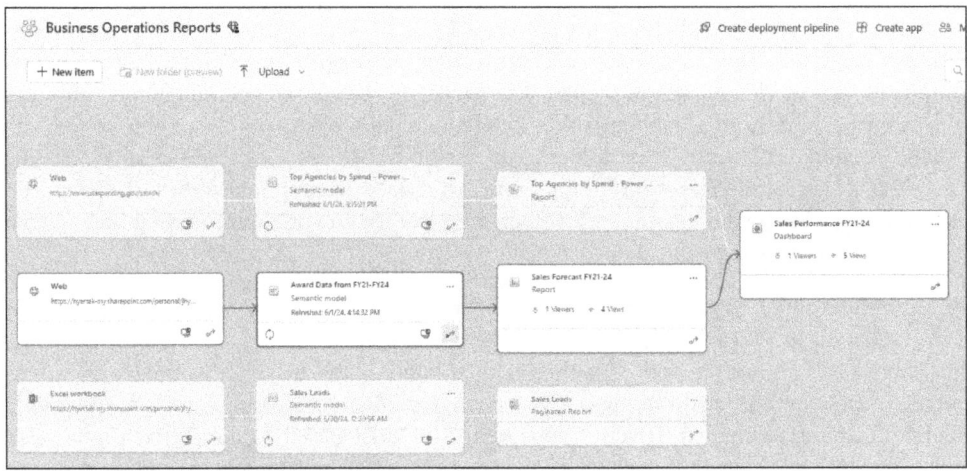

Abbildung 13.17: Ein Beispiel für die Datenherkunft

Die Herkunftsansicht bietet eine Übersicht über alle Artefakte in Ihrem Arbeitsbereich, zum Beispiel Datasets, Dataflows, Berichte und Dashboards. Wie in Abbildung 13.18 gezeigt, ist jede der Karten auf der Arbeitsfläche, wie sie in der Herkunftsansicht dargestellt wird, ein separates Asset. Die Pfeile zwischen den einzelnen Karten erklären die Dataflows zwischen den Assets. Die Daten fließen von links nach rechts, sodass Sie den Weg der Daten von der Quelle zum Ziel beobachten können. Im Allgemeinen erzählt der Flow eine Geschichte. Im Fall von Abbildung 13.18 begannen die Daten im Web und wurden als Text-/CSV-Datei in Power BI Services portiert. Die Datei wurde dann in ein semantisches Modell konvertiert. Nachdem das semantische Modell in Power Query transformiert wurde, war das Ergebnis ein interaktiver Power BI-Bericht (nicht paginiert), der in den Geschäftsvorgangsberichten des Arbeitsbereichs veröffentlicht wurde.

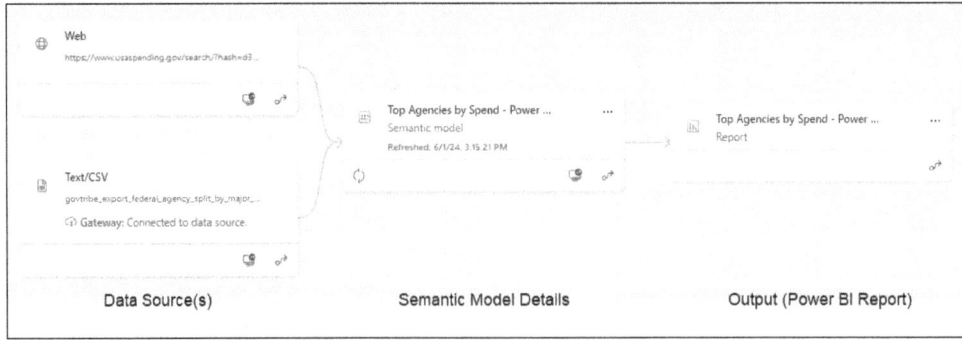

Abbildung 13.18: Beispiel für eine Datenherkunft

Datasets, Dataflows und Datenherkunft

Es ist nicht ungewöhnlich, dass Datasets und Dataflows mit externen Quellen verknüpft sind. Beispiele dafür können Datenbanken oder Datasets sein, die in externen Arbeitsbereichen gefunden wurden. Wenn ein Benutzer die Karte SEMANTISCHES MODELL überprüft, wie in Abbildung 13.19 dargestellt, kann er durch Auswahl eines dieser vier Befehle in die Tiefe gehen, um verschiedene Faktoren auszuwerten. Jeder Befehl zeigt einen anderen Aspekt des Datasets an:

✔ **JETZT AKTUALISIEREN**: Aktualisiert das Dataset sofort, ohne auf einen planmäßigen Zyklus zu warten.

✔ **MEHR ANZEIGEN**: Dieser Befehl zeigt alle Berichte an, die für ein zugehöriges Dataset oder einen Dataflow verfügbar sind.

✔ **AUSWIRKUNGEN AUF DEN GESAMTEN ARBEITSBEREICH ANZEIGEN**: Dieser Befehl bietet Ihnen eine Auswirkungsanalyse darüber, wie sich das Dataset oder Dataflow auf die Arbeitsbereichsaktivität auswirkt.

✔ **HERKUNFT ANZEIGEN**: Dieser Befehl bietet Ihnen eine Mikroansicht des Datasets.

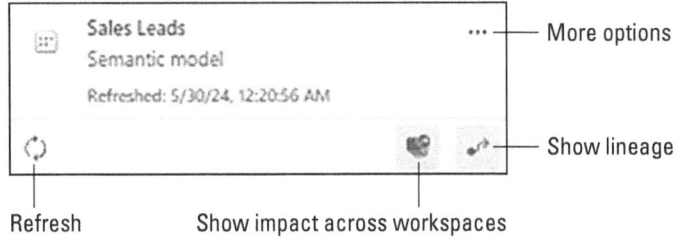

Abbildung 13.19: Drilldown in eine semantische Modellkarte

Die Arbeitsbereichs- und Berichtssicherheit in Power BI verwalten

Die Sicherheit kann in Power BI auf viele Arten konfiguriert werden. Sie können den Arbeitsbereich, den Bericht und das Dataset sichern. Wenn Sie noch detaillierter vorgehen möchten, können Sie die Sicherheit auf Zeilenebene nutzen. In den folgenden Abschnitten wird gezeigt, wie Sie Daten schnell online sichern können.

Einen Arbeitsbereich sichern

Wenn Sie einen Arbeitsbereich erstellen, möchten Sie diesen sichern. Dazu verwenden Sie den Power BI Service.

1. Klicken Sie auf ARBEITSBEREICHE|NEUER ARBEITSBEREICH.

2. **Geben Sie Ihrem Arbeitsbereich einen Namen und konfigurieren Sie die grundlegenden Einstellungen.**

3. **Weisen Sie den Benutzern, die über eine Lizenz für Power BI verfügen, die entsprechende Rolle zu.**

Benutzer ohne Lizenzen können nicht auf Power BI Services zugreifen, sondern nur auf Power BI Desktop.

4. **Um die Sicherheit in den Arbeitsbereichseinstellungen einzurichten, klicken Sie auf die drei Punkte neben Ihrem Arbeitsbereich und dann auf Arbeitsbereichszugriff (siehe Abbildung 13.20).**

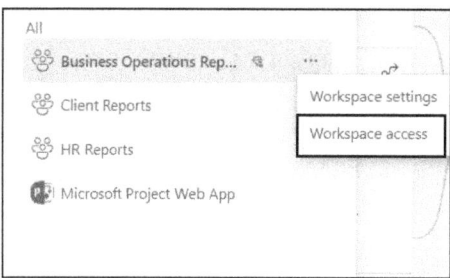

Abbildung 13.20: Die Option »Arbeitsbereichszugriff«

Das Fenster Zugriff verwalten wird angezeigt (Abbildung 13.21).

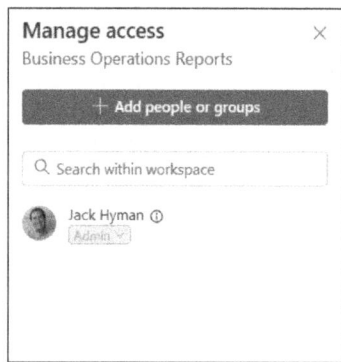

Abbildung 13.21: Das Fenster »Zugriff verwalten«

5. **Fügen Sie Benutzer hinzu und weisen Sie ihnen Rollen zu.**

Zu den Optionen zum Zuweisen des Zugriffs gehören Administrator, Mitglied, Mitwirkender und Viewer (siehe Abbildung 13.22).

In diesem Beispiel wurde der Benutzergruppe (die mehrere Mitarbeiter innerhalb eines Unternehmens umfasst) Viewer-Zugriff gewährt.

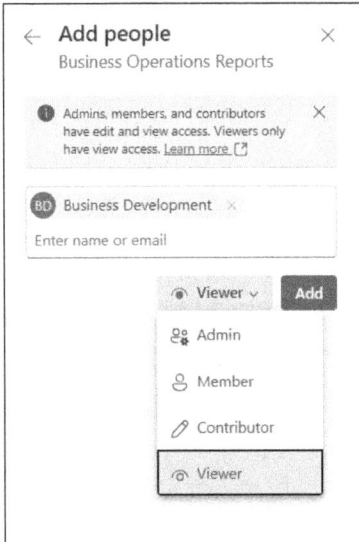

Abbildung 13.22: Zuweisen von Benutzern und Gruppen zu einem Power BI-Arbeitsbereich

Berichte freigeben

Sie müssen nicht der ganzen Welt Zugriff auf einen Arbeitsbereich gewähren. Sie können bestimmten Benutzern Zugriff auf Berichte in einem Arbeitsbereich erteilen, ohne dass sie alle Daten sehen. Dazu gehen Sie wie folgt vor:

1. Öffnen Sie den Bericht, den Sie freigeben möchten.

2. Klicken Sie auf die Schaltfläche TEILEN.

   Das Fenster LINK SENDEN wird angezeigt.

3. Wählen Sie die entsprechende Berechtigungsstufe aus dem Menü über dem E-Mail-Adressfeld.

4. Geben Sie die E-Mail-Adressen der Benutzer ein, die den Bericht erhalten sollen (siehe Abbildung 13.23).

5. Geben Sie eine Nachricht an den Benutzer ein (optional), wenn Sie den Zweck des Berichts erläutern möchten.

6. Wählen Sie die Methode aus, mit der Sie den Berichtslink verteilen möchten, indem Sie auf eine der Zustellungsoptionen klicken, zum Beispiel LINK KOPIEREN, E-MAIL, TEAMS oder POWERPOINT.

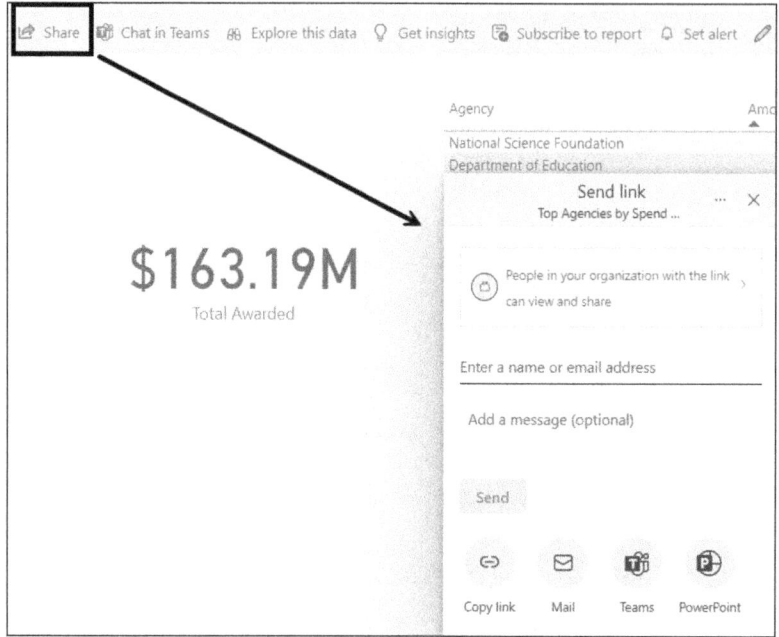

Abbildung 13.23: Freigeben eines Power BI-Berichts

7. **Klicken Sie auf SENDEN, um den Berichtslink zu verteilen.**

   Sie müssen sicherstellen, dass der Benutzer Teil der Organisation ist. Er muss über eine Lizenz verfügen, sonst kann er nicht auf den Bericht zugreifen. Sie können Benutzern Zugriff gewähren, die bereits über Zugriff verfügen (allgemein), bestimmten Benutzern (am restriktivsten) oder Personen in Ihrer Organisation (am wenigsten restriktiv).

 Es gibt eine weitere Art von Sicherheit, die noch restriktiver ist: die sogenannte Sicherheit auf Zeilenebene (RLS) in Power BI. RLS schränkt den Datenzugriff für bestimmte Benutzer ein, indem Rollen und Regeln definiert werden, die die Daten, die sie in einem Bericht anzeigen können, basierend auf ihrer Rolle und den zeilenweise festgelegten Bedingungen einschränken. Daten werden möglicherweise bestimmten Benutzern nicht zugänglich gemacht, beispielsweise personenbezogene Daten wie Sozialversicherungsnummern. In diesem Fall wird nur bestimmten Benutzern der Zugriff gewährt. Weitere Informationen zum Konfigurieren der Sicherheit auf Zeilenebene finden Sie unter https://learn.microsoft.com/en-us/fabric/security/service-admin-row-level-security.

Teil IV
Workflows durch Automatisierung vereinfachen

IN DIESEM TEIL ...

✔ Lernen Sie verschiedene Arten von Workflows kennen, die in Power Automate verfügbar sind.

✔ Erfahren Sie, wie Cloud-basierte und Desktop-Abläufe unter Verwendung gängiger Konnektoren erstellt werden.

✔ Beobachten Sie, wie Sie Workflows mithilfe von Techniken wie Verzweigungen, Triggern und Logik optimieren können.

✔ Entwerfen Sie Workflows, die einen Genehmigungsprozess erfordern.

> **IN DIESEM KAPITEL**
>
> Flow-Typen verstehen
>
> Flows mit Power Automate Online erstellen
>
> Desktop-Flows erstellen und ausführen

Kapitel 14
Grundlagen der Automatisierung

Glaubt man Fachzeitschriften oder Branchenführern, wird die Automatisierung zu massiven Arbeitsplatzverlusten führen. Das ist jedoch nicht die ganze Wahrheit. Obwohl Automatisierung den Arbeitsplatz tatsächlich verändert, ist sie nicht unbedingt ein Jobkiller. Stattdessen trägt sie dazu bei, die Zeit zu reduzieren, die Mitarbeiter mit alltäglichen Aufgaben verbringen, und kann komplexe Prozesse erheblich beschleunigen. So können Prozesse, die früher Stunden, Wochen oder sogar Monate dauerten, innerhalb von Minuten ausgeführt werden – insbesondere, wenn diese Prozesse wiederholbar sind. Power Automate, eine Schlüsselkomponente von Power Platform, erleichtert die Workflow-Automatisierung, die robotergestützte Prozessautomatisierung und das Process Mining. Angesichts der fortschrittlichen KI-Lösungen von Microsoft interessiert sich jeder – von Einzelpersonen bis zum Großunternehmen – dafür, wie sich wiederholende Aufgaben mit nur wenigen Klicks oder einem geplanten Prozess automatisiert werden können.

Dieses Kapitel behandelt die Grundlagen des Automatisierungsdesigns und konzentriert sich dabei auf die Cloud- und Desktop-Automatisierung mithilfe von Power Platform. Ich verzichte auf fortgeschrittenere Themen wie robotergestützte Prozessautomatisierung und Process Mining, da diese Bereiche in der Regel komplex und kostspielig sind. Am Ende dieses Kapitels verfügen Sie über ein solides Verständnis für die Erstellung grundlegender Cloud- und Desktop-Flows und sind auf dem Weg, das volle Potenzial der Automatisierung bei Ihrer täglichen Arbeit auszuschöpfen.

Power Automate kennenlernen

Microsoft Power Automate, früher Microsoft Flow, ist ein Cloud-basiertes Tool, mit dem Benutzer Workflows zwischen verschiedenen Anwendungen und Diensten erstellen und automatisieren können, ohne dass Programmierkenntnisse oder eine Unterstützung durch Entwickler erforderlich sind. Power Automate verfügt auch über eine Desktop-Version, die ähnliche Automatisierungen für die Offline- und Online-Nutzung unterstützt. Mit diesen automatisierten Workflows, den sogenannten *Flows*, können Sie Aktionen angeben, die automatisch ausgeführt werden sollen, wenn bestimmte Ereignisse ausgelöst werden oder Bedingungen erfüllt sind.

Mit Power Automate können Sie einfache Benachrichtigungen generieren oder komplexe Workflows ausführen, die mehrere Schritte und Entscheidungspunkte umfassen. Die Premium-Version von Power Automate unterstützt außerdem robotergestützte Prozessautomatisierung und KI-Funktionen.

Viele Menschen nutzen Power Automate, um Benachrichtigungen auszulösen, beispielsweise um Vertriebsmitarbeiter per E-Mail oder SMS zu benachrichtigen, wenn ein neuer Interessent zu einem CRM wie Dynamics 365 oder einem Kollaborationsportal wie SharePoint Online hinzugefügt wird. Power Automate kann auch die Dateiverwaltung erleichtern, indem es automatisch Dateien von einem Ort wie Dropbox oder OneDrive an einen anderen wie SharePoint kopiert, wenn eine neue Datei zu einem definierten Speicherplatz hinzugefügt oder sogar basierend auf einem vordefinierten Zeitplan und anderen Kriterien an Ihre E-Mail-Adresse gesendet wird. Darüber hinaus unterstützt es Datenerfassungsfunktionen, beispielsweise das Erfassen von Social-Media-Erwähnungen einer Marke und deren Speicherung in einer Datenbank zur weiteren Analyse.

Power Automate lässt sich in die Power Platform- und die Microsoft 365-Produktsuite von Microsoft sowie in eine Vielzahl von Drittanbieteranwendungen und -diensten, sogenannte *Konnektoren*, integrieren. Diese Konnektoren fungieren als Brücken zwischen Power Automate und externen Anwendungen und ermöglichen die Kommunikation und Interaktion mit anderen Plattformen. Sie ermöglichen es Power Automate, Daten an externe Systeme zu senden, von ihnen zu empfangen oder Aktionen in externen Systemen auszulösen. Zum Zeitpunkt der Drucklegung dieses Buches unterstützt Power Automate weit über 250 Konnektoren.

Wichtige Konzepte verstehen

Bevor Sie mit der Reise zur grundlegenden Verwendung von Power Automate beginnen, sollten Sie mit den Konzepten vertraut sein, die in den Kapiteln 14 und 15 erwähnt werden. Tabelle 14.1 beschreibt einige Begriffe, die Entwickler und Nicht-Entwickler verwenden können, um zu beschreiben, wie sie ihre Flows, unabhängig vom Typ, erstellen und verwalten, wenn sie Power Automate und allgemeiner Power Platform verwenden.

Begriff	Was er bedeutet
Flow	Automatisierter Workflow, der Anwendungen, Dienste und Daten durch die Automatisierung sich wiederholender Aufgaben verbindet. Kann manuell, nach einem Zeitplan oder aufgrund eines Ereignisses ausgelöst werden.
Trigger	Ein Ereignis, das einen Workflow startet. Kann zeitbasiert oder aktionsbasiert sein.
Aktion	Ein Schritt in einem Workflow, der eine oder mehrere Aufgaben ausführt. Ein Workflow besteht aus einer oder mehreren Aktionen, die nacheinander ausgeführt werden.
Bedingung	Ein logischer Ausdruck, der eine Bedingung als wahr/falsch oder ja/nein auswertet, wobei die Workflow-Aktion durch das aktionsbasierte Ergebnis gesteuert wird.
Ausdruck	Funktion zum Bearbeiten von Daten innerhalb eines Workflows, beispielsweise Zeichenfolgenbearbeitung, Datumsformatierung oder Berechnungen.
Dynamischer Inhalt	Daten aus vorherigen Workflow-Schritten, die in einem Workflow wiederverwendbar sind.
Konnektor	Fungiert als Brücke für Power Automate zu externen Datenquellen. Kann sowohl als Aktion als auch als Trigger zur Interaktion mit Diensten fungieren.
Variable	Speichert Daten vorübergehend während der Ausführung eines Workflows.
Genehmigung	Ein Workflowtyp, der zum Abrufen von Benutzerinhalten verwendet wird. Wird im Allgemeinen mit Anwendungen wie Outlook und Teams verwendet.
Schleife	Wiederholt einen Satz von Aktionen, die mehrmals ausgeführt werden, bis eine Bedingung erfüllt ist.
Umfang	Gruppe verwandter Aktionen innerhalb eines Workflows, die eine Organisation in allen Schritten des Lebenszyklus unterstützen, einschließlich Fehlerbehandlung und Fehlerbehebung.
Fehlerbehandlung	Aktionen und Einstellungen, die bei der Behandlung von Fehlern während der Ausführung eines Workflows helfen.
Gateway	Verbindet Power Automate mit lokalen Datenquellen und ermöglicht so die Dateninteraktion hinter einer Firewall.

Tabelle 14.1: Power Platform-Terminologie

Auf der Power Automate Startseite navigieren

Dieses Buch konzentriert sich auf Power Automate Online, mit Ausnahme des Abschnitts »Desktop Flows entdecken« weiter unten in diesem Kapitel. Power Automate Online bietet eine Fülle von Funktionen für Benutzer, die die kostenlose Version besitzen. Wenn Sie auf die Premium-Edition upgraden, schalten Sie die meisten Funktionen der robotergestützten Prozessautomatisierung und eine Vielzahl von Konnektoren von Drittanbietern frei.

Auch die Premium-Edition von Power Automate ist nicht vollständig. Wer Robotics Process Automation (RPA) oder Support-Bots unbeaufsichtigt nutzen möchte, muss zusätzlich das RPA-Add-on für Power Automate pro Prozess erwerben.

Die Benutzeroberfläche, die Sie nach der Anmeldung bei Power Automate sehen, ist in drei Abschnitte unterteilt: Navigation (a), Copilot (b) und Training (c) (siehe Abbildung 14.1).

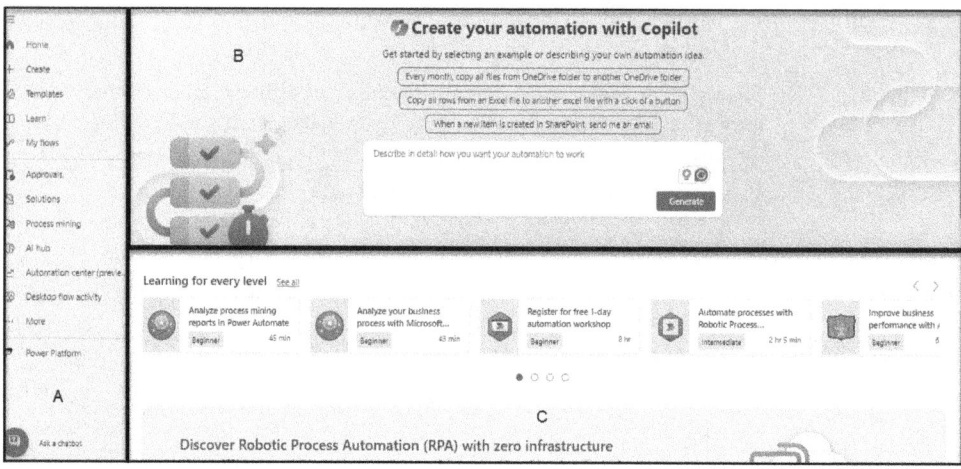

Abbildung 14.1: Power Automate-Startseite

Abschnitt A stellt Ihnen eine Fülle von Optionen vor, auf die Sie zugreifen können. Viele davon gehen über den Rahmen dieses Buches hinaus. Sie können die Power Automate-Navigation verwenden, um zu den folgenden Zielen zu gelangen, die sich je nach Einstellung unterscheiden können:

- ✔ **Start:** Öffnet die Power Automate-Startseite.

- ✔ **Erstellen:** Ihr Ausgangspunkt zum Erstellen eines neuen Flows.

- ✔ **Vorlagen:** Ein Ort, um Ideen für beliebte Flows zu generieren, nicht nur für Microsoft-Flows. Sie haben Zugriff auf Hunderte von Konnektoren zu Produkten anderer Anbieter, die über vorgefertigte Funktionen mit Microsoft-basierten Anwendungen wie SharePoint, Outlook, Teams und OneDrive verfügen.

- ✔ **Lernen:** Power Automate-Schulung an einem zentralen Ort.

- ✔ **Meine Flows:** Alle Flows, die Sie erstellen, befinden sich genau hier.

- ✔ **Genehmigungen:** Ihre zentrale Anlaufstelle für die Verwaltung von Genehmigungen und Geschäftsprozessflussaktivitäten.

- ✔ **Lösungen:** So wie Sie eine Lösung in Power Apps verwalten, können Sie auf Lösungen in Power Automate zugreifen, um Flows in Ihr Projekt zu integrieren. (Weitere Informationen zu Lösungen finden Sie in Kapitel 2.)

✔ **Process Mining:** Ermöglicht Ihnen, bestehende Geschäftsprozesse zu analysieren und zu visualisieren, indem Sie Muster, Engpässe und Ineffizienzen in Echtzeit aufdecken. Die von Power Automate angebotenen Tools bieten detaillierte Einblicke in die Durchführung von Prozessen und ermöglichen Ihnen, Bereiche zu identifizieren, die verbessert und automatisiert werden können.

✔ **KI Hub:** Eine Low-Code- und No-Code-Funktion, die für Geschäftsbenutzer in Power Automate entwickelt wurde (obwohl sie auch für andere Power Platform-Anwendungen verfügbar ist), um KI-Modelle wie Formularverarbeitung und Texterkennung in Workflows und Apps zu integrieren, ohne dass tiefgreifende technische Fachkenntnisse erforderlich sind.

✔ **Automatisierungscenter:** Ein zentraler Hub zur Überwachung, Verwaltung und Optimierung aller Automatisierungs-Workflows, einschließlich Cloud-Flows, Desktop-Flows (RPA) und KI-gesteuerter Prozesse, die mit Power Automate entwickelt wurden. Das Automatisierungscenter bietet Einblicke in Leistung, Nutzungsmetriken und Tools zur Fehlerbehebung, damit Benutzer ihre Automatisierungsinitiativen effizient überwachen und skalieren können.

✔ **Desktop-Flowaktivität:** Ein zentraler Ort für den Zugriff auf alle Flows, die zwischen Power Automate Online und Power Automate Desktop integriert sind.

✔ **Mehr:** Zugriff auf gemeinsame Ressourcen zwischen Power Automate und anderen Power Platform-Anwendungen, einschließlich Tabellen (Dataverse) und Verbindungen (Alle Power Platform-Anwendungen).

Abschnitt B ist eine Startrampe für Nicht-Entwickler zum Erstellen von Flows mit Copilot (über Prompts in einfacher Sprache), und Abschnitt C bietet eine Vielzahl von Schulungsoptionen für Benutzer, um zu lernen, wie Workflows jeder Größe automatisiert werden.

Mit Copilot auf Entdeckungstour

Copilot steht im Mittelpunkt der Power Automate-Startseite. Das Erstellen automatisierter Workflows kann für Nichtentwickler eine Herausforderung sein. Mit Copilot können Sie angeben, was Sie automatisieren möchten, indem Sie eine Anfrage in einfacher natürlicher Sprache eingeben. Nachdem Sie Ihre Anfrage in das Copilot-Feld eingegeben haben, klicken Sie auf GENERIEREN, und Power Automate erstellt eine Automatisierung, die Sie dann konfigurieren können. Während Sie Ihre Anforderungen in das Feld eingeben, schlägt Microsoft Parameter vor, die in die Automatisierung integriert werden können (siehe Abbildung 14.2). Wenn Sie beispielsweise `PDF speichern` eingeben, empfiehlt Copilot verschiedene Workflows, die in Echtzeit angeben, wo eine PDF-Datei gespeichert wird.

Angenommen, Sie möchten wöchentlich eine E-Mail an eine Outlook-Gruppe senden, beispielsweise freitags um 10:30 Uhr EST. So können Sie eine Automatisierung einrichten, sodass das Verwaltungspersonal diese triviale Aktivität nicht übernehmen muss:

1. **Geben Sie im Feld COPILOT** `Eine E-Mail an eine Outlook-Adresse senden` **ein.**

    Eine Liste mit Optionen wird angezeigt.

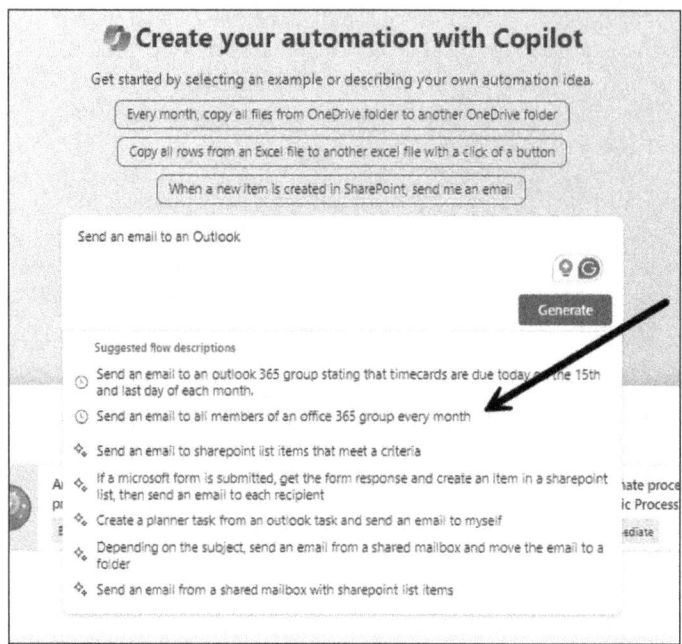

Abbildung 14.2: Mit Copilot eine Empfehlung zu einem Power Automate-Flow generieren

2. **Wählen Sie die Option** `Jeden Monat eine E-Mail an alle Mitglieder einer Office 365-Gruppe senden` **und klicken Sie auf GENERIEREN.**

   Power Automate zeigt einen Prototyp-Flow an, wie in Abbildung 14.3 dargestellt.

3. **Klicken Sie auf WEITER und konfigurieren Sie Ihre Verbindung für die Office 365-Gruppen sowie die Office 365 Outlook-Verbindung, die die E-Mail an die Organisation sendet.**

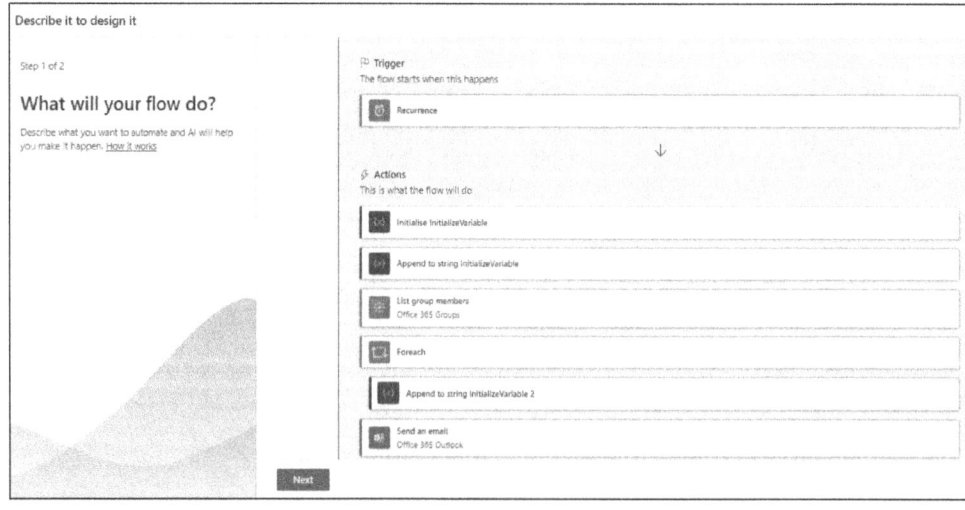

Abbildung 14.3: Mit Copilot erstellter Prototyp-Flow

4. **Nachdem die Verbindung definiert ist, klicken Sie auf FLOW ERSTELLEN.**

 Wählen Sie unbedingt das am besten geeignete Konto für den E-Mail-Versand aus. Wählen Sie nicht Ihr E-Mail-Konto aus, wenn dieses Konto nicht der Person zugeordnet ist, die sich letztendlich authentifiziert. Geeignet sind beispielsweise Konten auf Organisationsebene, da diese über die Zugehörigkeitsdauer einer Person in der Organisation hinaus bestehen bleiben.

Sobald der Flow eingerichtet ist, können Sie jeden einzelnen Parameter anpassen.

5. **Konfigurieren Sie jetzt für die Wiederholung jeden der Zeitparameter so, dass die Anforderung der Zeitzone Ostküste erfüllt ist; Tage: Freitag; Stunde: 10; Minuten: 30.**

6. **Navigieren Sie zum Schritt** `An Zeichenfolge InitializeVariable anfügen`**, um die Konfiguration abzuschließen. Geben Sie den Wert** `Zeitkarte` **ein. Wiederholen Sie diesen Schritt für** `An Zeichenfolge InitializeVariable2 anfügen`**.**

7. **Wählen Sie unter GRUPPENMITGLIEDER AUFLISTEN die entsprechende Outlook-Gruppenverteilerliste aus. Wenn Sie keine haben, müssen Sie eine erstellen.**

8. **Geben Sie im Schritt** `E-Mail senden` **Ihre E-Mail-Anforderungen ein. Geben Sie den Empfänger (die Verteilerliste), den E-Mail-Text und die Absenderadresse (die E-Mail-Adresse, von der die Zeitkartenerinnerung gesendet wird) ein, wie in Abbildung 14.4 dargestellt.**

Eine E-Mail wird basierend auf dem von Copilot generierten Flow erstellt, wie in Abbildung 14.5 dargestellt.

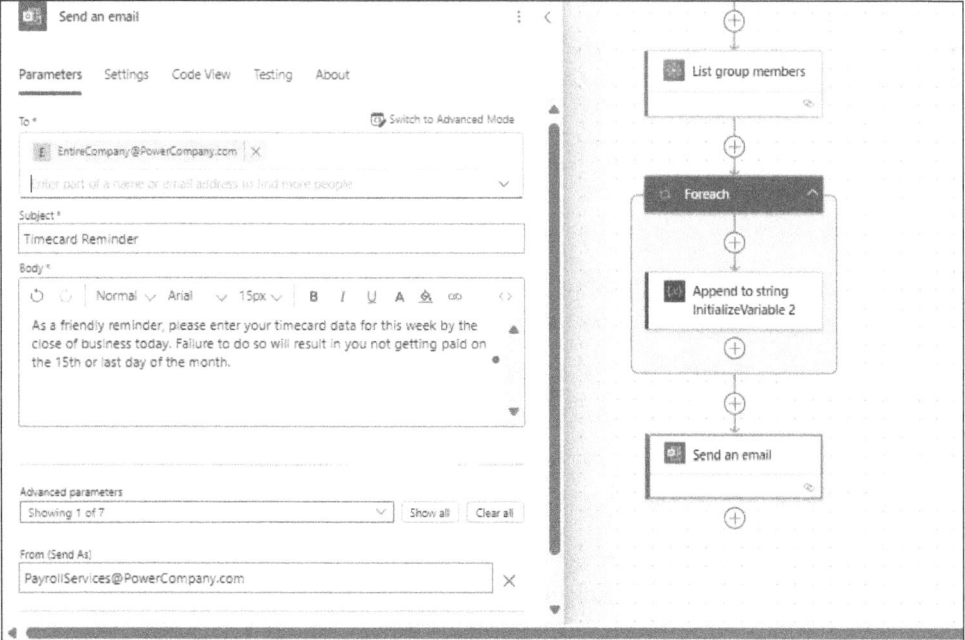

Abbildung 14.4: Beispielkonfiguration der E-Mail-Anforderungen

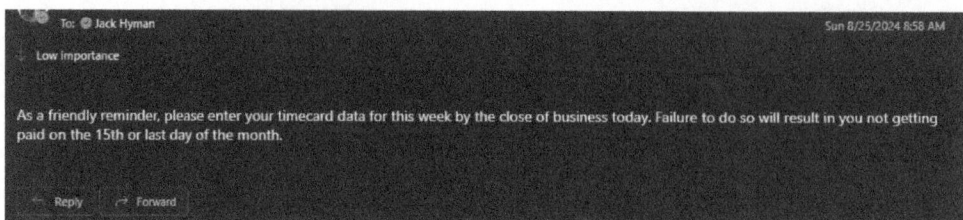

Abbildung 14.5: Beispiel einer E-Mail-Ausgabe aus dem von Copilot generierten Flow

Flow-Typen – Grundlagen

Power Automate ist für die Automatisierung sich wiederholender Aufgaben gedacht. Der Prozess der Automatisierung kann jedoch je nach Art der zu automatisierenden Aufgabe stark variieren. Die meisten Flows in Power Automate verwenden *Cloud-Flows*. Ein Cloud-Flow ist ein automatisierter Flow, der es dem Benutzer ermöglicht, verschiedene Onlinedienste und -anwendungen zu verbinden, um Aufgaben wie das Senden von Benachrichtigungen, das Sammeln von Daten und das Verwalten von Genehmigungen über einen Webbrowser zu automatisieren. Tabelle 14.2 beschreibt die in Power Automate verfügbaren Cloud-Flow-Typen.

Typ	Was er bewirkt	Ziele
Automatisierter Flow	Löst Ereignisse aus, wenn Konnektoren Daten zwischen Cloud- und lokalen Diensten teilen.	Ereignisse wie das Eintreffen einer E-Mail, eine Erwähnung in sozialen Medien oder die Erstellung eines neuen Datenbankeintrags.
Sofortiger Flow	Automatisiert sich wiederholende Aufgaben. Mit einem Mausklick kann eine sich wiederholende Aufgabe von jedem Gerät aus automatisiert werden. Ein Entwickler erstellt den Prozess einmal, anschließend sind die Schritte unbegrenzt wiederholbar, bis eine Änderung erforderlich ist.	Die meisten Ziele beinhalten eine Aktion irgendeiner Art, beispielsweise eine Genehmigung, die Erstellung eines neuen Datensatzes oder eine Änderung des Datensatzstatus.
Geplanter Flow	Führt Flows aus, die an Datums-/Uhrzeitparameter gebunden sind.	Aufgaben, die aus einem Zeitplan abgeleitet werden, beispielsweise das Senden einer E-Mail an eine Verteilerliste.

Tabelle 14.2: Cloud-Flow-Typen

Es gibt auch noch andere Flow-Typen, die häufig mit Power Automate verwendet werden. Desktop-Flows automatisieren routinemäßige Desktop-Aktivitäten mithilfe der robotergestützten Prozessautomatisierung (RPA). Wie bei Power BI Desktop beginnen Sie beim Erstellen komplexer Flows häufig in Power Automate Desktop und veröffentlichen die Flows dann in der Cloud. Diese Flows werden im Abschnitt »Desktop-Flows entdecken« weiter unten in diesem Kapitel behandelt.

Der andere Flow-Typ ist ein Geschäftsprozess-Flow. Diese Flows sind in modellgesteuerte Anwendungen eingebettet. Diese strukturierten Flows führen Benutzer durch mehrstufige Prozesse zur Erfassung und Verarbeitung von Daten. Geschäftsprozess-Flows werden in den Kapiteln 6 und 7 erläutert.

Mit Cloud-Flows arbeiten

Sie können einen Flow in Power Automate erstellen, indem Sie mit einer leeren Leinwand beginnen. So haben Sie von Grund auf die volle Kontrolle über die Gestaltung eines benutzerdefinierten Workflows. Alternativ können Sie eine der vorgefertigten Vorlagen von Microsoft auswählen, die vorgefertigte Lösungen für gängige Automatisierungsaufgaben bieten. Diese Vorlagen können Sie problemlos an Ihre Anforderungen anpassen. Ein anderer Ansatz besteht darin, Ihren Flow auf einem bestimmten Konnektor zu basieren, sodass Sie Prozesse zwischen verschiedenen Anwendungen oder Diensten automatisieren können, um Beispiel die Verknüpfung von Outlook, SharePoint oder Anwendungen von Drittanbietern. Jede dieser Methoden bietet Flexibilität und Anpassungsmöglichkeiten und deckt eine breite Palette von Anwendungsfällen und technischem Fachwissen ab.

Einen Cloud-Flow-Typ auswählen

Wenn Sie im linken Navigationsbereich auf der Registerkarte ERSTELLEN die Option OHNE VORLAGE STARTEN auswählen, stehen Ihnen sechs Optionen zur Verfügung (siehe Abbildung 14.6).

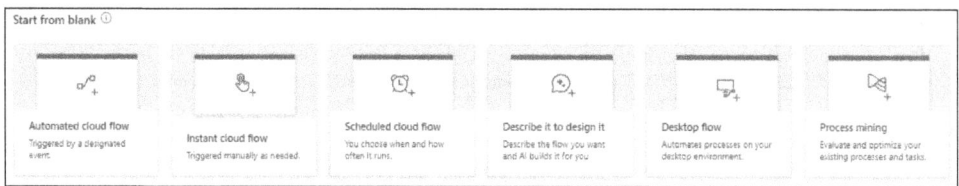

Abbildung 14.6: Die Optionen für »Ohne Vorlage starten«

Wenn Sie mit einer Vorlage beginnen, erhalten Sie eine Galerie der gängigsten Vorlagen, unterteilt in Kategorien wie HÄUFIGSTE AUSWAHL, REMOTEARBEIT, E-MAIL, BENACHRICHTIGUNGEN, IN CLOUD SPEICHERN und GENEHMIGUNGEN. Zugegebenermaßen legen die meisten dieser Vorlagen einen Schwerpunkt auf die Verwendung von Microsoft 365- oder Power Platform-Tools gegenüber anderen Anbietern, wie in Abbildung 14.7 dargestellt.

Abbildung 14.8 zeigt die Einstiegspunkte zu den gängigsten Konnektoren. Eine Liste aller in allen Varianten von Power Automate verfügbaren Konnektoren finden Sie unter https://learn.microsoft.com/en-us/connectors/connector-reference/connector-reference-powerautomate-connectors.

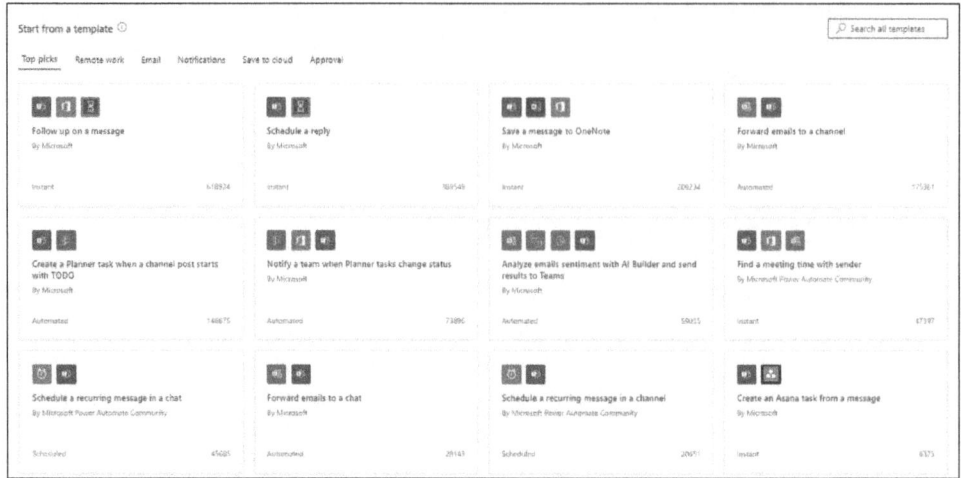

Abbildung 14.7: Automatisierungsoptionen der Vorlagengalerie

Abbildung 14.8: Konnektor-Optionen in Power Automate

 Wundern Sie sich nicht, wenn die erwähnten Konnektoren beim Lesen der folgenden Abschnitte leicht abweichen. In der kostenlosen Version von Power Automate ist eine begrenzte Anzahl von Konnektoren verfügbar, während die Premium-Version ständig weiterentwickelt wird. Möglicherweise stellen Sie sogar leichte Änderungen in den Namen wichtiger Konnektoren fest.

Einen Cloud-Flow ohne Vorlage erstellen

Unabhängig davon, welche Cloud-Flow-Option Sie wählen, starten Sie den Erstellungsprozess immer auf die gleiche Weise – indem Sie auf die Schaltfläche ERSTELLEN klicken und den Cloud-Flow-Typ auswählen, den Sie erstellen möchten. Auf dem nächsten Bildschirm werden Sie aufgefordert, Ihrem Cloud-Flow einen Namen zu geben. Von hier aus variieren die Schritte zum Erstellen eines Flows wie folgt:

- ✔ **Automatisierter Cloud-Flow**: Sie werden aufgefordert, den Trigger auszuwählen, der eine Automatisierung startet.

- ✔ **Sofortiger Cloud-Flow**: Sie werden gefragt, wie der Flow ausgelöst werden soll.

- ✔ **Geplanter Cloud-Flow**: Sie werden aufgefordert, die Zeit-/Datenparameter für die Ausführung des Flows festzulegen.

- ✔ **Von der Beschreibung zum Entwurf:** In Übereinstimmung mit der Verwendung von Copilot auf der Power Automate-Startseite wird eine benutzerfreundliche

Möglichkeit zum Erstellen von Flows geboten, indem sie Aufgaben in nicht technischer Sprache (natürlicher Sprache) beschreiben.

✔ **Desktop-Flow:** Sie werden aufgefordert, den Namen des Flows anzugeben. Auf der nächsten Seite legen Sie die Parameter fest, die den Desktop Flow mit der Online-Umgebung verbinden.

✔ **Process Mining:** Eine Möglichkeit, Benutzern bei der Analyse zu helfen, wie Geschäftsprozesse über Cloud-Dienste hinweg ausgeführt werden, indem Daten aus diesem Workflow untersucht werden. Diese Abläufe basieren häufig auf vordefinierten Geschäftsmodellen, wie z. B. Finanzen und Lieferkette.

In diesem Kapitel erfahren Sie mehr über Themen, die für Power Automate Free relevant sind, nicht für das Premium-Lizenzmodell. Wenn Premium-Optionen behandelt werden, werden sie als erwägenswerte Funktion hervorgehoben. Die drei wichtigsten behandelten Bereiche sind automatisierte Cloud-Flows, sofortige Cloud-Flows und geplante Cloud-Flows.

Mit automatisiertem Cloud-Flow ohne Vorlage arbeiten

Ein automatisierter Flow ist geeignet, wenn Sie sich von sich wiederholenden Arbeiten befreien möchten, indem Sie eine Anwendung und ihre Datenquelle mit Power Automate verbinden, wobei das Ergebnis einer Ausgabe eine Ausgabe wie eine Warnung, einen Bericht oder eine Aufgabe auslösen kann. Beispiele sind etwa das Generieren einer Benachrichtigung, wenn Sie eine E-Mail von einem wichtigen Kunden erhalten, oder das Generieren eines Berichts basierend auf einem bestimmten Ereignis.

Das folgende Beispiel zeigt, wie eine E-Mail-Benachrichtigung erstellt wird, wenn ein Element zu einem SharePoint-Ordner hinzugefügt wird.

1. **Klicken Sie im linken Navigationsbereich auf Erstellen, um die Seite Erstellen in Power Automate zu öffnen, und klicken Sie dann auf Automatisierter Cloud-Flow.**

2. **Geben Sie den Flownamen ein.**

   Sie können einen selbst gewählten Namen eingeben oder den Namen generieren lassen.

3. **Geben Sie im Suchfeld** `Datei, SharePoint hinzugefügt` **ein.**

   Wenn Sie die Suchparameter auf die gewünschte Aktion einschränken, können Sie den Flow-Trigger im System leichter identifizieren.

4. **Wählen Sie den Trigger aus.**

   Für dieses Beispiel ist der Trigger das Erstellen einer Datei in einem Ordner.

5. **Klicken Sie auf Erstellen.**

   Abbildung 14.9 zeigt das Konfigurationsfenster für das Erstellen eines automatisierten Cloud-Flows.

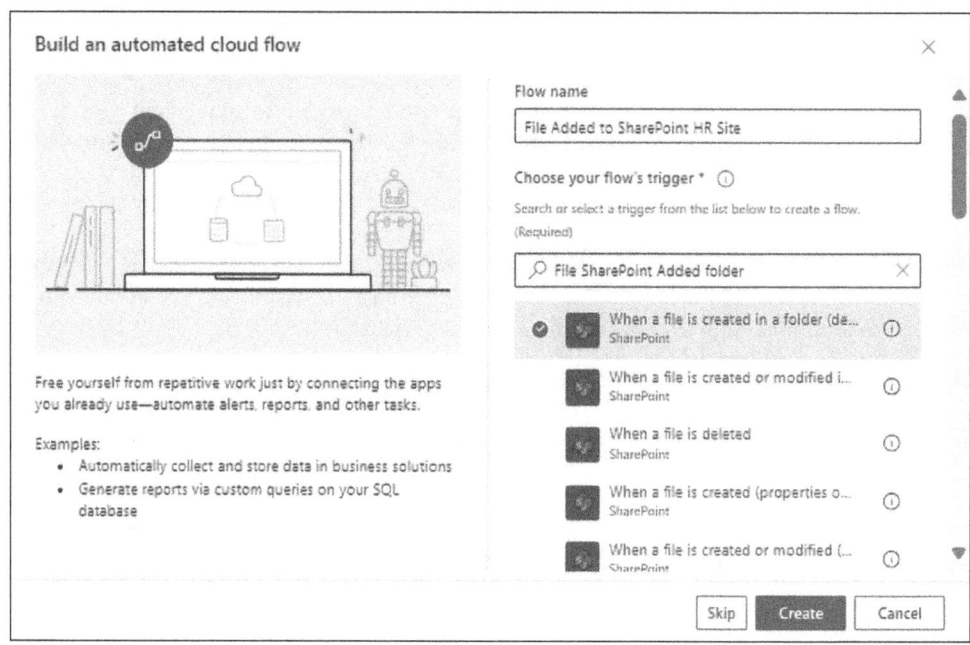

Abbildung 14.9: Erstellen eines automatisierten Flows

6. **Doppelklicken Sie auf den Trigger** Wenn eine Datei in einem Ordner erstellt wird **und geben Sie die entsprechende Site und den Ordner ein.**

   Sie müssen mindestens die Site-Adresse und die Ordner-ID eingeben. Überprüfen Sie den Abschnitt ERWEITERTE PARAMETER, um die Häufigkeit der Überprüfung auf neue Inhalte auszuwählen.

7. **Klicken Sie auf das Pluszeichen (+) und fügen Sie den nächsten Schritt hinzu.**

   In diesem Fall besteht der nächste Schritt darin, eine Aktion hinzuzufügen. Die ausgewählte Aktion ist Office 365 Outlook.

8. **Wählen Sie bei der entsprechenden Aufforderung die Aktion** E-Mail senden (V2) **aus.**

   Sie wählen die Aktion basierend auf dem spezifischen Ergebnis aus, das Sie erzielen möchten. In diesem Fall wird jedes Mal, wenn in Schritt 6 eine neue Datei zum Ordner hinzugefügt wird, in Schritt 8 eine Aktion zum Senden einer E-Mail ausgelöst.

   Ein weiteres Fenster wird angezeigt, in dem Sie aufgefordert werden, die Aktion zu konfigurieren. Die Felddaten variieren je nach den Anforderungen Ihrer Organisation (siehe Abbildung 14.10).

9. **Nachdem Sie alle Änderungen vorgenommen haben, speichern Sie den Flow, indem Sie rechts auf den Pfeil (Ausblenden) klicken.**

10. **Klicken Sie in der Symbolleiste auf** SPEICHERN.

    Vorausgesetzt, es liegen keine Fehler vor, wird der Flow sofort ausgeführt.

KAPITEL 14 Grundlagen der Automatisierung

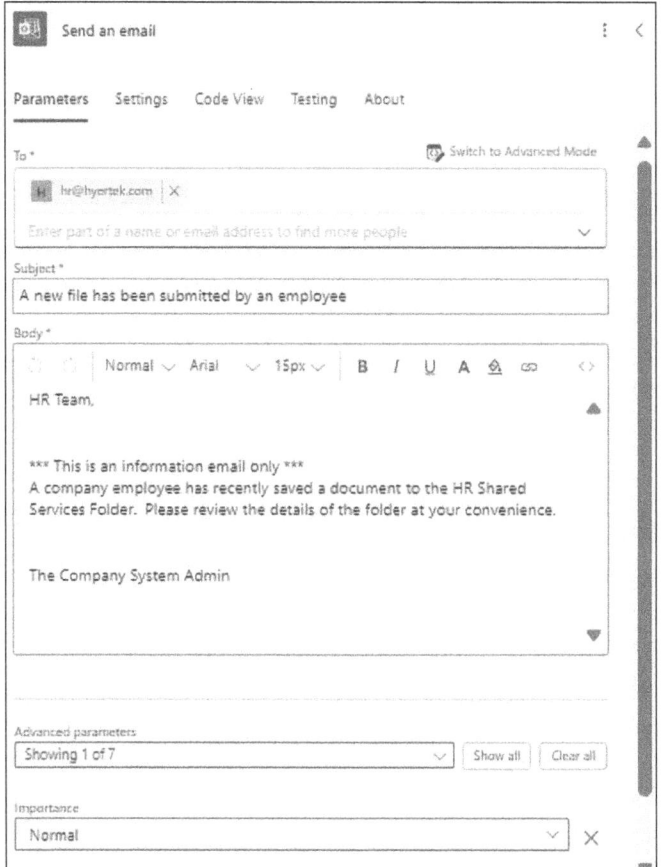

Abbildung 14.10: Eingeben einer E-Mail-Kommunikation für einen automatisierten Flow

Sofortige Cloud-Flows ohne Vorlage erstellen

Menschen stellen oft fest, dass es zwar so aussieht, als würden sie für oft wiederholte Aufgaben hier und da nur ein paar Augenblicke ihrer Zeit in aufwenden, rechnet wenn man jedoch diese Zeit zusammen, summiert sich der wiederholte Aufwand auf einen erheblichen Betrag.

Angenommen, Sie verbringen eine gewisse Zeit damit, per E-Mail empfangene PDF-Dateien zu organisieren. Das Sortieren von Hunderten von E-Mails ist zweifellos überwältigend, insbesondere wenn Sie eine bestimmte PDF-Datei eines Kunden suchen, die in einem langen E-Mail-Thread vergraben ist. Diese häufigen zeitaufwendigen Aufgaben wirken sich sicherlich auf die Produktivität aus. Ein sofortiger Cloud-Flow kann dieses Problem lösen, indem er den Prozess automatisiert, sich wiederholende Aufgaben rationalisiert und es Ihnen ermöglicht, mit einem einzigen Mausklick sofort zu handeln. Sobald die Schaltfläche angeklickt wird, wird eine auslösende Aktion basierend auf vordefinierten Bedingungen zwischen der gespeicherten Datei und der gesendeten E-Mail ausgelöst.

Die folgenden Schritte zeigen, wie Sie alle Anhänge einer bestimmten E-Mail-Adresse extrahieren und in einer SharePoint-Dokumentbibliothek speichern.

1. Wählen Sie auf der Startseite von Power Automate ERSTELLEN|SOFORTIGER CLOUD-FLOW.

2. Geben Sie den Namen Ihres Cloud-Flows ein und klicken Sie unten auf der Seite auf ÜBERSPRINGEN.

   Ein Beispiel für einen Flow-Namen ist `Dateien aus Outlook 365 extrahieren`.

3. Klicken Sie auf TRIGGER HINZUFÜGEN.

   Es wird ein Fenster angezeigt, in dem Sie aufgefordert werden, einen Triggertyp auszuwählen.

4. Wählen Sie Office 365 Outlook.

   Power Automate zeigt eine Liste der in Office 365 Outlook verfügbaren Trigger an.

5. Wählen Sie `Wenn eine neue E-Mail eintrifft (V3)`.

   Es wird ein Fenster angezeigt, in dem Sie aufgefordert werden, die Parameter zum Senden der E-Mail-Benachrichtigung einzugeben (siehe Abbildung 14.11).

6. Wählen Sie ALLE ANZEIGEN und füllen Sie die Felder wie folgt aus:

   - AN: Geben Sie die E-Mail-Adresse ein, an die Sie die Dateien senden möchten.
   - VON: Geben Sie die E-Mail-Adresse ein, von der die Dateien zugestellt werden
   - ANHÄNGE EINSCHLIEßEN: Ja
   - BETREFFFILTER: Dieses Feld ist optional. Sie können eine bestimmte Betreffzeile eingeben, um die E-Mails zu filtern, auf die der Flow reagieren soll, oder das Feld leer lassen, um es auf alle E-Mails anzuwenden
   - WICHTIGKEIT: Hoch
   - NUR MIT ANHÄNGEN: Ja
   - ORDNER: Posteingang

7. Klicken Sie auf den Pfeil (Ausblenden) rechts, um den Bildschirm zu schließen.

   Ihre Auswahlen werden gespeichert.

8. Drücken Sie das Pluszeichen (+) und fügen Sie die zweite Aktion hinzu.

   Geben Sie für dieses Beispiel `SharePoint` ein.

9. Klicken Sie unter SharePoint auf MEHR ANZEIGEN und wählen Sie DATEI ERSTELLEN.

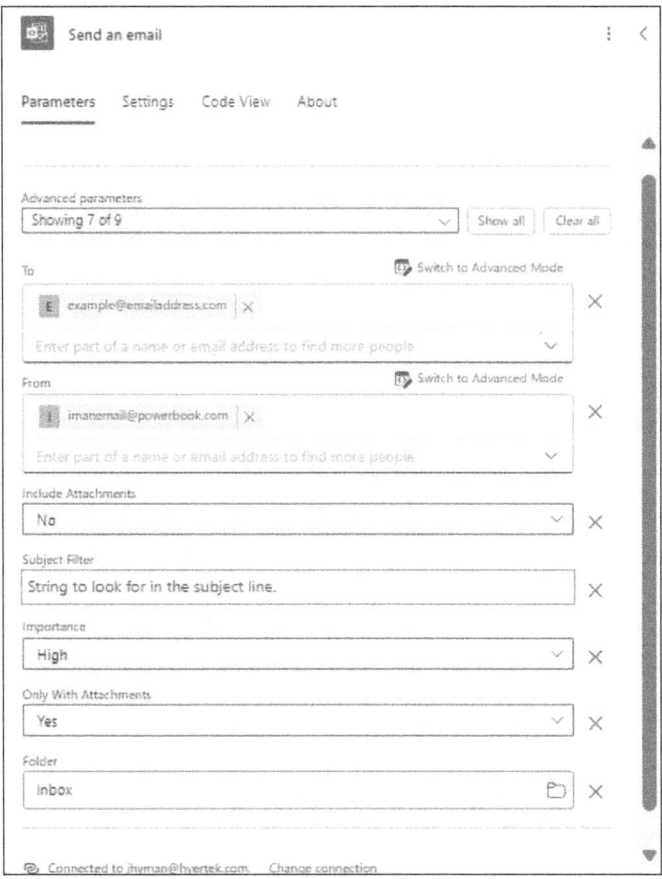

Abbildung 14.11: E-Mail-Parameter für einen sofortigen Cloud-Flow

10. Wählen Sie DATEI ERSTELLEN.

11. **Wählen Sie die SharePoint-Siteadresse und den Ordnerpfad aus, unter dem die Dateien gespeichert werden sollen.**

    Vorausgesetzt, Sie haben eine SharePoint-Site, navigieren Sie zu Ihrer SharePoint-Site-Adresse und wählen dann den Ordner innerhalb der SharePoint-Site aus, in dem die Dateien gespeichert werden.

12. **Geben Sie den Dateinamen und den Dateiinhalt ein, indem Sie die entsprechenden dynamischen Felder aus den vorherigen Schritten im Flow auswählen (siehe Abbildung 14.12).**

    Dynamische Felder, ein Pop-up während Ihrer Flow-Konfiguration, extrahieren automatisch Daten wie den Namen des E-Mail-Anhangs (für den Dateinamen) und die Datei selbst (für den Dateiinhalt), sodass Sie diese Informationen nicht manuell eingeben müssen.

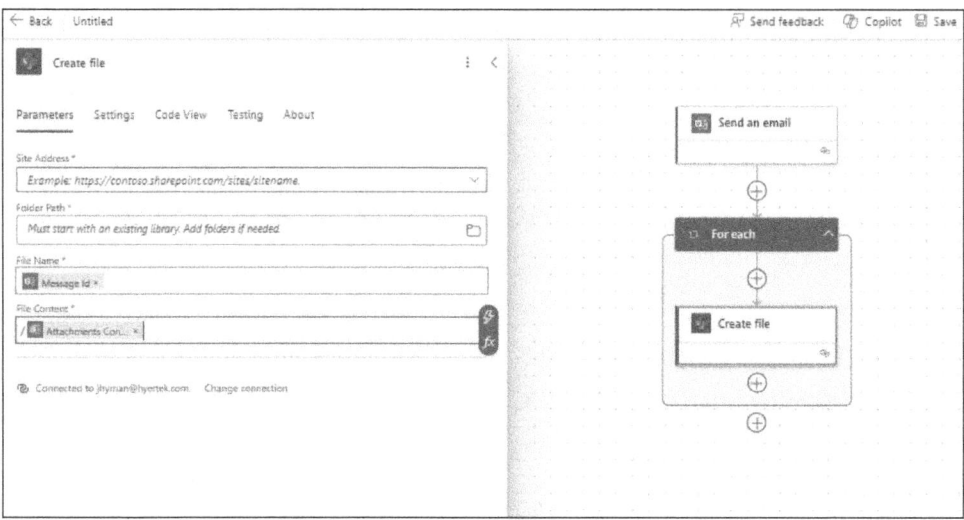

Abbildung 14.12: SharePoint zum Akzeptieren von Anhängen von Outlook 365 konfigurieren

13. **Drücken Sie das Pluszeichen (+) und fügen Sie eine dritte Aktion hinzu.**

    Geben Sie für dieses Beispiel `Microsoft Office 365 Outlook` ein.

14. **Wählen Sie** `E-Mail senden (V2)`.

    Damit haben Sie einen neuen Trigger z Ihrem Flow hinzugefügt.

15. **Füllen Sie die Felder aus, einschließlich AN, BETREFF, TEXT und WICHTIGKEIT.**

    Die Felder, die Sie für diese Aktion `E-Mail senden` ausfüllen, unterscheiden sich von denen, die Sie in Schritt 6 ausgefüllt haben. Das Geschäftsziel besteht darin, eine Bestätigungs-E-Mail zu erhalten, und nicht darin, die PDF-Datei in die SharePoint-Site hochzuladen.

16. **Klicken Sie auf SPEICHERN.**

17. **Gehen Sie zur SharePoint-Site und überprüfen Sie, ob die Datei hinzugefügt wurde. Überprüfen Sie außerdem, ob Sie eine Bestätigungs-E-Mail erhalten haben.**

    Abbildung 14.13 bestätigt, dass die von der Ziel-E-Mail gesendeten Dateien `50States.xlsx` und `Demo Agenda.xlsx` auf der SharePoint-Site veröffentlicht wurden (A). Eine E-Mail bestätigt, dass die Dateien auf der SharePoint-Site veröffentlicht wurden (B). Dieser Flow wird sofort ausgeführt, wenn eine E-Mail mit Anhängen von Zieladressen eingeht.

Mit einem geplanten Cloud-Flow ohne Vorlage arbeiten

Geplante Cloud-Flows sind für Routineaufgaben gedacht, die nach einem Zeitplan ausgeführt werden müssen. Ein Beispiel ist eine Erinnerungs-E-Mail an ein Team, seine Zeit- und Spesenabrechnungen fertigzustellen. Oder vielleicht möchten Sie einen Workflow planen, der alle Datensätze aus einem Ordner oder einem E-Mail-Posteingang löscht, auf die in den

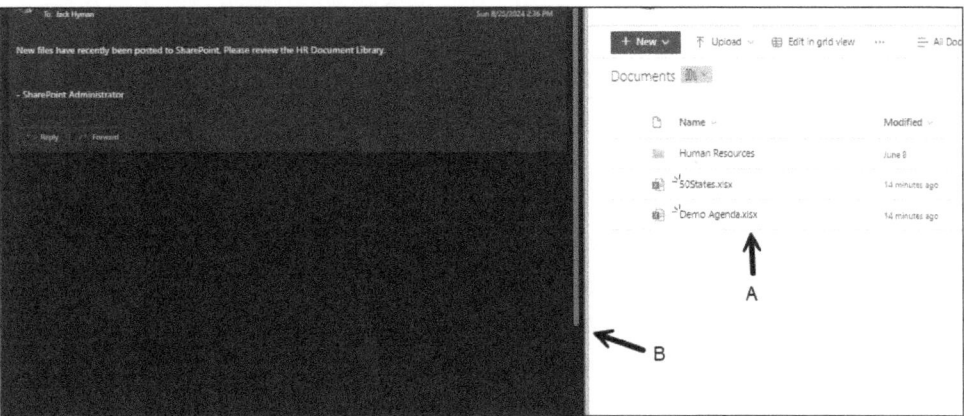

Abbildung 14.13: Bestätigung der SharePoint-Anhangsextraktion aus Outlook mithilfe eines sofortigen Flows

letzten 180 Tagen nicht zugegriffen wurde. Geplante Cloud-Flows haben einzigartige Eigenschaften, die weder sofortige noch automatisierte Flows bieten, darunter:

✔ **Zeitbasierte Trigger:** Sie können die Ausführung eines Flows so planen, dass er einmal, täglich, wöchentlich, monatlich oder in benutzerdefinierten Intervallen ausgeführt wird.

✔ **Flexible Wiederholungsmuster:** Sie können das Wiederholungsmuster festlegen, ob täglich, wöchentlich, monatlich oder jährlich. Sie können den Flow sogar so einstellen, dass er zu einer bestimmten Stunde und Minute startet.

✔ **Automatisierte Aktionen:** Sobald der Flow ausgelöst wird, brauchen Sie nicht mehr einzugreifen, sofern keine Änderung des Zeitplans erforderlich ist.

✔ **Richtlinien zur Fehlerbehandlung und Wiederholung:** Für den Fall, dass für den Flow ein Fehler auftritt oder er fehlschlägt, können Sie eine Fehlerbehandlung integrieren, um sicherzustellen, dass der Flow später ausgeführt und dann im regulär geplanten Intervall fortgesetzt wird.

✔ **Berücksichtigung der Zeitzone:** Flows können an eine Zeitzone gebunden werden, nicht an die Ortszeit.

Die folgenden Schritte zeigen, wie Sie mit Power Automate automatisch sämtliche Junk-Mails aus Microsoft Outlook 365 löschen können, sodass Ihr Posteingang wieder Speicherplatz freigibt:

1. Wählen Sie ERSTELLEN|GEPLANTER CLOUD-FLOW.

2. Geben Sie dem Cloud-Flow den Namen: `Alle E-Mails von <E-Mail-Adresse> löschen`.

3. Legen Sie die Parameter unter DIESEN FLOW AUSFÜHREN auf einen für Sie geeigneten Zeitplan fest (siehe Abbildung 14.14) und klicken Sie auf ERSTELLEN.

    Damit haben Sie einen Wiederholungstrigger festgelegt.

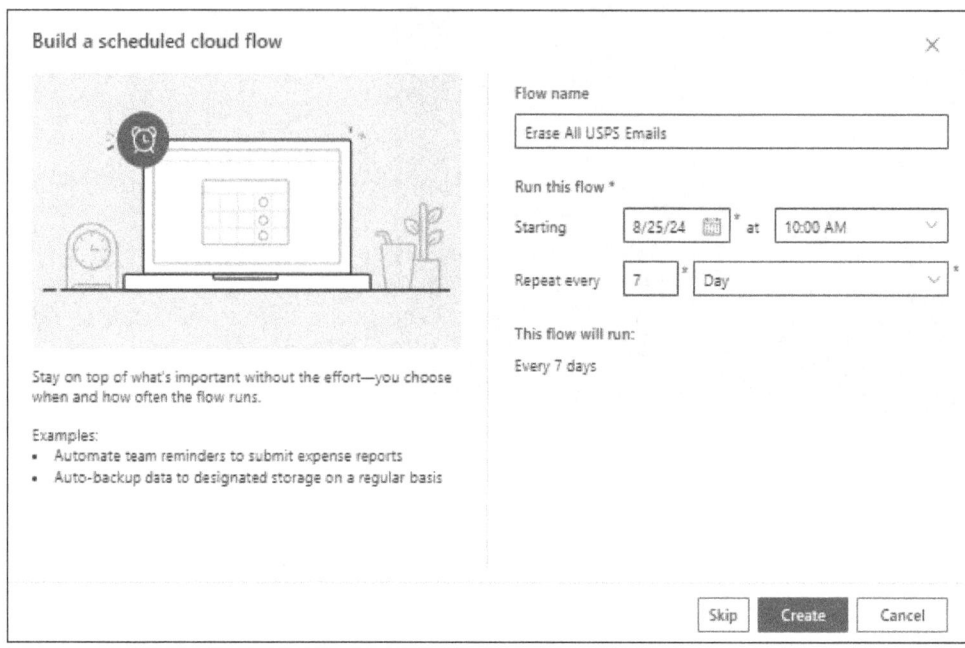

Abbildung 14.14: Fenster zum Erstellen eines geplanten Cloud-Flows

4. **Klicken Sie auf das Pluszeichen (+), um eine weitere Aktion hinzuzufügen.**

   Wenn Sie auf das Pluszeichen (+) klicken und AKTION HINZUFÜGEN auswählen, wird dem Flow eine weitere Aktion hinzugefügt.

5. **Geben Sie `Office 365 Outlook` in das Suchfeld ein.**

6. **Klicken Sie auf den Link MEHR ANZEIGEN. Wählen Sie dann `E-Mails abrufen (V3)` aus.**

7. **Klicken Sie auf die Schaltfläche ALLE ANZEIGEN. Geben Sie etwas in die Felder VON und AN ein. Wenn der Betreff wiederholt wird, geben Sie auch den Betreff ein.**

Wie in anderen Abschnitten, in denen der Workflow-Prozess für E-Mails beschrieben wird, ist die Erstellung des Prozesses abhängig von dem Verfahren zum Empfangen und Senden von E-Mails stark individuell. Füllen Sie alle als erforderlich gekennzeichneten Felder aus. Alle anderen sind optional.

8. **Klicken Sie erneut auf das Pluszeichen (+), um eine Aktion hinzuzufügen, und wählen Sie STEUERUNG aus.**

9. **Doppelklicken Sie auf die Steuerung und legen Sie den Parameter `FROM = <Ziel-E-Mail-Adresse>` fest.**

   Ein Beispiel wäre `FROM = jack@powerco.com`.

10. **Klicken Sie im Feld JA unter WAHR auf das Pluszeichen (+) und wählen Sie im angezeigten Menü die Option AKTION HINZUFÜGEN aus.**

11. **Wählen Sie die Aktion:** `E-Mail löschen (V2)`.

12. **Klicken Sie auf die Aktion** `E-Mail löschen (V2)` **und geben Sie die Parameter wie folgt ein:**

    - NACHRICHTEN-ID: Verwenden Sie die dynamischen Felder und wählen Sie die Nachrichten-ID aus.

    - ERWEITERTE PARAMETER: Wählen Sie die ursprüngliche Postfachadresse.

    Die E-Mail-Adresse, die Sie in der ursprünglichen Postfachadresse eingeben, ist der Posteingang mit den E-Mails, die Sie löschen möchten.

13. **Klicken Sie auf den Pfeil (Ausblenden) oben rechts, um das Fenster zu schließen.**

14. **Klicken Sie auf SPEICHERN.**

15. **Testen Sie den Flow.**

    Wenn Sie den soeben erstellten Flow testen, sollten Sie sicherstellen, dass alle von der genannten Partei gesendeten E-Mails aus Ihrem Posteingang entfernt wurden. Das Löschen dieser E-Mails erfolgt gemäß dem von Ihnen festgelegten wiederkehrenden Zeitplan. Der gesamte Flow folgt einem strukturierten Prozess mit bestimmten Bedingungen, wie Abbildung 14.15 zeigt.

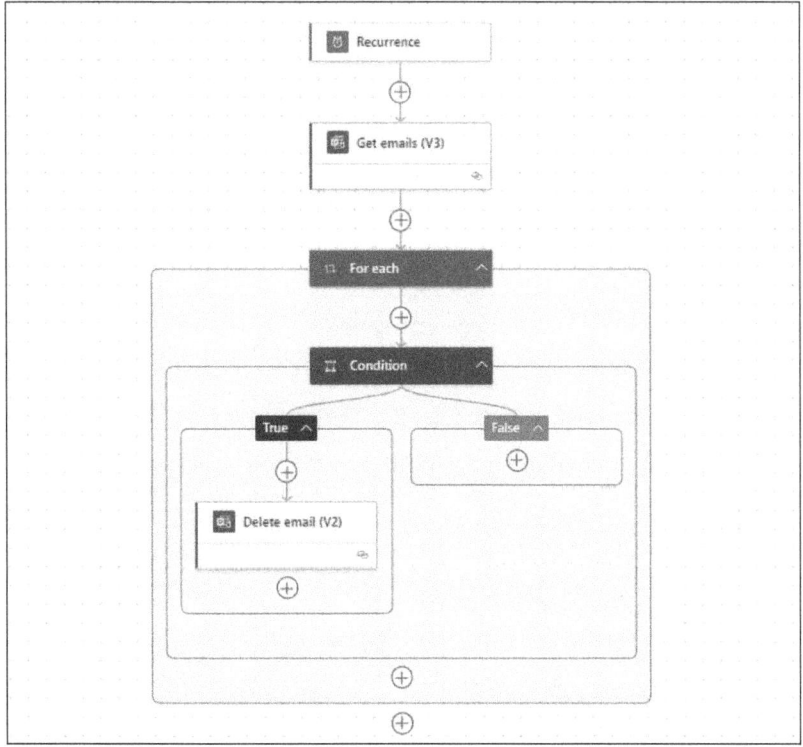

Abbildung 14.15: Ein Beispiel für einen geplanten Cloud-Flow

Automatisieren mit Vorlagen und Konnektoren

Vom Konzept her ist der Ausgangspunkt für die Verwendung einer Vorlage und eines Konnektors derselbe. Bei Vorlagen werden Sie feststellen, dass allgemeine Arbeitsaktivitäten mit Konnektoren verknüpft sind, von denen einige von Microsoft stammen, aber nicht alle. Vorlagen sind diskrete Aufgaben, oft ein oder zwei Schritte. Beim Umgang mit Konnektoren liegt der Fokus stärker auf der Technologie, was die Türen zu einem komplexen Workflow-Design öffnen kann.

Das Erstellen eines Flows mithilfe einer Vorlage ist eine schnelle und einfache Möglichkeit, allgemeine Aufgaben mithilfe vorgefertigter Workflows mit vordefinierten Triggern und Aktionen zu automatisieren – ideal für Anfänger. Unter Verwendung eines Konnektors erstellte Flows ermöglichen mehr Anpassung und Flexibilität, sodass Benutzer von Grund auf maßgeschneiderte Workflows erstellen können, die durch die Integration verschiedener Dienste und Anwendungen komplexe Automatisierungsanforderungen erfüllen können.

Eine Aufgabe mit einer Vorlage automatisieren

Wenn Sie Informationen mögen, werden Sie Vorlagen lieben. Fast alle Vorlagen sind so konzipiert, dass sie Endbenutzern helfen, Erkenntnisse durch Benachrichtigungen, Nachrichten oder Aufgaben zu gewinnen. Die meisten Vorlagen verknüpfen zwei oder drei Anwendungen, um alltägliche Aufgaben zu erledigen. Wenn diese Aufgaben unabhängig voneinander erledigt würden, würde jemand wie Sie oder ich eine ganze Weile dafür brauchen. Mit Power Automate wird die Zeit zum Erledigen einer Aufgabe auf wenige Sekunden oder Minuten komprimiert, sobald ein Flow erstellt und erfolgreich ausgeführt wurde.

Eine häufige Aufgabe, mit der fast jedes Verwaltungsteam konfrontiert ist, ist das Senden von Erinnerungen an ein Team, um sich wiederholende Aktivitäten abzuschließen. Statt diese Aufgabe wöchentlich durch einen Betriebsspezialisten erledigen zu lassen, könnten Sie dies auch Power Automate überlassen.

Die folgenden Schritte zeigen, wie Sie die Vorlage `Tägliche Erinnerung aus Ihrer Outlook.com-E-Mail erhalten`, die unter E-Mail bereitgestellt wird, verwenden können, um einen geplanten Flow zu erstellen, der diese gebräuchliche Aufgabe automatisiert. Hier die Schritte:

1. Klicken Sie in der linken Navigation auf die Registerkarte ERSTELLEN.

2. Scrollen Sie nach unten zu MIT EINER VORLAGE BEGINNEN (Vorlagengalerie).

   Auf der Seite ERSTELLEN stellt Microsoft mehrere vorgefertigte Workflow-Typen bereit. Die Galerie befindet sich unten auf der Seite.

3. Klicken Sie auf die Registerkarte E-MAIL.

   Die Vorlagengalerie hat sechs Registerkarten: HÄUFIGSTE AUSWAHL, REMOTEARBEIT, E-MAIL, BENACHRICHTIGUNGEN, IN CLOUD SPEICHERN und GENEHMIGUNGEN. Für dieses Beispiel wählen Sie die Registerkarte E-MAIL aus.

4. **Wählen Sie die Vorlage** `Tägliche Erinnerungen aus Ihrer Outlook.com-E-Mail erhalten`.

   Blättern Sie durch die Galerie, um diese Option zu finden. Sie können auch das Suchfeld verwenden, um diese Vorlagenoption schnell zu finden.

5. **Bestätigen Sie auf dem angezeigten Bildschirm die erforderlichen Verbindungen. Für dieses Beispiel benötigen Sie Zugriff auf Office 365 Outlook (ein Premium-Konnektor) und Office 365-Benutzer (ein Premium-Konnektor).**

   Für diesen Konnektor müssen Sie zur Authentifizierung eine E-Mail-Adresse angeben. Die anderen Konnektoren werden in Ihrem Namen automatisiert, wie in Abbildung 14.16 dargestellt.

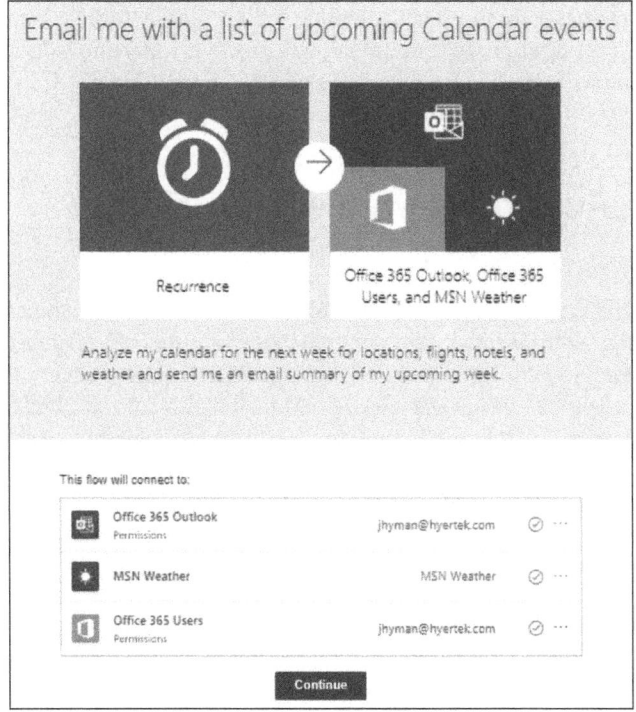

Abbildung 14.16: Die Authentifizierungsparameter für Ihre Konnektoren festlegen

6. **Wenn Sie mit den für Ihre Umgebung aufgeführten Anforderungen zufrieden sind, klicken Sie auf WEITER.**

7. **Klicken Sie auf die oberste Aktion im Flow, die Wiederholungsaktion.**

   Standardmäßig ist die Wiederholungsaktion auf `täglich` eingestellt. Sie können dies nach Bedarf anpassen.

8. Klicken Sie auf die Aktion E-Mail senden (V3).

   Hier legen Sie fest, an wen Sie die wiederkehrende Benachrichtigung in einem geplanten Intervall senden. Zunächst zeigt Power Automate ungültige Parameter an, da Sie die Parameter An und Von angeben müssen, um den Flow abzuschließen.

9. Aktualisieren Sie die Felder AN und TEXT der Aktion E-Mail senden (V3).

   Geben Sie im Feld AN die Parteien ein, an die die Benachrichtigung gesendet werden soll. Der *Absender* ist die E-Mail-Adresse, von der die E-Mail gesendet werden soll.

10. Klicken Sie auf TESTEN.

11. Speichern Sie den Flow.

Damit haben Sie eine Erinnerungs-E-Mail erstellt, die den anderen ähnelt, die Sie in den vorherigen Abschnitten entwickelt haben. In diesem Fall wurde die Erinnerung jedoch mit einem Bruchteil der Schritte erstellt, da die Aufgabe viel eigenständiger erledigt wird – weil Sie sie durch eine Vorlage in Ihrem Namen erstellen ließen.

Konnektoren zum Automatisieren einer Aufgabe verwenden

Microsoft hat eine neue Möglichkeit für Benutzer eingeführt, Flows zu erstellen, indem der Fokus von einzelnen Aktionen oder Geräten (wie dem Klicken auf eine Schaltfläche, dem Senden einer E-Mail oder dem Genehmigen einer Anfrage) auf einen stärker technologiebasierten Ansatz verlagert wird. Statt sich auf die jeweilige Aufgabe oder das jeweilige Gerät zu konzentrieren, organisiert diese Ansicht die Flow-Erstellung um die zugrunde liegenden Technologien und verwendeten Dienste herum, wie zum Beispiel Microsoft 365, SharePoint oder Integrationen von Drittanbietern. Durch diese Organisation von Flows können Benutzer darüber nachdenken, welche Systeme und Anwendungen interagieren müssen, statt sich nur auf die einzelnen beteiligten Aufgaben oder Geräte zu konzentrieren.

Microsoft hat eine Reihe allgemeiner Aufgaben zusammengestellt, die sich nahtlos in Partnertechnologien von Anbietern wie Google, Salesforce und HubSpot integrieren lassen. Diese Aufgaben sind als Konnektor-Vorlagen verfügbar, die Microsoft entwickelt hat, um Entwicklern – ob Anfängern oder Experten – einen Vorsprung bei der Erstellung von Automatisierungen zu verschaffen, indem vorgefertigte Aktionen über definierte Vorlagen verwendet werden.

 Der Prozess zum Erstellen eines Konnektor-basierten Workflows unterscheidet sich nicht im Geringsten von dem, was Sie bereits gelernt haben, als Sie mit und ohne Vorlage gearbeitet haben.

Desktop-Flows entdecken

Ähnlich wie Power BI Desktop verfügt Power Automate über eine Desktop-Begleitanwendung zur Unterstützung von RPA (Robotics Process Automation) und Workflow-Design-Aktivitäten, die nur für PCs funktionieren. Sie haben richtig gelesen: Nicht alles ist online. Eine Aktivität, die Sie auf dem Desktop erstellen, kann sicherlich vom Desktop ins Web verschoben werden, aber die Automatisierung beginnt auf dem Desktop für sich wiederholende Verwaltungsaktivitäten wie das Organisieren Ihrer Dateisysteme. Wenn Sie Prozesse erstellen möchten, die sich auf PC-Ebene wiederholen, und für die Desktop-Anwendungen Voraussetzung sind, sollten Sie Power Automate Desktop verwenden, um solche Workflows zu erstellen. Power Automate Desktop-Flows sind ideal, wenn Sie Folgendes suchen:

- Schnelles Organisieren von Dokumenten anhand einer bestimmten Datei- und Ordnerstruktur

- Extrahieren von Daten von einer Website und Speichern dieser Daten mithilfe der Automatisierung in einer Datei

- Anwenden von Automatisierungsfunktionen, die durch eine konsistente Metadatenzuordnung wiederholbar auf Autopilot gesetzt werden können

Zunächst müssen Sie Power Automate auf Ihren Computer herunterladen und sich mit Ihrem persönlichen Konto oder Organisationskonto anmelden.

Desktop-Flow-Typen – Grundlagen

Desktop Flows automatisieren Aufgaben auf Ihrem Desktop oder in jeder beliebigen Windows-Anwendung. Power Automate arbeitet mit zwei Haupttypen von Desktop Flows:

- **Beaufsichtigte Desktop-Flows:** Erfordern Interaktion durch den Menschen. Diese Flows werden auf dem Computer des Benutzers ausgeführt, während dieser angemeldet ist und mit seinem Desktop interagiert. Sie sind ideal für Aufgaben wie die Dateneingabe, für die Benutzergenehmigungen oder Entscheidungsfindungen erforderlich sind.

- **Unbeaufsichtigte Desktop-Flows:** Können für eine Ausführung ohne menschliches Eingreifen implementiert werden. Diese Flows laufen im Hintergrund auf einer dedizierten Maschine und führen ihre Aufgaben auch dann weiter aus, wenn der Benutzer nicht an seinem Computer angemeldet ist. Sie eignen sich perfekt für Backoffice-Aufgaben wie die Verarbeitung von Massendaten, Datenübertragungen oder die Automatisierung sich wiederholender Aufgaben. Beide Flow-Typen nutzen die RPA (Robotic Process Automation)-Funktionen von Power Automate und bieten leistungsstarke Automatisierungslösungen für Legacy-Anwendungen und sich wiederholende Aufgaben, denen Ihre API-Integrationen fehlen.

Einen beaufsichtigten Flow erstellen

Beaufsichtigte Flows erfordern eine Benutzerinteraktion, zum Beispiel das Anklicken der Schaltfläche AUSFÜHREN in Power Automate Desktop, um eine Aktion auszulösen.

Mit Power Automate erstellen Sie den Flow einmal, und er orchestriert alle Aufgaben automatisch, nachdem sie initiiert wurden. Sie müssen logische Operatoren wie If, Else und End verstehen, um komplexere Desktop-Flows zu erstellen.

Für das folgende Beispiel habe ich einen beaufsichtigten Flow erstellt, um bestimmte Dateien aus einem Ordner namens Review To Be Deleted zu löschen, den ich auf meinem Desktop erstellt habe. So kann ich den Löschvorgang mit einem einzigen Klick auslösen. Abbildung 14.17 zeigt den vollständigen Flow, der dies bewirkt, und wo ich auf AUSFÜHREN drücke.

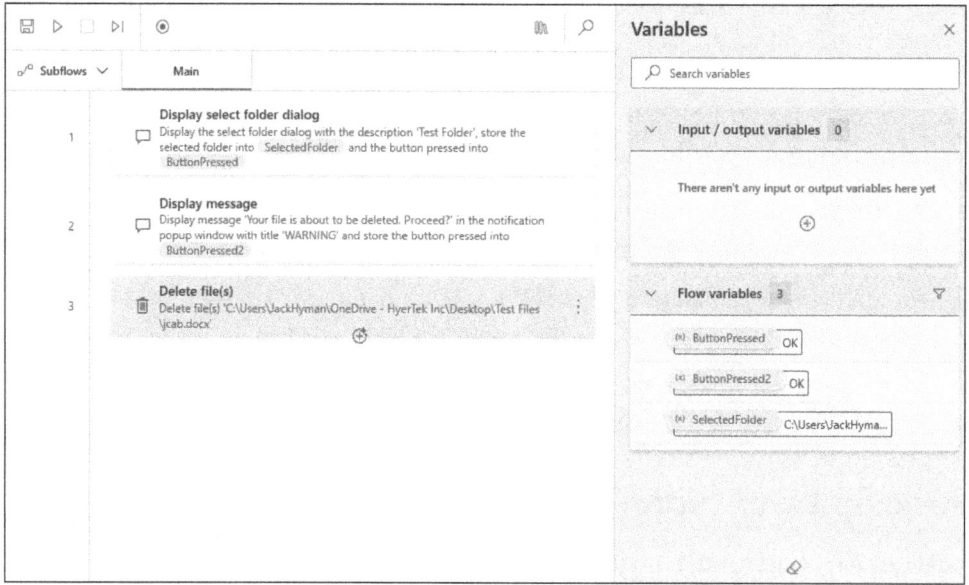

Abbildung 14.17: Beispiel eines beaufsichtigten Flows mit einer Schaltfläche »Ausführen«

Hier die Schritte zum Erstellen des in Abbildung 14.17 gezeigten Flows:

1. **Öffnen Sie Power Automate Desktop.**

   Starten Sie Power Automate Desktop über das Startmenü oder eine Desktopverknüpfung. Melden Sie sich bei entsprechender Aufforderung mit Ihrem Microsoft-Konto an.

2. **Klicken Sie auf NEUEN FLOW ERSTELLEN.**

   Klicken Sie in der Symbolleiste auf die Schaltfläche NEUER FLOW. Es wird ein Fenster angezeigt, in dem Sie aufgefordert werden, Ihrem Flow einen Namen zu geben.

3. **Geben Sie einen Namen für den Flow ein und klicken Sie auf ERSTELLEN.**

   Geben Sie dem Flow einen aussagekräftigen Namen, beispielsweise Dateien auf dem Desktop löschen.

4. Suchen Sie in der Aktionssuchleiste nach der Aktion *Dialogfeld »Ordner auswählen« anzeigen*. Ziehen Sie diese Aktion in den Arbeitsbereich.

   Durch Ausführen dieser Aktion kann der Benutzer den Ordner auswählen, aus dem die Dateien gelöscht werden.

5. Geben Sie im neuen Fenster, das angezeigt wird, dem Dialog einen Namen (zum Beispiel *Ordner zum Löschen von Dateien auswählen*).

   Geben Sie im Feld ANFÄNGLICHER ORDNER einen Ordnerpfad an, der den Benutzer zu dem Ordner führt, aus dem die Dateien gelöscht werden.

6. Wenn Sie mit dem Ausfüllen der Felder fertig sind, klicken Sie auf SPEICHERN.

Als Nächstes müssen Sie ein Meldungsfeld hinzufügen, um den Benutzer darauf hinzuweisen, dass seine Dateien gelöscht werden. Gehen Sie dazu zurück zur Aktionssuchleiste und führen Sie diese Schritte aus:

1. Suchen Sie in der Suchleiste nach der Aktionsaktion *Nachricht anzeigen*. Ziehen Sie die Aktion in den Arbeitsbereich, um eine Pop-up-Warnmeldung zu erstellen, die angezeigt wird, bevor Dateien gelöscht werden.

2. Füllen Sie im Fenster NACHRICHT ANZEIGEN die folgenden Felder aus:

   - TITEL DES MELDUNGSFELDS: Achtung!!!

   - ANZUZEIGENDE MELDUNG: Sie sind dabei, eine oder mehrere Dateien von Ihrem Computer zu löschen. Fortfahren?

   - MELDUNGSFELDSYMBOL: Auf WARNUNG eingestellt.

   - NACHRICHTENFELD-SCHALTFLÄCHE: Wählen Sie JA-NEIN, um dem Benutzer die Möglichkeit zum Bestätigen oder Abbrechen zu geben.

   - STANDARDSCHALTFLÄCHE: Auf ERSTE SCHALTFLÄCHE einstellen (JA).

3. Klicken Sie auf SPEICHERN, wenn Sie alle Felder ausgefüllt haben.

   Damit haben Sie das Dialogfeld erstellt, um den Benutzer über die Konsequenzen der Ausführung der beabsichtigten Aktionen zu informieren.

4. Suchen Sie die Aktion *Dateien löschen*, indem Sie in der Aktionssuchleiste danach suchen, und ziehen Sie sie dann in den Arbeitsbereich.

   Das Fenster DATEIEN LÖSCHEN wird angezeigt. Dort werden Sie aufgefordert, die zu löschenden Dateien auszuwählen.

5. Wählen Sie im Zielordner die Datei aus, die Sie löschen möchten, und klicken Sie auf SPEICHERN.

   Die hier ausgewählte Datei wird gelöscht, wenn sie beim Klicken auf AUSFÜHREN die Kriterien im Flow erfüllt.

Ihr Flow ist nun abgeschlossen. Jetzt können Sie ihn testen, indem Sie auf der Symbolleiste auf die Schaltfläche AUSFÜHREN klicken, um den Flow zu validieren. Wenn die Datei, die Sie in dem Ordner abgelegt haben, die Flow-Kriterien erfüllen, wird sie dauerhaft gelöscht.

Unbeaufsichtigte Flows ohne Unterstützung ausführen

Stellen Sie sich vor, Sie erledigen jeden Freitag um 15:00 Uhr eine Aufgabe, zum Beispiel eine E-Mail an alle Mitarbeiter des Unternehmens zu senden, mit der Erinnerung, die Zeitnachweise bis Montagmittag einzureichen. Was passiert, wenn Sie Urlaub haben? Satt sich um 14:55 Uhr anzumelden, um diese E-Mail zu senden, können Sie mit Power Automate die Aufgabe automatisieren, sodass sie für Sie erledigt wird – auch wenn Sie nicht an Ihrem Computer sind.

Unbeaufsichtigte Flows können ohne menschliches Eingreifen ausgeführt werden, lösen automatisch Aktionen wie das Senden von E-Mails aus und sind nicht davon abhängig, dass Ihr Computer eingeschaltet ist. Unbeaufsichtigte Flows sind jedoch eine Premiumfunktion, für die sowohl Bots für RPA-Aufgaben als auch eine Power Automate Premium-Lizenz erforderlich sind.

Während bei beaufsichtigten Desktop-Flows ein Benutzer angemeldet sein muss, um Aktionen ausführen zu können, können unbeaufsichtigte Desktop-Flows nicht ausgeführt werden, wenn die Windows-Benutzersitzung aktiv ist, selbst wenn die Sitzung gesperrt ist. Um dieses Problem zu vermeiden, können Sie unbeaufsichtigte Flows auf einer *virtuellen Maschine* ausführen (eine virtuelle Maschine ist eine softwarebasierte Emulation eines physischen Computers, auf dem ein Betriebssystem und Anwendungen in der Cloud ausgeführt werden), sodass alle physischen Geräte verfügbar bleiben.

Damit ein unbeaufsichtigter Desktop Flow ausgeführt werden kann, müssen die folgenden Bedingungen erfüllt sein:

✔ Alle Benutzer müssen abgemeldet sein.

✔ Um Aktionen nicht offenzulegen, sollte ein gesperrter Bildschirm angezeigt werden.

✔ Ein Gateway sollte mit den Anmeldedaten des Benutzers oder einer Verbindung über die Power Automate Machine Runtime-App synchronisiert werden.

✔ Der Benutzer muss Windows 10/11 Pro oder Enterprise ausführen.

Sie können mehrere unbeaufsichtigte Desktop-Flows nacheinander auf demselben Gerät ausführen, indem Sie die Ausführungswarteschlange manuell verwalten. Flows, die nicht innerhalb von drei Stunden nach der Anforderung gestartet werden, werden jedoch mit einem Time-out abgebrochen. Wenn mehrere Flows ausgelöst werden, werden sie nacheinander ausgeführt, sofern die Warteschlange nicht länger als drei Stunden ist.

Microsoft Power Automate ermöglicht die gleichzeitige Ausführung mehrerer unbeaufsichtigter Flows auf einem einzigen Gerät, solange jeder Flow ein anderes Benutzerkonto verwendet. Mit dieser Funktion können Unternehmen ihre Infrastrukturkosten senken, indem sie über mehrere Benutzerkonten auf einem Gerät eine Verbindung zu einem Gateway herstellen.

Um einen unbeaufsichtigten Flow zu erstellen, gehen Sie wie folgt vor:

1. **Öffnen Sie Power Automate Online.**
2. **Wählen Sie Sofortiger Cloud-Flow als zu erstellenden Flow-Typ aus.**
3. **Wählen Sie Flow manuell auslösen.**
4. **Klicken Sie auf Erstellen.**

   Damit haben Sie den ersten Schritt für Ihren Flow erledigt.

5. **Wählen Sie das Pluszeichen (+), um einen Schritt hinzuzufügen.**
6. **Wählen Sie** `Einen mit Power Automate für Desktop erstellten Flow ausführen`.
7. **Verbinden Sie einen Flow, den Sie erstellt haben, mit Power Automate-Desktop.**

   Verwenden Sie in diesem Fall den Flow `Zum Löschen überprüfen`.

8. **Weisen Sie den Flow-Typ zu.**

   Weisen Sie den Flow als unbeaufsichtigt zu, wenn Sie möchten, dass ein Bot die Routine für Sie ausführt, und als unbeaufsichtigt, wenn Sie den Flow auf Knopfdruck ausführen möchten. Auf diesem Bildschirm müssen keine Parameter zugewiesen werden (siehe Abbildung 14.18).

9. **Klicken Sie auf die Schaltfläche Speichern, um den Flow zu speichern.**

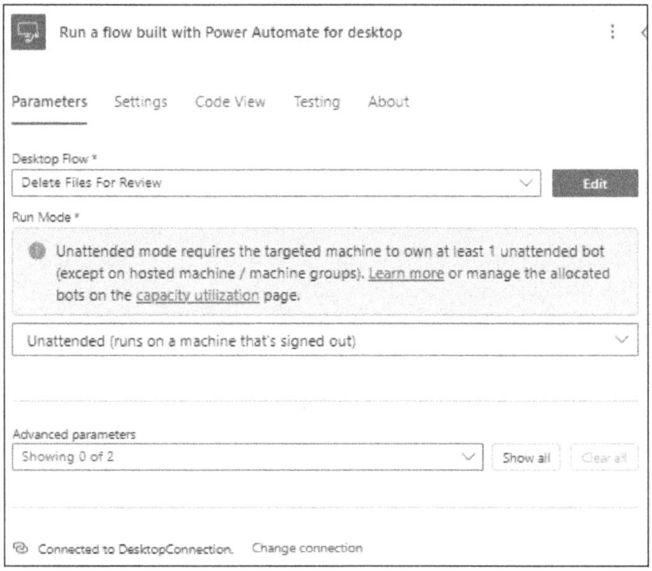

Abbildung 14.18: Einen unbeaufsichtigten Flow konfigurieren

Wenn Sie keine Premium-Lizenz haben, kann diese Übung ab diesem Punkt nicht abgeschlossen werden. Wenn Sie einen Flow unbeaufsichtigt ausführen möchten, müssen Sie Ihr System außerdem so konfigurieren, dass nicht nur Power Automate auf Ihrem Desktop, sondern auch die Machine Runtime ausgeführt wird. Auf diese Funktion kann unter den Einstellungen über Power Automate Desktop zugegriffen werden. Darüber hinaus benötigen Sie ein Premium-RPA-Add-On, um Bot-Prozesse auszuführen. Prozessautomatisierung ist kostspielig, und der Aufwand kann sich schnell summieren!

Weitere Informationen zum RPA-Add-On-Bot, einschließlich der Konfiguration des Bots für die Verwendung mit unbeaufsichtigten Desktop Flows, finden Sie unter `https://learn.microsoft.com/en-us/power-platform/admin/power-automate-licensing/add-ons`.

Aufzeichnungs-Flows

Aufzeichnungs-Flows nutzen beaufsichtigte Prozesse, um Aktionen in Power Automate Desktop aufzuzeichnen. Diese Flows sind hilfreich für Benutzer, die alltägliche Aufgaben wiederholt ausführen und einfach eine Taste drücken möchten, um sie zu erledigen, statt ewig herumzuklicken.

Wenn Sie beispielsweise jede Woche eine Excel-Tabelle herunterladen, um nach bestimmten Datentrends zu suchen, und dann Variationen des Datensatzes für die Überprüfung der Datenanalyse erstellen, möchten Sie diese Aufgabe möglicherweise rationalisieren. Statt mehrere Stunden mit dem Durchsuchen, Sortieren und Speichern der Daten zu verbringen, können Sie die Aktion einmal aufzeichnen und die Routine dann mithilfe einer Vorlage nach einem wöchentlichen Zeitplan ausführen.

Angenommen, Sie haben eine Excel-Tabelle, die von einer Premium-Website für staatliche Ausschreibungen heruntergeladen wurde. Die Aufgabe war, alle Ausschreibungen des Bundes herunterladen, in denen in den letzten 12 Monaten »Power Platform« erwähnt wurde, und zwar unter einer Klassifizierung, die mit »541« beginnt. Es wurden 291 Datensätze gefunden. Ihr Unternehmen lässt seine Analysten wöchentlich Daten extrahieren und nach Trends suchen, die auf zwei Parametern basieren: *vor der Ausschreibung* und *ohne Verwendung von Rücklagen*. Das ist eine Menge Arbeit für eine Person, die das manuell erledigen muss.

Statt jede Woche die Excel-Tabelle zu öffnen, kann ein Analyst das Dataset einfach kopieren, in die zugewiesenen Spalten seiner Arbeitsmappe einfügen und auf AUSFÜHREN (das Dreieck) klicken. Das Ergebnis ist ein komprimiertes Dataset, das von 291 Datensätzen auf vielleicht nur 43 Datensätze reduziert wird. Um die Aufgaben zu erledigen, klickt der Entwickler einfach auf die Schaltfläche AUFZEICHNEN und durchläuft seine normale Routine. Er klickt einmal, statt immer wieder klicken und jede Woche mehr als zehn Schritte ausführen zu müssen, um dieselben Ergebnisse zu erzielen (siehe Abbildung 14.19).

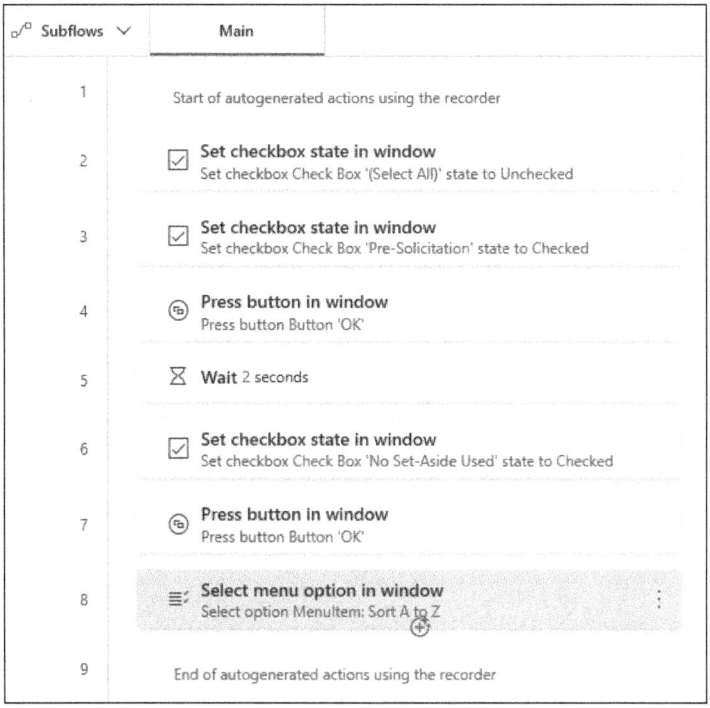

KAPITEL 14 Grundlagen der Automatisierung

Subflows ⌄	Main	
1	Start of autogenerated actions using the recorder	
2	☑ **Set checkbox state in window** Set checkbox Check Box '(Select All)' state to Unchecked	
3	☑ **Set checkbox state in window** Set checkbox Check Box 'Pre-Solicitation' state to Checked	
4	**Press button in window** Press button Button 'OK'	
5	⧖ **Wait** 2 seconds	
6	☑ **Set checkbox state in window** Set checkbox Check Box 'No Set-Aside Used' state to Checked	
7	**Press button in window** Press button Button 'OK'	
8	**Select menu option in window** Select option MenuItem: Sort A to Z	
9	End of autogenerated actions using the recorder	

Abbildung 14.19: Aufgezeichnetes Skript zum Sortieren und Durchsuchen von Excel-Daten

> **IN DIESEM KAPITEL**
>
> Den neuen Cloud Flow Designer entdecken
>
> Flows durch Trigger, Bedingungen und Schleifen optimieren
>
> Genehmigungen in Ihren Workflows verwenden

Kapitel 15
Erweiterte Automatisierung

In diesem Kapitel geht es um die praktischen Aspekte bei der Gestaltung von Automatisierungsworkflows, wobei der Schwerpunkt insbesondere auf der Workflow-Optimierung liegt. Das Kapitel bietet zunächst einen detaillierten Einblick in das Cloud Flow Designer-Toolset. Anschließend erfahren Sie, wie Sie mithilfe integrierter Optimierungstools Workflows implementieren, die unnötige Schritte so weit wie möglich minimieren. Außerdem wird beschrieben, wie Sie erweiterte Techniken wie parallele Verzweigung und bedingte Logik implementieren können. Am Ende dieses Kapitels wissen Sie, wie Sie leistungsstarke Workflows erstellen, Routineaufgaben automatisieren und sich dynamisch an sich ändernde Geschäftsanforderungen anpassen.

Der neue Cloud Flow Designer

Zum Erstellen eines Cloud-Flows aus dem Online-Navigationsbereich von Power Automate müssen Bedingungen, Aktionen und Trigger ausgewählt werden (siehe Kapitel 14). In diesem Abschnitt wird die neue Cloud Flow Designer-Oberfläche näher erläutert, die zahlreiche Test- und Optimierungstools bietet. Die Oberfläche sieht recht einfach aus, aber wie Sie in Abbildung 15.1 sehen, enthält der neue Cloud Flow Designer 13 Abschnitte, die Sie beim Erstellen robusterer Cloud-Flows verwenden können. Die meisten enthalten Tools zum Testen und Verfeinern Ihrer Flows. Die folgende Liste beschreibt, was jeder nummerierte Abschnitt in Abbildung 15.1 darstellt.

Sie sollten mit zwei Arbeitsbereichstypen vertraut sein: dem klassischen Arbeitsbereich und dem neuen Cloud Flow Designer. Oben rechts im Power Automate-Fenster können Sie zwischen den beiden Benutzererfahrungstypen wechseln. In diesem Kapitel wird nur der neue Cloud Flow Designer verwendet.

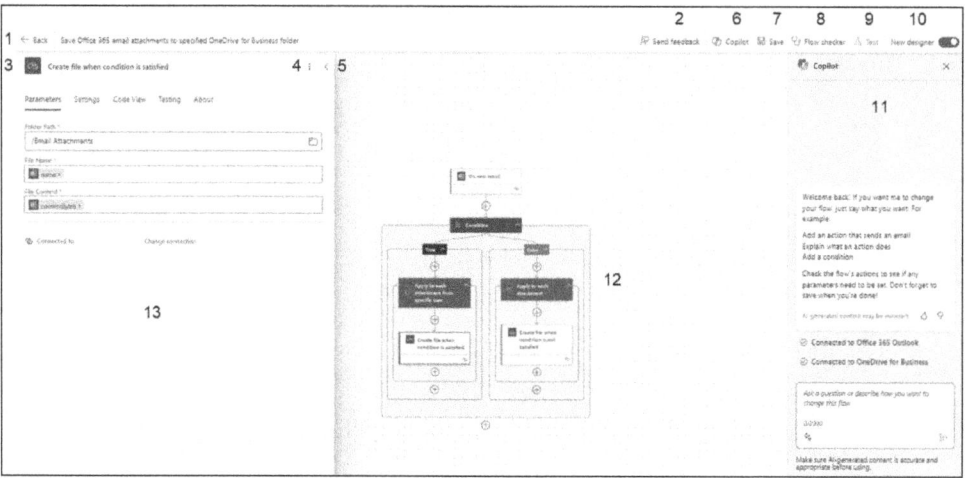

Abbildung 15.1: Der neue Cloud Flow Designer

✓ **Schaltfläche mit Pfeil nach links (1):** Klicken Sie auf diese Schaltfläche, um zur vorherigen Seite zurückzukehren.

✓ **Schaltfläche FEEDBACK SENDEN (2):** Microsoft ist immer auf der Suche nach Produktfeedback, insbesondere zu den KI-Funktionen. Klicken Sie auf diese Schaltfläche und teilen Sie Microsoft mit, was funktioniert und was verbessert werden muss.

✓ **Aktions-/Triggername (3):** Unabhängig davon, ob Sie einen eigenen Flow-Namen erstellen oder eine Vorlage bzw. einen Konnektor verwenden, wird an dieser Stelle der Workflow-Name angezeigt, der als *Aktions-/Triggername* bezeichnet wird.

✓ **Weitere Befehle (4):** Die Ellipse (die drei Punkte) wird erweitert, sodass ein Benutzer eine Notiz zu einem Workflow hinzufügen oder den Workflow löschen kann. Hier heißt es alles oder nichts!

✓ **Schaltfläche REDUZIEREN/ERWEITERN (5):** Wenn Sie den Bereich zur Konfiguration Ihrer Aktion ausblenden möchten, klicken Sie auf diese Schaltfläche. Klicken Sie erneut darauf, um den Bereich wieder einzublenden. Die Schaltfläche wird als > für »Ausgeblendete anzeigen« oder als < für »Ausblenden« angezeigt.

✓ **Copilot (6):** Wenn Sie während der Arbeit an einem Flow den Copilot-Bereich anzeigen, können Sie eine von Copilot bereitgestellte Beschreibung dessen anzeigen, was Ihr Flow zu tun beabsichtigt. Anhand dieser Informationen können Sie Ihren Flow weiter verfeinern.

✓ **Speichern (7):** Klicken Sie auf diese Schaltfläche, um Ihre Workflows zu speichern.

✓ **Flow Checker (8):** Der Flow Checker bietet detaillierte Meldungen zu Fehlern oder Warnungen, sodass Benutzer Probleme schnell identifizieren und beheben können, um sicherzustellen, dass ihre Flows reibungslos und korrekt ausgeführt werden.

✔ **Testen (9):** Sobald ein Flow fertig ist und bevor Sie ihn der Welt präsentieren, ist es eine gute Idee, ihn manuell zu testen. Mit der Testfunktion können Benutzer einen Flow manuell ausführen, um seine Funktionalität zu überprüfen und sicherzustellen, dass er wie erwartet funktioniert.

✔ **Neuer Designer (10):** Microsoft bietet einen klassischen Cloud Flow Designer und einen neuen Cloud Flow Designer an. Standardmäßig wird den Benutzern der neue Cloud Flow Designer angezeigt.

✔ **Copilot-Bereich (11):** Der Copilot-Bereich wird jedes Mal angezeigt, wenn Sie auf die Schaltfläche COPILOT klicken (Markierung 6 in Abbildung 15.1). Er ist für die KI-Funktionalität im neuen Cloud Flow Designer von zentraler Bedeutung.

✔ **Flow Designer (12):** Wenn Sie Ihren Workflow erstellen, tun Sie dies auf einer leinwandähnlichen Oberfläche namens Flow Designer, ähnlich wie Sie Ihre Canvas-Apps in Power Automate erstellen.

✔ **Bereich AKTIONSKONFIGURATION (13):** Jedes Element im Flow Designer verfügt über spezifische Parameter und Einstellungen, die mit der Aktion, der Bedingung oder dem Trigger verknüpft sind. Hinter jeder Konfiguration steht die Logik, die bestimmt, wie sich die Aktion verhält. Wenn Sie im Flow Designer ein Objekt auswählen, wird der Konfigurationsbereich aktualisiert und zeigt die relevanten Einstellungen und Optionen für die ausgewählte Aktion, Bedingung oder den ausgewählten Trigger an.

Parameter im Aktionskonfigurationsbereich

Parameter werden im Bereich AKTIONSKONFIGURATION verwaltet (siehe Abbildung 15.1). Parameter spielen eine entscheidende Rolle bei der Definition und Verfeinerung des Verhaltens automatisierter Workflows. Jedes Steuerelement, jede Bedingung, jeder Trigger und jede Schleife verfügt über einen eigenen Parametersatz.

Parameter sind Variablen, die Benutzer festlegen können, um die Eingabewerte, Bedingungen und Ausführungslogik eines Flows dynamisch zu steuern. Sie ermöglichen benutzerdefinierte Einstellungen und Flexibilität, sodass Flows verschiedene Szenarien und Dateneingaben verarbeiten können, ohne dass manuelle Anpassungen erforderlich sind. Parameter variieren je nach Steuerelement stark, aber jedes Steuerelement ermöglicht es Benutzern, anspruchsvolle, dynamische Workflows zu erstellen, die sich an verschiedene Geschäftsanforderungen und Datenumgebungen anpassen lassen.

Auf Steuerelementen basierende Parameter zum Festlegen einer Bedingung (siehe Abbildung 15.2) unterscheiden sich erheblich von auf Konnektoren basierenden Parametern (siehe Abbildung 15.3), für die Power Automate erforderlich ist, um Dateien aus Outlook in OneDrive zu speichern.

430 TEIL IV Workflows durch Automatisierung vereinfachen

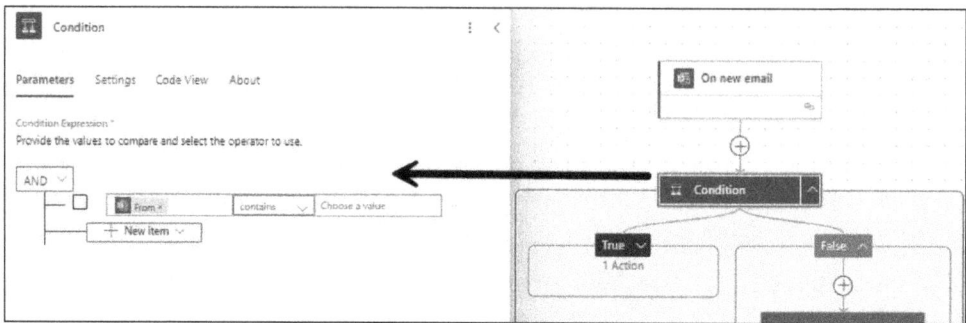

Abbildung 15.2: Auf Steuerelementen basierende Parameter

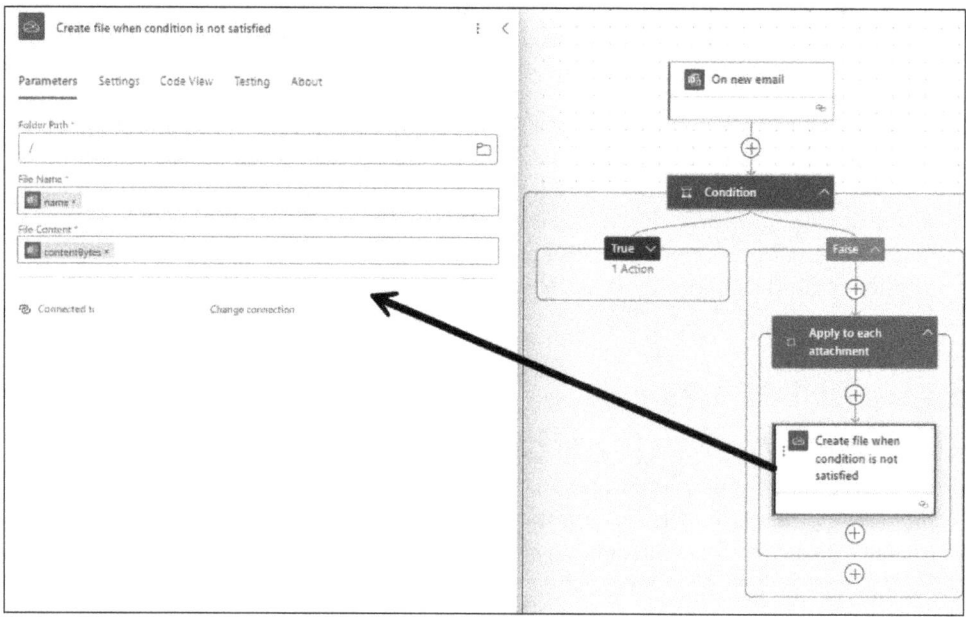

Abbildung 15.3: Auf Konnektoren basierende Parameter

Adressierungseinstellungen im Bereich Aktionskonfiguration

Die Einstellungen im Bereich AKTIONSKONFIGURATION variieren stark, je nachdem, ob Sie einen steuerungs- oder aktionsbasierten Konnektor verwenden. Im Allgemeinen umfassen die Basisparameter auf der Registerkarte EINSTELLUNGEN das Aktionstimeout, die Netzwerkwiederholungsrichtlinie, die Art und Weise, wie eine Aktion ausgeführt werden soll, sichere Eingabe und Ausgabe sowie Nachverfolgungseigenschaften innerhalb der allgemeinen, der Netzwerk-, Sicherheits- und Nachverfolgungseinstellungen. Je nach Konnektortyp oder je nachdem, ob das Steuerelement eine Logik verwaltet, zum Beispiel Trigger-Schleifen oder Bedingungen, stehen verschiedene Optionen zur Verfügung. Tabelle 15.1 beschreibt diese Einstellungen, und Abbildung 15.4 zeigt ein Beispiel einer Einstellungen-Registerkarte für eine mit einem Konnektor verknüpfte Aktion.

Einstellung	Was sie bewirkt
Allgemein	Legt die maximale Zeit fest, die eine Aktion auf Wiederholungsversuche und Antworten warten soll. Dies hat keine Auswirkungen auf das Timeout einer einzelnen Anfrage.
Netzwerk	Dient der Auswahl einer Wiederholungsrichtlinie für die Behandlung intermittierender Fehler. Die Standardeinstellung ist eine exponentielle Wiederholung von bis zu vier Versuchen. Sie können das Intervall anpassen oder die Wiederholungsrichtlinie auswählen.
Ausführen nach	Definiert, wie eine Aktion basierend auf dem Ergebnis vorheriger Aktionen (Erfolg, Zeitüberschreitung, Überspringen oder Fehler) fortgesetzt werden soll.
Sicherheit	Umschaltoptionen zum Sichern von Eingabe- und Ausgabedaten und zum Verbergen vertraulicher Informationen.
Nachverfolgung	Für die Festlegung von Schlüssel-Wert-Paaren, um bestimmte Eigenschaften im Flow zu verfolgen.

Tabelle 15.1: Im Aktionskonfigurationsbereich verwaltete Steuerelement- und Konnektoreinstellungen

Die Codeansicht im Bereich »Aktionskonfiguration«

Unabhängig davon, ob Sie eine einzelne Aktion oder Bedingung oder sogar zwanzig in Ihrem Flow Designer haben, liegt Ihrem Workflow eine gewisse Menge Code zugrunde. Jedes Steuerelement oder jeder Konnektor wird durch eine separate Karte auf einer Leinwand dargestellt. Wenn Sie im Flow Designer eine Aktion oder Bedingung auswählen und dann im Bereich AKTIONSKONFIGURATION die Codeansicht auswählen, werden die Codeausschnitte angezeigt, die den Workflow ausführen. Je mehr Sie Ihren Workflow anpassen, desto komplexer werden die Codeausschnitte. Darüber hinaus werden für jeden zusätzlichen Parameter, den Sie einer Aktion oder Bedingung hinzufügen, diese Änderungen auf der Registerkarte CODEANSICHT gezeigt. Ein Beispiel der Codeansicht für die OneDrive-Konnektor-Bedingung `Datei erstellen, wenn Bedingung erfüllt ist` ist in Abbildung 15.5 gezeigt.

Trigger und Genehmigungen

Ein *Trigger* ist ein Ereignis, das einen Cloud- oder Desktop-Flow initiiert. Wie in Kapitel 14 erläutert, in dem Trigger ausführlicher behandelt werden, kann der Empfang einer Datei von einer E-Mail-Adresse eine Benachrichtigung auslösen oder eine Datei in einer SharePoint-Dokumentbibliothek speichern. Wie Sie jedoch schnell erkennen werden, umfasst das Erstellen eines Workflows einen oder mehrere Trigger, und das Anpassen eines Triggers, damit er präzise funktioniert, ist komplex.

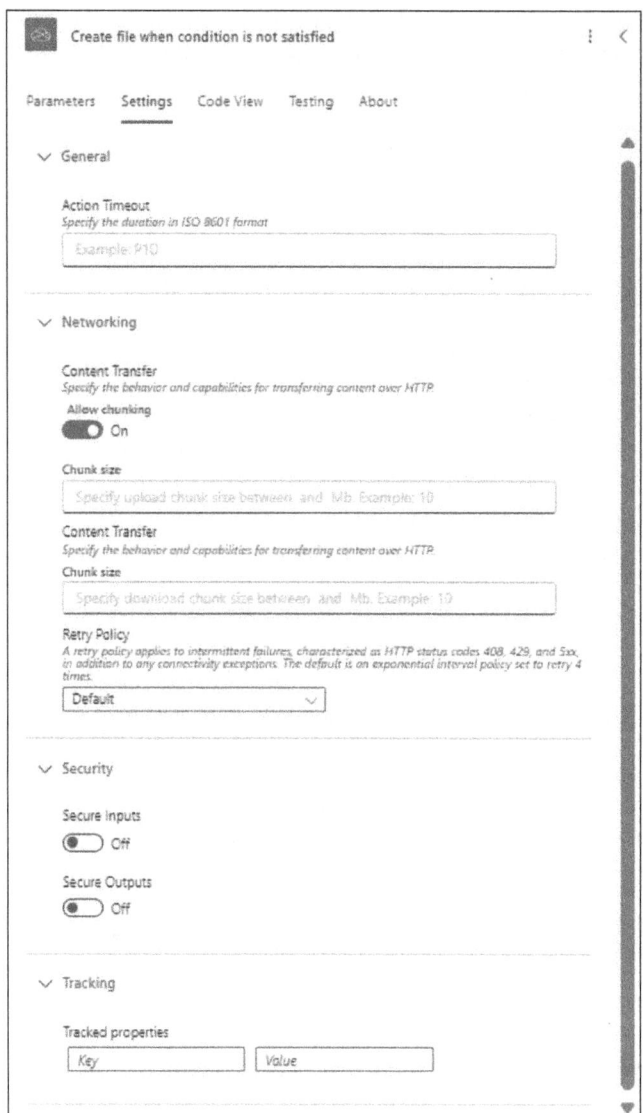

Abbildung 15.4: Die Registerkarte »Einstellungen« zeigt eine Konnektor-Konfiguration im Bereich »Aktionskonfiguration«.

Trigger in einem vorhandenen Workflow optimieren

Das Einrichten eines Workflows ist im Vergleich zum Bearbeiten eines Workflows mit einem vorhandenen Trigger ein Kinderspiel. Sie müssen sicherstellen, dass ein neuer Trigger eingerichtet wird, bevor Sie den alten Trigger entfernen. Andernfalls gehen alle Schritte in

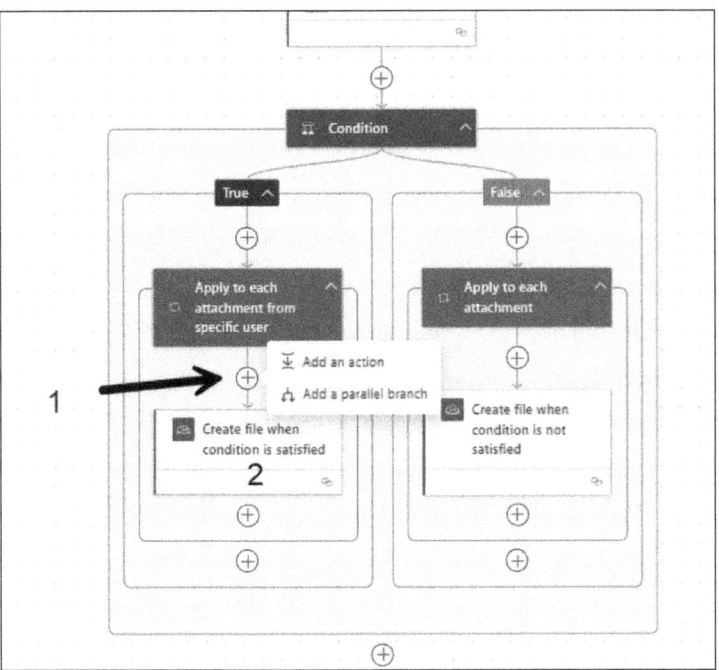

Abbildung 15.5: Codeansicht

Ihrer Workflow-Logik verloren. Die folgenden Schritte zeigen, wie Sie einen Flow bearbeiten, indem Sie einen neuen Trigger einrichten und dann den vorhandenen Trigger löschen.

1. Klicken Sie in der Seitenleiste auf **Meine Flows**. Suchen Sie den Flow, den Sie ändern möchten, und klicken Sie auf seinen Namen, um ihn zu öffnen.
2. Klicken Sie oben im Workflow auf die Schaltfläche **Bearbeiten** (ein Bleistiftsymbol).

    Der Flow Designer wird geöffnet und Sie können mit der Bearbeitung des Flows beginnen.
3. Klicken Sie im Flow Designer auf die Schaltfläche **+ Neuer Schritt**, um eine neue Aktion, Bedingung oder einen neuen Trigger hinzuzufügen.

    Wie in anderen Beispielen verwenden Sie die angezeigte Suchleiste, um den Trigger zu finden, den Sie hinzufügen möchten. Wenn Sie beispielsweise `Wenn ein neues Element erstellt wird` in das Suchfeld eingeben, werden zahlreiche Optionen angezeigt. In diesem Fall würden Sie aus dieser Liste die Option auswählen, die die am besten geeignete Geschäftsanforderung darstellt, und darauf klicken. Der Flow Designer würde dann die von Ihnen ausgewählte Option oben im Workflow hinzufügen.
4. Ändern Sie die Parameter des Schritts.

    Doppelklicken Sie auf die Aktion, Bedingung oder den Trigger und ändern Sie die Parameter im Bereich **Aktionskonfiguration**.

    Ihre Konfigurationsanforderungen können je nach Schritt sehr unterschiedlich sein. Beispielsweise müssen Sie möglicherweise spezifische Felder einrichten, etwa ein Postfach für E-Mail-Trigger oder einen einzuhaltenden Zeitplan angeben.

5. **Suchen Sie im Flow den Schritt, den Sie entfernen möchten. Klicken Sie auf die Ellipse (die drei Punkte) neben dem alten Schritt und wählen Sie im Dropdown-Menü LÖSCHEN aus.**

   Sie können jetzt den alten Schritt aus dem Flow entfernen, ohne den Workflow und seine Logik zu unterbrechen.

   Wenn dem Schritt, den Sie entfernen, bedingte Operatoren zugeordnet sind, kann dies den Flow dennoch unterbrechen. Bevor Sie einen Schritt entfernen, bei dem Bedingungen Teil des Flows sind, sollten Sie alle Abhängigkeiten berücksichtigen, einschließlich der Neuzuordnung des Flows.

6. **Nachdem Sie den neuen Schritt konfiguriert und den alten entfernt haben, klicken Sie oben auf der Seite auf SPEICHERN, um Ihre Änderungen zu übernehmen.**

   Sie haben jetzt einen Schritt in einem vorhandenen Workflow entfernt und anschließend einen Schritt hinzugefügt.

Trigger unter Verwendung von Bedingungen anpassen

Fast alle modernen Programmiersprachen enthalten irgendeine Form von Ausdrücken, die bedingte Zustände verarbeiten. Sie erhalten vielleicht 100 E-Mails pro Tag, aber nur die E-Mails mit Anhängen lösen einen Trigger aus. Der Trigger kopiert dann die Datei an einen Zielspeicherort.

Die Verwendung von Bedingungen, insbesondere Ausdrücken und Schleifen, kann dazu beitragen, Flows zu optimieren und die Anzahl unnötiger Durchläufe zu reduzieren, die ein Flow durchführen muss. Wenn einem Flow weniger Beschränkungen auferlegt werden, steigt der Verbrauch. Mehr Durchläufe bedeuten höhere Ausgaben, wenn eine Organisation an einen Tarif gebunden ist, bei dem pro Flow abgerechnet wird. Um diese Herausforderungen zu bewältigen, sollten Sie die Ausdrücke in Tabelle 15.2 und die Schleifen in Tabelle 15.3 verwenden.

Ausdruck	Was er bewirkt
AND	Gibt true zurück, wenn beide Argumente wahr sind.
ODER	Gibt true zurück, wenn eines der Argumente true ist.
EQUALS	Gibt true zurück, wenn zwei Werte gleich sind.
LESS	Gibt true zurück, wenn das erste Argument kleiner als das zweite ist.
LESSOREQUALS	Gibt true zurück, wenn das erste Argument kleiner oder gleich dem zweiten ist.
GREATER	Gibt true zurück, wenn das erste Argument größer als das zweite ist.
GREATEROREQUALS	Gibt true zurück, wenn das erste Argument größer oder gleich dem zweiten ist.
EMPTY	Gibt true zurück, wenn das Objekt, Array oder der String leer ist.
IF	Gibt einen Wert zurück, wenn der Ausdruck wahr ist, und einen anderen, wenn er falsch ist.
NOT	Gibt das Gegenteil eines booleschen Wertes zurück.

Tabelle 15.2: Wichtige Ausdrücke, mit denen Bedingungen optimiert werden

Aktion	Was sie bewirkt
If	Führt einen Aktionsblock aus, wenn die Bedingung erfüllt ist.
Else if	Führt einen Aktionsblock aus, wenn die vorhergehenden If-Bedingungen nicht erfüllt sind, die in dieser Anweisung angegebene Bedingung jedoch schon.
Els	Führt einen Aktionsblock aus, wenn keine der vorhergehenden If- oder Else-if-Bedingungen erfüllt sind.
Switch	Verteilt die Ausführung auf verschiedene Teile des Switch-Rumpfs, basierend auf dem Wert eines Ausdrucks.
Case	Führt einen Aktionsblock aus, wenn die angegebene Case-Bedingung erfüllt ist.
Default Case	Führt einen Aktionsblock aus, wenn kein Case-Ausdruck im Switch-Rumpf erfüllt ist.
Loop	Wiederholt einen Aktionsblock eine bestimmte Anzahl mal.
For each	Durchläuft die Elemente einer Liste, Datentabelle oder Datenzeile und führt einen Aktionsblock wiederholt aus.
Loop Condition	Wiederholt einen Aktionsblock, solange eine angegebene Bedingung erfüllt ist.
Exit Loop	Beendet die Schleife und setzt den Flow bei der nächsten Aktion oder Anweisung fort.
Next Loop	Erzwingt die nächste Iteration der Schleife und überspringt alle verbleibenden Aktionen in der aktuellen Iteration.

Tabelle 15.3: Wichtige Bedingungen und Schleifen

Codeausschnitte und Beispiele zur Verwendung von Bedingungen und Schleifen finden Sie für Bedingungen unter https://learn.microsoft.com/en-us/power-automate/desktop-flows/actions-reference/conditionals und für Schleifen unter https://learn.microsoft.com/en-us/power-automate/desktop-flows/actions-reference/loops.

Taktische Genehmigungen

Genehmigungen sind für organisatorische Workflows unerlässlich, beispielsweise für die Einholung einer schriftlichen Bestätigung von einem oder mehreren Beteiligten. Power Automate enthält eine Genehmigungsfunktion, mit der Sie Genehmigungsanforderungen automatisieren und menschliche Entscheidungsfindung auf vier Arten in Workflows integrieren können. Typische Szenarien für die Verwendung von Genehmigungen sind die Genehmigung von Urlaubsanträgen, Bestellanforderungen oder Dokumentgenehmigungen. Wenn ein Flow eine Genehmigungsanforderung übermittelt, werden die festgelegten Genehmiger benachrichtigt und können die Anforderung prüfen und darauf reagieren, wodurch ein optimierter und effizienter Genehmigungsprozess gewährleistet wird.

Aktionen in Power Automate-Genehmigungen bestimmen, welche Ereignisse Ihr Flow ausführen soll, wenn er ausgelöst wird. Sie können beispielsweise einen Flow so konfigurieren, dass eine Genehmigung ausgelöst wird, wenn ein neues Element zu einer Microsoft

SharePoint-Liste hinzugefügt wird und jemand aufgefordert wird, das Element zu überprüfen, wenn er eine Benachrichtigung per E-Mail oder SMS erhält. Für diesen Flow-Typ ist die am besten geeignete Option *Starten und auf eine Genehmigung warten*. Mit dieser Aktion können Sie die Details der Genehmigungsanforderung angeben und die Genehmiger festlegen, die sie erhalten. Der Flow wartet dann auf die Antwort der Genehmiger, bevor er seine Ausführung abschließt. Tabelle 15.4 beschreibt die vier verfügbaren Genehmigungstypen, gefolgt von einem Beispiel, das zeigt, wie ein End-to-End-Prozess *Starten und auf eine Genehmigung warten* erstellt wird.

Flow-Art	Beschreibung
Genehmigen/Ablehnen – Jeder muss zustimmen	Alle Genehmiger müssen genehmigen, sonst wird die Genehmigung abgelehnt. Der Flow wird abgeschlossen, nachdem alle Antworten erfasst wurden oder nach einer einzelnen Ablehnung.
Genehmigen/Ablehnen – Wer zuerst antwortet	Die Genehmigung oder Ablehnung durch einen Genehmiger schließt die Anforderung ab. Der Flow wird nach der ersten Antwort abgeschlossen.
Benutzerdefinierte Antworten – Auf alle Antworten warten	Damit der Vorgang entsprechend Ihren Kundenbedingungen abgeschlossen werden kann, ist eine Antwort aller Genehmiger erforderlich.
Benutzerdefinierte Antworten – Warten Sie auf eine Antwort	Der Vorgang wird abgeschlossen, nachdem ein beliebiger Genehmiger basierend auf benutzerdefinierten Bedingungen eine Antwort bereitgestellt hat.

Tabelle 15.4: Genehmigungstypen

Einen gemeinsamen Genehmigungs-Flow aufbauen

Genehmigungs-Flows sind nützlich, wenn ein Element zu einer SharePoint-Dokumentbibliothek oder -Liste hinzugefügt wird, ein Word-Dokument überprüft werden muss oder ein Dokument vor der Verteilung zur Genehmigung weitergeleitet werden muss. Möglicherweise muss jeweils nur eine Person unterzeichnen, während in anderen Situationen mehrere Personen unterzeichnen müssen. Manchmal muss die Genehmigung in einer bestimmten Reihenfolge erfolgen.

Die folgenden Schritte zeigen, wie Sie einen allgemeinen Genehmigungsworkflow erstellen, der bei der Interaktion mit SharePoint Online und Microsoft Office 365 Outlook alle in Tabelle 15.4 aufgeführten Genehmigungstypen anwenden kann.

1. **Klicken Sie im linken Navigationsbereich auf der Power Automate-Startseite auf ERSTELLEN.**

2. **Wählen Sie auf der Seite ERSTELLEN die Option AUTOMATISIERTER CLOUD-FLOW aus, um einen durch ein Ereignis ausgelösten Flow zu starten.**

3. **Benennen Sie Ihren Flow und wählen Sie den Trigger *Wenn eine Datei erstellt wird* aus.**

    In diesem Fall gibt es mehrere Optionen, wo die Datei gespeichert werden kann. Wählen Sie entweder ONEDRIVE oder ONEDRIVE FOR BUSINESS (je nach Art Ihrer Lizenz).

4. Klicken Sie auf ERSTELLEN.

   Als Nächstes erstellen Sie den Rahmen für den Genehmigungsworkflow.

5. Klicken Sie im Flow Designer auf den Trigger und wählen Sie dann den Ordner aus, in dem die Datei gespeichert werden soll.

   Für dieses Beispiel können Sie einen Testordner im Stammverzeichnis von OneDrive auswählen.

6. Fügen Sie die Genehmigungsaktion hinzu, indem Sie auf das Pluszeichen (+) klicken und dann aus der Liste der verfügbaren Aktionen, die in der Suchleiste angezeigt wird, *Genehmigung erstellen* auswählen.

   Mit dieser Aktion wird der Genehmigungsprozess eingerichtet, sodass Sie beim Auslösen des Workflows eine Genehmigung anfordern können.

7. Öffnen Sie die Aktion *Genehmigung erstellen* und wählen Sie einen Genehmigungstyp aus. Wählen Sie für dieses Beispiel *Erster Genehmiger* aus (siehe Abbildung 15.6).

   Beachten Sie, dass dieses Menü vier Genehmigungstypen bietet (siehe Tabelle 15.4). Durch Auswahl des richtigen Genehmigungstyps stellen Sie sicher, dass der Genehmigungsworkflow Ihrem Entscheidungsprozess entspricht.

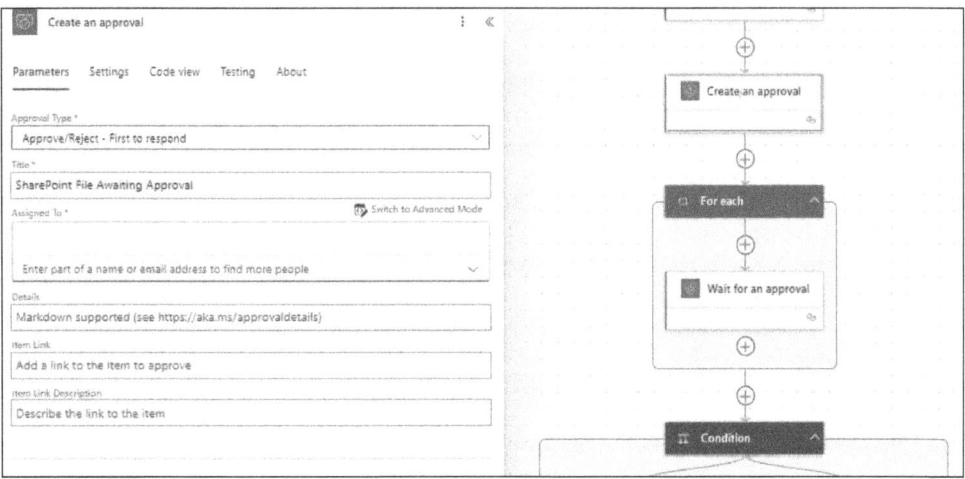

Abbildung 15.6: Auswählen des geeigneten Genehmigungstyps

8. Geben Sie die Genehmigungsdetails ein, zum Beispiel den Titel, und weisen Sie die Felder zu, die obligatorisch sein sollen. Sie können auch zusätzliche Felder ausfüllen, zum Beispiel für Benachrichtigungen, Neuzuweisungen und benutzerdefinierte Nachrichten.

   Diese Felder steuern, wie die Genehmigungsanforderung den Genehmigern übermittelt wird.

9. **Klicken Sie im Flow Designer erneut auf das Pluszeichen (+), um eine weitere Genehmigungsaktion hinzuzufügen. Dieses Mal fügen Sie eine Genehmigungsaktion zum Warten auf eine Genehmigung hinzu.**

   In diesem Schritt erstellen Sie eine Pause im Workflow, sodass der Flow angehalten wird, bis die Genehmigung erteilt wird. Während dieses Schritts verwenden Sie dynamische Inhalte im Eingabeformular, um wichtige Teile des Genehmigungsprozesses in Feldern wie Genehmigungs-ID oder Name des Genehmigers zu automatisieren.

10. **Kehren Sie zum Flow Designer zurück und klicken Sie nach dem Einfügen der zweiten Genehmigung erneut auf das Pluszeichen (+). Hier möchten Sie eine Bedingungsaktion hinzufügen.**

    In diesem Fall fügen Sie eine Wahr/Falsch-Logik hinzu, um anzugeben, ob die Genehmigung für die Workflow-Anforderung genehmigt (Wahr) oder nicht genehmigt (Falsch) ist.

11. **Konfigurieren Sie die Bedingung, um den Workflow basierend auf der Genehmigung der Datei zu verzweigen. Füllen Sie dazu die Bedingungen mit dynamischem Inhalt aus.**

    Der erste Wert sollte auf den Wert aus der Genehmigungsbedingung `Wenn eine Datei erstellt wird` verweisen. Legen Sie diese Bedingung auf `Genehmigerelement` fest. Die zweite Bedingung sollte auf die Genehmigungsbedingung `Auf Ergebnis warten` verweisen. Diese Bedingung sollte `Ergebnis` angeben.

12. **Klicken Sie für die `true`-Bedingung auf das Pluszeichen (+) und fügen Sie dann die Aktion `E-Mail senden (V2)` hinzu.**

    Dadurch wird die Aktion zum Senden einer E-Mail hinzugefügt, die angibt, dass die Datei genehmigt wurde.

13. **Klicken Sie auf die Aktion `E-Mail senden (V2)` und konfigurieren Sie dann die E-Mail-Adressparameter, einschließlich `An` (eine E-Mail-Adresse), `Betreff` (Betreff der E-Mail) und `Text` (Nachricht in der E-Mail, die die Workflow-Genehmigung anzeigt).**

    Durch das Setzen dieser Parameter kann eine Bestätigungs-E-Mail als Genehmigungs-E-Mail versendet werden, sofern die Bedingung erfüllt ist.

14. **Speichern Sie den Flow über die Symbolleiste.**

    Dadurch wird der Genehmigungsablauf in Meine Flows gespeichert.

15. **Testen Sie den Flow, indem Sie ein neues Dokument im Zielordner speichern.**

    Der Workflow sollte wie erwartet innerhalb weniger Minuten ausgelöst werden. Der Flow führt zu Folgendem: Ein Benutzer muss die Übermittlung jedes Mal genehmigen oder ablehnen, wenn eine Datei zu einem bestimmten OneDrive-Ordner hinzugefügt wird. Bei Genehmigung erhält der Benutzer eine E-Mail, die meldet, dass die Datei zum Hochladen freigegeben wurde. Nur ein Benutzer muss die Übermittlung der Datei genehmigen. Abbildung 15.7 zeigt diesen Flow in seiner Gesamtheit.

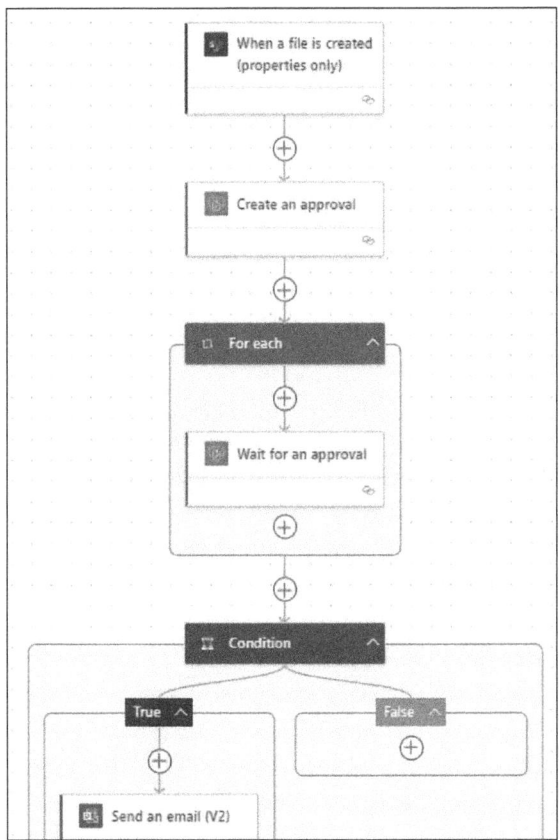

Abbildung 15.7: Ein Beispiel für einen Genehmigungsworkflow

Lizenzbeschränkungen bei der Automatisierung

Obwohl Microsoft allen Benutzern im Rahmen ihrer Microsoft 365-Lizenz eine kostenlose Version von Power Automate zur Verfügung stellt, ist diese Version in ihren Funktionen eingeschränkt. Viele Konnektoren, einschließlich derjenigen, die bestimmte Trigger für Flows aktivieren, erfordern eine Power Automate Premium-Lizenz. Flows, die mit Power Apps und standardmäßigen Microsoft-Konnektoren erstellt wurden, sind kostenlos, aber Premium-Konnektoren oder Enterprise-Funktionen – ob von Microsoft oder Drittanbietern – erfordern eine Premium-Lizenz. Obwohl Power BI über ein eigenes Lizenzmodell verfügt, kann für die Automatisierung von Power BI-Aufgaben mit Power Automate bei Verwendung erweiterter oder Premium-Konnektoren auch eine Premium-Lizenz erforderlich sein.

 Die Lizenzierung ist immer ein heikles Thema, da jede Organisation ihre eigenen, individuellen Anforderungen hat. Lesen Sie den definitiven Lizenzierungsleitfaden für die Power Platform von Microsoft unter https://go.microsoft.com/fwlink/?linkid=2085130, um zu erfahren, was kostenlos und was Premium ist.

Um herauszufinden, ob Sie über eine Einzellizenz oder einen Pro-Flow-Plan verfügen, führen Sie die folgenden Schritte aus:

1. Melden Sie sich bei Power Automate an.

2. Wählen Sie die Registerkarte MEINE FLOWS.

3. Wählen Sie einen Cloud Flow aus, den Sie erstellt haben.

4. Gehen Sie zum Abschnitt DETAILS.

5. Überprüfen Sie auf der Registerkarte ANSICHT, ob es sich bei Ihrem Plan um den Besitzer- oder Pro-Flow-Plan handelt.

Ein Besitzerplan ist für Einzelpersonen gedacht, die Flows bei der Verwendung von Power Automate verwenden. Bei der Verwendung von Power Automate für Gruppen und Teams ist die Verwendung der Enterprise-Lizenzstruktur Pro Flow zu wählen.

Teil V
Der Top-Ten-Teil

Besuchen Sie uns auf www.fuer-dummies.de oder unseren Social-Media-Kanälen:

Facebook
www.facebook.com/
fuerdummies

Instagram
www.instagram.com/
furdummies

YouTube
www.youtube.com/
@dummies-mann

IN DIESEM TEIL ...

✔ Entdecken Sie Best Practices für End-to-End-Lösungen mit der Microsoft Power Platform.

✔ Finden Sie online weitere empfohlene Schulungen und Ressourcen zu Power Platform.

> **IN DIESEM KAPITEL**
>
> Das Power Platform-Erlebnis optimieren
>
> Entwicklungs- und Bereitstellungsprotokolle entdecken, die in Power Platform berücksichtigt werden müssen
>
> Verfahren erkunden, die Ihre Lösungsentwicklung beschleunigen können

Kapitel 16
Zehn Best Practices bei der Entwicklung von Power Platform-Lösungen

Wenn Sie dieses Kapitel lesen, suchen Sie wahrscheinlich nach Erkenntnissen für den Anstoß Ihres neuen Power Platform-Projekts. Oder Sie möchten Ihre Reise in die Low-Code-Entwicklung verfeinern. Egal, ob Sie ein erfahrener Business-Analyst, ein Citizen Developer oder ein Anwendungsentwickler sind, hier sind grundlegende Verfahren beschrieben, damit Ihre Nutzung von Power Platform effizient, robust und sicher bleibt, egal in welcher Phase des Entwicklungs- und Bereitstellungslebenszyklus Sie sich befinden. Und denken Sie daran, dass die Entwicklung nur ein Teil der Reise ist; Planung, Governance, Richtlinien und kontinuierliche Verbesserung sind ebenfalls äußerst wichtig.

Konzentration auf die wesentlichen Geschäftsanforderungen

Es ist kein Geheimnis, dass ITler bei der Lösungsentwicklung gern über das Ziel hinausschießen und so die Bereitstellung verzögern. Mit einer Low-Code- oder No-Code-Lösung ist es einfach, ein Produkt zusammenzustellen, indem man hier und da zusätzlichen Schnickschnack einbaut.

Wenn Sie versuchen, ein Geschäftsproblem zu analysieren, konzentrieren Sie sich bei der Entwicklung der Anwendung auf den spezifischen Bedarf. Entwickeln Sie ausschließlich für diesen Bedarf. Seien Sie kreativ, wenn Sie Was-wäre-wenn-Szenarien planen, und stellen Sie Fragen wie »Was ist erforderlich, damit die Anwendung später skaliert werden kann?«

Würden Sie beispielsweise 20 einzelne Berichte mit Power BI erstellen, wenn Sie einfach ein Slicer-Steuerelement verwenden könnten, um die Daten zwischen den 20 verschiedenen Berichtsoptionen zu filtern? Wohl nicht, es sei denn, es ist eine Geschäftsanforderung. Oder würden Sie die Farbe einer Benutzeroberfläche variieren, um den Typ des Benutzers widerzuspiegeln, der sich bei der Anwendung anmeldet? Ich hoffe nicht, aber wenn es eine Geschäftsanforderung ist, farbabhängige Benutzeroberflächen zu erstellen, dann implementieren Sie die Funktion. Dies sind Beispiele, bei denen Sie über die Maximierung von Low Code und Prozessoptimierung nachdenken sollten, statt sich sofort in die Vollen zu stürzen.

Übertreiben Sie es nicht mit der Entwicklung von Prozessen und Datenmodellen

Einfachheit und Effizienz führen zu den am besten konzipierten Anwendungen, den einfachsten Berichtsinstrumenten und den am einfachsten zu verwaltenden Arbeitsabläufen. Mit anderen Worten: Wenn Sie der Versuchung widerstehen, Prozesse und Datenmodelle komplex oder verworren zu gestalten, können Sie Zeit und nebenbei auch Geld sparen.

- ✔ **Prozesse:** Komplexe Prozesse sollten nur dann implementiert werden, wenn das Geschäft dies erfordert. Es ist wichtig, alle notwendigen Schritte in einem Prozess zu berücksichtigen, aber keine Extras oder bedingten Verzweigungen »einfach so« hinzuzufügen, da die Verwaltung und Pflege zusätzlicher Prozesse später zu Mehrarbeit führt. Eine vereinfachte Prozessverwaltung sorgt für eine reibungslosere Ausführung und einfachere Fehlerbehebung in allen Anwendungen.

- ✔ **Datenmodelle:** Jede Anwendung in der Power Platform-Suite ist mit einer Art Datenmodell ausgestattet. Eine übermäßige Datenentwicklung kann bedeuten, dass Sie zu viele Tabellen hinzugefügt, Beziehungen übermäßig verkompliziert, unnötige Felder erstellt, zu viele Verzweigungen in Workflows eingerichtet oder sogar zu viele Filter in einen Bericht eingefügt haben. Das Ergebnis ist eine erhöhte Komplexität und eine verringerte Leistung.

Die Kontrolle von Prozessen und der Datenmodelle zur Erfüllung grundlegender Geschäftsanforderungen kann dazu beitragen, Lösungen zu schaffen, die sich einfacher erstellen, verwalten und anpassen lassen.

Halten Sie Ihre Daten blitzsauber

Die Redensart, dass die Qualität eines Systems nur so gut ist wie die Daten im System, trifft auch auf Power Platform zu. Beim Erstellen von Tabellen sollten Sie vermeiden, unnötige Tabellenspalten hinzuzufügen, da dies nur zu Verwirrung führt und Ihre Datenkosten erhöht. Wenn Sie Nachschlagetabellen mit Daten füllen, fügen Sie in die Spalten nur Optionen ein, die einen Wert liefern. Beispiel: Wie viele Staaten gibt es in den USA:

250 oder 50? Letzteres natürlich. Wäre es sinnvoll, eine Liste mit über 100 Dateneinträgen zu durchsuchen? Überhaupt nicht. Da dies nicht nur zu Fehlern in Berichten führen würde, sondern auch die Anwendung verlangsamt, sollten Sie das Dataset auf die erforderlichen Werte beschränken.

Die aktive Verwaltung und Aufrechterhaltung der Qualität und Integrität Ihrer Daten zur Gewährleistung von Effizienz, Compliance und effektiver Entscheidungsfindung ist für ein optimales Anwendungsdesign und optimale Leistung von entscheidender Bedeutung. Es ist unerlässlich, um die Benutzererfahrung zu verbessern, den Betrieb zu optimieren und sicherzustellen, dass datengesteuerte Entscheidungen auf genauen, konsistenten und zuverlässigen Informationen basieren. Zusammenfassend lässt sich sagen, dass die Datensauberkeit wesentlich zum Erfolg von Anwendungen, Workflows und Analysen innerhalb des Power Platform-Ökosystems beiträgt.

Automatisieren Sie Ihre Prozesse intelligent

Wenn es eine einfachere Möglichkeit gibt, eine Aufgabe zu erledigen, die manuelle Eingaben erfordert, automatisieren Sie die Aufgabe. Wenn eine Anwendung beispielsweise erfordert, dass ein Benutzer Daten aus mehreren Tabellen eingibt, automatisieren Sie dies. Wenn der Wert in einem Datensatz validiert werden muss, ohne etwas manuell überprüfen zu müssen, automatisieren Sie den Prozess. Die meisten dieser Automatisierungsschritte können Sie intelligent mit Power Automate oder einem virtuellen Agenten von Microsoft Copilot durchführen. Denken Sie jedoch daran, dass die Automatisierung im Kontext der Daten und ihrer Prozesse stattfinden muss. Daher ist es wichtig, Entscheidungen auf der Grundlage von mehr als nur statischen Eingaben zu treffen. Intelligente Automatisierung konzentriert sich auf die Auswertung von Trends, Mustererkennung und prädiktive Analyse, nicht nur auf eine Aktivität, die zu einem bestimmten Zeitpunkt auftritt.

Power Automate ist adaptiv, da es auf der Grundlage von Echtzeitdaten, generiertem Feedback und im Laufe der Zeit ausgewerteten Bedingungen lernt. Da Workflows kontinuierlich hinsichtlich Effizienz und Effektivität optimiert werden, werden auch die Prozesse optimiert.

Entwickeln Sie ein Kompetenzzentrum

Die Zusammenstellung einer Power Platform-Lösung erfordert ein wenig Planung. Und wenn die Lösung erst einmal entwickelt und in Produktion gegangen ist, was dann? Ist Ihre Arbeit getan? Kann ein Unternehmen eine Pirouette drehen und einen totalen Erfolg für sich verbuchen? Nicht ganz. Der nächste Schritt ist die Einrichtung eines Power Platform Center of Excellence (CoE). Ein CoE ist ein organisatorischer Knotenpunkt, der Fachwissen, Governance, Best Practices und Support für die gesamte Anwendungssuite in sich vereint, sodass alle Entwickler die Anwendung in zukünftigen Iterationen weiter verbessern können, wobei der Schwerpunkt auf Innovation, Effizienz und Qualität liegt.

Mit der Weiterentwicklung Ihres Unternehmens übernimmt ein CoE nicht nur die Archivierung vorhandener Assets, sondern erstellt auch neue. Dabei wird besonderer Wert auf Schulungen, Richtlinien und Richtliniendokumentation gelegt, um eine sichere und konforme Nutzung von Power Platform für alle Qualifikationsstufen zu fördern.

Optimieren Sie für alle Plattformen

Die Optimierung für alle Plattformen ist mit einigen Einschränkungen verbunden. Wenn Sie eine Anwendung für einen bestimmten Gerätetyp erstellen, sollten Sie sich ganz darauf konzentrieren, die Benutzererfahrung so zu gestalten, dass sie den Anforderungen des Endbenutzers entspricht. Ein mobiler Zinsrechner, der beispielsweise mithilfe einer Canvas-App in Power Apps erstellt wurde, sollte ausschließlich für ein Smartphone oder Tablet optimiert werden. Dass ein Desktop-Benutzer auf die Anwendung zugreifen wird, ist unwahrscheinlich. Eine HR-Anwendung, die zum Erfassen von Gehaltsabrechnungsdaten und Projektdaten auf verschiedenen Gerätetypen, einschließlich Desktop, Tablet und Smartphone, vorgesehen ist, sollte ganz anders behandelt werden. Überlegen Sie, welche Funktionen und Merkmale erforderlich sind, damit der Benutzer sein Geschäftsziel erreichen kann und nichts weiter.

Implementieren Sie Versionskontrolle und Lebenszyklusmanagement

Anfänger erstellen ihre Anwendung und verbuchen ihre Entwicklungsarbeit als Erfolg. Aber ist das der beste Ansatz für die Entwicklung mit Power Platform? Nicht wirklich. Beim Umgang mit Enterprise-Anwendungen ist die Kenntnis, wann eine Anwendung von »nicht verwaltet« in »verwaltet« umgewandelt werden muss und wie unbegrenzte Änderungen an einer ausgereiften Anwendung begrenzt werden können, genauso wichtig wie Versionskontrolle und Anwendungslebenszyklusmanagement (ALM), wie in Kapitel 4 erläutert.

Unternehmen sollten Anwendungen stufenweise bereitstellen. Zunächst sollte das Entwicklungsteam eine Funktion in einer Umgebung entwickeln (Entwicklung). Sobald die Entwicklung ausgereift genug ist, wird die Funktion dann zum Testen in eine andere Umgebung übertragen (Benutzerakzeptanz). Sobald die Endbenutzer die Funktion genehmigen, kann die Anwendung in ihrer endgültigen Produktionsumgebung bereitgestellt werden. Jedes Mal, wenn ein Team diese Phasen durchläuft, sollte eine neue Anwendungsversion herausgegeben werden.

Bei der Entwicklung von Power Platform-Lösungen möchten Entwickler und ihr Team vielleicht die integrierte Unterstützung für Versionskontrolle und ALM durch die Power Apps-Integration mit GitHub oder Azure DevOps nutzen. Es ist jedoch wichtig, auch die Power Platform-Umgebung und den Lösungsmanager zu verwenden, um alle gleichartigen Projektressourcen zusammenzuführen. Darüber hinaus hilft die Implementierung eines Center of Excellence (CoE) für jede Implementierung im Laufe der Projektreife dabei, Tools und Richtlinien zu isolieren, um sicherzustellen, dass wiederholbare Prozesse für kontinuierliche Skalierbarkeit und Geschäftseffizienz vorhanden sind.

Weitere Informationen zum Application Lifecycle Management (ALM) finden Sie unter https://learn.microsoft.com/en-us/power-platform/alm.

Achten Sie auf durchgängige Überwachung und Optimierung der Power Platform-Funktionalität

Gerade wenn Sie denken, Sie seien mit Ihrem Power Platform-Meisterwerk fertig, werden Sie überrascht feststellen, dass Ihre Reise gerade erst begonnen hat. Warum? Das liegt daran, dass Microsoft regelmäßig Plattformupdates für die gesamte Suite veröffentlicht, die sich auf die Leistung Ihrer Lösung auswirken können. Sie müssen die Anwendung und ihre Komponenten auf Nutzungs- und Leistungsprobleme prüfen. Das ist noch nicht alles, Sie sollten auch Feedback von Benutzern einholen, um die Anwendungsleistung zu verbessern. Anfangs haben Sie möglicherweise keine Probleme, aber bei so vielen laufenden Verbesserungen der Plattform wird es im Laufe der Zeit unvermeidlich sein, dass eine harmlose Produktänderung einen Anwendungsfehler verursacht. Daher ist es unerlässlich, mit den neuesten Ressourcen Schritt zu halten und die Anwendung durch laufende Anpassungen zu optimieren, wenn Sie ein guter Entwicklungsverwalter sein möchten.

Möchten Sie über alle neuen Funktionen auf dem Laufenden bleiben, die Microsoft für Microsoft Power Platform veröffentlicht, besuchen Sie die Release Planner-Website unter https://releaseplans.microsoft.com/en-US/?app=Power+Apps.

Fokus auf die Sicherheit durch geringstmögliche Zugriffsrechte

Nur weil Anwendungen in Power Platform Low-Code sind, heißt das nicht, dass Sie Sicherheit und Compliance vergessen können, ein oft heikles Thema, das bei Citizen Developern angesprochen werden muss. Wenn es um Sicherheit und Audits geht, müssen sich Organisationen mit dem Schutz vertraulicher Daten und der Einhaltung lokaler gesetzlicher Vorschriften befassen. Dies beginnt mit der Implementierung von Datenschutzmaßnahmen für alle verwendeten Datenquellen, einschließlich Verschlüsselung, rollenbasierter Zugriffskontrollen, Richtlinien zum Schutz vor Datenverlust und der Einhaltung der Verwendung von Authentifizierungen wie Microsoft Entra ID.

Unbefugter Zugriff oder Datenmissbrauch sind das Letzte, was Sie wollen. Um die Integrität und Vertraulichkeit Ihrer Daten zu gewährleisten, ist es von größter Bedeutung, die Daten nur für diejenigen bereitzustellen, die Zugriff benötigen. Sie sollten das Sicherheitsprinzip der geringstmöglichen Zugriffsrechte befolgen, auch bei Power Platform-Anwendungen.

Wenn Ihre Anwendung personenbezogene Daten enthält, sollten Sie einen Authentifizierungs- und Autorisierungsmechanismus implementieren. Darüber hinaus sollten Sie auch eine Multi-Faktor-Authentifizierung implementieren, um sicherzustellen, dass die Identität eines Benutzers nicht nur einmal, sondern zweimal überprüft wird. Unternehmen müssen sich mit detaillierten Autorisierungsrichtlinien befassen. Das bedeutet, dass Sie Sicherheitsgruppen erstellen müssen. Jede dieser Gruppen sollte den Benutzern basierend auf ihren Rollen und Verantwortlichkeiten nur die Mindestzugriffsebenen zuweisen und nicht mehr.

Nutzen Sie modulare Designansätze

Eine Mentalität der »einmaligen Erstellung«, Skalierung, Wartung und Wiederverwendung kann die Lebensdauer und Nützlichkeit Ihrer Anwendungen und der zugehörigen Komponenten erhöhen. Hier vier Taktiken, die Sie beim Planen, Entwerfen, Entwickeln und Ausführen befolgen sollten:

- ✔ **Komponenten:** Der allererste Schritt bei Ihrer Entwicklung besteht darin, jede Anwendungsfunktion in Komponenten zu zerlegen. Wenn die Funktion wiederholbar gemacht werden kann, erstellen Sie eine Anwendungskomponente; zwingen Sie den Entwickler nicht, das Rad immer wieder neu zu erfinden. Durch die Komponentenbildung können Sie UI-Elemente standardisieren, die Konsistenz der Benutzererfahrung für die Anwendung verbessern und die Entwicklung beschleunigen.

- ✔ **Konnektoren:** Wenn Ihre Anwendung mit externen Systemen interagiert, eine Verbindung zu mindestens einer Datenquelle herstellt oder eine Geschäftslogik erfordert, nutzen Sie benutzerdefinierte Konnektoren. Ein benutzerdefinierter Konnektor ist eine Möglichkeit, die Komplexität einer Datenquelle zu abstrahieren oder unabhängig mit APIs zu interagieren. Ein Konnektor ermöglicht Ihnen die Kapselung wiederverwendbarer Logik, weil Sie damit die Interaktion von Apps mit externen Systemen konsistent halten.

- ✔ **Machen Sie Komponenten zu Diensten:** Die meisten unerfahrenen Power Apps-Entwickler betten komplexe Logik direkt in ihre Apps ein, was zu einer einmaligen Verwendung eines Power Automate-Flows führt. Warum kapseln Sie nicht stattdessen die Logik mit einem Flow unter Verwendung von Cloud-Diensten (Kapitel 14) und lassen den Aufruf des Flows von mehreren Apps aus zu, wenn der Prozess wiederverwendbar ist? Auch hier besteht das Ziel darin, die Wiederverwendung zu fördern und die Pflege wiederholbarer Aktivitäten zu vereinfachen.

- ✔ **Datenquellenabstraktion:** Die Hard-Codierung von Daten ist für die meisten Entwickler irgendwann unvermeidlich, sollte aber bei der Verwendung von Power Platform so selten wie möglich genutzt werden. Ein besserer Ansatz besteht darin, Datenquellen für eine Anwendung durch Datenzentralisierung zu *abstrahieren*. Das bedeutet, Daten an einem Ort zu isolieren, indem Quellen wie Dataflows oder Dataverse verwendet werden (siehe Kapitel 2 und 3). Durch die Anwendung von Datenabstraktionsalternativen entkoppeln Sie Ihre Apps und ihre Komponenten effektiv von bestimmten Datenquellen. Jedes Mal, wenn Sie die Quelle wechseln oder aktualisieren müssen, ist dies für die Anwendung transparent und stellt keine feste Abhängigkeit dar.

Durch die Einführung einer modularen Designstrategie kann Ihr Unternehmen ohne großen Mehraufwand eine robuste Anwendung erstellen.

> **IN DIESEM KAPITEL**
>
> Wichtige Online-Schulungsplattformen entdecken, um Ihr Power Platform-Wissen zu erweitern
>
> Online-Foren und individuelle Präsentationen kennenlernen

Kapitel 17
Zehn nützliche Ressourcen für Power Platform

Egal, ob Sie eine der großen Suchmaschinen wie Google oder Bing verwenden oder direkt auf die Microsoft-Website gehen, Sie werden wahrscheinlich eine Fülle von Informationen zu Power Platform finden. Wie ich werden Sie die ersten Ergebnisse ansehen und dann Ihren Browser wieder schließen. Das ist keine ungewöhnliche Reaktion, da das Internet mit fragwürdigen Informationen aus vielen unzuverlässigen Quellen überschwemmt ist.

Für dieses Kapitel habe ich eine Liste unverzichtbarer Ressourcen für alle zusammengestellt, die sich über den Umgang mit Power Platform als Anfänger oder Fortgeschrittener informieren möchten.

Microsoft Learn

Wenn Sie Ihre Reise mit einem Microsoft-Produkt beginnen, sollte Ihre erste Anlaufstelle das Microsoft-Selbstlernportal Microsoft Learn sein, das Sie unter https://learn.microsoft.com finden. Microsoft Learn hilft Anfängern und anderen, die ihr Wissen über Microsoft-Produkte und -Dienste auffrischen möchten. Unter anderem finden Sie dort auch Informationen über alle Bereiche von Microsoft Power Platform. Der Learn-Lehrplan ist in einem aufgabenbasierten, interaktiven Lernstil strukturiert. Es gibt für jede Produktlinie eine Reihe einzelner Kurse. Microsoft hat auch Unterrichtspläne zusammengestellt, die auf Ihrer Rolle im Produktlebenszyklus basieren.

Learn bietet verschiedene Lehrpläne für Microsoft Power Platform, darunter Microsoft Dataverse, Power Apps, Power Automate, Power BI, Power Pages und Copilot. Zum Zeitpunkt der Drucklegung dieses Buches bietet die Learn-Website über 80 Stunden kostenloses Training speziell für Microsoft Power Platform.

Microsoft-Dokumentation

Die aktuellsten Referenzen zu allen Produkten und Dienstleistungen von Microsoft Power Platform finden Sie auf der Online-Dokumentationsseite von Microsoft für Power Platform unter https://learn.microsoft.com/en-us/power-platform.

Die Dokumentation von Microsoft ist die umfassendste Ressource für Power Platform. Wenn Sie mit der Hilfefunktion in der App nach Unterstützung suchen, werden Sie direkt zur offiziellen Dokumentationsseite weitergeleitet. Da sich das Produkt ständig weiterentwickelt, wird die Dokumentation ständig aktualisiert. Der Zugriff auf diese offizielle Quelle, die strukturiertes Lernen und relevante Tutorials umfasst, ist für den einfachen und professionellen Entwickler von unschätzbarem Wert.

Für diejenigen unter Ihnen, die eine Microsoft-Zertifizierung anstreben, ist die offizielle Microsoft-Dokumentation und nicht ein Lehrbuch die zuverlässigste Quelle zum Erwerb des erforderlichen Wissens für die Prüfungen.

Die Dokumentation für Power Platform ist umfangreich, aber Sie müssen möglicherweise andere Produktlinien durchforsten, um die Details zu finden, die Sie für komplexe Integrationsszenarien benötigen. Beispielsweise funktioniert Microsoft Power Platform nahtlos mit Microsoft 365, Dynamics 365 und Azure. In einigen Fällen erklärt die Power Platform-Dokumentation ein Integrationsverfahren mit dem ergänzenden Produkt. In anderen Fällen finden Sie die Integration möglicherweise in der Dokumentation der ergänzenden Produkte beschrieben.

Die Power Platform-Community

Die von Microsoft gesponserte Power Platform-Community ist das größte öffentliche Forum für Entwickler und Enthusiasten, um sich mit Benutzern weltweit über alle Power Platform-Produkte auszutauschen. Die Community bietet Tausende von Diskussionsforen, persönliche und virtuelle Veranstaltungssitzungen, spezifische Benutzergruppen und Onlineressourcen, um Ihren Lernprozess zu beschleunigen. Mitte 2024 sind fast 1 Million Benutzer, 500.000 Benutzergruppen, 100.000 unabhängige Lösungen und 150.000 Diskussionsforen aktiv. Eine lebendige Community!

Die Community wird zwar von den Endbenutzern selbst verwaltet, Microsoft bietet jedoch Support durch die Teilnahme seiner Teams für Produktmarketing und Entwicklung. Diese Teilnehmer bieten als Microsoft-Insider Unterstützung bei Blogs und Artikeln. Die Artikel befassen sich mit Produktaktualisierungen, Anleitungen, bewährten Methoden und Möglichkeiten zum Erstellen innovativer Anwendungen mithilfe von Power Platform.

Power CAT Live

Microsoft verfügt innerhalb der Produktentwicklungsgruppe über ein A-Team namens *Power Customer Advisory Team (Power CAT)*. Diese Elitetruppe von Fachleuten arbeitet mit den wichtigsten Unternehmenskunden von Microsoft (etwa 50–100 der größten Unternehmen weltweit), um sicherzustellen, dass sie bei der Einführung von Power Platform und Dynamics 365 erfolgreich sind. Da es bei der Produktentwicklung vor allem um den Wissensaustausch geht, hat Power CAT einen Online-YouTube-Kanal eingerichtet, um sein Wissen mit der Welt zu teilen. Auf diesem Kanal namens Power CAT Live, zu finden unter `https://www.youtube.com/@powercat8566`, können Sie Fallstudien aus aller Welt ansehen, die zeigen, wie andere Anwender ihre komplexen Szenarien mit Microsoft Power Platform-Anwendungen bewältigt haben.

Redmond Channel Partners

Es kann, gelinde gesagt, schwindelerregend sein, mit Microsoft und allen anderen Entwicklungen in der Technologiebranche Schritt halten zu wollen. Die zuverlässigste Nachrichtenquelle außerhalb von Microsoft ist Redmond Channel Partners, zu finden unter `https://rcpmag.com`. Redmond Channel Partners ist eine Online-Website, die Microsoft-Partner (Drittanbieter, die im Auftrag von Microsoft Produkte und Dienste verkaufen) bedient.

Redmond Channel Partners bietet Nachrichtenanalysen, Geschäftsstrategien und Produktinformationen, einschließlich zukünftiger Roadmap-Aktionen für alle wichtigen Produktlinien, wie zum Beispiel Power Platform. Die Inhalte reichen von Produkt- und Service-Updates bis hin zu Strategien zur Verwendung von Microsoft-Technologien in Verbindung mit dem Partner-Ökosystem.

Die Website bietet außerdem eine Liste der zuverlässigsten Dienstanbieter und Veranstaltungen weltweit.

Redmond Channel Partners ist nicht mit Microsoft verbunden. Die meisten Informationen auf der Website sind zutreffend und wurden von den Redakteuren geprüft, aber die letzte Quelle der Wahrheit für jedes Produktupdate ist Microsoft.

Podcasts

Es gibt Hunderte von Podcasts auf Plattformen wie Apple iTunes, Spotify, Soundcloud und YouTube. Eine *Podcast-Serie* ist eine digitale Audio- oder Videoserie, die im Internet gestreamt oder heruntergeladen werden kann. Ein oder mehrere Fachexperten moderieren eine solche Serie, und der Inhalt behandelt ein Nischenthema für ein bestimmtes Publikum. Benutzer abonnieren die Podcast-Serie über die entsprechende Plattform und werden benachrichtigt, wenn neuer Inhalt verfügbar ist. Podcast-Ersteller aktualisieren ihren Inhalt oft mehrmals pro Woche. Podcasts sind aufgrund ihrer digitalen Portabilität sowie der persönlichen Note, die sie bieten, immer beliebter geworden, da die Moderatoren oft eine direkte Verbindung zu ihrem Publikum aufbauen.

Hier drei beliebte und seit Langem aktive Power Platform-Podcasts:

✔ Podcast zu Microsoft Business Applications

   `https://player.fm/series/microsoft-business-applications-podcast-2936583`

✔ Low-Code-Ansatz

   `https://open.spotify.com/show/0NHHn4KmLe206Cd6CYrGu0`

✔ Power Platform Boost

   `https://open.spotify.com/show/02dmQ6wZQqr93WUdI16Tw8`

Online-Videos

Der YouTube-Kanal von Power Platform mag als überraschende Ressource erscheinen, da die meisten Leute Microsoft nicht unbedingt mit Google in Verbindung bringen. Und noch eine Überraschung: Power Platform ist in den sozialen Medien sehr präsent. Es gibt weit über 600 Videos mit hilfreichen Tipps und Tricks, Konferenzberichten, Demos zu Produkteinführungen, Tutorials und Community-Demos – alles auf einer Site. Um auf die Microsoft Power Platform Community auf YouTube zuzugreifen, gehen Sie zu `https://www.youtube.com/@mspowerplatform`.

Schulungsplattformen

Über die Microsoft-Learning-Community hinaus finden Sie Tausende kostenloser oder kostengünstiger Schulungsmöglichkeiten auf Plattformen wie LinkedIn Learning, Udemy und Pluralsight. Auf diesen drei Plattformen können Sie in kürzester Zeit vom Anfänger zum erfahrenen Entwickler werden. Die meisten dieser Plattformen bieten Schulungen an, die Sie auf Microsoft Power Platform-Zertifizierungen vorbereiten. Insbesondere die Schulungsplattform von Udemy wird von vielen der MVPs von Microsoft kuratiert.

Geben Sie auf den aufgeführten Plattformen einfach einen Produktnamen in die Suchmaschine der Plattform ein, um auf Kursmaterial aus der ganzen Welt zuzugreifen.

✔ LinkedIn Learning

   `https://www.linkedin.com/learning/`

✔ Udemy

   `https://www.udemy.com/`

✔ Pluralsight

   `https://www.pluralsight.com`

Codebeispiele und Snippets

Microsoft bewirbt Power Platform als Low-Code-Umgebung. Die Realität ist, dass irgendwann ein Punkt kommen wird, an dem Sie kreativ werden und sich an der Entwicklung einer anspruchsvolleren Anwendung versuchen möchten. An diesem Punkt müssen Sie ein bisschen in die Entwicklung eintauchen. Der Code, den Sie entwickeln, wird nicht viele Seiten lang sein, aber die Logik erfordert Struktur und Disziplin. Hier werden Open-Source-Websites wie GitHub zum besten Freund der gelegentlichen und professionellen Entwickler, denn irgendjemand dort hat sich bereits mit einer entsprechenden Aufgabe beschäftigt – und gepostet, wie sie erledigt werden kann.

Hier zwei Websites mit Tausenden von Codebeispielen, die speziell für Microsoft Power Platform entwickelt wurden:

- ✔ Power Platform-Codebeispiele auf GitHub

    https://pnp.github.io/powerplatform-samples

- ✔ Power Platform-Codebeispiele auf Microsoft Learn

    https://learn.microsoft.com/en-us/samples/browse

Technische Konferenzen

Während die persönliche Teilnahme an Konferenzen eine kostspielige Investition sein kann, stellen viele große Veranstaltungen ihre Präsentationsfolien und wichtigen Sitzungen nach der Veranstaltung kostenlos online zur Verfügung, entweder auf ihren Websites oder über Plattformen wie YouTube oder Vimeo. Dies ist eine großartige Möglichkeit, wertvolle Erkenntnisse zu gewinnen, wenn eine persönliche Teilnahme nicht möglich ist. Wenn Sie die Möglichkeit haben, an einer Konferenz teilzunehmen, sind die Erfahrung und die Networking-Möglichkeiten von unschätzbarem Wert. Behalten Sie diese Veranstaltungen im Auge, da sie oft etwa 30–60 Tage nach der Konferenz Inhalte veröffentlichen, die unglaublich hilfreich sein können. Achten Sie vor allem auf diese besonderen Veranstaltungen:

- ✔ Konferenz zu Microsoft Power Platform und Microsoft 365

    https://pwrcon.com

- ✔ Konferenz der Microsoft Power Platform-Community

    https://powerplatformconf.com

- ✔ DynamicsCon

    https://dynamicscon.com

Abbildungsverzeichnis

Abbildung 1.1: Komponenten und Funktionen von Microsoft Power Platform 39

Abbildung 1.2: Eine mit der Canvas-App erstellte Anwendung 41

Abbildung 1.3: Von einer mit Power Apps erstellten modellgesteuerten App generiertes Formular 42

Abbildung 1.4: Von einer modellgesteuerten App in Power Apps erstellte Ansicht 42

Abbildung 1.5: Beispiel für eine Dataverse-Tabelle 43

Abbildung 2.1: Grundlagen der Power Platform-Architektur 48

Abbildung 2.2: Der Navigationsbereich im Power Platform Admin Center 49

Abbildung 2.3: Eine Umgebungsoberfläche im Power Platform Admin Center 51

Abbildung 2.4: Der Bereich »Neue Umgebung« für Unternehmensanwendungen 52

Abbildung 2.5: Der Optionsbereich »Dataverse hinzufügen« 54

Abbildung 2.6: Ein Dataverse Analyse-Report 56

Abbildung 2.7: Das Power Platform Admin Center ermöglicht den Zugriff auf die Mandanteneinstellungen. 58

Abbildung 2.8: Verwalten der Ressourcenkapazität im Power Platform Admin Center 59

Abbildung 2.9: Hilfe und Support erhalten 60

Abbildung 2.10: Einige lokale Enterprise-Gateway-Verbindungen 61

Abbildung 2.11: Die Maker Portal-Benutzeroberfläche 64

Abbildung 2.12: Funktionen des Power Apps Maker Portals 65

Abbildung 2.13: Im Microsoft 365 Admin Center können Sie Sicherheitskontrollen konfigurieren. 69

Abbildung 2.14: Im Fenster »Datenrichtlinien« können Sie Datenrichtlinien erstellen, ändern oder löschen. 74

Abbildung 2.15: Zugriff auf Datenschutz- und Sicherheitseinstellungen 75

Abbildung 3.1: Bereich »Tabelleneinstellungen« des Power Apps Maker Portals Dataverse 83

Abbildung 3.2: Eine neue Tabelle im Power Apps Maker Portal erstellen 84

Abbildung 3.3: Allgemeine Tabelleneigenschaften konfigurieren 85

Abbildung 3.4: Erweiterte Tabellenkonfigurationsoptionen 86

Abbildung 3.5: Eine Spalte zu einer Tabelle im Tabellen-Designer von Dataverse hinzufügen 86

Abbildung 3.6: Das Importmenü im Tabellenfenster 88

Abbildung 3.7: Das Fenster »Verbindungseinstellungen« ermöglicht Ihnen, eine Excel-Arbeitsmappe in Dataverse hochzuladen. 89

Abbildung 3.8: Das Power Query-Zuordnungstabellenfenster 90

Abbildung 3.9: Microsoft Copilot wird aufgefordert, eine neue Tabelle zu erstellen. 92

Abbildung 3.10: Eine mit Microsoft Copilot erstellte Dataverse-Tabelle 93

Abbildung 3.11: Eine virtuelle SharePoint-Tabellenkonfiguration in Dataverse 94

Abbildung 3.12: Eine neue Spalte in Ihrer Dataverse-Tabelle erstellen 96

Abbildung 3.13: Die erweiterten Optionen des Fensters »Neue Spalte« 98

Abbildung 3.14: Auswählen, ob Ansichten für eine Tabelle erstellt oder bearbeitet werden sollen 103

Abbildung 3.15: Einer Ansicht eine neue Spalte hinzufügen 104

Abbildungsverzeichnis

Abbildung 3.16: Eine benutzerdefinierte Ansicht, gefiltert nach dem Regionswert »South« 105

Abbildung 3.17: Ein Formular für eine modellgesteuerte App erstellen 107

Abbildung 3.18: Ein Schnellerstellungsformular für Kontoinformationen 109

Abbildung 3.19: Ein Schnellansichtsformular mit Rechnungsinformationen 109

Abbildung 3.20: Eine Karte mit Informationen zu einem Kinderkonto 110

Abbildung 3.21: Beispiel für ein hierarchiebasiertes Sicherheitsmodell in Dataverse 114

Abbildung 3.22: Durch Geschäftsprozess-Flows zur Tabelle »50 States« hinzugefügte Daten 116

Abbildung 4.1: Einige Konnektoroptionen in einer Canvas-App 124

Abbildung 4.2: Wählen Sie eine Microsoft-Datenquelle aus oder verwenden Sie Copilot, um eine neue Datenquelle zu erstellen 125

Abbildung 4.3: Die Galerieeigenschaften einer Canvas-App konfigurieren 128

Abbildung 4.4: Erweiterte Eigenschaften zur Unterstützung einer mit einer Schaltfläche verknüpften Aktion konfigurieren 130

Abbildung 4.5: Der Speicherverlauf einer Anwendung auf der Registerkarte »Versionen« 133

Abbildung 4.6: Das Menü zum Teilen einer Anwendung 133

Abbildung 4.7: Auswählen, welche Benutzer Zugriff auf eine Canvas-App erhalten 134

Abbildung 4.8: Eine Tabelle nicht verwalteter Apps 142

Abbildung 5.1: Alle Teile der Power Studio-Benutzeroberfläche 147

Abbildung 5.2: Beginnen Sie mit der Erstellung einer Canvas-App auf der Startseite von Power Apps Studio. 148

Abbildung 5.3: Optionen zum Erstellen einer Canvas-App, wenn Sie mit Daten beginnen 149

Abbildung 5.4: Ein Seitendesign zum Erstellen einer App auswählen 150

Abbildung 5.5: Mit einer App-Vorlage beginnen 151

Abbildung 5.6: Die Symbolleiste der Canvas-Apps mit der Dropdown-Liste »Einfügen« 152

Abbildung 5.7: Daten hinzufügen aus der Dropdown-Liste »Daten hinzufügen« 153

Abbildung 5.8: Auswählen eines Konnektors aus dem Menü »Konnektoren« 154

Abbildung 5.9: Eine Datenquelle im Eigenschaftenbereich ändern 154

Abbildung 5.10: Bildschirmlayoutoptionen für Desktop, Tablet und Mobilgerät 155

Abbildung 5.11: Spezifische Layoutoptionen für mobile Geräte 156

Abbildung 5.12: Die Optionen der Registerkarte »Einfügen« im Erstellungsmenü der Canvas-App 157

Abbildung 5.13: Ein Steuerelement löschen, das Sie nicht mehr benötigen 159

Abbildung 5.14: Eine Beschriftung im Eigenschaftenbereich formatieren 161

Abbildung 5.15: Eine Galerie im Bereich »Erweitert« konfigurieren 162

Abbildung 5.16: Ihrer App eine leere Canvas hinzufügen 164

Abbildung 5.17: Den Namen Ihrer App im Eigenschaftenbereich ändern 165

Abbildung 5.18: Ziehen Sie eine Galerie auf Ihre Canvas. 166

Abbildung 5.19: Wählen Sie die Datenquelle aus, die Sie mit Ihrer Galerie verbinden möchten. 166

Abbildung 5.20: Der Durchsuchen-Bildschirm meiner benutzerdefinierten To-do-Listen-Galerie 169

Abbildung 5.21: Eine Beschriftung einfügen und Text und Format anpassen 171

Abbildung 5.22: Die Navigationssymbole oben in der Beschriftung anpassen 172

Abbildung 5.23: Das Popup-Menü der Schaltfläche »Felder« 175

Abbildung 5.24: Ein Detailbildschirm meiner To-do-Listen-App 175

Abbildungsverzeichnis

Abbildung 5.25: Der »Erstellen/Bearbeiten«-Bildschirm   178

Abbildung 5.26: Die fertigen drei Seiten der To-do-Listen-Canvas-App   179

Abbildung 6.1: Neue Seitentypen zu einer App hinzufügen   184

Abbildung 6.2: Ein Geschäftsprozess-Flow für eine neue Verkaufsgelegenheit   186

Abbildung 6.3: Meine To-do-Listen-Tabelle in Dataverse   189

Abbildung 6.4: Popup-Fenster »Neue Spalte« von Dataverse   189

Abbildung 6.5: Eine Tabellenspalte direkt aus Ihrer modellgesteuerten App hinzufügen   190

Abbildung 6.6: Navigation und Auflistungen der Firmenansicht   191

Abbildung 6.7: Das den Benutzern bereitgestellte Formular   192

Abbildung 6.8: Ausblenden (und Einblenden) verwendeter Tabellenspalten   193

Abbildung 6.9: Eine neue Tabellenspalte zu einem Formular hinzufügen   194

Abbildung 6.10: Die Komponenten des Fensters »Formular-Designer« der modellgesteuerten App   196

Abbildung 6.11: Darstellung einer modellgesteuerten App in der Strukturansicht   197

Abbildung 6.12: Das Formularfenster für Company mit hervorgehobener Spalte »Datenerfahrungen«   203

Abbildung 6.13: Das Bearbeitungsfenster für ein Formular öffnen   203

Abbildung 6.14: Ein Formular mit hinzugefügten Registerkarten   204

Abbildung 6.15: Ein bearbeitbares Raster erstellen   207

Abbildung 6.16: Die verfügbaren Ansichtstypen für eine Dataverse-Tabelle   208

Abbildung 6.17: Eine Sortier- und Filterbedingung für eine Ansicht erstellen   211

Abbildung 6.18: Eine angepasste aktive Ansicht in einer modellgesteuerten App   212

Abbildung 7.1: Die Schaltfläche »Neues Diagramm« und die Dropdown-Liste »Diagramme«   217

Abbildung 7.2: Das Fenster »Neues Diagramm«, in dem Sie den zu erstellenden Diagrammtyp auswählen können   218

Abbildung 7.3: Das Fenster »Diagrammkonfiguration«   218

Abbildung 7.4: Eine Vorschau auf ein Diagramm, das aus einer Dataverse-Tabelle erstellt wurde   219

Abbildung 7.5: Das Dashboard-Layout auswählen   221

Abbildung 7.6: Ein 3-Spalten-Übersichts-Dashboard (variable Breite) erstellen   222

Abbildung 7.7: Ein neues Dataverse-Dashboard erstellen   223

Abbildung 7.8: Das Popup-Fenster für ein neues eingebettetes Power BI-Dashboard   224

Abbildung 7.9: Ein Dashboard auswählen   226

Abbildung 7.10: Beispiel für ein eingebettetes Power BI-Dashboard   227

Abbildung 7.11: Beispiel-Dashboard, erstellt mit Diagrammen von Dataverse   227

Abbildung 7.12: Der Menüpfad zum Erstellen eines neuen Geschäftsprozess-Flows   228

Abbildung 7.13: Das Popup-Fenster »Neuer Geschäftsprozess-Flow«   229

Abbildung 7.14: Durch Anklicken des Pluszeichens (+) eine Phase zum Business Process Flow Designer hinzufügen   230

Abbildung 7.15: Verfügbare Schritte, die in eine Phase integriert werden können   231

Abbildung 7.16: Der Bereich »Datenschritteigenschaften«   232

Abbildung 7.17: Ein Geschäftsprozess-Flow mit Verzweigungsbedingungen   234

Abbildung 7.18: Beispiele für Sicherheitsrollen   236

Abbildung 7.19: Optionen für Sicherheitsrollen   238

Abbildung 7.20: Eine Sicherheitsrolle bearbeiten, um zusätzliche Berechtigungen einzuschließen   240

Abbildungsverzeichnis

Abbildung 7.21: Eine App im Maker Portal teilen   241

Abbildung 7.22: Eine Sicherheitsrolle für eine modellgesteuerte App konfigurieren   241

Abbildung 8.1: Die Startseite von Power Pages   246

Abbildung 8.2: Der Bildschirm für die grundlegende Einrichtung von Websites   247

Abbildung 8.3: Die Vorlagengalerie   248

Abbildung 8.4: Teilen Sie Copilot mit, was Sie in Ihrer Power Pages-Websitevorlage haben möchten.   248

Abbildung 8.5: Sie können aus zahlreichen Designvorlagen für Ihre Website wählen   249

Abbildung 8.6: Den Namen Ihrer Website, Ihre Webadresse und Ihre Sprache festlegen   250

Abbildung 8.7: Die Galerie aktiver Websites in Power Pages   251

Abbildung 8.8: Die Vorschau auf ein Power Pages-Layout abrufen   251

Abbildung 8.9: Eine Power Pages-Vorlage für Dynamics 365 Sales   253

Abbildung 8.10: Die Registerkarten von Design Studio   255

Abbildung 8.11: Klicken Sie auf die Ellipse, um auf zusätzliche Seitenoptionen zuzugreifen.   256

Abbildung 8.12: Navigation und Seiten zu einer Power Pages-Website hinzufügen   257

Abbildung 8.13: Der Bereich »Berechtigungen« im Popup-Fenster »Seiteneinstellungen«   258

Abbildung 8.14: Optionen auf der Registerkarte »Styling« auswählen und die Änderungen im Entwurfsbereich anzeigen   259

Abbildung 8.15: Der Registerkarte »Daten« eine Tabelle hinzufügen   260

Abbildung 8.16: Die »Website-Details«-Statistiken mit Schwerpunkt auf der allgemeinen Website-Leistung   264

Abbildung 8.17: Das Fenster »Go-Live-Checkliste«   265

Abbildung 8.18: Microsoft Copilot-Suchfunktionen in Ihre Power Pages-Website integrieren   266

Abbildung 8.19: Benutzerdefinierter Copilot-Komponenten zu Power Pages hinzufügen   266

Abbildung 8.20: Das Registerkartenmenü »Sicherheit«   267

Abbildung 8.21: Die Power Pages Management-App   269

Abbildung 8.22: Komponenten in eine Power Pages-Webseite integrieren   270

Abbildung 8.23: Das Popup-Fenster »Liste hinzufügen«   270

Abbildung 8.24: Eine Beispielliste von Dataverse, die auf einer Power Pages-Website präsentiert wird   271

Abbildung 8.25: Das Textfeld des Formulargenerators: Beschreiben Sie ein Formular, um es zu erstellen   272

Abbildung 8.26: Eine Vorschau des mit Copilot erstellten Formulars anzeigen und optimieren   273

Abbildung 8.27: Die Benutzeroberfläche »Formular hinzufügen« für Dataverse in Power Pages   275

Abbildung 8.28: Der Bereich »Dienste« im Power Pages-Management   276

Abbildung 8.29: Eine Power BI-Visualisierung konfigurieren   277

Abbildung 9.1: Beispiel für eine Power BI-Ausgabe   282

Abbildung 9.2: »Mein Arbeitsbereich« in Power BI Services   286

Abbildung 9.3: Beispiel für einen Power BI-Bericht   288

Abbildung 9.4: So finden Sie Ihre Dashboards   289

Abbildung 9.5: Anzeigeoptionen in Power BI Desktop   290

Abbildung 9.6: Ein leerer Canvas-Bereich in Power BI Desktop   291

Abbildung 9.7: Die Hauptnavigationsbereiche von Power BI   292

Abbildung 9.8: Navigationsbereiche in Power BI Services   293

Abbildung 10.1: Den CSV-Konnektor in Power BI Desktop suchen   301

Abbildung 10.2: Die Navigationsseite in Power BI   301

Abbildung 10.3: Der Power Query-Editor   302

Abbildung 10.4: Ordner in »Daten abrufen« auswählen   303

Abbildung 10.5: Dateien aus einem Ordner werden in Power BI geladen.   304

Abbildung 10.6: Mit dem Bereich »Angewandte Schritte« die Datenquelleneinstellungen aktualisieren   305

Abbildung 10.7: Die Schaltfläche »Datenquellen-Einstellungen«   306

Abbildung 10.8: Ein Dataset aus Power BI Desktop auswählen   307

Abbildung 10.9: Eine Verbindung zu einem freigegebenen Dataset in Power BI Services herstellen   308

Abbildung 10.10: Die Azure SQL-Datenbank speichern   312

Abbildung 10.11: Eingabe der Anmeldeinformationen für die relationale Datenbank   312

Abbildung 10.12: Die Authentifizierungsmethode zum Herstellen einer Verbindung auswählen   313

Abbildung 10.13: Tabellen aus dem Navigator zum Importieren auswählen   313

Abbildung 10.14: Die Cosmos DB-Datenquelle auswählen   315

Abbildung 10.15: Verbindung mit Cosmos DB, einer Microsoft NoSQL-Datenbank   315

Abbildung 10.16: Repräsentative Abfragedaten für Azure SQL Server   316

Abbildung 10.17: JSON-Datei, transformiert vom Power Query-Editor   317

Abbildung 10.18: Eine JSON-Datei mit dem Power Query-Editor ändern   317

Abbildung 10.19: Eine Verbindung mit einem Online-Dienst in Power BI Desktop herstellen   318

Abbildung 10.20: Im Navigatorbereich des Power Query-Editors angezeigte Daten   319

Abbildung 10.21: Probleme mit der Spaltenqualität beheben   320

Abbildung 10.22: Ein Blick auf die Spaltenverteilung   321

Abbildung 10.23: Die Eigenschaften einer Spalte ändern   322

Abbildung 11.1: Die Registerkarte »Tabellenansicht«   326

Abbildung 11.2: Die Registerkarte »Modellansicht«   327

Abbildung 11.3: Das »Start«-Menüband in der Modellansicht   327

Abbildung 11.4: Das Menüband des Power Query-Editors   328

Abbildung 11.5: Das Navigationsfenster in der Tabellenansicht   329

Abbildung 11.6: Auf der Registerkarte »Spaltentools« den Datentyp ändern   331

Abbildung 11.7: Optionen zur numerischen Formatierung   331

Abbildung 11.8: Die Summierungsoptionen auf der Registerkarte »Spaltentools«   332

Abbildung 11.9: Die Datenkategorieoptionen   332

Abbildung 11.10: Die Schaltfläche »Daten eingeben«   333

Abbildung 11.11: Eine Tabelle erstellen   334

Abbildung 11.12: Der Tabellenname wird in der Modellansicht aktualisiert.   334

Abbildung 11.13: Eine Tabelle entfernen   335

Abbildung 11.14: Bestätigen, ob die Tabelle gelöscht werden soll   335

Abbildung 11.15: Einen Spaltennamen zum Bilden einer Beziehung ändern   336

Abbildung 11.16: Tabellendaten ändern   337

Abbildung 11.17: Das Fenster »Neue Beziehung«   339

Abbildung 11.18: Die Datengruppierung zur besseren Organisation eines großen Datasets   341

Abbildung 11.19: Daten ausblenden   342

Abbildung 11.20: Mit der Schaltfläche »Veröffentlichen« werden das Datenmodell und die Berichte an Power BI Services bereitgestellt.   343

Abbildungsverzeichnis

Abbildung 12.1: Die Schaltfläche »Berichtsansicht« 346

Abbildung 12.2: Power BI Desktop-Berichtsansicht 346

Abbildung 12.3: Der Visualisierungsbereich 347

Abbildung 12.4: Der Datenbereich 348

Abbildung 12.5: Filterbereich mit mehreren Feldern aus dem Datenbereich 349

Abbildung 12.6: Filterbedingungen mit quantitativen Daten einrichten 349

Abbildung 12.7: Die Optionen »Auf dieser Seite filtern« und »Auf allen Seiten filtern« 350

Abbildung 12.8: Ein gestapeltes Balkendiagramm 351

Abbildung 12.9: Mehrere Dimensionen in einem gestapelten Balkendiagramm 352

Abbildung 12.10: Ein gestapeltes Säulendiagramm 352

Abbildung 12.11: Mehrere Dimensionen in einem gestapelten Säulendiagramm 353

Abbildung 12.12: Ein gruppiertes Balkendiagramm 354

Abbildung 12.13: Ein gruppiertes Säulendiagramm 354

Abbildung 12.14: Ein Liniendiagramm 355

Abbildung 12.15: Ein Flächendiagramm 355

Abbildung 12.16: Ein Liniendiagramm und ein gestapeltes Säulendiagramm 356

Abbildung 12.17: Ein Banddiagramm 357

Abbildung 12.18: Ein Wasserfalldiagramm 358

Abbildung 12.19: Ein Trichterdiagramm 358

Abbildung 12.20: Ein Streudiagramm 359

Abbildung 12.21: Ein Kreisdiagramm 360

Abbildung 12.22: Ein Donut-Diagramm 360

Abbildung 12.23: Eine Treemap 361

Abbildung 12.24: Verwendung eines Messgeräte-Diagramms 362

Abbildung 12.25: Beispiel für eine Karte 362

Abbildung 12.26: Beispiel mit mehreren Karten 363

Abbildung 12.27: Ein Beispiel für einen Slicer mit Tabelle 363

Abbildung 12.28: Formatierungsfunktionen im Bereich »Visualisierungen« 364

Abbildung 12.29: Konfigurieren der Berichtseigenschaften auf der Registerkarte »Allgemein« 365

Abbildung 12.30: Seitenlayouteigenschaften 366

Abbildung 12.31: Beispiel für das Branding eines Berichts 367

Abbildung 12.32: Objektebenenentwurf für einen Bericht 367

Abbildung 12.33: Alt-Text-Editor 368

Abbildung 12.34: Symbole in einem Power BI-Bericht verwalten 368

Abbildung 12.35: Einen Bericht von Power BI Desktop in Power BI Services veröffentlichen 369

Abbildung 12.36: Ein Dashboard erstellen 371

Abbildung 12.37: Die Option »An ein Dashboard anheften« 373

Abbildung 12.38: Ein neues oder vorhandenes Dashboard auswählen 374

Abbildung 12.39: Ein fertiges Dashboard mit einer Textkachel 374

Abbildung 13.1: Eine Liste von Arbeitsbereichs-Apps 376

Abbildung 13.2: Die Benutzeroberfläche »Mein Arbeitsbereich« 377

Abbildung 13.3: Der Inhalt eines Arbeitsbereichs in Power BI 377

Abbildung 13.4: Das Navigationsmenü in Power BI Services 378

Abbildung 13.5: Die Schaltfläche »Neuer Arbeitsbereich« 379

Abbildung 13.6: Die Standardfunktionen eines Arbeitsbereichs konfigurieren 380

Abbildung 13.7: Die erweiterten Funktionen eines Arbeitsbereichs konfigurieren 381

Abbildung 13.8: Zugriff auf den Arbeitsbereich zuweisen 382

Abbildung 13.9: Arbeitsbereichseinstellungen   383

Abbildung 13.10: Eine datengesteuerte Ausgabe erstellen   384

Abbildung 13.11: Verschiedene Möglichkeiten zum Erstellen von Berichten und Analysieren von Daten   385

Abbildung 13.12: Quick Insights abrufen   386

Abbildung 13.13: Beispiel einer Quick Insights-Ausgabe   386

Abbildung 13.14: Ein Bericht mit Nutzungsmetriken   387

Abbildung 13.15: Einen paginierten Bericht erstellen   388

Abbildung 13.16: Zugriff auf die Datenherkunft erhalten   389

Abbildung 13.17: Ein Beispiel für die Datenherkunft   390

Abbildung 13.18: Beispiel für eine Datenherkunft   390

Abbildung 13.19: Drilldown in eine semantische Modellkarte   391

Abbildung 13.20: Die Option »Arbeitsbereichszugriff«   392

Abbildung 13.21: Das Fenster »Zugriff verwalten«   392

Abbildung 13.22: Zuweisen von Benutzern und Gruppen zu einem Power BI-Arbeitsbereich   393

Abbildung 13.23: Freigeben eines Power BI-Berichts   394

Abbildung 14.1: Power Automate-Startseite   400

Abbildung 14.2: Mit Copilot eine Empfehlung zu einem Power Automate-Flow generieren   402

Abbildung 14.3: Mit Copilot erstellter Prototyp-Flow   402

Abbildung 14.4: Beispielkonfiguration der E-Mail-Anforderungen   403

Abbildung 14.5: Beispiel einer E-Mail-Ausgabe aus dem von Copilot generierten Flow   404

Abbildung 14.6: Die Optionen für »Ohne Vorlage starten«   405

Abbildung 14.7: Automatisierungsoptionen der Vorlagengalerie   406

Abbildung 14.8: Konnektor-Optionen in Power Automate   406

Abbildung 14.9: Erstellen eines automatisierten Flows   408

Abbildung 14.10: Eingeben einer E-Mail-Kommunikation für einen automatisierten Flow   409

Abbildung 14.11: E-Mail-Parameter für einen sofortigen Cloud-Flow   411

Abbildung 14.12: SharePoint zum Akzeptieren von Anhängen von Outlook 365 konfigurieren   412

Abbildung 14.13: Bestätigung der SharePoint-Anhangsextraktion aus Outlook mithilfe eines sofortigen Flows   413

Abbildung 14.14: Fenster zum Erstellen eines geplanten Cloud-Flows   414

Abbildung 14.15: Ein Beispiel für einen geplanten Cloud-Flow   415

Abbildung 14.16: Die Authentifizierungsparameter für Ihre Konnektoren festlegen   417

Abbildung 14.17: Beispiel eines beaufsichtigten Flows mit einer Schaltfläche »Ausführen«   420

Abbildung 14.18: Einen unbeaufsichtigten Flow konfigurieren   423

Abbildung 14.19: Aufgezeichnetes Skript zum Sortieren und Durchsuchen von Excel-Daten   425

Abbildung 15.1: Der neue Cloud Flow Designer   428

Abbildung 15.2: Auf Steuerelementen basierende Parameter   430

Abbildung 15.3: Auf Konnektoren basierende Parameter   430

Abbildung 15.4: Die Registerkarte »Einstellungen« zeigt eine Konnektor-Konfiguration im Bereich »Aktionskonfiguration«.   432

Abbildung 15.5: Codeansicht   433

Abbildung 15.6: Auswählen des geeigneten Genehmigungstyps   437

Abbildung 15.7: Ein Beispiel für einen Genehmigungsworkflow   439

Stichwortverzeichnis

A

Abrechnungsrichtlinien 53, 63
Admin Center 48
Agent
 virtueller 148
Aktion 182, 399
Aktionskonfiguration 429
Aktivitätstabelle 82
ALM 186, 200
Alternativtext 368
Ansicht 80, 100, 140, 207, 289
Ansichtstypen 208
Anwendungsentwicklung 35
App
 benutzerdefinierte 40
 modellgesteuert 181, 215
 nicht verwaltet 200
 verwaltet 200
App Checker 178
App-Aktionen 147
Application Lifecycle Management 186, 200
App-Verlauf 132
Arbeitsbereich 286, 376
Aufzeichnungs-Flows 424
Ausdruck 399
Authoring-Optionen 148
Automatisierung 182, 397
AutoSave 132
Azure 39
Azure Data Lake 43, 78
Azure SQL 78
Azure SQL Server 43
Azure Storage 43
Azure Streams 372

B

Balkendiagramm 350
 gestapelt 351
 gruppiert 353
Bänderdiagramm 356
Bedingung 399
Befehl 81

Bereich
 aktivieren 199
 hinzufügen 199
Bericht 345
 Ansicht 288
 paginiert 387
Berichtsansicht 290, 346
Beziehung 80, 140
Big Data 282
Binary Large Objects 43
Blobs 43
Blob-Speicher 78
Business Process Flows 45

C

Canvas 148, 290
Canvas-App 40, 129, 145
CI/CD 143
Citizen Developer 36
Cloud 39
Cloud Flow Designer 427
Cloud-Automatisierung 397
Cloud-Flow 45, 404, 427
 automatisiert 407
 geplanter 412
 sofortiger 409
Cloud-Flow-Typen 404
Cognitive Search 43
Common Data Services 42
Compliance 39
Copilot 81, 385, 401, 428
 Tabellen 91
Cosmos DB 43, 78
CRM (Customer Relationship Management) 38
CSS 279

D

Dashboard 80, 140, 183, 220, 289, 345, 370, 376
Data Analysis Expressions 40, 146
Dataflow 286
Dataset 287
 freigegebenes 306

Dataverse 36, 42, 77, 78, 122, 181
 Sicherheit 110
Dataverse-Tabelle 183
Dataverse-Tabellenseite 191
Daten 182
Datenanalyse 35
Datenbanken
 nicht-relationale 314
Datenbereich 292
Datenherkunft 389
Datenintegration 60
Dateninterpretation 284
Datenkonnektoren 300
Datenmodell 325
Datenmodellierung 139, 325
Datennormalisierung 98
Datenrichtlinien 63
Datenstory 215
Datentypeigenschaften 331
Datenverbindung 152
Datenverlust 70
Datenzugriffsmetriken 386
DAX 40, 146, 283
DAX-Abfrageansicht 290
Desktop-Automatisierung 397
Desktop-Flows 45, 404, 407, 419
 beaufsichtigte 419
 unbeaufsichtigte 419
Detailbildschirm 172
Diagramm 80, 140, 216, 354
Dienstintegrität 59
DirectQuery 291, 309
DLP 70
Donut-Diagramm 359
Durchsuchen-Bildschirm 165
Dynamics 365 38, 43, 252

E

Enterprise-Gateway 61
Entwickler 37
(ERP) Enterprise Resource Planning 38

Excel 38
Excel-Tabelle 88

F

Fehlerbehandlung 399
Filter 348
Filterbereich 292
Flächendiagramm 354
Flow 45, 398–399
Flow Checker 428
Formatierung 331
Formelleiste 147, 162
Formular 80, 192, 200
Formularlayout 201
Formulartypen 200

G

Galerie 129
Gateway 60, 399
  Enterprise 61
  lokal 61
Genehmigungen 435
Geschäftsanwendungen 38
Geschäftslogik 81
Geschäftsprozess-Flow 81,
  114, 139, 182, 184, 227, 405
Geschäftsregeln 184
Geschäftsregeln 81, 139, 184
Governance 39, 69
Gruppe
  erstellen 200

H

Hauptformular 202
  Tabellenspalten 204
Hilfe 59
Hintergrundbild 151
Hintergrundfarbe 151

I

Inhalt
  dynamischer 399
Instant Flow 45

J

JavaScript 122, 279
JSON-Dateien 316

K

Kapazität 285
Kartenformular 201

KI Hub 401
Konnektor 71, 124, 300,
  398–399, 418
Konnektormuster 73
Kreisdiagramme 359
Kunden-Lockbox 63

L

Liniendiagramm 354
Liquid 278
Live Connection 309
Lösung
  verwaltet, nicht verwaltet
  140–142
Low-Code 36
Low-Code/No-Code 121
Low-Code-Plattform 37

M

Maker Portal 63
Mandant 57
Mandantenisolierung 63
Metadaten 81, 340
Microsoft 365 38
Microsoft Dataverse 42
Microsoft Learn 449
Microsoft Power Platform 35,
  42
Modellansicht 290, 326
Modellieren 44

N

Nachschlagetabellen 99
Navigation 162
Navigationslink 183
No-Code 36
No-Code-Plattform 37
Nutzungsmetriken 386

O

Office 365 38
OneDrive 310
On-Target Earnings 41
OTE 41
Outlook 38

P

Pipeline 144
Power Apps 36, 40, 122,
  243

Power Apps Portal 46
Power Automate 36, 45,
  397
Power BI 36, 44, 140, 281,
  376
Power BI Desktop 44, 284
Power BI Power Query 283
Power BI Report Server 45
Power BI Reports 288
Power BI Services 44, 285
Power CAT Live 451
Power Fx 40, 145
Power Pages 36, 40, 46,
  243
Power Pages Design Studio
  254
Power Pivot 283
Power Platform 47
Power Platform Community
  450
PowerPoint 38
Power Q&A 284
Power Query 283
Power Query-Editor 302,
  328
Power Studio 147
Power View 283
Präfix 141
Primärschlüssel 98
Process Mining 401, 407
Prozessautomatisierung
  robotergestützte 404
PubNub 372

Q

Quick Insights 384

R

Raster 205, 216
Registerkarte 192, 195
Richtlinien 62
RPA 404

S

Sammlung 129
Säulendiagramm 350
  gestapelt 351
  gruppiert 353
Scheduled Flow 45
Schleife 399

Schlüssel 80
Schnellansicht 108, 201
SDL 70
Security Development
   Lifecycle 70
Seiten 182
SharePoint 38, 243, 310,
   365
Sicherheit 39, 69, 394
Sicherheitsrolle 236
Sitemap 140, 199
Slicer 363
Spalte 80, 192
Speichern 131
SQL-Abfrageeditor 316
Standardtabelle 82
Steuerelemente 156
Stream 222
Styling 259
Suchfeld 205
Support 59
Symbolleiste 147
Systemansichten 100

T

Tabelle 79–80, 140, 192
   Aktivität 82
   elastische 82
   Standard 82
   virtuelle 81–82, 93, 263
Tabellenansicht 290, 326
Tabellenschema 98
Tabellentyp 82
Tools 36
Treemap 361
Trichterdiagramm 357
Trigger 182, 399, 431

U

Umfang 399
Umgebung 50
   datengesteuerte 51
   verwaltete 58
Unternehmensanwendungen
   38
Unternehmensrichtlinien 63

V

Variable 399
Verlauf 132
Virtual Agent 148
Visual 347
Visualisieren 44
Visualisierung 325, 345
Visualisierungsbereich 292
Vorlagen 416

W

Wasserfalldiagramm 357
Webressourcenseite 183
Websites 243
Word 38
Workflow 399

Z

Zeile 80
Zugriffsberechtigungen
   rollenbasierte 112
Zugriffsverwaltung 381